35 Jahre HipHop

Sascha Verlan & Hannes Loh

35 Jahre HipHop in Deutschland

hannibal

© 2021 Sascha Verlan, Hannes Loh
Koch International GmbH/Hannibal, A-6604 Höfen

Lektorat der Erstausgabe 2000: Jürgen Keimer
Lektorat der Updates 2006 und 2015: Hollow Skai
Buchdesign: bw works, Michael Bergmeister
Druck: CPI books GmbH
ISBN 978-3-85445-479-3

Auch als E-Book erhältlich mit der ISBN 978-3-85445-480-9

© *Kalte Welt* Boz, mit freundlicher Genehmigung von Rattos Locos Records
© *Ich hab geträumt* Kofi Yakpo
© *hiç unutmadik – niemand wird vergessen* Refpolk und Kutlu Yurtseven
© *Über 30 Jahre HipHop* Rick Ski
© *Wer bin ich?* Torch
© *Kapitel eins* Torch, mit freundlicher Genehmigung von 360° Records.
© *Back* Kinderzimmer Productions, mit freundlicher Genehmigung von A44 Musikverlag.
© *Alles Vorbestimmung* Bob Lakermann.
© *Coolawinta* Zentrifugal, mit freundlicher Genehmigung von AMV Alster Musikverlag.
© *dergestalt …* Mathias Bach.
© *bruder maxim* Bektaş Turhan
© *wir vermissen dich* Yassir El-Shazly

Das Werk einschließlich aller seiner Teile ist urheberrechtlich geschützt.
Das gilt insbesondere für Vervielfältigungen, Mikroverfilmungen und
die Einspeicherung und Verarbeitung in elektronischen Systemen.

CO_2-neutral in Deutschland gedruckt

Inhalt

ERSTER TEIL – 35 Jahre HipHop in Deutschland

Vorwort zur aktualisierten Auflage 2015 *(LJ, SV)* 15

35 Jahre HipHop in Deutschland *(SV)* 17

„schon wieder schreib ich meine zeilen hier im knast"
Der Frankfurter Rapper *Yassir* *(SV)* 20

„spiel nicht mit den schmuddelkindern"
Gangsta-Rap in Deutschland *(LJ)* 23

„sometimes the culture contradicts how we live it"
Eine kurze Sozialgeschichte des amerikanischen Gangsta-Rap *(LJ)* ...25

„life ain't nothing but bitches and money"
Crack, Knast und Männerphantasien *(LJ)* 27

„euer ghetto lebt in allen diesen jungen leuten"
Deutscher Gangsta-Rap: Die Bad Bank des Bürgertums *(LJ)* 30

„du in deinem einfamilienhaus lachst mich aus"
Gastarbeiter, Gangs und migrantische Selbstbehauptung *(LJ)* 32

„meine straße, mein zuhause, mein block"
Doppeltes Diasporabewusstsein oder: der Dritte Stuhl *(LJ)* 34

„rock the hard jams, treat it like a seminar"
Gangsta-Rap aus akademischer Perspektive *(LJ)* 38

Gangsta-Rap zwischen Klischee und Wirklichkeit
Die wahre Geschichte des Tayfun K. *(LJ)* 46

„was für 'n mann, was für 'n mann er doch ist"
Der Stuttgarter Rapper *Jaysus* und sein Label *Macht Rap* *(SV)* 56

„positiv, positiv"
HipHop auf Deutschlands Comedy-Bühnen *(SV)* 58

„sie gießen öl in das feuer, bis wir randalieren"
das Hamburger Label *Rattos Locos* *(SV)* 60

Boz – Kalte Welt (2014) 60

„man muss die dinge selbst in die hand nehmen"
Ein Gespräch mit *Marcus Staiger (LJ)* 63

„schwarzbrot, weißbrot, scheiß auf den farbcode"
Rap und Politik *(SV)* 76

Ich hab geträumt (dass sie alle nicht umsonst starben)
– *Kofi Yakpo* aka *Linguist* (2004) 77

„hiç unutmadik – niemand wird vergessen"
Refpolk feat. *Kutlu Yurtseven* (2015) 78

„wer die wahrheit nicht verträgt, der muss mit der lüge leben"
Der Düsseldorfer Rapper *Blumio* und sein Projekt *Rap da News (SV)* 82

Tatort Berlin
HipHop-Mobil und *StreetUniverCity (SV)* 84

„studiere an der uni, lerne von der straße"
Gio di Sera und die *StreetUniverCity Berlin (SV)* 86

„welcher pfad führt zur geschichte?"
HipHop in Deutschland – Versuch einer Periodisierung *(LJ)* 88

„all die brüder und schwestern von gestern"
1985–1991: Globale Identität *(LJ)* 90

„lass jedem doch das seine"
1992–1999: Nationale und multikulturelle Identität *(LJ)* 92

„wir sind die new kids on the block"
2000–2007: Regionale Identität und Selbstethnisierung *(LJ)* 95

„hart und stolz"
2008–2015: Nationalchauvinismus, Antisemitismus,
Antiislamismus *(LJ)* 98

„wir wollen uns einmischen"
Ein Gespräch mit *Malte Goßmann* über Gangsta-Rap,
Nationalismus und linke Positionen in der Rap-Szene *(LJ)* 101

„lila samt"
Die Berliner Rapperin *Sookee (SV)* 106

„du willst dich messen mit mir, tritt auf die bühne zu mir"
Vom Freestyle-Rap zur Scripted Battle *(SV)* 109

Borke.Beckett.Boom.
Ein Freestyle-Theater-Projekt mit *Tobias Borke* aus Stuttgart *(SV)* 111

„aus der dunkelheit ins tageslicht"
Auch das ist HipHop! 113

„hiphop wird niemals nur musik sein"
Rick Ski über Kultur, Old School und Straßen-Rap *(LJ)* 116

„kernige blieben entschieden"
Breakdance, die Medien und fünf lange Jahre der Geduld 118

„das original und nicht die kopie"
Der Arschtritt aus der Nordeifel 121

„International HipHop-Dealers"
Krauts With Attitude, Blitz Vinyl und *Blitz Mob* 124

„diese verzerren den namen hiphop gern"
Von „Vier Gewinnt" bis „Mein Block" 127

„nur ein teil der kultur"
Das Ganze ist mehr als die Summe seiner Teile 129

Rick Ski – über 30 Jahre HipHop 131

Vom B-Boy zum Operndirektor
Interview mit *Xavier Zuber (SV)* 133

„four elements cooking"
Gerry Bachmann und der Geschmack der Old School *(LJ)* 139

„there's a new headline, there's a new sensation"
Von Frankfurt nach New York und zurück *(LJ)* 140

„ohne den old school groove seid ihr'n scheiß"
Die erste Spring Jam, *Kurtis Blow* und *Grandmaster Flash (LJ)* 142

„I'm a legend in my own time"
40 Jahre *Torch* – Biografie einer HipHop-Ikone *(LJ)* 144

„der meist zitierte, gesampelte, kopierte"
Torch als Mythos der Rap-Kultur *(LJ)* 146

„ich erzähl euch gern, was damals bei uns abging"
Frühe Einflüsse *(LJ)* 148

„von dem tag an war mir klar"
Afrika Bambaataa, Graffiti und Blauer Samt *(LJ)* 156

„sag mir doch einfach, wer ich bin"
HipHop, Heidelberg, Haiti *(LJ)* 161

Torch – Wer bin ich? (2014) 162

ZWEITER TEIL – 25 Jahre HipHop

20 Jahre HipHop in Deutschland + 5 weitere Jahre 166

„eine kleine episode, um was klarzustellen"
Die Autoren und das Schreiben über HipHop 2006 168

„auch wenn du mich nicht hörst, bin ich niemals still und ..." ... 171

„sav ist fresh mit flows für berlin west"
Der Untergang von Deutschrap und neue Independent-Wege *(LJ)* 173

„das leben füttert uns mit frust, wir reagieren über"
Azad und die Nordweststadt *(LJ)* 175

„ich fühl mich wohl zwischen dreck und gesocks"
Das „Mein Block"-Phänomen *(LJ)* 177

„ich mache keinen deutschrap, ich pumpe kerosin"
Kontinuitäten und Brüche zwischen Alter und Neuester Schule *(LJ)* ... 180

„what makes it all real is the battle"
Die hohe Schule der Impertinenz *(LJ)* 182

„berlin, berlin big city a dream"
HipHop in Westberlin *(LJ)* 186

„dein spirit lebt und segnet die straßen"
Maxim, Berlins gutes Gewissen *(LJ)* 192

„mit dem rücken zur wand"
Şenol Kayacı über Berlin, Kreuzberg und den Kodex der Straße *(LJ)* ... 194

„zeiten vergehen, aber die erinnerung bleibt doch"
DJ Mesia über die Berliner Old School, *Maxim*
und das fünfte Element *(LJ)* 202

„in meinem block träumt jeder von dem großen geld"
Ein Gespräch mit *Murat Güngör* über Getto,
Gangsta-Rap und Migration *(LJ)* 222

„eine kleine episode, um was klarzustellen"
Die Autoren und das Schreiben über HipHop 2000 237

„hiphop ist wie pizza, auch schlecht noch recht beliebt"
HipHop im Juni 2000 *(SV)* 240

„alles geht, und nichts geht mit rechten dingen zu"
HipHop State of the Art *(SV)* 245

„wenn der vorhang fällt, sieh hinter die kulissen"
HipHop in Deutschland, Mitte der Achtzigerjahre *(LJ)* 247

„wenn ich sterbe, stirbt zwar auch ein teil dieser kultur ..."
Tricks und die Lüdenscheid-Story *(LJ)* 249

„def rebelz of art"
Denick, Came und *Zoid* erinnern sich ... *(LJ)* 252

„fight for your right (to party)"
HipHop in den USA, die Ursprünge *(SV)* 265

„back! caught you looking for the same thing"
HipHop wird Pop *(SV)* 266

„wir kamen zuerst und wir gehen auch zuletzt"
Die Fantastischen Vier und HipHop I *(SV)* 271

„a child is born with no state of mind"
Soziale Hintergründe *(SV)* 274

„concerto of the desperado"
Rap als Nachrichtenkanal *(SV)* 276

„nuthing but a g-thang" – Gangsta-Rap *(SV)* 278

„you all know how the story goes"
HipHop-Techniken *(SV)* 281

„too many mcs not enough mics" – Battle und Freestyle *(SV)* ... 283

„stop the violence"
Afrika Bambaataa und die Zulu-Nation *(SV)* 285

„die welle aus amerika spülte mich an land zurück"
Breakdance erobert die Welt *(LJ)* 287

„welcher pfad führt zur geschichte?"
Geschichtsschreibung im Hinterhof *(SV)* 293

„mit breakdance in der fußgängerzone, das war gar nicht ohne, aber ohne mich" – Was ist HipHop? *(LJ)* 295

„ich will, dass man mich hört und sieht ..."
Torch, Advanced Chemistry, Heidelberg *(SV)* 298

Torch – Kapitel eins (1993) 300

„hier kommt der redefluss, ha, ersauft"
DJ Cutsfaster und die Real Old School *(SV)* 307

„was es heißt, wenn man in söflingen auf hiphop steht"
Die Anfänge in Deutschland *(LJ)* 314

„ich seh es vor mir, als wär es gestern"
Die Old School *(LJ)* 317

„kernige blieben, erhielten und trieben ..."
Die Jahre 1984 bis 1986 *(LJ)* 321

„wem gehört die scheiße eigentlich"
Die HipHop-Pubertät *(LJ)* 327

„von kiel bis biel bin ich auf jede jam gefahren"
Die Jam-Kultur *(LJ)* 329

„dies war nie das, was zählt, aber irgendwie lieb ich das"
HipHop und Mode *(SV)* 338

„terror of the streets" – Mythos Streetwear *(SV)* 342

„torch öffnet das tor" – Rap in deutscher Sprache *(LJ)* 344

„mr. chuck / überraschung gelungen, ich glaub mich
trifft 'n truck" – Das Jahr 1988 *(LJ)* 348

„we give a fuck what language, die leute verstehen mich"
Underground-HipHop in Europa *(LJ)* 351

„ich bin wie ein windhund / komm geschwind und ..."
Ma, HipHop in Bremen *(SV)* 354

„so viele türken und kurden waren dabei"
Die vergessene Generation *(LJ)* 359

„anfangs hab ich mich gefreut, doch schnell hab ich's bereut"
HipHop und Wiedervereinigung *(LJ)* 363

„punkt eins, ich bin kein multikulti irgendwas"
Die Multikulti-Falle *(LJ)* 365

„fill the gap" – *Adegoke Odukoya* über „Deutschrap",
Ausgrenzung und verpasste Chancen 367

„wir machen rapmusik und wir hören sie auch gern"
Die Fantastischen Vier und HipHop II *(LJ)* 372

„wettstreiten auf jams ist der einzige beweis"
Die Fantastischen Vier und die Battle-Kultur *(LJ)* 378

„macht euch bereit, denn es reicht euch die hand,
wer auch immer ihr seid" – *Cartel (LJ)* 380

„motherfucker, diese song gehört uns"
Wege aus der Sackgasse *(LJ)* 382

Kanak Attak und Basta (Auszug aus dem Manifest) 386

Kanak Attak – Dieser Song gehört uns 389

„kill the nation with a groove"
Hardcore meets HipHop *(LJ)* 393

„ich bin jung und open-minded" – Die neue Schule *(LJ)* 402

„aus den fußstapfen muss ich rausspringen"
MC René zwischen Alter und Neuer Schule *(LJ)* 404

„stehlen den hiphop-begriff und drehn ihn um"
Der Tobi und das Bo *(LJ)* 406

„mach doch mal den beat lauter"
Tontechnik und Neue Schule *(LJ)* 409

„... deshalb werd ich ein leben lang ein silo sein!"
Silo- versus Zulu-Nation *(LJ)* 411

„ein hartes wort, ein harter ort, nimm deinen blödelreim"
Das Comeback des *Moses P (LJ)* 414

„simultaneität des klangs"
Textor, Kinderzimmer Productions, Ulm *(SV)* 417

Kinderzimmer Productions – Back (1994) 418

„schlaue beats und schlaue sätze"
HipHop als schöne Kunst betrachtet *(SV)* 423

„dieser text ist deiner, dann los"
Bob, Königsdorf Posse, Köln *(SV)* 427

Bob – Alles Vorbestimmung (1996) 428

„ich hab richtige gedichte im rap-repertoire"
Rap und Slam Poetry *(SV)* 431

„tat oder wahrheit"
Bastian Böttcher, Zentrifugal *(SV)* 433

Bastian Böttcher – Coolawinta (1999) 433

„es sind nicht nur die worte allein"
Mathias Bach, Stuttgart *(SV)* 437

Mathias Bach – dergestalt ... (1997) 437

„herzlich willkommen in der mutterstadt"
HipHop in Stuttgart *(SV)* 441

„0711, stuttgart ist die stadt"
Mathias Bach, Rap-Poet, Dichter *(SV)* 444

„von abseits aus zu unwiderstehlich magnetisch"
Die verborgenen Netzwerke des HipHop *(SV)* 447

„wenn hier einer schießt, dann bin ich das"
DomSports-Halle Köln *(SV)* 449

„just writin' my name"
Graffiti in Deutschland *(LJ)* 454

„voll getaggte straßenschilder, die dir den weg weisen"
Ein Interview mit *Shark (LJ)* 456

„ist doch alles so schön bunt hier"
Zehn Vorurteile zum Thema Graffiti *(LJ)* 468

„die macht ist in mir, sie ist meine wehr"
HipHop und das Verhältnis zur Obrigkeit *(LJ)* 473

„gewaltlos stelle ich dich mühelos bloß"
Entwicklungen der Battle-Kultur *(LJ)* 476

„meine platte ist wie stolz für das volk"
Rap zwischen Battle-Kultur und Volksverhetzung *(LJ)* 479

„get funky bulle" – Was ist denn so schlimm an der Polizei? *(LJ)* ... 482

„und obwohl da 'n paar typen rappen, hört's sich an wie frauenrap" – Männerkultur HipHop *(LJ)* 485

„ich lass mir nichts gefallen"
Derya, das ganz alltägliche HipHop-Business *(SV)* 489

„eure outfits sind lächerlich, eure bewegungen schwuchtelig" – Homophobie im HipHop *(LJ)* 492

„katzen machen viel zu viel gebell um diese welt"
HipHop in den Medien *(SV)* 497

„dies geht an alle, die's nicht verstehen"
HipHop-Stuttgart im Dokumentarfilm *(SV)* 499

„no panic, no stress"
Die Geschichte der *Cribb 199 (SV)* 502

„ich denk an dich, immer wenn es regnet"
Viva-*Freestyle (SV)* 506

„hey, how're you doing? – sorry, you can't get through"
Viva-*Wordcup (SV)* 510

„ob ich im spiegel mein gesicht anseh oder wegseh"
Die *Massiven Töne* und der Erfolg *(SV)* 513

„everytime my first name was to be fuck you"
Wordcup, Teil II *(SV)* 515

„weil es für uns ein weg war, unser leben zu gestalten
in diesem staat" – HipHop im Osten *(SV)* 517

„wie willst du dich in gedächtnisse taggen?"
Souri (Stereoton) (SV) 517

HipHop in der DDR
DJ Opossum (SV) 520

„schwarz-blau hat direkte auswirkungen auf die szene"
HipHop in Österreich *(LJ)* 525

„wir ham kein ziel, aber wir fahrn los"
HipHop im dritten Jahrtausend *(SV)* 543

„so was habt ihr nie gesehn, so was machen hiphopper"
Afrob und *Ferris MC (SV)* 545

„in meinem kopf sind die bilder" – Schluss *(SV)* 546

„*sonny, speedy, jbk, tricks, rock da most* auf der bühne,
dj cutsfaster am mix ..." – Dank an 547

Die ersten zehn Jahre
Diskografie der Rap-Platten in Deutschland von 1986 bis 1996 549

Bibliografie *(SV)* 565

Glossar *(SV)* 569

Nachweis der Zitate in den Kapitelüberschriften 579

Personenregister 582

**Erster Teil
35 Jahre HipHop
in Deutschland**

Vorwort zur aktualisierten Auflage 2015

von Hannes Loh und Sascha Verlan

Als ich irgendwann im Spätsommer 2010 in Köln auf dem Weg nach Hause war, kam ich an der Live Music Hall vorbei. Offenbar sollte dort gleich ein Konzert stattfinden, denn es waren viele Jugendliche auf dem Weg dorthin. Sie schlurften gemütlich und harmlos über den Bürgersteig, hatten halblange fettige Haare und trugen schluffige Klamotten. Ich war überzeugt, dass sie auf dem Weg zu Tocotronic oder einer anderen Indie-Band waren. Am nächsten Tag erzählte mir ein Schüler vor dem Unterricht, dass er auf einem Rap-Konzert in der Live Music Hall war. Von *Prinz Pi*. Ich hatte weder mitbekommen, dass *Prinz Porno* einen neuen Namen hat, noch konnte ich mir vorstellen, dass es in Deutschland inzwischen Rapper gibt, die offenbar sehr erfolgreich eine Klientel ansprechen, von der ich niemals gedacht hätte, dass sie sich für Rap-Musik interessieren würde. Spätestens da dachte ich, dass ich wirklich keinen blassen Schimmer mehr habe von dem, was in Rap-Deutschland so passiert.

Warum wagen wir uns im Jahr 2015 dennoch an diese Aktualisierung? Weil so viele Protagonisten des aktuellen Gangsta-Rap das Bedürfnis haben, sich von der HipHop-Old School zu distanzieren. Weil viele der aktuellen Entwicklungen im deutschsprachigen Rap nur zu verstehen sind im Rückblick auf die über 30-jährige Geschichte der Szene. Weil die politische Dimension der aktuellen Entwicklungen erst deutlich wird vor dem Hintergrund all der Geschichten, die wir in „20 Jahre" und später in „25 Jahre HipHop in Deutschland" beschrieben haben.

Im Zentrum des ersten Teils dieser Aktualisierung steht das, was in den Medien Gangsta- oder Straßen-Rap genannt wird. Viele Rapper und wenige Rapperinnen haben es mit dieser Attitude in die Medien geschafft. Und viele beklagen sich darüber, wie sie in den Medien dargestellt werden, als stereotype Figuren eben. Uns interessieren die Menschen, die Geschichten dahinter. Wie wurden sie zu Gangsta-Rappern? Warum erzählen sie diese Geschichten aus ihrem Leben und nicht beispielsweise von ihrem BWL-Studium? Und uns interessiert auch, wie sich der Gangsta-Rap in Deutschland entwickelt hat, wie er sich vom Original aus den USA unterscheidet und wo die Unterschiede und Gemeinsamkeiten zum französischen Straßen-Rap liegen. Der zweite Teil unserer Aktualisierung ist eine Hommage an die Alte Schule. Dort kommen Leute wie *Cutmaster GB, Rick Ski, Xavier Zuber* oder *Torch* zu Wort; dort haben wir das fortgeschrieben, was wir als das Herz unserer HipHop-Geschichte empfinden: Die lebendige Begegnung mit den Ursprüngen, die vielen unglaublichen Geschichten aus den wilden Zeiten, als die HipHop-Kultur im Begriff war zu entstehen. Wir glauben, dass es sich lohnt, den Kontakt zur Old School zu behalten und immer wieder zu erneuern, und dass diese Erdung hilft, auch die vielfältigen Erscheinungen, die HipHop im Jahr 2015 ausmachen, besser einzuordnen und zu verstehen.

Hannes Loh: Für Feedback, Anregungen und Unterstützung bei der Arbeit zur Aktualisierung dieses Buches möchte ich mich bei folgenden Menschen bedanken: Bruno Alexander, Gerry Bachmann, Moritz Blunck, Heiko Böttcher, Marc Dietrich, Malte Goßmann, Özgür Gökyildiz, Moe Habli, Murat Güngör, Uli Müller, Detlef Rick, Riva, Ralf Rossmann, Martin Seeliger, Babak Soultani, Marcus Staiger, Dennis Stute, Torch, Sascha Verlan, Martin Weinreich, DJ Zonic. Besonders bedanken möchte ich mich bei DJ Rick Ski für die großartige Überarbeitung unserer Diskografie, bei Martin Seeliger und Murat Güngör für viele Anstöße bei der Konzeption der einzelnen Kapitel und bei meiner Frau für die Geduld und die Unterstützung bei der umfangreichen Arbeit für dieses Update.

Sascha Verlan dankt und grüßt: Hans Nieswandt, DJ Ipek, und DJ Kermit. Nora Gomringer, Ferda Ataman, Dalibor Markovic, Timo Brunke und Bas Böttcher. Roland Borgards, Jannis Androutsopoulos und Martin Lotze. Theaterhaus Stuttgart, Toni Farris, Fabian Elsäßer und Ulrike Bajohr.

35 Jahre HipHop in Deutschland

Vorwort von Sascha Verlan

Die letzte Aktualisierung unseres Buches erschien 2005: aus 20 Jahren waren „25 Jahre HipHop in Deutschland" geworden. In dieser Zeit feierten *Sido* mit „Mein Block", *Bushido* und das Label *Aggro Berlin* ihre ersten großen Erfolge. Es war die Zeit, in der deutschsprachiger Rap zum Politikum wurde. Und seit über 10 Jahren schon läuft nun dieses merkwürdige Zusammenspiel zwischen Rap-Szene, Politik- und Medienlandschaft. Allerdings haben die vielen Kritiker und Kritikerinnen ihr Ziel bislang nicht erreicht, wenn sie das überhaupt jemals wirklich wollten, die Jugendlichen vor den negativen sprachlichen, vor allem aber moralischen Einflüssen der Gangsta-Rapper zu bewahren. Im Gegenteil: die Texte und Videos des Gangsta-Rap sind über die Jahre immer noch härter, expliziter geworden, konnten ihren Sexismus, Rassismus, ihre Homophobie und ihren Ableismus, also ihre Behindertenfeindlichkeit, immer schamloser verbreiten. Inzwischen haben wir uns so sehr daran gewöhnt, dass die subtilere, aber nicht weniger sexistische Grundhaltung eines Songs wie „Easy" von Panda-Rapper *Cro* in der breiteren Öffentlichkeit gar nicht weiter auffällt. Es halfen weder Indizierungsverfahren noch empörte Artikel, keine Hintergrunddokumentationen oder Talkshows im Fernsehen, und auch die Versuche positiver Vereinnahmung, beispielsweise die Verleihung eines Integrations-Bambis an *Bushido*, konnten die Erfolgswelle des Gangsta-Rap in Deutschland nicht brechen. Aber auch die andere Seite, die Rap-Szene, hat ihre Ziele nicht erreicht, wenn es diese Ziele in Deutschland überhaupt jemals gegeben hat. In seinen Ursprüngen war der US-amerikanische Gangsta-Rap eine Empowerment-Bewegung. Es ging darum, negative Vorurteile und Beleidigungen durch maßlose Übertreibung positiv umzudeuten, es ging darum, die Deutungshoheit über die eigenen Lebensumstände wieder zu erlangen (reclaim). N.W.A, die legendäre Rap-Gruppe „Straight Outta Compton", Los Angeles, hat es vorgemacht: Reframing, die positive Umdeutung von negativen Zuschreibungen und Beleidigungen. Sie nannten sich *Niggaz Wit Attitudes*, sie zeigten Haltung, sie ließen sich nicht länger von der Mehrheitsgesellschaft beschimpfen und herabsetzen, sie deuteten das N-Wort um, nannten sich selbst so, voller Stolz und zur Schau getragener Überheblichkeit: Ihr könnt uns gar nichts! Das N-Wort hat keine Macht mehr über uns, weil wir diese Bezeichnung zu unserem Style gemacht haben, weil es cool ist, genau das, genau so zu sein.

„Better you than me", rappte bald darauf, 1992, *Ice T* im Song „Cop Killer", den er gemeinsam mit seiner Band *Body Count* aufgenommen hatte. Darin kehrt er die Perspektive um und erklärt die mehrheitlich weißen Polizisten zu einer Gefahr für die afroamerikanischen Jugendlichen, eine Gefahr, die er nicht länger hinnehmen möchte: „Better you than me – Cop Killer" (mehr zur „Cop Killer"-Kontroverse im Kapitel „nuthing but a g-thang"). Der Aufschrei in Medien und Politik war ihm gewiss, und er nutzte diese plötzliche Aufmerksamkeit geschickt, um das Thema Polizeigewalt an die breite Öffentlichkeit zu bringen. So wie es viele afroamerikanische Politiker taten, wieder tun mussten, als sie im Hoodie im amerikanischen Senat erschienen (im Gedenken an den ermordeten afroamerikanischen Teenager Trayvon Martin) oder einige Stars der NBA, die mit „I can't breath"-T-Shirts aufs Parkett liefen, um auf die erschreckenden Umstände aufmerksam zu machen, unter denen der Afroamerikaner Eric Garner ums Leben gekommen war.

In Deutschland sieht das anders aus. Der letzte Skandal-Rap von *Bushido* und *Shindy* mit den unverblümten Todesdrohungen gegen Claudia Roth und andere Politiker heißt „Stress ohne Grund". Einen Grund gab es schon für diesen Stress, Aufmerksamkeit und Verkaufszahlen, aber kein erkennbares Ziel. Wofür haben *Bushido* und *Shindy* diesen Song produziert? Was wollen sie mit der gewonnenen Aufmerksamkeit erreichen, worum geht es ihnen eigentlich? Und worum geht es den Medien und PolitikerInnen, wenn sie sich zum wiederholten Mal an den Texten von *Bushido* oder *Kollegah* abarbeiten? Ist dieser Gangsta-Rap wirklich so wichtig, dass darüber in dieser Ausführlichkeit und Ausdauer berichtet werden müsste? Oder geht es nicht auf beiden Seiten bloß um Aufmerksamkeit, Auflagezahlen und Quoten, ganz banal ums Geld?

Dieses mediale Schaulaufen gipfelte in der Behauptung Moritz von Uslars, dass die ästhetische Selbstdarstellung der IS-Terroristen der pure HipHop sei, während Joshua Groß, ebenfalls in der „Zeit" schrieb: „Deutscher HipHop in 2015 ist zumeist Soundtrack für Eskapisten in städtischen Schrebergartensiedlungen. Für Che Guevara gibt es wenig Verständnis. Durch die Kommerzialisierung ist dem deutschen HipHop jede subversive

Kraft verloren gegangen." Angesichts dieser inzwischen offiziell gewordenen HipHop-Geschichtsschreibung ist es an der Zeit, hier und jetzt an all die zu erinnern, die auch HipHop sind in Deutschland, die Songs und Musik produzieren, tanzen und sprühen, Beatbox-Weltmeisterschaften organisieren, freestylen und Workshops für Jugendliche geben, die wichtige, großartige Arbeit leisten, die nach wie vor das ursprüngliche „Each one Teach one" der HipHop-Kultur leben, die im Windschatten von Medien und Politik arbeiten, so wie damals in den 1980er Jahren, als diese Kultur in Deutschland ihren Anfang nahm.

„schon wieder schreib ich meine zeilen hier im knast"

Der Frankfurter Rapper *Yassir* *(SV)*

Der Rapper *Yassir* ist in der berühmt-berüchtigten Frankfurter Nordweststadt aufgewachsen und hat all das selbst gelebt und erlitten, was in den gängigen Gangsta-Rap-Videos und -Texten als cool und erstrebenswert präsentiert wird: Gewalt – als Opfer und als Täter; Alkohol und Drogen – als Dealer und als Süchtiger; die unterschiedlichsten Formen von Kriminalität, organisiert und auf eigene Faust – mal oben, mal ganz unten. *Yassir* kennt die Gesetze der Straße, er hat selbst daran mitgeschrieben, er hat darunter gelitten. Ein Interview mit ihm ist nur übers Internet möglich, die Verbindung ist schlecht und setzt immer wieder aus. *Yassir* (*1973) wohnt seit Ende 2009 in Nador, Marokko, ausgewiesen ins Geburtsland der Eltern, seine vermeintliche Heimat, in der er bis zu seiner Ausweisung nie gelebt hat. Der Kontakt zu den Einheimischen hält sich in Grenzen, viel lieber trifft er sich mit anderen Ausgewiesenen, sie reden Deutsch und teilen wichtige gemeinsame Lebenserfahrungen. Das verbindet. Sie seien eine kleine Kolonie dort, und sie alle hoffen, irgendwann wieder nach Deutschland zurückkehren zu können. Und das alles bloß, weil er so nachlässig war und damals seine Einbürgerung vermasselt hat, weil ihm Fristen eben nicht so wichtig waren wie den zuständigen Ämtern: „Ich bin ja nicht umsonst ausgewiesen. Das heißt, ich hab natürlich eine bewegte Vergangenheit. Ich hab viel Mist gebaut in meinem Leben und hab natürlich dafür geblutet und bin dann irgendwann ins Gefängnis gekommen. Erst dort hab ich angefangen, meine Liebe zur Musik zu entdecken, hab angefangen, Texte zu schreiben, mein Leben zu verarbeiten. Das war für mich wie eine Therapie. Und dann hab ich's rausgeschickt zu meinen Kumpels, die damals schon Rapper waren, und dann sind die Leute alle durchgedreht. Das war voll das krasse Ereignis in meinem Leben, das werde ich auch nicht vergessen."

Seine Familie, seine Frau und seine beiden Söhne leben nach wie vor in Frankfurt. *Yassir* selbst hofft noch immer auf eine Rückkehr in seine

Rapper Yassir: „Ich hab' viel Mist gebaut in meinem Leben."

Heimatstadt, da die Umstände seiner Ausweisung nicht endgültig geklärt sind: *Yassir* wurde abgeschoben ohne ein abschließendes richterliches Urteil. Er vermutet, dass an ihm ein Exempel statuiert werden sollte, eben weil er als Rapper andere Jugendliche beeinflussen könnte. Was sich die zuständigen Ämter allerdings nicht klar gemacht haben, *Yassir* könnte ein positives Vorbild sein, gerade durch seinen Lebenslauf und die Art und Weise, wie er seine Geschichte erzählt: „Ich kann doch nicht verherrlichen, was nicht gut ist! Ich kann doch nicht sagen: Drogen, Alkohol, das ist cool, macht das, obwohl ich genau weiß, dass mein ganzes Leben dadurch kaputt gegangen ist, was wäre ich dann für ein Heuchler? Und das machen viele HipHopper, sie heucheln der Jugend was vor. Zu der Schiene gehör ich nicht und zu der Schiene will ich auch nie gehören. Eher mach ich keine Musik oder mach nur für mich alleine Musik, als dass ich irgendeine Seele da draußen verbrenne mit den Worten, die ich sage. Ich hab schon so viel Mist gebaut in meinem Leben. Meine Musik soll frei davon sein."

Yassir hat zwei Söhne, für die er sich wünscht, dass sie anders aufwachsen können als er, dass sie seine Fehler nicht wiederholen, schlimm genug, dass sie nun schon so lange, wie er damals, ohne Vater aufwachsen müssen. *Yassir* denkt an die nächsten Generationen, was es nach sich ziehen wird, dass die Songs und Videos von *Xatar* oder *Haftbefehl* heute bereits auf den Grundschulhöfen kursieren, dass die Medien dieses einseitige Bild von Rap reproduzieren statt die positiven Aspekte und Beispiele der Kultur zu beleuchten. „Ich war früher ein richtiger Krimineller. Ich war ein richtiger Gangster und ich war ein richtiger Bandenchef. Ich hab viel auf dem Buckel. Wenn ich Gangsta-Rap machen wollte, dann wär ich bestimmt der Echteste darin. Wenn ich loslegen und sagen würde, hier, ich bin so, dann ist das echt, weil ich hab das wirklich erlebt, ich hab das wirklich durchgemacht. Viele kennen das gar nicht, die erzählen nur ihren Film, wie sie es gern hätten oder was sie gesehen haben bei Leuten wie mir. Und weil ich weiß, wie asozial es ist, deswegen lass ich das. Aber die haben es nicht erlebt, und deshalb wissen sie gar nicht, was sie anstellen mit ihren Worten."

Es gibt eine ganze Reihe Rapper mit krimineller, nicht bloß aufgebauscht-kleinkrimineller Vergangenheit, Rapper und Rapperinnen, die es aus wirklich prekären Verhältnissen heraus geschafft haben, durch ihre Musik, ihre Kunst, die die alten Abhängigkeiten und Zwänge überwunden haben. Sie alle eint, dass sie stolz sind auf das, was sie geworden sind, was sie trotzdem erreicht haben, nicht auf das, was sie einmal gewesen sind. Sie leugnen ihre Vergangenheit nicht, es gibt für sie aber auch keinen vernünftigen Grund, ihre früheren Taten und Lebensumstände zu glorifizieren, eben weil sie die Verhältnisse genau kennen, die nackte Wirklichkeit, nicht bloß ihren medial-verführerischen Schein. Über dieses ganz andere Verständnis von Gangsta-Rap, von Authentizität und Realness, das *Tupac*, *50 Cent* oder den *Wu-Tang Clan* in ihren sozialen, politischen, aber auch geschäftlichen Entscheidungen geprägt hat, wurde in Deutschland nie gesprochen, vielleicht weil die Not und Notwendigkeit nicht gegeben war?

Yassirs zweites Album: „Wenn der Schmerz spricht" (2012)

„spiel nicht mit den schmuddelkindern"

Gangsta-Rap in Deutschland *(LJ)*

„**Deutscher Gangsta-Rap** ist die Daily Soap des Plattenbaus", schreibt die „Gala" im Februar 2014. Moment mal, wer schreibt das? Die „Gala"? Dieses auf Beauty, Fashion und Royals spezialisierte Hochglanzmagazin interessiert sich für die Gossenkinder der HipHop-Kultur? Ein Blick auf die Verkaufszahlen der so genannten Gangsta-Rapper mag eine Erklärung dafür sein: Im Mai 2014 verkauft der Straßen-Rapper *Kollegah* in der ersten Woche 161.976 Einheiten seines Albums „King" und verdrängt damit Helene Fischer von Platz 1 der deutschen Album-Charts. Wenig später macht der Offenbacher Rapper *Haftbefehl* mit seinem Album „Russisch Roulette" den deutschen Gangsta-Rap auch für Pop-Intellektuelle salonfähig. Und im Februar 2015 verkündet das Goethe-Institut: Einige Straßen-Rapper könnten es von ihrem Wortschatz her durchaus mit Goethes „Faust" aufnehmen.

Wie konnte sich Gangsta-Rap in Deutschland vom Schmuddelkind zum Kassenschlager mausern? Was sagen Gangsta-Rapper selbst über ihr Leben, und warum ist der rappende Migrant der neue Bürgerschreck geworden? Das Phänomen Gangsta-Rap ist schwer zu fassen. Das liegt daran, dass je nach Bezugsrahmen moralische Vorbehalte oder partikulare Interessen die Perspektive verzerren. Schaut man durch die Brille der HipHop-Kultur, so sieht man die Enttäuschung über den verlorenen Bezug zur eigenen Geschichte und den Werten der Old School. Schaut man durch die bürgerliche Brille, so sieht man die Angst vor dem gewalttätigen „Ausländer", der sich nicht integrieren mag und auf Frauen und Schwule schimpft. Schaut man durch die sozialpädagogische Brille, sieht man die ausgegrenzten Bildungsverlierer, die ihrer berechtigten Wut hilflosen Ausdruck verleihen. Alle diese Bilder sind Zerrbilder. Sie werden der gesellschaftlichen und historischen Dimension von Gangsta-Rap nicht gerecht. Das Genre lässt sich nicht aus dem Kontext der (HipHop-)Kultur

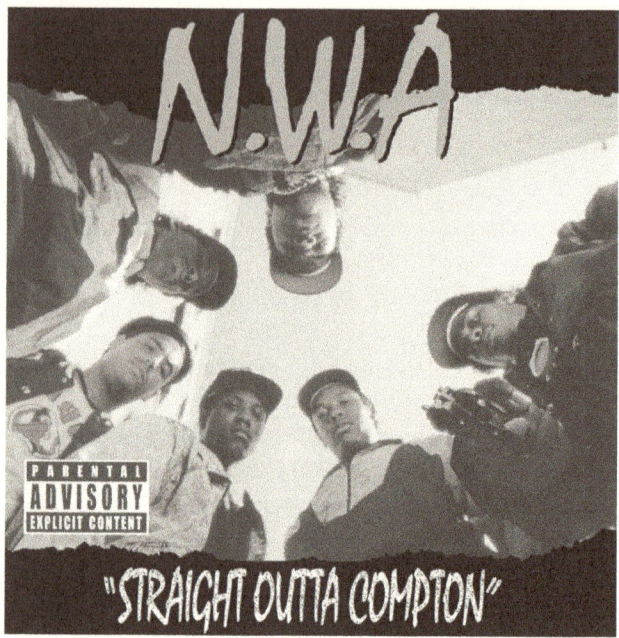

Blaupause des Genres: „Straight Outta Compton" (1988)

reißen und isoliert auf dem Seziertisch betrachten. Deshalb ist es notwendig, einen Schritt zurückzutreten und zu beschreiben, unter welchen Bedingungen Gangsta-Rap entstanden ist.

„sometimes the culture contradicts how we live it"

Eine kurze Sozialgeschichte des amerikanischen Gangsta-Rap *(LJ)*

Die musikalische Geschichte von Gangsta-Rap ist schnell erzählt: Mit „Straight Outta Compton" legte die kalifornische Crew N.W.A um *Dr. Dre, Ice Cube, DJ Yella, MC Ren* und *Eazy-E* 1988 ein Album vor, das bis heute als die Blaupause dessen gilt, was gemeinhin als „Gangsta-Rap" bezeichnet wird. Obwohl „N.W.A and The Posse" schon 1987 erschienen war und *Schoolly D* und *Ice T* seit Mitte der 1980er Jahre in ihren Songs und ihrem Auftreten Gangsta-Style verkörpert hatten, wurde Gangsta-Rap als gesellschaftliches Phänomen erst mit „Straight Outta Compton" sichtbar. Der Aufstieg von *Marion „Suge" Knight*, einem Gangmitglied der *Bloods* aus Los Angeles, und seinem Label *Death Row Records* begann 1991 und endete fünf Jahre später mit der Ermordung der Rapper *Tupac Shakur* und *Biggie Smalls*; er markiert die zweite Phase in der Entwicklung des Genres. In dieser Zeit wurde Gangsta-Rap zum millionenschweren Geschäft und entfaltete eine Wirkung, die weit über die HipHop-Szene hinaus ging. *Gabriel Alvarez* bezeichnet Gangsta-Rap in der HipHop-Zeitschrift *Vibe* als „the most influential style in all of pop music in the '90s". Am Ende der 1990er Jahre verschwand Gangsta-Rap aus dem Rampenlicht und reihte sich ein in die Vielfalt der Erscheinungsformen, die Rap-Musik bis dahin hervorgebracht hatte.

Und das war alles? Diese Erzählung ist überschaubar, sie verrät uns aber wenig über die Besonderheiten von Gangsta-Rap, sie klammert die sozialen und gesellschaftlichen Faktoren aus, die man in Rechnung stellen sollte, wenn man etwas über die Funktion erfahren möchte, die Gangsta-Rap in den USA erfüllt.

Man kann die Geschichte auch anders erzählen: „Gangsta-Rap ist ein unmittelbares Nebenprodukt von Crack", sagt zum Beispiel der afroamerikanische Journalist *Nelson George*. Und tatsächlich verläuft die Fieberkurve der Crack-Ära parallel zur Hochphase des Gangsta-Rap. In seinem

Buch „Drei Jahrzehnte HipHop" beschreibt *George* einen Dreischritt von Alkohol über Heroin bis hin zu Crack, das schließlich in den überwiegend von Schwarzen bewohnten Elendsvierteln den Boden für jene kalten und brutalen Erzählungen bereitete, die im Gangsta-Rap ihren genretypischen Ausdruck fanden: „Das ist kein Henne-oder-Ei-Rätsel. Zuerst kamen die Crack-Rocks, dann kam Gangsta-Rap." Aus dieser materialistischen Perspektive werden die Musik und die Storys der Rapper zu einem Überbau-Phänomen, das auf desolate gesellschaftliche Realitäten verweist. Und nur auf dieser Grundlage ist eine Diskussion möglich, die frei von Vorurteilen und moralischer Überheblichkeit ist. Wenn man diese Hintergründe nicht kenne, so *George*, könne man auch nicht verstehen, wie es dazu kommen konnte, dass HipHop in den 1990er Jahren zum ultimativen Sündenbock wurde. Deshalb lohnt es sich, einen Blick auf die Sozialgeschichte von Gangsta-Rap in den USA zu werfen – zum einen, weil es das Auge schärft für das Zusammenspiel zwischen (Jugend-)Kultur und Gesellschaft, zum anderen weil es hilft, die spezifischen (völlig unterschiedlichen) Verhältnisse zu verstehen, die in Deutschland zu einer eigenen Ausformung des Genres geführt haben.

HipHop war von Beginn an ein Sparringspartner der Bürgerrechtsbewegung bzw. der Black Community, wie sie sich in der Nachfolge des Civil Rights Movements in den 1970er Jahren formiert hatte. Schon vor dem Erscheinen von Gangsta-Rap war dieses Verhältnis ambivalent – sowohl musikalisch als auch politisch. Die Kultur des Sampling stieß bei vielen afroamerikanischen Musikern und Journalisten auf Ablehnung und galt als unkreative Leichenfledderei – *James Mtume* nannte es „künstlerische Nekrophilie". Politisch schwankte man zwischen Begeisterung und Kopfschütteln; nach dem Erfolg von N.W.A und Sprüchen von *Eazy-E* („Fuck that black power shit: we don't give a fuck. Free South Africa: we don't give a fuck.") überwog das Kopfschütteln. Auch innerhalb der HipHop-Community entstand ein Streit über Gangsta-Rap, Moral und Politik, der mitunter verbittert geführt wurde. *Jeff Chang* und *Kool Herc* überhöhen diese Episode in ihrem Buch „Can't Stop Won't Stop" zur Frage „of Post-Civil Rights and Black Leadership". Und in einem Artikel des HipHop-Magazines *Source* heißt es 1990 provokant: „The Gangsta-Rapper: Violent hero or negative Role?"

„life ain't nothing but bitches and money"

Crack, Knast und Männerphantasien *(LJ)*

Was aber hatte sich in den Vierteln der amerikanischen Großstädte verändert, das die Erzählungen der vorgeblichen Gangster so mächtig machte? Es klingt paradox – aber der Erfolg von Gangsta-Rap hängt mit dem Erfolg der schwarzen Bürgerrechtsbewegung zusammen. Diese hatte unter anderem zu einer größeren sozialen Mobilität einer neu entstandenen schwarzen Mittelschicht geführt, die in den 1960er und 1970er Jahren zunehmend die Großstadtbezirke verließ und in die ruhigen Vorstädte zog. Das führte zum Verfall dieser Viertel und bewirkte schließlich auch die Abwanderung der meisten weißen Bewohner – zurück blieben jene vorwiegend schwarzen Familien, die sich einen Umzug nicht leisten konnten. Die Viertel wurden sich selbst überlassen, verwahrlosten und die Kriminalität nahm zu. Staatliche oder kommunale Sorge um diese Entwicklung gab es kaum. Unter Präsident Richard Nixon wurde zwar die Entwicklung eines schwarzen Unternehmertums gefördert, gleichzeitig aber wurden die Sozialausgaben für bedürftige Familien gekürzt. Drogenhandel und Kriminalität begegnete man mit starker Repression durch die Polizei. Hoffnungslosigkeit, Drogen und die Chance, über krumme Geschäfte an Geld zu kommen, veranlassten die Jugendlichen dieser Bezirke, sich in Gangs zusammenzuschließen: „Die Gangs und mit ihnen der Gangsta-Rap entstanden auf der Asche und den Ruinen der Sechzigerjahre", resümiert *Sanyika Shakur*, ein ehemaliges Gangmitglied der *Eight Tray Gangster Crips* aus Los Angeles. *Nelson George* betont, dass sich diese Entwicklung in einer atemraubenden Geschwindigkeit vollzog, was vor allem mit der rasanten Verbreitung der Droge Heroin zu tun hatte. Aber erst Crack, die ultimative Fast-Food-Droge mit verheerendem Suchtpotenzial, schuf den Prototyp des Corner-Gangsters, der zur Hauptfigur in unzähligen Songs der Gangsta-Rapper avancierte. Um den Aufstieg von Gangsta-Rap verständlich zu machen, verwenden *Kool Herc* und *Chang* in ihrem Buch ganze

20 Seiten darauf, die Entstehung und Entwicklung der Gang-Kultur in Los Angeles und anderen amerikanischen Großstädten zu beschreiben. In Anbetracht der katastrophalen Entwicklung der urbanen schwarzen Viertel, ist eine solche Ausführlichkeit angebracht: 1990 waren 610.000 afroamerikanische Jugendliche im Gefängnis oder auf Bewährung; nur 436.000 besuchten ein College. Die massenhafte Inhaftierung im Zuge der Crack-Epidemie führte dazu, dass Knast-Erfahrung und die Vorstellung von Männlichkeit eine verheerende Allianz eingingen. *Nelson George* ist der Überzeugung: „Die sexuellen und emotionalen Bedürfnis- und Befriedigungsmuster junger Männer wurden durch die sexuellen Aktivitäten geprägt, wie sie hinter Gittern stattfinden". Ähnlich wie Claus Theweleit in seinem Buch „Männerphantasien" die Freicorps der 1920er Jahre beschrieben hat, kennzeichnet *George* die Gangs als homoerotische Männerbünde, die der vereinzelte Mann braucht, um Schutz zu erhalten und Macht auszuüben. Die Gangsta-Rapper wurden mit ihren frauenfeindlichen und gewaltverherrlichenden Texten bald zum Schreckgespenst der Nation: Die konservativen Weißen schimpften genauso auf sie wie die afroamerikanische Bürgerrechtsaktivisten der NAACP. Viele vergaßen, dass sich im Gangsta-Rap etwas ausdrückte, das ein Problem der Gesellschaft darstellte. Oder wie KRS ONE es ausdrückte: „America was violent before rap." *Nelson George* erinnert daran, dass der Rap der Crack-Ära zwar von Nihilismus geprägt sei, dass dieser Nihilismus aber nicht von den Rappern in Umlauf gebracht wurde: „Er reflektiert den Seelenzustand und die Ängste junger Amerikaner aller Hautfarben und Klassen, die in den großen Städten oder anderswo ein aufreibendes Leben führen."

Gangsta-Rap hatte aber noch einen anderen Effekt auf die HipHop-Kultur: In der Folge von „Straight Outta Compton" setzte eine Demokratisierung und Regionalisierung von Rap ein. N.W.A stellten die Parole „it ain't where you from, it's where you at" des New Yorker Rappers *Rakim* auf den Kopf. Neben die große Predigt, die von HipHop-Propheten wie *Chuck D* von der Höhe des Berges aus erzählt wurde, gesellte sich die schmutzige und wacklige Handkamera, die den Zuhörer in die verwegenen Ecken des eigenen Viertels führte. „Now every hood could be Compton", von nun an konnte jedes Viertel Compton sein, schreibt *Jeff Chang*, „everyone had a story to tell." Diese „hood-centric", die Zentrierung auf's eigene Viertel, auf „what is real" und die Legitimation, ohne großes Vorwissen einfach loszulegen, wiederholt sich in der Entwicklung des Genres Gangsta-Rap in Deutschland mit der Veröffentlichung von

Sidos „Mein Block". Was sich auch wiederholt ist das, was *Ice T* als „Home Invasion" charakterisiert hat: eine Begeisterung der jungen bürgerlichen Kids aus den reichen Vorstädten für die Musik der Gangsta-Rapper und damit der große kommerzielle Erfolg von Rap-Musik. Damit wird Gangsta-Rap nicht nur ein wirksames Mittel, um die eigenen Eltern zu schocken, er wird auch zum Lieblingsfeind derjenigen, die meinen, ihre Kinder vor dem Bösen beschützen zu müssen: für Eltern, Lehrer, Politiker und Journalisten.

„euer ghetto lebt in allen diesen jungen leuten"

Deutscher Gangsta-Rap: Die Bad Bank des Bürgertums *(LJ)*

Aber wie sieht es in Deutschland aus? Auch hier wird Gangsta-Rap als ein Genre wahrgenommen, das von einer gesellschaftlichen Minderheit dominiert wird: Die bösen Jungs mit dem grimmigen Blick sind vor allem Migrantenkinder, deren Eltern und Großeltern zwischen 1950 und 1970 als so genannte Gastarbeiter von der Bundesrepublik ins Land geholt wurden. In der Öffentlichkeit waren sie lange Zeit kaum sichtbar. In einer Reportage des WDR aus den 1970er Jahren heißt es lapidar: „Ausländer auf unseren Straßen. Es könnten auch Marsmenschen sein, so fremd nehmen sie sich aus." Erst mit HipHop treten die Kinder der „Gastarbeiter" (die längst keine Gäste mehr sind) vermehrt ins Rampenlicht – nicht mehr als Problemfälle, sondern als Akteure und Vertreter einer globalen Jugendkultur. Seit dem Erfolg von Gangsta-Rap Mitte der 2000er Jahre erobern die „Ausländer" als MCs die Charts und werden zu Vorbildern einer ganzen Generation.

Vor allem dieser Umstand sorgt Journalisten wie Peter Richter, der deutschen Gangsta-Rap 2008 in der „FAZ" als „tragische Erscheinung" beschreibt, „die dreizehnjährigen Mädchen gefallen will, und gleichzeitig die stumpfsinnigsten, reaktionärsten und langweiligsten Werte perpetuiert". Richters Urteil bringt auf den Punkt, was viele Menschen denken, die wenig über HipHop, Migration und Politik wissen. So wird Gangsta-Rap zur Geisterbahn der bürgerlichen Moral, zur Bad Bank der alten europäischen Werte. Die Debatte um eine Leitkultur hat gezeigt, wie schwer es den Deutschen fällt, sich eine positive Identität zu entwerfen. In der Empörung über die pöbelnden Gangsta-Kids gelingt zumindest eine Solidarität in der Negation: Nein, das sind nicht unsere Werte! Dafür steht die westliche Zivilisation nicht! Egoismus, Hedonismus, Gewalt, Homophobie, Sexismus, Antisemitismus – damit haben wir nichts zu tun! Wirklich nicht? Wenn es nicht so nach Küchenpsychologie klingen würde, könnte man den bürgerlichen Moralisten unterstellen, sie sehnten sich insgeheim danach, so zu leben, wie die Gangsta-Rapper es vorgeblich tun: einmal ohne Maß und Scham aus dem Vollen schöpfen! Vorurteile, Vielweiberei, selbst ist der Mann – in manchen Punkten sind der deutsche Stammtisch und die Gangsta-Rapper Brüder im Geiste. Und wenn man sich die Sache auf ökonomisch-symbolischer Ebene ansieht, werden aus den Stammtischbrüdern Geschäftspartner: Denn der Gangsta-Rapper treibt die kapitalistische Verwertungslogik auf die Spitze. Er ist der Prototyp des Kleinunternehmers, der alles zur Ware und damit zu Geld macht. Manch einer mag *Kollegah*, *Bushido* oder *Fler* aufgrund ihrer Texte und Gesten für dumme Angeber halten. Wer genau hinschaut, wird Geschäftsmänner kennenlernen, die ihr Image geschickt vermarkten und die nicht damit hinterm Berg halten, was sie für erstrebenswert halten: Geld, Macht, Autos, Frauen – Statussymbole, die älter sind als Gangsta-Rap, weil sie zu den Top Ten der bürgerlich-kapitalistischen Sehnsüchte gehören. Weil man das so nicht sagen möchte, bewegt sich die bürgerliche Berichterstattung über das Phänomen Gangsta-Rap zwischen Ratlosigkeit und Zynismus. Selten geht es um eine ernsthafte Auseinandersetzung mit den Themen oder den Biografien der MCs – die Gangsta-Rapper werden als das Andere, das Fremde inszeniert und damit als Gegenentwurf zur eigenen Wertegemeinschaft. Die Fremdheit wird nicht soziologisch oder musikhistorisch erklärt (was bei einem Gegenstand wie Rap-Musik naheliegen sollte), sondern ethnokulturell. Deshalb fragt sich der deutsche Autor Joachim Lottmann, der sich selbst als „Vertreter der westlichen Zivilisation" sieht, 2014 in der *Zeit*: „Gibt es überhaupt noch einen Trend außerhalb der Migrantenjugend?"

Wer hätte gedacht, dass den rappenden Nachfahren von Einwanderern einmal ein solcher Einfluss zugestanden wird? In den 1980er Jahren wurden die Kinder der ersten Migrantengeneration nicht in die Diskotheken der Deutschen hineingelassen, in den 1990er Jahren machten sich Komiker über das gebrochene Gastarbeiterdeutsch lustig – und heute ist ein Trend außerhalb der Migrantenjugend kaum denkbar? Was ist passiert in den Jahren zwischen 1980 und 2015? Es hat sich eine Verschiebung ereignet, die es in den 1980er und 1990er Jahren auch in den USA gegeben hat, die in Deutschland aber unter dem besonderen Vorzeichen der bundesrepublikanischen Migrationspolitik steht. Diese Entwicklung muss man kennen, um das Phänomen Gangsta-Rap in Deutschland zu verstehen.

„du in deinem einfamilienhaus lachst mich aus"

Gastarbeiter, Gangs und migrantische Selbstbehauptung *(LJ)*

Breakdance und Rap waren für die Kinder der ersten Einwanderergeneration von Beginn an mit der Möglichkeit verbunden, zum Subjekt in einer Gesellschaft zu werden, in der sie bis dahin ausgegrenzt oder nicht wahrgenommen wurden. Mindestens genauso wichtig war der Zusammenschluss der migrantischen Jugendlichen in den deutschen Großstädten zu Straßenbanden. Dieser Prozess begann in den frühen 1980er Jahren, als die Kinder der ersten Migrantengeneration ins Teenageralter kamen. So gründeten sich die *Şimşekler* aus Berlin 1982, weil sie als „Ausländer" nicht in die Tanzclubs gelassen wurden. In einem Interview mit Klaus Farin erinnert sich Mehmed, Mitglied einer Berliner Jugendgang: „1982 und 1983 war die große Frage in etwa: Dürfen Türken frei auf dem Kudamm rumlaufen bzw. dürfen Ausländer in Diskotheken rein?" Mit der Gründung von Gangs werden migrantische Jugendliche im Straßenbild sichtbar und sie werden selbstbewusster. Im November 1984 stellt das Nachrichtenmagazin *Der Spiegel* fest: „Und wie es in New York einst die Gettos der Schwarzen und Puertoricaner waren, die den Nährboden für die Bandenbildung abgaben, so sind es in der Bundesrepublik von heute die Großstadtviertel, wo sich Arbeitslose und Gastarbeiter ballen. Fast alle Straßenbanden haben junge Türken und/oder Griechen, Jugoslawen, Portugiesen als Mitglieder; viele Gangs werden von Ausländern dominiert."

Anders als in den USA hängt diese Entwicklung weder mit der Bürgerrechtsbewegung zusammen, noch spielt die Verbreitung von harten Drogen eine maßgebliche Rolle. Vielmehr kann die Bildung von Straßengangs als ein Akt der Selbstermächtigung einer Generation von Einwandererkindern gesehen werden, für die in der Bundesrepublik bis dahin weder ein Platz noch eine Zukunft vorgesehen war. Im Zuge des Arbeitskräftemangels und der Anwerbeabkommen in den 1950er und 1960er Jahren hatte man zwar Millionen Menschen aus der Türkei, Griechenland,

Jugoslawien, Italien und Portugal in die BRD geholt – dass diese Menschen mit ihren Familien aber einmal ihren Lebensmittelpunkt in Deutschland haben würden, war nicht vorgesehen. Selbst als in den 1980er Jahren deutlich wurde, dass die Bundesrepublik zu einem Einwanderungsland geworden war, vermied die Politik unter der Regierung von Helmut Kohl diesen Begriff und sperrte sich gegen das Selbstverständnis und die Verantwortung, die eine Anerkennung dieser multikulturellen Realität mit sich gebracht hätte. Wichtige Maßnahmen wie Sprachförderung, Unterstützung migrantischer Unternehmensbildung, Schaffung gleicher Chancen auf gute Jobs und Bildung, Kampf gegen Diskriminierung im Alltag usw. wurden aufgeschoben. Stattdessen mussten die so genannten Gastarbeiter selbst sehen, wo sie bleiben. Die junge Generation war in den 1980er Jahren schließlich nicht mehr bereit, die Diskriminierungen, die ihre Eltern oft ertrugen, weiter hinzunehmen. Ihr Protest organisierte sich nicht in Form einer Bürgerrechtsbewegung mit klaren politischen Forderungen, sondern fand zunächst Ausdruck in einfachen Akten der Selbstermächtigung.

Killa Hakan 1989: „Ihr müsst cool bleiben!"

Exemplarisch lässt sich diese Form des Empowerments an einem Vorfall zeigen, der sich 1989 in Berlin-Kreuzberg abspielte und der verdeutlicht, wie das Selbstbewusstsein in den migrantischen Communitys gestiegen war: *Killa Hakan*, ein Berliner Rapper und ehemaliges Mitglied der Streetgang *36 Boys*, berichtet im Internetmagazin *Vice* von dieser Episode: Eine Polizeistreife hält seinen Freund an und will ihn grundlos kontrollieren. Dieser weigert sich jedoch und die Polizisten holen Verstärkung. „Tja, und dann kamen unsere Jungs, der und der und der Bruder von dem; die Schwestern und Mütter haben Sachen aus den Fenstern geworfen. Die Bullen hatten 70 Wagen am Ende! … Die kamen nicht klar. Wir waren zu viele." Im Anschluss an diesen Vorfall gab es ein Gespräch mit Vertretern der Polizei und *Killa Hakan* gab dem Polizeimeister Sven Krebs den Tipp: „Ihr müsst cool bleiben." Tatsächlich haben sich die Polizeistreifen nach diesem Gespräch in Kreuzberg zurückgehalten.

„meine straße, mein zuhause, mein block"

Doppeltes Diasporabewusstsein oder der Dritte Stuhl *(LJ)*

Gerne wird das Identitätsgefühl der zweiten Migrantengeneration mit dem Bild von den zwei Stühlen beschrieben, zwischen denen die Kinder mit den „fremden Wurzeln" angeblich sitzen. Diese Metapher ist zu einem Topos des deutschen Journalismus geworden, der ÜBER Einwanderer berichtet. Tatsächlich machten viele junge Türken, Kurden oder Portugiesen die Erfahrung, dass sie im Herkunftsland ihrer Eltern als Auswanderer behandelt wurden und in Deutschland selbst als „Ausländer", die nicht als Teil der deutschen Gesellschaft anerkannt waren. Die Berliner Rapperin *Aziza A* setzte dieser Erzählung früh das Bild vom Dritten Stuhl entgegen: „Ich will die Frage, ob wir türkisch oder deutsch sind, ausradieren und verkünde, dass wir multi-kulti und kosmopolitisch sind. Ich will zeigen, dass wir nicht mehr zwischen den Stühlen sitzen, sondern dass wir einen ‚Dritten Stuhl' zwischen diesen beiden haben." Im deutschen Gangsta-Rap, dessen Protagonisten der letzten zehn Jahre vor allem Kinder der zweiten und dritten Migrantengeneration sind, verwirklichte sich diese Idee des Dritten Stuhls auf eine überraschende Weise: Nicht als positive, kosmopolitische Vision, sondern als selbstbewusste Drohung einer verdrängten Geschichte. Die Söhne und Enkel der ersten „Gastarbeiter", die nie in der deutsche Gesellschaft willkommen waren und für die in den 1990er Jahren auch kein Platz im boomenden Deutsch-Rap-Geschäft vorgesehen war, traten aus ihren Vierteln hervor und schnappten sich ein Stück vom Kuchen. Sie taten dies nach ihren eigenen Regeln. Sie knüpften weder bewusst an die Tradition der HipHop-Old-School an, noch griffen sie musikalische, kulturelle oder politische Erzählungen der deutschen Geschichte auf (wie es zum Beispiel viele Rapper in Frankreich taten). Maßgeblich für sie wurden die Erfahrungen der alltäglichen Selbstbehauptung im eigenen Viertel, der Kampf um Teilhabe am Wohlstandsversprechen des Spätkapitalismus und die zerbrochenen Versatzstücke der Herkunftskultur ihrer Eltern. Aus solchen Materialien zimmerte sich diese Generation ihren Dritten Stuhl.

Doch bevor sich die Migrantenkids der deutschen Sprache überhaupt als Rap-Sprache bedienten, kam es im Zuge der Wiedervereinigung und des erstarkenden Nationalismus zu einer zweiten Welle der Bildung von Streetgangs. Auf seinem Album „Alis Im Wunderland" rappt der Berliner MC *Bektaş*: „als in mölln, rostock, solingen buden brennen / gründen immigrantenkids in ganz berlin jugendgangs." Der Soundtrack dieser Gangs waren der G-Funk und der West-Coast-Rap von *Dr. Dre, Tupac* und *Snoop Doggy Dogg*. Filme wie „Colors – Farben der Gewalt" von *Dennis Hopper* und „Boyz'n the Hood" von *John Singleton* lieferten die Bilder für ein Lebensgefühl, das in Deutschland mit völlig anderen Realitäten verknüpft war als die amerikanischen Vorlagen. Die Streetgang ist bis heute die präsenteste soziale Gestalt urbanen migrantischen Selbstbewusstseins. Sie ist nicht kosmopolitisch, sondern – im Gegenteil – fixiert auf den Ort, an dem man lebt, von dem aus man spricht und an dem man bleibt. Dafür bietet diese Position jedem (Mann) die Möglichkeit, seine Geschichte zu erzählen. Und jedes Viertel kann zu einem potentiellen Sprechort werden: Das Märkische Viertel ist überall – so kann man es in Anlehnung an *Jeff Changs* Aussage über Compton formulieren. Nach „Mein Block" kann man auch in Deutschland von einer Regionalisierung und Demokratisierung von Rap sprechen, und seitdem klar ist, dass die meisten Fans von *Sido, Bushido* oder *Xatar* aus der deutschen Mittelschicht stammen, ist Gangsta-Rap ein gesellschaftlich relevantes Phänomen geworden. Erst jetzt setzt eine Identifikation vieler Migranten-Kids mit der deutschen Sprache als Rap-Sprache ein. Wobei diese Rap-Sprache nichts mehr mit dem gemein hat, was in den 1990er Jahren unter dem Etikett „deutscher Sprechgesang" die Charts dominierte. Der Journalist Thorsten Stecher hatte sich zu früh gefreut, als er 1999 in einem Artikel in der *Zeit* resümierte: „Der Sprechgesang aus dem schwarzen Getto ist deutsch geworden. Schön, dass auch HipHop in Deutschland zur neuen Mitte gefunden hat." Die neuen Gangsta-Rapper aus der Nordwest-Stadt, aus Neukölln oder Chorweiler zielen auf die Mitte – aber sie stehen im Abseits. Die Figuren, die sie in ihren Texten entwerfen – die Kleinkriminellen, Nutten, Drogendealer, Türsteher – möchte die Mitte der Gesellschaft nicht zu Gast im Jugendzimmer ihrer Töchter und Söhne sehen. Aber mit dem Kauf der Deluxe-Edition sind diese ärgerlichen Existenzen längst dort eingezogen.

Anders als in den USA und in Frankreich gibt es jedoch zwei entscheidende Bruchstellen: In den USA bleibt Gangsta-Rap auch im Selbstverständnis der Künstler Teil des (afro-) amerikanischen und damit des nationalen Geschichtsbewusstseins – und dazu gehört auch die HipHop-Geschichte. Die Bilder, die in den deutschen Street-Rap-Videos transportiert werden, lassen sich hingegen auf Vorlagen französischer Produktionen zurückführen. Vom kulturellen und politischen Selbstverständnis bezieht sich der Straßen-Rap in Frankreich auf einen breiten gesellschaftlichen Horizont. In Deutschland ist das (noch) nicht der Fall. Der Politikwissenschaftler *Murat Güngör* ist sogar der Meinung, dass von der Mehrheit der erfolgreichen Straßen-Rapper emanzipatorische politische Forderungen nicht zu erwarten sind: „Die Grundhaltung dieser Rapper ist patriarchal-kapitalistisch und folgt der Maxime: sozialer Aufstieg durch Gewinnmaximierung. Dabei will auch ein migrantischer Gangsta-Rapper nichts mit den sozialen Verlierern der Gesellschaft zu tun haben. Es geht nicht mehr um die Community, sondern nur noch um den eigenen Erfolg." Und *Güngör* weist auf einen weiteren Aspekt von Gangsta-Rap hin: Die männliche Leerstelle einer oft vaterlos aufwachsenden Schicht wird meist im Sinne archaisch-patriarchaler Phantasien gefüllt. Besonders gut könne man das bei dem Offenbacher Rapper *Haftbefehl* beobachten: „Die imaginäre Figur des Babo, des Vaters, wird bei *Haftbefehl* reaktionär zugespitzt. Der Babo ist in einer traditionellen kurdisch/türkischen Gesellschaft das zutiefst rückständige Rollenmodell eines Clanführers, der kontrolliert und lenkt. Es ist eine extrem konservative Konstruktion von Männlichkeit, die weibliche Selbstverwirklichung und Homosexualität als Bedrohung wahrnimmt und aggressiv ausgrenzt." Aktuell lassen sich außerdem Tendenzen feststellen, die auf eine Re-Nationalisierung hinweisen und die zu einer ethnischen Segmentierung führen. So wird z.B. von dem Rapper *Eko Fresh* verlangt, dass er klar Stellung bezieht, ob er nun Türke oder Kurde sei und in einigen Street-Rap-Videos tauchen Nationalflaggen auf, die klarstellen, dass sich die Künstler eben nicht als Kosmopoliten verstehen, sondern als stolze Vertreter eines bestimmten Staates.

In einem übergeordneten Kontext wird diese Entwicklung verständlich, wenn man die Besonderheiten der deutschen Migrationsgeschichte benennt. Sie erklären auch, aus welchen Gründen sich deutscher Gangsta-Rap nicht früher etablierte und warum die Migranten-Kids (bis auf wenige Ausnahmen) sich der deutschen Sprache als Rap-Sprache nicht schon zu Beginn der 1990er Jahre bedienten. Zu diesen Besonderheiten gehören zum einen das Staatsbürgerschaftsrecht, das bis Ende des letzten Jahrhunderts auf dem so genannten Blutsrecht basierte – Deutscher ist, wer deutsche Vorfahren hat. Zum anderen die oben erwähnte Weigerung der Politik, Deutschland als Einwanderungsland zu begreifen und die nötigen Strukturreformen einzuleiten. Der positive Bezug auf die deutsche Sprache und den deutschen Staat blieb bei Migranten lange Zeit eine Ausnahme. Andererseits ist es Migranten bis heute nicht gelungen, sich zu einer gemeinsamen gesellschaftlichen und politischen Stimme zu organisieren. Damit fällt in den meisten Fällen auch eine positive Identifikation mit einer migrantischen Community weg. *Imran Ayata,* ein Berliner Autor und Unternehmer, beschreibt diesen Umstand so: „Entscheidend ist, dass es in Deutschland noch immer keine gewachsene Migrantenkultur gibt. Es gibt keine wahrnehmbare Artikulation von Interessen von Migranten." Diese Identitätslücke füllen die Gangsta-Rapper, indem sie den Bezugsrahmen radikal verkleinern: In dieser Perspektive wird das eigene Viertel zum einzig „realen" und damit vertrauten Ort überhöht, der Identität zu stiften vermag. Auf der anderen Seite vergrößern sie den Bezugsrahmen und schließen die ursprüngliche Heimat der Eltern oder Großeltern als „imaginären Ort" mit ein. Diese Spannung zwischen realer und imaginierter Heimat macht das Identitätsgefühl von Gangsta-Rap in Deutschland aus. Wer deutschen Gangsta-Rap verstehen möchte, sollte die Protagonisten nach diesen beiden Orten fragen.

Bei all den spannenden sozialen, psychologischen und ökonomischen Verwebungen, die deutschen Gangsta-Rap mit unserer Gesellschaft verbindet, fällt häufig ein Aspekt unter den Teppich: seine künstlerische und literarische Qualität. Kaum ein Kunstschaffender darf so wenig Künstler sein wie ein Gangsta-Rapper. Irgendwie bleibt bei Freunden wie Feinden des Genres die Idee: Wenn man das ganze Drumherum erklärt und analysiert, dann hat man das Phänomen gepackt, dann ist die ganze Kunst entzaubert. Wir sind es nicht gewohnt, den einzelnen Gangsta-Rapper als künstlerisches Individuum zu akzeptieren, das diese eine besondere Geschichte erzählt. Wir verstehen die widerspenstigen Figuren, die die Straßen-Rapper in ihren Texten entwerfen und über Songs und Videos in den Mainstream einspeisen, nicht als spannende Charaktere einer schaurigen Poesie. Das sollte man aber tun, wenn man Rapper wie *Haftbefehl, SSIO* oder *Xatar* als Künstler kennenlernen möchte.

„rock the hard jams, treat it like a seminar"

Gangsta-Rap aus akademischer Perspektive *(LJ)*

Über HipHop wird viel geschrieben. Neben den szeneinternen Medien beschäftigen sich vor allem die Feuilletons der bürgerlichen Presse mit den vielfältigen Formen dieser Kultur. Aber auch an den Universitäten gibt es inzwischen viele Fachbereiche und Experten, die sich für HipHop interessieren. Die Anzahl der Seminar- und Abschlussarbeiten aus den Bereichen der Sozial-, Kultur- und Musikwissenschaften, die sich mit Rap, Graffiti, B-Boying oder DJing beschäftigen, ist kaum zu überschauen. Zum Phänomen Gangsta-Rap in Deutschland gab es allerdings kaum eine nennenswerte Analyse. Das änderte sich mit dem Sammelband „Deutscher Gangsta-Rap" von *Marc Dietrich* und *Martin Seeliger*, der 2012 im transcript-Verlag erschien. Den beiden Autoren gelingt eine seltene Melange: Sie verbinden eine leidenschaftliche und kenntnisreiche Betrachtung der HipHop-Kultur mit einer klugen wissenschaftlichen Analyse, die auch den akademischen Laien anspricht. Außerdem mischen sie sich in aktuelle Debatten ein, beziehen Stellung zu strittigen Fragen und reagieren auf spannende Entwicklungen. So antwortete *Marc Dietrich* im Mai 2015 mit einem ausführlichen Artikel im Internetmagazin *All Good* auf die Behauptungen einiger Kulturjournalisten, im Gangsta-Rap lasse sich eine ästhetische und ideologische Nähe zum so genannten Islamischen Staat nachweisen. Und *Seeliger* analysierte die irritierten Reaktionen der Rap-Männer-Welt auf das Auftreten der Gangsta-Lady *Schwesta Ewa*.

Marc Dietrich arbeitet momentan als Wissenschaftler an der Universität in Magdeburg; zu seinen Forschungsgebieten gehören die Jugend- und Musikkultur, Fanzines, Musikvideos und Filme. Außerdem ist *Dietrich* Mitbegründer des Internetmagazins *All Good*. *Martin Seeliger* ist wissenschaftlicher Mitarbeiter am Max Planck Institut für Gesellschaftsforschung in Köln. Er veröffentlichte u.a. die Monografie „Deutscher Gangsta-Rap. Zwischen Affirmation und Empowerment", die 2012 im Posth Verlag erschien.

Ihr habt euch in den letzten Jahren viel mit Rap beschäftigt, vor allem mit so genanntem Gangsta-, Straßen- oder Realityrap. Ist das eigentlich in euren Augen dasselbe?

Marc Dietrich: Ich habe Schwierigkeiten, diese Subgenres trennscharf auseinanderzuhalten. Das grundsätzliche Problem ist, dass diese Bezeichnungen aus einem Szenemedien-Diskurs bzw. von Labels oder Künstlern selbst stammen und nicht beispielsweise – wie in der qualitativen empirischen Sozialforschung üblich – nach einem bestimmten Kriterium gebildet und systematisch unterschieden sind: Gangsta-Rap verweist auf die Akteure, Straßen-Rap auf eine räumliche Qualität und Reality-Rap auf einen Gehalt oder Geltungsanspruch. Um es ansatzweise zu versuchen: Grob kann man sagen, dass es bei Gangsta-Rap um die Behauptung des eigenen Gangstatums geht, um die aktive Involviertheit bezüglich der Inszenierungen von Devianz. Bei Straßen-Rap wird die Augenzeugen- oder Beobachterperspektive in Anschlag gebracht. Es geht also mehr um die „authentische" Schilderung des Straßen- und Gangstalebens. Reality-Rap ist ein eher selten gebrauchter Begriff, den ich tendenziell mit Rappern wie *Nas*, *Infamous Mobb*, *Mobb Deep* verbinden würde, die aus dem Raum Queensbridge, New York, stammen. Der Begriff scheint mir irgendwo zwischen Gangsta- und Straßen-Rap lokalisiert zu sein und bezieht sich vor allem auf die Markierung des Inhalts als ungefiltert und authentisch.

Martin Seeliger: Ich frage mich, ob wir als Beobachter überhaupt in den Kategorien der Akteure arbeiten sollten, möglicherweise ist das verwirrend. Wenn z.B. *Kollegah* und *Farid Bang* auf ihrer CD „Jung, Brutal, Gutaussehend – Teil 3" rappen, dass sie Gangsta-Rap machen, finde ich das nicht richtig – und ich glaube, die beiden würden auch sagen, dass sie keinen Gangsta-Rap machen. Ich wüsste aber auch nicht, wie ich das bezeichnen würde. Ich verwende Gangsta-Rap als unspezifischen Sammelbegriff. Ich glaube, genau das steckt auch dahinter, wenn in letzter Zeit immer mehr Rapper den Begriff „Straßen-Rap" verwenden. Gangsta-Rap ist vielgestaltig und nicht mehr unbedingt mit dem tatsächlichen Leben verbunden, das in den Texten beschrieben wird. Die Straße ist da als Metapher präziser.

Was interessiert euch an Gangsta-Rap?

Martin Seeliger: Mich interessiert, dass es einen Plot gibt und Songs, Alben, Interviews der verschiedenen Rapper sich aufeinander beziehen. Das Entertainment ist nicht so fragmentiert, sondern umfassender. Soziologisch und politisch hat mich vor allem die Ambivalenz fasziniert, die Gangsta-Rap als Symbolsystem aufweist. Einerseits ist es dieses Moment des Empowerments, also die Selbstermächtigung mit der Macht- und Einflusslosigkeit überwunden werden. Dann ist es ein symbolischer Themenpark für etwas distanzierte, aber positiv gestimmte Rezipienten, und schließlich ist es auch noch im alltäglichen Sprechen und im Mediendiskurs über die Sozialfigur „Rapper" ein symbolisches Repertoire für migranten- und unterschichtenfeindliche Darstellungen. Das sind sehr widersprüchliche Nutzungsmöglichkeiten, die aber alle einander brauchen.

Marc Dietrich: Ich interessiere mich eher für Inhalte, die mit meinem eigenen Milieu und Leben wenig zu tun haben. Straßen-Rap – wenn er gut gemacht ist – hat für mich bei aller Übertreibung manchmal die Qualität einer dichten Beschreibung, er hat literarische Qualitäten. Da werden Bilder im Kopf erzeugt. Zudem kann man sein „Kopfkino" aufgrund der Genredifferenzierung auch gut wählen. Geht es um Blockbusterqualitäten, dann hört man ein Album von *Rick Ross*, soll es eine eher puristische Milieustudie sein, dann greift man zu frühen Tracks von *Haftbefehl*. Soziologisch interessant ist Straßen-Rap, weil es inszenierte Narrative sind, die eigentlich immerzu mit gesellschaftlichen und kulturellen Themen wie Gettoisierung, Marginalisierung, Kriminalität und so weiter aufgeladen sind. Mir fällt kaum ein Genre ein, das soziologisch relevante Themen so verdichtet enthält wie Gangsta-Rap. Noch dazu werden diese Erzählungen in einem Modus entfaltet, der durch seine mitunter politische Unkorrektheit aber auch speziellen sprachlichen Qualität ganz besonders reizvoll – weil oft nicht inhaltlich eindeutig oder direkt einordbar – ist.

Aus welchem Grund habt ihr euch entschieden von „deutschem Gangsta-Rap" zu sprechen und nicht von „Gangsta-Rap in Deutschland"?

Marc Dietrich: „Deutscher Gangsta-Rap" scheint mir aussagekräftiger, weil es sich tatsächlich um eine deutsche Interpretation des amerikanischen Genres handelt, die man nicht als Kopie oder reine Adaption einordnen kann. „Deutsch" ist dabei allerdings auch ein reichlich diffuser Catch-All-Begriff, etwas Besseres fällt mir aber gerade nicht ein. Besonders gut sieht man das bei *Haftbefehl*, der sich stark bei amerikanischen Inszenierungen und Ästhetiken bedient hat, sich aber auch von französischen Rappern inspirieren ließ. Nichtsdestotrotz hat er sprachlich und auch optisch Wege gefunden, einen ganz eigenen hybriden Stil zu entwickeln, der stark durch das Offenbacher und Frankfurter Straßenmilieu und arabische Einflüsse geprägt ist.

Du sagst, die Texte der Gangsta-Rapper hätten literarische Qualität. Damit setzt du eine Trennung zwischen Autor und „Lyrischem Ich" voraus und verweist auf das Fiktionale der Texte. Andererseits ist gerade im Gangsta-Rap Authentizität sehr wichtig. Sind sich Rapper der Inszenierung ihrer Geschichten bewusst?

Marc Dietrich: Man muss hier trennen zwischen der wissenschaftlichen Perspektive auf die Tracks und der Perspektive des Rappers. Für den wissenschaftlichen Beobachter ist es generell angezeigt, die Texte als inszenierte Produkte oder als Realitätseindrücke zu sehen, die unter genretypischen Vorzeichen mit literarischen Mitteln realisiert werden. Allein schon wegen der Stilmittel, die da zum Einsatz gelangen, Bilder, Metaphern, Reime usw., kann man von stark stilisierten Narrativen sprechen. Dabei verstehe ich Inszenierung nicht als reinen inhaltlichen „Fake", sondern als eine Form der kommunikativen Aufbereitung. Innerhalb der Inszenierung kann der Wahrheitsgehalt auch in Abhängigkeit vom Selbstverständnis des Künstlers differieren.

Wenn Straßen- oder Gangsta-Rapper behaupten, die Wahrheit zu sagen, dann wissen sie zumeist, dass sie beim Texteschreiben literarische Stilmittel der Überpointierung, Überhöhung etc. einsetzen. Ob sie das so formulieren wie wissenschaftliche Beobachter, steht auf einem anderen Blatt. Manchmal ist es sicher auch eingehend reflektiert und wird aus verschiedenen Motiven so nicht kommuniziert. Straßenrealität zu verkünden heißt, dass man hinter dem Geschilderten als authentischer, weil selbst erlebter oder beobachteter Realität stehen kann. Eben weil man dem Milieu entstammt oder mindestens so davon reden kann, dass es glaubwürdig wirkt. Die Erfindung der reinen Kunstfigur, d.h. einer Figur, die nicht mit der Person dahinter zusammenhängt, ist neuerer Art und im „Die-Hard-Gangsta-Rap" eigentlich kaum geduldet. Die zumindest glaubwürdige Inszenierung als jemand, der aus dem Milieu kommt, ist notwendig.

Sind Migrations-, Diaspora- oder Marginalisierungserfahrungen eine Voraussetzung dafür, dass Gangsta-Rap entstehen kann?

Martin Seeliger: Gangsta-Rap ist unweigerlich mit der Migrationsgeschichte verbunden. Das kann man gut in den USA sehen: Wenn wir schwarze US-Geschichte auch als Einwanderungsgeschichte lesen, sieht man, dass es auch Jahrhunderte nach den ersten Zwangseinwanderungen afrikanischer Sklaven nicht gelungen ist, deren Randständigkeit innerhalb der Sozialstruktur aufzuheben. Hier sieht man auch, dass es letztlich gar nicht mehr so sehr um Einwanderung geht, sondern um deren Folgen. Vielleicht ist es ja sogar so, dass man das Phänomen Migration und damit auch die Migranten pathologisiert, wenn man weiter darüber redet, weil man dadurch von den Beharrungskräften der Aufnahmegesellschaft ablenkt: Das Problem sind immer die Migranten und nicht die Gesellschaft. Dass rassistische Diskriminierung gegenüber fremd Aussehenden greifen kann, ist eine weitere wichtige Voraussetzung für Gangsta-Rap. So bleiben die Post-Migranten oft an ihrer Identität als Einwanderer hängen, auch wenn sie das gar nicht wollen. Ganz wichtig ist im Moment der Islam-Diskurs. Ohne den wäre es nicht so einfach, die Gangsta-Rapper als gefährlich zu stilisieren. So korrespondiert ihr Erscheinen in der Öffentlichkeit auch immer ein bisschen mit Terrorismus und Anti-Aufklärung und die Dichtomie „vernünftiger, rechtschaffender Deutscher versus verrückter, gefährlicher Einwanderer" wird möglich. Und das ist wichtiges Material für die öffentliche Skandalisierung. Dass sich jede Menge Gangsta-Rapper von *Deso Dogg* und seinem Islamismus abgrenzen, spielt dabei übrigens überhaupt keine Rolle. So genau will man es dann auch nicht wissen.

Welche Besonderheiten der bundesrepublikanischen Migrationsgeschichte haltet ihr in Hinblick auf die Entwicklung von Rap/Gangsta-Rap für wichtig und interessant?

Martin Seeliger: Als die Migranten-Kids Anfang der 1980er Jahre anfingen zu rappen, zählten nur 15 Prozent der Westdeutschen Migranten zu ihrem Freundes- oder Bekanntenkreis – 2006 waren es schon 61

Prozent. Gleichzeitig haben wir ein konservatives, reaktionäres Klima in der politischen Sphäre. Rap entstand also bereits im Kontext einer durch Feindlichkeit bedingten Marginalität. In den 1990ern spitzte sich das ganze dann zu, vielleicht auch, weil die Medien insgesamt mehr in Richtung Boulevard rückten. Außerdem wurde Straßenrap immer sichtbarer. Als dann *Aggro Berlin* kam und dieses Skandalisierungsbedürfnis systematisch bediente, wurde die Stigmatisierung kulturindustriell integriert.

Nach dem islamistischen Anschlag von Paris auf die Redaktion des Satiremagazins Charlie Hebdo häufen sich im deutschen Feuilleton Vergleiche, die Gangsta-Rap mit Islamismus und konkret mit dem so genannten Islamischen Staat (IS) in Verbindung bringen. In der April-Ausgabe der Rap-Zeitschrift Juice *aus dem Jahr 2015 sagt die Wissenschaftlerin* Reyhan Sahin, *dass ein Islam, der mit Extremismus und Terrorismus in Verbindung gebracht wird, tatsächlich attraktiv sein kann – auch für Rapper.*

Marc Dietrich: Ich glaube, *Reyhan Sahin* hat im Rahmen des Interviews überpointiert. Dass fundamentalistischer Terrorismus jetzt coolnessbezogen die üblichen Drogenprahlereien abgelöst haben und ein Trend sein soll, halte ich für ziemlich übertrieben. Klar, im Rap geht es ganz häufig um drastische Selbststilisierung, Abgrenzung und Provokation. Im Rahmen der Genre-Logik ist es ja eigentlich auch nur konsequent, nach einer Semantik zu suchen, die die bürgerliche Gesellschaft am stärksten provoziert. Und was läge da näher als islamistischer Terror. Das ist im Grunde genommen eine Poserei auf beiden Seiten: Die einen nutzen Rap-Ästhetik, um ihr Klientel zu erreichen, und die anderen eignen sich islamistisch-fundamentalistische Symbolik zur provokativen Selbstinszenierung an. Gerade im Rap muss man betonen: Es ist zu unterscheiden zwischen Performance und tatsächlicher Handlungspraxis, und bis jetzt sehe ich noch keine Gangsta-Rapper in Scharen in die Krisenregionen ziehen. Aus Sicht konservativer Beobachter ist die eigentlich leicht zu durchschauende Pseudo-Verbandelung von Gangsta-Rap und islamistischem Terror jetzt natürlich eine schöne Situation, denn sie können zwei Fliegen mit einer Klappe erledigen: Diesen migrantischen Fäkalrap mochte man noch nie und jetzt kommt der ohnehin schon ungeliebte Islam in seiner radikalen Terror-Variante hinzu. Da kann man richtig draufprügeln.

Mit Schwesta Ewa *betritt eine Frau die Szene, die als ehemalige Prostituierte eine ungewöhnliche Geschichte in den Gangsta-Diskurs einbringt. Wie beurteilt ihr dieses Phänomen? Kann eine Frau, die von einem solchen Ort aus spricht, den gettozentrischen, männlichen Standpunkt irritieren?*

Marc Dietrich: Das ist eine schwierige Frage. Ich würde das gerne glauben, dass so ein gewisses Männlichkeitsbild irritiert wird. *Gabriele Klein* und *Malte Friedrich* haben das mal anhand von Figuren wie *Lil Kim* und *Foxy Brown* durchgespielt – die sind meines Wissens zwar keine autonomen Exprostituierten, haben aber viel geprägt, was die *Schwesta-Ewa*-Sprecherinposition ausmacht: dieses Selbstbewusste, die mit Kalkül die eigene Physis und Wirkung auf Männer einwirkende Haltung. Der Unterschied ist, dass *Ewa* auch stark die harten Seiten des Jobs einbindet und so diese reine „Bitch-Attitüde" erweitert und noch authentischer wirkt. Die Autoren *Klein* und *Friedrich* jedenfalls erwähnen unter poststrukturalistischen Vorzeichen die Möglichkeit, dass durch die Aneignung hegemonial männlicher Zeichen und Narrative die Chance besteht, eben diese zu irritieren bzw. so etwas wie sexuelles Selbstbewusstsein in diesen Machozirkus zu implementieren. Sie kommen aber zu dem Schluss, dass Selbstermächtigung und Emanzipation nicht funktionieren, wenn man einen Spieß umdreht, den man selbst nicht erfunden hat – man verbleibt dann innerhalb des männlich vorstrukturierten Diskurses ohne tatsächlich verändernd einwirken zu können. Mein Eindruck ist, dass man diese Subversionen nur versteht, wenn man eine theoretische Vorinformiertheit hat. Für viele bleibt der Eindruck, dass hier jemand genauso stereotyp daher kommt wie manche männlichen MCs. Schlussendlich müssen so etwas Studien klären und da liegt es nahe die RezipientInnen in den Blick zu nehmen: mit Interviews, teilnehmender Beobachtung und dergleichen. Ansonsten bleibt es eine spannende theoretische Debatte, die letztendlich aber nur vor dem Hintergrund des Produkts selbst und nicht über die Rezeptions- und Aneignungsprozesse geführt wird.

Martin Seeliger: Ich finde, *Schwesta Ewa* irritiert schon sehr. Sie wirft nicht patriarchale Verhältnisse um, das kann sie alleine auch nicht, aber sie ändert ein wenig die Spielregeln. Ich denke, man hat vor allem am Anfang gesehen, als Rapper wie *Kurdo* oder *Manuellsen* oder *PA Sports* auf *Ewa* reagiert haben, dass viele nicht mit der aggressiven Weiblichkeit klarkommen. Und dass sie das nicht zum Anlass nimmt, ihr Verhalten zu ändern, ist ein wichtiges Zeichen. Es kommt wahrscheinlich darauf an, ob es in Zukunft noch mehr Frauen wie *Ewa* geben wird. Wenn dem so sein sollte, wird Rap sich auch verändern.

„Gangsta-Rap zwischen Klischee und Wirklichkeit"

Die wahre Geschichte des Tayfun K. *(LJ)*

„Ich erzähle dir meine Geschichte", sagt Tayfun, als ich mein Diktiergerät auf den Tisch lege, „aber ich möchte nicht, dass du meinen richtigen Namen nennst." Tayfun ist Mitte 30 und hat bereits viel erlebt. Er war Mitglied einer Straßengang, hat als Türsteher gearbeitet und stand auf der Schwelle zu einer kriminellen Karriere. Er entschied sich dagegen, fing an zu rappen und gründete mit seinem Kumpel eine Crew, die mit ihren harten, authentischen Songs die Szene aufrüttelte. Tayfun war ein Rapper, über den die Medien bald begeistert als typischen „Gangsta-Rapper" berichteten und der alle Klischees zu erfüllen schien: Migrantenkind, Gangmitglied, Türsteher. Wer aber Tayfuns Geschichte hört, der erkennt, dass diese Stereotype die Bilder der anderen sind. Dass sie abgetrennt und isoliert von der bunten Biografie eines Menschen dazu dienen, unseren Hunger nach Skandalen und Empörung zu stillen. Das Leben aber ist vielschichtig und widersprüchlich. Denn da ist auch Tayfun, der Familienvater, Tayfun, der Humanist, der BWL-Student, der Künstler. Wie geht das zusammen?

Nur, wenn man sich die Mühe macht, die ganze Geschichte zu hören und ihr den Raum gibt, den sie verdient.

Wir erzählen Tayfuns Geschichte unter einem fremden Namen. Offen bleibt auch, wann genau und an welchen Orten sich die Ereignisse abgespielt haben. Vielleicht trägt diese Anonymisierung dazu bei, Tayfuns Erzählung als eine Parabel zu lesen, die unsere schrillen Klischees über Gangsta-Rap dämpft und uns ermutigt, nach der ganzen Geschichte zu fragen.

Ganz im Sinne des Rappers BOB, der an einer anderen Stelle in diesem Buch sagt: „Ein Urteil über einen Menschen? Attention!"

Vom Glück, ein Hybrid zu sein

Ich bin in dieser Stadt geboren und aufgewachsen. Mein Viertel kenne ich, seitdem ich mich erinnern kann. Ich bin das jüngste von insgesamt sieben Kindern; mein Vater kam in den 1960er Jahren als so genannter Gastarbeiter nach Deutschland, um hier in einer Fabrik zu arbeiten. Später kam meine Mutter mit den älteren Geschwistern nach.

Ich habe eine sehr schöne Erinnerung an meine Kindheit. Meine Eltern waren nicht reich, wir hatten wenig Platz und zu Hause war immer eine Menge los – aber die Bilder meiner Kindheit sind bunt und warm: Wir hatten einen großen Zusammenhalt unter den Geschwistern und ich als Jüngster bin immer besonders liebevoll begleitet und unterstützt worden. Dieses Aufgehobensein in einer Großfamilie hat mir viel Kraft gegeben und ist sicher auch ein Grund, warum ich heute mit mir und meinem Leben zufrieden bin.

Meine Eltern haben für uns Kinder viel getan. Auf der anderen Seite hatte ich in mancher Hinsicht wenig von Vater und Mutter. Zum einen mussten die beiden immer viel arbeiten, zum anderen lief ich als jüngstes Kind der Familie meistens mit den größeren Geschwistern mit. Ich wuchs – wie viele Migrantenkinder der zweiten Generation – in zwei Welten auf. Die dritte Generation kennt diese Erfahrung kaum, da deren Eltern Deutsch sprechen und sich in der Gesellschaft besser zurechtfinden. Bei mir kamen noch die Geschwister mit zum Elternsprechtag.

Ich habe ein sehr positives Bild von den Deutschen. Natürlich war mir schon als Kind bewusst, dass ich kein Deutscher bin. Aber ich habe wie ein Deutscher gefühlt und gedacht. Das heißt nicht, dass ich nichts mitgenommen habe von der Kultur meiner Eltern oder dass ich nicht zu meiner Herkunft stehen würde. Aber die Deutschen haben mir gezeigt, wie man einen Schritt zurücktritt und die Dinge analysiert. Und mit dieser Fertigkeit habe ich mir meine eigene Geschichte und Herkunft angeschaut und viel Neues darüber gelernt. Das meiste, was ich von den Deutschen gehört habe, war vernünftig. Klar habe ich auch gemerkt, dass es da draußen Menschen gibt, die mich aufgrund meiner Herkunft ablehnen – Rassisten findest du überall. Es gibt eine hässliche Fratze bei den Deutschen, das stimmt, aber es gibt diese Fratze auch bei Migranten, und zwar bei denen, die dich böse in der Bahn anschauen und auf Stress aus sind. Ich habe das Glück, mir aus beiden Kulturen das Gute zu nehmen – das ist der Vorteil, wenn man ein

Hybrid ist. Außerdem habe ich eine Leichtigkeit in mir, sodass mir Rassisten nichts anhaben können. Ich glaube auch nicht daran, dass man Menschen verändern sollte. Nimm die Menschen, so wie sie sind, dann veränderen sie sich von alleine. Wenn du diese Aufgabe für sie übernimmst, dann veränderst du dich selbst, und das ist nicht gut.

Der Tag, der alles verändert

Es gibt einen Scheitelpunkt in meinem Leben, der alles auf den Kopf stellte und der mich in die Welt der Schatten katapultierte. Für mich ist das immer noch der Point Zero, der Punkt, nach dem nichts mehr so war wie vorher. Bis zu meinem 18. Lebensjahr war ich ein friedfertiger Zeitgenosse, eher introvertiert, lückenlose Schulbildung, kein Alkohol, keine Zigaretten – ein Musterbild gelingender Integration. Dann musste mein älterer Bruder für sechs Jahre ins Gefängnis. Das riss unsere Familie komplett aus den Fugen. Dazu muss man wissen, dass die Tat, die mein Bruder begangen hat, nicht das Ergebnis einer langen Vorgeschichte kleinkrimineller Vergehen war, wie man das vielleicht vermuten könnte. Nein, mein Bruder war bis dahin ein rechtschaffender Bürger, der den Menschen offenherzig begegnete. Hinzu kommt, dass mir mein Bruder in der Geschwisterfolge am nächsten stand und ich eine sehr enge Beziehung zu ihm hatte. Er war mein Vorbild, mein Unterstützer, mein Wegweiser, den ich über alles liebte. Er war es, der mich immer daran erinnerte, wie wichtig Bildung und Schule sind, er war es, der mich von Drogen und Alkohol fernhielt, er war es, der mit mir sprach, wenn ich jemanden zum Reden brauchte. Ich erinnere mich daran, dass ich schon als Kind für meinen Bruder gebetet habe, dass ihm nichts zustoßen möge. Diese Stütze brach plötzlich weg. Über mein Leben legte sich ein grauer Schleier und ich wusste nicht, wie es weitergehen sollte. In der Folge dieser Tragödie brach ich meine Ausbildung ab und hing immer öfter auf der Straße ab.

Mein Wehrdienst am Block

In dieser Zeit lernte ich Zero kennen und nach und nach wurden wir beide unzertrennlich. Unserem Wesen nach sind wir sehr verschieden, aber vielleicht hat genau das zu dieser festen Bindung geführt und vielleicht habe ich in dieser Zeit auch einen Ersatz gesucht für meinen großen Bruder. Wir hingen oft im Block ab und so kam eins zum anderen: Ich fing an zu kiffen und hatte immer mehr mit Leuten aus dem Umfeld einer berüchtigten Straßengang zu tun. Zu dieser Zeit, also Ende der 1990er Jahre, hatte diese Gang schon einen Namen, der über das Viertel hinaus bekannt war, aber die Strukturen waren noch sehr locker. Es gab einige Leute, die auch in Geschäfte mit der Halbwelt verwickelt waren, aber in erster Linie traf man sich auf der Straße und verteidigte sein Revier. Den Anfang dieser Zeit auf der Straße habe ich kaum noch bewusst in Erinnerung. Ich fühlte mich wie betäubt, manchmal wusste ich nicht einmal, wohin wir überhaupt fuhren und was wir machten. Körperlich war ich anwesend, aber mein Geist war woanders. Dann geschah etwas, das mich aus diesem Schlummer der Trauer riss und den Dämon in mir weckte.

Das Monster in mir

Im Sommer 1999 machte ich mit Zero Urlaub in der Türkei. Am Strand bekamen wir Ärger mit einer Gruppe von Deutschtürken, die auf Stress aus waren. Die waren bestimmt zehn Jahre älter als wir und der Anführer von denen war ein echter Brecher: groß, kräftig und aggressiv. Diese Gruppe trafen wir abends in der Disco wieder. Dort gingen die Provokationen weiter. Irgendwann kam der Besitzer und machte uns klar, dass wir vor die Tür gehen sollen, wenn wir was zu klären hätten. Zero und der Anführer waren schon draußen und ich sah von weitem, wie der Typ immer drohender und aggressiver gestikulierte. Zero wollte den Streit schlichten, aber es war aussichtslos. In diesem Moment legte sich in meinem Kopf ein Hebel um und die ganze Wut und Verzweiflung des letzten Jahres kamen in mir hoch. Ich habe diesen Moment wie in Zeitlupe erlebt: Ich renne auf den Typen zu, verpasse ihm eine Kopfnuss, traktiere sein Gesicht mit einer Serie von Schlägen und prügele ihn, bis er das Bewusstsein verliert. Ich war so außer mir, dass ich noch weiter zugeschlagen hätte, wenn nicht der Türsteher der Disco mir plötzlich eine Rasierklinge an die Halsschlagader gesetzt hätte. „Verpiss dich, oder ich schlitz dich auf!" – das waren die letzten Worte, die mir von diesem Abend im Gedächtnis sind. Zero und ich sind am nächsten Morgen um sechs Uhr in der Frühe mit dem ersten Bus zum Flughafen gefahren und damit war unser Türkei-Urlaub beendet. Dieser Vorfall hatte mich verändert. Ich kannte das Gefühl der vollen Konzentration aus meinen Sparrings – aber in der Türkei war noch etwas anderes passiert. Ich hatte plötzlich das Gefühl: Jetzt geht es um Sein oder Nichtsein – und in dem Moment tauchte in mir ein Ungetüm auf, übernahm die Kontrolle und machte mich unbesiegbar. Doch diese innerliche Kampfmaschine war bösartig. Die Schattenseite in mir war größer geworden, und jetzt änderte sich langsam meine Rolle auf der Straße. Außerdem führte dieses Erlebnis dazu, dass Zero und ich uns Bruderschaft schworen. Von nun an waren wir in unserer Clique die Rädelsführer. Mit Leuten, die uns im Weg standen, gingen wir wenig zimperlich um – das waren dann die ersten gangstermäßigen Aktionen. Wir sind an den Stadtrand gefahren und haben die Leute in einen Wald geführt, verprügelt und ihnen klar gemacht, dass sie nie wieder unser Viertel betreten dürfen. Durch unsere Aktionen wurde der harte Kern der Gang auf uns aufmerksam.

Willkommen im Fightclub

Die nächste Aktion, die dazu führte, dass ich in der Hierarchie nach oben rückte, war wieder eine Prügelei. Ich war mit einem Kollegen von der Gang unterwegs und der machte vor McDonald's eine Prostituierte an. Plötzlich kamen die Typen um die Ecke, für die die Frau anschaffen ging und wollten uns an den Kragen. Mein Kollege bekam direkt einen Schlag ins Gesicht – und bei mir legte sich wieder der Schalter um. Ich sprang auf den Anführer drauf, verpasste ihm jede Menge Schläge, packte seinen Kopf, knallte ihn gegen ein parkendes Auto und nahm den Jungen voll auseinander. In meiner Gang wurde ich danach gefeiert. Allerdings gehörte das Opfer zu einer anderen Clique und die forderte Vergeltung. Ich sollte mich in einem Kampf Mann gegen Mann stellen, was ich akzeptierte. Wir vereinbarten einen Treffpunkt und fuhren mit ein paar Jungs dorthin. Der Kampf sollte auf einem kleinen Bolzplatz stattfinden, der von einem hohen Zaun umgeben ist und den wir deshalb Affenkäfig nannten. Als wir dort ankamen, war die Clique des Zuhälters schon da – und die war uns zahlenmäßig deutlich überlegen. Als ich meinen Herausforderer entdeckte, traute ich meinen Augen nicht: Der hatte den Arm in Gips! „Ich kann nicht kämpfen, aber Hüsnü wird für mich antreten." Das war die Ansage der Gegenseite. Also kämpfte ich gegen Hüsnü. Ich sah den Typen auf mich zukommen, hörte noch, wie er einen dummen Spruch riss und – bumm –

war ich wieder in meinem Schwebezustand: Das Monster übernahm, der Typ bekam zwei, drei Schläge und landete auf den Knien. Doch bevor ich zum entscheidenden Schlag ausholen konnte, bekam ich einen Baseballschläger auf den Hinterkopf. Die Situation eskalierte. Ich war zwar angenockt, aber nicht k.o., keiner traute sich, mich frontal anzugreifen, ich kam mit meinen Leuten irgendwie aus dem Käfig und konnte auf die Straße laufen. Ich erinnere mich nur noch daran, dass auf einmal ein Krankenwagen kam, mich einpackte und mit Blaulicht davonfuhr. Im Krankenhaus wurde ich behandelt. Im Nebenzimmer erkannte ich meinen Gegner vom Kampf, der auch verarztet wurde. Das Problem: Die Zuhälter-Gang hatte vor dem Krankenhaus Stellung bezogen und wartete auf mich. In diesem Moment konnte mir auch meine Gang nicht helfen, in solchen Momenten brauchst du eine große Familie. Also habe ich telefoniert und jemanden erreicht, der mir in dieser Situation helfen konnte. Wenig später hielt ein Auto vor dem Krankenhaus, ein Mann stieg aus, die Zuhältertypen wichen zurück, der Mann holte mich ab und ging mit mir zum Auto. Niemand hat es gewagt, mich anzufassen.

Wähle deinen Weg, Bruder

In dieser Zeit stieg ich innerhalb der Gang-Hierarchie weiter auf. Es hatte sich herumgesprochen, dass ich auf der Straße Härte zeigte und aus allen Fights als Sieger hervorgegangen war. Man brachte mir Respekt entgegen; wenn ich ein Café betrat, standen die Leute plötzlich auf und begrüßten mich. Mein Aufstieg in der Türsteher-Szene begann. Ich hatte schon davor hin und wieder als Türsteher gearbeitet, aber nun kamen die großen Aufträge: Ich lernte wichtige Leute aus dem Milieu kennen und die verschafften mir die ersten Türen. Ich merkte schnell, dass es dabei nicht nur um Security geht, sondern um Vormachtstellungen und Loyalitäten: Wenn du für bestimmte Leute Türen übernimmst, dann verlierst du deine Unschuld. Die Sache wurde größer und ich baute mir mit Zero nach und nach eine Mannschaft auf, mit der wir irgendwann selbst ins Geschäft einstiegen und eine eigene Security-Firma gründeten. Wir boten unseren Kunden das volle Programm an: von der Kasse und der Tür bis zur Gebäudesicherung. Wir hatten einen Namen in der Stadt und langsam, ohne es zu bemerken, bewegten wir uns auf den Abgrund zu. Wir wurden in Sachen hineingezogen, die weit über Security hinausgingen. Offiziell wurden wir zum Beispiel für Partys gebucht, im Laufe des Abends stellte sich aber heraus, dass es um eine Machtdemonstration ging und wir als Soldaten zur Abschreckung dienen sollten. Die grauen Eminenzen fingen an, uns für ihre Zwecke zu instrumentalisieren. Es kam immer öfter zu Schlägereien und einmal wurde ich in einem Club sogar angeschossen. Das war der Punkt, wo in mir die Stimme meines Bruders lauter wurde. Und mit ihr meldete sich eine vertraute Stimme: der friedfertige und offenherzige Junge, der Tayfun, der etwas erreichen wollte in seinem Leben. Mir wurde klar: Ich möchte nicht als Lude oder Verbrecher enden. Ich musste mich entscheiden. Am nächsten Tag habe ich meine Nummer geändert, ich habe viele Leute angerufen, mich verabschiedet und meinen Rückzug aus der Szene verkündet. Ich hatte noch einige Türen, und da zeigte sich, dass der Abschied aus dem Milieu ganz unmittelbare Konsequenzen hatte: Unser Backing war weg, und wenn jetzt deine Tür von einer Russen-Gang gestürmt wurde, dann kam dir keiner mehr aus der Nachbar-Disco zur Hilfe – das mussten wir alles alleine regeln.

Vom Block ans Mikrofon

2003 habe ich angefangen Betriebswirtschaft zu studieren. Ich wollte zurück in mein altes Leben, aber die Schatten in mir sträubten sich noch. Der äußere Schritt raus aus dem Milieu hatte das Monster nicht vertrieben – und in dieser Zeit habe ich angefangen Musik zu machen und zu rappen. Wir hatten schon zu Gangzeiten viel HipHop gehört, vor allem West Coast Rap – *Tupac, Dr. Dre, Snoop* und solche Sachen. Mir hat das immer gefallen und jetzt verspürte ich den Wunsch, von den verrückten Sachen zu erzählen, die ich in den letzten Jahren erlebt hatte. Also bin ich zum Saturn und kaufte mir ein Mikrofon und ein Musikprogramm. Über die Musik bekam ich wieder intensiveren Kontakt zu Zero, denn der war von der Idee auch begeistert. In meinem Kopf spukten die Bilder der Vergangenheit und warteten darauf, ausgespuckt zu werden. Heute glaube ich, dass ich diese Rap-Phase brauchte, um meine Schatten endgültig loszuwerden. Ich konnte nicht sofort in ein neues Leben einsteigen – ich musste vorher meine Gangsta-Zeit irgendwie verarbeiten. Damals habe ich das nicht in diesem Maße reflektiert, aber es passte zu dem Gefühl, das ich hatte. So startete ich als Student meine Karriere als Gangsta-Rapper. Zero und ich trafen uns regelmäßig zum Rappen und daraus wurden nach und nach richtige Jam-Sessions. So entstanden unsere ersten Tracks. Viele von unseren alten Jungs stießen in der Zeit wieder zu uns, vor allem waren aber die kleinen Brüder unserer Freunde richtig begeistert davon. Man merkte, wie die sich mit den Geschichten, die wir erzählten, identifizieren konnten.

In dieser Zeit lernten wir einen bekannten deutschen Rapper kennen. Wir spielten ihm Tracks von uns vor und aus dieser Begegnung wurde eine Zusammenarbeit. Der unausgesprochene Deal zwischen uns und ihm war: Wir geben dir Schutz und Rückhalt auf der Straße, und du hilfst uns, einen Fuß ins Rap-Business zu bekommen. Von dem Tag an war klar: Jeder, der es wagen würde, diesen Rapper anzumachen, bekommt Stress mit Zero und mir.

Unsere ersten Sachen veröffentlichten wir im Internet und merkten bald: Viele Leute da draußen finden das gut und geben uns Props für unsere Texte. Dazu hat sicher beigetragen, dass die Dinge, von denen wir erzählten, authentisch rüberkamen, weil sie Teil unsere Vergangenheit waren. Diese frühe Zeit war inspirierend, hat viel Spaß gemacht und daraus ist letztendlich unsere Crew entstanden. Bald darauf kam dann unser erstes Album raus und damit setzten wir innerhalb der Szene ein starkes Signal. Nach und nach lernten wir die gesamte HipHop-Prominenz kennen. Mit vielen Leuten arbeiteten wir auch zusammen und ich glaube, dass wir mit unserem authentischen Auftreten und der Straßenhärte, die wir repräsentierten, einiges losgetreten haben. Irgendwann hatten wir unser eigenes Studio auf einer Etage mit anderen bekannten Plattenlabels. Es sah so aus, als würden wir durchstarten. Auf unseren nächsten beiden Alben bekamen wir Features von vielen namenhaften deutschen Rappern. In unserer Stadt waren wir aufgrund unserer Vergangenheit sowieso schon bekannt. Durch unsere Rap-Songs kannten uns bald auch viele Kids in anderen Städten. Wir haben immer sehr klar gesagt, was wir von gewissen Leuten in der Szene halten – das war wohl die alte Türstehermentalität. Wir wussten, dass uns niemand etwas kann und wahrscheinlich hat diese Haltung einigen Angst gemacht. Die Leute riechen das, wenn du echt bist.

Gangsta-Rap und Medien

Das war auch ein Grund, warum sich die Medien für uns interessiert haben: Zwei Türsteher aus einer Gang erzählen von der Straße, von

Gewalt, Milieu und Migration. Das hat die Presse angezogen wie Speck die Ratten. So gab es z.B. eine große Reportage im Fernsehen, in der es nur um unsere Crew ging. Wir gingen da ziemlich naiv dran und freuten uns über das Interesse. Die Redakteure wirkten freundlich und aufgeschlossen, sodass wir den Eindruck hatten: Okay, die sind wirklich an uns interessiert. Dann sahen wir das Ergebnis: Düstere Musik, düstere Schwarzköpfe und Orte der Hoffnungslosigkeit. Mich erinnerte das Ganze eher an einen Bericht über die Nachkriegszeit. In dem Moment, wo du mit den Reportern redest, wo die Kamera läuft, wo du denen deine Gegend zeigst – da merkst du noch nicht, worauf die eigentlich hinaus wollen. Nach dem Schnitt und der Bearbeitung siehst du das und denkst: Das hat nichts mit uns zu tun, das ist voll zugespitzt auf dieses Getto-Klischee! Als Künstler und Menschen mit einer eigenen Geschichte kamen wir da gar nicht mehr vor. Anstatt die einzelnen Schicksale zu beleuchten, werden die bösen Kanaken gezeigt, die Affen im Käfig; und der Vorstadtdeutsche darf sich gemütlich vor seinem Fernseher gruseln. Diese Reportage wurde oft wiederholt und auch von anderen Sendern gezeigt. Daran siehst du, wie stark dieser Wunsch der Leute nach einfachen Bildern ist. Für mich war das eine wichtige Lektion: Die Gesellschaft will sich gar nicht die Mühe machen, Schicksale und Hintergrunde zu verstehen. Die Leute wollen Bilder sehen, die ihre Vorurteile bestätigen.

Zurück zum Anfang

Nach unserem zweiten Album merke ich, dass meine Zeit als Gangsta-Rapper vorbeigeht. Ich hatte die meisten Geschichten erzählt und die Dämonen in meinem Kopf waren leiser geworden. Auf meinem Weg war HipHop eine wichtige Etappe, einerseits um Abstand zu meiner Gang-Zeit zu bekommen, andererseits um das zu verarbeiten, was ich dort erlebt hatte. Rückblickend glaube ich, dass das Texteschreiben weniger eine Therapie war, um Gefühle zu verarbeiten; eher war es eine Analyse, die mir half, die nötige Distanz zu den Dingen wiederzufinden. Der Abschied aus der Szene fiel mir nicht schwer, denn viele Sachen hatten mich sowieso gestört: Alles drehte sich um Geld und Fame, und dafür waren die Leute bereit, jede Rolle zu spielen. Ich habe im Rap-Geschäft mehr Prostituierte getroffen als im Milieu. Ich finde es legitim, Geld verdienen zu wollen, aber dafür muss man nicht Anstand und Respekt über Bord werfen.

Meine Erfahrung war: Das Wort eines Zuhälters ist mehr wert als die Versprechen vieler Rapper. Das Wichtigste aber, das mich dazu veranlasste, der Rap-Szene den Rücken zu kehren, war die Geburt meines ersten Sohnes. Damit schloss sich in meinem Herzen ein Kreis. Erst jetzt konnte ich wieder anknüpfen an die Zeit vor meinem Point Zero. Die Wunde, die mir der Verlust meines Bruders gerissen hatte, war verheilt. Es war eine große Narbe zurückgeblieben, aber der Schmerz war fort. Ich schaute nach vorne und fragte mich: Okay, Tayfun, jetzt bist du Familienvater, wohin soll die Reise gehen? Also setzte ich mich hin und schrieb Bewerbungen. Ich wurde von einer großen Firma zunächst als Security angestellt, machte dann in London eine Ausbildung zum Deeskalationstrainer und bin heute als Abteilungsleiter für die Sicherheit in unserer Firma zuständig. Inzwischen habe ich drei Kinder und ich bin immer noch mit der Frau zusammen, die ich im Alter von 17 Jahren kennengelernt habe. Nachdem mein Bruder ins Gefängnis musste, wäre ich fast untergegangen. Irgendetwas in mir hat mich davor bewahrt, den Schritt in die Dunkelheit zu machen. Darauf bin ich stolz.

„was für 'n mann, was für 'n mann er doch ist"

Der Stuttgarter Rapper Jaysus und sein Label *Macht Rap* (SV)

Viele Redakteurinnen und Journalisten sind der festen Überzeugung, dass sie in ihren Beiträgen und Dokumentationen die Welt da draußen bloß abbilden, dass sie uns ein objektives Bild der Wirklichkeit vermitteln. Die vielen Medienberichte zum Gangsta-Rap der vergangenen Jahre zeigen aber, wie sehr hier Realitäten konstruiert und geschaffen werden, auf Kosten der dargestellten Personen: „Als Künstler und Menschen mit einer eigenen Geschichte kamen wir da gar nicht mehr vor. Anstatt die einzelnen Schicksale zu beleuchten, wurden die bösen Kanaken gezeigt, die Affen im Käfig", fasste Tayfun seine Erfahrungen mit den Medien zusammen. Zu einem ähnlichen Urteil kommt auch *Jaysus*, ein Rapper aus Stuttgart:

„Das war so um 2005, da hat die NPD einen Aufmarsch gemacht in Friedrichshafen. Und wir waren halt voll geschockt. Wir wollten uns da alle zeigen, um denen auf keinen Fall das Gefühl zu geben, dass die hier willkommen sind. Und da stand ich dann mitten in der Gegendemo. Und da waren natürlich auch die Medien, RTL und blablabla, und dann haben irgendwelche Jugendlichen diesen Reportern verklickert, dass ich halt 'n Rapper bin, der 'n Plattenvertrag hat und Videos macht, und dann haben die mich interviewt. Und dann war der Tag, ich hab mir das angekuckt. Und die haben mich echt so zusammengeschnitten, als ob ich der stumpfeste Kanakenschläger, Stress suchende Volltrottel, Kleinkriminelle, Gangster-Rap-Idiot wär, also wirklich. Ich hab eigentlich Sachen gesagt wie: Ich finde, wir sollten als Bevölkerung zusammenhalten! Und ich hab auch versucht, mich gewählt auszudrücken. Ich hab aber einmal gesagt, als er auf einen Typen gezeigt hat, der 'n Pulli anhatte, auf dem 88 stand – und das machen die, weil das H der achte Buchstabe im Alphabet ist, und die zwei Achten stehen für die zwei Hs von ‚Heil Hitler' – da hab ich gesagt: Der Typ, der hat 'n T-Shirt an, da steht 88 drauf, und allein dafür hätte er eigentlich eins auf die Fresse verdient, hab ich gesagt. Und der hat halt lauter solche Sachen rausgeschnitten und aus dem Zusammenhang gerissen."

Jaysus ist in Friedrichshafen am Bodensee aufgewachsen und hat als eines der wenigen Kinder seiner Siedlung das Gymnasium besucht. Gemeinsam mit *Kay One* und *Scandaliz* gründete er die Rap-Gruppe *Chablife*. Sie hatten einen Plattendeal mit *Royal Bunker* aus Berlin und sorgten mit ihren Double- und Triple-Time-Raps für Furore. Sie spielten 2004 gemeinsam mit *Eko Fresh* auf der „Tafel der Demokratie" anlässlich der Amtseinführung des damaligen Bundespräsidenten Horst Köhler, und sie schwammen gerne mit in der ersten Erfolgswelle des Gangsta-Rap in Deutschland: „In meiner Anfangszeit waren wir wirklich die zwei Kanaken, die voll schnell rappen können. Und wir haben uns auch so verhalten. Ich sag's dir ganz ehrlich, ich war 21, ich war voll jung und ich fand's voll geil, dass ich auf einmal rauskam, erstens aus unserer Siedlung, dann auch aus der Stadt, und dann Großstädte und Geld und Hotels und VIP-Bereich ... woah. Und ich hab halt gemerkt, wenn wir uns asozial verhalten, dann finden die das geil, verstehst du? Ich wusste ja, wie sie darauf reagieren, das ist ganz leicht, du wirfst ihnen was hin, und sofort wird es gefressen."

2005 kam der Bruch und die Gruppe *Chablife* löste sich auf. Während sich *Kay One* erst *Bushido* anschloss und später an der Seite von Dieter Bohlen in der Jury von „Deutschland sucht den Superstar" sitzen sollte, ging *Jaysus* seinen eigenen Weg. Er gründete mit seinem Bruder in Stuttgart das Label *Macht Rap*, um selbstbestimmt und unabhängiger von Medien und Plattenindustrie arbeiten zu können. Ein Schlüsselerlebnis war eben jener RTL-Bericht, in dem er eine unverhofft tragende Rolle spielte: „Ich weiß mittlerweile, dass es einfach von meinem Interviewer abhängt, eigentlich ist im voraus schon klar, was dabei rauskommen wird, weil er weiß, was er damit machen will."

„positiv, positiv"

HipHop auf Deutschlands Comedy-Bühnen *(SV)*

„wenn einer auf 'ne mine tritt, hat er's meist auch verdient seine haltung war zu negativ, sonst wär die stelle nicht vermint"
Abdelkarim, Kabarettist mit Migrationsvordergrund aus Bielefeld

Wie viel wirkliche Lebenserfahrung steckt eigentlich im deutschen Gangsta-Rap und wie viel letztlich rassistische Phantasie deutscher A&Rs, Journalistinnen und Videoproduzenten? Diese Frage stellte vor einigen Jahren der Bielefelder Kabarettist *Abdelkarim*: er steht mit seinen Jungs in einer Lagerhalle, um ein Video zu seinem Song „Positiv" aufzunehmen: „positiv, positiv, zieh doch nicht so 'ne Schnute / positiv, positiv, sieh auch immer in allem das Gute / positiv, positiv, Schluss mit Streit und Zank / positiv, positiv, die Gesellschaft zollt dir dank". Es ist der weiße, deutsche Regisseur Ende 40, der die Jungs anstachelt („Ihr seid 'ne Scheißarmee!") und ungefragt erklärt, „dass du heute nicht mehr hinter 'nem bestimmten Härtestandard zurück bleiben kannst, gerade als Anfänger. Du musst sofort 'n Pfosten in' Boden rammen!" Alle Einwände von *Abdelkarim* („was sagen meine Eltern, wenn ich mit so 'nem Messer rumlauf?") und der anderen („Entschuldigen Sie bitte, müssen es immer Drohgebärden sein?) zählen nichts, schließlich weiß der Produzent am besten, was das Publikum sehen möchte. Natürlich ist das alles Teil einer Comedy-Nummer und gestellt, die grundsätzliche Frage allerdings ist ernst zu nehmen: Welche Rolle spielen Labels und Produktionsfirmen und nicht zuletzt die Medien für die Entwicklung von Gangsta-Rap in Deutschland?

HipHop ist immer wieder ein beliebtes Thema auf Deutschlands Comedy-Bühnen, die stumpfen Rapper „mit Migrationsvordergrund" und tief sitzenden Hosen, die keinen geraden Satz rausbringen und auch sonst ziemlich unglaubwürdig rüberkommen, sind immer für einen Schenkelklopfer gut. Da wird ein Klischee abgebildet, das es in der Wirklichkeit so gar nicht gibt, entsprechend berechenbar und ähnlich sind sich die Nummern. Sie beschäftigen sich nicht mit den wirklichen Menschen, sondern den Images, die sie in Videos und auf (Fernseh-)Bühnen präsentieren. *Abdelkarim* dagegen zeigt, wie sehr wir als (Medien-) Gesellschaft beteiligt sind an der Entwicklung der Rap-Szene, an der Entstehung von Gangsta-Rap: Wie stellen wir uns Rap vor? Welche Äußerungen belohnen wir mit Aufmerksamkeit? Welche Äußerungen ignorieren wir?

„Jedesmal, wenn ich einen Artikel lese, der sich gegen HipHop, HipHop-Musiker oder HipHop-Hörer wendet, werde ich wütend, egal wie viel Richtiges in dem Artikel steht", schrieb der amerikanische Musikjournalist *Nelson George* in seinem Buch „XXX. Drei Jahrzehnte HipHop": „Die Angriffe ... sind in der Regel wohlformulierte Anklagen aus durchaus berechtigter Wut – aber nie aus Liebe." Wie die *Habibi-Brüder* aus Hannover, die Götter der Rap-Persiflage, parodiert *Abdelkarim* nicht aus Besserwisserei und Überheblichkeit, sondern aus Liebe zum Genre. Er will nicht bloßstellen, sondern einen Dialog, eine wirkliche Auseinandersetzung mit den gesellschaftlichen Verhältnissen initiieren. Wie nah *Abdelkarim* dabei der Wirklichkeit deutscher Gangsta-Rap-Produktion kommt, wird in jedem einzelnen Fall nachzuprüfen sein, bei *Chablife* jedenfalls war es *Kay One*, der bis heute mit seinen Raps, inszenierten Streitigkeiten und Aussagen regelmäßig die Aufmerksamkeit gewinnt, während *Jaysus* mit seinen kritischen Statements zur Szene und vor allem zu den Mechanismen des Business in den Medien kaum Gehör findet. Weil er nicht ins Klischee passt? Weil er nicht die Vorurteile der weißen, deutschen Gesellschaftsmehrheit bedient?

„sie gießen öl in das feuer, bis wir randalieren"

Das Hamburger Label *Rattos Locos* (SV)

Weil sein Bruder *Nate 57* keine Plattenfirma finden konnte, die seine Rap-Songs veröffentlichen wollte, gründete *Oswald Achampong* aka *Blacky White* in Hamburg-St. Pauli das Label *Rattos Locos*. Bald darauf stießen mit *Reeperbahn Kareem*, *Telly Tellz* und *Boz* witere Rapper zur *Rattos Locos*-Crew. Sie alle machen harten Straßen-Rap, allerdings reproduzieren sie nicht die Vorurteile und Klischees der Mehrheitsgesellschaft, sondern setzen sich kritisch mit ihrem Lebensumfeld und ihrem eigenen Verhalten auseinander. In einem eindrucksvollen Song schildert *Boz*, wie ihn das Leben im Kiez hart und gefühllos gemacht hat, wie sehr er sich wünschen würde, die Welt wieder mit einem freudvolleren, positiveren Blick erleben zu können:

Boz – Kalte Welt

wenn du down und verzweifelt bist
weil alles grau ist aus deiner sicht
wenn du auf die frage: wie geht es weiter? sagst
weiß ich nicht, aber bitte bleib noch ein kleines bisschen
wenn dein herz so schwer ist
dass du den schmerz schon bewunderst
denn wer ist so ehrlich
und wer ist so hartnäckig?
wer ist tatsächlich da, um dich zu heilen, wer verarztet dich?
hier ist kein mensch, der dich festhält
wenn dich jemand auf der straße festhält
dann höchstens, weil er bettelt um ein bisschen restgeld
du frierst ein in der sekunde, wo du feststellst
dass selbst ein guter mensch für ein' preis die seite wechselt

und das gerede um die ganze scheiße wegfällt
erst kommt die moral, dann das fressen
dann die reue, danach das vergessen

refrain:
kalte welt, jeder für sich selbst
du wirst ein täter wegen geld
und wenn du merkst, dass das gerede nicht mehr zählt
sondern nur das, was du tust auf deinem weg
was bewegt in einer kalten welt
jeder für sich selbst

viele lügen, wenn sie sagen: mann, es geht mir nicht um's geld!
prinzipien sind einen scheiß wert
wer weiß, wer freund oder feind ist
guck dir über die schulter, wenn du abends heimkehrst
wie wacht man auf aus diesem nightmare?
ohne dass aus einem gebrochenen herzen ein klumpen eis wird?
es wird kalt in der brust, in meinem hals keine luft
aber dann bleibt die faust geballt und robust, weil ich muss
ich hab keine wahl, alle schalten um auf scheißegal
der stress fickt deinen kopf aus deinem kopf kommt nur noch weißes haar
und so bauen wir einen panzer um uns rum
die angst lässt uns verstummen wie ein schwanz in einem ...
es macht keinen unterschied, ob du deine feinde runterkriegst
denn sie geben's weiter an den nächsten, der dann unten liegt
und so schließt sich der kreis, in einer welt
die dich nicht hält, wenn du fällst, denn sie ist kalt, bruder

Die *Rattos Locos*-Rapper schildern ohne vereinfachende Schuldzuweisungen, wie sie geworden sind, was sie heute sind, worauf sie stolz sind, was ihnen Angst macht. Ihre Geschichten von der Straße sind nicht Selbstzweck, keine Genre-Spielerei, sondern spiegeln eine gesellschaftliche Situation wieder, die auf Abgrenzung zielt und nicht die Gemeinsamkeiten der Menschen in Deutschland im Blick hat. Die Geschichten und Ansichten der *Rattos Locos*-Crew spielen in den vielen Fernsehreportagen aus den sozialen Brennpunkten und in den medialen Diskussionsrunden über die

Rapper BOZ: „es wird kalt in der brust, in meinem hals keine luft"

neue Härte im Rap keine Rolle. Wie im Gangsta-Rap werden auch in der Berichterstattung darüber bloß Klischees reproduziert, die wirklichen Wünsche und Nöte der Betroffenen scheinen nicht wichtig, da gibt es noch nicht einmal eine mitleidvolle Streicheleinheit von Angela Merkel. Sich mit den Texten und Videos der *Rattos Locos*-Rapper auseinanderzusetzen, heißt, sich auch mit der eigenen Rolle zu beschäftigen, die wir in dieser sozialen Gemengelage einnehmen. Natürlich ist der Gangsta-Rap in vielen seiner Facetten unmoralisch und reproduziert die gesellschaftlichen Verhältnisse mehr, als dass er sie in Frage stellen, gar auflösen würde, aber Gangsta-Rap ist eben auch eine unmittelbare Reaktion auf diese Verhältnisse, auf ihre offenen und subtilen Ausgrenzungsmechanismen: „Die Philosophie von *Rattos Locos* bezieht sich auf den so genannten RL-Kodex, wobei das R für den ersten Grundpfeiler ‚Respekt', und das L für den zweiten Pfeiler ‚Loyalität' steht. Unser Sound bietet eine musikalische Alternative zum stumpfen standardisierten Gangsta-Rap, der zurzeit am Markt vertreten ist. Echte Musik von der Straße, die zwar kein Blatt vor den Mund nimmt, dabei aber keine Verherrlichung von Klischees betreibt, sondern sich dazu berufen fühlt, Risiken und Nebenwirkungen des ‚Gangster Lifestyles' aufzuzeigen und wichtige verloren gegangene Werte wieder zu beleben."

2013 haben *Rattos Locos* gemeinsam mit Thomas Teige (Fighthouse e.V.) eine Kampfsportschule gegründet, das RL-Fighthouse. Und das Umfeld wächst weiter: *Reeperbahn Kareem* und sein älterer Bruder BOZ haben das Label inzwischen verlassen und eigene Strukturen aufgebaut.

„man muss die dinge selbst in die hand nehmen"

Ein Gespräch mit *Marcus Staiger* *(LJ)*

Einem abgelutschten Sprichwort zufolge hat *Marcus Staiger* im Alter von 43 Jahren zwar sein Herz behalten, aber seinen Verstand verloren. Denn der Berliner Journalist und Autor hat eben erst begonnen, sich mit voller Energie für die Erschaffung einer besseren Welt einzusetzen. Er diskutiert in politischen Plenen über die Revolution, besetzt mit Flüchtlingen den Oranienplatz und organisiert Veranstaltungen zur Unterstützung der Kurden in Kobane. Man kann *Staiger* viel vorwerfen – dass er sich dem Zeitgeist anpasst und versucht, seine Schäfchen ins Trockene zu bringen, sicher nicht. Seit Mitte der 1990er Jahre gestaltet er die HipHop-Szene in Deutschland mit. Er war als Label-Manager aktiv, als Talentscout, Journalist, Chefredakteur, Moderator, Organisator, Experte, Berater. *Marcus Staiger* hat sich nie damit zufrieden gegeben, nur ein Teil der Bewegung zu sein. Er wollte sie beeinflussen und mitgestalten. Wer *Marcus Staiger* einmal auf einem Podium erlebt hat, der erinnert sich an einen selbstbewussten, humorvollen und eloquenten Mann; wer seine Artikel liest, erlebt den erfrischenden, angriffslustigen Stil eines Vollblut-Kolumnisten. Umso überraschender ist es zu erfahren, dass dieser *Marcus Staiger* sich das Schreiben lange nicht zutraute: „Das Selbstbewusstsein, als Autor aufzutreten, musste ich mir hart erarbeiten. Lange ist mir nicht aufgefallen, dass ich etwas kann, was andere so nicht können." Erst die vielen positiven Reaktionen auf den *Royal Bunker*- Newsletter haben ihn dazu ermutigt, mehr aus diesem Talent zu machen. Als HipHop-Journalist hat *Staiger* viele Impulse gesetzt: In der *Spex* trat er eine Diskussion über Antisemitismus in der Rap-Szene los, in seinen Kolumnen setzt er sich immer wieder kritisch mit den Äußerungen von Rappern und Journalisten auseinander. Er hat den „Offenen Brief" als Mittel der Diskussionseröffnung im Internet zu einer scharfen journalistischen Waffe weiterentwickelt und ist zuletzt mit dem Buch „Die Hoffnung ist ein Hundesohn" als Roman-Autor in Erscheinung getreten. Ich traf *Marcus Staiger* im Januar

2015 in Berlin und sprach mit ihm über die Entwicklung von Rap nach dem großen Katzenjammer Ende der 1990er Jahre, über *Royal Bunker, Aggro Berlin* und seine Vorstellung von gutem Journalismus.

Du bist seit knapp zwanzig Jahren ein enger Begleiter der HipHop-Kultur in Deutschland und hast durch deine Arbeit als Labelmanager viele Künstler gefördert sowie als Journalist spannende Debatten angestoßen. Gibt es eine persönliche Geschichte, die erzählt, wie Marcus Staiger *zum HipHop kam?*

Marcus Staiger: Es gab kein Telegramm von *Melle Mel* und auch nicht das eine Erweckungserlebnis, aber mein Zugang zu HipHop hat viel damit zu tun, warum ich heute politisch aktiv bin. Als Kind liebte ich Indianerbücher. Später wurde daraus ein Interesse für die Geschichte der nordamerikanischen Indianervölker. Besonders beeindruckt hat mich „Begrabt mein Herz an der Biegung des Flusses" von Dee Brown, ein Sachbuch über das Massaker an den Lakota Sioux, in dem aber auch die weitreichenden Folgen der Landnahme der weißen Siedler für die Ureinwohner beschrieben werden. Von der Indianerfrage war es nur ein kleiner Schritt zur Situation der Afroamerikaner in den USA. Ich beschäftigte mich mit der Bürgerrechtsbewegung und in der siebten Klasse stellte ich im Deutschunterricht eine Biografie von *Martin Luther King* vor. 1984 habe ich dann HipHop in

Breakdance Sensation 1984: Höhepunkt der Breakdancewelle in Deutschland

Form der *Bravo*-Sonderausgabe zur „Breakdance-Sensation *84"* bewusst wahrgenommen. In diesem Heft war auch ein Artikel über die South Bronx, der sehr stereotyp von den „schlimmen" Verhältnissen dort berichtete und – wenn du so willst – war das mein Einstieg in die HipHop-Kultur. Wo andere einen Zugang über einen bestimmten Song bekamen, war es bei mir eine unmittelbare Begeisterung für das Bild als Ganzes. Die Musik hat mich interessiert, natürlich, aber eher als Soundtrack zur Kultur, wie ich sie begriffen habe: spontan, rebellisch, selbstgemacht. „Wir haben nichts, sind aber so frei, uns alles zu nehmen und daraus etwas Unerhörtes zu machen" – dieser Gedanke hat mich fasziniert.

Du bist in einer spannenden Zeit nach Berlin gezogen: Nach dem Mauerfall entstanden im Osten der Stadt völlig neue Möglichkeiten. Hat dich diese Zeit geprägt?

Marcus Staiger: Auf jeden Fall. Diese erste Hälfte der 1990er Jahre in Berlin – vor allem in Ost Berlin – sind heute jemandem, der das nicht gesehen hat, kaum zu beschreiben. Das war der Wilde Osten, da war alles machbar, es gab Underground-Bars an jeder Ecke, illegale Partys in Bauruinen und alle möglichen verrückten Projekte. Wir sind zum Beispiel mit einem alten Ford Transit herumgefahren und haben Blockpartys veranstaltet. Wir haben auf irgendwelchen Baustellen gegenüber vom Reichstag geparkt und unsere Anlage an den Baustromkasten angeschlossen, eine Bar aufgebaut, alte Soul-Singles aufgelegt und billigen Fusel ausgeschenkt und gegenüber hat Christo den Reichstag verhüllt. Manchmal fuhren die Bullen vorbei – und haben uns ignoriert. So war Berlin. 1994 wollten wir dann mit dem Party-Ford eine Tour machen und sind auch nach Stuttgart gefahren. Wir haben uns gegenüber vom Max-Kade-Haus, einem großen Studentenwohnheim, auf den Parkplatz gestellt, die Musik aufgedreht und – es kam sofort ein Polizist, der fragte: „Sage Sie mal, mache Sie hier a Wirtschaft?" Wir behaupteten, dass wir nichts verkaufen würden. Unsere Kasse konnte man mit einem kurzen Strick unter der Theke hervorziehen, der Beamte beugte sich über den Tresen, zeigte auf die Kasse und fragte: „Und was isch des Bändele da?" Damit war unsere Tour in Stuttgart beendet. In Berlin aber habe ich erlebt, was ich über die Anfänge von HipHop in der Bronx aus Büchern, Filmen und Artikeln kannte: rausgehen, den Strom abzapfen, initiativ werden. Das war für mich ein wichtiges Erlebnis, wie Underground funktioniert.

Was ist das Besondere an der Entwicklung von Rap in Berlin? Hast du da einen Unterschied gesehen verglichen mit dem, was du aus Westdeutschland kanntest?

Marcus Staiger: Der Berliner Jugendhaus-Rap, wie er in Kreuzberg oder im Wedding entstanden ist, hatte einen anderen Spirit. Die Jugendlichen hier hatten immer ein großes Selbstvertrauen und haben sich nicht an Trends aus Westdeutschland orientiert. Westdeutschland war, was HipHop betrifft, immer sehr an der East Coast orientiert, und damit meine ich nicht nur die Musik, sondern auch die Mode, die Haarschnitte, bis hin zu den Timberland-Boots. In Berlin wurde West Coast gehört, P-Funk. In Westdeutschland gab es schon früh HipHop-Klamotten zu kaufen; Kal Kani, Pelle Pelle, South Pole und andere Trendmarken – das gab es in Berlin so nicht.

Ein anderer wichtiger Punkt ist, dass es in Berlin keine Musikindustrie gab, zumindest nicht in dem Maße, wie das in Westdeutschland der Fall war. In Hamburg und Köln gab es viele Firmen, in Stuttgart waren durch den Erfolg der *Fantastischen Vier* wichtige Strukturen entstanden. Berlin war von dieser Entwicklung abgehängt. Das änderte sich erst, als wir das selbst in die Hand genommen haben.

Du hast dann mit vielen anderen eigene Strukturen aufgebaut und damit eine folgenschwere Wende in der Rap-Szene eingeleitet. Was genau habt ihr damals gemacht?

Marcus Staiger: Ich habe zwei Sachen zusammengebracht: Zum einen die DJ-Tapes, die es ohnehin schon gab, und die Idee von Punk-Tape-Labels. Nachdem ich herausgefunden hatte, wo man professionell Tapes kopieren kann, haben wir 1998 die ersten 100 Stück von „Berlin No. 1" produzieren lassen. Auf diesem Sampler waren unter anderem *Joe Rilla, Diablo, Kool Savaş, MOR, Taktloss, Lunte, Gauner, Fuat, Sido* und *B-Tight* vertreten. Diese Rapper und viele andere trafen sich seit Ende 1997 regelmäßig in der Kellerkneipe *Royal Bunker*, um dort zu battlen und zu freestylen. Der *Bunker* war – ich glaube, das kann man so sagen – die Keimzelle für das, was später den neuen Berliner Style ausmachen sollte. Viele Künstler haben hier angefangen und der *Royal Bunker* war auch der Geburtsort des gleichnamigen Labels, das ich bis 2008 betrieben habe. Im Kontakt mit möglichen Vertriebspartnern haben wir um 1999 herum gemerkt, dass sich etwas verändert: Hatte ich am Anfang von *Groove Attack* noch zu hören bekommen, dass der Vertrieb von Tapes viel zu aufwendig sei, kamen die wenig später auf uns zu und fragten höflich, ob sie nicht unsere Kassetten in ihr Programm aufnehmen dürfen.

Hinzu kommt, dass wir schon sehr früh einen Webshop aufgebaut haben. *Savas* und *Taktloss* hatten das schon vor uns gemacht und zwar nach dem Prinzip: Schickt uns einen Umschlag mit zehn Mark, dann schicken wir euch unser Tape. Und das hat tatsächlich funktioniert. So wurde „Hoes, Flows, Moneytoes", die erste Veröffentlichung von *Westberlin Maskulin*, 1997 an die Fans gebracht. Das haben wir auch gemacht, und irgendwann hat das dazu geführt, dass ich mit *Jack Orson* wöchentlich ein Treffen hatte, wo wir über mehrere Stunden Tapes verpackten.

Wenn wir auf den Style und die Inhalte der Berliner Rapper schauen – wo lag da der Unterschied zu dem, was bisher von Künstlern aus Stuttgart oder Hamburg veröffentlicht wurde?

Untergrundtape Berlin No. 1 (Vol. 2) aus dem Royal Bunker (2000)

Marcus Staiger: Zunächst konnte man beobachten, dass diejenigen, die Ende der 1990er Jahre erfolgreich Rap machten und sich für die Erben der Old School hielten, also diese Nomadengeneration wie *Spax* oder *MC René*, das, was wir in Berlin mit Rap machten, überhaupt nicht cool fanden. Und das haben die auch gesagt – durchaus in einem oberlehrerhaften Ton. Und Leute wie *Fuat* oder *Savaş*? Die haben das gehasst, die waren wirklich voller Wut, und aus dieser Erfahrung sind Lines entstanden wie „dein style ist wie *spax:* arrogant, doch leider schwul".

Vielleicht kann man das, was sich um 2000 herum ereignete, an den *Massiven Tönen* exemplarisch beschreiben: Die hatten mit „Kopfnicker" ein wirklich gutes erstes Album gemacht, das auch viele Berliner gefeiert haben. *Savaş* z.B. war begeistert davon und hielt „Nichtsnutz" für einen der besten Tracks überhaupt. Irgendwann waren die *Massiven Töne* in Berlin und traten auf der Marlboro HipHop Jam auf. Wir sind auch dorthin gegangen und haben die *Massiven Töne* im Backstage getroffen und plötzlich war da so ein Gefühl: Okay, ihr seid hier die Stars auf der Marlboro-Bühne und wir sind die entfernten, schmuddeligen Verwandten. Und dieses Gefühl entstand auch beim zweiten Album der *Massiven Töne*: Da hast du gemerkt, die haben nicht mehr wirklich was zu erzählen, dafür ist alles drum herum viel glatter und professioneller geworden. Nicht anders war es mit Produktionen aus Hamburg. Es gab so viele „eigene" Labels von Rappern aus Stuttgart oder Hamburg, aber die waren nicht unabhängig, sondern hingen am Tropf eines Majors. Das fanden wir unfassbar whack. Auf dem Höhepunkt dieser Whackness gab es sogar HipHop-Magazine mit umfangreichen, gekauften Artikeln über Hamburger Bands, die keinen interessierten. Für mich persönlich war 1997 ein Schlüsseljahr, als Bands wie *Fettes Brot* oder *Absolute Beginner* zu Major-Labels gewechselt sind. Selbst Leute wie *Cora E* waren plötzlich bei EMI. Das war Sellout und gleichzeitig für uns der Zeitpunkt zu sagen: Okay, das Ding ist groß genug, jetzt brauchen wir keine Major-Labels mehr, jetzt nehmen wir die Strukturen in unsere eigenen Hände.

In diese Stimmung platzte Berlin mit seinen dreckigen Produktionen und respektlosen MCs. Hast du das bewusst wahrgenommen als einen Moment, in dem etwas Bedeutendes passiert?

Marcus Staiger: Ich habe das sehr intensiv erlebt, und solche Augenblicke sind für die HipHop-Kultur ja vergleichbar mit einer Frischzellenkur. Mich fasziniert die Dynamik der Umwälzung, da werde ich wieder richtiger Fan – auch weil es um mehr geht als nur um Musik: Zum einen geht es um dieses Gefühl des grundsätzlich Rudimentären, Schmutzigen, das plötzlich auftritt und mit einer enormen Energie das Etablierte wegfegt. Zum anderen geht es um neue Strukturen, die entstehen, eine neue Freiheit, die man sich einfach nimmt – ein uralter HipHop-Gedanke mit einer unglaublichen Kraft. Wir waren überzeugt: Wenn hier einer HipHop macht, dann sind wir das! Und diese Haltung hat etwas Attraktives, Anziehendes, dem man nur schwer widerstehen kann.

Irgendwann blieb es nicht mehr bei Tapes, dann hat auch Royal Bunker *CDs veröffentlicht. Hat sich da etwas verändert?*

Marcus Staiger: Wir hatten aus den Erlösen unserer Tape-Verkäufe *Royal Bunker* gegründet und damit die Möglichkeit, CDs zu veröffentlichen und über etablierte Strukturen zu vertreiben. 2001 kam dann die erste Veröffentlichung von *M.O.R. (Masters of Rap)* mit dem Titel „NLP". Das Album verkaufte sich gut, selbst das Low-Bugdet-Video wurde teilweise auf MTV und VIVA gespielt, wir gingen auf Tour und spielten in ausverkauften Hallen – und plötzlich waren wir nicht mehr der kleine David. Wir waren auch weit entfernt vom Goliat, den wir zu bekämpfen glaubten, aber es zeigte sich, dass es plötzlich Kritik gab von Leuten aus Berlin, die uns den Erfolg übel nahmen. Dabei kam es sogar einmal zu Handgreiflichkeiten mit *MOK* und *Frauenarzt*; Auslöser war der Vorwurf, wir würden unsere Ideale an die Industrie verkaufen und den Untergrund verraten. Rückblickend wirkt das bizarr – vor allem, wenn man weiß, dass *Frauenarzt* später zum Chart-Rapper wurde, dessen Hits im Ballermann 6 liefen. Auch *Aggro Berlin* hat zu uns herüber geschielt mit der Haltung: Ihr seid nicht mehr real, wir repräsentieren jetzt den „echten" Untergrund.

Wie ist der Marcus Staiger, der sich mit der amerikanischen Bürgerrechtsbewegung solidarisiert hat, klargekommen mit dem Sexismus, der Homophobie und auch dem Gebrauch des Wortes „Nigga", wie es ja im M.O.R.-Umfeld vorgekommen ist?

Marcus Staiger: Es gibt eine Lektion, die ich schnell gelernt habe: HipHop ist selten so, wie ich mir das wünschen würde, und wenn ich mit den Leuten ins Gespräch kommen will, muss ich die zunächst mal so akzeptieren, wie sie sind. Was die Homophobie betrifft, so habe ich das nicht so extrem wahrgenommen. Das ist vielleicht ein lahmes Argument, aber in den Situationen, wo die Leute homophobe Reime gekickt haben, war es de facto nicht homophob gemeint. Ich will damit sagen: Es gab keine homophobe Grundstimmung, niemand hätte im *Royal Bunker* aggressiv reagiert, wenn einer gesagt hätte, er sei schwul. Ich merke aber heute als Vater von zwei Söhnen sehr wohl, dass es sich nicht gut anfühlt, wenn die sagen: „Das ist voll schwul." Ich sehe es bis heute so, dass man zunächst feststellen muss: Okay, in dieser Szene, in diesem Milieu wird so geredet, hier gehen nicht alle bewusst mit Sprache um. Wenn ich aber mit solchen Menschen in Kontakt treten will, dann kann ich die nicht immer verbessern – sonst könnte ich auf keiner Baustelle mehr arbeiten und keinen Kampfsport mehr machen. Natürlich zeige ich den Leuten, dass ich bestimmte Äußerungen oder Witze nicht toll finde, und das wird auch registriert. Ich denke aber schon, dass man sagen kann: Die HipHop-Szene in Deutschland hat ein Problem mit Homosexuellen und darüber wird nicht wirklich gesprochen; vielleicht auch deshalb, weil man weiß, dass sich da eine hässliche Fratze zeigen würde.

Was das Wort „Nigga" betrifft, so muss man wissen, dass wir am Anfang wirklich in einem kleinen Kreis unterwegs waren, mit Schwarzen und Weißen, Deutschen und Migranten und bei den Freestyle-Sessions war es kein Problem, das N-Wort zu benutzen. Es war klar, dass dies im Sinne einer Übertreibung geschieht und wurde eher als Stil-Element gesehen. Mit der Verbreitung der Tapes wurde aber deutlich: Dieser Kontext transportiert sich nicht automatisch mit und wir haben das N-Wort dann auch nicht mehr gebraucht. Es gibt eine Reihe rassistischer Disse, die wir veröffentlicht haben. Das sehe ich heute kritisch und dafür habe ich mich in der Vergangenheit entschuldigt. Was den Sexismus im Rap betrifft, so habe ich darüber schon mit vielen Menschen – Frauen und Männern – diskutiert und ich muss zugeben, dass ich bei diesem Thema nachlässiger und weniger sensibel bin als bei anderen.

Nach eurer Pionierarbeit kam die Zeit von Aggro Berlin, *dem ersten wirklich erfolgreichen Independent-HipHop-Label in Deutschland. Wie erklärst du dir diesen beeindruckenden Aufstieg? Was hat* Aggro *anders gemacht als* Royal Bunker?

Marcus Staiger: *Aggro Berlin* war das erste HipHop-Label, das das Spiel mit Geld, Image und Produkt durchschaut und konsequent für sich genutzt hat. Die haben aus ihrer Position als Independent-Plattenfirma Marketing wie ein Major betrieben. Das hatte auch seinen Preis. Denn alles, was im Rahmen unserer *Royal Bunker*- Zeit noch doppelbödig und widersprüchlich war, wie z.B. harte Texte von eigentlich sehr netten Typen oder Battle-Metaphern, die durch die Übertreibung ins Komische kippen und die Ironie dahinter offenbaren – all das wurde zugunsten konsistenter Images aufgelöst. *Aggro Berlin* hat seine Rapper als widerspruchsfreie Produkte designt und behauptet: Diese Typen repräsentieren genau das, was sie rappen. Und genau diese Stereotype waren das, was sich viele Kids da draußen gewünscht hatten: Die Sehnsucht nach dem echten Bösewicht, dem echten Gangsta, der genauso aussieht, wie man ihn sich vorstellt, der sich auch außerhalb seiner Texte genau so benimmt, bewegt und kleidet. Mir ist das klar geworden, als wir mit M.O.R. zum ersten Mal bei *Falk Schacht* in der Sendung „Supreme" bei VIVA Zwei zu Gast waren. Danach gab es jede Menge Briefe empörter Zuschauer, die sich darüber echauffierten, dass die M.O.R.-Typen gar nicht so hart seien, wie man das aufgrund ihrer Texte erwartet hatte. *Aggro Berlin* hat von vornherein darauf

„Battlekings" von Westberlin Maskulin: Kampfansage an den saturierten Deutschrap

Erster Longplayer der Masters Of Rap (M.O.R.) aus dem Jahr 2001

geachtet, dass der Verdacht von ironischer Brechung, Mehrdeutigkeit und Irritation überhaupt nicht erst aufkommt. Sicher spielte hier auch *Specters* Erfahrung mit der französischen HipHop-Szene eine Rolle, denn einige Versatzstücke der Künstlervermarktung, wie sie *Aggro Berlin* betrieben hat, stammen von Vorbildern aus Frankreich. Das merkt man auch an der grundsätzlich eher europäischen Ästhetik der Bilder und Videos, die einen nicht als erstes an amerikanischen Rap denken lassen: Das Schmutzige der Vororte, das puristisch-martialische Outfit der Künstler, der Verzicht auf zu schrille und bunte Klamotten – das alles ist *Specters* Handschrift. Und dieser Einfluss geht weit über *Aggro Berlin* hinaus: Der Schriftzug von *Azad* ist z.B. von *Specter* designt, und das Artwork für *Azads* „Napalm"-Video ist auch von ihm. Diese Ästhetik wurde später unzählige Male kopiert und lässt sich heute in fast jedem so genannten Straßen-Rap-Video nachweisen.

Du sagst, die Aggro Berlin *Künstler waren auf eine Rolle zugeschnitten. Heißt das, dass sie im Sinne von Realness nicht authentisch waren?*

Marcus Staiger: Im Gegenteil: Das Krasse an *Bushido* war ja vor allem, dass er so rumgelaufen ist, wie die Kanaken in Neukölln: Carlo-Collucci-Pulli und eine Cordon Sporthose, die in die Socken gestopft wurde. Das war eigentlich ein unmöglicher Style, aber der war real, damit konnte sich jeder aus Neukölln oder Wedding identifizieren. *Bushido* wurde zum Prototyp des Kanaken, der die Härte der Straßen authentisch transportiert. Das hatte zunächst einmal überhaupt nichts mit dem offiziellen HipHop zu tun, so wie er in der Szene aber auch in den Medien repräsentiert war. Aber mit der professionellen Vermarktung der *Aggro*-Künstler, mit den Bildern und Videos, die in den Mainstream eingespeist wurden, geriet ein neues Image in den Umlauf, das Rap aus Deutschland anders definierte. Dasselbe Image-Design wurde dann *Fler* und *B-Tight* verpasst, wobei *Fler* als der deutsche Straßenjunge mit Nationalstolz aufgebaut wurde und *B-Tight* als der verrückte „Neger". *Sido* hingegen hat das *Eminem*-Ding durchgezogen. Zu Beginn mit dem Album „Maske" (das Eminems Album „Slim Shady" entspricht), dann mit dem Album „Ich" (das sich an Eminems LP „Marshall Mathers" orientiert) und als Synthese im Sinne eines dialektischen Dreischritts schließlich „Meine Maske und Ich" (bei Eminem: „The Show"). Damit hatte *Sido* den Vorteil, dass er mit Identitäten spielen konnte, sich neu erfinden und als Künstler immer weiter entwickelte durfte.

Image, Rolle, Realness – all das sind Vorstellungen, die von den aktuell erfolgreichen Künstlern sehr unterschiedlich bedient werden. Ist eine Figur wie **Kollegah** *mit diesen Begriffen überhaupt noch zu fassen?*

Marcus Staiger: *Kollegah* ist tatsächlich der erste Rapper, bei dem die Konstruktion einer absolut ironischen Figur aufgeht. Alles, was *Kollegah* tut, ist eine bewusste Inszenierung und Übertreibung, ein Spiel mit Rollen und Stereotypen, und diese Inszenierung wird – anders als bei *Aggro Berlin* – nicht verschleiert, sondern im Gegenteil auf allen Kanälen transparent gemacht. So spielte *Kollegah* am Anfang seiner Karriere den Zuhälter und zwar so überzeugend, dass sich einige fragten: Kann das denn sein? Der ist gerade 18 Jahre alt und schon Zuhälter? *Kollegah* hat 2009 in dem legendären Interview mit *Selcuk* bei *Wordcup* tatsächlich diese Rolle gespielt und so getan als sei er ein Zuhälter. Anders als bei *Aggro Berlin* hat er aber offen gelassen, ob das eine Rolle ist oder nicht und die Zuschauer grübeln lassen. Das einzige, was vielleicht wirklich ernst gemeint ist bei *Kollegah*, ist der Gedanke der Selbstoptimierung, die Idee, dass man alles erreichen kann, wenn man sich nur lange genug reinkniet. Hier hört die Ironie auf. Allerdings sind wir da schon auf einer Betrachtung von der Meta-Ebene.

Vieles von der Wirkung, die *Farid Bang* und *Kollegah* bei ihrem Publikum erzielen, ist auch auf die Wechselwirkung zwischen den beiden Charakteren zurückzuführen. Die beiden wirken wie ein Komiker-Duo und verstehen es meisterhaft, sich zu Abziehbildern ihrer eigenen Karikatur zu machen: Sie spielen mit ihrem Image und entsprechen dann doch irgendwie diesem Image.

Viele deutschsprachige Rap-Alben der letzten Jahre, die erfolgreich waren, zählt man dem Genre des Gangsta- oder Straßen-Raps zu. Gibt es ein besonderes Bedürfnis nach den harten Geschichten, die junge Männer aus ihrem Viertel erzählen?

Marcus Staiger: Ich glaube nicht, dass Straßen-Rap erfolgreich ist, weil es Straßen-Rap ist. Man muss sich die einzelnen Künstler selbst anschauen und fragen, was ist an deren Image überzeugend? Ein *Bushido* ist aus einem anderen Grund erfolgreich als ein *Haftbefehl*. Bushido ist erfolgreich, weil er ein phänomenal guter Darsteller seiner Rolle ist. Damit wird er zu einer Pop-Projektionsfläche für jugendliche Selbstermächtigungsfantasien. Er stellt in seiner Gangsta-Rolle den klassischen Antihelden dar, der trotz seines Outlaw-Daseins erfolgreich ist. Interessant ist, dass *Bushido* in der Phase, als er von dieser Rolle abgewichen ist, weniger erfolgreich war. Als er das Praktikum im Bundestag gemacht und den Integrations-Bambi bekommen hat, war er zwar medial präsent, aber nicht mehr so erfolgreich. Alle Bemühungen, sich anzupassen und mitzuspielen, haben da nicht geholfen: die Mitte der Gesellschaft hat ihn nicht aufgenommen. Erfolgreich wurde er wieder, als er als *Sonny Black* die alte Projektionsfläche aufrollte und wieder als Bad Boy und Staatsfeind rezipiert wurde. Die Fans, die *Bushido* diesen Erfolg bescheren, sitzen nicht in erster Linie in den kaputten Vorstädten. Das Geld spülen die deutschen Gymnasiasten in die Kasse, die sich bei Saturn die Deluxe-Box kaufen und mit dem Sound ihre SPD-Eltern schocken.

Bei *Haftbefehl* wirkt etwas anderes. Seine Storys sind auch provokant und schockierend, aber das Faszinierende ist, dass *Haftbefehl* dich mitnimmt in seine Welt, eine Welt, die nicht für jeden erlebbar ist, weil sie Gefahr ausstrahlt und Angst macht. Hier ist eher die Faszination des Grauens am Werk, die über die Sprache wirkt und die kleinen, in sich geschlossenen Erzählungen. Etwas Ähnliches findest du bei *Xatar*. Hier zeigen sich fantastische Figuren, deren unerhörte Geschichten man durch das Schlüsselloch ihrer Texte beobachten darf. *Haftbefehl* und *Xatar* gelten einerseits als real, andererseits als große Erzähler; deshalb haben sie auch so eine breite Akzeptanz – bei Studenten gleichermaßen wie bei Kleinkriminellen auf der Straße. So konnte es passieren, dass „Chabo" und „Babo" zu Stichwörtern einer ganzen Generation wurden.

Wie sieht es mit Cro *aus? In der Szene wird er oft abfällig als Pop-Rapper bezeichnet. Was macht* Cro *so erfolgreich?*

Marcus Staiger: Zunächst ist das Spiel mit der Maske immer hilfreich: Die Mädchen können sich ihren Traumprinzen imaginieren und die Jungen können sich vorstellen, dass sie selbst dahinterstecken. Aber auch *Cro* ist sehr authentisch. Er beschreibt Realitäten, die für viele Jugendliche nachvollziehbar sind und bringt ein vertrautes Lebensgefühl auf den Punkt.

Ich finde es wichtig zu unterstreichen, dass Erfolg und Talent etwas miteinander zu tun haben. Es ist nicht jeder Straßenrapper erfolgreich und auch nicht jeder Studentenrapper. Ein *Cro* versteht es genauso wie ein *Haftbefehl,* dich in seine Welt hineinzuziehen, gute Geschichten zu erzählen und dabei überzeugend aufzutreten. Ein solches Talent sollte man anerkennen. Es reicht nicht, viel erlebt zu haben, es reicht nicht, technisch perfekt rappen zu können, es reicht nicht ein krasser Typ zu sein – du musst all das auf einer höheren Ebene einbringen können in eine gute Erzählung und im Rahmen einer authentische Rolle verkörpern. Deshalb erkennen sich *Cro* und *Haftbefehl* als Künstler an und zollen sich gegenseitig Respekt.

Lass uns über HipHop und Journalismus sprechen. Wenn ich Rap-Magazine lese, frage ich mich oft: Wollen die Autoren keine unangenehmen Fragen stellen oder sind die wirklich restlos begeistert?

Marcus Staiger: Ich bin überzeugt davon, dass sich ein guter Journalist immer in Bezug setzen muss zu dem, worüber er schreibt. Wenn ich als HipHop-Journalist mit Rappern ins Gespräch komme, dann darf ich als Subjekt nicht hinter dem Interview verschwinden. Wenn ich das tue, fehlt eine wichtige Koordinate, die es dem Leser ermöglicht, sich zu orientieren. Erst die Spannung zwischen Journalist und Künstler erzeugt diesen Bezugsrahmen und macht den Künstler überhaupt erlebbar. Die Idee, man könnte objektiv über Musik schreiben, ist ohnehin naiv: Über Musik zu schreiben ist wie Architektur zu tanzen. Es findet eine Übersetzung in ein fremdes Medium statt und es ist wichtig, das anzuerkennen. Natürlich kann ich mit Vergleichen Bezüge zu etlichen Referenzrahmen herstellen, das wird aber auf die Dauer sehr langweilig und die Chance, dass der Leser nicht alle meine Verweise versteht, ist ziemlich hoch. Also muss ich meinen Sprechort transparent machen: Wo befinde ich mich? In welcher Stimmung bin ich? Wie und warum wirkt das, was ich in diesem Moment höre, erlebe, empfinde auf mich? Die Leser haben ein Recht darauf diese Dinge zu erfahren um das, was ich ihnen erzähle, einordnen zu können. Damit ist auch sichergestellt, dass sich Meinungen und Wahrnehmungen verändern dürfen. Wenn ich als Autor unsichtbar bleibe, dann nehme ich dem Leser die Chance, sich zustimmend oder ablehnend auf mich zu beziehen, und das ist unfair. Ein Interview bleibt dann eindimensional und unscharf und wird Teil einer Promotion-Maschine, die harmlose und vorhersehbare Themen abfragt. Viele HipHop-Schreiber, die in diesem Stil arbeiten, verwechseln einen solchen Tarnkappenjournalismus mit Fairness. Sie sind der Überzeugung, dass grundsätzlich das Bemühen des Künstlers anzuerkennen sei und ziehen sich deshalb raus. Damit aber wird das Bemühen gewürdigt und nicht die Kunst. *Jan Wehn* hat das in seinem Artikel „HipHop Journalismus 2014 – irgendwann schrieb ich nur noch nett ..." gut auf den Punkt gebracht. Warum aber schreiben viele Journalisten so nett? Weil es einen Preis hat, anders zu schreiben: Erstens muss man die Enttäuschung des Künstlers aushalten können – und deutsche Rapper sind sehr empfindlich! Zweitens fällt in der Folge meistens auch ein Thema weg, weil der Künstler nicht mehr mit dem Magazin zusammenarbeiten will – und das könnte auch das Wegbrechen von Anzeigengeldern bedeuten. Spätestens jetzt klopft der Chefredakteur an. Und drittens muss man bedenken, dass die allermeisten HipHop-Schreiber nicht als feste Journalisten angestellt sind, sondern nebenbei und für ein sehr geringes Honorar schreiben. Und wer will sich für diese Brotkrumen Ärger mit dem Rapper von nebenan oder dem Chefredakteur einhandeln? Eine andere Sache ist, dass es in Deutschland keine Tradition eines engagierten, konfrontativen Musikjournalismus gibt – zumindest nicht im HipHop.

„schwarzbrot, weißbrot, scheiß auf den farbcode"

Rap und Politik *(SV)*

Als die rechtsradikale Welle Anfang der 1990er Jahre in den Terroranschlägen auf Asylbewerberheime und Wohnhäuser in Rostock-Lichtenhagen und Hoyerswerda, in Solingen und Mölln gipfelte, da gab es von eigentlich jeder HipHop-Band in Deutschland ein klares antirassistisches Bekenntnis. Natürlich von unmittelbar betroffenen Gruppen wie *Advanced Chemistry, Fresh Familee, Cheeba Garden, Microphone Mafia* oder *Exponential Enjoyment,* aber auch *die Fantastischen Vier, Fettes Brot, Die Coolen Säue* und viele andere Deutsch-Rap-Bands sind auf den einschlägigen Samplern vertreten, beispielsweise „Hand in Hand" (erschienen bei Sony Music 1995) oder „Rap gegen Rechts" (herausgegeben vom Szenemagazin *Prinz*). Heute, nach zehn Jahren NSU-Terror und inmitten einer neuen Welle rechtsradikaler Gewalt fehlt ein solches klares Statement der Szene, vor allem aber die mediale Resonanz auf einzelne Veröffentlichungen etwa von *Blumio, K.I.Z.* oder *Refpolk (TickTickBoom).*

2001, kurz nachdem „20 Jahre HipHop in Deutschland" erschienen war, produzierte Kofi ,Linguist' Yakpo, der seit 2013 tatsächlich Linguistik lehrt an der Universität in Hongkong, seinen Song „Ich hab geträumt", ein Mahnmal für all die Menschen, die Opfer tödlicher, rechtsradikaler Gewalt in Deutschland geworden waren, eine wütende Aneinanderreihung von Namen, verbunden durch den an *Martin Luther King* angelehnten Refrain: „ich hab geträumt, dass sie alle nicht umsonst starben". Der Song wurde leider nie veröffentlicht. 2015, kurz bevor wir mit der Neuauflage des Buches begonnen haben, erschien der Song „keiner wird vergessen – hiç unutmadık" von *Refpolk (TickTickBoom)* featuring *Kutlu Yurtseven (Microphone Mafia).* Kutlu Yurtseven ist seit über 20 Jahren in der HipHop-Szene aktiv und arbeitet als Sozialarbeiter und politischer Aktivist. Seit 2009 steht er gemeinsam mit *Esther Bejarano* auf der Bühne, einer der letzten Überlebenden des Mädchenorchesters Auschwitz, was seiner antirassistischen Jugend- und Kulturarbeit noch einmal eine neue Dimension gegeben hat. *Esther Bejarano* war mit ihrer Gruppe *Coincidence* übrigens auch auf dem „Hand in Hand"-Sampler vertreten mit dem Stück „Wir leben trotzdem!".

Ich hab geträumt (dass sie alle nicht umsonst starben)

Songtext von Kofi Yakpo aka Linguist

adriano alberto, nihad yusufoglu
andrzej fratczak, ahmed polap, agostinho comboio
samuel kofi yeboah, phan van toau, yeliz arslan
ayse yilmaz, rachid sbai, gomondai jorge joao
nuno lourenço, dragomir christinel
amadeu antonio kiowa, mustafa demirel
hülya genc, saime genc, mohamed ahmad ageeb
ahmed tahir, zhou zhe gun
ihr mögt in frieden ruhn

ich hab geträumt, dass sie alle nicht umsonst starben
mal feiertage, schulen, straßen ihre namen tragen
ich hab geträumt, dass sich jeder hier mit jedem verstand
doch mussten wir erst feuer legen in diesem land

nguyen van tu, yohannes alemu
gürsün und hatice genc, carlos fernando
antonio melis, jibril kassimou und daniel lopez
kwaku agyel, celal akan und abdullah j
owusu mensa, sadri berisha
prempeh komi aziakou und silvio amoussou
gabriel juliao mavonda, joao bunga
kolong jamba, ireneusz szyderski
wir vergessen euch nie

refrain

kola bankole, abiyu tilaye
jaswant singh, rachid said, kuldeep singh
jeff dominiak, gülüstan öztürk
sahin calisir, ingo finnern und achmed bachir
farid guendoul, nazmieh chahrour
veluppillai balachandran und son ha hoang
rabia el omari, adnan cevik
emmanuel ehi, thomas tut
viel stärker als der schmerz ist unsre wut

refrain

christine makodila, sechs mal x für unbekannt
osazuwa omah und ndeye mariam sarr
hamida mujanovic, louis i
arumugasamy subramaniam ...

hiç unutmadık – keiner wird vergessen
Songtext von Refpolk feat. Kutlu Yurtseven

deutschland, kaltland, mölln, blanker hass
arslan, yilmaz, opfer, brandanschlag
nsu, keupstraße, köln, attentat
terror gut geplant, v-mann nazipack
für die gesellschaft betroffene fehler
polizei vorn dabei, opfer zu tätern
schuldig fühlen, ohnmacht, schweigen, schämen
isoliert, schikaniert, eingekreist, gegner
klammer auf – wo war ich? antifa, aktion
viel passiert, demonstrieren, npd, faschos
voller wut, protest, rastlos, weit weg
von den betroffenen – klammer zu
kein 10. opfer, aufstehen, austausch
gedenken erkämpfen, laut sein, raustraun
hauptzeugen des geschehenen – alle

hiç unutmadık, unutmayacağız
niemand wird vergessen
hiç unutmadık, hiç unutmayacağız
wir erinnern und wir kämpfen
hiç unutmadık, unutmayacağız
niemand wird vergessen
hiç unutmadık, hiç unutmadık, unutmayacağız
wir sind immer noch menschen
hiç unutmadık, unutmayacağız

rostock-lichtenhagen, hoyerswerda, mölln, solingen
höre noch die schreie durch die nacht klingen
häuser, die brennen, menschen, die rennen
geistige brandstifter, die nazis lenken
opfer werden täter, faschos verschont
mauerfall bis nagelbombe, das hat tradition
özüdogru, simsek, tasköpru, yozgat
boulgaridis, kubasik, turgut, burak
yasar, arslan, yilmaz, genc
in jeder der seelen ein schmerz, der brennt
keupstraße, probsteigasse, terror
vs, polizei, blanker horror
autarkes gedenken, autarker protest
fremde, freunde in inis vernetzt
ab jetzt gemeinsam mit tat und wort
niemand wird vergessen, oury jalloh es war ...

Wenn in Deutschland über politischen Rap geredet wird, dann ist damit immer gesellschaftskritischer Rap gemeint, der sich gegen die herrschenden Machtverhältnisse und Eliten richtet und eher linke Positionen vertritt, gerade so, als ob die affirmativen Songs von *Bushido* oder *Haftbefehl* nicht ebenso politisch wären. Auch diese Texte sind politisch, weil sie ein System der Ausgrenzung reproduzieren und Machtverhältnisse zementieren, die die Protagonisten vielleicht nicht wirklich wollen, die sie aber geschickt zum eigenen Vorteil ausnutzen. Besonders deutlich wird dies bei *Haftbefehl*s Album „Russisch Roulette" und dem Video zu „Lass die Affen aus dem Zoo". – Eigentlich fängt das Politische bei *Haftbefehl* schon damit an, dass er erst dann so richtig Erfolg hatte, als er auf die direkten Anspielungen auf Angela Merkel und die deutsche Innenpolitik verzichtete („Azzlacks sterben jung"). – Das Video zu „Lass die Affen aus dem Zoo" hat zwei deutliche Vorbilder. Im Text bezieht sich *Haftbefehl* auf den französischen Rapper *Kaaris* und dessen Song „Zoo" (2013): „les singes viennent du sortir du zoo", die Affen machen sich auf den Weg, den Zoo zu verlassen. – „Zoo" erschien in Frankreich bei *Therapy Music*. Die Labelbetreiber, das Produzenten-Duo *Therapy*, hat zu *Haftbefehl*s Album „Russisch Roulette" Beats beigesteuert. – Während bei *Kaaris* noch eine Spur von Empowerment zu spüren ist („Ihr bezeichnet uns als Affen, okay, wir sind Affen, Affen, die ihr trostloses Dasein, eingesperrt in einem Banlieu-Tierpark, nicht länger akzeptieren"), die Affen bei ihm dem Zoo entkommen und ihren Platz in der Mitte der Gesellschaft, nicht am Rand, fordern, wird bei *Haftbefehl* aus dieser Feststellung eine Aufforderung: „Lasst die Affen aus dem Zoo", lasst endlich die Sau raus. Das Warum und Wofür spielt bei ihm keine Rolle, und so präsentiert *Haftbefehl* auch bloß die altbekannten Klischees.

Folgenreicher ist allerdings die Bezugnahme auf der Bildebene: zwischen die üblichen Bilder von Waffen, Narben, Pitbulls, Muskeln und schnellen Autos (immerhin fehlen die eigentlich obligatorischen leicht bekleideten Frauen) werden Videoausschnitte gemischt von (vermeintlichen?) Überwachungskameras. Sie sollen die inszenierten Bilder in einen authentischen Kontext einbetten. Das Vorbild dafür sind *Triple Six Mafia*, die zu ihrem 1990er Jahre-Song „Break da Law" Anfang 2014 ein neues Video produziert haben. Während in *Haftbefehl*s Überwachungsvideos bloß Schlägereien zu sehen sind, gibt es bei der *Triple Six Mafia* Drive-by-Shootings und Enthauptungsszenen. Als die Redaktion von „Spiegel Online" im Dezember 2014 „Russisch Roulette" zur CD des Monats kürte, ist es genau dieses Video, auf das zu Anschauungszwecken verlinkt wird. Vor diesem Hintergrund erscheint das *Haftbefehl*-Video wie ein Versuchsballon: Wann kommt der Aufschrei? Wie weit kann man die inszenierten Affen aus dem Zoo lassen? Vor diesem Hintergrund erscheinen die Texte der Gangsta-Rapper geradezu harmlos. Auch diese Äußerungen der Rap-Szene sind politisch, sie richten sich gezielt gegen jede solidarische und empathische Regung.

Diese politisch fragwürdige und bedenkliche Seite des Gangsta-Rap spielt in der Diskussion um politischen Rap keine Rolle, stattdessen wird den wenigen kritischen Rappern und Rapperinnen vorgeworfen, ihrer

Themenstellung, ihrem eigenen Anspruch nicht gerecht zu werden („Ein Song kann keine komplexen Hintergründe erklären" — Florian Reiter in „Noisy", einem Online-Ableger des Magazins „Vice"), gerade so, als habe es *Chuck D* und seine wegweisenden Analysen des Rap- und Medienbetriebs nie gegeben: „Rap ist so etwas wie eine Einführung. Wenn meine Leute wirklich politisch aktiv werden wollen, reicht es nicht, dass sie meine Platten hören. Sie müssen anfangen, Bücher zu lesen." Das Problem sind nicht die politischen Rapper und Rapperinnen, sondern die Ansprüche von außen. Niemand verlangt von einem Hintergrundbericht in den *Tagesthemen*, dass er die komplexen Verhältnisse des Nahost-Konflikts in drei Minuten auf den Punkt bringt, warum also sollte das ein Rap-Song leisten?

„wer die wahrheit nicht verträgt, der muss mit der lüge leben"

Der Düsseldorfer Rapper Blumio und sein Projekt *Rap da News* (SV)

Blumio **ist Rapper** und lebt in Düsseldorf. Er hat sich immer wieder zu tagespolitischen Ereignissen geäußert, beispielsweise zu den verspäteten Enthüllungen um die Morde des NSU („wir träumen gemeinsam von besseren tagen"). Seit September 2012 hat sein Engagement als politischer Songtexter einen regelmäßigen und institutionalisierten Rahmen bekommen. Yahoo Deutschland hatte ihn angesprochen, ob er nicht einmal wöchentlich einen politischen Rückblick rappen wolle: „Am Anfang hab ich über die fünf aktuellsten, größten Schlagzeilen berichtet, so wie die *Tagesthemen* vielleicht, nur gerappt eben. Und da ich mich dann jede Woche mit diesen Themen befasst habe, ist natürlich irgendwann auch mein Wissen größer geworden und ich wurde noch wissbegieriger." *Blumio*s politische Kommentare sind gereimt und rhythmisch klar strukturiert. Zudem genügt seine Herangehensweise den Ansprüchen journalistischer Arbeit, denn er verlässt sich niemals nur auf einzelne Quellen, sondern jede Information muss von einer zweiten, unabhängigen Quelle bestätigt werden: „Ich les natürlich die ganz normalen Zeitungen wie *Süddeutsche*, FAZ, was auch immer, *Tagesschau*, aber dann schau ich halt auch ausländische Sender aus der ganzen Welt und irgendwelche Blogs von irgendwelchen Journalisten, alles mögliche. Ich glaube, das Problem ist, wenn man sich wirklich einseitig informiert, dann ist es immer aus einer Perspektive, und ich will halt so viele Perspektiven wie möglich über ein Thema erfahren. Und ich finde das wichtig, das ist ja sehr meinungsbezogen, was ich mache, und um mir eine fundierte Meinung zu bilden, muss ich erst mal die größtmögliche Information in mich aufsaugen, damit ich mir überhaupt eine fundierte Meinung, 'ne neutrale Meinung am besten, darüber bilden kann."

Blumio rückt in seinen politischen Kommentaren konsequent die Opfer in den Fokus. Er sucht nicht nach den Hintergründen, die zu den NSU-Morden geführt haben und zu der erschreckenden Schieflage der Ermittlungen, die jahrelang das Ziel verfolgten, aus Opfern Täter zu machen. Seine Kommentare sind eigentlich Appelle, sie blicken in die Zukunft, sie wollen nicht erklären, was wann warum und wie geschah, er fordert uns alle auf, unsere Zukunft gemeinsam zu gestalten, eine Haltung, die er in den etablierten Medien vermisst: „Die sind nur daran interessiert, Feindbilder zu schüren, damit der Mensch das liest und sich dann abgrenzen und sagen kann: Okay, ich gehör zu den Guten. Das sind die Schlechten, ich gehör zu den Guten, immer dieses Reine-Gewissen-Machen, deswegen wollen die Leute Feindbilder haben, immer mit dem Finger auf die zeigen, ja, das sind die Schlechten. Und wenn die Medien wirklich daran interessiert wären, dass die Jugend mal was Gutes zu hören bekommt, dann hätten sie ja mal genauer hinhören können: Was macht denn Restdeutschland, was machen denn die anderen Rapper und Rapperinnen?"

*Blumio*s „Rap da News" sind keine Songs mit Anspruch auf Allgemeingültigkeit, sie können aber ein Teil sein unserer alltäglichen politischen Meinungsbildung. Und da bringt er oft Ansätze, einen sehr persönlichen Blickwinkel, den es an anderer Stelle nicht zu lesen, hören oder sehen gibt. Mehr kann und mehr soll ein einzelner Nachrichtenbeitrag auch gar nicht leisten, obwohl die Punchlines, die Schlagzeilen von *Blumio* in ihrer gereimten, rhythmischen Präzision oft länger in Erinnerung bleiben als die Zeitung von gestern.

tatort berlin

HipHop-Mobil und **StreetUniverCity** (SV)

Lange bevor Rap aus Berlin und die neue Berliner Härte zum Markenzeichen und Trendsetter in der Szene werden sollte, war *Spaiche*, der später gemeinsam mit *Specter* und *Halil* das Label *Aggro Berlin* gründen sollte, ab 1993 mit dem *HipHop-Mobil* an Schulen, Kultur- und Jugendzentren in der Stadt und im Berliner Umland unterwegs, um Jugendlichen die verschiedenen Ausdrucksformen der HipHop-Kultur nahe zu bringen. 1998 übernahm der Rapper und Spoken Word-Poet *Gauner* das *HipHop-Mobil* (bis 2008, seit 2012: *Imran Khan*). *Gauner* war bereits seit Ende der 1980er Jahre in der Berliner HipHop-Szene mit der *SWAT-Posse* aktiv, organisierte Jams und Konzerte und präsentierte als Rapper und Slam Poet seine Texte auf der Bühne. In seiner Zeit beim HipHop-Mobil hat er in seinen Workshops erlebt, wie sich die Texte und die Haltung der Jugendlichen verändert haben:

„Ganz oft schreiben sie einen totalen Käse, sei es vom Kiffen oder vom Abstechen oder vom Ficken oder von sonst was, und manche streichen das gleich durch, wenn ich sage: Okay, jetzt liest mal jeder seinen Text vor. Dann sagen sie gleich: Ne, lass mal. Und dann weiß ich, bei denen ist alles in gesunden Bahnen, sie wissen selber, dass sie Blödsinn geschrieben haben. Oder ich frage nach: Meinst du das ernst? Du kiffst doch gar nicht. Oder: Weißt du überhaupt, was ficken ist? Da hakt man dann nach, und dann merken sie schon selbst, dass es Blödsinn ist. Von mir aus brauchen sie es auch nicht wegradieren, sollen sie es meinetwegen stehenlassen. Aber sie machen es dann selber, einfach nur auf meine Nachfrage hin. Wenn sie ihren Text mal erklären müssen, darüber reflektieren, da lernen sie eigentlich am meisten und schreiben dann was anderes.

Und das ist zum Beispiel etwas, das sich verändert hat. Vor ein paar Jahren konnte ich noch, ohne mit der Wimper zu zucken, den Kids beibringen, dass Rap eine der ehrlichsten Musikrichtungen ist überhaupt, dass Rapper ihre Texte immer selber schreiben und dass sie irgendwie in irgendeiner Form über sich schreiben oder zumindest über ihre Gedanken oder ihre Welt reflektieren, dass es eine sehr ehrliche Sache ist. Das war auch immer so ein bisschen das Totschlagargument gegen Blödsinnstexte: Ey, Rapper schreiben das, was sie meinen! Und wenn du das nicht meinst, dann schreib was anderes. Mittlerweile ist das nur noch eine Farce, in der jetzigen Welt ist das einfach nicht mehr so. Was die Kids gerade hören und auf den Tisch kriegen, ist genau das Gegenteil. Das ist Image, Verkauf, Klischees reproduzieren ..."

Das wiederkehrende Argument der Branche ist, dass sie nur das liefere, was die Jugendlichen hören wollen. Und wenn die den Gangsta-Shit nun mal kaufen ... was soll man da schon machen? Schuld sind immer die anderen. Seltsam nur, dass uns viele Dozenten und Dozentinnen berichten, dass die Jugendlichen in ihren Workshops ganz andere Töne anschlagen, andere Inhalte bringen, dass sie sich freuen über Tipps und Anregungen, über anspruchsvolle Texte, die sich ernsthaft mit ihrer Lebensrealität auseinandersetzen, über Songs, die nicht jeden Tag im Radio laufen.

„Ich glaube nach wie vor an die selbstheilende Wirkung. Wenn Kids anfangen, sich ernsthaft mit Rap zu befassen, dass sie irgendwann zwangsläufig dahinkommen, ein bisschen mehr nachzudenken über ihre Texte, über sich, über die Welt. Ich freu mich, wenn Kids irgendwie ernsthaft Interesse entwickeln an Rap, der übers Hören hinausgeht, dass sie anfangen, Bock haben, zu rappen, Texte zu schreiben. Und damit geht ganz zwangsläufig eine Reflexion einher."

„studiere an der uni, lerne von der straße"

Gio di Sera und die **StreetUniverCity** Berlin *(SV)*

Gio di Sera alias *Don Rispetto* kam Mitte der 80er Jahre nach Deutschland. Im Berliner Jugend- und Kulturzentrum Naunynritze engagiert er sich seit vielen Jahren als HipHop-Aktivist und StreetArt-Künstler. *Gio di Sera* wurde 1964 geboren und hat seine Kindheit und Jugend in Neapel verbracht:

„Damals hat mir HipHop als Kultur und als Musik eine konkrete Chance gegeben, mit meiner Aggressivität und Frustration umzugehen und sie in positive Energie zu verwandeln. Und dadurch wurde meine Lebensqualität verbessert und gerettet, in diesem ganzen Chaos, in dem ich gelebt habe in der Nähe von Neapel in den Achtzigern nach dem Erdbeben, mitten in einem Camorrakrieg, alle meine Kumpels waren Junkies und und und. Also das sind echte Perspektiven, dann Musik zu hören, Musik zu spielen, DJing, hier und da Konzerte, einen Ausweg zu haben, das war schon die Rettung in der Not. Und weil das bei mir so war, deshalb gebe ich das in respektvoller Weise zurück."

2007 gründete er gemeinsam mit *Martin Kesting* und *Erhan Emre* die *StreetUniverCity* Berlin, ein vielfach beachtetes und preisgekröntes Bildungsprojekt für Jugendliche. Die *StreetUniverCity Berlin* hat in Benno Fürmann, Cem Özdemir, *Afrika Bambaataa* und *KRS ONE* eine ganze Reihe namhafter Unterstützer, aber keinen Wikipedia-Eintrag. Über die *StreetUniverCity* wurde zwar immer wieder auch ausführlich berichtet, in der allgemeinen Diskussion um HipHop und Gangsta-Rap spielte sie aber keine Rolle.

„Wir sind der Meinung, man dürfte keinen der Jugendlichen ausschließen, weil jeder hat ein Potenzial, das herausgearbeitet werden kann, der muss das nur für sich selber finden. Und deshalb bieten wir ein offenes Programm, das man sich selber gestalten kann, je nach Leidenschaften und Lust. Und wenn jemand gar keine Orientierung hat, helfen wir dabei. Da spielen auch unsere kreativen Angebote eine wichtige Rolle, um sich selber zu finden, über Theater, Musik, Film, Video, kombiniert mit politischer Bildung, Seminaren und Veranstaltungen, Auseinandersetzung auch mit Polizeiprogrammen und Anti-Konflikttraining, also wie man mit Gesetzen umgeht oder auch Schuldenberatung, wie man mit seinem eigenen Geld auch klar kommt."

Das Motto der *StreetUniverCity* heißt: Studiere an der Uni, lerne von der Straße. Bildung ist wichtig, aber das, was man auf der Straße lernen kann, ist auch wichtig, es geht darum, seinen eigenen Weg zu finden, sich realistische Ziele zu setzen und die dann auch erreichen. Ein erster Schritt auf diesem Weg kann die *StreetUniverCity* sein, und wer die Kursangebote regelmäßig besucht, bekommt am Ende ein Abschlusszeugnis, ein Diplom, das von vielen Berliner Unternehmen gerne als Referenz gesehen wird.

„Was bei uns am meisten funktioniert und uns auch Bestätigung gibt und letztendlich auch die Jugendlichen selber stärkt in ihrem Glauben, ist der Spruch: Vertrau dir selbst. Trau dir was zu. Es gibt nichts Schlimmeres, gerade bei Jugendlichen, als wenn die Kommunikation nicht klappt, wenn Barrieren aufgebaut werden. Und leider werden die meistens von außen aufgebaut, von den Medien, vom Bildungssystem, manchmal auch von der Schule selbst, von den Erwachsenen. Doch was die Jugendlichen wirklich brauchen, ist eine ehrliche Aufmerksamkeit, jemand, der auch zeigt: Wir geben euch eine Chance, den Rest müsst ihr selber bringen."

„welcher pfad führt zur geschichte?"

HipHop in Deutschland – Versuch einer Periodisierung *(LJ)*

Es ist nicht leicht, eine kulturelle Strömung zu periodisieren, sie also in bestimmte Phasen einzuteilen, um sie besser überblicken zu können. Wie lang sollen die Abschnitte sein? Nach welchen Kriterien setzt man das Schneidemesser an? Welche Überschriften gibt man den einzelnen Episoden? Oft erfährt man dabei mehr über die Weltsicht des Chronisten als über die tatsächliche Entwicklung des Phänomens. Und doch sind solche Zerteilungen hilfreich. Sie regen zum Denken an, sie zwingen uns, Kapitel zu benennen und zu begründen, warum wir bei unserer Einteilung so vorgehen und nicht anders. Damit fordern sie auch den Leser dazu auf, sich seine eigenen Gedanken zu machen.

Schauen wir uns die HipHop-Geschichte in Deutschland an. Hier ist der erste Schnitt schnell getan: Das Archaikum der Kultur ist die Old School oder eben die Alte Schule – die Arbeit der Pioniere, damals, als alles begann. Daraus ergibt sich jedoch das erste Problem. Behalten wir diese Kategorie bei, dann kommen wir schon beim dritten Schritt ins Straucheln: Kommt nach der Neuen Schule die Neuste Schule? Und danach die Allerneuste? Manche Chronisten orientieren sich an der wechselnden Dominanz von Stilen oder sie beschreiben die Entwicklung, indem sie auf den Einfluss bestimmter HipHop-Zentren verweisen. Wieder andere setzen den Fokus auf inhaltliche Aspekte und betonen das Gewicht bestimmter Strömungen innerhalb der Szene.

Ich schlage vor, für die Phasierung der Entwicklung von HipHop in Deutschland auf die Kategorie der kulturellen Identität zurückzugreifen. Damit meine ich die Selbstbeschreibung und das Selbstverständnis der Akteure, die Art und Weise, wie sie sich selbst in ihrer Kultur verorten und wie sie ihre Kultur in Abgrenzung oder Zustimmung zu anderen Systemen (z. B. Nation oder Gesellschaft) definieren. Dabei ist es schwierig, Selbst- und Fremdzuschreibungen klar auseinanderzuhalten, und

Schon 1993 fragten Advanced Chemistry:
Welcher Pfad führt zur Geschichte?

natürlich ist eine solche Einteilung – wie alle Periodisierungsversuche – eigenmächtig und wird der Vielfalt der HipHop-Kultur nicht gerecht. Bestimmte Erscheinungen und Strömungen werden überblendet oder ignoriert, weil sie nicht in das Raster passen. Meiner Einteilung liegt ein politischer Anspruch zugrunde, der die Wechselwirkung zwischen der Szene und gesellschaftlichen Entwicklungen betont und der die Rolle der deutschen Migrationsgeschichte und der Medien, die über HipHop und Migration berichten, sowie der Plattenfirmen, die Rap-Musik vermarkten, in den Mittelpunkt stellt. Diese Periodisierung ist in mancher Hinsicht willkürlich – vor allem die Einteilung in zeitliche Blöcke wird der Vielschichtigkeit und Gleichzeitigkeit der Ereignisse kaum gerecht. Auch verengt ein solches Vorgehen den Blick auf die Kategorien „Ethnie" und „Nation" und lässt diese vielleicht bedeutender erscheinen, als sie es in Wirklichkeit sind. Ich nehme diese Zuspitzung in Kauf und hoffe, dass sie zu Einwänden einlädt, die meine Gedanken ergänzen oder korrigieren.

„all die brüder und schwestern von gestern"

1985–1991: Globale Identität

Nachdem der Nachrichtensprecher Jan Hofer 1985 in der *Tagesschau* verkündet hatte, dass Breakdance nicht mehr angesagt sei, galt der „Tanz aus dem Getto" endgültig als „out", und mit ihm verschwand auch HipHop völlig aus den Medien und dem öffentlichen Raum. Und doch gab es einige Tausend Jugendliche in Deutschland, die Jan Hofer nicht folgen mochten. Sie waren zwischen 13 und 15 Jahre alt und hatten eben erst angefangen, HipHop in all seinen Facetten zu entdecken. Sie waren keineswegs bereit, dieses spannende Spielzeug fallenzulassen und auf den nächsten Trend zu warten. Viele junge HipHop-Nerds saßen in der deutschen Provinz – in der Eifel, in Aschaffenburg, Lüdenscheid oder Budenheim; aber sie fühlten sich als Mitglieder einer globalen Bewegung, die sich vom Epizentrum New York über den ganzen Planeten verbreitet hatte. Spätestens 1987 vernetzten sich die einzelnen HipHop-Zentren zwischen Hamburg und München und die Aktivisten trafen sich regelmäßig auf Jams. Die früheste Beschreibung einer solchen Zusammenkunft stammt aus dem Jahr 1993 von dem Journalisten *Günther Jacob* und ist in seinem Buch „Agit-Pop. Schwarze Musik und weiße Hörer" festgehalten. *Jacob* hatte im Januar 1989 eine HipHop-Jam im Jugendzentrum Hamburg-Barmbek besucht, auf der unter anderem *Cora E, Easy Business, Islamic Force, Partners Of Crime, Rock Da Most* und die *Unique Rockers* auftraten. In seinem Resümee stellt *Jacob* fest: „Die ganze Veranstaltung hat etwas von einer geschlossenen und selbstgenügsamen Gesellschaft an sich. Man kämpft nicht um Aufmerksamkeit und bedauert nicht, von anderen Szenen nicht wahrgenommen zu werden. Diese B-Boys und Fly-Girls wissen, dass sie da einer Musikrichtung anhängen, die teilweise im Kontext der Black-Awareness-Bewegung steht und daraus ihre Kraft und Erneuerungsfähigkeit bezieht. Für sie ist HipHop jedoch in erster Linie das Spiel mit den schnellen Reimen und der Spaß an der technisch-handwerklichen

Links: Die erste Analyse von HipHop in Deutschland: *AgitPop* von Günther Jacob (1993)
Rechts: Old School Pioniere – Rock Da Most aus Berlin

Seite des HipHop: Scratching, Sampling, Breaking etc. (...) Man macht einfach, was man liebt, und betrachtet es eher als Zufall, in Germany zu leben. An einen ‚deutschen HipHop' denkt dabei niemand."

Tatsächlich bot das Desinteresse der Medien der jungen HipHop-Kultur in Deutschland über Jahre die Möglichkeit sich unterhalb des Mainstreamradars, wie *Rick Ski* es einmal formuliert hat, ganz mit sich selbst zu beschäftigen, eigene Strukturen und Rituale zu formen und jenseits der Verlockungen von Geld und Erfolg eine Identität zu entwickeln, die die HipHop-Kultur als Grenzen überwindende Wertegemeinschaft definierte. Dabei verknüpften die Aktivisten dieser frühen Phase automatisch ihre persönliche Welterfahrung mit dem, was sie über die globale HipHop-Kultur erfahren konnten, und schoben bestimmten Symbolen und Slogans einen Sinn unter, der ihrer eigenen Erfahrung entsprach (*Günther Jacob* stellt das zum Beispiel bei den Goldketten oder der „Stop the Violence"-Parole fest). Insofern kann die Zeit zwischen 1985 und 1991 auch als Phase einer glo-kalen Aneignung der HipHop-Kultur beschrieben werden. Die Akteure selbst verstanden sich als Teil einer globalen Jugendkultur, als HipHop-Weltbürger, die weder nationalen noch ethnischen Schranken unterworfen waren, und es ist nicht verwunderlich, dass in dieser Zeit viele Old Schooler internationale Kontakte knüpften.

„lass jedem doch das seine"

1992–1999: nationale und multikulturelle Identität

Wer einmal mit einem **Old Schooler** über die alten Zeiten gesprochen hat, der fragt sich skeptisch: War das wirklich so toll? Ist heute tatsächlich alles ganz anders? Man ist geneigt, dem Erzähler einen verklärenden Blick auf das Vergangene zu unterstellen. Vielleicht kommen diese Leute auch mit der aktuellen Entwicklung einfach nicht mehr zurecht. Diese Punkte spielen sicher eine Rolle. Auf der anderen Seite kann sich jemand, der jene „alten Zeiten" nicht erlebt hat, bestimmte Dinge kaum vorstellen. Die selbstgenügsame Kreativität der Szene zum Beispiel oder die vielen engen persönlichen Beziehungen, die HipHop über Standes-, Landes- und Kulturgrenzen hinweg ermöglichte. So gesehen begann die Vertreibung aus dem Paradies der Old School mit dem Erfolg der *Fantastischen Vier* und dem Interesse der Medien für deutschsprachige Rap-Musik. 1992 zerbrach die globale Identität der HipHop-Szene auf zwei Ebenen: Zum einen sprengte der kommerzielle Erfolg von Rap-Musik die kulturelle Einheit. B-Boying, DJing, Graffiti und Beatboxing kamen zwar am Rande noch vor und die großen HipHop-Jams in der ersten Hälfte der 1990er Jahre versuchten diesen Zusammenhalt ganz bewusst zu inszenieren. Doch die kommerzielle Verwertung formte aus der Rap-Musik einen ganz eigenen Markt und in dieser Folge gingen die fünf Elemente der HipHop-Kultur getrennte Wege. Dabei war und ist die Entwicklung von B-Boying oder Graffiti durchaus erfolgreich und selbst für das Beat-Boxing entwickelte sich eine beachtliche Szene mit eigenen regionalen und nationalen Wettbewerben. Die große mediale und gesellschaftliche Aufmerksamkeit liegt jedoch bis heute bei der Rap-Musik.

Auf der anderen Seite spaltete der Erfolg der *Fantastischen Vier* die HipHop-Szene auf der Ebene der kulturellen Identität. In den Feuilletons schrieben die Journalisten an einer „deutschen" Version von HipHop und behaupteten, dass eine globale Identifikation, wie sie die Old School pflegte, gar nicht möglich sei. So schrieb Christian Seidl Anfang 2000 in der Wochenzeitschrift *Die Zeit* über diese Phase: „Seit *Smudo* alias Michael

Schmidt und die *Fantastischen Vier* den HipHop der amerikanischen, schwarzen Gettos in die mittelständischen Vororte deutscher Städte transformierten, hat die deutsche Sprache endlich zu ihrer Musik gefunden." Der Journalist und Migrationsforscher *Mark Terkessidis* führt diese Sehnsucht nach einem deutschen Sprechgesang auch auf die politische Situation nach der deutsch-deutschen Wiedervereinigung zurück: „Seit Anfang der 1990er Jahre waren die Begeisterung und das Verlangen nach Deutschland in allen Bereichen und Varianten so groß, dass es fast schon egal war, was an deutschem Film, deutscher Literatur oder deutscher Musik auf den Markt kam. Dieser Identitätswunsch beherrschte praktisch alles und das war auch das erste Begehren bei dem Interesse an der so genannten Neuen Deutschen Reimkultur."

Was auf der einen Seite zu einer deutschen Definition von Rap-Musik führte, ließ all jene, die nicht in dieses Vermarktungsraster passten, als multikulturelle Künstler zurück. „Dass wir eine multikulturelle Band sind, wussten wir gar nicht", erinnert sich *Tachi* von der Ratinger Old-School-Crew *Fresh Familee*, „das haben uns die Medien gesagt." Weder die neue nationale Definition noch die multikulturelle Zuschreibung passten zum Selbstverständnis der Alten Schule. Doch im Zuge der rassistischen Anschläge auf die Wohnheime von Asylsuchenden eigneten sich viele Künstler und Gruppen ein multikulturelles Selbstverständnis im Sinne einer positiven gesellschaftlichen Utopie an. Die Idee, dass auch in der Rap-Szene viele Menschen aus unterschiedlichen Kulturen ihre Besonderheiten einbringen und so zu einer Bereicherung des Ganzen beitragen sowie die Überzeugung, dass man gegen rechtsradikale Attacken zusammenstehen muss, teilten auch jene Gruppen, die in der Folge des Deutsch-Rap-Booms die Charts eroberten. Die *Absoluten Beginner*, *Fettes Brot*, *Freundeskreis*, die *Massiven Töne* oder *Fünf Sterne Deluxe* waren keineswegs der Meinung, dass der „Sprechgesang aus den schwarzen Gettos" deutsch geworden sei (so die Behauptung von Torsten Stecher 1999 in der *Zeit*). Diese Gruppen der so genannten Neuen Schule sahen sich in der Tradition der Old School und betrachteten ihre Musik immer noch als Teil einer internationalen Bewegung. Doch eben dieses multikulturelle Gesicht von HipHop kam in der Vermarktungslogik der großen Plattenfirmen und der Medien nicht vor. Der 2010 verstorbene Poptheoretiker *Martin Büsser* erklärte dieses Phänomen in seinem Buch „Wie klingt die Neue Mitte?" so: „Um in Deutschland eine breite Akzeptanz zu erhalten, muss Pop von allen fremdartigen Bildern gereinigt werden, muss von allem Public-

Fresh Familee: „Lasst uns leben friedlich!"

Enemy-Artigen gesäubert, also nationalisiert werden." Die konsequenteste Antwort auf die Nationalisierung von Rap in Deutschland lieferte 1995 die deutsch-türkische Rap-Gruppe *Cartel*, die mit ihren türkischen Texten jene jungen Migranten begeisterte, die sich im „deutschen Sprechgesang" nicht mehr zuhause fühlten.

Bei vielen Gruppen, die sich ein multikulturelles Selbstverständnis angeeignet hatten, setzte bald eine Verbitterung ein, weil sie bei der Vermarktung von Rap-Musik leer ausgingen. Auf dem Zenit der medialen Selbstverliebtheit in das folgsame Ziehkind „Deutsch-Rap" kippte allerdings die Stimmung. Die kleinen Brüder der gutmütigen Alis, die man freundlich für ihr multikulturelles Engagement gelobt und dann beiseite geschoben hatte, kehrten nun zurück. Und sie kamen nicht, um sich zu beschweren. Sie kamen als wütende „Kanaken" mit Baseballschläger und Hassmaske.

„wir sind die new kids on the block"

2000–2007: Regionale Identität und Selbstethnisierung

Im Jahr 2000 veröffentlichte der Frankfurter Rapper *Azad* bei der Plattenfirma *3P* die Single „Napalm". Das Video zu diesem Song markierte auf faszinierende Weise die Schwelle zu einer neuen Epoche: Es funktionierte wie ein Kippbild – je nach Blickwinkel bemerkte man entweder die Bilder, die den Künstler *Azad* im Kontext der alten HipHop-Werte verorten (tanzende B-Boys, Graffitibilder, DJs) oder man sah die beunruhigende Umgebung, die aggressiven Posen und Zeichen der Protagonisten, die auf den harten Straßen-Rap aus dem sozialen Abseits verwiesen. Diese zweite Perspektive beinhaltete auf ästhetisch-symbolischer Ebene alles, was Rap-Musik in Deutschland in den nächsten Jahren ausmachen wird: Jugendliche Bewohner eines sozialen Brennpunkts stürmen in Camouflage-Klamotten und Hassmasken durch die Straßen, halten ihre Fäuste drohend in die Kamera, lassen ihre Pitbulls bellen und tragen schwarze Fahnen mit einem *Azad*-Schriftzug, der arabischen Buchstaben nachempfunden ist. Das alles hat nichts mehr zu tun mit den Fantasien der deutschen Kulturjournalisten, die uns eben noch erzählen wollten, der deutsche Sprechgesang habe seinen Ursprung „in einer gutbürgerlichen Wohnung mit Hirschfängern" (so Christian Jürgens 1999 in der *Zeit*). Mit *Azad*, *Da Force* oder *Bushido* betraten Figuren die Bühne, die einerseits keine Rücksicht mehr nahmen auf die Befindlichkeiten und die Wünsche der deutschen Mehrheitsgesellschaft, die anderseits aber auch die Idee einer multikulturellen Versöhnung verwarfen. Das Wort „Kanake" – von *Fresh Familee* noch als Demütigung zurückgewiesen – wurde von den neuen Rappern aus Berlin und Frankfurt stolz als Selbstbezeichnung benutzt. Statt einer multikulturellen Vision rückte die eigene Stadt, das eigene Viertel in den Fokus. *Sido* war stolz auf Berlin und vor allem auf das Märkische Viertel, aus dem er kommt; *Azad* inszenierte in seinen Videos die Frankfurter Nord-West-Stadt als bedrohlichen Endzeit-Ort. Der radikale Bruch mit der

Deutsch-Rap-Ära kappte allerdings auch die Verbindung zur Alten Schule, also zu jener bunt gemischten Gründergeneration, die HipHop in Deutschland groß gemacht hatte. Vielen neuen Straßen-Rappern war der globale Bezug der Old School ebenso fremd wie die Deutsch-Rap-Begeisterung der bürgerlichen Mitte. Sie inszenierten sich als selbstbewusste und angriffslustige „Kanaken" aus dem Block (wobei die Nationalität der Herkunftsländer zu diesem Zeitpunkt noch im Hintergrund stand). Das Erstaunliche: Es gab einen Markt für diese Bilder und für diese Musik, vor allem bei den kaufkräftigen Kids der Mittelschicht, und das Independent-Rap-Label *Aggro Berlin* machte den großen Plattenfirmen vor, wie man mit dem neuen Produkt deutscher Gangsta-Rap Geld verdienen konnte. Der Erfolg dieses Genres war überwältigend und vergleichbar mit dem Boom von Deutsch-Rap in der zweiten Hälfte der 1990er Jahre. Die Berichterstattung über Straßen-Rap unterschied sich allerdings deutlich von den wohlwollenden Beiträgen über die angebliche „romantische Renaissance" junger Dichter, wie die Autorin Ariane Barth den deutschen Sprechgesang noch 2002 in einem Artikel für *Spiegel Online* charakterisierte. Spätestens seit den Anschlägen vom 11. September 2001 auf das World Trade Center in New York wurden die dunkelhaarigen Straßen-Rapper aus dem Block, die sich offensichtlich nicht zu den Bedingungen der deutschen Leitkultur integrieren lassen wollten, als Bedrohung empfunden. Sah man in den 1990er Jahren Deutsch-Rap noch in der Tradition von Goethe und Schiller, so betonten die Kulturjournalisten seit Mitte der 2000er Jahre das Fremde, Bedrohliche und Andersartige im Straßen-Rap. Und die Protagonisten des Genres widersprachen ihnen nicht: Sie inszenierten sich als Bürgerschreck, als unberechenbare „Kanaken", die das Recht der Straße für sich in Anspruch nahmen. Im eigenen Viertel haben sie einen Ort gefunden, der Angst macht und der außerhalb der Einflussnahme der Mehrheitsgesellschaft liegt, einen Ort, von dem sie zu Raubzügen in die bürgerlichen Siedlungen aufbrechen – so die Drohung, so die Befürchtung. Wollte die Rap-Generation vor ihnen noch Teil der Gesellschaft sein, so stellten sie die Maxime auf: Ihr wollt uns nicht rein lassen? Gut, dann bleiben wir hier, stellen unsere eigenen Regeln auf und sorgen dafür, dass eure Kinder zu den bösen Jungs kommen. *Murat Güngör* weist darauf hin, dass es zu kurz greifen würde, dies lediglich auf ethnischer Ebene als Inszenierung der „bösen Kanaken" zu deuten: „Ich finde, dass sich die Straßen-Rapper eher als Outlaws stilisieren im Stile eines ‚Azzlack'. Und das ist eher eine soziale Bezugsgröße und weniger eine ethni-

"Macht Platz für die wahren Jungs!": "Napalm" vom Frankfurter Rapper Azad (2000)

sche. Bei *Haftbefehl* ist ja gerade das Interessante, dass er seine soziale Stigmatisierung zur eigenen Identität erklärt." Dabei darf eine Sache nicht vergessen werden: Genau dieses Image fasziniert die Jugendlichen aus den bürgerlichen Vororten und es verkauft sich hervorragend. Es ist daher schwer zu beurteilen, wo die Grenze verläuft zwischen bewusster Selbstermächtigung und Anpassung an ein verkaufsträchtiges Stereotyp.

„hart und stolz"

2008–2015: Nationalchauvinismus, Antisemitismus, Antiislamismus

Im Januar 2008 veröffentlichte der Rapper *Fler* sein drittes Soloalbum mit dem Titel „Fremd im eigenen Land". Dort stilisierte er sich als „Deutscher Bad Boy" und behauptete: „ich bin deutscher, denn ich hab identität." *Fler* betonte, es gehe ihm um Ehre und Selbstbewusstsein und dass ihm seine „ausländischen Freunde" Respekt dafür zollen würden, wenn er sich mit Stolz zu seinem Deutschsein bekenne. 1995, zwölf Jahre vor *Flers* Album, veröffentlichte die HipHop-Gruppe *Anti* aus Schneeberg eine Platte, die sie „Ostpower" nannte. Anliegen der Rapper war es, auf ihre Position als „Menschen zweiter Klasse", genauer gesagt: als Deutsche zweiter Klasse aufmerksam zu machen. Sie fühlten sich als Ostdeutsche „fremd im eigenen Land" und zitierten deshalb den gleichnamigen Klassiker von *Advanced Chemistry*. In ihren Texten beklagten sie sich darüber, dass man sie wie „Asylanten" oder wie „Ostnigger" behandle, und das, obwohl ihre Hautfarbe weiß sei. *Anti* hat innerhalb der HipHop-Szene nie eine Rolle gespielt und verkaufte von der „Ostpower"-Single nur wenige hundert Exemplare. *Fler* dagegen stieg 2008 mit „Fremd im eigenen Land" auf Platz 7 der nationalen Charts ein. Im November 2014 berichtet „Bild.de" über den „Rapperkrieg zwischen *Fler* und *Farid Bang*". Auslöser war ein offener Brief von *Fler*, in dem er *Farid Bang* als Nichtdeutschen bezeichnet und ihn warnt: „Du (solltest) aufgrund Deiner Nationalität besser aufpassen, was du sagst als Gast."

In seiner kürzesten Definition bezeichnet Chauvinismus den Glauben an die Überlegenheit der eigenen Gruppe. In diesem Sinne lässt sich seit Mitte der 2000er Jahre eine ethnische Segmentierung in Teilen der Rap-Musik beobachten, die die Zugehörigkeit zu einer bestimmten Nation in den Vordergrund rückt. Dieser Nationalchauvinismus äußert sich bei Rappern wie *Fler* oder *Dissiplin* als eine Verherrlichung des eigenen Deutschseins und als Wunsch, männlichen Stolz und männliche Überlegenheit mit der Zugehörigkeit zu Deutschland als starker Nation zu verbinden und als Teil der eigenen Identität zu feiern. Bei Straßen-Rappern, deren Familien nach Deutschland eingewandert sind, zeigt sich diese nationalistische Renaissance in einer Überhöhung der Herkunftsländer der Eltern oder Großeltern. In der Rap-Szene haben solch nationalchauvinistische Bezüge in den letzten Jahren zugenommen; immer wieder sieht man in den Videos der Künstler Nationalflaggen wehen. Die Sehnsucht, nicht nur die Jungs aus dem eigenen Viertel hinter sich zu wissen, sondern selbst auch Teil einer größeren Macht zu sein, scheint ein wichtiger Aspekt dieser neuen Identität zu sein. Flankiert wird diese Entwicklung von einem zunehmenden Antiislamismus und Antisemitismus. Mit dem Hinweis darauf, dass man sich eine Kritik an der Politik des Staates Israel nicht verbieten lasse, spielen Rapper mit Klischees und befeuern antisemitische Verschwörungsfantasien. „Der Antisemitismus bestimmter Rapper äußert sich selten in einer klaren Ansage", sagt der Journalist *Marcus Staiger*, der 2014 in der Musikzeitschrift *Spex* eine Debatte über Antisemitismus in der deutschen Rap-Szene angestoßen hat. „Vielmehr ist es ein Zusammenspiel von Schlagworten und Anspielungen, das bei den Hörern Assoziationen auslöst, die in eine bestimmte Richtung gehen. Zuerst wird die Zinspolitik erwähnt, dann kommt eine Kritik an Tel Aviv und es wird die Todesstrafe für Kinderschänder gefordert – das alles garniert mit dem empörten Hinweis, dass man sich nicht den Mund verbieten lasse. Am besten erkennt man die Wirkung solcher Arrangements, wenn man sich die Kommentarspalten unter den YouTube-Videos anschaut. Dort artikulieren sich die antisemitischen Ressentiments dann unverblümt."

Der Antisemitismus im Rap ist auch Thema in den deutschen Feuilletons, allerdings wird dort der Blickwinkel auf die Straßen-Rapper eingeengt und der junge, muslimische Migrant als Sündenbock ausgemacht. Die Front gegen diese bösartige Chimäre reicht vom konservativen Kolumnisten bis tief in das linksliberale und grüne Milieu hinein und verbindet sich dort mit feministischen und altlinken Positionen. Wenn „Kanaken" jenseits der deutschen Leitkultur wildern, womöglich noch als Rapper, die sich sexistisch, homophob und eben antisemitisch geben, dann ist auch die Solidarität der ehemaligen Freunde einer multikulturellen Gesellschaft dahin. Dann werden die Protagonisten nicht mehr als Individuen behandelt, die reaktionäres Zeug reden, sondern als Vertreter einer fremden und rückständigen Kultur oder Ethnie. Schnell wird in solchen Debatten auch das „fortschrittliche" Christentum in Position gegen den „mittelalterlichen" Islam gebracht, dem historisch angeblich die Erfahrung der

Aufklärung fehle. Es ist kein Zufall, dass diese Debatte sich gerade auf den migrantischen Gangsta-Rapper einschießt, denn hier treffen die Besonderheiten des Genres (offensiv, provokant, selbstbewusst) auf alte chauvinistische Reflexe der deutschen Mehrheitsgesellschaft: Die Paternalisten sind enttäuscht von „ihren Ausländern", die sich solche Frechheiten erlauben und die Rechten haben es eh schon immer gewusst. Wurden in den 1990er Jahren die migrantischen Rapper im Sinne eines positiven Rassismus zu Multikulti-Alis abgestempelt, so findet heute eine ähnliche Zuschreibung statt – nur dass aus dem braven Ali der böse Taliban geworden ist, der sich ästhetisch angeblich kaum mehr vom islamistischen IS-Terroristen unterscheidet. Diese neuen nationalchauvinistischen Stimmungen und Feindbilder in Teilen der Rap-Szene finden im Spannungsfeld von Selbst- und Fremdzuschreibung statt. Es zeigt sich allerdings, dass die betroffenen MCs wenig dafür tun, die Deutungshoheit über ihre Kunst zurückzuerobern. Hier mag die Tatsache eine Rolle spielen, dass für viele Rapper eine Menge Geld auf dem Spiel steht. Auf der anderen Seite zeigt sich auch, dass der Bruch in den 1990er Jahren dazu geführt hat, dass vielen aktuellen Straßen-Rappern die Möglichkeit fehlt, sich in einem übergeordneten Kontext als Teil einer globalen HipHop-Bewegung zu verorten. Dieser Verlust der eigenen Geschichte, das Abgeschnittensein von den Quellen der Old School, isoliert die einzelnen Künstler und macht sie angreifbar.

„wir wollen uns einmischen"

Ein Gespräch mit *Malte Goßmann* über Gangsta-Rap, Nationalismus und linke Positionen in der Rap-Szene *(LJ)*

„Rap ist sehr gut darin, die Dinge zu beschrieben, einigermaßen gut darin, Missstände zu benennen und miserabel darin, Handlungsanweisungen zu geben, wie Missstände überwunden werden können." Diesen Satz habe ich mir im Januar 2015 notiert. Er stammt von dem Berliner Journalisten *Marcus Staiger*, mit dem ich an jenem Abend gemeinsam mit anderen Menschen auf einem Podium im Südblock saß. Titel der Veranstaltung: „Rappen für die Revolution?!" Die Berliner Rapperin *Sookee* hatte mich eingeladen, der Laden am Kottbusser Tor in Kreuzberg war voll und wir diskutierten über eineinhalb Stunden miteinander. Organisiert hatte das Podium das linke HipHop-Netzwerk *TickTickBoom*, ein Künstler-Kollektiv aus über 20 Akteuren, die sich zum Ziel gemacht haben, mit ihrem „Zeckenrap" die HipHop-Szene zu bereichern und gleichzeitig sexistische, homophobe und rassistische Strukturen aufzubrechen.

Die Idee, über die beschreibende Ebene hinauszugehen und mit der eigenen Haltung, den Texten und der Musik Missstände zu benennen und zu überwinden, gab es in der HipHop-Szene schon früh. Die Ansätze blieben aber meist marginal und schafften es selten wirklich Teil der Szene zu werden. Das könnte sich mit *TickTickBoom* ändern.

Malte Goßmann ist Mitbegründer von *TickTickBoom* und hat als Rapper unter dem Namen *Refpolk* schon viele Songs veröffentlicht. Als Sozialwissenschaftler hat er sich mit Männlichkeit, Geschlecht und Rassismus sowie Widerstand und Protest in der HipHop-Kultur auseinandergesetzt und dazu mehrere Aufsätze veröffentlicht, unter anderem in dem Sammelband „Deutscher Gangsta-Rap" von *Marc Dietrich* und *Martin Seeliger*. Ich sprach mit Malte über seine aktuelle Einschätzung der Rap-Szene und seine Hoffnungen darauf, dass linke Inhalte in der HipHop-Kultur stärker Fuß fassen.

Gangsta- und Straßen-Rap findet seit knapp 15 Jahren immer mehr Fans in Deutschland. Wie erklärst du dir diesen anhaltenden Erfolg?

Malte: Rap kommt von der Straße, da wurde er entwickelt und dort ist er bis heute am stärksten präsent. Es ist nur konsequent, dass Straßen-Rap so viel Platz einnimmt. Gleichzeitig ist aber Gangsta-Rap auch diejenige Form von Rap, die sich am besten in die kapitalistische Gesellschaft integrieren lässt: Rassistische Stereotype und gängige Männlichkeits- und Weiblichkeitsvorstellungen werden bedient und damit Geld gemacht. Gangsta-Rap ist also der Ort, wo Rap und Gesellschaft auf verhängnisvolle Art und Weise zusammenfinden. Zum Nachteil von Rap, denn eigentlich ist er ja in Abgrenzung zu genau dieser Gesellschaft entstanden, weil sie nichts mit ihm zu tun haben wollte. Nun hat Rap als Gangsta-Rap zu ihr zurückgefunden, indem er ihre Bedingungen akzeptiert hat und sie ihm im Gegenzug das schnelle Geld verspricht.

Die Inszenierung von Männlichkeit wird in letzter immer öfter ergänzt durch den Verweis auf Herkunft und Nation. In den Rap-Videos tauchen vermehrt Nationalflaggen auf. Was hat zu dieser Re-Nationalisierung geführt?

Malte: Dafür gibt es sicherlich viele Gründe. Ich halte die Entpolitisierung für sehr wichtig, die im Rap in Deutschland in den letzten 15 bis 20 Jahren stattgefunden hat. Ideale wie Unity wurden fast vollständig gegen Competition als Selbstzweck eingetauscht. Einzelgänger kämpfen um ihr Stück vom Kuchen und politische Diskussionen oder gar inhaltliche Kritik stören nur. Diese Entwicklung fällt zusammen mit der Wirkmächtigkeit von Rassismus und Nationalismus in Deutschland. Wenn dir die ganze Zeit jemand erzählt, dass du aufgrund deiner Herkunft oder der Herkunft deiner Eltern weniger wert bist, hat Rap schon immer eine gute Möglichkeit geboten zu sagen: Ich bin wie ich bin und ihr seid mir scheiß egal. Und wenn Images im Rap-Business wichtiger werden und die Nation in Deutschland einen wichtigen Bezugspunkt darstellt, dann wird daraus leider auch: Ich bin besonders krass, weil ich dieser oder jener Nation angehöre.

Die bürgerlichen Medien haben Gangsta-Rap in Deutschland schon früh als migrantisch und prekär markiert. Seit neustem wird in den Feuilletons behauptet, dass Gangsta-Rap eine ästhetische Nähe zu Islamismus und zum IS habe. Wie stehst du zu dieser Behauptung?

Malte: Die Behauptung passt nur allzu gut zum Blick bürgerlicher Medien auf Gangsta-Rap. „America was violent before rap" hat *KRS ONE* Mitte der 1990er gerappt, als in den USA Rap für Kriminalität und Gewalt in Großstädten verantwortlich gemacht wurde. Wenn Islamismus und Gangsta-Rap in diesen Debatten verbunden werden, ist das meiner Meinung nach auch Teil einer Ethnisierung, wie wir sie in Deutschland zum Beispiel aus der Kriminalität kennen. Nötig ist aber eine Auseinandersetzung mit Islamismus, die sich auch Rassismus, Männlichkeit, Antisemitismus und Klasse anschaut. Und natürlich kommen wir dann auch an Rap nicht vorbei, schon weil einige Rapper sich mit Islamismus-Bezügen schmücken, um besonders maskulin und gefährlich zu wirken.

Rap hat inzwischen eine große Diversität. Glaubst du, dass linke und emanzipatorische Inhalte heute ein größeres Gewicht haben als vor zehn oder zwanzig Jahren?

Malte: Auf jeden Fall. Vor zwanzig Jahren mag es noch anders gewesen sein, weil Rap vor dem kommerziellen Boom mehr Spielraum bot. Aber die Zeit vor zehn Jahren gehört für mich zu der Phase, in der linke Inhalte eine sehr geringe Rolle spielten. Wenn ich über Rap spreche, ist es mir deshalb immer wichtig zu betonen: Gerade geht wieder ein bisschen mehr an linken oder emanzipatorischen Inhalten im Rap, aber das ist nicht grundsätzlich neu, sondern hat eine Geschichte.

Wie hat sich deiner Meinung nach der Diskurs um Homophobie und Sexismus innerhalb der Szene entwickelt?

Malte: In der letzten Zeit ist mehr möglich. Jemand wie *Bass Sultan Hengzt,* der durch typisch harten Berliner Battle-Rap bekannt geworden ist, provoziert seine Fans mit einem Album-Cover, auf dem zwei küssende Männer zu sehen sind. Am Ende war dann doch alles ein Witz – nachher käme noch jemand auf die Idee, dass er schwul sei – und auf dem echten Cover ist dann alles wieder beim Alten und das Album heißt „Musik wegen Weibaz". Gleichzeitig löst das aber eine Debatte im Rap in Deutschland aus – ich betone im Rap – und *Sookee* bekommt als queer-feministische Rapperin auf *rap.de* die Möglichkeit die vermeintlichen Moves gegen Homophobie im deutschsprachigen Rap-Mainstream angemessen einzuordnen. Auch hat *Elmo* vor kurzem inspiriert von *Frank Ocean* einen Song veröffentlicht, in dem er in einer so selbstkritischen und ehrlichen Art und Weise über Homophobie spricht, wie ich es selten gehört habe. Es gibt noch viel zu tun, aber es scheint sich langsam etwas zu bewegen.

TickTickBoom hat 2014 die Broschüre „Deutscher Nationalismus im Rap" veröffentlicht, die man sich im Internet auch runter laden kann. Neben klarem NS-Rap gibt es vor allem Künstler, die in der Grauzone operieren und dabei auch erfolgreich sind. Wie erklärst du dir, dass es noch keinen Wotan Klan gibt, der offen mit rechten Themen Erfolg hat?

Malte: Erst einmal gibt es immer noch Berührungsängste in der Neonazi-Szene mit einer Jugendkultur, die schon immer auch ein Protest gegen Rassismus war. Zudem ist die HipHop-Szene noch zu ablehnend gegenüber rassistischen Positionen, als dass sich aus ihr heraus eine Rap-Crew mit einer geschlossenen Nazi-Ideologie entwickeln könnte. Das haben zum Beispiel die Reaktionen gezeigt, als *Fler* zu *Farid Bang* meinte, dass dieser sich als Gast in Deutschland zu benehmen habe. Gefährlich könnten meiner Meinung nach in Zukunft aber auch Verschwörungstheorien und Querfront-Ideen werden, weil sie viele Anknüpfungspunkte für Nazis bieten, ohne gleich mit Adolf Hitler ins Haus zu fallen.

Fler hat über Twitter verbreitet, dass er es wichtig finde, den Holocaust nicht in Vergessenheit geraten zu lassen.

Malte: Es kann natürlich der Versuch gewesen sein, mal durch etwas anderes als rechte Statements Schlagzeilen zu machen und sich ein bisschen von der NPD abzugrenzen. Vielleicht hat *Fler* aber auch einfach nur begriffen, dass das Gedenken an den Holocaust zum neuen deutschen Selbstbewusstsein gehört. Eigentlich wäre es nur konsequent: Wenn *Fler* sich langfristig als deutschnationaler Pop-Star etablieren will, gehört dazu auch die großzügige Geste eines Joachim Gauck, der einerseits an die Verbrechen des Nationalsozialismus erinnert und andererseits mehr deutsche Kriege fordert.

Es gibt in den letzten Jahren Gruppen, die im Sinne einer Post-Battle-Attitüde vermehrt mit Selbstironie, Verweisen, Zitaten und Dekonstruktionen arbeiten. Ich denke da an

K.I.Z. *aber auch an* Audio 88 & Yassin. *Werden in diesem Post-Battle-Rahmen deiner Meinung nach Sexismen und homophobe Haltung dekonstruiert?*

Malte: Allgemein habe ich den Eindruck: Sexismus, Homophobie und Männlichkeit werden reflektiert und es wird damit gespielt, aber es wird wenig dekonstruiert. Für mich ist das Teil einer Weiterentwicklung von Männlichkeit, die nicht mehr plump maskulin daherkommt, sondern sich smart gibt, eloquent ist und auch mal über sich selbst lachen kann. Ein bisschen Selbstironie und Zynismus sind zusätzlich gute Mittel, um in einer Gesellschaft erfolgreich zu sein, wo kaum noch wer an die Revolution glaubt. Wobei die von dir genannten Acts auch immer wieder interessante Sachen machen und ich gespannt bin, was da in Zukunft passiert.

Welche Chancen haben linke Positionen in der Rap-Szene? Geht es eher darum, eigene Strukturen aufzubauen und sich mit seinem Programm neben der etablierten Szene zu positionieren? Oder sollte man im Rahmen der Szene aktiv sein und sich direkt vor Ort einbringen?

Malte: Langfristig geht es natürlich um gesellschaftliche Veränderung, und die ist nur durch Einmischung zu erreichen. Aber um linken Rap zu pushen, brauchen wir auch eigene Strukturen, die uns Selbstbewusstsein geben und es uns ermöglichen, auch mal in Ruhe an Skills, Styles und Message zu arbeiten. Das ist eine Erfahrung, die wir im Laufe der Zeit gemacht haben. Lange ging es vielen von uns darum, zumindest ein bisschen Respekt von der HipHop-Szene zu bekommen, bis wir merkten, dass wir dort mit unseren Inhalten, aber auch mit unseren damaligen Skills einfach nicht willkommen sind – und es umgekehrt auch nicht funktioniert. Inzwischen sind wir aber zum Beispiel mit *TickTickBoom* an dem Punkt angelangt, dass wir sagen können: Wir haben etwas aufgebaut und wir sind bereit für den nächsten Schritt – und der heißt Einmischung.

„lila samt"

Die Quing of Berlin *Sookee* (SV)

Die Berliner Rapperin *Sookee* „streut lila Glitzer auf die Früchte schwarzen Widerstands". Die „Quing of Berlin" – eine Zusammenfügung aus Queen und King und queer – kennt die Geschichte von HipHop, seine verhängnisvollen Irrwege und großartigen Errungenschaften. Aus diesem Wissen heraus produziert sie Songs und bezieht immer wieder politisch Stellung. In „Frauen mit Sternchen" beispielsweise rühmt sie all jene, die sonst im Battle-Rap verunglimpft und beleidigt werden, um dann im zweiten Teil des Stückes die große feministische Dichterin *Sarah Jones* zu Wort kommen zu lassen mit ihrem Stück „Your Revolution", das selbst schon eine Hommage ist an einen der Urväter des Rap, an *Gil Scott-Heron* und sein Poem „The Revolution Will Not Be Televised". Ein anderer Song ihres Albums *„Lila Samt"* trägt den Titel „Immer wenn es weh tut", eine Anspielung an „A.N.N.A.", den Chart-Erfolg, mit dem *Freundeskreis* und das Fanta-Vier-Label *Four Music* ihren kommerziellen Durchbruch schafften. Und in „Vorläufiger Abschiedsbrief" setzt sie sich mit den aktuellen Entwicklungen von Rap und der Berichterstattung in den Medien auseinander:

> *„ihr wollt alles zerficken, zieht euch die bilder, die ihr zeichnet*
> *es ist schwer, nicht an euch trotz gutem willen zu scheitern*
> *und jetzt sagt nicht, die gesellschaft hätt euch zu dem gemacht*
> *was ihr seid, ihr seid doch mächtige männer, gute nacht*
> *ja, ich sollte drüber stehen und euch einfach übergehen*
> *mich auf mich selber konzentrieren und meine wege klüger wählen*
> *doch es braucht ein paar stimmen, die dagegenhalten*
> *in dieser ewigen scheiße, in diesem ekligen gehype*
> *ihr sagt, das sei nur entertainment, doch für mich ist das gewalt."*

Sookee kennt die kulturellen Zusammenhänge und die Marktmechanismen, im Interview erzählt sie von ihrer inneren Zerrissenheit, einerseits

Teil der Szene zu sein und auch sein zu wollen, und andererseits eine der wenigen profilierten Kritikerinnen sein zu müssen:

„Ich wünschte, ich hätte Cello gelernt oder irgendwas ganz anderes, aber HipHop ist nun mal leider meine große Leidenschaft. Ich bereue das manchmal. Aber es ist das Feld, in dem ich mich einfach schon ganz lange bewege und das ich kulturell und ästhetisch schätze, aber natürlich große, große Probleme mit vielen Inhalten und Szene-Dominanzen hab. Es gibt halt nicht so viele andere mediale oder kulturelle oder politische Felder, in denen irgendwelche Männer erzählen können, dass sie Frauen mit ihren Penissen ins Gesicht schlagen wollen. Ein Beispiel: Die Leute von *Don't let the label label you*, die ich eigentlich mag, organisieren Rap-Battles. Und da war dann auch einmal eine Frau dabei, *Breezy*. Und ihr Gegner [*Rino Mandingo*] sagt original: Jedesmal, wenn du redest, dann riecht's hier nach Schwanz, sagt er so, Hammer! Da hat sie den Arsch in der Hose und traut sich das, wo es doch immer heißt, oh ihr müsst euch ja nur mal trauen, kriegt sie halt sofort … Wie soll man sich denn in seinem eigenen Geschlecht wohlfühlen? Das gilt übrigens auch für Männer, weil diese etablierte Form von Rap halt letztlich auch männerfeindlich ist, weil hier total viele Formen von Männlichkeit unsichtbar gemacht oder für unzulänglich, zu einer Behinderung erklärt werden.

Natürlich bin ich cooler damit, wenn jemand explizit seine Homophobie oder seinen Sexismus artikuliert, da kann ich ganz anders ansetzen, als wenn Leute das unter der Hand tun und sich liberal geben und am besten noch Pink Washing betreiben, dann ist klar, da drunter sieht es eigentlich ganz anders aus, da komm ich aber gar nicht richtig ran. Aber dadurch, dass es so offen sein darf im Rap, gibt es leider auch eine Form von Normalisierung. Ich meine bestimmte Begriffe, über die kann man gar nicht mehr diskutieren, so was wie Hurensohn, Bitch oder Spast oder Ficken im Sinne von angreifen, attackieren, zerstören, darüber kannst du gar nicht mehr diskutieren, weil es schon so selbstverständlich geworden ist. Da kommst du gar nicht mehr ran. Da kuckt dich jeder an und rollt mit den Augen und sagt: Ei, das ist doch so nicht gemeint, peil das mal. Ja, aber es war halt mal anders. Das ist Sprachentwicklung. Und das gilt heute als Entertainment. Ich peil nicht, und ich halt mich wirklich nicht für 'ne konservative Person, aber ich peil nicht, mit welcher Selbstverständlichkeit so eine krasse Beleidigungskultur als Unterhaltung gesehen werden kann. Das ist so rückständig, das ist furchtbar.

Wir leben in einer Gesellschaft, in der es alle nicht so richtig leicht haben, alle sind halt mit irgendwas überfordert, mit sich und ihrem Leben, müssen irgendwie im Kapitalismus zurechtkommen, sind klassistisch oder rassistisch unter Druck oder werden offen diskriminiert, gesellschaftlich, institutionell, staatlich, wie auch immer. Aber wieso baut man sich dann so Phänomene, wo es nur darum geht, sich gegenseitig fertig zu machen. Also ich mein, das ist doch total abgefahren, und ich find das so schade, weil diese ganze geile lyrische, ästhetische Seite von HipHop und Rap darüber verloren geht.

Womit ich dann politisch argumentiere und bestimmte Entwicklungen auch ein Stück weit rechtfertigen kann, *Tricia Rose* hat uns das ja für US-Amerika erklärt, wie eine weiße Kulturindustrie auf Rap zugegriffen hat und da Verträge hingelegt hat, und den Leuten klar wurde, okay, ich kann jetzt richtig Geld verdienen mit dem, was ich hier mache, wie dadurch bestimmte Narrationen unter den Tisch gefallen sind, weil sie halt nicht kommerziell ertragreich gewesen wären. Und natürlich machen diese *Bushido*s und *Haftbefehl*s und so das alle richtig, sagen: Okay, ihr wollt den gewaltaffinen Kanaken, dann kriegt ihr den. Und dafür nehm ich euch richtig die Euros aus der Tasche. Ich kann das nachvollziehen. Ich kann das als wirtschaftlich motivierten Reaktionsmoment, als Reaktion auf anhaltenden, recht breiten Rassismus total gut nachvollziehen. Die Scheiße ist nur, dass damit auch Sexismus und Homophobie weiter verkauft werden, das ist halt das Ärgerliche daran. Und das ist so schwierig, das nicht gegeneinander auszuspielen.

Ich fänd's halt geil, wenn man sich so richtig clever zusammen tun könnte und dieser Gesellschaft, die ja auch Schuld daran hat, dass so was wie Gangsta-Rap so erfolgreich werden konnte, dass man dieser Gesellschaft wirklich mal in aller Deutlichkeit, und zwar nicht um fünf Ecken in irgendwelchen Tracks durch sieben Schichten Ironie, sondern in aller Deutlichkeit das mal vorhalten würde und sagen: Ihr braucht euch nicht zu wundern."

Der Songtitel „Vorläufiger Abschiedsbrief" ist durchaus wörtlich zu nehmen. *Sookee* weiß heute nicht, ob sie ein weiteres Rap-Album produzieren wird oder sich ganz auf die politische Arbeit konzentrieren soll, weil die ohnehin schon ihre eigene Textproduktion beeinflusst und einschränkt, weil sie sich immer wieder rechtfertigen muss, weil sie nicht einfach nur Musikerin sein kann und sein darf, aber raushalten und wegducken, wie es so viele andere namhafte Rapper machen, geht eben auch nicht.

„du willst dich messen mit mir, tritt auf die bühne zu mir"

Vom Freestyle-Rap zur Scripted Battle *(SV)*

Die Battle hat im HipHop eine soziale und eine ästhetische Funktion. Als *Afrika Bambaataa* mit der *Zulu Nation* die Battle, den künstlerischen Wettkampf in den 1970er Jahren im HipHop etabliert hat, ging es vor allem darum, die tatsächliche körperlich-rohe Gewalt in den Straßen der Armenviertel von New York einzudämmen, zurückzufinden zu gegenseitigem Respekt und der Fähigkeit, Streitigkeiten wirklich zu lösen, Aggression und Frustration in positive Bahnen zu lenken, in ein Gefecht der Worte, Graffiti-Bilder, DJ-Tricks und Tanzstile. Der ästhetische Nebeneffekt bestand darin, dass auf der Bühne nur bestehen konnte, wer das Publikum mit seinen Skillz beeindrucken und überzeugen konnte, wer unverwechselbar seinen eigenen Style hatte. Das führte zu einer Vielfalt an Stilen und einer Verfeinerung der Ausdrucksmöglichkeiten, die bald darauf auch die etablierte kulturelle Produktion insgesamt beeinflussen sollte.

Dieser ursprüngliche soziale Hintergrund der Battle trat mit der Zeit in den Hintergrund und die Battle entwickelte sich zu einem spannenden, packenden Veranstaltungsformat. Während es sich bei DJ-, Breakdance- und Human-Beatbox-Battles nach wie vor um einen stilistischen Wettstreit handelt, der auf regionaler und längst auch internationaler Ebene ausgetragen wird und immer noch der Vernetzung der Szene dient, tritt bei den Rap-Battles mehr und mehr der Inhalt vor die Form. Bei den großen Battle-Reihen wie *1on1* oder *Rap am Mittwoch* geht es weniger darum, durch Wortspiele, überraschende Vergleiche und ausgefallene Reime zu glänzen, sondern durch verbale Tiefschläge den Gegner und seltener die Gegnerin zum Schweigen zu bringen. Da diese immer extremere Beleidigungskultur Unsicherheit und Stress erzeugt, wie an den Gesichtern der Beteiligten deutlich zu sehen ist, wird auf diesen Bühnen nur noch selten frei improvisiert, sondern es werden vorher geschriebene Texte vorgetragen. Die absolute Gegnerschaft hat das soziale Miteinander abgelöst, und so werden auf den Battles hierzulande eher Konflikte erzeugt als gelöst. Die hohe Kunst des Freestyle-Rap, wenn sich zwei oder mehr Rapper und Rapperinnen gemeinsam inspirieren und in einen Flow treiben, der Reime und Verse hervorbringt, die kaum vorstellbar und nachzuvollziehen sind, gehörte früher zu den Höhepunkten einer jeden Jam. Auch heute noch gibt es viele großartige Freestyle-Rapper und -Rapperinnen, aber man findet sie heute nur noch abseits der großen HipHop-Bühnen, weil es dafür letztlich eine entspannte Atmosphäre braucht, die Möglichkeit, sich fallen zu lassen, wie es die Münchner Rapperin und Spoken-Word-Poetin *Fiva* beschreibt:

„Ich bin irrsinnig entspannt, wenn ich auf der Bühne stehe und wenn ich da Texte ... da fall ich manchmal einfach raus, weil das einfach passt in dem Moment, weil ich einfach ... also, ich falle sehr oft aus dem Text und das wird mir auch in letzter Zeit sehr oft angekreidet, weil die Leute sagen: Hey, ich wollte doch aber den Song hören. Der gefällt mir doch so gut, der Song, wie er war. Aber ich bin dann woanders. Oder wenn ich mich freue, wenn ich sehe, das Publikum ist da und alle haben eine gute Zeit und das ist schön ... ich möchte das mit anderen genießen. Ich möchte mit denen kommunizieren, das ist mir ganz wichtig. Und das ist dann für mich wirklich die höchste Form des Authentischen. Ich kann das niemals erklären, wie das funktioniert, dass ich dann freestyle und genau darüber in Reimen sprechen kann. Aber ich kann das, und das kommt dann und das muss dann auch genau so sein."

„Improvisation lehrt Demut", sagt der Stuttgarter Freestyle-Rapper *Tobias Borke*, „weil du dich der Gegenwart hingeben musst. Du merkst, du hast es nicht in der Hand, du musst dich dem hingeben. Es ist ähnlich wie Surfen, du musst die Welle erwischen und dann auf ihr draufbleiben. Und was genau die Welle ist, und wo die herkommt, das kann ich dir nicht sagen."

Borke.Beckett.Boom.

Ein Freestyle-Theater-Projekt mit Tobias Borke aus Stuttgart *(SV)*

Zur Jahrtausendwende, zum Ende seiner Schulzeit hat *Tobias Borke* begonnen, ein akustisches Tagebuch zu verfassen: „Für mich selbst ist es auf jeden Fall auch eine Art Selbsttherapie, weil ich, wenn ich meine Freestyles aufnehme, nicht die Möglichkeit habe, das zu filtern. Wenn du Tagebuch schreibst, dann filterst du, weil das noch durch die Hand geht. Da gibt es genug Themen, die dir unangenehm sind, die schreibst du einfach nicht rein oder die färbst du einfach. Aber wenn du freestylst, dann funktioniert das nicht, denn du musst vorausdenken, man braucht so einen kleinen Zeitpuffer, damit der Flow nicht ins Stocken kommt. Und das verhindert, dass ich mir überlege, das sag ich jetzt lieber nicht. Ich glaube, dass ich mich durch die Freestyles ein Stück weit besser kennengelernt habe, weil ich mir ein recht umständliches System an Selbstverarschung aufgebaut hatte, und das gilt alles nicht beim Freestyle, das funktioniert da einfach nicht."

Gemeinsam mit *Tobias Borke* und dem Beatboxer *Pheel* haben wir eine Freestyle-Theater-Performance entwickelt: Auf der Bühne bekommt *Tobias Borke* Ausschnitte aus seinen alten Freestyle-Tagebüchern vorgespielt, ohne dass er weiß, welche Stelle es genau sein wird. Die Musik läuft weiter und er hat nun die Aufgabe, zu den Themen von damals neue Texte zu improvisieren. Die Vorlage für das Konzept lieferte Samuel Becketts „Das letzte Band – Krapp's last Tape" von 1958. In diesem Theaterstück für einen Schauspieler und ein Tonbandgerät ist genau dieses Setting angelegt, allerdings mit vorher geschriebenen Texten und fest vorgegebenen Tonbandausschnitten. Hier wird eine Textvorlage reproduziert, während *Tobias Borke* auf der Bühne wirklich frei improvisiert:

> „du glaubst du allein bist ein nichts, bist ein sandkorn
> doch ich glaube, es muss auf dieses sandkorn ankommen
> das soll ins getriebe, damit es wenigstens knackt
> damit man am ende dann sagt: ich habe was geschafft."

Wie viele andere Freestyle-Rapper und -Rapperinnen hat auch *Tobias Borke* oft das Problem, dass seine Freestyles gar nicht mehr als Improvisationen erkannt werden, eher wird ihm vorgeworfen, dass er seine Texte nicht richtig auswendig gelernt hat. Die Improvisationen sind inzwischen derart ausgefeilt und inhaltlich komplex, dass sie für das Publikum nur noch schwer nachvollziehbar sind. „Borke.Beckett.Boom." macht die innere Struktur von Freestyle-Rap transparent, wie sich im Zusammenspiel aus Reim und Rhythmus allmählich ein roter Faden entwickelt, wie Gedanken entstehen und weiter gesponnen werden, und allgegenwärtig: die Gefahr zu scheitern, dass der Flow bricht, eine erste Idee sich zur Sackgasse entwickelt.

„Wir leben in einer Gesellschaft, in der die ganze Zeit versucht wird, Sicherheit zu vermitteln, und Sicherheit ist das höchste Gut, und das ist inzwischen ein höheres Gut als Freiheit. Und die Improvisation ist Unsicherheit, das ist das Prinzip der Improvisation. Das hat aber auch voll viel mit der Umgebung zu tun, also du kannst in Deutschland manche Sachen nicht improvisieren, du kannst keine Schreinerei improvisieren, dafür brauchst du deine Papiere, brauchst du babylonisches Kung Fu, und da könnt ich jetzt stundenlang referieren drüber, deswegen brech ich da ab."

„aus der dunkelheit ins tageslicht"

Auch das ist HipHop! *(SV)*

Im April 2015 saß die Rapperin *Lady Bitch Ray* aus Bremen gemeinsam mit Genderprofessx Lann Hornscheidt und *Ferda Ataman* vom *Mediendienst Integration* auf dem *taz.lab*-Podium und diskutierte über geschlechtergerechte Sprache. Sie hatte zwar schon Mitte der 2000er-Jahre überregional für Aufsehen gesorgt, ihr eigentliches, feministisches Anliegen allerdings kam dabei nie wirklich zur Sprache. Trotz aller Wortgewalt, Bücher, wissenschaftlicher Aufsätze und Dissertation, wird sie bis heute als schrille Porno-Rapperin abgestempelt. Wer genauer hinhören möchte:

„Wenn ich türkische oder arabische, muslimisch sozialisierte Frauen sehe, wie sie in Deutschland leben, mit was für Problemen, mit was für 'ner Einschränkung ihrer Freiheit, und die das nicht mal rumposaunen können, die können mit ihren Problemen nirgendwo hin, außer depressiv zu werden oder die Fresse zu halten. Für die muslimisch sozialisierte Frau oder die deutsch-türkische Frau gibt es keine Lobby, die dafür kämpft, dass sie selbst in ihrem Leben die Hauptrolle spielen können und wollen, dass sie nicht abhängig sind vom Leben ihres Freundes oder vom Leben anderer Menschen, dass sie zu ihrer Sexualität stehen können, dass sie das Konzept auch hinterfragen und begreifen, dass sie selbst bestimmt leben. Das sind so Bereiche, da passiert nichts in Deutschland."

FlowinImmo ist seit Anfang der 1990er Jahre in der HipHop-Szene aktiv, zunächst gemeinsam mit *Ferris MC* als F.A.B. – Freak Association Bremen, und seit 1998 als Solo-Künstler mit verschiedenen Bands. Im Jahr 2000 gründete er seine eigene Plattenfirma *Immonopol*, seitdem hat er kontinuierlich Platten veröffentlicht und zahlreiche Videos auf YouTube gepostet. *FlowinImmo* lässt die Öffentlichkeit teilhaben an seinem Leben, seinen verrückten Ideen und Aktionen, an den zum Teil extremen Auf und Abs, die eine bipolare Störung mit sich bringen. Was bedeutet das, krank sein? In unserer normierten und optimierten Gesellschaft? Wer muss auf wen

Rücksicht nehmen, wie weit kann, muss Verständnis gehen? Mit derlei Fragen beschäftigt sich *FlowinImmo* in seinen Raps. Sein Lebensweg, seine besondere Haltung zu Medikamenten und Psychiatrie, sein Flow und sein Freestyle-Talent machen ihn zu einem einzigartigen HipHop-Künstler, der nie weg war, aber auch nie ganz oben:

„Ich hab gerade die letzten Wochen und Monate immer mal wieder drüber sinniert, dass ich eigentlich mit dem, was ich mache, ganz glücklich bin, mit all den Abstrichen, dass eben zum Beispiel ein kommerzieller Erfolg bisher nicht eingetreten ist. Sprich, ich muss immer wirbeln und mir selbst Ziele setzen, Ansporn geben, und ich muss Konzerte organisieren, damit der Stein im Rollen bleibt. Aber das, was ich dann auf der Bühne erleben darf und was ich dann an Nachhall bekomme, dieser Prozess gefällt mir sehr an meinem Leben. Ich sende ein Signal, irgendjemand empfängt das, und vielleicht schließt sich der Kreis dann, wenn der Empfänger meiner Sendung mir dann etwas zurücksendet, nämlich die Rückmeldung. Von manchen fühl ich mich vollkommen unverstanden, die sich gar nicht damit befassen oder es abstempeln und sich sagen: Nö, das will ich gar nicht ... das ist eben ein Freak und damit hab ich nichts zu tun. Der ist mir nicht cool genug oder so. Bei anderen denke ich mir: Wow ... das haben die jetzt daraus gelesen, das ist ja interessant."

Graffiti ist mitunter eine kurzlebige Kunstform. Die Farben verblassen, Züge und Wände werden gereinigt, überstrichen und früher oder später werden die Spots von anderen übersprüht. Das hat nichts mit der Qualität der Bilder zu tun, weshalb der Berliner Street Art-Aktivist *Sweza* ein Tool entwickelt hat, um einige dieser Bilder zu bewahren, an ihrem angestammten Platz: *Graffyard* ist im Endeffekt, wie der Name schon sagt, ein Graffiti-Friedhof. Also die Idee ist, ich war in der Stadt unterwegs, in Berlin, und hab versucht so viele Graffiti wie möglich einfach zu fotografieren, für die Nachwelt zu archivieren. Und wenn es passiert ist, dass irgendein Graffiti verschwunden ist, bin ich an diese Stelle hin und hab dort ein QR-Code platziert, und wenn man den abscannt, kann man durch ein Zeitfenster in die Vergangenheit blicken und im Endeffekt unter die Layers gucken und kann praktisch einen vergangenen Zustand wieder zurückholen. Also man sieht das Bild von vor einem Jahr, von vor vier Jahren, von vor acht Jahren. Es ist ein verortetes Archiv im Endeffekt. Du findest die Information am Ort des Geschehens, das Wichtige ist der Ort, weil ein Archiv kannst du auch im Internet haben, aber dann ist es halt dezentral. Und jetzt nimmt man dieses Internet mit. Und das find ich für mich sehr interessant. Was ich mache, ist ja im Endeffekt eine primitive ‚augumented reality'. Du guckst halt wie durch ein Fenster in die Vergangenheit."

Der Düsseldorfer Rapper *Purse* hat mit seinem Kollegen *T-Moe* einen Song produziert über seine Geschichte, die Geschichte der Roma in Deutschland, das Vermächtnis des Holocaust und die aktuelle Lebenssituation. Im Projekt „Juroma – Junge Roma Aktiv" der Otto Benecke-Stiftung engagiert sich *Purse* in der Bildungs- und Kulturarbeit für junge Roma.

Deaf Kat Night rappt und performt in Gebärdensprache, auf der Bühne lässt sie sich von *Yansn* begleiten und übersetzen. Im Zusammenspiel aus Bewegungen und Codes der HipHop-Kultur einerseits und den Gesten und der Mimik der Gebärdensprache andererseits entsteht eine ganz eigene, eindrucksvolle Rhythmik und Performance.

Viele Namen sind noch zu nennen, viele werden uns erst zu spät (wieder) einfallen: *Robag Wruhme*, der zur Jenaer HipHop-Old School gehörte und heute weltweit gefragt ist als großartiger Techno-DJ. *Scid da Beat* aus Gießen, der nach wie vor mit und im HipHop unterwegs ist. *Tachi Cevik* aka *Achmet Gündüz* aka *Buddy Murat*, der eigentliche Erfinder der Kanak-Comedy, der wieder in Ratingen-West wohnt und nach wie vor auf vielen Bühnen steht, beispielsweise gemeinsam mit dem Kabarettisten *Volkan Erik*, der in Ratingen die Comedy-Reihe „Dönerwetter" etabliert hat. *Klaus Schneyder* hat mit „Beatboxing – The fifth Element of HipHop" in Eigenregie einen großartigen und preisgekrönten Film über die Human-Beatbox-Szene produziert. *Ade Bantu*, Old School-Rapper und Mitbegründer von *Brothers Keepers* ist nach Lagos, Nigeria, ausgewandert und dort mit seiner Konzertreihe „Afropolitan Vibes" auch politisch aktiv. Dann *Chaoze One* und *Irie Revolté* und ihr Engagement für Viva con Agua, *Manges! Käptn Peng*, *Hiob* und *Neonschwarz*. *Greis*, *André Perl (Breitbild)* und *Jurczok 1001* aus der Schweiz, *Nazar*, *Sayne One* aus Österreich – und nicht *Chakuza! Bee Low*, der Organisator der deutschen und weltweiten Beatbox-Meisterschaften, *Eko Fresh* für seinen Song „Köln Kalk Ehrenmord" ...

Die Ausdrucksformen und Themen der Rap-Szene sind so vielfältig wie noch nie, und das obwohl die Aufmerksamkeit der Medien und Plattenfirmen auf ein ganz kleines Segment der Szene eingeengt ist. Es ist an der Zeit, einen Blick auf das große Ganze zu werfen. Greg Tate: *„You know HipHop when you see it. You may not see HipHop before it seizes you!"*

„hiphop wird niemals nur musik sein"

Rick Ski über Kultur, Old School und Straßen-Rap *(LJ)*

„HipHop ist die letzte große Undergroundkultur, die sich unterhalb des Mainstream-Radars entwickeln konnte." Diesen Satz gibt mir Detlef Rick aka *Rick Ski*, einer der Gründungsväter der Old-School-Formation LSD, nach einem langen Interview mit auf den Weg. Die letzte große Jugendkultur? Stimmt das? Es wirkt tatsächlich verrückt, wenn man heute einem Jugendlichen erzählt, dass es in den 1980er Jahren ein völlig neues Ding gab, das sich – unbemerkt vom Rest der Gesellschaft – in den Jugendhäusern des Landes entwickelte. Dass dieses Ding aus ganz unterschiedlichen Disziplinen bestand: Aus Tanz, Rap, DJing, Graffiti und Beat Boxing. Dass sich die Anhänger dieser Bewegung als Mitglieder einer Kultur verstanden, ganz unabhängig, aus welchen gesellschaftlichen Kontexten sie stammten. Dass es zwischen 1985 und 1990 nur wenige gab, die von der Existenz dieser Szene wussten – keine Likes auf Facebook, kein Hype auf Twitter, kein Tutorial auf YouTube. HipHop in Deutschland hatte viele Jahre Zeit zu reifen und sich zu entfalten, bevor sich die Leute einmischten, deren Beruf es ist, mit Jugendkulturen Geld zu verdienen.

Rick Skis Feststellung wirft die grundsätzliche Frage auf: Hätte eine Kultur wie HipHop heute noch die Chance, sich in Ruhe zu entwickeln? Mich erinnert das an einen Satz von *DJ Marius Nr. 1*, der in dem Buch „Bei uns geht einiges" behauptete: „Ich denke mal, heute wird kein Kiddie mehr in ein Haus der Jugend gehen, weil dort innovative Musik läuft, die nirgendwo anders läuft. Damals war das so." Ist es durch die nahezu auf Echtzeit beschleunigte Rezeption, Konsumption und Reproduktion von jugendlicher Kreativität nicht unmöglich geworden, überhaupt bis zu einem Punkt zu kommen, an dem sich so etwas Altmodisches wie kulturelle Identität bildet? Wahrscheinlich kann man diese Frage nicht beantworten, ohne in das Horn der Kulturpessimisten zu stoßen, die immer schon wussten, dass früher alles besser war. Wahrscheinlich sollte man

DJ Defcon, Future Rock, Ko Lute, Rick Ski (1989) *Foto von Stephan Schuh*

sich überraschen lassen von den Kids der Jetztzeit. Wozu *Rick Skis* Hinweis auf jeden Fall taugt: Darüber zu staunen, wie sich eine Generation in den 1980er und 1990er Jahren ihre Kultur erkämpft und erarbeitet hat. Die Geschichte von *Rick Ski* und seinem Bruder *Future Rock* hat auch deshalb einen besonderen Reiz, weil die beiden HipHop als Teenager in der Provinz für sich entdeckten und von dort aus einen Impuls setzten, der die Metropolen erschütterte.

„kernige blieben entschieden"

Breakdance, die Medien und fünf lange Jahre der Geduld

Wir haben mit LSD schon Ende der 1980er Jahre gezeigt, dass es in Deutschland möglich ist Rap-Musik zu produzieren, die den internationalen Vergleich nicht zu scheuen braucht. Heute fällt LSD häufig unter den Tisch, wenn es um die Geschichte von HipHop in Deutschland geht. Das liegt unter anderem an der starken Fixierung auf deutschsprachigen Rap, der dazu führt, dass Produktionen mit englischen Texten kaum beachtet werden. Dabei kann man die HipHop-Pionierarbeit in Deutschland nur begreifen, wenn man sich anschaut, wie wir uns in den 1980er Jahren an den wenigen Inputs abgearbeitet haben, die wir in den Medien über unsere Vorbilder aus New York bekamen.

Für mich war zum Beispiel die WDR-Dokumentation „Break Out – der Tanz aus dem Getto" besonders wichtig. Dort wurden *Fabel, Wiggles, Grandmixer D.ST,* die *Infinity Rappers* und viele andere Leute gezeigt. Es gab in der frühen 1980er Jahren einige Reportagen, die sich mit den sozialen Missständen in New York beschäftigten, die am Rande aber auch über HipHop berichteten. Das Bemerkenswerte ist, dass das öffentlich-rechtliche Fernsehen in Deutschland über das Phänomen HipHop früher und intensiver berichtete als die US-Medien. Ich kenne nur einen Bericht von 1981 aus einer News-Sendung, in der kurz über die Sugarhill-Rap-Convention in Harlem berichtet wurde. Die ganzen großen Reportagen und Filme kamen erst mit dem globalen Erfolg von Breakdance.

So wie viele meiner Zeitgenossen nahm ich erstmals 1979/1980 durch den Song „Rappers Delight" Notiz vom Rap-Phänomen. Doch begriff ich das Ganze damals noch nicht als HipHop. Und wenn man ehrlich ist, muss man zugeben, dass die *Sugarhill Gang* weniger authentisch war als später die *Fantastischen Vier*: *Wonder Mike, Big Bank Hank* und *Master Gee* waren eine zusammengecastete Amateurband von *Silvia Robinson,* die sich ihre Reime zum Teil von anderen Rappern geklaut hatte. In New York gab es im Zuge des Erfolges von „Rappers Delight" eine Welle des Disco-Rap. Dennoch hat dieser Erfolg auch für viele Bands aus dem Untergrund den Weg zu den ersten Plattendeals geebnet.

Wir hatten in den 1980er Jahren kein Internet, keine Tutorials, keine Mentoren, die uns hätten anleiten können. So mussten wir uns aus den wenigen Berichten im Fernsehen die Dinge abschauen; das meiste aber haben wir ausprobiert und uns selbst erarbeitet. Wir haben unendlich viel Zeit in diese Dinge investiert. Wir haben Graffiti gesprüht, wir haben getanzt und wir haben früh versucht, Musik zu machen. Allerdings hat das länger gedauert, denn dafür brauchtest du die entsprechenden Gerätschaften. Das fing 1983 an, da war ich 14 Jahre alt. 1985 gab es den ersten Einschnitt, als die Breakdance-Blase platzte. Ich erinnere mich daran, dass es sogar eine Meldung in der *Tagesschau* gab: Breakdance sei jetzt out wurde dort hoch offiziell verkündet. Dann standen wir da mit unserer Leidenschaft für HipHop, die Leute schauten uns an und fragten: Was macht ihr denn da? Das ist doch out! Uns hat das nicht interessiert. Wir haben uns die Kompaktanlage unsere Eltern vorgenommen und scratchen geübt. Dann haben wir Pause-Tapes produziert, also einen Breakbeat auf Tape aufgenommen, Pause gedrückt, die Nadel zurückgesetzt, wieder aufgenommen usw. – bis wir einen kompletten Drei-Minuten-Breakbeat auf Tape hatten. Wir haben diese Technik aus der Not heraus erfunden, weil wir nur einen Plattenspieler hatten. Was wir zu diesem Zeitpunkt nicht wussten: In den USA haben sich viele HipHops auf diese Art ihre Mixtapes aufgenommen. Und ganz in der Tradition von New Yorker Radio-DJs und Remixern wie *The Latin Rascals* oder *Shep Pettibone* haben wir diese Technik dann auch etwas später auf professionellere Art mit komplexen Tonband-Edits (1/4 Zoll Tape) umgesetzt. Das war die große Zeit des Experimentierens. Ich habe damals diverse DJ-Mixer zerstört. Mein erster Plattenspieler war ein Dual mit Reibrad-Antrieb, den habe ich mir so umgebaut, dass ich damit scratchen konnte. Besonders gut war der nicht geeignet, und auf dem Flohmarkt erstand ich dann einen Plattenspieler mit Riemenantrieb. Das funktionierte etwas besser, allerdings war nach einer Woche der Antriebsriemen durch, sodass ich mir einen Riemenvorrat anschaffen musste. Irgendwann besaß ich dann einen Plattenspieler mit Direktantrieb. Meinen ersten 1210er konnte ich mir dann 1987 nach sechs Wochen Ferienjob leisten. Und das war zunächst echt seltsam: Ich war es gewohnt, die Platten mit der Hand anzuwerfen, sodass ich mich richtig umstellen musste. Ich musste auch erst checken, dass die New Yorker HipHop-DJs Slipmates auf ihren Plattentellern hatten und so die Platte anhalten konnten, während der Teller weiterlief; und als ich das kapiert hatte, musste ich mir eine Slipmate basteln usw. Außer meinem Bruder und mir gab es höchstens noch eine Hand voll von anderen Verrückten, die nach dem Breakdance-Boom dabei geblieben waren. Das war eine lange Durststrecke, aber auch eine wichtige Zeit, in der wir uns die HipHop-Kultur fast im Alleingang erschlossen haben.

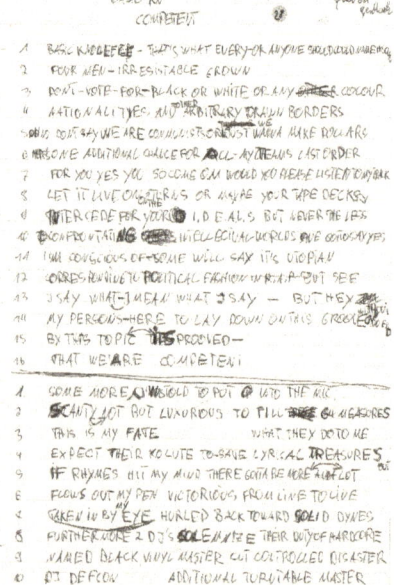

Textblatt zu dem Song Competent (1989)

„das original und nicht die kopie"

Der Arschtritt aus der Nordeifel

Meine ersten Kontakte zur HipHop-Szene in Deutschland, die über den Kölner Raum hinausgingen, hatte ich 1988 mit Leuten aus Dortmund, unter anderem mit *DJ Zonic, MC Cisco, Eugene Tabika* aka *DJ Casio* und *DJ Ace*. Die Dortmunder waren in dieser Zeit schon ziemlich weit, aber die waren ihrerseits auch erstaunt, auf welchem Niveau wir agierten. In diesem Zusammenhang hatte ich meinen ersten offiziellen DJ-Gig in einer Disco in Schwerte. Ich war mit *MC Cisco*, einem GI, unterwegs und der kannte den Resident-DJ. Er wollte dort rappen und meinte: Ich hab meinen eigenen DJ dabei. Er zeigte auf mich, ich stellte mich hinter die Plattenspieler und mixte meine Breakbeats zusammen. 1988 lernten wir außerdem vor einer Dorf-Disco *DJ Defcon* und den Rapper *Ko Lute* kennen, die damals ebenfalls in der Eifel wohnten. Die beiden hatten eine Gruppe namens *II Scardens* und wurden sogar einmal im Regionalfernsehen (WDR) gezeigt. Außerdem hatten sie ein Tape-Album namens „In Full Sense (The Tritti Tape)" veröffentlicht, welches sie regional verkauften. In Köln hingegen war in Sachen HipHop noch nicht viel los und da mussten dann die Jungs aus der Eifel kommen und den Kölnern zeigen, wie es geht. Unsere Ansage war die EP *Competent*, die wir 1989 bei *Rhythm Attack Productions* veröffentlichten. Aber bis dahin war es noch ein weiter Weg. Wir haben 1986 angefangen mit Samples zu arbeiten und zwar über ein Modul für den C64, das es als Bausatz gab. Das haben wir uns bestellt und zusammengelötet. Außerdem hatten wir den Casio SK 1, ein Sample-Keyboard, und wir haben viel mit Tonband gearbeitet. Auch der Casio-RZ-1-Drumcomputer, welcher zu dieser Zeit ebenfalls zum Einsatz kam, hatte bereits eine begrenzte Sampling-Funktion. Unsere ersten Breakbeats haben wir in der Plattensammlung unserer Eltern gefunden, zum Beispiel „A Little Less Conversation" von Elvis Presley. Bevor wir uns 1989 unseren ersten echten Stereo-Sampler kauften, waren wir mit der Technik des Samplings schon lange vertraut. Wir konnten mit dem TX 16 W also sofort loslegen und all das, was wir vorher am Limit unserer begrenzten technischen Möglichkeiten produziert hatten, nun auf einem Deluxe-Niveau umsetzen. Uns war klar, dass unsere Beats gut waren und dass wir uns vor unseren Vorbildern aus den USA nicht verstecken brauchten. Nachdem wir *Ko Lute* und *Defcon* kennengelernt hatten, haben wir ein Spiel daraus gemacht, uns gegenseitig zu testen, indem wir auf einem Mixtape mit Ami-Beats unsere eigenen Produktionen versteckten: Wir hörten dann die Cassette im Auto und beobachteten, ob den anderen auffiel, dass dieser eine Beat eben nicht aus New York kommt, sondern aus der Eifel. Und es ist in der Regel niemandem aufgefallen. Deshalb waren wir auch davon überzeugt, dass unsere Sachen es wert sind, von einem Label veröffentlicht zu werden. *Future Rock*, mein Bruder, hatte auf eigene Faust ein Vier-Track-Demotape produziert und ist damit zu *Rhythm Attack Productions* nach Köln gegangen. *Rhythm Attack Productions* bzw. *Minor Music* war ursprünglich ein Jazz-Label aus München, auf dem Künstler wie Black Swan Quartet veröffentlicht wurden, die haben aber später auch amerikanische Rap-Platten für Deutschland lizensiert und herausgebracht. Deshalb kannten wir auch das Label. Mein Bruder fuhr also nach Köln, klopfte da an und sagte: Hallo, hier bin ich, wir wollen eine Platte bei euch rausbringen. Nach einer Woche Bedenkzeit meldete sich *Stephan Meyner* von *Rhythm Attack Productions* und sagte: Okay, ihr bekommt das Budget für einen Song, der wird auf einer Compilation erscheinen. „New School" hieß dieser Sampler und wir steuerten den Song „Competent" bei. Inzwischen hatten wir uns als LSD mit *Ko Lute* und *DJ Defcon* zusammengetan und *Stephan Meyner* machte sich anfangs einen Spaß daraus, der Fachpresse zu erzählen, LSD sei eine Band aus New York. Das haben ihm auch alle geglaubt, und so hat Stephan das Spiel, das wir damals mit unseren Mixtapes im Auto gespielt hatten, mit Musikjournalisten fortgeführt. Aber auch als klar war, dass die vermeintliche US-Band in Wahrheit aus der Nordeifel stammt, waren sich die Leute einig, dass wir den internationalen Vergleich nicht zu scheuen brauchen. Den Vorschuss, den wir von *Rhythm Attack Productions* bekommen hatten, nutzten wir schließlich dazu, eine ganze EP zu produzieren. Und die erschien dann 1989. „Competent" war nicht nur in der HipHop-Szene eine echte Ansage, sondern auch in der Musikbranche eine kleine Sensation. Wir gaben in dieser Zeit viele Interviews und unsere Songs sind oft im Radio gespielt worden – auf WDR 1 nahezu täglich. Anhand der Fragen, die uns die Presse stellte, konnte man ablesen, wie begrenzt der Horizont vieler Journalisten zu dieser Zeit war: Warum seid ihr nicht schwarz? Wie kommt ihr dazu, solche Musik zu machen? Die Veröffentlichung von

„Competent" führte aber auch dazu, dass wir die HipHop-Szene in Deutschland besser kennenlernten, wobei sich die meisten Leute bei uns bzw. bei unserem Label gemeldet haben. 1991 erschien dann unsere LP „Watch Out For The Third Rail" und damit haben wir ein echtes Ausrufezeichen gesetzt. Diese Platte wird auf ewig ein Mysterium bleiben, weil niemand in der Lage sein wird, alle Samples, die wir dort verbraten haben, zu entschlüsseln. Das können nicht einmal wir selbst leisten, weil wir während der Produktion der Platte die Quelle unserer Samples voreinander verheimlicht haben. Die Krönung war vielleicht das Statement von *Torch* auf *Ko Lutes* Anrufbeantworter: Nachdem er „Watch Out For The Third Rail" gehört hatte, war er so geflasht, dass er sich über fünf Minuten in einer Lobeshymne erging.

Mein Bruder hatte immer den Mut, einen Schritt weiter zu gehen. So ist er im Sommer 1991 zusammen mit *Fader Gladiator* mit einer fertigen Beat-Platte in die USA geflogen und hat sich dort mit namhaften MCs getroffen. Die waren auch zu Features bereit, weil sie die Sachen von *Future Rock* gut fanden. Gescheitert ist es letztendlich an den Labels in Deutschland, die sich einfach nicht vorstellen konnten, dass ein Junge aus der Eifel Rapper aus New York produziert. Übrigens ist auf diesem Weg unsere LP auch in die Hände der *Ultramagnetic MCs* gelangt, denn die hat mein Bruder während seines Trips zufällig in Manhattan auf der Straße getroffen. Ich weiß nicht, ob unsere Platte einen Einfluss auf *Kool Keith* und Co. hatte – jedenfalls gab es auf „Funk Your Head Up", der zweiten LP der *Ultramagnetic MCs*, die 1992 erschien, auffallend viele Parallelen zu „Watch Out For The Third Rail". Fest steht, dass die Jungs sich unsere Sachen angehört haben und dass sie davon angetan waren. Und die Ultras waren nicht die einzigen. So habe ich nach dem Re-Release von „Watch Out For The Third Rail" im Jahr 2008 eine E-Mail von *T La Rock* bekommen, der sich begeistert über die Platte äußerte und fragte, woher er das Vinyl bekommen könne.

„International HipHop-Dealers"

Krauts With Attitude, Blitz Vinyl und Blitz Mob

Nach dem Erfolg von „Competent" erreichten uns Demotapes aus ganz Deutschland, so dass wir einen Überblick bekamen über das, was andere MCs und Crews so machten. Dabei waren durchaus hörenswerte Sachen von *Raid*, *King Size Terror*, *Advanced Chemistry* oder *Rock Da Most*. Mir kam die Idee, dass es eigentlich genug Potenzial gab, um einen qualitativ hochwertigen Sampler zusammenzustellen. Auf einem Konzert der *Boogie Down Productions* in Frankfurt 1990 kam ich mit dem Journalisten *Michael Reinboth* ins Gespräch. Der war davon begeistert und wollte das Projekt mit mir umsetzen. Also sichtete ich das Material, nahm Kontakt zu den Künstlern auf und er kam mit dem Münchener Label *Boombastic Records* über einen Deal für eine Rap-Compilation mit Acts aus Deutschland ins Gespräch. Nach und nach entwickelte sich die Sache allerdings in eine Richtung, die mich irritierte: *Reinboth* hatte mit Kollegen von der Musikzeitschrift *Spex* aus einer Bierlaune heraus den Namen „Krauts With Attitude" als Titel für die Compilation auf die Agenda gebracht. Schließlich sollte auch das Cover in den Nationalfarben Schwarz, Rot und Gold gestaltet werden. Das entsprach meiner Vorstellung von HipHop überhaupt nicht. Hinzu kam, dass *Reinboth* keine gute Hand im Umgang mit den Bands hatte und *Boombastic Records* anfing, aus strategischen Gründen und nicht anhand der musikalischen Qualität eigene Formationen auf dem Album unterzubringen. Schließlich bin ich ausgestiegen und *Reinboth* hat den Sampler zusammen mit *Katmando* aus München fertiggestellt. Ich wurde nicht einmal in den Linernotes erwähnt; wenn ich mir allerdings anschaue, was in den Linernotes steht und was aus meiner ursprünglichen Idee geworden ist, bin ich darüber nicht traurig.

Auf „Krauts With Attitude" erschien auch ein Song von uns: „Accompagnato". Wir hatten schon lange vorher mit deutschen Texten experimentiert, aber das war unser erster professionell produzierter Song auf Deutsch. Das Album kam im Sommer 1991 auf dem Markt, was „Accompagnato" zu einem der ersten deutschsprachigen Rap-Songs der Szene macht. Ein zusätzliches Ärgernis war in diesem Zusammenhang, dass unser Song auf der Vinyl-Variante der Compilation einfach gekürzt wurde. Und das, obwohl wir dem Label dies zuvor schriftlich untersagt hatten. Die Erfahrungen, die ich mit *Boombastic Records* und *Rhythm Attack Productions* gemacht hatte, bestärkten mich in der Überzeugung, dass man sich eigene Strukturen aufbauen muss, wenn man wirklich selbstbestimmt arbeiten will. Und so gründeten wir mit dem Wissen, dass wir inzwischen über die Produktion sowie das Pressen und Vermarkten von Platten gesammelt hatten, 1991 *Blitz Vinyl*. *Blitz Vinyl* war nach *Fresh Line Records* aus Berlin, welches eher dance-orientiert war, das erste unabhängige HipHop-Label in Deutschland. Das *Blitz Mob Kollektiv* hatte sich in etwa zeitgleich formiert – jetzt hatten wir die Möglichkeit, unsere eigenen Platten zu veröffentlichen.

Um den Jahreswechsel 1991/92 kam es durch diverse Streitigkeiten zum Split von LSD. Nach vielem Hin und Her und einer Weile der Ungewissheit beschlossen *Future Rock* und ich den Namen LSD beizubehalten, während *Ko Lute* und *Defcon* sich fortan *LSD Proton* nannten.

Im Dezember 1992 waren wir mit LSD, C.U.S. und dem *Äi-Tiem* mit *HiJack* und *Tim Dog* auf Deutschland-Tournee und haben schon zu dieser Zeit unser komplettes Programm auf Deutsch performt. Das war eine merkwürdige Erfahrung. Denn zu diesem Zeitpunkt kamen viele Leute mit Rap in deutscher Sprache noch überhaupt nicht klar. In Hannover hatten wir einen Auftritt in einem alten Kino vor einigen hundert Leuten; die haben uns ausgebuht und uns mit Holzdielen beworfen, die sie vom Boden abgerissen haben. Kaum ein halbes Jahr später waren wir mit demselben Tourveranstalter erneut unterwegs, die Konzerte waren ausverkauft, die Leute sind abgegangen und haben uns für unsere Texte gefeiert.

Wir haben uns nie nach dem gerichtet, was die Leute hören wollten oder was gerade angesagt war. HipHop blieb für uns international. Über *Future Rocks* USA-Reise hatten wir u.a. Kontakt zu *KAOS* bzw. *MC King Grand* bekommen, dessen LP wir 1993 über *Blitz Vinyl* veröffentlichten. Auch das war etwas Besonderes: Ein paar HipHop-Freaks aus Deutschland bringen auf ihrem Label in Köln einen MC aus Brooklyn heraus. Außerdem waren im *Blitz Mob* weitere Rapper aus England, Frankreich und Deutschland organisiert. *SBG* zum Beispiel, ein Rapper, der in Frankreich und den USA aufgewachsen war, kannten wir über Freunde aus München. Der hat uns dann in Köln besucht und wir haben gemeinsam Songs aufgenommen. Die Verbindung war HipHop. Jeder, der sich damals HipHop zugehörig gefühlt hat, war automatisch connected mit allen anderen, die sich in dieser Szene bewegten – auch wenn man sich

Blitz Mob-Sampler:
Die Organisation (1995)

vorher noch nie gesehen hatte. Da hieß es nicht: Ey, du Opfer! Sondern: Cool, da ist jemand, der sein Leben HipHop widmet. Den nehmen wir auf, der isst und pennt bei uns und wir machen was zusammen. Dieses unsichtbare Netzwerk gibt es noch heute unter den HipHops der ersten Generation. 1993 veröffentlichten wir die erste *Blitz Mob*-EP mit dem Disstrack „Ohne Warnung", der sich gegen *Ko Lute* und *Defcon* richtete und auf den sich später einige der so genannten Straßenrapper bezogen haben. Wir haben den Song als klassischen Battle-Rap verstanden, ich persönlich wollte vor allem meine Wut los werden, aber die Rezeptionsgeschichte zeigt, dass sich jeder das aus einem Song zieht, was zu den eigenen Erfahrungen passt.

„diese verzerren den namen hiphop gern"

Von *Vier Gewinnt* bis *Mein Block*

Meiner Meinung nach wurde HipHop als Kulturbegriff vor gut zehn Jahren abgekoppelt von der immer größer werdenden Masse der Rap-Konsumenten. Festmachen würde ich das an der Veröffentlichung von *Sidos* „Mein Block" im Jahr 2004. Damit einher ging eine übermäßige Fixierung auf den so genannten Straßen- oder Gangsta-Rap. Und wenn man den Fokus zu sehr auf eine bestimmte Sache lenkt, verliert man die eigentliche Essenz aus den Augen. Es war nicht zu übersehen, dass die *Aggro-Berlin*-Macher *Specter, Spaiche* und *Halil* sich darum bemühten, das französische Modell von Straßen-Rap zu kopieren, das in Frankreich wenige Jahre zuvor kommerziell sehr erfolgreich gewesen war. *Specter* ist meines Wissens nach sowohl in Frankreich als auch in Deutschland aufgewachsen, er kannte beide Szenen und nutzte dieses Wissen, um mit seinem Label Produkte zu designen, die in diesem Sinne Geld bringen sollten. Das ist ihm gelungen. Die *Aggro*-Künstler bedienten ein Publikum, das sich für Rap interessierte, mit dem Kulturbegriff HipHop aber nichts anzufangen wusste. In der Folge dieses Kulturverlustes fing es an, dass sich Künstler backstage auf die Fresse schlugen, dass öffentlich Drohungen ausgesprochen wurden und sich zwischen den Städten statt Solidarität Neid und Misstrauen verbreitete.

Es war aber nichts Neues, dass HipHop als Kultur in Frage gestellt wurde: Zum ersten Mal habe ich das im Zuge des Ausverkaufs von Breakdance 1985 erlebt und dann ereignete sich Anfang der 1990er Jahre eine vergleichbare Entwicklung, die mit dem kommerziellen Erfolg der *Fantastischen Vier* zu tun hatte. HipHop in Deutschland hatte sich bis dahin unterhalb des Mainstream-Radars zu einer beachtlichen Underground-Kultur entwickelt und mit dem Erfolg von „Die Da!?!" fragten die Medien plötzlich alles, was sie über HipHop wissen wollten, die vier Jungs aus Stuttgart. In diesem Augenblick haben die *Fantastischen Vier* gnadenlos versagt: Sie haben HipHop nicht repräsentiert. Dabei ging es nicht in erster

DJ Rick Ski mit KAOS und Afrika Bambaataa in New York (1994)

Linie darum, dass sie kommerziell erfolgreich waren. Sie haben es versäumt, auf die Szene und die Kultur aufmerksam zu machen. Obwohl sie oft nach HipHop gefragt wurden, haben die *Fantastischen Vier* immer als Pop-Band geantwortet, deren Interesse es ist, sich selbst und ihr Produkt zu vermarkten. Die Szene muss sich allerdings auch die Frage gefallen lassen, wie es sein konnte, dass damals niemand aus den eigenen Reihen einen mutigen Schritt nach vorne gemacht hat. Manchmal verliert sich so eine Subkultur auch in Selbstbeweihräucherung und dümpelt selbstzufrieden vor sich hin. Dann braucht es einen Arschtritt. Der kam in diesem Fall von den *Fantastischen Vier* und er hat die Leute tatsächlich heftig durchgerüttelt. Deutlich hat man das an *Advanced Chemistry* gesehen. Die waren bis dahin eine sehr kreative und ambitionierte Hobbyband, die ein paar Demos produziert hatte und auf HipHop-Jams gefeiert wurde. Nach „Vier Gewinnt" haben die offensichtlich gemerkt: Da steht uns jemand im Licht, wir müssen aus dem Quark kommen, wenn wir Einfluss haben wollen.

„nur ein teil der kultur"

Das Ganze ist mehr als die Summe seiner Teile

Wenn ich mir heute eine Internet-Plattform wie *hiphop.de* anschaue, dann begegnen mir dort nur Rapper. Das wird meines Erachtens dem Begriff unserer Kultur nicht gerecht. HipHop wurde in den frühen 1980er Jahren definiert als ein Ensemble verschiedener Ausdrucksformen, und das MCing ist nur eine dieser Formen. Wer die Hintergründe der HipHop-Kultur nicht kennt bzw. sich nicht die Mühe macht, sie kennenzulernen, der wird niemals Teil dieser Kultur sein. Nicht, weil er das nicht darf, sondern weil er es nicht kann: Er kann aus dieser Einzelperspektive HipHop als Ganzes nicht verstehen. Würde ich zum Beispiel auf fruity loops ein paar gefällige Beats programmieren, damit zu einem Jazzer gehen und sagen: Hier, das ist Jazz, das ist moderner als der Kram, den du mit deiner Band machst, dann würde mich dieser Musiker zurecht fragen: Was ist mit John Coltrane, was ist mit Miles Davis? Und er würde mir keine Anerkennung geben.

Der HipHop-Begriff ist verloren gegangen. Ich meine das nicht dogmatisch, sondern als Feststellung. Es gab zu Beginn der 1990er Jahre eine Zeit, da war es umgekehrt, da meinten die Leute, sie müssten die besten Writer, B-Boys, Rapper und DJs zur gleichen Zeit sein. Das war natürlich Unsinn. Das Mindeste, was jemand zeigen sollte, der den Begriff HipHop in den Mund nimmt, ist Respekt vor all diesen Elementen. Ein weiterer Punkt ist, dass HipHop in seiner Vielfalt und der Fülle seiner Verweise ohne Geschichtsbewusstsein nicht verstanden werden kann. Ich habe mir einige Konzerte von so genannten Straßen-Rappern angeschaut und eine seltsame Sache festgestellt: Während des Auftritts gibt es immer eine Episode, wo die Old School gedisst wird. Die Rapper machen sich dann über Freestyle-Rap, Graffiti oder Breakdance lustig und das Interessante ist – es wirkt völlig deplatziert. Weder sind auf diesen Konzerten irgendwelche Breaker oder Writer, noch stellen Freestyle-MCs oder Old-School-Rapper eine Konkurrenz dar. Warum also diese zwanghafte Bezugnahme? Ich erkläre mir das so: Zum einen haben diese Rapper Minderwertigkeitskomplexe, weil sie selbst nur wenig beherrschen. Aus der Perspektive von

HipHop beherrschen sie nur das Rappen; und als MCs können sie in der Regel nicht einmal freestylen. Auf der anderen Seite wissen diese Leute unbewusst sehr wohl, dass sie sich im Rahmen der HipHop-Kultur bewegen. Wer sich das Mikro schnappt, vor den DJ tritt und losrappt, der wiederholt einen kulturellen Grundschritt, den *Melle Mel* vorgemacht hat. Sie sind also in die Geschichte einer großen Erzählung eingebettet, sie stehen – ob sie das wollen oder nicht – auf den Schultern von *Kool Herc* und *Afrika Bambaataa*, können dieser Größe aber nicht gerecht werden. Das erzeugt Unsicherheit. Und wenn ich mich unsicher fühle, dann fange ich an, um mich zu schlagen. Diese Straßen-Rapper stehen also auf den Schultern von Riesen und meckern über sie. Und wenn ich über Menschen schimpfe, die erfunden haben, was ich selbst tue, wirkt das seltsam. Das Verrückte ist, dass durch diese krampfhafte Verneinung der HipHop-Kultur erst recht darauf hingewiesen wird, dass sie fehlt. Die Rapper negieren einen Bezug zu HipHop, stellen ihn durch diese Negation wieder her und es fällt ihnen nicht einmal auf.

Und doch gibt es auch heute noch viele Leute, die HipHop als Kultur verstehen. Die meisten sind inzwischen 30 oder 40 Jahre alt, haben einen Job, investieren ihr Geld in Vinyl und gehen auf Jams und Konzerte der Künstler, mit denen sie großgeworden sind. Das ist nicht der Mainstream-Markt, aber Leute wie *Torch* oder wir als *LSD* stehen ja auch nicht in Konkurrenz zu *Cro*. 2016 habe ich gleich drei 25-jährige Jubiläen in meinem Kalender stehen: Die Gründung von *Blitz Vinyl*, die Veröffentlichung von von „Watch Out For The Third Rail" und 1991 fand die erste große HipHop-Jam im Underground in Köln statt. Drei Anlässe, für die es sich lohnt, wieder zusammenzukommen."

Am 26. Juni 2015 eröffnete das rock'n'popmuseum in Gronau die Sonderausstellung „Styles – HipHop in Deutschland". Entstanden ist dieses Projekt in Zusammenarbeit mit *Dr. Oliver Kautny* von der HipHop Academy Wuppertal (Bergische Universität Wuppertal), Prof. Dr. *Michael Rappe* (Hochschule für Musik und Tanz Köln) und der Rapperin *Pyranja*. Auch *Detlef Rick* hat dazu beigetragen, dass die Ausstellung zu einem gelungenen sehenswerten Ereignis wurde: Er stiftete aus seinem umfangreichen Privatarchiv wichtige Exponate und schrieb einen Artikel über die Produktion des ersten LSD-Albums. Außerdem schrieb er für *Styles* einen exklusiven Rap-Song, den er selbst produzierte, auf Vinyl presste und mit dem er am 26. Juli die Ausstellung eröffnete:

über 30 jahre hiphop

Von Rick Ski (2015)

ladies & gentlemen
willkommen im rock n pop museum in gronau
es begann in der new yorker bronx …
hiphop …
graffiti, djing, mcing, b-boys & b-girls
wir schreiben das jahr 2015 …
seit mehr als dreißig jahren ist hiphop nun auch in deutschland zuhause
das hier ist mein beitrag zum thema …
mein name ist rick ski von lsd, let`s go!

wie es damals begann, ich erinner mich genau
hiphop kam zu uns über das tv
wow! wild style im zdf
b-boys & girls, rock steady war`n die chefs
so fresh! stylewars, breakout
beat street im kino, zehn mal angeschaut
dreh die box auf und lass die beats erklingen
superrappin, planet rock, lisa lee war`n mein ding
und die kings warn für mich rammellzee
grandmixer d.st, zulu nation, peace akhi!

refrain:
über dreißig jahre hiphop, ya don`t stop
der anfang, er war schwer, doch wir haben es geschafft
ich widme dieses lied all den wahren pionieren
hiphop ist für immer, auch wenn`s manche nicht kapieren

dieses ding war groß und wir legten sofort los
sixstep, headspin, verdammt wie geht das bloß?
pausenlos geübt, so lernten wir sehr schnell
und drehten uns auf den köpfen wie ein karussel
türken, deutsche, roma, alle haben wir getanzt
denn hiphop war schon damals synonym für toleranz

für die einen warn wir cool, für die anderen krasse spinner
im auftrag der lehrer, graffiti im klassenzimmer

refrain

nach einem kurzen hype hatte man sich abgewendet
und erklärte 85 breakdance für beendet
keine zeit verschwendet, wir machten einfach weiter
in unserm kaff warn wir krasse außenseiter
doch keine frage, ich vermisse diese tage
die ersten scratch-versuche auf der kompaktanlage
wie in rage feilten wir an unseren beats
vier-spur, sk-1, die technik war noch mies
platten, tonbänder, hallgeräte vom flohmarkt
doch die musik von future rock war so stark
89 ist eine menge passiert
neues equipment, lsd hat sich formiert
mit der ersten platte konnten wir dann mächtig glänzen
und zeigten das wir im rap „competent" sind
ergänzten dann die große sensation
third rail, die lp setzte deutschland unter strom!

refrain

über 30 jahre hiphop ist ein guter grund zu feiern
für all die heads von gronau bis nach bayern
die spannung steigt für dich und jedermann
3, 2, 1, und die ausstellung fängt an!

Vom B-Boy zum Operndirektor

**Der musikalische Werdegang von *Xavier Zuber* aka *MXZ*
aus Basel** *(SV)*

Xavier Zuber ist Direktor für Oper und Konzert am Konzert Theater Bern. Kennengelernt haben wir uns vor ein paar Jahren. Er hatte als Dramaturg in Stuttgart für das Begleitprogramm zu Richard Wagners „Parsival" eine Lesung des Ausgangstextes organisiert, ungekürzt im mittelhochdeutschen Original, eine ganze Nacht lang. Wir saßen also in den ehrwürdigen Räumen der Staatsoper Stuttgart zum Interview, sprachen über Sprechhaltung und Performance, über Rhythmus und Rezitativ, als er unvermittelt anfing, von seiner Old-School-Zeit in der Schweizer HipHop-Szene Anfang der 1980er-Jahre zu sprechen. *Xavier Zuber* erzählt von einer Zeit, in der es in Europa zwar schon Rap und Graffiti, DJing und Breakdance gab, aber noch längst keine HipHop-Szene. Vom B-Boy zum Operndirektor, das mag phantastisch, unvorstellbar wirken, wenn *Xavier Zuber* erzählt, ob von der Old School oder seinen Zeitoper-Projekten, bleibt der HipHop jederzeit spürbar:

„Meine Mutter ist aus Schweden, mein Vater aus Frankreich, ich bin in Basel großgeworden. 1967 geboren. Ich hab in den 1970er Jahren meine Schule gemacht, und Anfang der Achtzigerjahre kam dann der HipHop auf mich zu, in der ersten Stunde, also mit *Malcolm McLaren*, mit *Grandmaster Flash*, mit *Kurtis Blow*, diese ganze Old School, *Cold Crush Brothers* und *Afrika Bambaataa and the Zulu Nation*. Das war der erste Kontakt. Ich bin dann in Basel in die Diskotheken gegangen, aber das war eher rudimentär. Es gab zwar ein bisschen Capoeira oder diese haitianisch-karibischen Partys und dann ab und zu ein Rap dazwischen, aber es war nie pur."

Auf diesen Partys hat *Xavier Zuber* dann Mustafa und Nuredin aus Frankreich kennengelernt. „Mustafa ist jetzt Ingenieur, Nuredin ist leider gestorben, der hatte mit Drogen zu tun." Jugendliche mit nordafrikanischen Wurzeln: „Ich war da 14 Jahre alt, aber ich hab plötzlich die Differenz gemerkt. Nuredin und Mustafa waren natürlich viel stärker geschäftlich interessiert und wollten Geld verdienen, da war die Schweiz natürlich attraktiv, weil Mulhouse ist ja ganz arm, alte kommunistisch-sozialistische Arbeiterstadt. Das Soziale war da also von Anfang an mit drin." Doch zunächst mussten sie die Club-Betreiber von dem überzeugen, was sie zu bieten hatten, das Neueste aus New York eben. Also haben sie ihre Boombox mitgebracht und erst einmal vorgetanzt: „Man fühlte sich total bescheuert, aber man hat da geschwitzt und gemacht, hat sich produziert, und wir wussten ja, dass wir im Recht waren, das ist etwas Wichtiges, da passiert was. Das war eine extreme Adrenalinspritze, enorm. Und nach und nach, mit den Hitparaden, mit dem Fernsehen, mit den Lifestyle-Magazinen, selbst in Frauenzeitschriften wurde dann plötzlich über HipHop gesprochen, fraß sich das ins Bewusstsein der Leute. Und dann kam natürlich der Film „Wild Style" von *Charlie Ahearn*, in dem auch Blondie auftreten und *Fab Five Freddie*. Und über Graffiti, Subkultur New York, die Art Basel hat das die Basler interessiert, weil es plötzlich mit Kunst zu tun hatte, weil da 'ne Philosophie dahinter war. *Malcolm McLaren* kam aus dem Punk, das war ja auch eine Haltung gegenüber dem Establishment ... und das war für uns super, weil wir plötzlich zu Partys eingeladen wurden als Show-Acts, da bekamen wir dann ein paar hundert Franken."

Der große Durchbruch kam dann mit einem Auftrag der Warenhauskette Coop, die Crew sollte deren neue Sport-Kollektion präsentieren: „Das war richtig der fette Auftrag, das war Fernsehen, und das war natürlich megacool, dass man das mit 15, 16 — da war ja noch die Frage, wer wird da bezahlt, wie geht das, kriegen das die Eltern oder? — cash auf die Hand gekriegt hat. Ich weiß nicht, ob das legal war, keine Ahnung. Wir haben einfach die Klamotten angezogen, haben getanzt vor 'ner Bluebox. Und das war richtig viel Schotter. Wir waren ja auch noch in der Schule, oder sollten in der Schule sein, das war dann bei mir das Problem, mit 16 bin ich gar nicht mehr zur Schule gegangen, bis 17, weil da hatte man plötzlich Geld, Ansehen und so, man traf sich mit den Zürichern am Wochenende, im ‚The Club' war das, eine riesige Lagerhalle, da war ein alter Hubschrauber drin und im Cockpit war der DJ. Und der größte Moment war immer, wenn die TopHits kamen, also das war dann schon ein reiner Funk und HipHop und Soul Club, dass die Rotoren sich zu drehen begannen bei Stroboskop-Licht, und alle kreischten, und dann kamen die ganz schnellen Beats."

„The Club" war in den 1980er Jahren eine absolute Ausnahme, nicht nur in der Schweiz. In den meisten Diskotheken war HipHop und alles, was danach aussah, verpönt: „Man durfte ja früher nicht mit Turnschuhen in die Diskotheken rein, da ging's schon los. Und die Türsteher in den großen Clubs, das waren oft Leute aus der Rock-Szene, aus der Heavy-Metal-Szene, das waren halt solche Schränke à la Schwarzenegger, das war ja auch die Zeit, dieses ganzen Bodybuilding-Hypes, die Fitness-Studios gingen ja dann auf wie Pilze überall. Und solche Leute standen an den Türen von den Diskotheken und haben immer gesagt: Trainingsanzug und Turnschuhe gehen nicht. Und dann gab es immer Gerangel, weil die Eingänge von den Diskotheken immer eng waren, man musste sich durch irgendwelche Treppenhäuser durchdrücken, die anderen dagegen. Und jedes Wochenende schaukelte sich das hoch, weil die haben sich natürlich auch gefreut, die Rocker, die Türsteher, die Bouncers, wie man sie nannte, und sind dann halt schon zu zehnt da gestanden und haben nur gewartet, dass wir kommen. Und irgendwann haben wir die aufgesucht in ihrem Stammlokal, das hieß das Opera, völlig witzig, Café Opera. Zwischen Barfüßer-Platz und Heuwaage, da waren die ganzen Spielsalons, das war auch ein Aufenthaltsraum ... früher gab es ja keine Konsolen und kein Nintendo, also ging man in einen Spielsalon, spielte ‚1942' oder ‚PacMan' an Fernsehtischen, mit einem völlig primitiven Joystick aus Eisen mit 'nem Plastikknubbel dran. Und da versammelte man sich immer mal, oder bei McDonald's, und dann wurde die Losung rausgegeben, wir packen die jetzt, wir werden die Türsteher jetzt herausfordern."

Im Mai 1980 hatte der Stadtrat von Zürich 60 Millionen Franken bewilligt für die Renovierung des Opernhauses und in gleicher Sitzung die Forderung nach einem autonomen Jugendzentrum abgelehnt. In der Folge kam es zu den sogenannten ‚Opernhauskrawallen' und weiteren Demonstrationen und Protestkundgebungen in der ganzen Schweiz. Bis in die Mitte der 1980er Jahre gab es immer wieder auch gewalttätige Auseinandersetzungen mit der Polizei, aber auch zwischen Rockern und Punks und anderen Jugendkulturen. Entsprechend vorbereitet und sensibilisiert war die Baseler Polizei: „Ich weiß nicht, wie das passierte, aber plötzlich waren da zehn Kastenwagen, also ungefähr 'ne Hundertschaft Polizei mit Videokameras, aber in totaler Entfernung, die haben einfach den Zugang zum Wohngebiet abgeriegelt, sich aber nicht zwischen uns gestellt. Und plötzlich kamen die alle aus'm Lokal rausgestürmt, die Rocker, haben geguckt, wo wir sind. Da haben wir noch Verstärkung von der Fußballkurve vom FC Basel gekriegt, das war dann auch 'n bisschen komisch, weil plötzlich waren da Skinheads dabei, die fanden das toll, dass man diesen langhaarigen Motorradfreaks aus den 1960er, 1970er Jahren eins auswischen konnte.

Und dann kam eben so eine Phase, da ging's nur noch darum, wie lebt man jetzt damit, dass man sich als zweiter Platzhirsch etabliert hat? Wie im Film, das war wirklich so, man ist da, hat die Aufträge, hat die Zugangsberechtigung in die Clubs, und das war dann aber relativ langweilig, es ging dann nicht mehr darum, Neues zu entdecken und zu machen, sondern dann ging es nur noch um Status, die besten Klamotten und so, bloß nicht schmutzig werden, das war so: die Klamotten nicht schmutzig machen! Gleichzeitig kam dann auch Haschisch mit rein und natürlich Kokain. Kokain kam über die Kunstszene, die Werberszene, das war die große Zeit, die Achtzigerjahre in der Schweiz, es war unglaublich viel Kokain in der Schweiz. Und einer von den Nordafrikanern aus Mulhouse, ich weiß es nicht so genau, hatte immer Shit dabei. Er hat wohl auch ein bisschen gehandelt, vielleicht war er auch ein Dealer, hab ich nicht gemerkt. Und eines Tages wurde der im Rhein gefunden, tot. Und zwar genau an der Grenze zwischen Frankreich und der Schweiz. Da kamen dann plötzlich Polizisten, da kam die Zivilfahndung, die Kriminalpolizei, das Drogendezernat, und die haben uns dann gefragt, wie wir zu ihm stehen und so.

Mit dem Tod von B. war dann auch der Kontakt zu Frankreich abgebrochen, wir waren einfach alle überfordert mit diesem Tod. Ich bin ja nicht mal zur Beerdigung gegangen. Das war mir zu viel. Da hab ich mir dann so Sachen eingeredet: der B., der hat uns ausgenutzt, der war auch älter. Da hab ich plötzlich das Gefühl gehabt, der Mann hatte wahrscheinlich einen ganz anderen Plan. Der war gar nicht wegen dem HipHop da, der hat wahrscheinlich seine Drogen und seine Geschäfte gemacht mit uns. Und wir waren sein Deckmantel. Da fühlte man sich total ausgenutzt, und dann denkst du plötzlich, das wär ein Verrat, der hat Drogen gehandelt, der hat die Sache verraten. Und das führte dann dazu, dass man gar nicht mehr in der Lage war zu sagen, da ist ein Mensch gestorben, man muss jetzt zur Familie gehen und muss sagen, dass das alles Scheiße ist. Das konnte ich gar nicht mehr, das konnte ich gar nicht bewältigen.

Da hab ich dann gewusst, das ist vorbei, das funktioniert irgendwie nicht mehr. Also du versuchst und rackerst, aber irgendwie haben wir den Zenit überschritten. Also über diese extreme Gewalt, dass wir uns da so in extremer Verve unseren Raum erobert haben in der Stadt, dann auch Cash und so, das ist irgendwie alles ungesund. Wir können damit nicht umgehen, wir benahmen uns wie Erwachsene, waren es aber noch nicht. Und da war das Surrounding von meiner Mutter wahnsinnig wichtig, von meinem Vater in Paris auch, die haben mich wahnsinnig aufgefangen. Also das war schon so. Da kenne ich andere, die im Waisenhaus wohnten, die hatten nicht so viel Glück. Da merkt man plötzlich, dass man ganz schön abdriften kann, wenn diese ganze Jugendbewegung nicht von den Eltern begleitet wird, wenn das auch nicht mitgedacht und mitgelebt wird; das heißt ja nicht, dass die Familie mitgehen muss, wie das ja heute ein bisschen so ist, das erste Konzert und so."

Schon Anfang der 1980er Jahre hat die Mischung aus Geld, Gewalt und Drogen Karrieren und Menschenleben zerstört. Ein Skater aus der Szene hat sich im Drogenrausch ins Gesicht geschossen und schwer verletzt überlebt, ein anderer Bekannter wollte im Rhein schwimmen und ist dabei ertrunken. *Xavier Zuber* konnte sich auf den Rückhalt seiner Familie verlassen und hat sich bald wieder an seine ursprüngliche Faszination erinnert: „Als ich weggegangen bin, im Alter von 17 Jahren, da hab ich mich plötzlich besonnen: Wieso habe ich das eigentlich alles gemacht? Weil es ein geiler Sound war! Ich hatte meine Platten, ich habe ab und zu aufgelegt. Ich hab mich dann wirklich auf den Sound konzentriert. Meine Mutter hatte eine Anstellung in einer Musikstiftung für klassische und Neue Musik. Und wir hatten immer ein gesellschaftliches Leben mit Musikern. Und das war genau mein Ding, das Composing von Soundtracks aus verschiedenen Stücken, und gleichzeitig eben die Leute, die Musiker und auch zum Teil Komponisten waren, die zu Abend gegessen haben bei uns. Und dann kam eigentlich die ganze Infektion zur Oper hin: ‚Don Carlos', ‚La Traviata', ‚La Bohème'. Ich hab mir die Platten angehört, die Alben. Es war genau das Richtige für mich. Ich habe dann ‚Don Giovanni' von Peter Sellars gesehen. Es spielt in der South Bronx, da haben zwei schwarze Sänger die Rezitative gerappt. Plötzlich habe ich entdeckt, dass in der Oper, im Sprechgesang, im Rezitativ bei Mozart eigentlich Musik ist im Versmaß, wo Reime eine große Rolle spielen, um etwas zu verdichten, eine Emotion zu vermitteln. Eigentlich das Gleiche wie beim Rap. Das hat mich zur Oper gebracht. Das mag eine völlige komische Kurve sein, es war aber kein Act, kein Psychoact, sondern die Oper kam als andere Form von Sprechgesang einfach dazu. Diese Frage beschäftigt mich bis heute, bis Helmut Lachenmann in Stuttgart oder Luciano Berio: Was ist eigentlich Gesang? Es gibt eine Welt, die besteht aus Technik, aus Geräuschen und sozusagen aus Brüchen. Wie stellt man Bruch, wie stellt man Hässlichkeit in Musik dar? Das ist ein großes Problem. Es ist eine ästhetische Debatte. Da landet man relativ schnell wieder beim Rap. Ich glaube immer noch, dass der HipHop unglaublich vieles noch mitteilen kann, was Mimesis betrifft, also Abbildung der Wirklichkeit durch Musik, durch Darstellung von Text, durch Sprechgesang. Da kann ganz vieles kompensiert werden, was die klassische Musik nicht kann, aber noch in die Interpretation einfließen kann."

Bionic Force und die Prime Nation Posse (1989)

Danndy Dee und Cutmaster GB (1987)

Salt von Salt 'n Pepper mit Cutmaster GB in New York (1988)

Cutmaster GB vor einem Wholecar in New York City (1983)

Cutmaster GB mit der Rock Steady Crew in New York (1992)

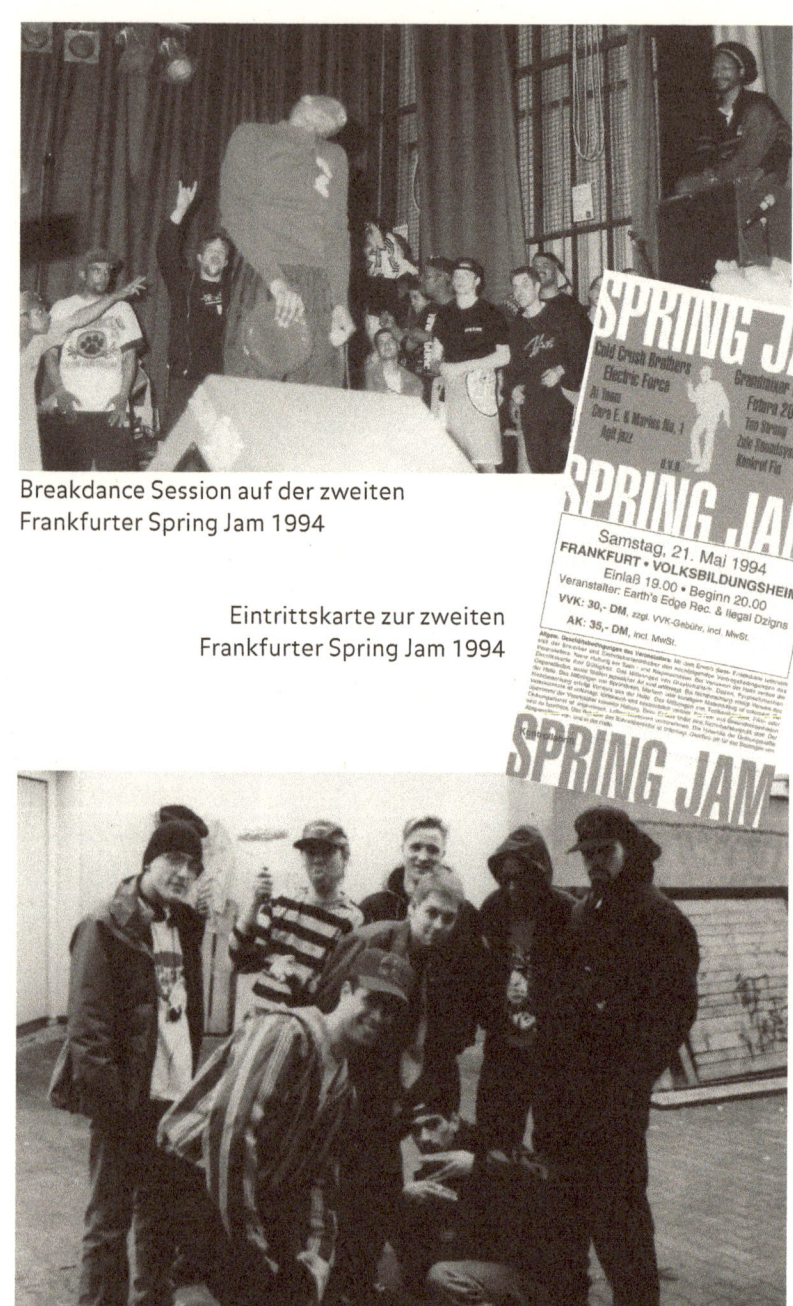

Breakdance Session auf der zweiten
Frankfurter Spring Jam 1994

Eintrittskarte zur zweiten
Frankfurter Spring Jam 1994

Die Rock Steady Crew auf der Frankfurter Spring Jam 1992

Die Blitzmob-Crew auf dem Dach des Blitz Labor Studios (1993)

Rick Ski im Troop TNT Heimstudio (1988) *Foto von D. Rick*

Future Rock im Troop TNT Heimstudio (1988) *Foto von D. Rick*

Vorlage für den ersten Wholecar in der Frankfurter U 1 (1984)

L.S.D. mit Kurtis Blow in der Kölner Live Music Hall (1990)

Foto von R. Wohlleben

Dope Beat Edition von „Watch Out for the Third Rail"
(2008)

Foto von Stephan Schuh

Battle oft the Year (1993)

„four elements cooking"

Gerry Bachmann und der Geschmack der Old School *(LJ)*

Wenn Rapper jenseits ihrer Hauptbeschäftigung des rhythmischen Redens und Reimens die Gelegenheit bekommen, sich zu äußern, haben sie stets ein Thema: sich selbst. Und immer öfter verbindet sich der Verkauf einer großen Anzahl von Tonträgern bei den MCs mit der Überzeugung, dass die Menschen auch daran interessiert seien zu erfahren, was sie der Welt als Buchautoren mitzuteilen haben. *Gerry Bachmann*, der in den 1980er und 1990er Jahren als *Cutmaster GB* die Entwicklung von HipHop in Deutschland mitgestaltete, hat auch ein Buch geschrieben – ein Kochbuch. „The HipHop CookBook – Four Elements Cooking" erschien 2012; es ist ein Mix aus Rezepten und Begegnungen und fasst die Lieblingsrezepte verschiedener HipHop-Aktivisten zusammen: Von Koryphäen der Old School wie *Grand Mixer DXT*, *Kurtis Blow* und *Crazy Legs* bis zu europäischen Szenegrößen wie *Katmando*, *Can 2* oder *Blade*.

„Die Idee kam mir 1998 beim Abendessen in New York mit *Popmaster Fabel* und seiner Frau Christie", erinnert sich *Cutmaster GB*. „Mit *Katmando* habe ich immer schon gekocht, wenn wir uns trafen, und als ich mitbekam, dass viele HipHop-Leute einen Bezug zum Kochen haben, wurde daraus diese Idee. Letztendlich hat es über zehn Jahre gedauert, bis ich das Buch gemacht habe. Was verbindet uns in dieser Welt? Essen und HipHop! Das Buch ist eigentlich für jeden gedacht. Im Rahmen des Kochbuchs wollten wir die verschiedenen, spannenden Lebensläufe der einzelnen Protagonisten ganz normalen Menschen zugänglich machen."

Vielleicht liegt es daran, dass *Gerry Bachmann* DJ ist, vielleicht ist es auch der vitale Kontakt zur HipHop-Old-School, der das Buch zu mehr macht als einer Rezepte-Sammlung. Auf jeden Fall lohnt es sich, einen Blick auf den Autor und seine HipHop-Geschichte zu werfen. Denn *Cutmaster GB* war einer der ersten, die den HipHop-Funken von New York nach Deutschland trugen.

„there's a new headline, there's a new sensation"

Von Frankfurt nach New York und zurück *(LJ)*

1979, er war gerade einmal 12 Jahre alt, flog *Gerry Bachmann* mit seiner Mutter zum ersten Mal nach New York. In der Bahnstation des John F. Kennedy-Express traf ihn die aufstrebende Graffiti-Kultur mit aller Macht: die Außenwände der Waggons waren übersät mit Throw Ups und aufwändig gestalteten Pieces. Im Wageninneren ein ähnliches Bild: Sitze, Wände und Fenster waren voller Marker- und Dosentags. Am nächsten Tag erlebte Gerry, der später als *Cutmaster GB* in der HipHop-Szene bekannt werden sollte, das ganze Ausmaß der New Yorker Graffiti. Er sah genau jene Wholecars und Wände, die später in *Subway-Art*, der Bibel aller Sprüher, erscheinen würden, er war direkt an der Quelle. Er kaufte sich seine ersten Platten und, kaum zurück in Frankfurt, zog er mit ein paar Markern und Dosen los und schrieb seine ersten Tags.

1979 waren HipHop-Graffiti in Europa noch völlig unbekannt. Umso überraschter waren einige amerikanische GIs, als sie plötzlich an Frankfurts Wänden die altbekannten Zeichen ihrer Heimat entdeckten. Schnell kam ein Kontakt zwischen GIs und *Cutmaster GB* zustande, und als Gerry drei Jahre später erneut nach New York fliegen wollte, gab ihm *Eddie Action* die Telefonnummer von *Duro* mit auf den Weg, einem New Yorker Writer und Mitglied der *CIA-Crew*. In New York malten die beiden einige Bilder zusammen, und kurz vor seinem Rückflug nahm ihn *Duro* mit nach Harlem auf eine Jam: auf der Bühne standen *Grandmixer D.ST*, die *Infinity Rappers* und die *Crash Crew*, *Lady Pink*, *Debbie D*, *Wiggles*, *Fabel*, die Breaker präsentierten ihre spektakulären Moves – und im Hintergrund drehte ein Kamerateam des Süddeutschen Rundfunks.

Bald darauf lief „Break Out – Tanz aus dem Ghetto", die erste Reportage über HipHop überhaupt, im deutschen Fernsehen. Es ist diese Dokumentation, von der *Torch*, *Future Rock*, *Rick Ski* oder *Storm* erzählen, wenn sie sich an ihre eigenen Anfänge erinnern. Nach über 30 Jahren hat *Cut-*

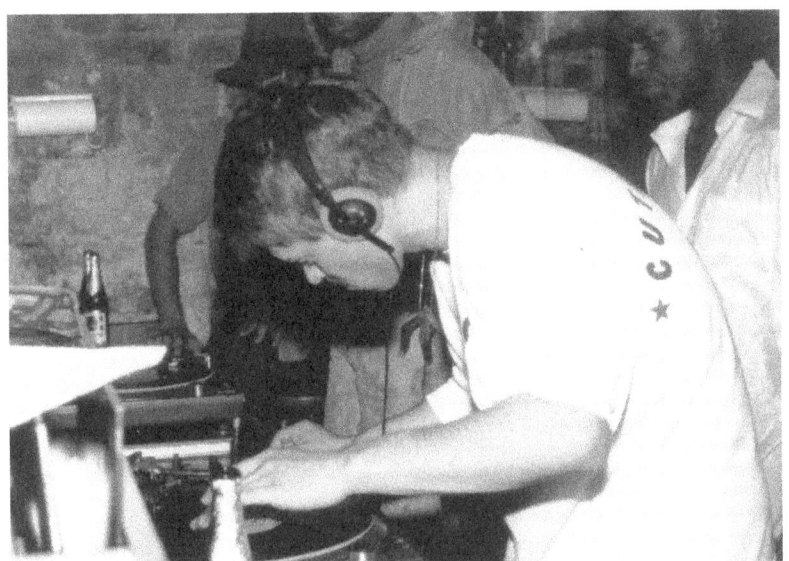

Cutmaster GB legt im Funkadelic auf (1986)

master GB heute noch Kontakt zur Regisseurin dieser Dokumentation, die – wieder so ein wunderbarer Zufall – zehn Jahre vor ihm die gleiche Grundschule besucht hatte. Mit „Break Out" und dem bald darauf einsetzenden Breakdance-Boom begann die legendäre Zeit der Alten Schule, die Zeit der Jams und Tramper-Tickets.

1984 malte *Cutmaster GB* zusammen mit *Spot* den ersten Wholecar in Deutschland in einem Tunnel der Frankfurter U-Bahn-Linien U 1, 2, 3. Nach einem Zugriff der Polizei begann Gerrys musikalische Karriere in den Vordergrund zu treten. Mit *Bionic Force* veröffentlichte er die ersten Rap-Platten in Deutschland und war auch mit *Bionic Force* der erste, der bei einem Major-Label (EMI) unter Vertrag stand. *Bionic Force* trat zu dieser Zeit zusammen mit *Moses P.* und der *We Wear The Crown – Posse* auf. Auch bei der legendären HipHop Jam in Mainz Anfang 1988 waren *Doctor D* und *Cutmaster GB* am Start. Schon im Jahr zuvor hatte *Cutmaster GB* die berühmte DJ-Battle im Frankfurter Club Funkadelic gewonnen.

„ohne den old school groove seid ihr'n scheiß"

Die erste Spring Jam, Kurtis Blow und Grandmaster Flash *(LJ)*

1992 fand die erste *Spring Jam* in Frankfurt am Main statt, organisiert von *Cutmaster GB* und *Bomber,* einem bekannten Frankfurter Writer und Mitglied der *FBI-Crew. Cutmaster GB* hatte seine Verbindungen nach New York genutzt, und so kamen schließlich einige Mitglieder der *Rock Steady Crew* nach Frankfurt (zur zweiten *Spring Jam* 1994 kamen dann die *Cold Crush Brothers, Grandmixer D.ST.,* die *Electric Force* und *Futura 2000*). Die *Rock Steady Crew* war 1984 schon einmal in Deutschland gewesen, unter anderem für ihren Auftritt bei *Wetten dass ...?,* doch dieses Mal kamen sie auf eine Jam, wo es keine Trennung gab zwischen Künstlern und Publikum. Die Aussicht, *Crazy Legs, Wiggles* und *Fabel* persönlich treffen zu können, mit ihnen zu reden und zu tanzen, diese Aussicht euphorisierte die Szene und lockte über 5.000 HipHops nach Frankfurt. Aber auch für die *Rock Steady Crew* sollte der Trip nach Frankfurt zu einem besonderen Erlebnis werden. Sie hatten in den vergangenen Jahren die Erfahrung machen müssen, dass sich in New York niemand mehr für Breakdance interessierte, dass B-Boys, die noch auf HipHop-Veranstaltungen tanzten, belächelt wurden. Breakdance war einfach nicht mehr gefragt. Und die Nachricht, dass Breakdance in Europa nach wie vor ein wichtiger und gefeierter Bestandteil von HipHop-Partys sei, konnten sie nicht so recht glauben. Die *Spring Jam* 1992 kann als Meilenstein für die Verbindung der weltweiten Szene in den 1990er Jahren gesehen werden. Die *Battle of the Year* z.B. wurde erst richtig groß, nachdem auf der *Spring Jam* die *Rock Steady Crew* für die folgende Battle gebucht wurde.

Der große Erfolg der *Rock Steady Crew* in Frankfurt machte auch einige kommerzielle Konzertveranstalter auf HipHop aufmerksam. Und so kamen im Sommer 1992 *Grandmaster Flash, Kurtis Blow* und die *Sugarhill Gang* zur „Godfathers of Rap"-Tour nach Europa. *Cutmaster GB* schickte den Veranstaltern Demotapes seines 1991 gegründeten Labels *Earth's Edge*

Recordz, und die waren davon so angetan, dass sie *Cutmaster GB* & *MC Cal-Ski* für das Vorprogramm der *Godfathers of Rap* buchten.

Grandmaster Flash, Kurtis Blow und die *Sugarhill Gang* schmunzelten bloß, als sie hörten, was sich *Cutmaster GB* mit seiner Crew für ihren Auftritt ausgedacht hatten: Für die Bühnenkulissen hatten die Writer *Bomber* und *Darco* Leinwände gesprüht. Die *Fresh Force Crew* präsentierte eine spektakuläre B-Boy Show und während des Songs „Ghetto Michel Angelo", in dem der Rapper *Cal-Ski* die Geschichte von Graffiti erzählt, gab es eine Diashow mit aktuellen Fotos von *Jörg Kuberek*, der damals in Frankfurt das Graffiti-Magazin *Style* herausgab. „Flash und Blow haben uns ausgelacht, als sie das alles mitgekriegt haben", erinnert sich *Cutmaster GB*, „die haben sich amüsiert und uns gefragt: ‚Hey, seid ihr verrückt? Was wollt ihr denn mit Breakdance und dem ganzen Scheiß, das interessiert doch keinen mehr!'- Die haben sich unsere Show auch nie angeschaut. Bis wir in Hamburg in der Großen Freiheit waren: Das Publikum tobte, feuerte die *Fresh Force* lautstark an und flippte fast aus, als während ‚Ghetto Michel Angelo' die neusten Graffiti-Fotos auf die Leinwand geworfen wurden. Nach der Show", erzählt er weiter, „kam Flash zu uns und fragte, ob es vielleicht möglich sei, die *Fresh Force* als Breakdance-Support zu engagieren. Es war nämlich für das kommende Jahr noch eine Tour durch Deutschland geplant. *Speedy* und *Tricks* sind letztendlich mitgekommen. Später hat uns das Management von *Kurtis Blow* sogar noch Demos angeboten mit der Anfrage, ob wir nicht Lust hätten, die hier zu veröffentlichen."

Cutmaster GB ist dem Spirit der Old School treu geblieben. Er hält Kontakt zu den Pionieren der Old School in New York und ist eng verbunden mit dem verborgenen Netzwerk der Alten Schule in Deutschland und Europa. Wer ein Gefühl und einen Geschmack bekommen möchte von dem, was HipHop war, bevor es zum millionenschweren Pop-Geschäft wurde, der sollte es einmal mit *Gerry Bachmanns* Kochbuch „Four Elements Cooking" probieren.

„I'm a legend in my own time"

40 Jahre *Torch* – Biografie einer HipHop-Ikone *(LJ)*

„Du kommst aus Deutschland? Kennst du *Torch*?" Eigentlich bin ich in Paris um IAM, Frankreichs bekanntester Rap-Crew, ein paar Fragen zu ihrer neuen Platte zu stellen. Aber *Shurik'n* möchte zuerst von mir wissen, ob ich *Torch* kenne. Er fragt nicht nach *Bushido* oder *Kool Savaş*. *Shurik'ns* Referenzkoordinate für HipHop in Deutschland heißt *Torch*. „Als die Museen anriefen, habe ich eine Ahnung von der Dimension bekommen", sagt *Torch*, als ich ihn 2011 einige Wochen vor seinem vierzigsten Geburtstag in seiner neuen Heimatstadt Zürich treffe. Zu seinem runden Geburtstag stolpern die ersten Chronisten über ihn. Nicht als Rapper, DJ oder Graffitiwriter, nicht als Labelmanager oder Produzent wollen sie ihn sprechen. Sie entdecken ihn als Schlüsselfigur einer Jugendkultur. Wie viele bedeutende HipHop-Pioniere verdankt *Torch* seine Popularität nicht den Charts oder den Klicks auf YouTube. In seiner Biografie spiegelt sich die Kulturgeschichte der europäischen Old School, einer Bewegung, die man nicht verstehen kann ohne die Entwicklung in den 1980er und frühen 1990er Jahren zu kennen – eine gewaltige Unterströmung, die bis in die Gegenwart wirkt. Virales Marketing würden man es heute wohl nennen, was in Deutschland 1985 unter anderem von Heidelberg seinen Ausgang nahm. Der HipHop-Virus wurde von wenigen hinausgetragen ins Land und mutierte bald mit ausländischen Viren zu einer europäischen Pandemie. Die neue Krankheit führte zu irreversiblen Schäden und befiel zuerst den bürgerlichen Namen: Aus Frederik Hahn wurde *Torch*, und aus *Torch* der Fackelmann, der mit seiner Präsenz, seinen Freestyles und seinen Texten einen Flächenbrand entfachte. In Paris chillte er mit NTM, in London hing er mit *Blade* ab, er war mit *Inky* und *Banksy* aus Bristol befreundet und in Deutschland lieferte er für eine ganze Generation von Rappern die Blueprints, die sich bis heute als Zitate in Songs und Videos nachweisen lassen.

Sein vierzigstes Jahr nahm *Frederik Hahn* 2011 zum Anlass für eine umfassende Retrospektive auf *Torch*, den HipHop-Pionier. Dafür kehrte er für

HipHop-Ikone Torch: König in blauem Samt

eine Woche zurück in seine Heimatstadt Heidelberg, die er stets geliebt und verehrt hat. „Ich wohne immer noch in Heidelberg, auch wenn ich seit Jahren nicht mehr dort war", sagt *Torch*, dem die Sesshaftigkeit der aktuellen Rapstars fremd ist. Als patriotischer Nomade trägt er seine Wurzeln in die Welt hinaus und weigert sich, die Widersprüche seiner Biografie glattzubügeln: Ostpreußen und Haiti, Straßenjunge und Intellektueller, Freestyler und Autor, Battle-Rapper und Lyriker, Künstler und Kritiker, Heidelberg und New York – aus diesen vermeintlichen Gegensätzen generiert sich die kreative Spannung, die das Gesamtkunstwerk *Torch* bis heute ausmacht.

„der meist zitierte, gesampelte, kopierte"

Torch als Mythos der Rap-Kultur

Mit dem aktuellen Rap-Geschäft hat *Torch* seit langem nichts mehr zu tun. Schon 2001 rappte er auf „Wir waren mal Stars": „keine zielscheibe mehr, wir haben unsere ruh." Allerdings stimmt das nicht. *Torch*s Name bleibt lebendig; er ist bis heute eine Zielscheibe: Jede Generation von MCs arbeitet sich von neuem an seinem Mythos ab. Gab es in den 1990er Jahren vor allem eine positive Bezugnahme auf seine Texte, so grenzte sich die erste Generation von Berliner Battle-Rappern von *Torch* ab, indem sie ihn gezielt disste. Ob *Taktloss, M.O.R.* oder *Bushido* – keiner konnte sich einen Seitenhieb auf die Heidelberger HipHop-Legende verkneifen. In den letzten drei Jahren gab es gleich drei Rap-Alben, die mit ihrem Titel auf *Torch*s erstes und einziges Studioalbum „Blauer Samt" verweisen: „Grüner Samt" von *Marsimoto* (2012), „Lila Samt" von *Sookee* (2014) und „Normaler Samt" von *Audio 88 & Yassin* (2015). Lässt sich bei *Sookee* und *Marsimoto* noch eine Hommage an den Klassiker herauslesen, so wird im Post-Battle Rap von *Audio 88 & Yassin* der *Torch* Mythos ordentlich dekonstruiert: „*yassin* ist der beste rapper, den ich kenne / abgesehen von *torch*, denn der ist 'ne legende / über alles erhaben, hat hiphop erfunden / hielt den untergrund unten, doch unser samt ist normaler."

Doch egal, wie sich die alten und neuen MCs auf *Torch* beziehen – mit jeder Referenz binden sie die Geschichte der Old School enger an ihre Gegenwart. In den Texten der Rapper findet sich ein gutes Stück so genannter Oral History wieder: In Erinnerung bleibt das, was die MCs als Verweis oder Metapher benutzen. Und natürlich ist den Rap-Fans von heute *Torch* ein Begriff. Sie tauschen sich in Internetforen darüber aus oder fragen bei Wikipedia nach – denn sie möchten die Texte ihrer Stars verstehen. Dieses Wissen wiederum zahlt sich spätestens dann als kulturelles Kapital aus, wenn man dem Fragenden entgegnen kann: „Was, du weißt nicht, wer *Torch* ist?"

Doch wer genau ist *Torch*? Wer mehr über sein Leben erfahren möchte, muss sich die Informationen zusammensuchen: Es gibt einen kurzen Wikipedia-Eintrag, einige Interviews und einzelne Erwähnungen in Büchern (auch in diesem). *Sido, Bushido, Fler, Samy Deluxe, Massiv* – sie alle haben Monografien über ihr Leben und ihre Sicht auf Gott und die Welt veröffentlicht – zu *Torch*s Geschichte gibt es keine zusammenhängende Erzählung. Mit diesem Kapitel wird diese Lücke geschlossen. Grundlage hierfür sind zahlreiche Interviews, die ich mit *Torch* in Zürich und in Köln geführt habe. Auf der Reise durch sein Leben tauchen einige Stationen auf, die in diesem Buch an anderer Stelle behandelt werden. Wir nehmen diese Dopplungen in Kauf, weil sie im Kontext der biografischen Erzählung eine andere Färbung bekommen und dabei helfen, sowohl die Person *Torch/Frederik Hahn* als auch die Besonderheiten der so genannten Old School in Deutschland besser zu verstehen.

„ich erzähl euch gern, was damals bei uns abging"

Frühe Einflüsse

Aber spulen wir das Tape zurück. Wo stoppt man den Rewind, wenn man auf der Suche ist nach den ersten Spuren, die einen Hinweis darauf liefern, wie aus einem „normalen" Jungen ein HipHop-Freak wird und schließlich der Pionier einer ganzen Kultur? Eine solche Rückschau birgt ein grundsätzliches Problem: Egal, wo man stoppt – im Nachhinein erscheint jedes Erinnerungsfragment wichtig, jede Kleinigkeit könnte der Samen einer großen Sache gewesen sein. Um also nicht in den Pathos einer Heiligenbiografie zu verfallen, sollte man zwei Dinge beachten: Zum einen gibt die Kultur einige Themen vor, nach denen es sich zu suchen lohnt. So ist z.B. die Plattensammlung der Eltern in der HipHop-Geschichtserzählung ein fester Topos geworden. Zum anderen entwickeln sich Menschen nicht isoliert von den politischen und gesellschaftlichen Kontexten, in denen sie leben. Gerade bei *Torch* sticht diese historisch-materialistische Verbundenheit mit der Geschichte hervor und liefert einen hilfreichen Kompass.

Stoppen wir das Tape also in der Kindheit. *Frederik Hahn* ist vier oder fünf Jahre alt und nach allem, was seine Eltern heute über diese Zeit sagen, haben wir es mit einem Kind zu tun, das vom Malen und Zeichnen nicht genug bekommen kann. In der Wohnung in Heidelberg darf er sogar die Zimmerwände bemalen und seiner zeichnerischen Fantasie freien Lauf lassen. Ist das schon eine erste Fußspur des Writers *Torch*? Oder doch eher ein Beispiel dafür, wie sich Kinder in einem liberalen, offenen Elternhaus der 1970er Jahre verhalten? Was *Torch* allerdings bis heute als deutlichen Einschnitt schildert: Mit der Einschulung erfährt er zum ersten Mal eine rigide Einschränkung seiner Interessen. Und er sagt: „Diese Erfahrung der Einengung und Kontrolle waren ein Grund, weshalb ich später sofort von Graffiti begeistert war. Die Idee, einfach überall und ungefragt sein Zeichen zu setzen, leuchtete mir sofort ein."

Noch vor der Einschulung kam er in Kontakt mit vielen Klassikern der Kinder- und Jugendliteratur. Aber neben Jules Verne, Tolkien, Dafoe oder Dickens waren es vor allem Comics, die einen Einfluss auf seinen Umgang mit Sprache hatten. Schon als Vierjähriger ahmte er den Duktus von Disney-Charakteren nach. Ist das ein Hinweis auf das lässige und unbefangene Hantieren mit Sprache, auf die ersten comichaften Freestyles, die *Torch* in den späten 1980er Jahren auf den frühen Jams zum Besten gab? Fest steht, dass man in der Schule seine sprachliche Begabung nicht entdeckte: Zwar konnte er im Alter von fünf Jahren lesen und schreiben; als Schüler jedoch galt er als aufmüpfig, er eckte immer wieder an und blieb dreimal sitzen.

Werfen wir noch einen kurzen Blick auf die Serien und Filme, die für *Torch* in seiner Kindheit und Jugend eine besondere Rolle spielten: „Captain Future, Flash Gordon, Kampfstern Galactica – das hat mich alles sehr beeindruckt und ist mir bis heute in Erinnerung. Ein wirklicher Flash aber war die Star Wars-Trilogie." Das futuristische Märchen des amerikanischen Regisseurs George Lucas variiert die Motive uralter Mythen (Liebe, Schicksal und Vorsehung), die auch in *Torch*s Texten wieder auftauchen. Vor allem in seinem Projekt „Blauer Samt" finden sich Verweise auf jene Leitmotive.

Elternhaus und Familienkultur

Gibt es etwas Besonderes zu berichten über *Torch*s Familie, über die Atmosphäre, der man im Hause Hahn begegnete? Die Frage klingt voyeuristisch, und doch ist sie wichtig, um nachzuvollziehen, wie *Torch* später zu *dem* Entertainer der Old School werden konnte. Wer *Torch* einmal auf einer Jam erlebt hat, weiß um die Naturgewalt seiner Präsenz, um die Wucht, mit der er es versteht, sein Publikum mitzureißen. Auch Leute wie *Marcus Staiger*, die einen eher kritischen Blick auf *Torch* haben, bestätigen diese Qualität: „Das ist ein echter MC, der kommt auf die Bühne und hat eine wahnsinnige Präsenz. Und in dem Kontext wird das, was er rappt und wofür er steht, auf einmal evident". Und wer weiß, wie es bei der Familie Hahn zuging, der versteht, woher diese Fähigkeit kommt: Seit den 1970er Jahren veranstalteten seine Eltern regelmäßig Zusammenkünfte und Feste. Auf den Partys der Hahns waren viele Freunde und Verwandte zu Gast; die Türen standen auch offen für die Freunde der Kinder. Anstatt getrennt zu feiern, etablierte sich im Hause Hahn zu Anlässen wie Geburtstagen früh eine generationenübergreifende Kultur des gemeinsamen Feierns. Dabei herrschten einerseits klare Regeln des gegenseitigen Respekts, andererseits gab es eine große musikalische Vielfalt und künstlerische Freiheit. So fanden auf den frühen Studentenpartys der Eltern *Torch* und *Kofi Yakpo* (später *Linguist*) den Freiraum für ihre ersten Bühnenerfahrungen. Ab den 1980er Jahren rückten die Heidelberger Partys im Hause Hahn mehr und mehr in die musikalische Realität der Kinder, die nun als Teenager ihre Vorlieben einbrachten und auch als Veranstalter der Feiern in Erscheinung traten. Es blieb jedoch dabei, dass Eltern, Freunde der Familie aber auch Nachbarn an den Partys der Jugendlichen teilnahmen und diese mitgestalteten. In diesem Schmelztiegel unterschiedlicher Generationen und verschiedener Musikgenres bildeten die haitianische Musik und Kultur eine Konstante. Im Laufe der 1980er Jahre kamen Funk und Elektro-Sounds und schließlich Rap-Musik hinzu. Ein weiterer fester Bestandteil dieser familiär-freundschaftlichen Zusammenkünfte war die Performance: Es wurde nicht nur getanzt, sondern in der Hauptstraße 84 in Heidelberg gehörte es zur Partykultur, dass Talent und Können dem Publikum präsentiert wurden. So fanden sich ab Mitte der 1980er Jahre verschiedene Elemente der HipHop-Kultur auf den Partys wieder: B-Boying, DJing, Beatbox und Rapauftritte gehörten zum Standardrepertoire von Frederik Hahn und seinen Freunden Kofi und *Toni Landomini* (später *Toni L*). Die Tradition der Hahn-Familienpartys reichte von den frühen 1970er Jahre bis in die Mitte der 1990er Jahre. In den späten 1980er und frühen 1990er Jahren waren auch Vertreter der deutschsprachigen und europäischen HipHop-Szene zu Gast und die Teilnehmerzahl wuchs auf 100 bis 150 Personen. So wurden die Partys in der Hauptstraße 84 auch zu einem wichtigen Event des damals noch lose verknüpften HipHop-Untergrunds. *Toni L* hat der Feierkultur im Hause Hahn in seinem Song „Party 84" ein Denkmal gesetzt.

Von Funk zu HipHop (1980–1984)

Kofi Yakpo (*Linguist*) und *Toni Landomini* (*Toni L*) sind seit Kindertagen eng mit *Torch* befreundet. Und seit den frühen 1980er Jahren teilen die drei eine Leidenschaft: Funk-Musik. „Für uns waren Bands wie *Funkadelic*, *Dazz*

„The Message von Melle Mel war für mich wie ein Telegramm ..."

Der Film „Wild Style" (1983) prägte maßgeblich das HipHop-Verständnis der Old School

Band, SOS-Band oder *Rick James* interessant", erinnert sich Torch. Auch die ersten kommerziell erfolgreichen Rapsongs von der *Sugarhill Gang* und *Kurtis Blow,* die musikalisch noch in der Tradition des Disco-Funk stehen, kommen 1980/81 in Heidelberg an, werden aber von Torch noch nicht als HipHop wahrgenommen.

„,The Message' von *Melle Mel* war für mich wie ein Telegramm" – diese eben sooft zitierte wie persiflierte Textzeile aus *Torchs* Klassiker „Kapitel Eins" hat einen realen Hintergrund, denn 1982 bricht die HipHop-Kultur mit aller Wucht in das Leben des Elfjährigen: „The Message" von *Grandmaster Flash and the Furious Five* und vor allem der Rap von *Melle Mel* werden zum Ausgangspunkt einer Begeisterung, die bald die ganze HipHop-Kultur umfassen wird. Der erste Kontakt zum B-Boying kommt durch eine Bekannte der Familie Hahn zustande, die 1982 für einige Monate in der Hauptstraße 84 zu Gast ist: *Auma Obama,* die Halbschwester von Barack Obama, studierte von 1981 bis 1987 in Heidelberg und war Mitglied eines Tanzensembles, zu dem auch die Heidelberger Funk-Tanzgruppe *Baobab* gehörte, die schon vor dem großen Breakdance-Boom in Deutschland auf die neuen Electro-Sounds von *Afrika Bambaataa* reagierte und Elemente des Popping und Locking in ihre Performance einbaute. So lernte *Torch* in den Jahren 1982/83 über *Baobab* das tänzerische Element der HipHop-Kultur kennen. Durch einen Zufall sah er 1982 „Breakout – der Tanz aus dem Ghetto", eine Reportage der amerikanischen Regisseurin

Fatima Igramhan, die von dem Straßenleben der jungen B-Boys *Little Sput, Cookie Brown* und *Fabel* in New York erzählt. In diesem achtzigminütigen Film verdichtet sich das B-Boying mit den anderen Elementen Graffiti, DJing und MCing zu einer übergeordneten Figur – der HipHop-Kultur. Die Filme „Wild Style" (1983) von *Charlie Ahearn*, „Style Wars" (1983) von *Toni Silver* und „Beat Street" (1984) von *Stan Lathan* wurden zur Blaupause einer ganzen Generation: Sie prägen bis heute die Idee der Old School von HipHop als ganzheitlicher Kultur, die mehr ist als die Summe ihrer Teile. Und 1984 sah es so aus, als ginge diese Kultur mit dem Flaggschiff Breakdance im europäischen Hafen vor Anker.

Frühe Jahre in der Alten Schule (1984–1986)

Nach einer kurzen Euphorie verglüht Breakdance als mediales Massenphänomen im Schatten von *Eisi Gulps* Gymnastikübungen. Und was machen *Torch* und seine Freunde? Sie kämpfen darum, HipHop als Kultur zusammenzuhalten. Es entstehen erste regionale und überregionale Vernetzungen und langsam formt sich das heraus, was in der HipHop-Historiografie als Old School oder Alte Schule bezeichnet wird. Als *Torch* hat *Frederik Hahn* mit dem MCing begonnen, als *Hero* ist er in Heidelberg und später in Baden-Württemberg als Graffiti-Writer unterwegs; außerdem beginnt er 1985 mit Synthesizern und Drumcomputern selbst Musik zu produzieren. Wenn man mit *Torch, Toni L* oder anderen Old Schoolern aus Heidelberg über diese Zeit spricht, tauchen immer wieder Geschichten über die *Internationale Gesamtschule Heidelberg* (IGH) auf. Die IGH ließ ihren Schülern in den 1980er Jahren viel Raum zur Entfaltung ihrer HipHop-Talente. So fanden dort praktisch in jeder Pause Battles statt, die Schüler durften im Sekretariat Durchsagen machen, wann und wo gebreakt wird, im Keller der Schule gab es eine Diskothek und einige Lehrer der *IGH* bereiteten schon in dieser Zeit Rap-Texte als Unterrichtsmaterial auf. Als DJ begann *Torch* 1986 erste Experimente mithilfe des Doppelcassettendecks seines Vaters und lernte dabei, wie sich Musik mixen lässt. Wenig später stieg er auf Plattenspieler um und bekam zum Geburtstag von seinem Vater einen Mixer geschenkt. Er produzierte Mixtapes und legte bei DJ-Sessions und Stadtfesten auf. Die Partys bei den Hahns in der Hauptstraße 84 bekamen nun immer mehr Jam-Charakter und wurden zu wichtigen Ereignissen der jungen HipHop-Szene. Die Mischung aus Kunst, Literatur, Musik und der

Einfluss amerikanischer GIs machten Heidelberg zu einem besonders fruchtbaren Boden für die Entwicklung der HipHop-Kultur.

Advanced Chemistry - Frühphase (1987-1990)

Die HipHop-Band *Advanced Chemistry* (AC) gilt heute als eine der wichtigsten Old-School-Formationen und gestaltete die Vernetzung und Entwicklung der Szene maßgeblich mit. Bis in die Mitte der 1990er Jahre waren AC das Sprachrohr der in den 1980er Jahren gewachsenen Untergrundszene; sie verteidigten den Entwurf einer ganzheitlichen HipHop-Kultur in der Tradition der *Zulu Nation* gegen die Vereinnahmungs- und Kommerzialisierungstendenzen, die seit dem Charterfolg der *Fantastischen Vier* im Jahre 1992 einsetzten. Wie viele *Old School*-Gruppen gründeten AC sich nicht primär als Rap-Band, sondern bildeten zunächst einen losen Zusammenschluss von B-Boys, Graffiti-Writern, MCs, Beat Boxern und DJs, die schon vor der offiziellen Namensgebung als Crew in der Region unterwegs waren. Neben *Torch*, *Korporal K* (später *Linguist*) und *Toni L* gehörten der Gruppe in der Frühphase *Gee One* und *DJ Mike MD* an. Zur AC-Posse zählten darüber hinaus *Boulevard Bou*, die Heidelberger Writer-Crew *SCM*, *Pussy A (Haltsmaulwurf)*, *Beatbone (Face Error)*, *Pimp Valium*, *Mr. Suicide* und die *Stieber Twins*. Der Name *Advanced Chemistry* wurde der Crew 1987 von dem aus England stammenden Chilenen *Kane (Gee One)* und seinem Bruder Bernardo gegeben, weil die Gruppe immer öfter zu Auftritten eingeladen wurde und sich auf Jam-Plakaten präsentieren wollte. Der Name verweist auf die dialektische Beziehung von Quantität und Qualität: An einem bestimmten Punkt weist eine Zusammensetzung von Elementen eine neue Qualität auf, die mehr ausmacht als die Summe der einzelnen Teile. Bis 1989 verfassten *AC* vor allem englische Texte; *Linguist* fungierte bei Auftritten der Band in der frühen Phase als Frontman, da er zweisprachig aufgewachsen war und die Ansagen zwischen den Stücken fließend auf Englisch vortragen konnte.

Freestyle auf Deutsch (1988-89)

„Ich habe das Freestylen eingeführt und zwar schon vor Jahren" rappt *Torch* auf dem programmatischen Sampler „*Alte Schule*", der 1993 auf MZEE

Records erschien. Ist diese Behauptung eine Übertreibung? Kann es sein, dass ein einzelner „das Freestylen" erfand? Das Improvisieren mit Sprache hat *Torch* nicht erfunden, das ist so alt wie die Menschheit über Sprache verfügt. Auch hat er nicht das rhythmische Improvisieren entdeckt. Hier gibt es viele Vorläufer in anderen Kulturen. Aber die rapmäßige Improvisation auf deutscher Sprache ist ohne Zweifel eine Erfindung von *Torch*. Wie kam es dazu? Auf den Jams Ende der 1980er Jahre begann *Torch* in seiner Rolle als Rapper bei *Advanced Chemistry* vermehrt mit Sprache zu experimentieren. In den Pausen zwischen den Songs nutzte er die Zeit, um mit dem Jam-Publikum in Kontakt zu treten. In der alten call-and-response-Tradition der frühen HipHop-Bewegung (wie sie z.B. im Film „Wild Style" festgehalten wird), griff *Torch* auf Wortspiele und Improvisationen zurück, die sich auf das Hier und Jetzt bezogen, und hielt so die Zuschauer bei Laune. Von Beginn an bediente sich *Torch* dabei auch der deutschen Sprache und erreichte damit bei seinen Zuhörern eine hohe Aufmerksamkeit und begeisterte Reaktionen. Aus den zunächst comicähnlichen Sprüchen und Stand-up-Kommentaren entwickelten sich mehr und mehr zusammenhängende Reime auf Deutsch. Bald waren die Pausenfüller von *Torch* ein Höhepunkt bei den Auftritten von *Advanced Chemistry*. In gewisser Weise widerholte sich hier eine Entwicklung, die in den späten 1970er Jahren in der New Yorker South Bronx dazu führte, dass das MCing aus dem Schatten der DJs heraustrat: Der Rapper, der eigentlich als Pausenfüller und Anheizer dem DJ zur Seite gestellt ist, wurde zum eigenständigen Phänomen und zog immer mehr Aufmerksamkeit auf sich. Ein Unterschied bestand darin, dass die deutschen Rap-Improvisationen einerseits den folgenreichen Wechsel von geschriebenen Texten hin zum Freestyle einleiteten, andererseits von der englischen zur deutschen Sprache. Eine Reihe von Erfahrungen trugen dazu bei, dass *Torch* auf diesen Gebieten als Pionier HipHop-Geschichte schreiben konnte. So war *Torch* mit drei Sprachen aufgewachsen: Deutsch, Französisch und Kreolisch. Durch einen Cousin in Straßburg kam er schon Mitte der 1980er Jahre in Kontakt mit französischen Radiosendungen, in denen gefreestylt wurde. Auf Radio Nova hörte er schließlich eine vom 2011 verstorbenen französischen HipHop-Pionier *Lionel D* moderierte Sendung, in der sich Moderator und Gäste in einem nicht endenden Dauerfreestyle begegneten. Weil er gut französisch sprechen und verstehen konnte, war *Torch* fasziniert und bekam eine Idee davon, welche Kraft das Improvisieren in der Muttersprache entfalten kann. Auf der Bühne mit AC brachte er alle Facetten ein, die seine Sprachbiografie ausmachten: Anglizismen der HipHop-Kultur, Sprachcodes der Straße, elaborierter akademischer Ausdruck, Comic-Sprech usw. Die Live-Situation auf den Jams tat ihr Übriges und wirkte wie ein Hochofen, in dem all diese Teile zu einem dynamisch-spontanen Aha-Erlebnis verschmolzen: *Torch* erzählte Witze, thematisierte Pannen, bezog sich auf Kommentare aus dem Publikum, sprach die Kleidung oder das Gehabe von einzelnen Personen vor der Bühne an, sprach von sich und seiner Band, wechselte abrupt das Thema, verdrehte Silben und tat das alles auf Deutsch, rhythmisch und in Reimen. Die enthusiastischen Reaktionen des Publikums wiederum beflügelten seine Freestyles und trieben ihn zu weiteren Reimen an. Wenn die B-Boys, wie das auf den Jams bis Mitte der 1990er Jahre üblich war, in einem Kreis aus begeisterten HipHop-Aktivisten tanzten, wurden sie von *Torchs* Freestyles angefeuert. Dabei stellte er nicht selten die einzelnen Breaker mit Namen vor und kommentierte ihre Bewegungen. Ausgehend von *Torch* und dem AC-Umfeld verbreitete sich das Freestylen auf Deutsch zunächst bei Rappern der so genannten Neuen Schule (*MC René, David Pe, Spax, F.A.B., Absolute Beginner* u.a.) und inspirierte schließlich auch die folgende Generation von MCs, zum Beispiel *Blumentopf, Freundeskreis* oder *Samy Deluxe*.

„von dem tag an war mir klar"

Afrika Bambaataa, Graffiti, Blauer Samt

Torch fühlte sich – wie die meisten HipHops der ersten Generation – nicht einer „deutschen" HipHop-Kultur zugehörig, die an den Grenzen eines Staates endet. HipHop war eine globale Idee, die weder sprachliche noch geografische Barrieren akzeptierte. Es war also selbstverständlich, dass sich die HipHop-Aktivisten europaweit vernetzten. Schon in den 1980er Jahren knüpfte *Torch* Kontakte zur HipHop-Szene in Frankreich. Zwei seiner Cousins wohnten in Straßburg, eine Tante lebte in Paris. In der französischen Hauptstadt besuchte er regelmäßig den HipHop-Laden *Ticaret* von *Dan Ticaret*, ein wichtiger Treffpunkt der Pariser Old School, der direkt neben dem *Terrain Vague* liegt, einer Graffiti Whole of Fame am U-Bahnhof Stalingrad. 1988 lernte er *DJ Dee Nasty* und *Destroyman* kennen sowie die Mitglieder der frühen *NTM Crew* (u.a. *Mode Two* und *Kool Shen*), die *Paris City Breakers*, *Assassin*, *Rockin Squat* und seinen Bruder *Vincent Cassel*, *Ash*, *John One*, *Little MCs*, *New Generation MCs*, *Ejm* und später auch IAM aus Marseille, mit denen *Advanced Chemistry* 1991 in Biel auftraten. Außerdem traf er die Deutschfranzosen *Gawki* und *Darco*, die mit ihrem Graffiti-Style in den frühen 1990er Jahren die Writer-Szene in Deutschland prägten. Die Mentalität der französischen HipHop-Szene unterschied sich stark von dem, was *Torch* aus Deutschland kannte: Der Bezug zur Straße und zum eigenen Viertel hatte dort schon in den 1980er Jahren eine große Relevanz und die Szene war sehr auf Paris konzentriert. Es gab weniger Solidarität und Vernetzung zwischen den Aktivisten als in Deutschland – dafür war die Konkurrenz größer. Da *Torch* mit Französisch groß geworden war, verstand er die Texte der Rapper und bekam einen Eindruck davon, welche Kraft das Rappen in der Muttersprache hatte. Außerdem konnte er am Beispiel der französischen HipHop-Aktivisten beobachten, dass es möglich ist, aus dem Schatten der amerikanischen Vorbilder herauszutreten und ein eigenes Profil zu entwickeln. Im Alter von 14 Jahren ging er 1985 in Paris auf ein Konzert des New Yorker DJs *Afrika Bambaataa*, dem Gründungsvater der *Universal Zulu Nation*. Vor dem Konzert wollte sich *Bambaataa* mit einigen Pariser B-Boys unterhalten, die zu seinem Konzert gekommen waren. In dieser Situation sprang *Torch* als Englisch-Übersetzer ein und kam danach mit *Bambaataa* selbst ins Gespräch: „Bambaataa hat sich gewundert, dass ich als 14jähriger deutscher HipHop-Fan in Paris auf sein Konzert komme", erinnert sich *Torch*, „der fand das geil und wollte, dass ich die Idee der *Zulu Nation* weitertrage." *Bambaataa* verabschiedete sich von *Torch* mit dem Auftrag, in Deutschland einen „Chapter", eine Zweigstelle der *Universal Zulu Nation* aufzubauen, und ernannte *Torch* zum Overlord of Sound & Culture: „Ich stand da und war soeben vom HipHop Gott persönlich mit einer Mission betraut worden. Das war der totale Wahnsinn!" Die Tragweite der Worte konnte *Torch* 1985 noch nicht ermessen, er sollte aber wenige Jahre später *Bambaataas* Wunsch nachkommen. Über die Kontakte zu *Afrika Bambaataa* und der *Universal Zulu Nation* lernten *Torch* und seine Freunde später viele bedeutende Akteure der internationalen HipHop-Szene persönlich kennen, z.B. die *Rock Steady Crew*, *Ice T*, *Donald D*, *Kid Frost*, *Tony Touch*, *Kool Herc*, *Grandmaster Flash* oder *Melle Mel*.

Graffiti (1984–1993)

Als ich vor einiger Zeit meinen Freund und ehemaligen Bandkollegen *Babak Soultani* in seinem Graffiti-Laden *Dedicated* in Köln besuchte, staunte ich nicht schlecht. Hier gab es alles, was das Writer-Herz begehrt: Unmengen von Dosen, Marker, Caps, Magazine, DVDs. Wer heute Graffitis sprühen möchte, kann sich direkt mit dem besten Material ausstatten und von den ganz Großen der Szene inspirieren lassen. Zu Beginn der 1980er Jahre musste man sich das Know How und die Ausrüstung zum Sprühen aus anderen Quellen besorgen. Dass *Torch* noch vor seiner Karriere als MC als einer der ersten Graffiti-Writer in Heidelberg unter dem Pseudonym *Hero* unterwegs und bis in die 1990er Jahre als Graffiti-Künstler aktiv war, wissen nicht viele. Bereits 1983 setzte er – inspiriert von den HipHop-Filmen „Style Wars" und „Wild Style" – seine ersten tags. Bald malte *Torch* auch mit anderen Writern wie *Setes (Monti)* oder *Kane (Gee One)*. Sein erstes Outdoor-Piece (ein großer Schriftzug an einer öffentlichen Wand) entstand 1984 in Heidelberg. In den Jahren 1986/87 malte *Hero* viel in Heidelberg und Umgebung gemeinsam mit *Gee One* und *Omen*. Seine erste und wichtigste Crew war *SCM 193*, der auch die Writer *Set*, *Serz*,

Kane, Time, Kwest, Aaron, Sick, Pore, Temp und *Some* angehören. 1993 gastierte *Torch* für Aufnahmen im New Yorker Studio von *Jazzy Jay* und arbeitete dort mit *Afrika Bambaataa* und *Kool Keith*. Gemeinsam mit den Writern *Smoke, Poem* und *Kami* nutzte er diesen Aufenthalt um sich mit tags und Pieces in der Stadt zu verewigen. Höhepunkt dieses Besuchs waren ein *Torch*- und ein *SCM*-Piece auf einem New Yorker Zug. Die Kehrseite des illegalen Graffiti waren wiederholter Kontakt mit der Polizei, Strafanzeigen wegen Sachbeschädigung und Verurteilungen zu Geldstrafen. Im Alter von 18 Jahren war Torch hoch verschuldet; es kam zu Gerichtsverhandlungen und er muss Wege finden, eigenes Geld zu verdienen: „Ich hab dann immer so einen großen Samsonite-Koffer auf die Jams mitgenommen und da drin hatte ich alle möglichen Sachen, die ich verkauft habe: selbstgemachte T-Shirts, Mixtapes, Platten und so." Mit dem Tramperticket der Deutschen Bahn reiste er – wie viele HipHop-Aktivisten – von einer HipHop-Veranstaltung zur nächsten; er nahm Plattenwünsche von Freunden und Bekannten entgegen, organisierte das Vinyl auf seinen Reisen und lieferte die Platte bei dem nächsten Treffen an seine Kunden: „Ich war fast so was wie ein Kleinunternehmer und hab in dieser Zeit auch gelernt, mit Geld umzugehen – ich musste schließlich irgendwie meine Graffiti-Schulden abbezahlen."

Torch ist einer der wenigen der Alten Schule, die es geschafft haben, von ihrer HipHop-Kunst zu leben. Mit seinem Label *360° Records*, dem eigenen Studio, autonomen und kommerziellen Vertriebswegen und seiner Arbeit als *DJ Haitian Star* ist *Torch* bis heute als Aktivist der HipHop-Bewegung unterwegs. Es ist ihm gelungen, sich immer wieder neu zu erfinden – sein Meisterwerk als MC bleibt jedoch sein erstes und bisher einziges Soloalbum (erschienen 2000 bei V2 und als Re-Release 2011 bei Sony).

Blauer Samt

Der Titel des Albums „Blauer Samt" steht als Metapher für das künstlerische Schaffen von *Torch* als Solokünstler – es ist sozusagen der blaue Faden in seinem Werk. Das Aktionswort „Blauer Samt" (in Anlehnung an *David Lynchs* Film „Blue Velvet") umfasst nach der Definition von *Torch* alle Ergebnisse seiner Kreativität, die im Intuitionsradius der Begriffe „blau" und „Samt" liegen. Dabei verweist die Farbe Blau sowohl auf Kälte, Klarheit und Kontur, als auch auf Melancholie und Traurigkeit. Samt hingegen

Ein Klassiker der Old School: „Renegades Of Funk!" von Afrika Bambaataa und der Soulsonic Force (1983)

Torchs einziger Longplayer „Blauer Samt" (2000)

symbolisiert einerseits Weichheit und Nachgiebigkeit, andererseits steht er für Eleganz, Würde und Macht. Die Ambivalenz der beiden Worte beschreibt den Rahmen, in dem sich auf der Grundlage persönlich-biografischer Erfahrungen seine Ideen zu Bildern, Texten, Musik usw. verdichten. Die Arbeit an dem Album begann 1995 und zog sich über sechs Jahre hin. Am Ende dieser Periode standen sechs Ordner mit Texten; auf „Blauer Samt" landeten schließlich 23 Stücke. Zwischen 1996 und 1998 trat *Torch* mit verschiedenen Features und Sampler-Beiträgen in Erscheinung, u.a. bei der Firma und auf dem Sampler „Flowzirkus". 1998 begann die Realisierungsphase des Albums. 1999 kam mit Patrick Orth die britische Plattenfirma V2 ins Spiel, bei der „Blauer Samt" schließlich am 25. September 2000 erschien. Anders als bei der Arbeit mit *Advanced Chemistry*, konnte sich *Torch* bei „Blauer Samt" ganz auf die eigene Entwicklung konzentrieren; mit dem Album versuchte er die verschiedenen Rollen, die er im Laufe seines Lebens gespielt hat, einzufangen und sichtbar zu machen. Dabei zeigten sich sowohl unterschiedliche Facetten seines Künstler-Alteregos *Torch* als auch Seiten des persönlichen Ichs *Frederik Hahn*. Damit stand auch die Frage im Raum, wer als Subjekt auf dem Cover des Albums in Erscheinung treten sollte: *Torch* oder *Frederik Hahn*? Die Lösung war, dass der Künstler *Torch* das Album dem Menschen *Frederik Hahn* widmete. So umfasste *Blauer Samt* viele Spielarten des Rap-Genres und setzte gleichzeitig starke autobiografische Akzente. Vor allem der Titelsong

„Blauer Samt" sowie die Tracks „Ich habe geschrieben" und „Auf der Flucht" gingen textlich und musikalisch weit über das übliche Rap-Format hinaus. Trotz der Vielschichtigkeit des Albums und seiner zum Teil elaborierten Codes wurde die Veröffentlichung ein großer Erfolg. *Torch* behauptet: „Das Album steht irgendwo zwischen KRS ONE und Wolf Biermann." Im Vordergrund docke es klar an eine Funk- und HipHop-Tradition an und enthalte auch Zitate haitianischer Musik. Die Hintergrundströmung jedoch beziehe sich auf verschiedene Aspekte deutscher Kulturgeschichte. Exemplarisch lässt sich das an dem Song „Ich habe geschrieben" zeigen, der distanzlos in das Innere des Schreibens eindringt und den Zuhörer zum Zeugen eines intimen Prozesses der Sprachfindung macht. *Torch* holt mit diesem Text das Lyrische Ich zurück in den Rapkontext und lässt es sich dort in einem assoziativen Sprachrausch verlieren. Ort, Zeit, Person und Kontext bleiben unklar – nur hier und dort tauchen biografische Bilderfetzen auf. Die Worte kreisen thematisch um den Prozess des Schreibens, Liebe, Schmerz und Erinnerung. Lineare Sinnkonstruktion und kausale Erklärungsmuster sind zugunsten freier Assoziationen und zirkulärer Bilderströme außer Kraft gesetzt. Damit steht „Ich habe geschrieben" in der Tradition radikal subjektiver Texterfahrung, die über den Expressionismus und die frühe Romantik bis zurück in den Sturm und Drang reicht. Heute gilt „Blauer Samt" als HipHop-Klassiker. Im Jahr 2011 wurde das Album bei Columbia/Sony neu aufgelegt. Bis heute verkauften sich von der Platte über 80.000 Einheiten.

„sag mir doch einfach, wer ich bin"

HipHop, Heidelberg, Haiti

Torch **zu verstehen ist nicht einfach.** Neben den heutigen Rap-Stars wirkt er wie ein verschrobener Medizinmann. Die Aura und Präsenz, die er bei Auftritten ausstrahlt, sind verblüffend – wenn man ihm zuschaut, bekommt man eine Vorstellung davon, welche beschwörende Kraft der MC in den frühen Tagen hatte. Auf seinem Album „Blauer Samt" hat Torch etwas gesagt, was man so über sich selbst eigentlich nicht sagen kann. Deshalb hat er *Melle Mel* gesampelt, einen der ersten Rapper überhaupt. *Melle Mel* sagt dort unter anderem: „I'm one of the first original rappers that ever said a rhyme. I'm a legend in my own time. And it's not something I'm saying out of ego. It's the truth. I'm a legend. When you see *Melle Mel* it's like seeing Chuck Berry." Tatsächlich wirkt die aufgeregte Art, wie *Melle Mel* diese Sätze spricht, ein wenig wahnsinnig. Und doch ist es nicht falsch. *Melle Mel* blieb die Würdigung eines Chuck Berry verwehrt, aber seine Rolle für die Entwicklung von Rap ist kaum zu überschätzen. Die Sätze, die *Melle Mel* auf „Blauer Samt" spricht, gelten auch für *Torch*.

Vielleicht versteht man die Widersprüchlichkeit dieser „Legende" besser, wenn man sich die beiden Pole anschaut, zwischen denen *Torch* aufgewachsen ist: Heidelberg und Haiti. In Heidelberg verbrachte er eine behütete, sichere, deutsche Kindheit; einmal im Jahr flog er mit seiner Familie für sechs Wochen nach Haiti und dort ging es ganz anders ab als zu Hause. In Heidelberg kam *Torch* in Kontakt mit den Klassikern der deutschen Kultur und lernte seine Stadt als wichtigen Ort der Dichter und Denker kennen – aber auch die deutschen Sekundärtugenden wie Pünktlichkeit, Fleiß und Pflichtbewusstsein. In Haiti tauchte er ein in einen Schmelztiegel von Musik, Tanz und Geselligkeit, er beobachtete, wie Menschen aus einem Mangel heraus improvisieren und auf verblüffende Ideen kommen. In Heidelberg wuchs er auf im Schatten der alten Universität und erhielt durch seine Eltern früh Zugang zu Bildung. In Haiti spürte er den karibischen Stolz und gleichzeitig eine Offenheit für alles, was anders ist; er erlebte Vogelspinnen, Schlangen, brennende Autos, Wirbelstürme, aber auch Solidarität, Respekt vor der Tradition und Achtung vor den Älteren. Sein Onkel, der haitianische Dichter Georges Castera, machte großen Eindruck auf ihn, später lernte er auch den Maler Jean-Claude „Tiga" Garoute kennen. Die Liebe zur deutschen Sprache entdeckte *Torch* in Haiti – das Verspielte, Improvisierte, Flexible in der haitianischen Gesellschaft sprach ihn an und er übertrug diese Qualitäten auf den Umgang mit den Worten seiner Muttersprache. Seine haitianische und seine deutsche Seite entwickelten sich nicht zu Konkurrenzidentitäten, sondern wurden zu Quellen sich ergänzender Inspirationen. Heidelberg jedoch blieb in *Torchs* biografischer Landkarte das emotionale Zentrum, der Mutterhafen. Sein Traum ist es, in der Stadt Heidelberg ein Zentralarchiv für HipHop aufzubauen. 2016 wird *Torch* 45 Jahre alt. Die Stadt Heidelberg könnte ihm ein schönes Geschenk machen.

Wer bin ich?

Blauer Samt, 2000

Toni L:
Ich inszenier das intro hier, stehe immer hinter dir, hab' alles im visier
so bitte informier, involvier, interpretier den leuten und mir das bild von dir!

Torch:
wer bin ich? torch, der täter, der träumetöter
der zungenbrecher, der rächer, der nachrichtensprecher
der spielverderber, der wachrüttler, schreiende wecker
sündenbock, legende in leder und lieblingsrapper
bin der besserwisser, rap patriot, ewige aufklärer
der klugscheißer, der märchenerzähler
wer ich bin? der ruhestörer, schmierer, pornostar
der technics-starttastendrücker ist wieder da
bin das gegenteil von nem flaggenhisser, bin der rapperdisser
der politiker-durch-die-nase-pisser

der typ, der im zug gegenüber sitzt und schreibt
das abteil zusammenschreit, obwohl er ganz still schweigt
lebenslügner, täglicher täter
heiliger held, dummer denker, feiger verräter
der hiphop hehler, der lästige lehrer
das sex-symbol, ignorantes idol voller fehler
wer ist out und wer ist in
lasst mich in ruh' mit dem scheiß und sagt mir wer ich bin!

Toni L:
bist du nicht der, der auf viva moderierte
in graffiti investierte, alles mit tags bombardierte
der meist zitierte, gesampelte, kopierte
der freestyle auf deutsch als erstes präsentierte?
bist du nicht die nummer eins mit den legendären rhymes?
des kapitel 1 meilensteins und warst du nicht einst
als zulu king bekannt? fremd im eigenen land
der mit dem ac-funk, die welt verbrannt, blauer samt!

Torch:
nein, ich bin ein spinner, königstiger im zwinger
bin der für-mama-den-müll-runterbringer
der niemals-nationalhymnen-singer
der letzte überlebende überbringer von kritik an axel springer
bin der toni-l fan, der rammellzee fan, der rick ski lsd fan,
bin der poet, prolet, prophet, magnet
majestät, interpret, der auf der bühne steht
mc torch an der uni nennen sie's
„homo hip hop sapiens heidelbergensis"
wer ist out und wer ist in? sagt mir doch einfach wer ich bin!

Toni L:
bist du nicht der, der auf viva moderierte
in graffiti investierte, alles mit tags bombardierte
der meist zitierte, gesampelte, kopierte
der freestyle auf deutsch als erstes präsentierte?
bist du nicht die nummer eins mit den legendären rhymes?
des kapitel 1 meilensteins und warst du nicht einst

als zulu king bekannt? fremd im eigenen land,
der mit dem ac-funk, die welt verbrannt, blauer samt!

Torch:
nein!

Zweiter Teil
25 Jahre HipHop in Deutschland

20 Jahre HipHop in Deutschland + 5 weitere Jahre

Als wir Anfang 2000 damit begannen, die Geschichte von zwanzig Jahren HipHop in Deutschland aufzuschreiben, haben wir ganz bewusst einen Schnitt gemacht. Ein zeitlicher Abstand von drei, vier Jahren zu den beschriebenen Geschehnissen schien uns notwendig, um beurteilen zu können, was wichtig ist und was nicht, was weiterwirken wird und was spurlos verschwinden würde. Und so endete *20 Jahre HipHop in Deutschland* genau genommen 1996, 1997, also kurz vor dem großen Boom. Seitdem sind fünf Jahre vergangen, und die Situation hat sich komplett verändert. Wer könnte heute von HipHop reden, aber über *Aggro Berlin* schweigen? Bloß weil der zeitliche Abstand fehlt, dieses Phänomen einzuordnen und zu beurteilen? Heute eine Erweiterung von *20 Jahre HipHop* zu schreiben würde bedeuten, sich direkt ins Getümmel zu stürzen, den eigentlich nötigen Abstand von ein paar Jahren aufzugeben. Es hieße, über Dinge zu schreiben, die wir in ein paar Jahren vielleicht für belanglos halten, Urteile zu fällen, zu denen wir in ein paar Monaten nicht mehr stehen wollen.

Aus *20 Jahre HipHop* sind jetzt also *25 Jahre HipHop* geworden oder vielleicht besser: *20 Jahre HipHop + 5 weitere Jahre*. Denn uns war klar: Das ursprüngliche Buch, die Geschichte der ersten zwanzig Jahre, muss unverändert bleiben. Das war und ist unsere Geschichte von HipHop in Deutschland, zu der wir auch heute noch stehen können. Diese Geschichte schreiben wir nun fort: fünf Jahre, die einerseits vieles fortgesetzt und wieder aufgegriffen haben, was wir in *20 Jahre HipHop* geschrieben haben. Fünf Jahre, die andererseits alles über den Haufen geworfen haben, was damals als unverrückbar galt. Fünf Jahre, die HipHop in Deutschland zu einem schwer fassbaren Phänomen gemacht haben, voller Widersprüche und gegenseitiger Missachtung. Im Vergleich zur gegenwärtigen Situation war es 1999/2000 einfach, über HipHop zu schreiben – oder ist es bloß die zunehmende Distanz, die den Blick klärt, die Dinge verklärt? Fünf Jahre, die unser Verhältnis zu HipHop verändert haben. Für uns beide steht *20 Jahre HipHop in Deutschland* am Anfang unserer Entwicklung als kritische Begleiter der HipHop-Bewegung, als Autoren und Journalisten. Auch das wird in dieser Fortschreibung deutlich werden.

„eine kleine episode, um was klarzustellen"

Die Autoren und das Schreiben über HipHop 2006

Sascha Verlan: Als der Plan, *20 Jahre HipHop* zu erweitern, auf dem Tisch lag, kreisten meine Gedanken fast ausschließlich um die Frage nach der Möglichkeit und Unmöglichkeit dieses Unterfangens. Es ist nun einmal ein Buch, das die Entwicklung der HipHop-Szene in Deutschland historisch aufgearbeitet hat. Dieser Ansatz schien mir aber in der gegenwärtigen Situation nicht haltbar, denn historisch fortfahren, um dann Ende 2002 einen Schnitt zu machen? Und wenn nicht schreiben, was dann? Reden? Da haben mir meine vielen Interviewerfahrungen deutlich gemacht: Es kommt sehr stark auf die Atmosphäre an, in der das Gespräch stattfindet, auf Raum, Zeit, Stimmung, das Davor und Danach, die so schwer zu beeinflussen sind, und in erster Linie natürlich auf den Interviewer. Nur in einem geschützten Raum kann das nötige Vertrauen für ein Gespräch entstehen, das Floskeln überwindet und Tiefe gewinnt. Diesen Raum geschaffen zu haben, Fragen gestellt zu haben, die mich animiert und inspiriert haben, Dinge zu sagen, die ich nicht hätte schreiben können, Gedanken zu äußern, die mir in meinem stillen Autorenkämmerlein nicht gekommen wären, dafür danke ich Markus Hablitzel. Dann haben mich in den letzten fünf Jahren im und am Rande des HipHop-Geschehens begleitet, inspiriert und unterstützt: Henrik, *Linguist, Borke, Fiva, Murat, Kutlu, Manges,* Treyer, *Tyron, Bektaş,* Suza, Nora Gomringer, Timo Brunke, *Bas Böttcher,* Johannes Ullmaier, Dietmar Hüser, Jannis Androutsopoulos, Erwin Krottenthaler, Stephan Krass, Ralf Kröner.

Hannes Loh: Als ich *Torch* auf unser Buch *20 Jahre HipHop in Deutschland* ansprach, druckste er ein wenig herum. Ich fragte, ob er sich falsch repräsentiert sehe, ob er bestimmte Einschätzungen und Darstellungen nicht teile. „Das ist es nicht", sagte *Torch,* „aber es gibt etwas Grundsätzliches, das zwischen einem Journalisten und einem Künstler steht. Jeder Künstler hat ein Geheimnis, das ihn inspiriert und das er bewahren möchte. Jeder Journalist möchte dieses Geheimnis lüften und seinen Lesern erklären." Ich verstehe *Torchs* Misstrauen, denn er hat in über zwanzig aktiven HipHop-Jahren reichlich Erfahrungen dazu gesammelt. Als Sascha und ich die Interviews zu *20 Jahre HipHop* führten, hatten wir es mit Künstlern zu tun, die Geheimnisse mitbrachten und echte Geschichten erzählten. Doch mit wem kann man jetzt – nach fünf Jahren – sprechen? Sind *Fler* oder *Kool Savaş* oder *Eko* Künstler, die Geheimnisse oder Geschichten haben? Ergibt sich bei dem Rap-Personal der aktuellen Charts überhaupt noch die Chance auf eine Spannung zwischen Journalist und Künstler, so, wie es *Torch* beschrieben hat? Wir glauben nicht daran. Für die Fortschreibung unseres Buchs haben wir nach anderen Möglichkeiten gesucht. Ich habe die Arbeit zu unserer ersten Auflage genossen, weil wir es mit Menschen mit spannenden Biografien zu tun hatten. Wir haben Geschichten, Ereignisse und Entwicklungen dokumentiert, die im Mainstream nicht präsent waren. Daran wollte ich anknüpfen und bin deshalb nach Berlin gefahren. Ich hatte mir vorgenommen, der Geschichte von *Maxim* nachzuspüren, jenem Old Schooler und HipHop-Pionier, der am 13. Juni 2003 ermordet worden war. In Berlin habe ich Menschen getroffen, die mitreißende Geschichten erzählten: über das HipHop-Berlin der Achtzigerjahre, über die *36 Boys,* über die unglaubliche Motivation und Begeisterung eines *Maxim,* der wie ein guter Geist Pate steht für knapp zwanzig Jahre Berliner HipHop-Geschichte. Neben einigen allgemeinen Einschätzungen zur neuesten Entwicklung des Genres „deutscher Gangsta-Rap" und einem Interview mit *Murat Güngör,* der die Themen Getto, Rap und Migration kritisch unter die Lupe nimmt und mit einigen Klischees aufräumt, ist dieses Berlin-Kapitel mein Kernbeitrag zu *25 Jahre HipHop in Deutschland.* Es erhebt nicht den Anspruch auf Vollständigkeit oder Objektivität. Wie auch – es sind persönliche Geschichten einiger wichtiger Protagonisten. Aber es sind gute Geschichten. Sie haben eine Frische und einen Idealismus, der dort anknüpft, wo wir vor fünf Jahren aufgehört haben.

Ich möchte mich herzlich bei allen bedanken, die mir bei den Recherchen für diese Neuauflage mit Rat und Tat zur Seite standen: *Bektaş,* mein Bruder, ohne dich wäre dieses Projekt nicht zustande gekommen! Alija, *Murat, Tempeltainment* und alle *Kaoslog*isten, *Ninjah, Asek, Pete, Chefkoch, Nehsemi (36 Rockers!),* Scarabeuz (das Phänomen), *Şenol* und *36 Boyz, Crok* (die Breaker sind die Ritter des HipHop), Pasu und Wild Style Shop Berlin,

Fresh MC und *Café Solitaire* (dein Block ist der wahre Block), *DJ Mesia* (danke für deine Mühe und deine tolle Geschichte) und meiner Freundin (danke für deine Geduld und dein großes Herz).

Für die Bereitstellung von Fotomaterial bedanke ich mich herzlich bei Christina Fehrmann, *Mesia, Şenol,* Thomas Krüger, *Asek* und *Kaosloge*. Das *Maxim*/Berlin-Kapitel ist Christina Fehrmann und ihrem Sohn Cihad gewidmet.

„auch wenn du mich nicht hörst, bin ich niemals still und ..."

Nach fünf Jahren ist mein erstes Exemplar von *20 Jahre HipHop in Deutschland*, das mich immer noch auf Lesetouren begleitet, abgegriffen und zerfleddert. Es ist außerdem randvoll mit Notizen und Anmerkungen: Auf jeder Seite finden sich Einträge, flüchtig mit dem Kugelschreiber oder dick mit dem Textmarker notiert, Gedanken und Anekdoten unseres Buchs fortschreibend oder an Dinge erinnernd, die wir vergessen haben. Und wir haben einiges vergessen: *Gerry Bachmann aka Cut-master GB* aus Frankfurt zum Beispiel, *Konkret Finn* mit *Iz* und *Tone* oder das *Blitz Mob*-Projekt aus Köln. *Future Rock* und *Rick Ski* waren der Meinung, dass wir die Rolle von *LSD* für die Old School in Deutschland nicht genug gewürdigt haben – und ich gebe ihnen Recht. So haben wir über die Jahre viele Hinweise auf Themen, Personen und Ereignisse bekommen, die in *20 Jahre HipHop* nicht oder nur am Rand auftauchten. All unseren Kritikern möchte ich für ihre Rückmeldung danken. Wir haben durch eure Anmerkungen viel dazugelernt. Einiges konnten wir in späteren Publikationen *(Fear of a Kanak Planet, French Connection)* oder in Interviews nachreichen, die wir zu diesem Thema gaben.

Andererseits bestätigte uns das Feedback auf unser Buch, dass wir mit der Einordnung und Bewertung der wichtigsten Ereignisse und Entwicklungslinien richtig lagen. Vor allem die herzliche und freundschaftliche Reaktion vieler Rapper, Writer, DJs, B-Boys und Beatboxer, die zur so genannten Alten Schule gehören, hat uns darin bestärkt, den Hauptteil des Buchs nicht anzutasten. Unsere Ergänzungen sind deshalb, wie Sascha schon erwähnt hat, keine Aufarbeitung der Geschehnisse der letzten fünf Jahre. Wer sich über *Sido* oder *Fler* informieren möchte, findet alle relevanten Details in der *Bravo*. Im Gegensatz zu den meisten Magazinen haben wir als Buchautoren das Privileg, dass wir nicht allem hinterherschreiben müssen, was sich gut verkauft. Ich möchte unseren Leser(inne)n mit dieser Fortschreibung Denkanstöße, Geschichten und

Informationen geben, denen sie im gegenwärtigen Medien-Mainstream zum Thema HipHop nicht oder nur selten begegnen. Ich lasse deshalb weiterhin jene zu Wort kommen, die für HipHop sprechen, für die Kultur HipHop, so, wie wir sie kennen gelernt und beschrieben haben. Das mag mir den Vorwurf einbringen, ich hinge den alten Zeiten nach und betrauerte den Verlust der Werte und des Lebensgefühls der Old School. Ganz falsch ist das nicht, schließlich bin auch ich nicht mehr der Jüngste. Welche Wünsche und Ängste zwölfjährige *Aggro Berlin*-Hörer umtreiben, ist für mich tatsächlich nur noch schwer nachzuvollziehen, und – ehrlich gesagt – es interessiert mich nicht. An der Indizierungs- und Moraldebatte, die sowohl die Rap-Szene als auch die Feuilletons so eifrig beschäftigt, werde ich mich mit dieser Neuauflage nicht beteiligen.

Wir haben mit *20 Jahre HipHop* die Anfänge und die Entwicklung von HipHop in Westdeutschland beschrieben. Unser Exkurs zu HipHop in der DDR wirft zwar ein Schlaglicht auf die Entwicklung im Osten – diese Geschichte angemessen zu erzählen wäre jedoch die Aufgabe eines neuen Buchs. Im Rückblick wird mir klar, dass sich die HipHop-Geschichte in Deutschland aus drei wichtigen Strängen zusammensetzt, die zum Teil miteinander verwoben sind, zum Teil unabhängig voneinander verliefen: Westdeutschland, Ostdeutschland und (West-)Berlin. Besonders faszinieren mich die Dynamik und die Eigenart der Entwicklung von HipHop in Berlin. Deshalb bin ich für diese Neuauflage an die Spree gereist und habe mich mit einigen Berliner HipHop-Aktivisten, vor allem mit Vertretern der Old School, getroffen. Entstanden ist daraus ein sehr lebhaftes und spannendes Kapitel, das sich gut in unser „altes" Buch einpasst. Die persönliche Sicht der Beteiligten habe ich über weite Strecken als direkte Rede wiedergegeben. Dass sich der eine oder andere in den Ausführungen nicht wiederfinden wird, möge als Impuls genommen werden, sich zu Wort zu melden, um darüber zu diskutieren und zu streiten.

„sav ist fresh mit flows für berlin west"

Der Untergang von Deutschrap und neue Independent-Wege (LJ)

Die Jahre zwischen 1999 und 2002 waren eine seltsame Zeit. An allen Ecken und Enden vernahm man ein Stöhnen und Jammern. Man hatte sich auf eine sonnige Ära des Deutschrap gefreut, mit dicken Styles, fetten Videos und satten Verkäufen. Aber das Ding rollte nicht mehr so, die Dynamik ging verloren, die rosigen Zeiten waren vorbei. Alle rätselten, woran das liegen könnte. Die einen erinnerten an den Crash des Breakdance-Booms Ende 1984 und machten die Medien verantwortlich, andere fühlten sich von den Plattenfirmen verraten, wieder andere machten die rege Download-Praxis vieler Kids als Grund aus. *Smudo* von den *Fantastischen Vier* orakelte auf der Popkomm in Köln 2001, die Kosten für Equipment seien inzwischen so niedrig, dass jeder Depp in der Lage sei, Beats zu produzieren. So habe der Anteil von qualitativ schlechtem Material auf dem Markt drastisch zugenommen, und der Hörer wende sich enttäuscht von der einstmals geliebten Musik ab. Dass jene Hörer sich durchaus nicht abwandten, sondern – im Gegenteil – eben jenen dreckigen, billigen Sound liebten und kauften, wussten zu dieser Zeit vor allem Mailorderfirmen, die ein großes Geschäft mit Underground-Rap-Tapes aus Berlin machten. Über bis zu zwanzigtausend verkaufte Exemplare konnten sich die Berliner Acts freuen, die mit ihrem harten Battle-Rap ein bis dato wenig beachtetes Segment bedienten. Diese Verkäufe tauchten allerdings nicht in den Media-Control-Charts auf und wurden deshalb von kaum jemandem registriert. Jene Rapper und Gruppen, die in den Jahren zuvor vom Erfolg verwöhnt waren und die hauptsächlich aus Stuttgart oder Hamburg stammten, mussten zum Teil verheerende Verkaufseinbrüche hinnehmen.

Schon im Juni 2001 deutet sich an, dass sich die Parameter im Rap-Geschäft verschieben. Auf dem HipHop-Open in Stuttgart skandieren fünfzehntausend Kids geschlossen den Refrain des Underground-Hits

„Alle MCs sind schwul in Deutschland" von *Kool Savaş*. Ein gutes Jahr später kletterte *Savaş'* Album *Der beste Tag meines Lebens* auf Platz 6 der deutschen Top 10. *Kool Savaş, M.O.R.* und andere Berliner Rapper präsentierten sich als MCs, die zwar nicht als Reporter des harten Straßenlebens auftraten, aber mit neuen Styles, harten Punchlines und verbalem Tabubruch Aufmerksamkeit erzielten. Ihre Respektlosigkeit gegenüber den etablierten Szenegrößen, aber auch ihre gezielten Ausfälle in Richtung Hamburg und Stuttgart inmitten all der Katerstimmung und Behäbigkeit wirkten auf viele frech und erfrischend. Gleichzeitig verbreitete sich eine Aufbruchsstimmung. Nachdem viele Labels, die im Zuge des Deutschrap-Booms gegründet worden waren, Konkurs anmelden mussten, entstanden an anderen Stellen – vor allem in Berlin – neue Independent-Plattenfirmen, die mithilfe des Internets und im Direktvertrieb Tapes und später auch CDs an eine immer größer werdende Fangemeinde verkauften. Ein alter HipHop-Gedanke fand in die Szene zurück: Mach dein eigenes Ding, bleib unabhängig von Major-Plattenfirmen. Eine Schattenseite hatte die neue Freiheit: Die Neue Deutsche Battle-Härte zielte in ihren Verbalattacken hauptsächlich auf vermeintlich Schwächere und etablierte im deutschen Rap einen sexistischen, homophoben und zum Teil rassistischen Wortschatz.

Die Zeit des Spaßrap der Neunzigerjahre – des Studentenrap, wie er nun immer öfter verächtlich genannt wurde – schien vorbei. Die Rap-Achse in Deutschland verlagerte sich von der Vertikalen in die Horizontale, von Stuttgart–Hamburg nach Frankfurt–Berlin. Die freundlichen Gesichter des Deutschrap wichen den düsteren Blicken aus der Nordweststadt oder aus Kreuzberg. Mit den neuen Protagonisten wechselten auch die Inhalte der Texte.

„das leben füttert uns mit frust, wir reagieren über"

Azad *und die Nordweststadt* (LJ)

„Ich bebe vor Hass", rappt *Azad* auf seinem zweiten Album, *Faust des Nordwestens*. Wirklich gute Laune hat man danach nicht. Zornig schlägt *Azad* mit Bildern um sich, die von Härte, Männlichkeit und Ehre strotzen und nichts mit den verspielten Reimen des Deutschrap der Neunzigerjahre zu tun haben. Hier tritt ein Straßenkrieger gegen unzählige Feinde an: Verräter, Neider, Verderber. Dann plötzlich ruhige, melancholische Stimmung, traurige Streicher, eine fast sanfte Stimme, die von Schmerz, Verzweiflung und Trauer spricht. *Azad* ist widersprüchlich und extrem: *Tupac* fällt einem dazu ein. „Die Musik, die ich mache, kommt aus der Mitte meines Lebens", sagt *Azad*. „Der Zorn entsteht aus dem Schmerz. Das läuft Hand in Hand. Es sind die Probleme, die ich in meinem Alltag habe, über die ich wütend werde; das sind Energien, die sich aufbauen und die ich in einem Battle-Text rauslasse. Es ist dann, als säße ich jemandem gegenüber, dem ich all diese Sachen erzähle. Ich verarbeite Gefühle."

Die Gefühle, die *Azad* verarbeitet, stammen aus einer Umgebung, die im Deutschrap bisher kaum vorkam. Sein Rap ist Straßenpoesie, Nordweststadt-Poesie. Die Frankfurter Nordweststadt ist ein typisches Massenwohnviertel am Rand der Metropole. Bis in die frühen Achtziger gaben Neonazis den Ton dort an; sie wurden von migrantischen Jugendgangs verdrängt. Mit ihnen kam ein neuer urbaner Lifestyle; mit ihnen kam HipHop in die Nordweststadt und brachte Crews wie die legendären *Asiatic Warriors* hervor, denen neben *Azad* auch *D-Flame*, *Combat* und *A-Bomb* angehörten. Die Jugendlichen auf der Straße bewundern *Azad*. Er ist einer von ihnen, und er hat es geschafft. *Azad* ist einer der wenigen Alten, ein Vertreter der Old School, der nach einer langen Durststrecke nun Erfolge feiert. Mit seinem Video zu dem Song „Napalm" schaffte er es 2001 in die Viva-Rotation. Nach dem 11. September wurde der Clip nicht mehr gezeigt, denn *Azad* stürmt dort vermummt und im Kampfanzug mit zahlreichen Freunden durch die Straßen Frankfurts. Die Crowd trägt eine Fahne mit sich, auf der in arabisch anmutenden Zeichen „azad" geschrieben steht. Das Horrorbild von Schill, Koch und Schily: der böse Migrant, der aggressive Kanake, der wütende Araber.

Azad war der erste Migrant, der in Deutschland mit seiner Rapmusik einen derartigen Erfolg hatte und über den so kontrovers diskutiert wurde. Er störte das Bild vom netten Multikulti-Ausländer, der sich als Opfer im „kalten" Deutschland inszeniert und den man gern auf Benefizkonzerte einlädt. „Viele ausländische Kids, aber auch ältere Leute kommen zu mir und sagen: ‚Ich war noch nie auf einem Deutschrap-Konzert, aber bei dir ist das was anderes'", erzählt *Azad*. „Ich weiß, dass diese Jugendlichen so aufgewachsen sind wie ich. Sie merken, dass ich zu meiner Herkunft stehe." Natürlich ist das Bild des bösen Ausländers auch ein Klischee, eine Falle; der Kulturbetrieb hält dafür eine Schublade bereit. *Azad* nimmt darauf keine taktische Rücksicht. Die Fortsetzung der unbändigen Wut, die Befreiung durch Battle, die an manchen Stellen wahnwitzige Formen annimmt („ihr wichser, fuck you, ich spuck euch in die fresse, pisser, fickt euch, ihr pisser!"), kann man als übertrieben und primitiv bewerten. Trotzdem haben seine Lyrics einen Background, der viel mit HipHop zu tun hat. *Azads* Sprache ist manchmal hässlich, manchmal pathetisch und oft nah am Kitsch. Aber sein Rap behält etwas Fesselndes, Verunsicherndes. „Ich schreibe meine Lieder im Fall", sagt *Azad*.

Mit seinem eigenen Label *Bozz Music* ist er zu einem der wichtigsten Förderer der Frankfurter Rap-Szene geworden. Kollaborationen mit *Kool Savaş* und *Bushido* unterstreichen zudem die neue Bedeutung der Achse Frankfurt–Berlin.

asek-Piece in Berlin-Kreuzberg

Jugendzentrum in Berlin-Kreuzberg

Graffiti-Tags am U-Bahnhof Friedrichstraße

Mesias Skizze für das *Sloopy,* entstanden in der Mathestunde (1984)

```
Ernst-Reuter-Oberschule                    Berlin, den 18.6.1984
   (Gesamtschule)
Stralsunder Str. 54-57
1000 Berlin 65
```

Sehr geehrter Herr Hartmann!

Leider muß ich Ihnen mitteilen, daß sich Matthias heute in beiden Mathematikstunden mit unterrichtsfremden Dingen (Malen von Bildern) beschäftigt hat. Obwohl ich ihn mehrmals darauf ansprach, war er nach einiger Zeit wieder damit beschäftigt.
Er hat in den beiden Stunden keinerlei mündliche noch schriftliche Leistung erbracht.
Ich bitte Sie, einmal mit ihm zu sprechen, damit er sich auch in den letzten Wochen noch anstrengt.

Mit freundlichem Gruß

Ermahnung der Ernst-Reuter-Schule wegen Malens im Unterricht (1984)

Bektaş: Bruder, mir bleibt nichts als Beten und Klagen

Satırlarımıza Başlamadan – Bevor wir unsere Zeilen beginnen ...

Jürgen von der Lippe im Edinburger Jugendclub in Berlin-Reinickendorf

Maxim alias Salomo in der legendären Linie 1 (1985)

Maxim setzt sein Tag auf einen Streifenwagen (1988)

Maxim (rechts) und DJ Mesia (2002)

M wie Maxim: Kreuzberg nimmt Abschied von einer Legende der Straße

Maxim bei einem Beatbox-Workshop in Berlin mit einem Schüler

Maxim mit seinem Sohn Cihad

„ich fühl mich wohl zwischen dreck und gesocks"

Das „Mein Block"-Phänomen (LJ)

Es ist nicht lange her, da wurde das Bild vom deutschen Großstadtgetto in den Popmedien als pubertäre Fantasie verspottet. Elendsviertel gebe es in den USA, vielleicht auch in Marseille – aber nicht in Frankfurt oder Berlin! Inzwischen ist die Erzählung vom Getto, vom sozialen Brennpunkt zu einer Selbstverständlichkeit geworden. Mehr noch: Im deutschsprachigen Rap hat ein symbolischer Kampf um diesen vorgeblich einzigen Ort begonnen, von dem aus authentisches Sprechen möglich ist.

Schon Ende der Neunzigerjahre schockten die Rapper *Kool Savaş* und *Taktloss* als *WestBerlinMaskulin* die HipHop-Szene mit schmuddeligen Pimp-Lyrics. Mit seinem Mainstream-Erfolg weckte *Kool Savaş* das Bedürfnis nach echter Härte, nach einer Brutalität der Sprache, die sich mit der Brutalität des Lebens deckt. Das bedienten schließlich Rapper wie *Sido*, *B-Tight*, *Fler*, *Bushido* – das Label *Aggro Berlin* trat auf den Plan. Zwölfjährige Waldorfschüler standen plötzlich bei Konzerten in der ersten Reihe und skandierten auf den Zuruf „Wer hat seinen Schwanz in deinem Loch?" begeistert: *„Aggro Berlin! Aggro Berlin!"* An diesem Erfolg hat das Video zu „Mein Block", der ersten Singleauskopplung von *Sidos* Debütalbum *Maske*, einen entscheidenden Anteil. Die wechselnde Kameraperspektive lässt ein berauschendes Gefühl zwischen Ohnmacht und Allmacht, zwischen Tristesse und Faszination entstehen. Die unerhörte Behauptung, im Märkischen Viertel, dieser Endstation der gesellschaftlichen Verlierer, gehe die eigentliche Party ab, wird durch Bilder genährt, die Abenteuer und orgiastischen Sex versprechen. Gleichzeitig wird der Betrachter auf Distanz gehalten. Der Fluss der schicken Sechzehn-Stockwerk-Erzählung wird durch Einblendungen drohender Jungmänner unterbrochen, die signalisieren: Hier kommt nicht jeder rein! *Sido* greift mit „Mein Block" ein uraltes HipHop-Topic auf, um das es schon im legendären Film *Wild Style* ging: Man schert sich nicht um die etablierte Szenerie auf dem Ku'damm, sondern feiert seine eigene Party dort, wo sonst keiner hinwill. Das Märkische Viertel wird durch *Sidos* Inszenierung plötzlich zum „Place to be", zum angesagten Geheimtipp, wo es so richtig abgeht. Es drängen sich einige Parallelen zu der Entwicklung von Gangsta-Rap in den USA Mitte der Achtzigerjahre auf, wo Gruppen wie *N.W.A* durch ihre Raps Compton plötzlich zum berühmtesten Getto der USA machten. Doch sind solche Vergleiche mit Vorsicht zu genießen, da die Entwicklung von Rap in den Vereinigten Staaten auf eine besondere Geschichte zurückblickt und einer anderen gesellschaftlichen Dynamik unterworfen ist.

In Deutschland jedoch ist das Sprechen über Gettos im eigenen Land seit „Mein Block" keine Lachnummer mehr. Man kann das als progressiv interpretieren und behaupten: Diese Bilder haben die Existenz sozialer Brennpunkte in den medialen Diskurs gespeist. Oder: Die Bourgeoisie hat ein Problem, wenn ihr Nachwuchs zum Feiern ins Märkische Viertel will. Andererseits reproduziert *Sido* in seiner Darstellung alle Klischees: Sein Gettobild forciert die voyeuristische Vorstellung entfesselter Triebhaftigkeit – eine Schlüssellochperspektive, die sich vor allem Jugendliche aus gutbürgerlichen Verhältnissen leisten. *Ice T* hatte dieses Phänomen schon 1993 auf seinem Album *Home Invasion* aufgegriffen und intelligent kommentiert: Er reflektiert das Interesse der reichen, weißen amerikanischen Jugend an hartem Gangsta-Rap im Spannungsfeld rassistischer Zuschreibungen und schwarzer Selbstwahrnehmung. *Sido* gelingt es nicht, die Stereotype zu brechen. Sein Viertel bleibt das exotische Stammesgebiet der Boyz 'n the Hood, die ihr Revier auf der Suche nach Drogen, Sex und Gewalt mit Pitbulls durchstreifen, so, wie man sich das am Stammtisch immer schon vorgestellt hat. Frauen kommen, wenn überhaupt, als Nutten vor. Strukturelle Gewalt, ökonomische Realitäten, die Situation der Familien, Rassismus, die Ursachen für Armut und Verwahrlosung und andere Probleme werden ausgeblendet. Mit dieser zoologischen Perspektive wird die Block-Geschichte zur Reality-Soap, welche die Erwartungshaltung des bürgerlichen Mainstreams bedient.

„Mein Block" war der Startschuss für einen Kampf um das authentische Getto. Aus der Flut der Plagiate ragt die Version des Frankfurter Rappers *Azad* heraus, der seine Nordweststadt in einem düsteren Video zum gefährlichen Endzeitort stilisiert. Wurde der Zuschauer von *Sido* noch durch die Winkel des Märkischen Viertels geführt, so hat man bei *Azad* das Gefühl, einer versteckten Kamera zu folgen, die verbotene Szenen filmt. Frauen kommen in *Azads* „Mein Block"-Version gar nicht mehr vor. Die Männergemeinschaft formt sich hier zu ihrer archaischsten Figur: waffenschwingendes Kriegsvolk, das sich hinter seinem Führer schart.

Die bürgerliche Gruselsehnsucht nach Härte, Gewalt und Boshaftigkeit des Fremden bedient kaum ein MC so gezielt wie *Bushido*. Dem ehemaligen Rapper des Labels *Aggro Berlin* (jetzt Universal) dienten als Kulisse für sein Video *Electro Ghetto* keine bewohnten Viertel mehr, sondern zerbombte Hochhauslandschaften. Zu einem sexistisch-homophoben Vokabular gesellt sich im Refrain die Forderung nach der größten historisch vorstellbaren Unterwerfung: „salutiert, steht stramm, ich bin der leader wie a!" *Bushido* agiert nicht mehr mit Kriegsvolk im Rücken: Er ist der Einzelkämpfer, der verbrannte Erde hinterlässt, der böse Araber, der Terror im Kiez macht.

Der verbal-visuelle Kampf um männliche Dominanz und Definitionsmacht im Rap kann auch in ganz profane Gewalt umschlagen, wie die Prügelei zwischen *Azad* und *Sido* auf dem HipHop-Open in Stuttgart im Sommer 2004 gezeigt hat. Die verlockende Aussicht, aus einer „realen" Körperverletzung vermarktbares symbolisches Kapital zu schlagen, erzeugt eine Grundspannung, die es vorher in der Szene nicht gegeben hat. Teeniemagazine wie die *Bravo,* aber auch etablierte HipHop-Zeitschriften wie *Backspin* oder *Juice* berichten über Szenetratsch und drucken Interviews ab, in denen Rapper sich gegenseitig Gewalt androhen. Weil sie behaupten, ihre harten Texte entsprächen ihren Lebensumständen und alltäglichen Erfahrungen, geraten die MCs gegenüber ihren Hörern unter Erwartungsdruck. *Bushido* landete als erster deutscher Rapper wegen schwerer Körperverletzung in U-Haft: Gemeinsam mit zwei Bodyguards hatte er einen Jugendlichen aus Linz krankenhausreif geprügelt.

„ich mache keinen deutschrap, ich pumpe kerosin"

Kontinuitäten und Brüche zwischen Alter und Neuester Schule (LJ)

In einem Interview frage ich *Bushido,* warum er in seinen Texten immer wieder Ikonen der Old School wie *Torch* beleidige. Dieses Phänomen kann man bei vielen Newcomern beobachten: Neben Verbalinjurien und hemmungslosem Tabubruch finden sich regelmäßig Diss-Attacken gegen altgediente HipHop-Aktivisten in ihrem Repertoire. *Bushido* kann sich diese Frage selbst nicht richtig beantworten. Er habe nichts gegen *Torch* persönlich, wie auch, er kenne ihn ja kaum. Aber *Torch* stehe für etwas völlig anderes, für eine Idee von Rap, mit der er nichts zu tun haben wolle. Was das genau ist, kann *Bushido* nicht sagen. Im Vergleich mit den USA werden aber einige Dinge klar: Dort bekunden die Frischlinge regelmäßig ihren Respekt vor den alten Größen – es wird ein bewusst positiver Bezug zu Koryphäen wie *Kool DJ Herc, Grandmaster Flash, Run DMC, Eric B & Rakim* oder *N.W.A* gesucht, aber auch zu Vertretern der friedlichen Native-Tongue-Bewegung. Selbst weiße Superstars wie *Eminem* beugen ihr Haupt demütig vor diesen Protagonisten und reihen sich bewusst in den Stammbaum der Rap-Geschichte ein. Erst vor Kurzem beschwor der Rapper *The Game* die großen Namen der Vergangenheit in seinem Song „Dreams". Im Gegensatz zu Deutschland wirkt in den USA die Identität stiftende Kraft der afroamerikanischen Diaspora, die als große Erzählung über Herkunft, Ursprung und Bestimmung die HipHop-Kultur in die Klammer eines gemeinsamen afroamerikanischen Geschichtsbewusstseins hineinholt. Rap als Black Oral Culture hat nach dieser Idee die Aufgabe, mit dem Geschichtenerzählen die Geschichte zu bewahren. Als Teil der schwarzen Kultur ist HipHop deshalb immer auch Erinnerungsarbeit. Regelmäßig finden sich im amerikanischen Rap mehr oder weniger deutliche Bezüge zu Jazz, Funk, Blues oder Soul. Daneben klingen gleichermaßen politische Verweise zur Bürgerrechtsbewegung an, zu *Martin Luther King, Malcolm X,* den *Black Panthers,* aber auch zu *Muhammad*

Ali und anderen schwarzen Ikonen der amerikanischen Populärkultur. In Deutschland konnte sich ein solcher Bezug auf eine gemeinsame Geschichte nicht etablieren. Auch wenn vor allem Migranten in den Achtzigerjahren die Szene prägten, gelang nur eine teilweise Aufarbeitung und Aneignung der Geschichte der ersten Generation. Der Bruch Anfang der Neunzigerjahre durch den Erfolg von Deutschrap ließ zudem diese Form der Erinnerungsarbeit im Mainstream scheitern und stärkte im Zug der Wiedervereinigung eine Erzählung, die ihren Mittelpunkt im deutschen, bürgerlichen Leben suchte und fand (1992 gab *Thomas D* die Parole aus, die für die Ära des Deutschrap programmatisch werden sollte: „We are from the Mittelstand"). Den Weg zurück in den Mainstream schafften junge Migranten erst Ende der spaßigen Neunzigerjahre, indem sie die Rolle des Bürgerschrecks bedienten. Der Verlust einer gemeinsamen HipHop-Erzählung brachte vor allem im Rap Künstler hervor, die der eigenen Geschichtslosigkeit ausgeliefert sind und sich entsprechend den Erwartungen entwickeln, welche die Konsumenten an sie haben. So übernimmt zum Beispiel *Bushido* die Rolle des bedrohlichen „Kanaken", *B-Tight* die des verkifften „Negers", der den blonden Mädchen nachstellt. In den Videos posieren grimmige Schwarzköpfe als kaltblütige Blockarmee mit Baseballschlägern und Messern – stereotype Bilder, wie die deutsche Mehrheitsgesellschaft sie für „Ausländer" ohnehin schon im Kopf hatte. Das Fehlen einer gemeinsamen Erzählung, die eine Vorstellung von Widerstand, Überwindung sozialer und politischer Ausgrenzung und Antirassismus in ihren Horizont mit einbezieht, führt zu inhaltlicher Beliebigkeit. Unter diesen Umständen können sogar Erzählungen von Nation, Rasse oder Vaterland, die in Deutschland eine lange Tradition haben, im Rap wichtig werden.

„what makes it all real is the battle"

Die hohe Schule der Impertinenz *(LJ)*

Die New Yorker Gruppe *UTFO* ahnte nicht, welche Lawine sie lostrat, als sie im Frühjahr 1984 ihre Single „Roxanne, Roxanne" veröffentlichte. Ein vierzehnjähriges Mädchen aus Queens war mit dem Frauenbild in dem Song überhaupt nicht einverstanden. Mit ihrem Nachbarn *Marly Marl* nahm *Roxanne Shanté* den Track „Roxanne's Revenge" auf, der wenig später von allen wichtigen Radiostationen gespielt wurde. Binnen kurzer Zeit kursierten in New York mehr als einhundert Tracks verschiedener Interpreten, die sich in die Battle einklinkten.

Der Battle-Gedanke ist so alt wie die HipHop-Kultur. Vielleicht konnte HipHop überhaupt erst durch diese Idee entstehen. Im Breakdance ist den Bewegungen selbst die spielerische Konfrontation eingeschrieben. Bei Graffiti führt die begrenzte unbemalte Fläche zu einem Kampf um Sichtbarkeit: Wer Toy-Gekritzel mit einem guten Bild übermalt, ist im Recht. Bei den DJs entschied in den frühen Tagen der Blockpartys schlicht die akustische Dominanz: *Kool Herc* hatte einfach die größeren Boxen. Später begann die Jagd nach dem ultimativen Break, dem originellsten Mix, den besten Cuts. „What makes it all real is the battle", resümiert *Kid Freeze* von den *Dynamic Rockers*.

Auch im Rap entpuppte sich die Battle als Motor, zumal hier das Spiel mit Reim und Wort an eine alte Gettotradition anknüpfen konnte. Beim Playin' the Dozens gilt als Gewinner, wer im Abtausch von Schimpftiraden die besten Pointen setzt. Die Figur des Trickster, der sich nicht durch körperliche Kraft behauptet, sondern durch Sprachwitz und Zeichenverwirrung, feierte im Battle-Rap ein wortgewaltiges Comeback. Die Liste legendärer Battles ist lang: *Kool Moe Dee* reimte 1981 gegen *Busy Bee Star Ski*, später legte er sich mit *LL Cool J* an, der wiederum permanent in Battles verstrickt war und zuletzt in *Canibus* seinen Meister fand. Nicht zu vergessen *KRS ONE* (Bronx) vs. *MC Shen* (Queens): „So you think that hip-hop had its start out in Queensbridge? / If you pop that junk up in Bronx you might not live!" Den harschen Worten zum Trotz klopften sich die MCs hinter der Bühne auf die Schultern. Die Battle gehörte zum Spiel, und je größer das Spiel wurde, desto mehr konnte sich der Verlierer freuen. Auch ihm brachte eine Battle Fame.

Ob die Ermordung von *Tupac Shakur* und *Notorious B.I.G.* der tragische Ausgang einer entgleisten Battle war, ist mehr als zweifelhaft. *Tupacs* Labelboss *Suge Knight* steckte knietief im Morast der Gangrivalitäten zwischen *Bloods* und *Crips*. Dazu kam, dass die Freundschaft zwischen *Pac* und *Biggie* dem von den Medien (allen voran dem *Source*-Magazin) künstlich hochgeputschten East-Coast/West-Coast-Konflikt zum Opfer fiel. Das giftige Gemisch aus Gerüchten, Enttäuschungen, Rachegelüsten, Missverständnissen und Ganginteressen mündete in einer Vendetta, an deren Ende man zwei Tote zählte.

„ich zerstöre meinen feind"

Auch in Deutschland war die Battle Geburtshelferin und Begleiterin der HipHop-Kultur. Während in New York zwischen *KRS ONE* und *MC Shen* die Fetzen flogen, battlete in Essen *Tachi* von der *Fresh Familee* mit *Chief Steve*, und in Frankfurt forderte *Ebony Prince* einen verdutzten *Moses P* heraus. Den ersten Diss-Track auf Vinyl lieferte Anfang 1993 die Gruppe *LSD*. Auf dem hauseigenen *Blitz Mob*-Label veröffentlichten *Rick Ski* und *Future Rock* ihren Abgesang auf die ehemaligen Bandkollegen *Ko Lute* und *Defcon*, die sich inzwischen als *LSD Proton* neu formiert hatten. Wenig später lieferten *Konkret Finn* aus Frankfurt mit „Ich Diss Dich" einen bis heute unerreichten Klassiker der harten Street-Battle, der für eine ganze Generation junger Rapper prägend werden sollte. Ein Jahr darauf schoss das *Rödelheim Hartreim Projekt* scharf in Richtung Stuttgart – und so ging es weiter. *Samy Deluxe* fetzte sich mit *Azad*, *Azad* mit *MC René*, *MC René* mit *Kool Savaş* und so weiter.

Im Herbst 2004 erreichte das Battle-Barometer in Deutschland einen vorläufigen Höhepunkt. *Eko Fresh*, ein ehemaliger Schüler von *Kool Savaş*, hatte seinen Mentor in dem Song „Die Abrechnung" wegen einer Reihe von Sticheleien frontal angegriffen. Das Video zu „Die Abrechnung" lief bei Viva und MTV in der Rotation, und im Internet gab es zahlreiche Downloads, da der Song „Das Urteil" kostenfrei angeboten wurde. Die

HipHop-Gemeinde beteiligte sich ausgiebig an der Debatte darüber, inwiefern *Ekos* Abrechnung berechtigt sei oder übers Ziel hinausschieße. Als *Kool Savaş* daraufhin seine Antwort an *Eko Fresh* als exklusiven Download beim HipHop-Internetforum mzee.com bereitstellte, brachen alle Dämme. Bald hatten mehr als einhunderttausend Fans den Song heruntergeladen. Auf Nebenkriegsschauplätzen kämpften derweil *Bushido* gegen *Fler (Aggro Berlin)*, *Fler/B-Tight* gegen *Eko*, und aus dem Hintergrund protestierten empört Kollateralgeschädigte wie *Illmatic, MC René, Caput* oder *Ercandize*. Sogar der Pop-Rapper *Cappuchino* hatte sich mit einem Track zurückgemeldet. All diese Diss-Attacken wurden vor allem über das Internet verbreitet, und es zeigte sich, wie zentral das World Wide Web als Medium für eine neue, virtuelle Battle-Praxis geworden war. Zum einen bot die Download-Praxis die komfortable Möglichkeit, direkt auf Diss-Attacken zu reagieren und seinerseits Songs im Netz zu platzieren, zum anderen konnte man sich ohne großen organisatorischen und finanziellen Aufwand ins Gespräch bringen. Anhand der Anzahl der Downloads ließ sich abwägen, ob sich eine Singleveröffentlichung oder ein Video lohnen würde. Im Fall von *Kool Savaş'* „Urteil" sorgte das nachgeschobene Video für weiteren Aufruhr und konnte sich über Wochen in den TRL-Charts von MTV festsetzen.

„ihr seid die rolemodel-puppen an den fäden eurer fehden"

Anders als bei den bisherigen Battles standen bei *Savaş* versus *Eko* beziehungsweise *Bushido* versus *Fler* persönliche Motive im Vordergrund: Der spielerische Rahmen, der geschützte Raum des HipHop-Battlefield wurde überschritten, indem intime Details aus dem Leben des Gegners ausgebreitet wurden. Es stellte sich die Frage, ob sich unter solchen Bedingungen ein sportlicher Wettstreit, wie er sich in den Anfängen entwickelt hatte, aufrechterhalten ließ. Denn der Terror des Privaten zog die technisch einwandfreien Raps auf *Big Brother*-Niveau und blockierte den spielerischen Umgang mit Inhalten. Man wollte nicht wissen, ob sich *Ekos* Freundin daheim bei *Savaş* schlecht aufgeführt hatte, ob *Bushidos* Mutter von *Fler* beleidigt worden war, ob *Specter* und *Fler Bushidos* neuen Protegé *Illan* wirklich ein „geldgeiles Judenschwein" genannt hatten. Weil Rache im Vordergrund stand, erinnerte die Auseinandersetzung an eine zur Farce verzerrte Vendetta. Genauso inszenierte *Kool Savaş* seinen Vernichtungsschlag gegen *Eko* im Video zu „Das Urteil": Der geliebte Feind wurde erst durch einen Wald gehetzt, durfte sich dann sein eigenes Grab ausheben und musste sich in den Holzsarg legen, der von seinem Peiniger zugenagelt wurde. Weil *Savaş* sich solche stumpfe Bilder gönnte, welche die sprachliche Vernichtung des Gegners wörtlich nahmen und metaphorisch verdoppelten, hinterließ sein Song trotz des guten Flows einen unangenehmen Nachgeschmack: Die klassische Battle verwandelte sich in persönlichen Streit, das Spiel in Ernst, die Fiktion in Realität. Und so musste *Savaş*, der sich eigentlich in der Tradition des Battle-Gedankens sah, in Interviews nachreichen, was ihm mit dem Song nicht gelang: Nicht *Eko* persönlich wollte er vernichten, sondern nur seinen Fame. Denn inhaltlich bediente *Savaş* (nicht anders als *Eko* oder *Bushido*) einen Daily-Soap-Voyeurismus, der wenig vom konstruktiven Geist der HipHop-Competition hatte. Noch weiter gingen die *Aggro Berlin*-Schützlinge *B-Tight* und *Fler,* die auf ihrem Diss-Track „Du Opfer" gegen *Eko* von der Vergewaltigung seiner Freundin *Valezka* erzählen und ihr eine HIV-Infektion wünschen.

Diese Entwicklung spiegelt nur einen Teil des Phänomens wider. Unter den Fans entdeckt man einen differenzierteren Umgang mit dem Thema: Die meisten Kids in den Internetforen bemühen sich um sachliche Stellungnahmen, begründen ihre Meinungen ernsthaft und ausführlich und lassen sich nur selten auf das Niveau ihrer Stars hinabziehen. An dieser Stelle scheint das Internet zum Teil nach dem Prinzip eines demokratischen Forums zu funktionieren. Ohne Zweifel hat jedoch das World Wide Web die Battle-Kultur im HipHop entscheidend verändert.

„berlin, berlin big city a dream"

HipHop in Westberlin (LJ)

„Sobald ich aus Berlin rauskomme, vermisse ich meine Stadt", erzählt der Breakdancer *Crok*, den ich im *Solitaire* treffe, einem Café im Wedding. „Ich schaue mir die Leute in Deutschland an, und die sehen alle nett aus, so, als hätten sie keine Probleme, als ob sie dich gleich zum Gruppenkuscheln einladen. Berlin dagegen ist so abgefuckt, die Leute gucken mies und bewegen sich schnell. Aber das ist ein gesunder Jägerinstinkt. Solange man gefordert ist, solange man aufpassen und beobachten muss, so lange hält man seine Instinkte frisch und macht wenige Fehler. So kommen die vielen Superlative zustande, die man in dieser Stadt findet." *Crok* gründete Anfang der Neunzigerjahre seine erste Crew, die *Wedding B-Boys*, später wechselte er zu den *Flying Steps*, einer Breakdance-Formation, die weit über Berlin hinaus Erfolge feierte und wichtige Impulse für die Entwicklung von HipHop setzte.

Mit Berlinern über Berlin zu reden ist eine spannende Sache. Jeder wartet mit seinen persönlichen, oft skurrilen Ansichten über diese Stadt auf. So unterschiedlich die Erklärungen sind, so einig ist man sich doch über den Sonderstatus der Spreestadt. Berlin und Restdeutschland? Das seien zwei verschiedene Paar Schuhe. Mögen der Neid, die Konkurrenz, die Missgunst untereinander auch noch so groß sein – auf Berlin lässt man nichts kommen, da sitzt man wieder in einem Boot. Das spiegelt sich auch in der HipHop-Szene wider. Mit Kritik gegenüber Kollegen aus der eigenen Stadt sind Berliner nicht zimperlich; oft hört man jedoch den abschließenden Satz: „Aber als Berliner wünsche ich ihm viel Glück."

„Berlin steht in einer preußischen Tradition, das merkt man auch im HipHop", behauptet *Bektaş*, der zusammen mit *Sırtlan* gerade das Album *Satırlarımıza Başlamadan* bei Sony in der Türkei veröffentlicht. „Es geht immer geradeheraus, ohne lange Umschweife direkt ins Ziel. Pragmatisch, effektiv, ohne langes Palaver. Das passt zu dieser großen Stadt und zu ihrer Geschwindigkeit. Wir reden schnell, alles läuft schnell ab, es ist keine Zeit da für ein ruhiges Gespräch beim Tee. Infos raus und weiter.

Kaosloge: mit Dreck auf den Schultern direkt aus den Projects

Das spiegelt sich auch im HipHop wider, in den Raps, den Graffiti, den Breakdance-Moves."

In Schöneberg treffe ich die Mitglieder der *Kaosloge,* eines Zusammenschlusses verschiedener Berliner Rap-Crews, die 2004 ihr eigenes Label, *Tempeltainment,* gründeten. *Chefkoch,* einer der MCs der *Kaosloge,* hält Berlin für die krasseste Stadt in Deutschland: „Zum einen gibt es hier dieses Ost-West-Ding, dann hast du praktisch drei Stadtzentren und außerdem eine riesige türkische Community. Berlin ist eine Insel, ähnlich wie New York. Das Umland tickt völlig anders, und überhaupt haben Berlin und New York einen Sonderstatus. Berlin ist – wie New York – ein Melting Pot, unglaublich viele Leute auf einem kleinen Fleck." Den Vergleich zwischen New York und Berlin hört man oft. Vor allem die Berliner Writer orientierten sich in ihrem Stil schon früh am New Yorker Wild Style. Rapper *Asek* nennt noch eine weitere Gemeinsamkeit: „Wie in New York spürt man hier alle vier Jahreszeiten besonders extrem. Die Stadt ist groß, dreckig, schnell, anonym." Und *Pete,* DJ bei der *Kaosloge,* erzählt, wie man bei Auftritten in anderen Städten merkt, mit welchen Klischees die Leute dort leben: „Wenn die Wedding oder Kreuzberg hören, dann denken die gleich an Getto. Vielleicht kann man Berlin nicht direkt mit New York vergleichen. Aber man kann sagen, Berlin ist im Vergleich zu Restdeutschland das, was New York im Vergleich zu den restlichen USA ist."

Berlin hat sich immer selbst genügt – auch was HipHop betrifft. Impulse aus Westdeutschland wurden nur selten aufgenommen, Vorbilder hat man schon gar nicht akzeptiert. HipHop in Berlin hat eine eigene Dynamik, eine eigene Gesetzmäßigkeit. „Die Berliner haben zur Old School in Westdeutschland nur einen eingeschränkten Bezug, vor allem was Rap betrifft", sagt Rapperin *Ninjah* von der *Kaosloge.* „Westdeutsche Rapper hatten nie ein großes Standing hier, wir haben uns vor allem an Amerikanern orientiert." *Bektaş* findet noch deutlichere Worte: „Als Berliner lässt man sich erst mal nichts sagen. Wenn jemand nach Berlin kommt, seinen Zeigefinger rausholt und sagt, wo es langgeht, dann nehmen die Berliner seinen Finger und brechen ihn."

HipHop und Gangkultur

Der hohe Anteil an Migranten in bestimmten Berliner Bezirken und die Lebensumstände in der Mauerstadt führten zu einigen Besonderheiten, was die Rezeption und Entwicklung von HipHop betraf. „In den Berliner

Bezirken mit hohem Ausländeranteil war es so, dass du immer an die Mauer gestoßen bist", erzählt *Nehsemi*, den ich in einem ägyptischen Restaurant in Kreuzberg treffe. *Nehsemis* HipHop-Geschichte begann 1983 mit Wild Style und Breakdance im Jugendheim und auf der Straße. Über einen Klassenkameraden lernte er *Boe B* kennen. Mit ihm war *Nehsemi* dann auch als Rapper unterwegs; später nannten sie ihre Crew *36 Rockers,* eine der ersten Kreuzberger Rap-Formationen. Mit *Jusuf* und *Boe B* gründete *Nehsemi* später *Islamic Force* (der Name stammte von *Maxim*). „Berlin war für uns wie ein halbes Gefängnis", sagt *Nehsemi*. „Wir lebten damals nicht in tollen Verhältnissen, es gab Außentoiletten, die Häuser waren heruntergekommen – die hübschen Fassaden, die man heute überall sieht, das waren Sanierungsmaßnahmen, die alle erst nach der Wende kamen."

Die Anfänge der (West-)Berliner Old School reichen weit zurück. Erste HipHop-Aktivitäten entstehen schon in den Jahren 1981/82. Einige Berliner Jugendliche kommen über ihre Eltern, die bei den in Berlin stationierten Amerikanern arbeiten, früh in Kontakt mit der neuen Jugendkultur aus den USA. Breakdance und Graffiti sind – wie in Westdeutschland – die ersten Elemente, die sich ausbreiten. Wenig später folgen die Rapper, Beatboxer und DJs. Die Unbekümmertheit des Anfangs verliert in Berlin jedoch ihre Unschuld früher als in anderen Städten. *Nehsemi* erinnert sich an diese Entwicklung:

„Wir hatten damals Träume, wir rappten auf Englisch irgendein Zeug und fühlten uns super. Wir hatten damals noch das Privileg, dass wir uns mit Leuten aus verschiedenen Bezirken treffen konnten. Wir hingen in Kreuzberg ab, aber es kamen auch Leute aus benachbarten Vierteln dazu. Kreuzberger konnten auch Leute aus anderen Gegenden werden, wir nahmen viele auf, die eigentlich woanders wohnten. Kreuzberger sein war eine Haltung, eine Sache des Spirits. Das war ja auch der HipHop-Gedanke: Wenn du gut bist, gehörst du dazu. Es gründeten sich Crews, und als es größer wurde, gab es leider einige, die immer wieder Stress suchten und nicht nach den HipHop-Regeln spielten. Die waren zum Beispiel sauer, weil sie verloren hatten, und gingen auf den Gegner los. Jeder hatte aber seine Leute dabei, und die sahen nicht tatenlos zu, und schon konnte sich eine Massenschlägerei entwickeln. Die richtige Ganggeschichte ging erst 1988 los. Es gab zwar auch schon Mitte der Achtzigerjahre Gangs, *Şimşekler* zum Beispiel waren eine große Gang, aber das war die ältere Generation, da galt noch ein anderer Kodex. Waffen zum Beispiel wurden nicht benutzt, man schlug sich „nur", und wer unterlag, hatte verloren. Solche Niederlagen waren zwar schmerzhaft, aber sie führten nicht dazu, dass man die anderen hasste oder bis aufs Blut bekämpfen wollte. Manchmal wurden Konflikte auch nicht in der Masse ausgetragen, sondern von Mann zu Mann. Trafen sich zwei Cliquen und es gab einen Streit zwischen zwei Personen, dann prügelten die sich, und die Sache war erledigt. Eine geschlossene Gangidentität, so, wie sich das später entwickelte, gab es nicht. Den meisten Gangs ging es später kaum noch um HipHop, sondern darum, Action zu machen, Stress zu provozieren und auf den Putz zu hauen. Als die Drogen ins Spiel kamen, wurden die Gangs professioneller und aggressiver, denn es ging plötzlich um das schnelle große Geld. Da wollte jeder mitmachen und seinen Teil abhaben. Das war wie ein Strudel. Die Kleinen sahen, wie die Großen auf einmal mit Geld um sich warfen, tolle Klamotten trugen und dicke Autos fuhren. Das hat die Kids beeindruckt, so wollten sie auch werden. Und als die loslegten, versuchten sie noch krasser zu sein, noch härter und aggressiver. Es bot sich auf einmal die Möglichkeit, durch Gewalt einen Namen zu bekommen. Brachte zum Beispiel Ali eine besonders krasse, verrückte Aktion, dann nannte man ihn fortan Psycho-Ali. Das war eine Art von Respekt, und danach sehnten sich alle. So schaukelte sich das hoch. Es wurde mehr und mehr zum großen Business, es ging um wirklich hohe Beträge, um mafiaähnliche Strukturen. Das alles hatte nichts mehr mit unseren Anfängen zu tun. Viele zahlten dafür einen hohen Preis: Freunde starben durch Gewalt und Drogen, nicht Wenige landeten im Knast."

Gegen die eskalierende Ganggewalt hatte der friedliche HipHop-Gedanke keine Chance mehr. Ein bisschen war die Geschichte hier auf den Kopf gestellt: Entwickelte sich der progressive, gewaltfreie Battle-Gedanke Mitte der Siebzigerjahre in New York gerade aufgrund der ausartenden Ganggewalt in der Bronx, so verlief die Geschichte in Berlin genau umgekehrt – die friedliche Style-Battle wurde von der Gewalt der Straße verdrängt. *Crok* erinnert sich, dass diese beiden Prinzipien auch im Breakdance früh zueinander in Konkurrenz gerieten: „Wedding und Kreuzberg waren immer sehr verfeindet, aber zwischen den Breaker-Crews gab es anfangs noch Auseinandersetzungen, die nur auf der Tanzebene ausgetragen wurden. Das Problem war nur, dass bald die Gangs aus den Bezirken mitkamen und eingriffen, wenn ihre Crew nicht gewann. Da kam die Gewalt dann wieder ins Spiel, denn wenn auf einer Jam Leute stehen, die nicht in erster Linie wegen HipHop gekommen sind, sondern eigentlich Streit suchen, findet sich immer ein Anlass, die Situation eskalieren zu lassen. So kam es schnell zu Ausschreitungen. Es war aber auch so, dass man solchen Crews sagte: ‚Ihr habt verloren, weil eure Leute Streit angefangen haben.' Und weil die Breaker ja eigentlich nur tanzen wollten, hat man die Hooligans dann öfter zu Hause gelassen. Trotzdem fühlt man in Berlin bei Battles auch heute noch diese kleine Anspannung."

„dein spirit lebt und segnet die straßen"

Maxim, *Berlins gutes Gewissen* (LJ)

Der Tod von *Attila Murat Aydin,* der am 13. Juni 2003, seinem dreiunddreißigsten Geburtstag, von dem Rentner Werner P. in einem Supermarkt erstochen wurde, war – neben all dem Schmerz für die Freunde und Angehörigen – auch für die Berliner HipHop-Szene ein Schock. Streitereien und Konflikte wichen für kurze Zeit einer gemeinsamen Besinnung und Erinnerung. Sein Tod rief allen die Werte ins Gedächtnis zurück, für die *Maxim* zeit seines Lebens eingetreten war: Respekt, Gewaltlosigkeit, Konfliktlösung durch HipHop-Battles, Gemeinschaftssinn und Positivität. Viele merkten erst jetzt, dass sie mit diesen Dingen herzlich wenig zu tun hatten. Sein Traum von einem friedlichen HipHop-Kosmos, der Menschen aufnimmt und nicht ausgrenzt, hat sich in Berlin nicht verwirklicht. Im Gegenteil: Der neue Berliner Gangsta-Rap beschwört in seinen Lyrics Gewalt und Drogen und verspottet die Old-School-Regeln von Fairness und Respekt. Andere, die zeit ihres Lebens für eine gewaltfreie HipHop-Philosophie eingetreten waren, wollten gerade jetzt *Maxims* Erbe retten und fortführen. Sein Tod berührte alle: die kleinen Rap-Gangsta mit der großen Klappe, die großen Clanchefs und Hintermänner, die B-Boys, Writer, DJs, Beatboxer. Vielleicht, weil er der rote Faden war, der durch die schwierige, widersprüchliche und unübersichtliche Berliner HipHop-Geschichte geführt hatte. Vielleicht, weil er einer der Wenigen war, die sich nicht hatten korrumpieren lassen, weder von Geld noch von Drogen, noch von Gewalt, weil er aufrecht und standhaft geblieben war wie so viele andere nicht. Vielleicht, weil er jeden gekannt hatte, weil er so viele unterstützt und ermutigt hatte, weil er die Menschen, auch wenn sie den dunklen Weg einschlugen, nicht verurteilt und verdammt hatte. Bei *Maxims* Waschung, seiner rituellen Reinigung, traf sich die ganze Stadt, um Abschied von jemandem zu nehmen, der für viele aus ganz unterschiedlichen Gründen zu einem Symbol geworden war. *Nehsemi,* der *Maxim* 1986 kennen lernte, erinnert sich: „*Maxim* setzte sich schon damals mit HipHop als Kultur intensiv auseinander. Er kannte die Geschichte, den Background, und das teilte er den anderen mit. Er war auch einer der Ersten, die taggten – das kannten wir vorher gar nicht. Ich kannte, lange bevor ich *Maxim* traf, seine Tags: *Salomo.* Überall auf der Straße, in der U-Bahn sah ich *Salomo*-Tags. *Maxim* lebte HipHop. Er brachte die Leute zusammen, ermutigte sie, half ihnen. Er war immer optimistisch, egal, was passierte, *Maxim* kriegte man nicht runter. Er lebte den HipHop-Gedanken und hat damit nie aufgehört." Der Rapper *Scarabeuz* erinnert in einem Song daran, dass *Maxim* zu jener Generation gehörte, die mit ihrer Ausdauer und ihrem Optimismus HipHop den Weg bereitete, selbst aber kaum Profit aus dieser Entwicklung schlug: „viele vergaßen dich mit dem hiphop-boom / aber ohne aktivisten wie dich hätt hiphop nie geboomt." Und auch der Breakdancer *Crok* meint: „Old-Schooler wie *Maxim* ebneten HipHop den Weg, sie glätteten den Boden und schufteten sich dafür den Buckel krumm. Die neue Generation rollt sich auf dieser harten Arbeit einen roten Teppich aus und spuckt große Töne. Trotzdem wird die Basis von HipHop, das Fundament, immer das Familiäre sein, die Idee des Zusammenkommens und die Motivation, gemeinsam etwas auf die Beine zu stellen. Was einzelne Menschen zu verschiedenen Zeiten in verschiedenen Städten daraus machen, das ist eine andere Sache." *Eso,* ein enger Freund von *Maxim,* hat mit der Internetseite www.maxim-rip.de ein Forum für alle geschaffen, die sich an einem gemeinsamen Gedenken beteiligen möchten. „Als sein Freund bin ich dazu verpflichtet und investiere jede Minute in diese Arbeit", sagt *Eso* in einem Interview, das er mit *Maxims* Frau Tina geführt hat. „Ein Leben für HipHop" – so ist *Maxims* Bild treffend unterschrieben. Die Leute, die sich auf www.maxim-rip.de austauschen, neiden einander nichts, sondern suchen Erinnerungen, Antworten und neue Wege.

„mit dem rücken zur wand"

Şenol Kayacı *über Berlin, Kreuzberg und den Kodex der Straße* (LJ)

Şenol ist nicht stolz auf die Narben auf seinem Körper. Wenn er über die Gewalt redet, die er früher auf der Straße erlebte, wird er ernst. Er möchte nicht, dass die Kids eine falsche Vorstellung bekommen und sich das Gangsta-Leben in der Hood als einen großen Abenteuerspielplatz vorstellen. Seit *Maxim,* der für *Şenol* so etwas wie ein großer Bruder war, tot ist, bemüht er sich, das Vermächtnis seines Vorbilds zu sichten und für andere zugänglich zu machen. *Şenol* möchte, dass man sich erinnert und dass man innehält und nachdenkt. Er sammelt Zeitungsausschnitte, Fotos und Aufnahmen von *Maxim*. Er hat das Label *36 Boyz* gegründet – dort veröffentlichte er einen Sampler zum Gedenken an *Maxim*. Als ich ihn in Kreuzberg zum Interview treffe, ist es für ihn auch eine Gelegenheit, seine eigene Vergangenheit zu ordnen.

Von „zwischen den stühlen" zum „eigenen ding"

Ich wurde mit fünfzehn Mitglied der *36er,* das war zu einer Zeit, als es nicht mehr nur um HipHop ging, sondern die *36er* schon eine große Gang waren. Die Gangs sind in den Berliner Bezirken mit einem hohen Migrantenanteil entstanden und wurden von ausländischen Jugendlichen klar dominiert. Wir bekamen zu Hause die türkische Mentalität mit, die uns zum Teil auch anerzogen wurde. Auf der Straße und in der Schule kamen wir mit der deutschen Mentalität in Berührung. Daraus entstand ein Konflikt, der einem das Gefühl gab, kein eigenes Ding zu haben. Klar, wir waren türkischer Abstammung, aber wir waren nicht so wie unsere Eltern; wir gingen in Deutschland zur Schule, aber richtige Deutsche waren wir auch nicht. Von unseren Eltern hatten wir nicht wirklich viel, obwohl sie natürlich unser Bestes wünschten. Bei uns fragte keiner nach der Schule, wie es war, was wir für Hausaufgaben aufhaben und so weiter. Unsere Eltern kamen nach einem harten Arbeitstag nach Hause und waren erschöpft. Es hat etwas gefehlt, wir suchten nach unserem eigenen Ding. Auf der Straße trafen wir Gleichaltrige, die denselben Ursprung hatten – damit meine ich nicht in erster Linie die Nationalität, sondern die Lage, in der wir uns befanden. Wir saßen im gleichen Boot und hatten viele Gemeinsamkeiten. Jeder verstand die Probleme des anderen nur zu gut. Deshalb bastelten wir uns unsere eigene Identität und unsere eigene Kultur. Den Zusammenhalt fanden wir in den Gangs, die Identität fanden wir im HipHop.

this is a gang and i'm in it

Man muss ehrlich sagen, dass die *36 Boys* eine hohe Gewaltbereitschaft hatten. Wir waren eine in der ganzen Stadt gefürchtete Gang. Ursprünglich waren die *36er* eine B-Boy-Crew, die *Maxim* gegründet hatte. Dann kamen die MCs wie *Boe B* dazu, aber auch DJs wie *Derezon*. Daraus entstand ein riesiger HipHop-Clan, zu dem immer mehr Leute stießen und aus dem sich schließlich eine Gang entwickelte, die begann, ihr Revier abzustecken, Grenzen festzulegen und so weiter. Es gab immer mehr Schlägereien, und das Ganze artete immer mehr aus. Diese Entwicklung setzte Ende der Achtzigerjahre ein. Von da an ging es auch gegen benachbarte Viertel, wo sich inzwischen auch Gangs gebildet hatten. Innerhalb der Gangs spielten Drogen eine immer größere Rolle, auch weil das eine lukrative Möglichkeit war, schnell an Geld zu kommen. Sehr viele Leute aus meiner Generation sind daran zugrunde gegangen. Allein zwölf meiner Freunde haben diese Zeit nicht überlebt. Das ist eine extreme Bilanz. Ich danke Gott jeden Tag, dass ich noch lebe. Ein paar Mal stand ich selbst an der Schwelle, mein ganzer Körper ist voller Narben, die ich mir bei Messerstechereien zugezogen habe. Das stammt alles aus dieser Zeit.

In der Zeit der rassistischen Anschläge von Rostock und Solingen gab es mehrere Bemühungen, gemeinsam vorzugehen und für diese Aktionen die Gangs aus den verschiedenen Bezirken zusammenzubringen. Wir haben Trupps zusammengestellt und haben patrouilliert und sind in den S-Bahnen mitgefahren. Das hat temporär funktioniert, war aber dauerhaft nicht durchsetzbar.

Heute gibt es die harten Gangstrukturen nicht mehr, aber die Viertelzugehörigkeit spielt nach wie vor eine große Rolle. Jeder weiß, wo er herkommt und wer seine Jungs sind. Früher gab es eine Masse von achtzig bis neunzig Jungs, davon zählten vielleicht fünfzig zum harten Kern, die sich über drei Generationen gehalten haben: die *36ers,* die *36 Boys* und die *36 Juniors.* Die Identitäten und das Gemeinschaftsgefühl waren damals an den gesamten Bezirk gebunden. Innerhalb der Gruppe waren Gewalt und Konflikte größtenteils gebannt. An den Grenzen der Bezirke entlud sich die Gewalt allerdings umso heftiger und in großen Gruppen. Heute hat sich das weiter aufgelöst. Jetzt stehen einzelne Straßen zueinander in Konkurrenz, und es kommt auch zu Konflikten innerhalb der Viertel. Der gesicherte Raum des Viertels ist in viele kleine Scherben zersplittert. Dadurch ist es unübersichtlicher und stressiger geworden. Trotzdem zählen noch die alten Loyalitäten. Bevor ich das Label *36 Boyz* gestartet habe, bin ich auch zu den Älteren gegangen und habe mir deren Okay geholt. Das muss man machen, das sind die Gesetze der Straße, und von dort kommen wir.

Das Gangstatum ist das dunkle Element von HipHop, die Schattenseite, das Negative. Das wird immer existieren, und es gehört irgendwie auch dazu. Warum haben wir Filme wie *Scarface* verehrt? Warum bewundern wir jemanden wie Capone? Es hat immer dazugehört, weil es auch ein Straßending ist. Ich bin da optimistisch und glaube, dass HipHop all das verkraftet, auch die Negativität.

Berlin

Berliner beanspruchen immer die Poleposition für sich. Wir lebten jahrelang an der Mauer, an der vordersten Front im Kalten Krieg. Wir waren der Westen im Osten. Wir befanden uns in der dreckigsten Lage, abgeschnitten von allen. Wenn es im Kalten Krieg wirklich geknallt hätte, wären wir die Ersten gewesen, die dran geglaubt hätten. Es ist kein Zufall, dass sich die Gangs genau in jenen Bezirken formierten, die direkt an der Mauer lagen: Kreuzberg, Schöneberg, Neukölln und Wedding. Dass diese Bezirke den größten Ausländeranteil hatten, war auch kein Zufall. Es gab ja Zuzugsbestimmungen, die nichtdeutschen Familien verboten, nach Zehlendorf oder Charlottenburg zu ziehen. Mein Vater hat in seinem Pass noch einen Stempel, der das geregelt hat. Der Staat benutzte unsere Eltern als Kanonenfutter, wir wurden an die Wand gedrückt, uns hätte es als Erste erwischt. Es war paradox: Einerseits pferchte man die Ausländer in bestimmten Vierteln zusammen und ver-

Şenol mit Kreuzberger Homies

hinderte, dass sie sich woanders niederließen, andererseits gab es Stress mit den Bullen, wenn sie uns mit mehr als fünf Leuten auf der Straße erwischten.

Wir Berliner beanspruchen für uns die Wahrhaftigkeit. Wenn irgendjemand kommt und behauptet, er sei noch mehr Street als wir, dann suchen wir die Konfrontation und wollen den Beweis. So traten wir auch in anderen Städten auf. Wir mussten von Beginn an die Erfahrung machen, dass uns keiner was schenkt: unsere Eltern nicht, die deutsche Gesellschaft nicht und auch nicht der Staat, der uns in die hinterste Ecke direkt an die Mauer abgeschoben hatte. Wir standen immer mit dem Rücken zur Wand. Konfrontation war für uns eine natürliche Art der Begegnung. Wir waren verbissen und härter als andere, auch weil es so viele von uns gab, weil der Platz hier so eng ist, weil die Geschwindigkeit hier höher ist. Die Konkurrenz ist riesig, man muss krass sein, um sich durchzusetzen, man muss immer einen Schritt mehr machen als die anderen. Und wir waren Jugendliche, deren Blut kochte, die sich beweisen wollten, die ihre Fahne hochhielten – dazu kam HipHop mit seiner Energie und seinem Battle-Gedanken.

Berlin und der Rest der Welt

Rapper aus anderen Städten oder Ländern hatten es in Kreuzberg oft schwer. Viele kamen mit der Gewissheit, dass sie die oberharten Typen sind, und dachten, das Publikum würde sie anhimmeln und abfeiern. In Berlin wird so was aber sehr ernst genommen. Wer angibt und auf hart macht, der wird getestet. Und wenn es dir gelingt, so jemanden platt zu machen, bekommst du seinen Fame. Das ist die Logik. Das lebt hier jeder auf der Straße, und warum soll man da vor einem angeblichen Star, der eine große Fresse hat, Halt machen? Auf einem *Gang Starr*-Konzert rief dieser *Guru* einige beleidigende Worte ins Publikum, offenbar dachte er, dass ihn keiner verstünde. Eigentlich wollten wir unseren Spaß haben und Party machen, aber als wir das merkten, flogen sofort Bierflaschen, und wir enterten die Bühne. Bei *HiJack* und *Tim Dog* war es ähnlich. *Tim Dog* war noch super, er machte mit uns Party auf der Bühne, ließ auch unsere Jungs rappen und so weiter. Dann war Schluss, und *HiJack* sollten auf die Bühne. Ein paar Bodygards kamen und sagten, wir müssten jetzt Platz machen, sonst kämen *HiJack* nicht aus dem Backstage. Wir sagten den Bodygards: „In fünf Minuten sind *HiJack* am Start, oder wir kommen und holen sie. Zwei Minuten später waren *HiJack* auf der Bühne. *Ice T* hat auch mal was von *Maxim* aufs Maul bekommen, als der im *Metropol* in Schöneberg auftrat. Den Berlinern kann man nicht mit der Gangsta-Nummer kommen. Wenn du sagst, du seist ein Gangsta, dann sagen die: „Okay, ich bin auch ein Gangsta." Wenn du sagst, du würdest dich auf der Straße prügeln, dann sagen die: „Cool, mach ich auch jeden Tag. Und jetzt? Willst du weiter Stress machen, oder sollen wir gemeinsam Party feiern?" Ich bin nicht gekommen, um eine Tüte Respekt zu verteilen. Mir hat auch niemand was geschenkt. Jeder Hahn kräht in seinem eigenen Stall.

Der Einfluss von Westdeutschland auf die Entwicklung von Berlin war eher gering. Wir sahen zum einen, dass Rappen auf Deutsch funktionierte und dass man damit kommerziell auch erfolgreich sein konnte. Wir hörten Songs wie „Ahmet Gündüz" oder „Fremd im eigenen Land", und die waren auch inhaltlich interessant. Wir verehrten aber deshalb nicht die Gruppen. Wer nach Berlin kam, der hatte sich zu benehmen. Wer trotzdem auf dicke Hose machte, den holten wir zurück auf den Boden der Tatsachen.

Straßenkodex oder Blingbling?

Im HipHop geht es um Competition, darum, sich zu messen und seine Aggressionen in Kreativität und Kunst umzuleiten. Es geht nicht um Harmonie. Wen soll man battlen, wenn man mit allen einig ist? Gleichzeitig bedeutet HipHop auch, dass man seine Homies unterstützt und mit nach oben zieht, wenn man Erfolg hat. Das ist zum Beispiel eine Sache, die ich *Kool Savaş* bis heute übel nehme. Er hat Leute aus den verschiedensten Städten gefördert, aber die Jungs in seinem Bezirk hat er vergessen – nicht mal Leute aus seiner Stadt hat er gepuscht. Heute propagiert er Blingbling und teure Klamotten, aber was nützt es einem, wenn man sich damit nicht auf der Straße sehen lassen kann, weil man sofort abgezogen wird? *Savaş* fing mit tiefgründigen Texten an, über Bullen, Kanaken und die Realität auf den Straßen. Wir waren zusammen Dosen klauen und Züge bomben, wir waren gegen das Bonzentum und schmissen auf Demos mit Steinen – und jetzt? Wo kommt das in seinen Texten vor? Wovon handeln seine Texte heute? Wir haben *Savaş* in Kreuzberg jahrelang gedeckt und unterstützt. Er bewegte sich wie ein König, er nannte sich selbst irgendwann King, er konnte tun und lassen, was er wollte, keiner konnte ihm etwas anhaben. Wir waren immer da, wenn er uns brauchte. Aber er gab uns nicht das zurück, was er von uns bekam. *Eko,* der gar nicht aus Berlin kommt, war uns gegenüber loyaler als *Savaş*. Er war sofort am Start, als ich ihn kurzfristig für ein Konzert in Kreuzberg anfragte, er hat ein gutes Album mit *Azra* gemacht, er nutzt seinen Ruhm, um andere nachzuziehen. Dafür bekommt er Respekt. Viele andere der neuen Generation kennen den Straßenkodex nicht mehr und sind nur auf das schnelle Blingbling aus. Rap war dazu gedacht, die wirklichen Hustler und Straßenkids aufzufangen und sie von der Gangsta-Schiene wegzubringen. Heute markieren Kinder, die von der Realität auf der Straße keine Ahnung haben, in ihren Raps den harten Mann und fordern ihre Fans dazu auf, ein krasses Gangsta-Leben zu führen. Es ist bezeichnend, dass darauf weniger die ausländischen Kids abfahren, die den Alltag auf der Straße kennen, als die blonden Kinder aus gesicherten Verhältnissen. Bei uns auf der Straße hört man nicht *Aggro Berlin*. Hier braucht keiner den Tabubruchkick, die Kids hier leben in einem permanenten Tabubruch, ihre schlichte Existenz ist ein Tabubruch.

Maxim

Maxim kam aus unseren Kreisen, er wusste, wie wir drauf waren und wie die Straße funktionierte. Aber für ihn war dieses HipHop-Ding wichtig, und da konnte er sehr autoritär und konsequent sein. Er wusste, was er kann, und er glaubte an die Sache. Wenn man in irgendeiner Form mit HipHop in Berührung kam, und sei es nur, dass man ein Tag gesetzt hatte oder ein paar Zeilen rappte – *Maxim* war sofort da und wusste, wie es für einen weitergeht. Wenn HipHop dich am kleinen Finger hatte, kam *Maxim* und packte deinen ganzen Arm. *Maxim* war Writer und Beatboxer, aber er konnte auch rappen, und obwohl er selbst nicht tanzte, bildete er Leute zu Breakern aus. Er war ein Allroundcoach. *Maxim* hatte sich die klassische Philosophie der *Zulu-Nation*-Bewegung angeeignet: mit HipHop gegen die Gewalt auf der Straße zu kämpfen; Konflikte über Style-Battles zu lösen. *Maxim* war der Überzeugung – und das sehe ich genauso –, dass jeder Mensch eine Neigung, ein Talent hat und dass HipHop mit seinen verschiedenen Elementen jedem eine Chance bietet. Er ließ sich von der steigenden Gewalt unter den Gangs nicht frustrieren; für ihn war das vielmehr ein Anlass, etwas dagegen zu unternehmen. Außerdem war er ja selbst mittendrin. *Maxim* konnte auch Streit provozieren, wenn er merkte, dass die Anerkennung fehlte. Manchmal stellte er sich zwischen die Fronten, zwischen zwei verfeindete Lager von jeweils fünfzig gewaltbereiten und bewaffneten Männern, die kurz davor waren, sich die Köpfe einzuschlagen. Dann nahm er die beiden Anführer beiseite, quatschte ein paar Takte mit ihnen und schlichtete den Streit. Solche Situationen habe ich selbst erlebt. Einmal wollte ich jemanden boxen, der ein Bild von mir gecrosst hatte. Wir waren mit unseren Jungs da, ich wollte mir grade den Typen schnappen, und dann stand *Maxim* plötzlich da und sagte: „Hey, Brüder, was soll das? Lasst den Typen doch in Frieden!" Zuerst machten wir ihn an, aber er blieb standhaft und wollte den Jungen nicht freigeben. Er erklärte uns einige Dinge, aber er provozierte uns auch. Jedenfalls schaffte er es, dass wir die Sache friedlich austrugen und eine Sprayer-Battle organisierten. So lernte ich *Maxim* kennen. Er war ein Scout, der immer da auftauchte, wo sich in Bezug auf HipHop etwas tat. Er teachte die Leute, erklärte die Hintergründe, gab Hilfestellungen, vermittelte Kontakte, brachte Leute zusammen. Mir persönlich half er viel beim Skizzenzeichnen. Mit ihm machte ich innerhalb von zwei Wochen eine Entwicklung, die man sonst in zwei Jahren macht. *Maxim* hat letztendlich verhindert, dass ich abgerutscht bin. Wegen ihm bin ich heute noch als Writer aktiv. Er sagte mir: „Du kannst nicht zwei Wege gleichzeitig gehen, du musst dich für eine Sache entscheiden, sonst zerbrichst du." Er sagte, jeder habe die Fähigkeit, zwischen Gut und Böse zu unterscheiden, deshalb könne jeder den schlechten Weg ausschlagen. *Maxim* zu treffen war wie eine kurze Therapiesitzung, und bei vielen Leuten hinterließ er tiefe Spuren. Viele Namen und Crews gehen auf seine Initiative zurück: *Islamic Force, 36 Boys, BKs, GFA,* viele Breakdance-Crews, die ganzen Beatbox-Geschichten – dahinter steckte er. Er wusste genau, was er den Leuten geben musste, damit sie allein weitermachen konnten. Wenn jemand einen Rat brauchte, wenn eine Crew einen Namen suchte – alle kamen zu *Maxim,* und er fand das Richtige für sie. Er war ein Medizinmann, ein Schamane. Er missionierte sogar im Osten – dort war er einer der Ersten. Niemand hat HipHop in Berlin so geprägt wie er. Das Label *36 Boyz,* das ich jetzt mache, ist in gewisser Hinsicht auch ein Erbe von ihm. Ich möchte die positive und politische Energie, die HipHop einmal hatte, in die Zukunft retten.

> bruder, mir bleibt nichts als beten und klagen
> doch dein spirit lebt, bruder, und segnet die straße, und
> dieser vers ist für dein riesenherz
> denn wir alle hier könnten von dir noch so vieles lernen
> du hast meine liebe, bruder, du hast meinen respekt, bruder
> du hast dich immer für das gute eingesetzt, bruder
> maxim, du warst die gute seele der stadt
> und in deinem riesenherz hatte jeder hier platz
> du warst einzigartig, du warst nicht wie jeder mensch
> du warst ein soldat und hast für deinen weg gekämpft
> und werner p hat dir dein leben genommen
> er hat dir an deinem geburtstag dein leben genommen
> ich trauere um dich und weine leidenstränen
> doch du wirst immer in meinem herzen weiterleben
> (bektaş)

„zeiten vergehen, aber die erinnerung bleibt doch"

DJ Mesia *über die Berliner Old School,* **Maxim** *und das fünfte Element* (LJ)

Nach einem Interviewmarathon von zwölf Stunden, der mich durch halb Berlin geführt hat, sitze ich erschöpft einem gut gelaunten *DJ Mesia* gegenüber. Es ist halb zwei Uhr morgens, ich schalte das Diktiergerät ein und frage mich, was jetzt noch kommen mag. Knapp drei Stunden später bin ich hellwach und überzeugt davon, dass ich jetzt den Schluss, den Deckel, die alles bündelnde Geschichte für mein Berlin-Kapitel habe. *Mesia* ist der ideale Erzähler: engagiert, aber nicht eitel, präzise, aber nicht humorlos. Und er ist alt genug, um sich frei von Neid oder Missgunst zu erinnern. Seine Geschichte wirft ein Schlaglicht auf knapp fünfundzwanzig Jahre HipHop in Berlin – freilich subjektiv und mit besonderen Schwerpunkten. *Mesia* hat HipHop immer die Treue gehalten, bis heute. Er steht für die alten Ideale ein und macht sich für Werte stark, die am Anfang der Bewegung standen. Das gibt ihm das Recht, für die Neuauflage unseres Buchs das Schlusswort zu sprechen.

Born in Berlin 65

Ich bin im Wedding geboren und aufgewachsen. Mein Vater war Hobbyelektroniker, der sich seine Boxen selbst baute und auf einer alten Vierspurbandmaschine von Akai Mixbänder für anstehende Partys aufnahm. Ich war schon im Alter von neun Jahren ein Diskofan und hatte in meinem Zimmer eine Diskokugel an der Decke hängen, dazu besaß ich eine Lichtorgel. Ein Freund meines Vaters brachte mir immer Platten mit, zunächst Rockplatten, *Deep Purple, Canned Heat* und so weiter. Irgendwann schenkte er mir ein Album von *Kraftwerk*, und das beeindruckte mich wirklich. Als klar war, dass ich richtig auf diesen elektronischen Kram abfahre, besorgte er mir Tapes von irgendwelchen Radiostationen, zum Teil aus London, die Funk und Electro mixten, auch schon mit *Afrika Bambaataa,* aber zu einer Zeit, als es das Label *Tommy Boy* noch nicht gab. Der Begriff HipHop existierte damals noch nicht, das lief allgemein unter der Bezeichnung Diskomusik. Schließlich bekam ich auch „That's Funk" oder „Rock It", und plötzlich lief dann „Rappers Delight" von der *Sugarhill Gang* draußen in den Diskos und Radios rauf und runter. Das war der Punkt, an dem ich mich wirklich zu interessieren begann und wissen wollte: Was ist das? Wer macht das? Wo kommt das her? Dann ging alles sehr schnell: der große Breakdance-Hype, Breakdance Sensation 84 – und plötzlich war der Ku'damm unser Revier. Ich beschäftigte mich zunächst ganz allein mit dem Kram und hatte keine Ahnung, dass es draußen eventuell noch andere Kids gab, die sich für solche Sachen interessierten. Dann aber entwickelte sich in dieser Anfangsphase schnell ein Gemeinschaftsgefühl. Das war ein sehr natürlicher Prozess. Wenn man damals jemanden traf, der eine Dose in der Hand hatte, oder jemanden, der breakte, war sofort klar, dass man zusammengehörte. Das war automatisch ein Gleichgesinnter, ein richtiger Kumpel. Man musste nicht mal den Namen kennen. Wenn man heute vor einer Wand steht und sprüht, muss man aufpassen, dass man keinen Schlag auf den Hinterkopf kriegt, weil jemand die Dosen abziehen will.

Der Einstieg für die Allermeisten von uns war Breakdance. Bei mir im Wedding gab es zwei Gemeindezentren, wo wir uns trafen. Eines direkt an der Mauer und eines am Gesundbrunnen. Unter meinen türkischen Kollegen war ich auf einmal der Chef, weil ich der Erste war, der Breakdance-Moves draufhatte, was natürlich alle cool fanden. Da ging es richtig los: Schwarzlicht an der Decke, weiße Handschuhe, eckige Bewegungen – das alles kann man mit dem B-Boying, wie es heute existiert, kaum vergleichen. Irgendwann traf ich auch *Kai Eikermann* von der *TDB-Crew (Tod durch Breakdance),* der Boogie-Moves draufhatte, wie ich sie noch nie vorher gesehen hatte. Dazu machte er Helicopter, Backspin, Turtle und so weiter. Für mich war das eine riesige Motivation. Mit Breakdance kam ein verstärktes Interesse an der Musik, denn die war schließlich die Grundlage zum Tanzen. Wir kannten uns sehr schnell aus, was die möglichen Locations betraf: Im *Sloopy* am Kurt-Schumacher-Platz ging genau um 23.32 Uhr Miami Bass los. Kurz vorher haben die Pärchen noch Arm in Arm Stehblues getanzt, und jetzt stehen alle im Kreis und feuern die Breaker an – heute ist das alles unvorstellbar, aber so war das damals.

Das *Sloopy* war eine Jugenddisko, wo man schon mit vierzehn Jahren reinkam, aber um zweiundzwanzig Uhr gehen musste, wenn man noch nicht sechzehn war. Um bis vierundzwanzig Uhr bleiben zu dürfen, musste man sechzehn Jahre alt sein. Wenn man volljährig war, gehörte einem also die ganze Nacht. Deshalb suchte man andere Wege, zum Beispiel, indem man Ausweise fälschte oder Schriftzüge für die Disko entwarf. Das funktionierte auch: Die ersten Graffiti und Tags in Berlin-Reinickendorf gab es am *Sloopy* von *Grane* und mir. Wir merkten aber schnell, dass wir nicht die Einzigen waren. Die Mauer bei Pluta im Märkischen Viertel war zum Beispiel das Revier von *The Denots Crew (TDC)*, wo auch schon *Rebel One* den Betonstreifen fleißig dekoriert hatte.

Zu anderen Vierteln hatten wir 1983/84 noch keine Kontakte, obwohl wir auch schon in Reinickendorf waren oder im Märkischen Viertel. Wir wussten zwar, dass es in Kreuzberg irgendwelche Leute gab, die dieselben Sachen machten wie wir. Es ging aber in dieser Phase erst mal darum, seinen eigenen Block kennen zu lernen und zu markieren. Wir waren ja nicht viele, und uns stand jede Menge Platz zur Verfügung, den wir auskundschaften und ausfüllen wollten. Es war auch niemandem langweilig. Die Pionierstimmung und Entdeckerfreude verhinderten Neid- oder Machtdenken. Erst ab 1985/86 merkte man, wie langsam Äußerlichkeiten, Marken und Posen wichtiger wurden. Das führte zu einer Welle der Abzieherei, wo Leute auf einen zukamen und sagten: „Deine Schuhe gefallen mir", und dann ging man barfuß nach Hause. Das wiederholte sich 1988/89 auf einem noch krasseren Level, meines Erachtens aber nicht deshalb, weil man Filme wie *Colors* nachahmen wollte, sondern aus schlichter Langeweile und weil sich das Revierdenken einiger Familien in den Vierteln mit Teilen der HipHop-Bewegung vermischte.

Ich wollte mit so negativem Stress nie etwas zu tun haben. Wir erlebten ja mit unseren eigenen Kollegen genug schlimme Sachen, zum Beispiel den Tod von *Mofa*, der auf der Linie 1 beim Outside-Tagging von einem Strommast erwischt worden war. Das waren Schmerzen genug, da brauchte ich nicht woanders hinzugehen, um mich zu prügeln.

Wedding meets Kreuzberg

Maxim und ich hatten eine gemeinsame Leidenschaft: Beatboxing. Ich war der King in Wedding/Reinickendorf, und er war der King in Kreuzberg/Schöneberg. *Maxim* hatte damals einen Beatbox-Partner namens *Sugarbox,* der eine besondere Technik beherrschte. *Sugarbox* benutzte immer ein sehr langes, schmales Mikrofon und stieß beim Beatboxing mit den Zähnen bewusst an das Metall, um besondere Effekte und Bässe zu erzielen. Heute hat sich Beatboxing so weit ausdifferenziert, dass es einen eigenen Stil gibt, der sich Sugarbox nennt. Ich weiß nicht einmal, ob *Sugarbox* heute weiß, dass wir eine Art des Beatboxings nach ihm benannt haben. Damals jedenfalls bildete er ein Team mit *Maxim,* und die beiden battleten damals jeden. *Maxim* konnte besonders gut Tierlaute imitieren und hohe Scratch-Töne erzeugen. Dazu kam, dass *Maxim* der absolute Entertainer war. Wenn er in seinem sehr speziellen American-Berlin-English zu den Leuten sprach, dann riss er das Publikum mit und begeisterte jeden. Er war irgendwie *Run DMC, Rakim, Public Enemy, Ice T* und *Big Daddy Kane* in einer Person. Den ersten Showdown mit *Maxim* hatte ich im *Sloopy* 1985. Er war mit *Sugarbox* gekommen, um an dem ersten Rap-Wettbewerb dort teilzunehmen. *Kone, Aze* und ich hatten zwar hübsche weiße Handschuhe an und tolle Kangols auf, aber am Ende hatten uns *Maxim* und *Sugarbox* in Grund und Boden gebattelt. Die Sache war eindeutig, sie hatten uns platt gemacht. *Maxim* aber war so was von angetan, dass es neben ihm und *Sugarbox* noch andere Leute gab, die Beatboxing ernsthaft und leidenschaftlich betrieben, dass er sofort Kontakt mit mir aufnahm. Plötzlich stand nicht mehr die Battle im Vordergrund, sondern die Gemeinsamkeit und die Idee, etwas zusammen zu machen. *Maxim* trat damals auf, wie es sich für einen Kanaken aus Kreuzberg gehörte: ernstes Gesicht, martialische Pose, starkes Gehabe. Das war zu einer Zeit, als er noch nicht die Rolle des Teachers lebte, weil er selbst noch lernte und sich durchboxen musste. Er arbeitete hart an seinem Respekt, und dafür braucht man in seinem Umfeld erst mal eine harte Schale.

1986-1989 - Friedrichstraßen-Corner-Zeiten

Ab 1986 etablierte sich die Friedrichstraße als Hangout für alle, die nach dem Breakdance-Boom noch dabeigeblieben waren. Man muss das genauer erklären, weil es schwer vorstellbar ist, wenn man Berlin vor dem Mauerfall nicht kennen gelernt hat. Die Westberliner U-Bahn fuhr vor 1989 an einigen Stellen unter Ostberliner Gebiet durch und kam an Bahnhöfen vorbei, die nicht als Haltestellen genutzt wurden. Auf diesen Geisterbahnhöfen patrouillierten Soldaten der NVA mit MGs. In der Mitte gab es aber den Grenzübergang Friedrichstraße, wo man aussteigen konnte und über den „Tränenpalast" mit einem Tagesvisum nach Ostberlin kam. Dieser Bahnhof wurde unser Revier, weil dort wegen des Grenzbereichs keine Polizei hinkam, da sie den Bahnhof nicht einfach so anfahren konnte. Die Zollbeamten in Zivil interessierten sich nur für die Kids, die von ihren Eltern zum Billig-Zigaretten-Holen geschickt worden waren. Also konnten wir uns da richtig austoben. Das Tolle war, dass es an der Friedrichstraße eine Sprechanlage gab, die wir mit einem BVG-Dreikantschlüssel bedienen und für unsere Zwecke nutzen konnten (ursprünglich verwendeten wir solche Schlüssel, um während der Fahrt von Waggon zu Waggon zu wandern und Pieces und Tags zu setzen). Rechts war eine Anlage, die besetzte ich oder mein Bruder, und links war *Maxim* am Start und legte los. So hatten wir echten Stereosound live vor Ort und trainierten ab da jeden Tag an der Friedrichstraße Beatboxing. Die Leute störte das nicht – im Gegenteil, es dauerte nicht lange, da flogen uns die ersten Groschen entgegen. Es gab dort natürlich auch einen BVG-Beamten, der die Sprechanlage ganz offiziell für Ansagen nutzen musste. *Jürgen* hieß der. Mit *Jürgen* schlossen wir einen Deal: Er durfte stressfrei auf seinem Bahnhof arbeiten, und dafür durften wir beatboxen. Er ließ sich auf dieses Arrangement ein, und die Sache funktionierte tatsächlich. *Jürgen* war echt in Ordnung. Nach und nach sprach sich das in der Szene rum, und der Friedrichstraßen-Corner wurde immer größer. Unser Hangout war der tote Winkel der Stadt, an dem wir uns austoben und HipHop leben konnten – jeden Tag. Es kamen immer mehr Leute, Breaker, Rapper, Sprüher, Beatboxer – sogar die DJs trafen sich dort. Alle verteilten sich über den Bahnhof: Hier stand jene Gruppe und quatschte über neue Pieces, dort probierten B-Boys ihre Moves und so weiter. Da *Maxim* und ich die Ersten waren, hatten wir das Hausrecht auf dem Bahnhof Friedrichstraße und nutzten das auch. Das waren der Ort und die Zeit, wo *Maxim* sich zum echten Teacher entwickelte. Er stand mit dem Dreikantschlüssel an der Sprechanlage und sprach zwischen den Beatbox-Sessions zu den Leuten. Er warnte die Kleinen davor, sich draußen an die Züge zu kleben, er forderte die Großen auf, Verantwortung zu übernehmen, und alle gemeinsam rief er dazu auf, ihre Talente zu nutzen, um negative Kraft in positive umzusetzen. Dann setzte er den Schlüssel an, legte mit seiner Beatbox los, und schon war er wieder der Held. *Maxim* hörte jeder zu, weil jeder sah, was er draufhatte: Education und Entertainment – das klassische Ding eben. Der Friedrichstraßen-Corner wurde schließlich mehr und mehr auch zu einer logistischen Zen-

M-Piece auf einer Berliner S-Bahn, 1991

trale. Wir planten dort, welche Aktionen wir starteten. Infos machten die Runde: Welche Züge stehen wo? Wann trifft man sich zum Malen, zum Tanzen oder zum Musikmachen? Wer hat etwas Neues gemacht, und wo steigt die nächste HipHop-Party? Zum Malen zogen die Crews immer gleichzeitig an verschiedene Orte, damit die Bullen nicht wussten, wo sie zuerst zugreifen sollten. Unsere Ansage war: Bombt die Züge nur so weit, dass die BVG sie noch fahren lassen muss, und vermeidet jede Konfrontation mit der Polizei oder dem Wachschutz. Das alles funktionierte gut: positiver, organisierter HipHop-Aktivismus. Indirekt hatte das sogar politische Auswirkungen, denn wir griffen regelmäßig Nazis ab, wenn sie über die Friedrichstraße fuhren. Unter Glatzen sprach sich das schließlich so weit rum, dass die den Ort irgendwann völlig mieden oder sich ihre Jacken auszogen und ein Käppi aufsetzten und sehr schnell über den Bahnhof huschten.

Die Gruppen wurden nach und nach immer größer, und es kam an einigen Stellen Neid auf. Es gab Leute, die mit dem Gemeinschaftsding, so, wie es sich an der Friedrichstraße entwickelt hatte, nicht zurechtkamen, da sie weder breaken, rappen, sprühen noch beatboxen konnten, aber trotzdem unbedingt den Alpharüden spielen wollten. Es kam zu Nickeligkeiten, was zu Spannungen zwischen den verschiedenen Gruppen führte, die sich im Friedrichstraßen-Corner-Viertel begegneten. Es gab keine wirkliche Schlüsselszene, wo man sagen könnte: Hier ist es gekippt. Es war eher ein Stille-Post-Effekt: Dieser erzählte etwas über jenen, jener bekam vor zwei Tagen auf einer Party aufs Maul und so weiter. Bis dato war die Friedrichstraße sozusagen ein herkunftsfreier Ort – neutrales Niemandsland, ein HipHop-Atlantis tief unter der Erde, das keinem und allen gehörte. Es war egal, aus welchem Bezirk man kam und mit wem man abhing. Das änderte sich, und es entstanden Bruchstellen entlang der Viertelzugehörigkeiten. Das fing langsam an, so um 1988, als die Welle der Gangbildung in Berlin, die in Kreuzberg ihren Anfang hatte, einen ersten Höhepunkt erreichte. Das brachte Gewalt, Neid, Hass und Machtdenken mit sich und wirkte sich auf viele aus, die mit HipHop zu tun hatten. Das Unglaubliche ist, dass der Corner selbst von dieser Entwicklung unberührt blieb. Auch wenn über der Erde Massenschlägereien tobten, Leute wegen einer Jacke oder eines Paars Schuhe abgezogen und abgestochen wurden – keiner tastete die Friedrichstraße an. Es war Frieden dort unten. Die Leute wussten instinktiv, dass der Frieden dort heilig ist, und wer anfing, sich draußen auf den Straßen zu schlagen, der mied einfach diesen Ort und blieb fern. Auch die harten Jungs, die ihren Platz jetzt in den Gangs fanden, achteten und ehrten den Corner weiter. Es gab kein Abkommen zu dieser Sache – das war einfach so. Vielleicht um der alten Zeiten willen, vielleicht, weil sie sich dieses positive Stück ihrer Vergangenheit erhalten wollten.

Romeo und Julia aus dem Viertel

Mit der Wiedervereinigung war das HipHop-Paradies an der Friedrichstraße von heute auf morgen zerstört, weil der Staat sofort auf dieses Niemandsland zugriff und alles organisieren und bewachen ließ. Das war auch ein Rückschlag für den viertelübergreifenden HipHop-Spirit, denn wir verloren unsere logistische Zentrale, unseren Infopoint. Die Dynamik der Gangstrukturen erfasste immer mehr Leute, sowohl Mitläufer als auch Aktivisten, zum Teil war es kaum möglich, sich neutral zu verhalten. Es setzte ein Rückzug in die Bezirke ein, eine Dezentralisierung, wenn man so will. Die Frage nach der Herkunft wurde für das eigene Selbstverständnis und die Identität immer wichtiger. Plötzlich machte es einen großen

Unterschied, ob man im Wedding wohnte oder aus Kreuzberg kam. Die Rivalitäten, die jetzt entstanden, hatten kaum noch etwas mit HipHop zu tun, sondern waren in erster Linie privater Clinch. Die Verknüpfung mit HipHop kam dadurch zustande, dass sehr viele Gangleute mit Versatzstücken dieser Kultur groß geworden waren und Rap die Musik war, in der sich das Lebensgefühl eines Großteils dieser Leute widerspiegelte – der Soundtrack zum Randalemachen, wenn man so will.

Auch die Art der Presseberichterstattung leistete einen Beitrag zur Radikalisierung und Eskalation der Ganggewalt. Man las plötzlich solche Schlagzeilen: „Kreuzberger Jugendgang überfällt Weddinger Jugendgang". Unter den Kids führte das dazu, dass sich auch jene, die mit dieser Sache noch nichts zu tun hatten, unter der Fahne ihres Bezirks zusammenrotteten. Jetzt behauptete einer, der vom Schlittschuhlaufen aus der Eishalle kam und dem dort die Schuhe gezockt worden waren, das sei jemand aus einem anderen Viertel gewesen – und schon hockte man zusammen und schmiedete Rachepläne. So hat sich das immer weiter hochgeschaukelt.

Wenn nun jemand, der im Wedding wohnte, seinen Homies erzählte, dass Leute aus Kreuzberg auch ganz in Ordnung seien, dann galt das als Hochverrat. Es kamen sehr schnell Waffen ins Spiel, erst Messer, dann auch Knarren. Auch hier trug die Presse ihren Teil zur Eskalation bei, denn in den Zeitungen las man auf einmal: „Schnappmesser und Gaspistolen, die neue Mode unter Jugendlichen – jeder Schüler ist bewaffnet." Das stimmte zwar nicht, aber als man das las, wollte man natürlich nicht der Einzige an der Schule sein, der vielleicht unbewaffnet herumlief. Das war eine Gewaltspirale, zu der es irgendwann kaum noch eine Alternative gab. Entweder man machte mit, oder man zog in ein anderes Viertel. Das aber bedeutete, ganz von unten anzufangen und wieder Schuhe zu putzen.

Die Gang symbolisiert einen Zustand, in dem man so hilflos ist, dass man nichts mehr hat bis auf ein paar „Freunde" und die Gegend, in der man wohnt. Man ist also nicht dort, weil es da so toll ist oder weil die Leute alle super Kollegen sind, sondern weil man nichts anderes kennt und nichts anderes hat. Eine Crew im HipHop-Sinn findet sich zusammen, weil man Gemeinsamkeiten hat und ähnliche Ziele verfolgt. Ändert sich das oder ist man mit dem Spirit der Crew nicht mehr zufrieden, dann steigt man aus und sagt: „Jungs, das gefällt mir alles nicht mehr, ich habe andere Ziele, ich möchte auf anderen Wegen weiterkommen." Und auch wenn die Crew das nicht gern hört, klopft sie einem auf die Schulter und wünscht einem viel Glück. Nachdem die Friedrichstraßenzeit vorbei war und die Zeit der großen Gangs anfing, wurden die Rivalitäten zwischen den Bezirken immer größer. Zwischen Wedding, wo die *Black Panthers* aktiv waren, und Kreuzberg, das von den *36ern* regiert wurde, entstand ein großer Graben. Jede Gang schickte damals ihre aufgepumpten Kampfmaschinen los, die auf der Straße richtig Welle machten. Es war überhaupt nicht mehr möglich, als Weddinger einfach so nach Kreuzberg zu gehen und sich dort mit jemandem zu treffen. Umgekehrt ging das natürlich auch nicht. Man selbst hätte Schläge riskiert, und der andere hätte sein Gesicht verloren. Mein Ding war Musikmachen mit meiner Crew *CBA*. Uns interessierten diese Rivalitäten nicht. In Reinickendorf gab es den Edinburger Jugendclub. *Kobold* (R.I.P.), *DJ Crash*, *Jean* und *Kone* rappten und beatboxten dort jeden Tag. Ab und zu traf ich mich dort heimlich mit *Maxim*, um weiterzutrainieren. Meine Jungs hätten sicher nichts dagegen gehabt, aber *Maxim* bat mich, es niemandem zu sagen. Und so wusste bis auf *Kobold* keiner von unseren heimlichen Sessions. Das war fast wie bei Romeo und Julia – nur dass wir sehr gute Freunde waren, deren Clans sich bis aufs Blut bekriegten. Wenn wir fertig waren und den Club verließen, stiegen wir in die Linie 6 und fuhren in entgegengesetzte Richtungen – ich in Richtung Tegel und *Maxim* in Richtung Mariendorf. Das war ein merkwürdiges Gefühl. Wenn wir uns trafen, war alles super, auch wenn unsere Atzen total verfeindet waren. Uns interessierte das nicht, wir wollten nur HipHop machen. Trotzdem musste jeder auf seiner Straße das Gesicht wahren, um nicht als Idiot dazustehen. Aber *Maxim* und ich hatten ein Ziel: Wir wollten hart trainieren und unsere Beatbox perfektionieren, um irgendwann ein paar Tracks im Studio aufzunehmen und bei einer Plattenfirma unterzubringen.

Kampfhunde, Jürgen von der Lippe und die Springjam in Frankfurt

Zu den Aufnahmen kam es nicht, unter anderem, weil *Maxim* irgendwann auf eine völlig andere Sache abfuhr: Kampfhunde. Wir besetzten damals ein Haus am Rosenthaler Platz, wo sich viele Writer Wohnungen ausbauten. Für *Maxim* drehte sich plötzlich alles nur noch um Kampfhunde. Er trainierte diese Hunde, nahm an irgendwelchen Kämpfen in Kellern teil und hatte nichts anderes mehr im Kopf. *Maxims* Lieblingstöle hieß *Apollo*. Es war zwar nicht sein eigener Hund, aber er hatte ihn oft in Pflege und zum Trainieren. *Apollo* war ein schwarzer Stafford, der ständig auf Wildkatzenjagd ging und die armen Viecher, nachdem er sie geschnappt hatte, vier bis acht Tage lang nicht mehr losließ. Der verkeilte sich in diese Tiere und gab sie nicht mehr her, bis die Katzen irgendwann steif wurden und wie ein Stück Holz an seinem Maul klebten. Das alles spielte sich in der besetzten Wohnung ab und war dementsprechend unappetitlich. Ich verstand das alles nicht und versuchte oft, mit *Maxim* darüber zu reden, auch weil unsere HipHop-Projekte darunter litten. Aber *Maxim* vergaß über seinem Kampfhundefaible alles. Er kaufte, züchtete, kämpfte, gewann – es ging da oft um viel Geld. Da war nichts zu machen. Irgendwann hatte ich die Schnauze voll und sagte ihm: „Das ist Scheiße, damit will ich nichts zu tun haben, wenn du fertig bist, dann kannst du dich wieder melden." In dieser Zeit bekam ich einen tollen Support von meiner Mutter: Sie kaufte mir zwei MK-II-Technics-Plattenspieler und ein Mischpult. Meine Mutter musste mich und meine beiden Geschwister damals von der Sozialhilfe ernähren. Und anstatt das Kleidergeld bei Woolworth auszugeben, investierte meine Mom in HipHop. Das Ergebnis: vier Monate Kartoffelsuppe. Dafür nahm ich ohne Ende Mixtapes auf, die ich dann vertickte. Von dem Erlös kaufte ich mir coolere Klamotten bei Witboy. Außerdem investierte ich in Equipment für ein Tonstudio. Irgendwann klingelte das Telefon. Es war *Maxim*. Er war wieder am Start. Das war 1991.

Ich hatte inzwischen angefangen, die Jugendclubs zu nutzen, um DJ- und Beatbox-Workshops anzubieten. Meine Crew war immer noch *CBA – Cool Berlin Art*. Nach unserem ersten Projekt wurde durch einen Zufall *Jürgen von der Lippe* auf uns aufmerksam. Der war so begeistert von uns, dass er uns unterstützen wollte. Na klar, er trug ja schließlich auch denselben Namen wie unser Lieblings-BVGler von der Friedrichstraße. Über ihn kamen wir an Equipment und hatten die Möglichkeit, zwei Tonträgerprojekte zu realisieren. Plötzlich hatten wir eine Acht-Spur-Vostex-Bandmaschine da stehen, ein Mackie-Mischpult, einen Akai-900-Sampler und einige andere Sachen. Von da an stürzte ich mich aufs Produzieren. In dem Studio, das im Edinburger Jugendclub untergebracht war, nahmen *Maxim* und ich unsere ersten Beatbox-Sessions auf. Das war auch die Zeit, als wir anfingen, verstärkt auf Jams außerhalb von Berlin zu fahren. Wir waren viel unterwegs, egal, ob Frankfurt oder Hamburg oder sonst wo – wenn irgendwo HipHop angesagt war, fuhren wir hin.

1992 waren wir natürlich auch auf der Springjam in Frankfurt, wo die Berliner aufliefen und das Kommando über die Kasse übernahmen. Eigentlich eine frustrierende Sache: Die Frankfurter hatten sich viel Mühe mit der Organisation gegeben, weil sie etwas für die HipHop-Kultur tun wollten, und die Berliner Atzen rannten alles über den Haufen. Vor allem Leute aus Wedding und Kreuzberg waren für diese Aktion verantwortlich – wenn es nämlich darum ging, in Westdeutschland auf Partys oder Jams den Dicken zu machen, herrschte plötzlich vertraute Eintracht zwischen den eigentlich verfeindeten Bezirken. *Maxim* und ich wussten, wie unsere Berliner sich auf Jams benahmen. Wir sagten uns deshalb vorher: „Okay, wir fahren gemeinsam mit dem Mob hin, aber wir ziehen dort unser eigenes Ding durch." Unser Ziel war es nicht, die Kasse, sondern die Bühne zu entern. Wir wollten uns zwischen zwei Acts einfach die Mikros schnappen und den Leuten zeigen, was Beatbox ist – in guter alter HipHop-Manier. Das taten wir dann auch, und zwar direkt nach den *Fantastischen Vier*. In der Umbaupause stürmten wir auf die Bühne, nahmen uns die Mikrofone und wollten loslegen. Natürlich hatten die Tontechniker den Saft abgedreht, aber unsere Berliner Atzen forderten lautstark, dass wir loslegen sollten, und da dauerte es keine zehn Sekunden, bis wir richtig dicken Sound bekamen. Wir rockten dann den Laden für volle zehn Minuten. Es ging uns nicht darum, die Veranstaltung kaputtzumachen, wir wollten nur zeigen, dass wir am Start sind und dass Beatbox eine große Sache ist. Wir beendeten unser Freestyle-Set nach zehn Minuten unter tobendem Applaus – das Problem war nur, dass der ganze Mob inzwischen mit auf der Bühne stand und von dort nur schwer wegzubewegen war. Was diese Jam betrifft, waren *Maxim* und ich vielleicht ein bisschen mitschuldig an dem schlechten Ruf, den die Berliner bei den Veranstaltern und vielen Künstlern weghatten – aber von unserer Seite war das keine Böswilligkeit. Wir vertraten ein anderes Konzept als jene, die nur zum Aufmischen angereist waren: Wir wollten die Jam künstlerisch kapern. Trotzdem kamen wir nur aufgrund der Macht des Mobs zum Zug, denn es waren die Berliner, die dafür sorgten, dass wir Ton auf unsere Mikros bekamen und dass uns keiner von der Bühne holte.

Zurück auf die Straße, Soldaten ausbilden

Nach den Springjam-Erfahrungen hatten wir von diesen Ganggeschichten endgültig die Schnauze voll, denn mittlerweile waren im Zuge solcher Aktionen einige Leute sehr übel verletzt worden. Wir merkten, dass wir dabei waren, einen Fehler zu begehen, denn bei den Gangleuten waren in Bezug auf HipHop Hopfen und Malz verloren. Diese Ganggeschichte entwickelte so eine Eigendynamik, dass wir eh keine Chance hatten, dazwischenzugehen. Das hieß zum einen: back to the roots. Also ab auf den Ku'damm zum Tanzen und Geldverdienen. Und zum anderen: raus aus dem Viertelkosmos und schauen, was an anderen Stellen der Stadt los war. Da merkten wir auch, dass wir uns zwar in Kreuzberg und Wedding gut auskannten, aber den Rest von Berlin bisher nur spärlich kennen gelernt hatten. Plötzlich kamen wir zum Beispiel nach Steglitz und sahen, dass dort auch Leute am Start waren und HipHop lebten. Gleichzeitig wollten wir diese viertelübergreifende Aktivität nutzen und uns auf die Jugend konzentrieren, auf den Nachwuchs. Wir wollten wieder teachen und unsere Erfahrungen, unser Wissen, unseren Enthusiasmus weitergeben. Zuerst schauten wir nach drei, vier Jahren mal wieder am Friedrichstraßen-Corner vorbei, einfach, weil wir wissen wollten, ob da noch was los war. War aber nicht. Also machten wir uns auf den Weg und suchten die Kids. Irgendwann landeten wir im *Alleins* in Köpenick, trommelten die Leute zusammen und begannen mit dem Training. Wir teachten die Kids in allen Bereichen. *Maxim* kümmerte sich auch um Breakdance, obwohl er selbst nicht der große Tänzer war, aber er konnte es vermitteln. Er war eben ein echter Teacher. *Maxim* und ich waren uns einig: Wir müssen jetzt Soldaten ausbilden, Rap-Soldaten, Break-Soldaten, HipHop-Soldaten. Und wir waren die Generäle. *Maxim* nutzte seine Kontakte, er war Organisator, Koordinator, Vermittler – alles in einer Person. Egal, was man von ihm wissen wollte, er hatte immer einen Kontakt, er fand immer eine Lösung für ein Problem und eine Antwort auf eine Frage. Wenn jemand einen Flyer drucken wollte, schickte *Maxim* ihn zu einem Bekannten, der das besonders günstig erledigte. *Maxim* hatte eine beeindruckende soziale und logistische Kompetenz. Er konnte mit Menschen umgehen, er knüpfte sofort Kontakt, er redete mit den Leuten, und jeder hörte ihm zu. Er war ein hervorragender Diplomat, ein Vermittler allererster Güte. Er konnte verschiedene Parteien zusammenbringen und für ein gemeinsames Projekt begeistern. Sich selbst aber richtig mit einbinden in die Projekte, die er anstieß, das konnte er nicht so gut. Er war finanziell eigentlich immer der Letzte in der Schlange. Die Leute waren zwar dankbar für *Maxims* Impulse und winkten ihm freundlich zu, nachdem er ihr Projekt ins Rollen gebracht hatte, aber für ihn blieb wenig hängen. *Maxim* gab immer mehr, als er nahm. Das war vielleicht auch der Grund, warum er ab und zu abgetaucht ist. Andererseits hatte ich nicht das Gefühl, dass *Maxim* frustriert war. Er hatte unglaubliche Ressourcen an positiver Energie.

Ich arbeitete in dieser Zeit weiter am Aufbau meines Tonstudios. Ziel war es, die von *Maxim* ausgebildeten Soldaten in die Gesangskabine zu schicken und Vinyl und Tapes mit Berliner MCs rauszubringen. Ich kannte mich mit dem Produzieren inzwischen recht gut aus; was mir noch fehlte, war ein breiterer Horizont, was Musikgeschichte und das Feeling für Sounds anging. In dieser Hinsicht brachte mich *Kai Eikermann,* den ich bei einem Breakdance-Workshop wiedertraf, ein gutes Stück weiter. Er leitete den Workshop, an dem neben mir auch *Amigo, Vartan* und *Bülent* (später *Crazy B*) teilnahmen, aus denen sich später Berlins berühmteste B-Boy-Crew, die *Flying Steps,* entwickelte. Bald hatte ich mir das Ziel gesetzt, für die *Flying Steps* Musik zu schreiben. Zunächst aber wandten sie sich an ein anderes Produzententeam. *Maxim* sagte: „Mach dir keine Sorgen, die werden sich schon noch bei dir melden." Und so war es auch. Die *Flying Steps* hatten keine guten Erfahrungen mit ihren Produzenten gemacht und baten jetzt mich, mit ihnen ein Album zu machen. Ich freute mich unglaublich und setzte mich gleich an die Arbeit. Irgendwann rief *Maxim* an, und ich erzählte ihm die ganze Geschichte. Ich hatte ihn für die Vocals auf dem Album eingeplant, und wir wollten das Ding gemeinsam durchziehen. Als ich den *Steps* die ersten Stücke vorspielte, war auch ihr neuer Produzent dabei, *Engin*. Man merkte direkt, dass er kein Berliner war: komischer Akzent, Gel in den Haaren. *Engin* sagte: „Gib mir dein Zeug mit, ich check mal, ob da was geht." Dann waren sie wieder weg. Wenig später rief *Engin* mich an und sagte, dass ein Titel von mir, „In The Arena", ein echter Hit sei. Zu dem Album, das ich eigentlich produzieren sollte, steuerte ich letztendlich nur drei Tracks bei. „In The Arena" wurde tatsächlich zu einem Charts-Erfolg. Musik: *Engin* und *DJ Mesia* – das stand im Booklet. Auf Viva wurden die *Flying Steps* dann gefragt, wie sie auf die Idee zu dem Song gekommen seien. Sie zeigten auf *Engin*. Ich glaubte das alles nicht. Am selben Abend rief mich meine Mutter an und sagte: „Was sind das für Penner? Die verleugnen dich! Wenn du dich noch mal so reinlegen lässt, nehme ich dir deine Plattenspieler weg!" Als ich mit *Maxim* darüber sprach und er merkte, wie fertig mich diese Sache machte, sagte er: „Erwarte niemals eine Gegenleistung, wenn du etwas von dir gibst. Bleib mit deinem Herzen der, der du bist, bleib einfach HipHop, und alles ist cool." Ich bekam damals zum ersten Mal zu spüren, wie sich *Maxim* vielleicht schon oft gefühlt hatte. Denn zu ihm kamen ständig Leute, denen er half, die von ihm profitierten – und er blieb dabei finanziell auf der Strecke. Das ging so weit, dass ich mir Sorgen machte und irgendwann anfing, ihm Jobs als Workshop-Leiter zu organisieren, die angemessen bezahlt wurden. Ihm gefiel das gut, und es half ihm ein wenig auf die Beine. In den Workshops konnte er seine Rolle als Teacher voll ausleben. Es war die große Chance, seine Talente so zu kanalisieren, dass für ihn etwas hängen blieb. Aber alles, was *Maxim* in diesem Rahmen verdiente, investierte er sofort wieder in HipHop, zum Beispiel, indem er Platten für die Kids im Jugendclub kaufte oder Material für die Breaker, mit dem sie sich Headspin-Mützen basteln konnten. Für ihn war es das Größte, zu sehen, wie die Impulse, die er anderen gab, eine Eigendynamik bekamen und sich in Kreativität umsetzten. Er schaute den Breakern zu, die sich zum ersten Mal auf dem Kopf drehen konnten, weil sie von ihm die entsprechenden Mützen bekommen hatten, und war zufrieden. Solche Erlebnisse waren für ihn ein persönlicher Triumph.

Erwachsenwerden

Als *Maxim* Vater wurde, war für ihn klar, dass er jetzt für seine Familie zu sorgen hatte. Er unternahm die Wendung vom ungebundenen, flexiblen HipHop-Streetworker hin zum erwachsenen Menschen, der zu Hause Frau und Kind hatte, von heute auf morgen. Ich sagte ihm: „Wenn du im HipHop-Geschäft etwas erreichen willst, dann schaffst du das nur musikalisch." Er war ja zu diesem Zeitpunkt fast dreißig Jahre alt und hatte keinen bürgerlichen Beruf erlernt. Und jetzt zurück auf die Schulbank und noch mal bei null anfangen – wer möchte das schon? Außerdem hatte *Maxim* ja jede Menge Talente. Er war der geborene Entertainer, er hatte Charisma und eine gewaltige Stimme. Wenn *Maxim* auf der Bühne stand, konnte man beinahe einen silbernen Schein um seinen Kopf erkennen. Egal, was er erzählte, die Leute sind ausgeflippt. Und das nicht nur in Kreuzberg, sondern an jedem Ort. *Maxim* hatte aber eine große Schwäche: Er konnte nicht sehr gut Texte schreiben. Ich hatte das am Anfang gar nicht gemerkt, weil er darüber nicht sprach. Ich bastelte ihm also Beats und versorgte ihn mit Instrumentals, denn er schäumte über vor Ideen. Er wollte einen Song schreiben, „Ali Baba und die vierzig Döner" oder „Börek Beat" in Anlehnung an die *Two Life Crew;* außerdem sollte ich für ihn die Musik seiner Lieblingscomicsendung *Sindbad* samplen. Das alles kam nicht zustande, weil er keine Texte schreiben konnte. Aus dem Stegreif, Freestyle, spontanes Entertainment – alles kein Problem, darin war er unschlagbar. Aber einen zusammenhängenden Text zu schreiben, das war für ihn unglaublich schwierig.

Meine Idee war dann, *Maxim* mit *Rebel* zusammenzubringen, einem Old-School-MC, der wirklich gut schreiben konnte, allerdings auf der Bühne nicht der beste Entertainer war. Die beiden sollten sich gegenseitig teachen. *Maxim* sollte *Rebel* helfen, das Bühnending zu perfektionieren, und *Rebel* sollte *Maxim* das Texteschreiben rüberbringen. Als *Maxim* in meinem Studio die ersten Lyrics von *Rebel* hörte, die sich vor allem gegen das Gepose von Leuten wie *Tomekk* oder *Sido* richteten, war er völlig begeistert. Er klatschte in die Hände und meinte, jetzt sei es an der Zeit, solchen großschnäuzigen Typen, die weder Respekt vor der Old School noch vor den HipHop-Werten hatten, ihre Grenzen aufzuzeigen. Wir spürten ja diesen neuen *Aggro*-Einfluss jedes Mal, wenn wir in Deutschland unterwegs waren und Workshops gaben. Da liefen vierzehnjährige Kinder rum, die ein krankes Bild von der Realität hatten, weil sie Songs von *Die Sekte* ernst nahmen. Die dachten, sie müssten sich Anerkennung holen, indem sie Schwächere dissen, schlagen oder sexuell ausbeuten. Wir sprachen mit den Kids darüber, informierten sie über Hintergründe, erklärten die HipHop-Regeln, erzählten von den Anfängen und der Entwicklung. Bei den meisten Jugendlichen hatten wir Erfolg und konnten ein neues Interesse für HipHop als Kultur wecken. Klar, das ist Basisarbeit, die sich nicht so auszahlt wie das große Business, aber man bekommt trotzdem viel zurück. Irgendwann muss man eine Entscheidung treffen: Entweder man lässt alles auf der Strecke und scheißt auf Gott und die Welt, dann kann man Geld verdienen. Hauptsache, Tabus brechen und schocken. Für die Folgen fühlt sich dann keiner mehr verantwortlich. So ist das leider. Oder man geht den geraden, aber steinigen Weg. Umso mehr hat es mich gewundert, *Maxim* nach seinem Tod auf der Rap-City-Berlin-DVD neben ebenjenen Leuten zu sehen, über die er sich damals so aufregte. Ich verstehe es bis heute nicht, warum *Maxim* sich auf *Aggro Berlin* einließ. Wir beide sagten den Kids immer wieder: „Hört nicht auf solche Leute, macht euer eigenes Ding, geht sprühen, breaken, übt scratchen oder beatboxen!" Das waren seine Worte. Und überall, wo wir hinkamen, haben wir der Seuche Einhalt geboten. Bei *Maxims* Waschung kam *Halil* von *Downstairs* zu mir und sagte, dass ich ihm die alten Aufnahmen von *Maxim* gebe sollte, weil er ein Mixtape machen wollte. Aber mit dem Tod macht man keine Geschäfte. Heute sehe ich ein Video mit *Fler* und *Tomekk*, wo jemand rappt: „ich bin kein breaker, ich mach mir nicht die pfoten dreckig" – und im Hintergrund drehen sich B-Boys auf dem Boden. *Maxim* ist tot, ermordet durch einen Messerstich ins Herz, und ich sehe Berliner Crews, die sich mit Messern ablichten lassen. Vielleicht haben wir zu wenig geteacht, vielleicht haben wir zu wenige Soldaten ausgebildet.

Doch noch ein Happy End: das fünfte Element

Es gibt einen Bereich, der mir große Hoffnung macht und wo ich den Spirit wieder spüre, der für mich HipHop ausmacht: Beatboxing, das fünfte Element. *Maxim* und ich beatboxten seit den frühen Achtzigerjahren, und wir haben nie damit aufgehört. Wir wollten uns damals *M&M – Maxim and Mesia* – nennen, das war uns aber zu blöd. Schließlich einigten wir uns auf *Oralic Soundmaschins (OSM)*. Unser Ziel war es, ein richtig professionelles Beatbox-Team zu gründen und mit einem Programm auf Tour zu gehen. *Maxims* Traum war es, einmal *Rahzel* von *The Roots* zu battlen. Und dafür trainierten wir. Jeden Tag. 1999 kam eine Anfrage von Leuten aus München, die ein Beatbox-Tape machen wollten. *Maxim* und ich rieben uns die Hände, schlossen uns im Studio ein und bastelten ein richtig geiles Stück, sechs Minuten lang, mit allen Finessen, verschiedenen Musikstilen, Tiersounds, abgefahrenen Geräuschen und so weiter. Was aber machten diese Typen? Die schnippelten das Ding auseinander und reduzierten unser Gesamtkunstwerk auf zweimal dreißig Sekunden. Einer von denen zog später nach Berlin und versuchte, hier Fuß zu fassen. *Maxim* führte ein paar Telefonate, und der Ruf dieses Typen war zerstört. Der bekam nie wieder ein Bein auf den Boden. In solchen Fällen konnte *Maxim* aufgrund seines ungeheuren Einflusses tatsächlich über Leben und Tod entscheiden. Der Typ hatte unseren Track kaputtgemacht, dafür machte ihn *Maxim* in Berlin kaputt. Danach war für uns klar, dass wir unser eigenes Album rausbringen müssen. Das war zu einer Zeit, als deutlich wurde, dass das mit dem Texteschreiben bei *Maxim* nicht funktionierte. Wir wollten jetzt das fünfte Element wiederbeleben und die Sache so gut machen, dass wir irgendwann unser Geld damit verdienen können. Wir nahmen die ersten Takes auf, tüftelten an neuen Sounds und stellten ein Programm auf die Beine.

 Dann kam *Bee Low* und schlug vor, eine Beatbox-Battle in Berlin zu veranstalten. Wir organisierten das gemeinsam, verbreiteten die Nachricht in der ganzen Stadt und mieteten einen Club an, das *Icon*. *Maxim, Bindo* und ich saßen in der Jury, und *Bee Low* moderierte die Battle. Der Erfolg war überwältigend. Das *Icon* war mit dreihundertfünfzig Leuten rappelvoll. Zweihundertfünfzig Leute standen sogar noch vor der Tür – die mussten wir leider nach Hause schicken. Das war ein echter Old-School-Spirit – alles selbst organisiert, super Stimmung, alle Leute hatten ihren Spaß, und es gab weder Neid noch Gewalt. Wir hatten alles in Handarbeit gemacht und vorbereitet: Flyer, Plakate, Urkunden und den Hauptpreis, ein vergoldetes SM-58-Mikrofon. Am Ende verteilte *Bee Low* die kompletten Einnahmen unter den Leuten, die uns geholfen hatten. 2002 veranstalteten wir die zweite Battle – und so ging das weiter, und es wurde immer größer. *Bee Low* hat sich da mächtig reingekniet, sodass irgendwann die Teilnehmerzahl so groß war, dass wir uns entschieden, Vorausscheidungen in verschiedenen Städten auszutragen. So kam es 2003 zur ersten Deutschen Beatbox-Meisterschaft. Von überallher meldeten sich plötzlich Leute, die offenbar nur darauf gewartet hatten, dass endlich jemand Beatbox-Battles veranstaltet. An dem Abend in Berlin hatten wir die sechzehn besten Beatboxer Deutschlands im *Icon*. Die Stimmung war unglaublich. *DJ Marc Hype,* der seit der ersten Battle dabei war, hatte mit Aquaplaning zu kämpfen, weil der Schweiß von der Decke tropfte.

 Im nächsten Jahr wurde das Ding noch größer, weil sich die Niederlande, die Schweiz und Österreich einklinkten. Also gab es die ersten Ländervorausscheidungen, sodass 2004 Meisterschaften in halb Europa ausgetragen wurden. Die Battle für Deutschland verlegten wir in die *Kalkscheune* am Prenzlauer Berg, weil wir mehr Platz, mehr Sauerstoff und eine größere Bühne brauchten. Aber die Crew aus den Battles im *Icon,* die uns die Jahre davor so gut unterstützt hatte, nahmen wir mit für diesen Event. Schließlich kam es 2004 zu Ausscheidungen in ganz Europa, in Kanada, Afrika, Japan und den USA. Und die sechzehn besten Beatboxer der Welt trafen 2005 in Leipzig aufeinander. *Bee Low* hat inzwischen sein eige-

„Vielleicht haben wir zu wenige Soldaten ausgebildet" (DJ Mesia, 2005)

nes Büro eröffnet, *Beat Box Battle Networks,* außerdem bringt er das *Beat Box Battle Magazin* heraus, und wir sitzen natürlich schon wieder an der Organisation der zweiten Weltmeisterschaft. Das alles hat eine wahnsinnige Dynamik. Die verschiedensten Leute aus allen möglichen Ländern lernen einander kennen, battlen zusammen, freunden sich an, tauschen sich aus, nehmen gemeinsam Tracks auf – das ist HipHop, so habe ich diese Kultur kennen gelernt. Und dieses Mal werden wir die alten Fehler nicht wiederholen. Wenn *Bee Low* und ich die Leute zur Battle empfangen, teachen wir sie als Erstes und stellen klar, was Beatboxing bedeutet: kein Gehate, kein Gedisse – wer das nicht akzeptiert, kann nach Hause gehen. Das, was im Moment mit Beatbox passiert, ist eigentlich der verlorene Traum, nach dem *Maxim* und ich all die Jahre suchten und den wir vielleicht zum ersten Mal am Friedrichstraßen-Corner erlebten. Vom Feeling her ist es das Gleiche wie damals. Und das alles haben wir auf die Beine gestellt – auch *Maxim,* der die Battle 2004 nicht mehr miterlebte. Aber das alles ist sein Erbe, die späte Erfüllung einer Hoffnung, die er immer im Herzen trug.

wir vermissen dich *(scarabeuz, 2005)*

wir vermissen dich, max, denn wir wissen, dass das
hiphop-biz ohne leute wie dich beschissen ist
weil der wahre hiphop dem geld gewichen ist
alle sind zerstritten und dissen sich, wir vermissen dich

wir verloren zu unser aller entsetzen
einen unserer führer, einen unserer besten
den allerersten hier und gleichzeitig einen der letzten
echten hiphopper, es war maxim
max, den wir schätzten, für den diese raps sind
maxim, von dem hier die ersten salomo-tags sind
beatbox-champ, berlins stolz, the man
du warst hier ein hiphop-pionier und warst doch fan
du warst keiner dieser arroganten schleimer
warst bescheiden und immer recht leicht zu begeistern
„max, komm ins studio!" du warst gleich
da, warst am start, warst immer hilfsbereit
du warst ein durch und durch lieber mensch
warst hiphop durch und durch, dein durst war so groß
ohne solche leute wie dich scheint hiphop heute trostlos
wir hatten dich zweifellos zu kurz
heut weinen wir nicht mehr um dich
sondern lachen, weil wir dich hatten, lassen die massen weitermachen
du hast hier mit deiner liebe so vieles hinterlassen
viele peilen erst heute, was wir wirklich an dir hatten
viele vergaßen dich mit dem hiphop-boom
aber ohne aktivisten wie dich hätt hiphop nie geboomt
du wolltest partout nie ruhen, hattest diese glut in dir
denn du hattest hiphop-kultur im blut
du gabst crews wie islamic force ihren namen
liefst schon in den achtzigern durch berlins straßen
immer auf der suche nach neuen hiphop-rekruten
wolltest kids ermutigen, sie sollten's mit hiphop versuchen
das schicksal nimmt so oft jene von uns
die wir lieben und die uns oft so sehr am herzen liegen

wir vermissen dich und deine herzlichkeit
wir beten und bitten allah um barmherzigkeit

wir vermissen dich, max, denn wir wissen, dass das
hiphop-biz ohne leute wie dich beschissen ist
weil der wahre hiphop dem geld gewichen ist
alle sind zerstritten und dissen sich, wir vermissen dich

„in meinem block träumt jeder von dem großen geld"

Ein Gespräch mit **Murat Güngör** *über Getto, Gangsta-Rap und Migration* (LJ)

Du hast als Mitarbeiter des DOMIT [Dokumentationszentrum für Migration] zusammen mit dem Kölnischen Kunstverein und der Universität Frankfurt eine Ausstellung zum Thema Migration konzipiert und umgesetzt. Außerdem beschäftigst du dich als ehemaliger Rapper und Autor des Buchs Fear of a Kanak Planet *mit der Entwicklung von HipHop.*

Murat: *Projekt Migration,* so hieß diese Ausstellung, war ein Initiativprojekt der Kulturstiftung des Bundes. Es ging darum, den Blick, den wir alle auf Migration haben, zu brechen, das heißt, die gängigen Bilder, die Klischees und Stereotype infrage zu stellen – sowohl bei Deutschen als auch bei Migranten. Weil die Geschichte der Migration dieses Land massiv verändert hat, ist es wichtig, diese Erinnerung nicht nur als etwas zu konservieren, was nur für Einwanderer Gültigkeit hätte, sondern auch für die deutsche Mehrheitsgesellschaft.

Migration ist ja in der öffentlichen Debatte immer wieder eine Scharnierstelle, wenn es um die Themen Getto und HipHop geht.

Murat: Die Verknüpfung von Getto und Migration begann in der Geschichte der Bundesrepublik schon in den Siebzigerjahren infolge der so genannten Familienzusammenführung. Nachdem für die erste Generation von „Gastarbeitern" in Deutschland klar wurde, dass sie nicht nach zwei, drei Jahren in ihre Heimat zurückkehren würden, holten sie ihre Kinder und Lebenspartner nach und begannen, sich hier eine Existenz aufzubauen. Der Anwerbestopp 1973 sollte eigentlich die faktische Einwanderung nach Deutschland beenden, doch über die darauf folgende Familienzusammenführung wurde dieses

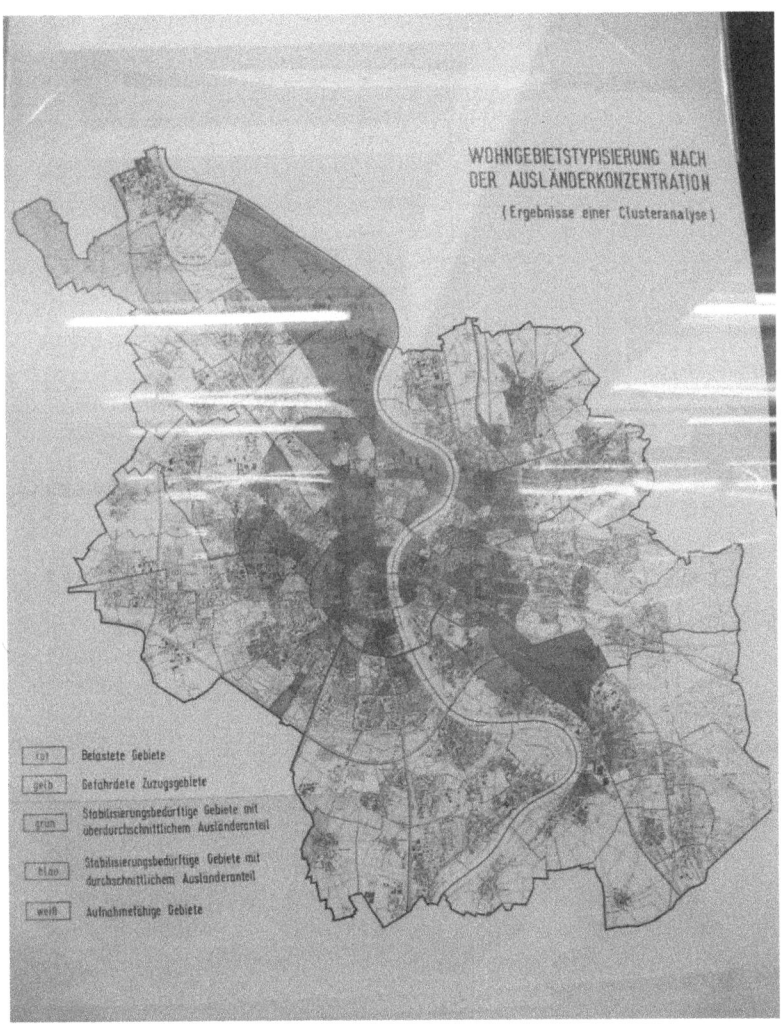

Begrenzte Stadtquartiere in Köln

Vorhaben unterlaufen. Trotzdem versuchte der Staat früh, regulierend einzugreifen. So gab es schon Mitte der Siebzigerjahre in allen größeren deutschen Städten Zuzugsbeschränkungen für bestimmte Stadtquartiere. Jeder Bezirk bekam eine bestimmte Quote zugeordnet, die nicht überschritten werden durfte.

Şenol *aus Berlin hat mir im Interview erzählt, dass sein Vater sich nicht frei entscheiden konnte, in welchen Stadtteil er ziehen möchte, und dass er einen entsprechenden Stempel in seinen Pass bekam.*

Murat: Diese Praxis galt nicht nur für Şenols Vater, sondern für alle hier lebenden Migranten. Auf diesem Stempel war außerdem vermerkt, dass man sich darüber informieren solle, welche Quartiere noch frei seien. Für jede Stadt gab es Pläne, die mit Begriffen wie „schwer belastet" oder „nicht mehr aufnahmefähig" operierten.

Wie ist denn zum Beispiel die massive Konzentration von Migranten in Vierteln wie Berlin-Kreuzberg zu erklären?

Murat: Kreuzberg hat diesbezüglich eine besondere Geschichte, die mit Immobilienspekulationen zu tun hat, vergleichbar mit der Entwicklung des Frankfurter Stadtteils Westend. Es handelt sich dabei um Bezirke, die nach dem Zweiten Weltkrieg städtebaulich umfunktioniert werden sollten. Diese Perspektive brachte Spekulanten dazu, ganze Häuserblocks aufzukaufen und die größtenteils maroden Gebäude übergangsweise an Arme und Migranten zu vermieten. Später wollte man die Viertel dann abreißen und Neubauten dorthin setzen. Es ging also darum, in dieser Übergangsphase noch so viel Geld wie möglich zu verdienen. Zum Teil vermieteten die Spekulanten unzumutbaren Wohnraum zu horrenden Preisen, was immer wieder auch zu gemeinsamen Protesten und Hausbesetzungen von deutschen Linken und Migranten führte. Vor allem italienische Einwanderer brachten in diesem Kontext ein enormes Selbstvertrauen und Wissen hinsichtlich organisierter Arbeits- und Häuserkämpfe mit. Die kommunistische italienische Organisation *Lotta Continua* zum Beispiel war in Turin und Mailand im Arbeiterwiderstand gegen die großen Automobilkonzerne sehr aktiv. Die Hausbesetzungen in Berlin und Frankfurt standen zum Teil in dieser Tradition und stellten auch für die deutsche Linke einen Know-how-Transfer dar. Dieses Wissen ist jedoch im Mainstream nicht präsent. Stattdessen werden zum Beispiel die Frankfurter Häuserkämpfe mit Joschka Fischer oder Cohn-Bendit in Verbindung gebracht. Initiiert und maßgeblich durchgeführt wurden sie jedoch von Migranten. Dass in Kreuzberg die Migranten und Studenten, die ursprünglich als Zwischenmieter eingeplant waren, bleiben konnten, hatte mit einer städtebaulichen Umorientierung in den Siebzigerjahren zu tun. So kam es, dass die Spekulantenblase platzte und sich im Zentrum der Stadt ein Viertel entwickelte, in dem vornehmlich Migranten, Linke, Studenten und sozial Schwache leben.

Wenn man sich jene Berliner Viertel auf der Karte anschaut, die einen besonders hohen Anteil von Migranten aufweisen, stellt man fest, dass das alles ehemalige Mauerbezirke sind: Wedding, Reinickendorf, Kreuzberg, Neukölln. Es gibt Leute, die sagen, es sei kein Zufall, dass man die Ausländer im Kalten Krieg an die äußerste Grenze abgeschoben habe.

Murat: Das halte ich für eine Verschwörungstheorie, die sich aus den historischen Fakten nicht ableiten lässt. Dennoch kann ich das subjektive Gefühl, das sich in solchen Vorstellungen ausdrückt, durchaus verstehen: Man fühlte sich innerhalb der deutschen Gesellschaft ohnehin mit dem Rücken zur Wand. In Berlin wurde die Mauer zur Metapher für diese Erfahrung. Auf der anderen Seite wurden aber auch für „Gastarbeiter" aus dem Westen Tagesreisen an die Mauer organisiert, um denen das „unmenschliche kommunistische System" vorzuführen.

Seit den Ausschreitungen in den französischen Banlieues ist auch in Deutschland die Diskussion über Getto, HipHop und Migration in vollem Gang. Immer wieder richten sich die Blicke dabei auf einen Stadtteil wie Kreuzberg.

Murat: Es ist Unsinn, Kreuzberg mit den Pariser Banlieues zu vergleichen. Kreuzberg oder der Wedding sind Viertel, die mitten in der Stadt liegen. Sie haben größtenteils eine alte Bausubstanz und sind weder durch soziale Homogenität noch durch massiven Hochhausbau gekennzeichnet. Viel eher vergleichbar mit den französischen Vororten ist ein anderes „Gettomodell", nämlich die Hochhaussiedlungen am Rand der urbanen Zentren, wie zum Beispiel das Märkische Viertel in Berlin oder die Nordweststadt in Frankfurt. Diese Quartiere sind ein Folgeprodukt der Hochkonjunkturphase nach dem Zweiten Weltkrieg und dem damit verbundenen massenhaften Zuzug von Arbeitskräften in die Metropolen. Die meisten europäischen Städte waren damals dieser industriell bedingten Zuwanderung nicht

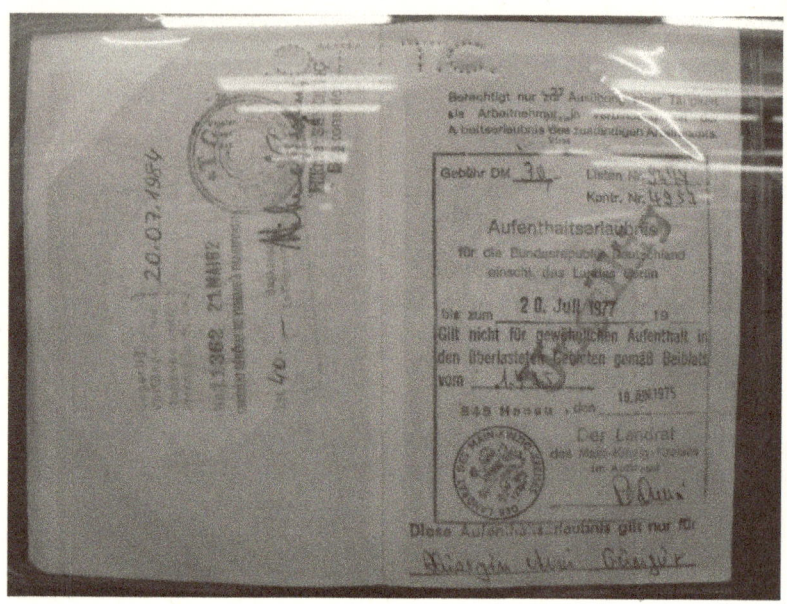

Ausweis von Hüseyin Avin Güngör

gewachsen und hinsichtlich Infrastruktur und Wohnraum eher an mittelalterlichen Strukturen orientiert. Also musste funktionaler Wohnraum in kürzester Zeit aus dem Boden gestampft werden.

War es nicht vorhersehbar, dass eine solche Gettoisierung zu Problemen führen würde?

Murat: Hier liegt eines der großen Missverständnisse in der aktuellen Debatte. Die architektonische Planung und der Bau dieser Vorstädte waren von einem großen Optimismus geprägt. Es ging um eine Demokratisierung des Wohnraums, der seit dem Mittelalter immer ein sehr knappes Gut gewesen war. Statt enger und lärmbelasteter Stadtwohnungen sollten moderne Arbeiterwohnungen am Rand der Stadt geschaffen werden, die ihren Bewohnern ein Maximum an Komfort bieten: viel Wohnraum, moderne Sanitäranlagen, Parkplätze, Spielplätze für die Kinder, Einkaufszentren direkt vor Ort und so weiter. Das war zu dieser Zeit ein sehr fortschrittliches Modell, und niemand dachte dabei an Gettos.

Wenn wir heute in Rap-Videos von Sido *oder* Azad *Bilder aus dem Märkischen Viertel und aus der Nordweststadt sehen – ich denke da vor allem an „Mein Block" und an „Phönix" –, macht das einen städtebaulich wenig fortschrittlichen Eindruck.*

Murat: Solange die Konjunktur lief und Arbeit vorhanden war, funktionierte dieses Projekt tatsächlich gut. Erst mit der großen Wirtschaftskrise Ende der Siebzigerjahre entwickelten sich die Vororte zu jenen „sozialen Brennpunkten", die Künstler wie *Azad* oder *Sido* in ihren Videos visualisieren. Weil die Krise anstatt Arbeit immer mehr Arbeitslose produzierte, verkamen die einst mit so viel Optimismus gebauten Viertel an der Peripherie zu sozialen Sackgassen, wo sich die gesellschaftlichen Verlierer sammelten. Das ist übrigens ein europäisches Phänomen, das sich nicht nur in Frankreich oder Deutschland entwickelt hat.

Bietet HipHop da nicht die Chance, diese Bilder wieder im Mainstream präsent zu machen und damit auch zu problematisieren? Sido *dreht ja in „Mein Block" sehr geschickt die Perspektive um und stilisiert das Märkische Viertel zum „Place to be", der seinen Bewohnern alles Wichtige bietet.*

Murat: Seinen Bezirk auf diese Weise positiv zu stilisieren ist ein alter HipHop-Ansatz, der schon zu Beginn der Achtzigerjahre an der West Coast populär wurde. Die Frage ist nur, ob mit dieser Methode tatsächlich Klischees gebrochen werden. Ich habe neulich den Film *0815 – Leben am Rand von Köln* gesehen, der sich mit dem Lebensgefühl der Menschen beschäftigt, die in Vororten wie der Nordweststadt, dem Märkischen Viertel oder eben Köln-Chorweiler wohnen. Dieser Film zeigt, dass sich zum Beispiel die Jugendlichen in Chorweiler vor allem ein ganz normales Leben wünschen, eine Familie, einen Job und Möglichkeiten, ihren Hobbys nachzugehen. Ich halte diese Perspektive für überzeugender und einleuchtender als *Sidos* Geschichten über Sex, Drugs und Rap 'n' Roll.

Aber ist eine solche Inszenierung nicht auch eine subversive Strategie, welche die Werte und die Moral der Mehrheitsgesellschaft infrage stellt?

Murat: Sicher irritiert es auf den ersten Blick. Man muss sich jedoch fragen, unter welchen kommerziellen Voraussetzungen hier Irritation erzeugt wird. Und vor allem: Wer soll hier irritiert werden? Werden hier wirklich Stereotype gebrochen, oder werden lediglich alte Klischees durch neue ersetzt? Wird tatsächlich ein problematischer Blick auf Menschen und Orte aufgelöst, oder wird dieser Blick durch die neuen Bilder nicht sogar noch gestärkt? Ich finde in diesem Zusammenhang Gruppen wie *NTM* aus Paris spannender, weil die viel stärker einen Gegner benennen – die Polizei, den Staat, die repressiven Strukturen des Systems – und damit eine Möglichkeit eröffnen, Zustände zu verändern. Man sieht das auch daran, dass der französische Staat gegen solche Rapper zurzeit massiv vorgeht und eine Indizierungskampagne losgetreten hat.

Auch in Deutschland gibt es eine solche Kampagne. Alben von Rappern wie Sido, Bushido *oder* King Orgasmus *wurden von der Bundesprüfstelle schon auf den Index gesetzt.*

Murat: Das ist richtig, und hier zeigt sich auch der Unterschied. In Deutschland haben wir eine moralische Debatte um Sex, Drogen und Werteverfall. In Frankreich hingegen geht es um politische Forderungen. Hier weigert sich der Staat, soziale und politische Realitäten anzuerkennen, die von Rappern thematisiert werden.

Wieso reagiert HipHop in Frankreich auf solche Umstände mit anderen Strategien als HipHop in Deutschland?

Murat: Es ist schwierig, Frankreich und Deutschland zu vergleichen, weil Frankreich als Staat ein völlig anderes Selbstverständnis hat als Deutschland. Französischer Rap hat von Beginn an soziale Realitäten radikal thematisiert und seine Kritik, seinen Hass auch deutlich adressiert. Deshalb wurden *NTM* von der Bühne weg verhaftet, deshalb wird in jedem zweiten Song die Polizei oder der Staat als Gegner benannt.

Bushido *stilisiert sich auch als Staatsfeind.*

Murat: Das ist ein interessantes Phänomen. Seit wann macht *Bushido* das? Seit er im Zentrum dieser Indizierungskampagne steht. *Bushido* macht das vor einem moralischen Hintergrund, er stilisiert sich als Bürgerschreck, der mit Sex und Gewalt hausieren geht, aber im Grunde alles doch nicht so meint. Er will ein unpolitischer Künstler sein, aber im Grunde genießt er es, den bösen Bube zu spielen. Ironischerweise bietet die Bundesprüfstelle vielen Rappern erst die Möglichkeit, sich als Rebellen zu stilisieren.

Du hast vorhin von dem politischen Selbstverständnis französischer Rapper gesprochen. Sascha Verlan hat in seinem Buch über HipHop in Frankreich mit einigen Gruppen gesprochen, die mit ihrer Musik in La Haine *vertreten sind, jenem Film, der vor gut zehn Jahren erschien und die Situation in den Banlieues thematisiert. Die meisten Rapper hatten jedoch gar keine Lust, über dieses Thema zu sprechen, und waren sichtlich genervt, dass sie ständig mit* La Haine *in Verbindung gebracht werden.*

Murat: Ich kann diese Reaktion verstehen, denn der Gettodiskurs kann in mehrfacher Hinsicht zur Falle werden. Gruppen wie *IAM* oder *NTM* wurden von den Medien schnell in die Ecke der authentischen Banlieue-Vertreter abgedrängt und hatten aus dieser Position heraus nur wenige Möglichkeiten, als Künstler wahrgenommen zu werden. Man darf auch nicht vergessen, dass die Rapper in Frankreich genauso wie in Deutschland oder anderswo Platten verkaufen und Geld verdienen wollen. Es kann in dieser Dynamik aber auch zu einer Rückkopplung kommen, sodass das Getto zum Verkaufsargument wird, weil die Konsumenten ein Bedürfnis nach bedrohlichen Bildern und Geschichten haben. *50 Cent* sagt selbst, er schaue nur deshalb grimmig und böse, wenn eine Kamera auf ihn gerichtet wird, weil das die Leute von ihm erwarten würden.

Wie erklärst du dir, dass sich die Unruhen in den französischen Vororten zwar mit einer unglaublichen Wut und Intensität äußerten, aber praktisch ohne politische Forderungen auskamen?

Murat: Es gab bis auf die Proteste gegen den französischen Innenminister Sarkozy keine konkreten politischen Forderungen in diesen Kämpfen. Die Unruhen standen jedoch als Ganzes für die Forderung nach einem anderen Frankreich, das diesen Menschen in den Vororten eine Teilhabe am gesellschaftlichen Reichtum zugesteht. Dazu muss man sich aber auch die Entwicklung der Linken vergegenwärtigen, die auf die aktuellen Situationen nicht mehr mit starken, einheitlichen Antworten zu reagieren in der Lage ist. Das hinterlässt eine ideologische Lücke, die von Jugendlichen zunehmend durch ein konsumistisches

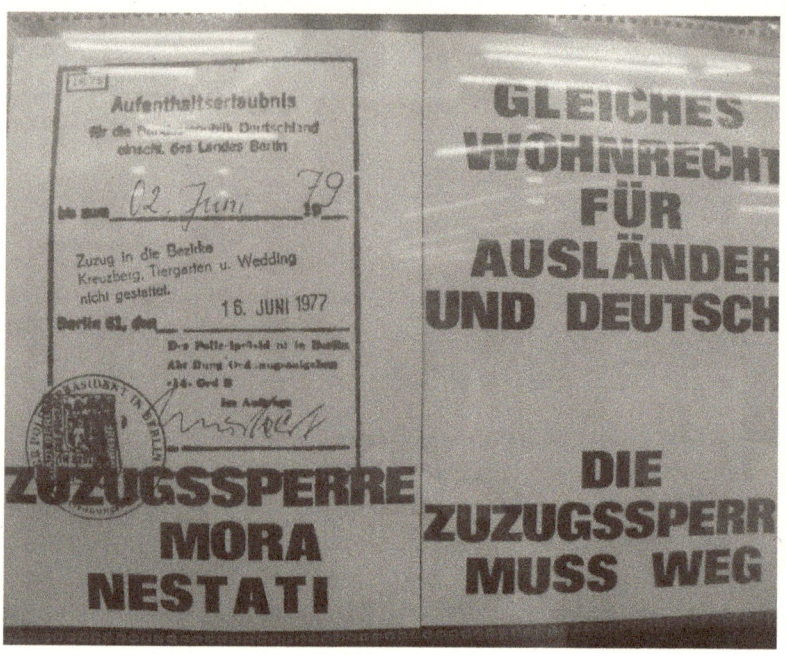

Protest gegen Zuzugsbegrenzung

Verhalten ausgeglichen wird. Für die Jugendlichen, die an den Ausschreitungen in Frankreich beteiligt waren, zählt die alte Rechts-links-Orientierung schon lange nicht mehr.

Liegt hier nicht auch ein grundsätzliches Missverständnis? Viele Linke haben HipHop ja zunächst als politische, systemkritische Kultur wahrgenommen. Mit diesem Verständnis wiederum konnten die Leute aus der Szene nichts anfangen.

Murat: Man kann das so formulieren, ich glaube aber auch, dass die Bezüge zwischen den beiden Szenen in den späten Achtziger- und frühen Neunzigerjahren noch wesentlich intensiver waren. Mit dem Zusammenbruch der Weltordnung des Kalten Kriegs versäumte es die Linke zunehmend, Antworten zu geben, die für Jugendliche im alltäglichen Leben Nutzen und Überzeugungskraft haben. An die Stelle der alten Ideen von Widerstand, Solidarität und Klassenkampf sind der Konsum und das Leistungsprinzip getreten.

Kann man also sagen, dass die Verlierer des modernen Kapitalismus, die Abgedrängten und Abgeschobenen, die Regeln, denen sie selbst zum Opfer gefallen sind, so weit übernommen haben, dass sie nun mit Feuer und Gewalt eine Teilhabe am gesellschaftlichen Reichtum erzwingen wollen?

Murat: Natürlich, genau das ist ja das Prinzip von Gangsta-Rap. Leute wie 50 Cent sind Unternehmer, die nichts anderes wollen, als Geld zu verdienen. Sie bekennen sich zu den Regeln des modernen Kapitalismus und schreiben mit jedem ihrer Songs den Tellerwäschermythos fort. Im Viertel selbst wird freilich nicht nach den offiziellen Regeln gespielt. Dort ist das Kapital zunächst rohe körperliche Gewalt, Drogen- und Frauenverkauf und so weiter. Im Grunde unterscheidet sich diese Praxis hinsichtlich ihrer Fragwürdigkeit nur wenig von dem Vorgehen der Global Player in den großen Unternehmen. Auf der anderen Seite muss man aber auch fragen: Was gibt man den Leuten, dem Viertel, der Straße zurück, denen man seinen Erfolg verdankt?

Sind solche gewalttätige Reaktionen wie in Frankreich auch in Chorweiler, der Nordweststadt oder dem Märkischen Viertel denkbar?

Murat: Die Voraussetzungen hier sind völlig andere. Zunächst sind die Pariser Banlieues allein von ihrem Ausmaß her so gigantisch, dass man sie einfach nicht mit dem Märkischen Viertel vergleichen kann. Dann gibt es unter den Migranten in Frankreich ein anderes Selbstverständnis: Es gibt eine gemeinsame Sprache und ein stärkeres Selbstbewusstsein. Schließlich äußert man seinen Protest und die Forderung nach Teilhabe an der Gesellschaft als Staatsbürger und nicht als Ausländer. In Deutschland haben wir es mit einem Community-Patchwork zu tun, das verschiedene migrantische Gemeinden umfasst, die im Hinblick auf Bildung und sozialen Status ganz unterschiedliche Voraussetzungen haben. Spanische Einwanderer beispielsweise sind größtenteils gut integriert und haben gute Schulabschlüsse, wohingegen türkische oder italienische Migranten viel schlechter dastehen. Wo in Frankreich eine radikale Assimilation unter den Citoyen-Gedanken gefordert wird und kulturelle Unterschiede ignoriert werden, orientiert man sich in Deutschland an der Idee des Multikulturalismus. Man hebt kulturelle Unterschiede hervor und schreibt sie sozial, politisch und juristisch fest.

Genau das tut auch Fler, *wenn er sagt, er sei als Deutscher allein unter Migranten aufgewachsen und wolle jetzt seine Identität behaupten.*

Murat: Fler argumentiert immer, dass er von seinen migrantischen Freunden gelernt habe, dass man stolz auf sein Land sein müsse. Dabei fragt er natürlich nicht, warum sich viele Migranten an ihrem Stolz so festklammern. Dahinter steckt eine Reaktion darauf, dass man als „Ausländer" in Deutschland immer wieder die Erfahrung macht, hier nicht willkommen zu sein. Die Rückbesinnung auf die „ursprüngliche" Identität, also auf das Herkunftsland, zu dem man kaum einen Bezug hat, ist einerseits Teil des multikulturellen Systems, andererseits bietet es die Möglichkeit, dem Gefühl der Ausgrenzung das Gefühl des Stolzes entgegenzusetzen. In diesem Sinn handelt es sich um eine Trotzreaktion, die man deshalb aber nicht verherrlichen muss. Im Fall von *Fler* liegen jedoch keine systematische Ausgrenzung und Benachteiligung aufgrund von Aussehen, Pass oder Sprache vor. *Fler* ist als Deutscher Teil der Mehrheitsgesellschaft, selbst dann, wenn er in einem Viertel lebt, das vorwiegend von Migranten bewohnt ist. Andererseits betont *Fler* immer wieder seine Heimkindgeschichte und dass er vom deutschen Staat nichts geschenkt bekommen habe. Deshalb ist sein Stolz auf Deutschland nicht nur perfide, sondern auch ausgesprochen dumm. Diese Geschichte steht auch stellvertretend für die skurrilen Blüten, die der multikulturelle Gedanke in Deutschland hervorgebracht hat, und sie zeigt auch, wie eine vorgeblich progressive Idee in eine rückschrittliche, nationalistische Haltung umschlagen kann.

Könnte man unter rein ordnungspolitischen Aspekten sagen, dass das deutsche Modell des Multikulturalismus erfolgreicher ist als der französische Affirmationsansatz?

Murat: Das ist ein sehr zynisches Urteil, weil es das Prinzip „Teile und herrsche" zur Handlungsmaxime erhebt. Die ökonomische Frustration in Deutschland ist sicher nicht geringer als in Frankreich. Die Arbeitslosigkeit unter Migranten ist doppelt so hoch wie unter Deutschen, und PISA hat gezeigt, dass Migranten und sozial Schwache im deutschen Bildungssystem eindeutig benachteiligt werden. Auf der anderen Seite sind Unruhen in England, wie zum Beispiel in Birmingham, Folgen des Multikulturalismus. Es ist also fragwürdig, hier von ordnungspolitischen Erfolgen zu sprechen.

Nun gibt es einige Intellektuelle, die zum Beispiel mit Aggro Berlin *sympathisieren, weil sie behaupten, dass sich gerade dort die Frustration, von der du sprichst, künstlerisch äußert und in ihrer sexistischen, homophoben und gewaltverherrlichenden Zuspitzung die Verhältnisse sichtbar macht und kritisiert.*

Murat: Es ist richtig, dass *Aggro Berlin* mit dieser Frustration spielt, aber ich kann die Kritik, von der du sprichst, nicht nachvollziehen. *Aggro Berlin* bedient sich der Frustration und speist sie in einen kommerziellen Verwertungsapparat ein, um damit Geld zu verdienen. Bei *Fler* oder *B-Tight* geht es nicht darum, problematische Bilder zu brechen, sondern sie zu verwerten. Es ist insofern ein Modell für Jugendliche, weil man diesen Weg der kommerziellen Verwertung als eine Aufstiegsmöglichkeit für sich selbst ins Auge fassen kann, und es ist kein Zufall, dass alle Rapper, die im Moment mit dieser Methode Geld verdienen, das in ihren Texten ausgiebig betonen. Damit sind wir aber wieder beim alten Tellerwäschermythos gelandet, der Teil der kapitalistischen Erzählung ist. *Aggro Berlin* stellt überhaupt nichts infrage und ist insofern auch kein Tabubrecher. Vielmehr wird die Idee männlicher Dominanz ganz und gar nicht ironisch als Handlungsprinzip vorgestellt. Die in diesem Zusammenhang produzierten Bilder empfinde ich als sehr rückständig. Soziale Verlierer, Frauen, Schwule und so weiter werden von den *Aggro*-Rappern durchgehend als schwach und damit als minderwertig klassifiziert. Ich habe mich oft gefragt, woher diese Aggressivität gegenüber Menschen rührt, die sich kaum wehren können, weil sie es in der Gesellschaft ohnehin schon schwer haben. Ich glaube, dass das auch mit einer Angst vor sich selbst zu tun hat, weil die Bilder, die dort transportiert werden, Bilder der eigenen Schwäche sind. Für wen spricht denn *Fler*, *B-Tight* oder *Bushido*? Für gesellschaftliche Außenseiter, Bildungsverlierer, Jungs, die nichts erreicht haben, Jungs, die aus kaputten Familien kommen, Heimkinder, Scheidungskinder, Kinder ohne Vater und so weiter. Anstatt diesen Jugendlichen ein anderes gesellschaftliches Selbstverständnis anzubieten, wird hier die Frustration dem eigenen Gewinn nutzbar gemacht. Letztlich sind diese Aggressivität, dieser eliminatorische Hass nichts anderes als die Wut auf sich selbst. Denn wenn man in seinem Leben an einem Punkt angelangt ist, an dem man sich als totaler Versager fühlt, dann besteht die Gefahr, dass man sich an vermeintlich noch Schwächeren abreagiert. Interessanterweise ist das in erster Linie eine Strategie junger

Männer. Frauen gehen oft anders damit um, unter anderem deshalb, weil sie zum Beispiel im Bildungsbereich erfolgreicher sind und es nicht nötig haben, ihre Schwäche durch eine übersteigerte Aggressivität auszugleichen.

Ist das nicht auch eine Idealisierung weiblicher Strategien?

Murat: Vielleicht, aber manchmal ist es wichtig, ein dominantes Bild zunächst mit einem überspitzten Gegenentwurf infrage zu stellen. Interessant ist ja, dass es auf der anderen Seite auch viele junge Frauen gibt, die sich von solch männlich-aggressivem Rap angesprochen fühlen. Ich glaube, dass es grundsätzlich ein gesteigertes Bedürfnis nach klaren Definitionen hinsichtlich männlicher und weiblicher Rollenaufgaben gibt und dass das auch etwas mit der aktuellen wirtschaftlichen Entwicklung zu tun hat. Das männliche Versorgerprinzip hat eine neue Relevanz und Attraktivität bekommen. Wo die Frauenbewegung in den Siebzigerjahren den herkömmlichen Blick auf Männer und Frauen grundsätzlich infrage stellte, haben wir es heute mit einem Backlash zu tun: Rollenvorstellungen aus der Vergangenheit und archaische Bilder wie das von der Heiligen und Hure rücken zunehmend in den Vordergrund und bestimmen das Denken und Handeln von Jugendlichen. Rap ist im Moment das Medium, in dem diese rückständigen Bilder immer wieder durchgekaut werden. Als vaterlose Söhne produzieren Rapper wie *Sido* oder *Bushido* ja auch ein marienähnliches Frauenbild, das jungen Mädchen die Chance gibt, sich auf der Seite der Heiligen zu positionieren. Auf der anderen Seite signalisiert die Hypersexualisierung in den Rap-Videos jungen Mädchen, dass ihr Körper in diesem Spiel ein wichtiges Kapital ist, ein Objekt des permanenten Begehrens, das für Männer offenbar elementar wichtig ist. Allerdings ist das für Frauen ein riskantes Spiel, weil Sexualität kein machtfreier Raum ist, und man muss sich fragen, was man gewonnen hat, wenn man unter diesen Rahmenbedingungen sichtbar wird.

Trotzdem wird doch durch die Sexualität und Aggressivität, die sich in den Texten und Videos der Rapper äußern, darauf verwiesen, dass nicht alles eitel Sonnenschein ist, dass es Probleme gibt, dass es verwahrloste Viertel gibt und so weiter. Es werden also Bilder in den Mainstream gespeist, die vorher vertuscht wurden oder zumindest nicht diese Relevanz hatten.

Murat: Das hätte seine Berechtigung, wenn die Bilder, von denen du sprichst, tatsächlich etwas mit den Orten, von denen sie vorgeblich erzählen, zu tun hätten. Aber ist das herausragende Merkmal sozialer Brennpunkte wirklich, dass dort Sexorgien und bunte Drogenpartys gefeiert werden? Ich glaube, dass wir es hier weder mit Realitäten noch mit Zerrbildern zu tun haben, sondern vor allem mit Fantasien pubertierender Jungs.

Das hört sich alles recht desillusioniert an. Siehst du denn im deutschsprachigen Rap auch Tendenzen, die sich diesen Klischees entziehen?

Murat: Ich finde den Vergleich mit *Sido* und *Azad* interessant, vor allem den Vergleich der Videos „Mein Block" und „Phönix". *Azad* bemüht sich sowohl in seinen Lyrics als auch in den Bildern, die in seinem Video vorkommen, um einen nüchternen Blick. Er stellt Alltagssituationen aus dem Viertel vor, die weder stereotyp sind noch eine voyeuristische Schlüssellochperspektive bedienen. *Azad* artikuliert eine Frustration, die viel näher an der Realität ist als *Sidos* Verherrlichung des Märkischen Viertels. *Azad* stilisiert natürlich auch einen Überlebenskampf, aber er behält dabei den Alltag der Menschen vor Ort im Auge. Er ist mit seinen Bildern oft nah an *Tupac,* der das Getto nie als exotischen Ort verklärt hat. Bei *Azad* zeigt sich das Bemühen, für sich, seine Familie, seine Freunde eine Perspektive außerhalb des Gettos in den Blick zu bekommen. Deshalb beschäftigt er sich – wenn auch oft indirekt – mit politischen und sozialen Dimensionen der Wechselwirkung zwischen Mehrheitsgesellschaft und Gettoverortung.

Azads Stilisierung des Überlebenskampfs im Getto ist auch eine sehr reduzierte Wahrnehmung gesellschaftlicher Strukturen, und vor allem ist es immer noch eine rein männliche Angelegenheit.

Murat: Das hat etwas mit HipHop an sich und dem Charakter der Battle zu tun. Das Konkurrenzprinzip in der HipHop-Battle hat grundsätzlich eine sehr männliche Dynamik, die Form, wie dort mit Aggression umgegangen wird, ist extrem maskulin. Und das zieht vor allem Männer an, was man an der gesamten Rap-Ästhetik gut erkennen kann.

Trotzdem empfindest du die Gettoinszenierung eines Azad *als authentischer und offenbar auch als besser als zum Beispiel die eines* Sido *oder* Fler.

Murat: Man muss an dieser Stelle natürlich aufpassen, dass man sich nicht zum Anwalt des Authentischen macht und damit wieder eine Erwartungshaltung vorgibt. Es gibt einen Aspekt, den ich zum Beispiel auch bei *Sido* interessant finde und den ich bisher bei nur sehr wenigen Rappern wahrgenommen habe: *Sido* hat Humor, und er ist stellenweise ironisch. Das ist ein Punkt, den ich auch an „Mein Block" gelungen finde. Denn sobald man als Künstler mit Ironie, mit einem Augenzwinkern arbeitet, ergibt sich die Möglichkeit, Klischees infrage zu stellen und mit Rollenzuschreibungen zu spielen. Man darf auch nicht vergessen, dass Rap in Deutschland trotz der aktuellen Fokussierung auf Gangsta-Rap durchaus auch andere Facetten hat. Ich denke da an *Bektaş* und *Sırtlan,* an *Manges* oder *Scarabeuz* und viele andere, und ich gehe davon aus, dass sich diese Vielfalt auch zunehmend in der medialen Präsenz widerspiegeln wird, denn es gibt ein Bedürfnis nach Geschichten, die frei von Klischees und starren Zuschreibungen sind.

„eine kleine episode, um was klarzustellen"

Die Autoren und das Schreiben über HipHop 2000

Es ist eine heikle Sache, das Schreiben über HipHop. Einerseits schreiben viel zu viele über HipHop und haben keine Ahnung. Andererseits, wenn Leute aus der Szene über ihr Ding schreiben, fehlt oft die nötige Distanz. Der Leser wird mit Insider- und Detailinformationen überfrachtet, die er nicht verstehen kann und die auch nicht wirklich wichtig für ihn sind. Viele der Kapitel unseres Buches leben von den persönlichen Erzählungen von Leuten aus der Szene. Andere Kapitel wiederum spiegeln unsere eigene HipHop-Geschichte wider. Wir wollen uns deshalb zunächst vorstellen und unsere Position in und zur HipHop-Szene kenntlich machen. In den Überschriften der einzelnen Kapitel verweist ein Kürzel darauf (*SV* = Sascha Verlan; *LJ* = der Rapper-Name von Hannes Loh), wer das jeweilige Kapitel geschrieben hat.

Eine weitere Frage, die uns umtreibt: Was weiß derjenige, der dieses Buch in die Hand nimmt? Welche Begriffe sind geläufig? Welche Namen, Ereignisse, Daten können als bekannt vorausgesetzt werden? Was muss erklärt werden? Deshalb gibt es, um dem Insider die Lektüre nicht unnötig zu erschweren und dennoch einen umfassenden Einstieg in die HipHop-Kultur zu ermöglichen, im Anhang dieses Buches das Glossar, das die Begriffe der HipHop-Kultur und angrenzender Szenen erläutert. Wir hoffen, dass wir nichts vergessen haben, denn auf die Definitionen allgemeiner Poplexika, aber auch anderer HipHop-Bücher ist nicht unbedingt Verlass. Wer also einen Begriff, einen Namen nicht kennt: Ein Blick ins Glossar oder Register sollte Aufschluss geben.

Sascha Verlan *(SV)*, Jahrgang 1969, geboren und aufgewachsen in Esslingen am Neckar: *Die Fantastischen Vier* fand ich lächerlich, anfangs, „Die da?" oder „Lass die Sonne rein", und Rap aus Amerika habe ich einfach nicht wahrgenommen. Für mich begann alles am 17. September 1993, einer dieser Zufälle, die nicht Zufall sind, sondern Schicksal: Im ZDF lief zu später Stunde *HipHop Hooray,* die erste und bis heute unerreichte Dokumentation über die HipHop-Kultur im deutschen Fernsehen. Und obwohl ich zu der Zeit selten bis überhaupt nicht fernsah, saß ich an diesem Abend vor der Mattscheibe. Ein paar Monate später dann, ich war gerade als Fremdsprachenassistent in Paris, wurde die Sendung auf arte wiederholt und wieder saß ich zufällig und nicht weniger gebannt davor.

Kurz davor hatte ich Peter Rühmkorfs wunderbares „agar agar zaurzaurim – Zur Naturgeschichte des Reims und der menschlichen Anklangsnerven" gelesen und teilte nun mit ihm die Angst um die Überlebenschancen des Reims. Doch plötzlich waren da ein paar Jungs, zum großen Teil Migrantenkinder, die in freier Improvisation vor sich hin reimten, dass einem Hören und Sehen verging. Natürlich war nicht alles Gold, was da glänzte, aber spielte das eine Rolle, war das wirklich wichtig angesichts der Tatsache, dass da eine neue Generation von Dichtern heranwächst, die aus sich heraus eine neue Reimtradition ins Leben rief? Oder umgekehrt: Wie viel Mist hat uns die traditionelle Literatur schon beschert und was ist da wirklich herausragend?

Irgendwann fiel dann die Entscheidung, mich auch wissenschaftlich mit HipHop zu beschäftigen. Die Erinnerung ist ja eine wunderbare Geschichtenerzählerin: Natürlich hat mich die zeitgenössische Lyrik irgendwie gelangweilt, zumindest das wenige, das ich kannte, kennen konnte. Natürlich war mir der Themenkanon universitärer Literaturwissenschaft zu rückwärts gewandt, schienen mir die Methoden veraltet. Aber ob das der Grund war, mich mit HipHop zu beschäftigen, mich ganz darauf einzulassen? Der Rebell in mir will es so. Und ich habe die Geschichte inzwischen auch oft genug erzählt, inzwischen wird es also schon stimmen.

Richtig und endgültig gepackt aber, sodass HipHop zu einem Teil meiner selbst wurde, hat es mich erst Ende 1996 mit „Nichtsnutz" von den *Massiven Tönen,* „Alles Vorbestimmung" von *Bob,* „Schlüsselkind" von *Cora E,* „Verlorn" von *Fast Forward,* „1:0 für Babylon" von den *Absoluten Beginnern* und als ich endlich *Kinderzimmer Productions* kennen lernte. Seitdem erst kenne ich HipHop, so wie Greg Tate das beschrieben und gefordert hat: „you know hip-hop when you see it. you can only see hip-hop, when it seizes you." Ich möchte all jenen danken, die dieses Buch möglich gemacht haben: *Ade, Ale, Ali, Almut, Bastian,* Berno, *Bob, Boulevard Bou, Cribb* 199, *Derya,* Dirk, Henrik, *Jürgen,* Malte, Marius, Mathias, *Ma, Max,* Mike, Ole, *Opossum,* Sami, *Schowi, Scope, Scorpio, Souri, Storm, Stylewarz,* Toni, *Torch, Tyron,* Vicente.

Hannes Loh *(LJ)*, geboren 1971 in Münster: Ich wuchs in Iserlohn auf, einer jener mittelgroßen Kleinstädte, die weder ganz provinziell noch richtig urban sind. Breakdance streifte mich 1984, als ich dreizehn Jahre alt war und mit meinen Popperfreunden in Tanzschulen rumhing. Erst zwei Jahre später, mit der dritten LP von *Run DMC, Raising Hell,* packte mich die Begeisterung für HipHop.

Als Rap-Fan hatte ich eine Exotenrolle, mit der ich gut leben konnte. Ich war der Verrückte, der mit *Run DMC*-Bomberjacke, Baseballkäppi und grüner Trainingshose rumrannte. Ich hielt mich für den einzigen Rapper in Deutschland und rappte meine englischen Texte auf B-Seiten-Instrumentals. *Ali* von *Da Crime Posse* aus Kiel erzählte mir in einem Interview, dass er durch das Texteschreiben in Englisch von einer Fünf auf eine Zwei gekommen sei. Weil mich mein Lehrer hasste, blieb ich auf meiner Fünf sitzen.

1992 gründete ich mit *Bomber Anarchist Academy*. Mit *Anarchist Academy* standen wir stets etwas im Abseits. Wir waren weder Alte noch Neue Schule, kamen aber auch nicht aus einer anderen Szene. In so einer Position erfährt man viel, und so habe ich ein seltsames Verhältnis zu HipHop in Deutschland. Seit 1995 habe ich immer wieder in Artikeln, Interviews oder Texten versucht, Kritik anzubringen und auf bedenkliche Tendenzen hinzuweisen. Nur sehr wenige wollten das hören. Der Großteil der Szene duckt sich unter den Tellerrand, feiert den Erfolg von „Deutschrap" und klopft sich gegenseitig auf die Schulter. Gleichzeitig bin ich immer wieder fasziniert davon, auf welche Ideen die Leute kommen.

Während der Vorbereitung für dieses Buch habe ich neue Seiten an HipHop kennen gelernt, die mir Hoffnung machen. Es gibt viele Leute da draußen, die noch einiges vorhaben, und ich bin davon überzeugt, dass die *KRS ONEs* und *Public Enemys* noch kommen werden. In diesem Sinne: Don't believe the hype! Und besonderen Dank an *Murat G,* Ade und *Abi,* Samy und *BOB, Tachi, Ali* und *Da Crime Posse, Milo, Bö,* Paul, *Lisa, Agi, Moses,* Ulrich, Dario, Raul, Bütti, die Dortmunder Mutterschiffler, Aybars, Peter, Olli, Carsten K, *Günther Jacob,* Harol, *Feridun Zaimoglu,* alle Ex-Krombacher, *Mindix* und Andi, The Mexican Allstars, Sven und die total verrückten Crazyboys, *Moses A., Higgi, Suli, DJ Zonic, Soni* und den gesamten HipHop-Nachwuchs, der ausspricht, wie es ist ...

„hiphop ist wie pizza, auch schlecht noch recht beliebt"

HipHop im Juni 2000 (SV)

Wenn heute einer zu HipHop kommen will, als Fan, Journalist, besorgter Vater, gar als Wissenschaftler, so sind die Informationsmöglichkeiten schier endlos: Vom Lexikon über Fachmagazine bis hin zum Versandhandel für Sprüher-Utensilien, der Zugang zur HipHop-Kultur ist so einfach wie nie. Auf der anderen Seite, wenn es einer wirklich ernst meint mit Rap, DJing, Breakdance und Graffiti, dann sind die Erwartungen heutzutage derart hoch geschraubt, dass es schwer wird, hier seinen Platz zu finden, die anderen zu beeindrucken. Und darum geht es ja schließlich in der Battle-Kultur HipHop. Gleichzeitig hat HipHop bis zum heutigen Tag eine Stilvielfalt hervorgebracht, die wirklich für jeden Geschmack etwas bringt. Vom härtesten Metall bis zum seichtesten Schlager, HipHop bedient alles und jeden, so scheint es zumindest. Und nicht wenige macht „diese neue freiheit ratlos wie nie" *(Kinderzimmer Productions)*.

Jeder spricht heute wie selbstverständlich von HipHop, als sei es allein sein Ding: Radio und Fernsehen, Film und Mode, die Boulevardpresse ebenso wie das klassische Feuilleton. Kaum einer kennt die Ursprünge, weiß, „wie das alles begann" *(Torch)*, in New York, der Mutterstadt des HipHop, und wie es aus den USA nach Mitteleuropa kam. Kaum einer weiß etwas, aber alle wissen unheimlich Bescheid. Also los, was ist HipHop?

HipHop ist die heilige Dreifaltigkeit von Rap, Breakdance und Graffiti, brüllen die Puristen aus der allerersten HipHop-Reihe. Und schon sind die DJs beleidigt, weil sie wieder einmal mit den Rappern in einen Topf geworfen wurden. Zu Recht, schließlich waren sie es, die DJs, die HipHop erfunden haben, damals, Anfang der Siebzigerjahre in der Bronx, und nicht die Rapper – aber wen kümmert das heute noch?

HipHop, das sind die vier Elemente: DJing, Rap, Breakdance und Graffiti, schreien die Aufgeklärten, wie Wasser, Erde, Feuer, Luft, die

Essenzen des Lebens, die Bausteine für ein ganzes Universum ... Aber sind es nicht eigentlich fünf Elemente, die die HipHop-Welt im Innersten zusammenhalten?, fragt einer leise dazwischen. Was ist mit den Beatboxern? – Doch seine Frage bleibt im Rummel um den neuen deutschen Sprechgesang ungehört. Dabei sind es doch die Human Beatboxer, die mehr noch als die Rapper klarmachen, dass die Stimme im HipHop zuallererst ein Rhythmusinstrument ist und dass es Rapmusik an jeder Straßenecke geben kann, weil es dafür nicht mehr braucht als die Stimmen einer Crew.

Was ist denn nun mit BMX, mit Scaten und S-Bahn-Surfen, was ist mit den XXL-Hosen, den Sneakers und Baseballcaps? „ich mag skater, die writen, und ich liebe writer, die skaten", rappen die *Stieber Twins*, worauf *Hans Solo*, Rapper beim *Äi-Tiem* und Mitbegründer der DomSports-Halle in Köln, nur sagen kann: „Ich kenne viele Skater, die sprühen besser, als viele Sprüher skaten können. Und viele Skater sprühen besser als Sprüher. Also wer ist nun HipHop, wer nicht?"

HipHop, das ist doch ganz klar, sagte *Grandmixer D.ST* zu *Rapneck Ossi* und *Ziggie Moondust*, hop ist eine Tanzparty und hip ist eben, wer den Durchblick hat, weiß, was gerade ansteht, also to be hip at the hop, HipHop. David Dufresne dagegen meint, hip sei ein Slangbegriff für Wettkampf, HipHop also der Wettbewerb auf der Tanzfläche. Das mag ja alles stimmen, fügt William Safire hinzu, aber hiphop sei zunächst einmal – und das schon seit Jahrhunderten – eine Abkürzung für hippety-hop, eine lautmalerische Umschreibung für das Hoppeln (!) eines Hasen. HipHop sei als Begriff den meisten Kindern geläufig und werde in Wortspielen häufig verwendet. Und tatsächlich rappte die *Sugarhill Gang* in „Rapper's Delight": „said a hip-hop, the hibbit, the hippidibby hip hop-hoppa, you don't stop the rocka to the bang-bang boogie, said up jump the boogie to the rhythm of the boogie da beat".

Alles gar nicht wahr!, ruft *Grandwizard Theodore* dazwischen. Wenn du dir die alten Videos einmal genau anschaust, dann kannst du sehen, wie die Leute auf- und abhüpfen. Das war damals typisch für unsere Partys, dieses quirlige Auf- und Abhüpfen, also to hop, hüpfen. Und dann war die ganze Sache natürlich in, also hip, deshalb heißen wir HipHop.

Die Wahrheit dürfte wie immer irgendwo dazwischen liegen. Jedenfalls beschreiben die drei Geschichten zusammengenommen recht gut, was HipHop ist: Wettstreit, Sprachspiel, Tanz, Party, Clubmusik und eben In-Sein.

Und dann gibt es Leute, die unter der neuen Jugendkultur wieder etwas ganz anderes verstehen: HipHop ist für uns ein idealer Werbeträger, sagt sich die Deutsche Bahn AG im Stillen, hat Erfolg damit und grinst sich eins. Ausgerechnet die Bahn, die seit Jahren unerbittlich jegliche HipHop-Spur von ihren Waggons entfernt, die seit Jahren mithilfe des Bundesgrenzschutzes gnadenlos Jagd macht auf die Writer-Szene macht, ausgerechnet die Deutsche Bahn AG macht Werbung mit HipHop. Wahrscheinlich verkaufen die irgendwann auch noch Sprühdosen, nur um cool zu sein. Aber abgesehen davon ist es natürlich eine clevere Marketingstrategie, hatte HipHop in Deutschland doch immer schon eine Affinität zur Bahn, nicht nur die Sprüher. Und außerdem ist es ja schon wieder witzig, wenn auf dem DB-Sampler Sprüher gegrüßt werden („props an *mode, gor, gawki* und props an *Zeb.Roc.Ski*" – *Stieber Twins*), oder noch besser, wenn aktive Writer selbst auf dem Sampler rappen.

Und die Deutsche Bahn AG konnte auch zwei angesehene Vertreter der HipHop-Szene für eine Mitarbeit an ihrem Projekt gewinnen: *DJ Rabauke* aus Hamburg (früher *Fettes Brot*, heute *Eins Zwo*) und *DJ 5ter Ton* aus Stuttgart *(Massive Töne)*. Sie kennen sich ewig und wollten schon seit längerer Zeit etwas zusammen machen, sagten sie zumindest den von der Deutschen Bahn engagierten Werbeleuten ins Mikro (nachzulesen unter www.deiner.de). Da kam ihnen dieses Angebot einer großen Plattenfirma gerade recht: Jeder durfte ein Mixtape zusammenstellen und beide Tapes zusammen wurden dann als Doppel-CD veröffentlicht. Die Idee stammt aus Amerika, der eine oder andere denkt vielleicht an die legendären Mixtapes von *Funkmaster Flex*, aber in Deutschland gab es das bisher eben noch nicht, die große Chance also. Und mit dem Geld einer großen Plattenfirma im Rücken war dann auch genügend Kohle da, die ganzen Lizenzen zu bezahlen – was will man mehr?

Was treibt die beiden DJs dazu, ihren guten Namen für ein Promo-Projekt der Deutschen Bahn AG herzugeben? „was' [ist] der handel" *(Blumentopf)*, fragt man sich und muss die Frage gleich an *Blumentopf*-DJ und -Produzent *Sepalot* zurückgeben, schließlich ist er mit *DJ Membrain* (früher *Fettes Brot*, heute mit *MC René*, unterwegs) verantwortlich für *Deiner Tracks II*. Im *Deiner*-Interview wird *DJ Sepalot* dann sogar gefragt, wie es für ihn sei, ein Produkt für die Deutsche Bahn zu machen. Für ihn sei wichtig gewesen, dass er in seinem künstlerischen Schaffen nicht beschnitten wird, die freie Titelauswahl mache das Projekt ganz cool (nachzulesen unter www. deiner.de). Ist das Zynismus, Gleichgültigkeit oder schlichte Geldgier? *Schowi* von den *Massiven Tönen* fällt dazu nur ein, dass er die Bundesbahn mag, wenn sie pünktlich ist, wie er lachend hinzufügt. Das mit den Sprühern sei schon Scheiße, aber für die Verfolgung sei ja letztlich der Bundesgrenzschutz verantwortlich und nicht die Bahn. Würde die etwas ganz anderes wollen, wenn sie können dürfte? Das hat er natürlich nicht gesagt, aber was soll diese Unterscheidung zwischen Bahn und BGS sonst bedeuten?

So viel Verquickung von HipHop und Kommerz: Da könnte man fast zum Dogmatiker werden, „ich könnte heulen wie pierrot / doch am ende ist sowieso alles nur teil der großen show" *(RAG)*, es ist eben alles nur noch ein großes Spiel. Dabei hatte doch alles so schön begonnen, Anfang der Achtzigerjahre „mit breakdance in der fußgängerzone", als noch „kein rap-video zeigte, wo's langging, man selber drangig" *(Linguist)*. Doch viele von denen, die damals HipHop groß gemacht haben, sind heute vergessen und mit den Personen verschwinden auch die Erinnerungen an diese Zeit. Wie war das in den frühen Jahren von HipHop in Deutschland, als es keine Rolle spielte, was einer war, woher er kam und in welcher Sprache er rappte? Dieses Gefühl von Einheit und Zusammengehörigkeit, das die frühen Jahre von HipHop in Deutschland prägte, scheint verloren zu gehen. Und allmählich beunruhigt das auch die jungen Stars der Szene. *Afrob* beispielsweise hat einen dieser Vergessenen gefragt, *Mathias Bach,* immerhin Gründungsmitglied der *Kolchose,* ob er ihn nicht auf seiner Tour begleiten möchte, um vor den Auftritten über die Geschichte der Bewegung zu sprechen, *Mathias Bach* – der Teacher. Da fragt man sich schon, warum macht *Afrob* das nicht selber, wenn es ihm wichtig ist? Kann er nicht? Weiß er vielleicht selbst zu wenig, um darüber sprechen zu können?

Was Mitte der Achtzigerjahre so klein und sympathisch begonnen hatte hier in Deutschland, ist inzwischen Big Business. *Rabauke* und *5ter Ton* sind längst nicht mehr allein, im Gegenteil: Da wäre zum Beispiel *Aleksey,* Rapper aus Braunschweig (früher *Phase V,* heute solo und bei der *Jazzkantine*), der tingelt fröhlich durch Norddeutschlands *McDonald's*-Filialen und liefert damit gleich eine ganz neue Definition von „rock das haus" – ausgerechnet *McDonald's.* Aber HipHop bietet einem ja in jeder Lebenslage das passende Zitat. Das wäre überhaupt die Idee: statt des Buchs *Latein für Aufschneider* die ultimative Zitatensammlung *HipHop fürs Großmaul* ... – und so rufen wir *Aleksey* fröhlich hinterher: „ich checkte / schaumschläger wie der sülzen gesalzen quark mit soße / auch dem jungen gemüse war dieses würstchen wurst. ne große / suppe muss er haben, wenn er hier kein auflauf will, denn schon / bildet sich 'ne traube um den hamburger grill" , danke *Bastian Böttcher (Zentrifugal).*

Da muss man ja fast schon froh sein, wenn *Deine Quelle* und *Breite Seite* (beide aus dem Stuttgarter Raum) bloß auf einer Wahlkampfveranstaltung der Stuttgarter SPD auftreten, schließlich hat *Odem,* einer der Kings aus der Berliner Sprüher-Szene, schon für die Junge Union gemalt. Obwohl: Wie Helmut Kohl seine Rede hält, hinter ihm das Bild von *Odem,* das hat was. Und wenn ihn das Honorar entschädigt hat für die Diskriminierung und Verfolgung der Jahre davor, warum nicht? Es ist nicht so einfach, eine Trennlinie zu ziehen. Was ist Fake und Original? Was gut, was schlecht? Für HipHop? Für die Szene? Für die Kulturen der Welt? Dass die *3. Generation* mit dem Titelsong zu *Big Brother* die deutschen Charts von null auf eins stürmt, ist da fast schon wieder beruhigend, die waren ja schon immer fake, aber sonst?

„alles geht, und nichts geht mit rechten dingen zu"

HipHop State of the Art (SV)

Ein ganz anderes, aus unserer Sicht erfreulicheres Beispiel dafür, was alles geht im HipHop, ist der Crossover zur alternativen Literaturszene und Elitekultur. Seit Mitte der Neunzigerjahre die Spoken-Word-Welle auch in Deutschlands Szenekneipen und In-Treffs populär wurde, haben immer wieder Rapper versucht, ihre Raps losgelöst von den Beats als lyrische Texte vorzutragen. Bekanntestes Beispiel hierfür ist *Bastian Böttcher* aus Bremen *(Zentrifugal)*, der zahlreiche Poetry Slams gewonnen hat, unter anderen den ersten National Poetry Slam von Berlin 1997 oder den dritten International Poetry Slam von Amsterdam. Er ist in New York im legendären *Nuyorican Poets Café* ebenso aufgetreten wie in der Spoken-Word-Hochburg San Francisco. Hier wie dort ist das Publikum begeistert von seinen Texten und seiner besonderen Art des Vortrags. Das ist einigermaßen erstaunlich, da die Meisten in Amsterdam, New York und San Francisco seine deutschen Texte inhaltlich gar nicht verstehen. Seit Anfang 1999 ist er für das Goethe-Institut als Botschafter einer neuen, jungen deutschen Literatur unterwegs. Im Mai '99 war er mehrere Tage in Brasilien, Anfang 2000 folgte eine Tour durch vierzehn nordamerikanische Städte und so soll es weitergehen.

Ein Crossover der besonderen Art ist *Bob* (früher Rapper und Freestylist bei der *Königsdorf Posse,* heute solo) und Maria de Alvear, Komponistin für Neue Musik, geglückt: Es kann sehr schnell gehen, dass man als Außenstehender ein Teil von HipHop wird, das durfte Maria de Alvear erleben, als sie eines schönen Tages durch den Kölner Stadtgarten spazierte. An jenem Abend war wieder einmal „Köllefornia" angesagt, die HipHop-Party für Köln. Und wie gewöhnlich war der Laden hoffnungslos überfüllt. Aber für HipHop braucht es keine Clubs, keine wummernden Beats, nicht wirklich. Und ein paar Jungs ließen sich denn auch die Laune nicht verderben und setzten sich in den nahe gelegenen Park zur Freestyle-

Session. Maria de Alvear spazierte also an den jungen HipHops vorbei, als sie plötzlich bemerkte, dass sie selbst zum Thema des Rap geworden war („da geht eine frau mit 'nem langen zopf"). Die Texte konnten also unmöglich vorher aufgeschrieben sein. Maria de Alvear war fasziniert und sprachlos wie viele vor und nach ihr, die zum ersten Mal einen Freestyle hören. Am nächsten Tag ging sie zu Music Works und ließ sich sämtliche vorrätigen Platten mit deutschsprachigem Rap vorspielen. Sie musste sehr viel aussortieren und blieb schließlich bei *Bob* und *Eins Zwo* hängen. Und wer sich auskennt in der HipHop-Szene, wird diese Auswahl einer Außenstehenden zu schätzen wissen.

Schnell war auch aus einem vagen Gefühl ein Konzept geworden. Bei ihrer nächsten Komposition wollte Maria de Alvear unbedingt mit einem Rapper zusammenarbeiten. Und da kam die Auftragsarbeit von der Deutschen Welle, ein Stück zum zehnten Jahrestag des Mauerfalls zu komponieren, gerade recht. Am 7. November 1999 fand dann im Sendesaal des Deutschlandradios in Köln die Uraufführung von „Land" statt: ein Rap von *Bob*, annähernd fünfundzwanzig Minuten lang und von einer Intensität und Dichte, wie selten zuvor auf Deutsch gerappt wurde, dazu die treibenden Beats von Pauken und Trompeten. Das Zusammenspiel von Rap und Neuer Musik entwickelte eine Dynamik, die niemanden im Publikum unberührt ließ. Daneben erscheinen andere Projekte, die schon früher Pop- und E-Musik verbinden wollten, seien es Portishead, Metallica oder die Scorpins, wie kühle Kopfgeburten.

Wie man sieht, geht im Jahr 2000 im deutschen HipHop irgendwie alles, und nichts geht mit rechten Dingen zu. Was ist noch HipHop, was schon nicht mehr? Und vor allem, wer ist noch HipHop und wer ganz bestimmt nicht mehr? *DJ Rabauke, DJ 5ter Ton, Afrob, Aleksey, Bastian Böttcher, Bob?* Die Kultur lebt und entwickelt sich fort, mit jeder neuen Gruppe, mit jeder neuen Platte und so muss jedes Urteil vorläufig bleiben. Denn jede Freude, jede Enttäuschung kann sich schon morgen in ihr Gegenteil kehren. HipHop lebt und die Entwicklungen der letzten beiden Jahre waren so rasant, dass sie sich – noch – jeder Kategorisierung und starren Einteilung entziehen. Und solange das so bleibt, wird jede zusammenfassende Darstellung vorläufig sein müssen. Im günstigen Fall nimmt unser Buch Einfluss auf die Entwicklungen und wird somit selbst zu einem Teil der Kultur.

„wenn der vorhang fällt, sieh hinter die kulissen"

HipHop in Deutschland, Mitte der Achtzigerjahre (LJ)

Wer wie ich das Pech hatte, in einer Stadt wie Iserlohn aufzuwachsen, der hat wenig mitbekommen vom großen HipHop-Boom. Natürlich haben auch in Iserlohn die Leute 1983/84 gebreakt, aber keiner von ihnen, der nach dieser Welle dabeigeblieben wäre. Als ich mich mit *Run DMC* für Rap und HipHop begeisterte, gab es in Iserlohn keinen HipHop. Es gab keine Tags, geschweige denn Pieces, keinen einzigen Breaker oder Rapper. Es gab gerade einmal ein paar Skater, die sich immer an den Rathaustreppen trafen, hier und da ein paar Tricks vorführten und ansonsten dem lieben Gott die Zeit stahlen. So muss es wohl überall sein, dachte ich und hielt mich für den einzigen Rapper weit und breit.

Mit meiner Liebe zu HipHop wurde ich schnell zum Außenseiter. In der Disco lief ständig „One" von Metallica oder Dark Wave, zu dem sich frustrierte Jugendliche apathisch vier Schritte vor und vier Schritte zurück bewegten, und jeder Zweite aus meinem Freundeskreis war Gitarrist oder Sänger in einer Rockband. Als ich dann ein kleines Repertoire an Lyrics und Instrumentals zusammenhatte, spielte ich zwar auf Konzerten, aber ich war eben der einzige Rapper zwischen mehreren Rockbands. Ich hatte weder einen DJ noch einen Co-Rapper, ich stand ganz allein auf der Bühne und musste den Leuten erst einmal erklären, was das Ganze zu bedeuten hat, wo meine Musiker sind und so weiter. Ich hatte niemanden, mit dem ich meinen Frust hätte teilen können. Keiner versteht dein Feeling und mit der Zeit wirst du zu einer Art Gimmick. Keiner weiß so recht, was du da machst, und deshalb finden es die Meisten schräg, aber irgendwie okay.

Als ich dann endlich jemanden kennen lernte, der auch Rapmusik hörte und sogar beatboxen konnte, da rannten wir nächtelang durch die Stadt und rappten vor uns hin. Dankbar für das kleinste Interesse, ließen wir uns auf die bescheuertsten Sachen ein. Einmal zum Beispiel kam der

Besitzer einer gutbürgerlichen Kneipe auf uns zu und fragte, ob wir nicht für hundert Mark bei ihm eine Session machen wollten. Wir: „Na klar, wann denn?" – „Zum Frühschoppen, Sonntag um neun!"

Ende 1989 habe ich dann sogar eine Single aufgenommen, mit dem Titel „LJ, best Rapper in Town" – das war nicht gelogen! Und das Verrückte ist, ich hätte mich bloß in die Buslinie 130 setzen und die zwanzig Kilometer nach Lüdenscheid fahren müssen. Aber wie hätte ich das ahnen können?

„wenn ich sterbe, stirbt zwar auch ein teil dieser kultur ..."

Tricks *und die Lüdenscheid-Story (LJ)*

Im Städteführer „Öde Orte" findet man neben Bremerhaven, Gießen und Kiel auch Lüdenscheid. Gelegen am Rande der A45, zwischen Hagen und Olpe im Sauerland, macht die Stadt einen idyllisch-langweiligen Eindruck. Typisch Provinzstädtchen, denkt man und stellt sich langhaarige Jugendliche vor, die ihre Wochenenden Bier trinkend auf dem Marktplatz oder in Diskotheken verbringen, die *Point* oder *Image* heißen. Hier wird noch Heavymetal gehört und man spürt den natürlichen Jahresrhythmus: Im Sommer ist Baggerseezeit und im Herbst beginnt auf den heimischen Wiesen die Suche nach Pilzen. Wer heute durch die Innenstadt Lüdenscheids schlendert, wird kaum auf die Idee kommen, dass hier in den Achtzigerjahren eines der Zentren der HipHop-Kultur in Deutschland war. Nur durch Zufall stößt man hier und da auf ein verschüttetes Zeichen, das an ein vergangenes Stadtbild erinnert, wie neulich, als eine große Werbetafel entfernt wurde und dahinter ein fünfzehn Jahre altes Piece von *Shark* zum Vorschein kam.

Irgendwann lernte ich durch Zufall *Zoid* kennen. Ein Freund kam eines Tages bei mir an und erzählte, dass er auf der Berufsschule einen Typen kennen gelernt hat, der auch rappt. Für mich war das wie eine Offenbarung und voller Vorfreude arrangierte ich ein Treffen. *Zoid* war nicht nur Rapper, er war auch Writer und kam aus Lüdenscheid. Wir gaben zu dieser Zeit ein alternatives Stadtmagazin heraus und ich wollte unbedingt etwas über die Lüdenscheider HipHop-Szene schreiben. Also fragte ich *Zoid*, ob er mir ein paar Skizzen oder Fotos geben könnte. Beim nächsten Treffen brachte er also sein Blackbook. Ich hatte in meinem Leben vorher noch kein Blackbook gesehen und war beeindruckt: Fotos, Skizzen, Charakter ... fasziniert blätterte ich mich durch sein Blackbook und sagte dann mit einer unglaublichen Naivität: ‚Du lässt dann dein Blackbook am besten hier, ich kopier mir, was ich brauche, und nächste

Woche gebe ich es dir dann zurück, okay?" *Zoid* starrte mich entsetzt an: „Das ist mein Blackbook ..." – „Ich pass schon auf", versicherte ich ihm und konnte seine Panik nicht verstehen. Meine Dreistigkeit muss ihn so schockiert haben, dass er mir tatsächlich sein Blackbook daließ. Erst später wurde mir klar, dass Writer ihre Blackbooks eigentlich nie aus der Hand geben, schon gar nicht wildfremden Leuten.

Der Kontakt zu den Lüdenscheidern wurde für mich immer wichtiger und bald stellte sich heraus, dass *Zoid* praktisch nur mit HipHops zu tun hatte, mit Leuten, die entweder rappten, breakten oder sprühten, und das nicht erst seit gestern. Einerseits war das fantastisch für mich, andererseits wurde mir bewusst, dass ich über all die Jahre hinweg nie die Möglichkeit hatte, mich mit anderen zu messen oder zu vergleichen. Ich hatte noch nie in meinem Leben gebattlet und mit einem Mal stand *Zoid* neben mir im Jugendzentrum nach dem Motto „zeig mir deine skillz, ich dir meine" *(Massive Töne)*. Als ich ihm einen meiner wirklich schlechten englischen Texte vorrappte, schaute er mich irritiert an und meinte etwas verlegen, wir haben in Lüdenscheid einen etwas anderen Style. Man muss dazusagen, dass *Zoid* ein ausgesprochen höflicher Mensch ist.

Es dauerte nicht lange und wir organisierten im Jugendzentrum in Iserlohn ein gemeinsames Konzert. „Morgen wirst du *Came* kennen lernen, der hat eine Stimme wie *Ice T*", meinte *Zoid* verheißungsvoll. Was ist bloß los in diesem Lüdenscheid?, dachte ich. Außer *Came* kamen dann noch andere Lüdenscheider, unter anderen *Germano*, „The Living Machine", ein genialer Beatboxer. *Came* lief auf dem Weg zum Jugendzentrum neben mir und rappte ununterbrochen. Ich glaube, er hat sich damals tatsächlich ein wenig wie *Ice T* angehört. Irgendwann fiel dann auch der Name *Tricks* und mir wurde schnell klar, dass *Tricks* für die ganze Szene in Lüdenscheid eine besondere Bedeutung hat, denn er war einer von denen, die die Leute motiviert und mitgerissen haben. So bildete sich dort schon um 1985 ein Stadtbild heraus, in dem HipHop nicht mehr zu übersehen war und auch Leute, die nichts mit der Szene zu tun hatten, darauf aufmerksam wurden.

Rapper LJ live on stage in der Provinzdisco *Point One* in Hemer

Zoid, Bomber und Came bei einem Auftritt in Iserlohn

„def rebelz of art"

Denick, Came *und* **Zoid** *erinnern sich ... (LJ)*

Im März 2000 treffe ich mich mit *Zoid*, *Came* und *Denick*, um über die alten Zeiten zu reden. Ich fahre von Köln aus mit dem Zug nach Hagen. Von dort geht es weiter mit der Regionalbahn bis zum Lüdenscheider Bahnhof. Ich sehe einige neuere Graffiti – nicht besonders ausgereift – und viel Toy-Geschmiere. Auf dem Weg zu *Came* schlendere ich durch die Innenstadt und suche vergeblich nach Spuren, die an das alte Lüdenscheid erinnern. Die Fassaden sind glatt und blank. Es ist Sonntag. Ehepaare spazieren mit ihren Familien an mir vorbei und ich muss an Franz Josef Degenhardt denken: „Sonntags in der kleinen Stadt, Sonntags in der kleinen Stadt ..." Wie konnte sich gerade hier eine lebendige HipHop-Szene entwickeln? Wie wurden meine Freunde *Zoid*, *Came* und *Denick* von diesem Virus befallen? Und warum ist das heute schon wieder vergessen?

Denick: Ich habe so um 1985 herum Graffiti in Lüdenscheid gesehen und dachte mir nur: Geil, was die da machen. Ich war damals grundsätzlich interessiert an Malen und Zeichnen und empfand diese Form von Graffiti-Malerei als eine Art Hightech-Malen. Daraufhin habe ich mich hingesetzt und versucht, Buchstaben zu malen, die gut zueinander passen. Was dann dabei herausgekommen ist, hatte inhaltlich noch überhaupt keinen Sinn. Ich habe *Clav* gemalt, weil meiner Meinung nach die Buchstaben gut zueinander passten, und bastelte dann mit 3-D-Effekten herum. Ich hatte mich vorher nie mit Buchstabengeometrie auseinander gesetzt. Schließlich habe ich mir gesagt: Okay, das machst du jetzt einfach. Ich habe einem Kollegen Bescheid gesagt und wir sind nachts sprühen gegangen. Und da musste ich feststellen, dass die ganze Angelegenheit doch etwas schwieriger ist, als ich mir das vorgestellt hatte. Ich habe also mein erstes Bild gemalt, ohne zu wissen, dass das HipHop ist. Dann ist uns aufgefallen, dass die Jungs auch immer Namenszüge neben ihre Bilder schreiben, und in der Stadt gab es öffentliche Toiletten, von denen war eine Tür immer total zugeschmiert. Unsere Idee war, wir provozieren die jetzt, indem wir auch so was machen. Und zwar streichen wir deren Namen durch und schreiben unsere dahin. Dann habe ich mir ein Englischwörterbuch genommen, mir einen schönen Namen ausgesucht nach dem Motto: Was hört sich richtig geil an? Und dann wurde ich *Flame*. Den Namen habe ich dann ein paar Mal geschrieben und so wurde der mein erstes Tag. Mein Kumpel hat dann einen Streit vom Zaun gebrochen, indem er in meinem Namen Flame geschrieben hat und daneben noch den Zusatz: Flame ist der König. Ich bin natürlich auch rumgerannt und habe überall Flame getaggt und das war der Punkt, wo die Szene aufmerksam auf mich wurde, denn plötzlich war ich City-King. Keiner wusste, wer ich bin, und keiner wusste, warum ich das mache. Ich selbst wusste es ja auch nicht. Am Anfang stand bei mir der Spaß, die Leute zu provozieren.

Came: Ich war zufällig einer von denen, die sich den Kopf darüber zerbrachen, wer zum Teufel *Flame* ist. Es kam zu dieser Zeit ständig vor, dass irgendwelche neuen Tags auftauchten, man hatte irgendwann keinen Überblick mehr, auch nicht bei den eigenen Leuten. Unten beim Citycenter waren immer diese 2000er-Edding-Tags und wenn da neue Sachen aufgetaucht sind, war man natürlich super gespannt. Einmal stand neben einem HHT-Tag von irgendwelchen anderen: „we want to see you HHT!" Und wir natürlich direkt druntergeschrieben: „wann und wo?" Und so ging das weiter und man hat sich kennen gelernt.

Die erste HipHop-Generation in Lüdenscheid, zu der neben *Tricks* noch die Handschuhmacher-Brüder – die heißen wirklich so – und *Deadly T* gehörten, inspirierten sehr schnell andere Leute, die sich begeistert der neuen Bewegung anschlossen und ihren Vorbildern nacheiferten. Dadurch entstand eine Szene, die schon vor dem Zenit der Breakdance-Mode sehr selbstbewusst war und sich durch die öffentliche Meinung wenig irritieren ließ.

Denick: Als dann die Breakdance-Welle alle erfasst hat, war das für uns ziemlich Scheiße. Wir waren eine relativ elitäre Truppe und haben uns ja gerade dadurch, dass wir was anderes machten, auch besser gefühlt. Cool daran war natürlich, dass man auf einmal erkannt wurde. Die Leute merkten plötzlich: Hey, die Jungs, die da seit Jahren ohne Schnürsenkel rumlaufen, die sind gar nicht zu arm, sich welche zu kaufen, sondern die sind cool. Der Kleidungscode, den vorher nur ein paar Leute verstehen konnten, sagte mit einem Mal auch allen anderen was und du konntest jetzt ruhigen Gewissens die ganze Palette deiner coolen Klamotten aus dem Schrank holen. Wenn du jetzt dein Frottee-Kangol, die dicke Goldkette und eine krasse Hornbrille trugst, wurdest du nicht mehr ausgelacht. Es war dann nicht so, dass es plötzlich bang machte und sich keiner mehr für Breakdance interessierte. Wir haben ja alle weitergemacht. Die richtige Szene ist nach der Breakdance-Flaute auch nicht geschrumpft, sondern durch Graffiti gewachsen. Bei mir in der Klasse war es so, dass alle, die nur halbwegs hip sein wollten, ihr geordnetes Leben über den Haufen geschmissen haben und sofort angefangen haben, Graffiti zu sprühen. Das war eine irre Zeit. Die Leute haben ihren Eltern den Dicken gezeigt und sind jede Nacht mit der Dose losgezogen. Da war was los an den Schulen! Jeden Tag kamen die Bullen in die Schule, um Fotos zu machen, Fingerabdrücke zu nehmen, Taschen zu durchsuchen. Da liefen so Sachen ab, dass die Bullen plötzlich in die Klasse kamen, alle mussten raus und einer blieb sitzen und wurde verhört.

Zoid: Die haben im Zimmer des Direktors unsere Klassenkameraden über uns verhört.

Came: Bei uns sind die Bullen in die Klasse, haben die Schüler rausgeführt und dann alle Taschen durchsucht. Man musste alles stehen und liegen lassen, Hände hoch, raus, und ein Bulle ist dann rein und hat alles durchwühlt.

Zoid: Das fing so um 1987 an. Da gab es dann so genannte erkennungsdienstliche Behandlungen, wo wir alle hinmussten, mit Schild in der Hand, schön in einer Reihe aufgestellt. Die Bullen haben dann eine Tür rausgehängt und an dem Rahmen ein Betttuch befestigt, in das sie ein Loch geschnitten hatten. Wir standen also in dem einen Raum und die Leute, die uns erkennen sollten, wurden vor das Bettlaken geführt und mussten durch das Loch schauen.

Denick: Das Laken hing aber nicht ganz bis zum Boden und du konntest die Schuhe und die Hose von dem, der durchs Loch lugte, erkennen. Nachher im Flur konnte man sich dann die Leute noch mal genau ansehen und schauen, wer genau alles da jetzt gewesen ist. Das war aber noch nicht alles. Die Bullen sind losgezogen und haben Fotos von uns in der Stadt verteilt, vor allem an den Orten, wo es Tags gab. Im *Kaufhof* bekamst du dann Hausverbot, egal, ob du da nun jemals was

Shark-Piece von 1985 am Lüdenscheider Bahnhof

Denick neben seinem Tag 1987

gemacht hast oder nicht. Die Stimmung in der Öffentlichkeit war damals sehr krass. Es hieß immer nur Sachbeschädigung und die Leute haben dich, auch aufgrund deiner Kleidung, als Punk wahrgenommen. Ich glaube, man kann auch nicht abstreiten, dass wir kriminell waren.

Zoid: Klar, das war ja auch der Kick an der Sache! Die fette Aufräume von offizieller Seite war 1987. Da gab es jede Menge Hausdurchsuchungen ohne Durchsuchungsbefehl und im Februar 1988 kam die große Verhandlung. Da war ich fünfzehn Jahre alt. Im März 1987 standen die Bullen bei mir auf der Matte. Meine Eltern waren nicht da und die Typen kamen einfach rein, ohne Legitimation, und haben meine Sachen durchwühlt. Wie gesagt, ein Jahr später war die Verhandlung. Ich saß mit drei weiteren Kollegen auf der Anklagebank, der Saal war gerammelt voll. Das war heftig. Der Richter war ein echtes Arschloch. Die Überlegung von gerichtlicher Seite war: Die müssen jetzt irgendwas tun, wir geben denen pro Anzeige zwanzig Sozialstunden. Und so haben die das runtergerasselt, ganz egal, was du angeblich gemacht hast.

Denick: Du hast also das gleiche Strafmaß bekommen, egal, ob du mit Unterbodenschutz auf die Frontscheibe eines Pkw gemalt hast oder ob du auf irgendeinem Abrissmäuerchen in der Pampa ein Tag gesetzt hast. Immer – zack! – zwanzig Sozialstunden und ab hundert Sozialstunden ab in den Jugendarrest. Die sind richtig heftig abgegangen. Wir waren damals vierzehn, fünfzehn Jahre alt und die haben uns mit Handschellen angekettet und uns verhört, mit Lampe-ins-Gesicht-Drehen und so. Die haben dich angeschrien und eingeschüchtert, das war ganz normal.

Came: Bei diesen Verhören hat so manch einer geheult. Da haben sie die Leute so richtig fertig gemacht.

Denick: Einer der Bullen hat immer versucht, die Tags zu interpretieren, um dann die Leute damit fertig zu machen. Zu jemandem, der Flash getaggt hat, meinte er dann: „Ha, Flash, du bist eine Flasche."

Zoid: Es gab zwei Bullen, die in Lüdenscheid nur mit Graffiti beschäftigt waren, und der eine davon ist nachher echt verrückt geworden. Der hat irgendwann seinen privaten Kleinkrieg geführt. Aber alle haben ihn nur noch abgezogen. Der war natürlich bald in der Szene bekannt. Wir haben dem riesige Weihnachtskarten geschickt, wo alle draufgetaggt haben, und so Faxen. Der Typ ist fast wahnsinnig geworden.

Wir wussten ja irgendwann auch, dass der uns nichts kann, und haben uns amüsiert. Leute wie *Ultra* haben dann so Sachen gebracht, dass die auf der Wache ellenlange Geständnisse abgelegt haben, der Bulle alles mit hochrotem Kopf mitgetippt hat, und am Schluss meinte *Ultra* dann: „Ach, ich hab's mir anders überlegt, ich unterschreib das doch nicht." Die Bullen sind irgendwann hinter den Bürgern hergerannt und haben denen Formblätter in die Hand gedrückt, wo die praktisch die Anzeige nur noch unterschreiben mussten. Die haben an den Häusern geklingelt und den Leuten gesagt: „An Ihrer Außenfassade wurde mit Farbe geschmiert. Wollen Sie nicht vielleicht eine Anzeige erstatten? Sie brauchen nur hier zu unterschreiben." Mir ging in dieser Zeit schon mächtig die Düse, vor allem wegen dem Stress mit den Eltern. Da stehen in dem Alter ja plötzlich Sachen auf dem Spiel, die ziemlich existenziell sind.

Denick: Klar hatten wir Schiss, aber es war ja eine zweischneidige Sache. Du hattest deine Vorbilder und du kannst nicht Angst haben, nachts auf einem Vordach ein Piece zu malen, wenn du weißt, dass in Dortmund am helllichten Tag ganze Züge besprüht werden. Außerdem wollte man kein kleines Kind mehr sein. Du warst in dieser Szene und du warst schon was Besseres als andere in deinem Alter. Da ging es nicht, dass du auf einmal vernünftig bist und sagst: Okay, ich bin nun mal erst so alt und deshalb muss ich zu Hause bleiben.

Came: Bei Graffiti war es einfach die Sache: Du musstest keine besonderen Eigenschaften mitbringen, denn taggen konnte jeder. Und Lüdenscheid war eine fucking langweilige Stadt, da war wirklich nichts los und deshalb hatte jeder Bock, da mitzumachen. Nur in der Stadt abhängen und ein bisschen zocken, dass war alles schön und gut, aber es musste noch etwas anderes geben. Ich frage mich, ob man darauf überhaupt gekommen wäre, wenn man in irgendeiner Großstadt aufgewachsen wäre, wo voll was los ist.

Auch wenn Graffiti zu dieser Zeit die Hauptbeschäftigung der meisten HipHops in Lüdenscheid war, gerieten Rap und Breakdance nicht in Vergessenheit. Die Musik war der Soundtrack zu den meist nächtlichen Aktivitäten und durch das Engagement von *Tricks* war Breakdance sehr beliebt und anerkannt. Das Bewusstsein, dass all diese Elemente zusammengehören und letztendlich den Kosmos HipHop ausmachen, hatte jeder verinnerlicht und manch einer, der sonst nur als Writer bekannt war, probierte zu Hause Breakdance-Moves oder rappte heimlich auf B-Side-Instrumentals, ohne jemals damit an die Öffentlichkeit zu treten. Durch *Tricks* entstanden schon früh Kontakte zu anderen Städten und als um 1987 die ersten Jams veranstaltet wurden, war klar, dass auch Lüdenscheid eine große HipHop-Party brauchte. Es dauerte nicht lange, bis *Tricks* seinen Freunden vorschlug, eine Jam in Lüdenscheid zu organisieren, und mit einem satanischen Grinsen und voller Vorfreude fügte er hinzu, das sei die Gelegenheit, die Stadt zu schänden. Danach haben wir eine schöne Grundlage, um da richtig was draus zu machen. Gesagt, getan – im November 1988 präsentierte *DRA (Def Rebelz of Art)* die „Get Busy Jam" im Jugendzentrum Schillerbad. Bezeichnend für das Unwissen der lokalen Sozialarbeiter war, dass als Security eine Motorradgang aus dem Sauerland beauftragt wurde, was im Lauf der Veranstaltung zu teilweise handgreiflichen Un- und Missverständnissen führte. Das Resultat am nächsten Tag konnte sich durchaus sehen lassen. Die City war gebombt, HipHops aus allen Teilen Deutschland hatten ihre Spuren mit Marker oder Dose hinterlassen und die Stadtverwaltung war geschockt.

Natürlich hätte keiner aus der Lüdenscheider Writer-Szene die ganzen Sprühdosen und Edding-Filzstifte bezahlen können, die sie für ihre nächtlichen Aktionen brauchten. Also mussten sie sich ihre Farben zusammenstehlen. Zeitweise wurde das richtiggehend zum Sport, wie *Denick* sich erinnert. Teilweise ging es nur noch darum, wer wo die meisten Sachen rausholt. Die Leute sahen manchmal aus wie Popeye, wenn sie vierzig 850er-Eddings in den Jackenärmeln hatten. Es gab aber auch andere Methoden: Man nahm sich zum Beispiel drei große Taschen und ging zusammen mit *Ultra*, einem B-Boy, der seinen Namen zu Recht trug, in den *Kaufhof*, stellte die Taschen vor dem Dosenregal ab und räumte sie leer. Inzwischen sind natürlich fünf Verkäufer und zwei Ladendetektive gekommen. Die aber wurden von *Ultra* in gebührendem Abstand gehalten. Eine andere beliebte Geschichte, auch von *Ultra,* wie er in ein großes Elektrogeschäft geht, sich den größten Gettoblaster heraussucht, dann zu der Kassettenabteilung geht, eine Kassette einlegt, sich schließlich noch mit Batterien versorgt, auf „Play" drückt, voll aufdreht und mit dem Blaster auf den Schultern aus dem Laden spaziert.

Anfang der Neunzigerjahre ging der Flavour der frühen Tage mehr und mehr verloren. In einer Zeit, als sich die ersten Leute in Iserlohn für Graffiti zu interessieren begannen, als wir das HipHop-Mekka Lüdenscheid entdeckten, zog sich dort die erste HipHop-Generation langsam zurück. Ich

Tricks 1993

Imat, Came, Bomber und Tricks im Schillerbad

erinnere mich, wie mein Enthusiasmus bei *Zoid* und *Denick* eher verhaltene Reaktionen hervorrief, was ich damals gar nicht verstehen konnte. Aber was war mit der nächsten Generation, warum wurde die Tradition nicht von den Jüngeren fortgesetzt wie in anderen Städten auch?

Denick: Die Toys haben diesen negativen Geist mitgebracht. Die fanden das zwar toll, wussten aber teilweise nicht, woher das alles kam, welche Bedeutung das hatte. Wir wurden noch richtig erzogen, als wir die ganze HipHop-Geschichte kennen gelernt haben.

Zoid: Bei uns wurden Bücher rumgereicht. Und an vielen Abenden hingen wir zusammen und haben uns die Filme angeschaut, *Wild Style*, *Stylewars*, der geilste Graffiti-Dokumentarfilm, *Beat Street*. Dadurch haben wir den Spirit in uns aufgenommen.

Denick: Für uns war klar, dass man nicht über fremde Pieces geht, vor allem nicht, wenn daneben noch zehn Meter freie Wand sind. Da hast du ein Bild gemacht und am nächsten Tag war es schon gecrosst. Dann stehst du völlig fassungslos vor deinem Piece und irgendwelche Spinner haben da reingesprüht: Sex, pissen, Pimmel. Mir ist da einfach die Lust vergangen.

Came: Viele von den Neuen sind zwar wirklich krass abgegangen, aber die wussten im Endeffekt nicht, um was es eigentlich ging. Klar, die haben mitbekommen, dass es da Rap gibt und Graffiti und Breakdance und dass das irgendwas miteinander zu tun hat, aber warum und wie, das hat die nicht interessiert, das war denen scheißegal. Das war auch die Zeit, in der das Ganze groß und unübersichtlich wurde. Die Toys hatten überhaupt nichts drauf und sind da einfach reingesprungen. Die haben angefangen, wie die Blöden was zu machen, haben drei, vier Tage getaggt, tja, und dann sind sie gecasht worden. Die Bullen haben dann gedroht: Junge, du kommst jetzt in den Knast! Und dann haben die alle gesungen. Das war echt krass, was die dann bei den Bullen ausgesagt haben. Wir sind durch Zufall an ein Aussageprotokoll gekommen, wo so ein Toy alle verpfiffen hat. Das hab ich hier am Start, warte mal, das ist vom 20. Juni 1989. Was der Typ über *Tricks* und *Denick* erzählt, ist die Härte: „Der Thomas Hallbach ist der Größte. Er führt überall das große Kommando. Auf ihn müssen alle hören. Zu ihm gehört jetzt auch immer der Armando M., der beschützt den Thomas immer und überall. Der Thomas schmiert immer noch ‚Tricks' und der Armando ‚Ultra'. Und der Denick ist mit

Sicherheit der Peter Scheibel. Ich hab mal mitbekommen, wie der Marcel sein Master-Tag in ein Denick-Bild gemacht hat, da hat der Peter den Marcel bedroht, er müsse ihm sechs Dosen geben oder er würde ihm beide Arme brechen." Tja, so haben die Toys gesungen.
Denick: Dabei wollte ich sechs Dosen und 'ne Tüte Kekse. Und die Arme wollte ich ihm gar nicht brechen. Ich habe nur gedroht, ihm das Bein abzunehmen. Ich habe dann noch eine Anzeige wegen räuberischer Erpressung und wegen Hehlerei bekommen. Hehlerei deshalb, weil ich eine Tüte mit Eddings in der Schule dabeihatte und einen davon an einen Mitschüler verkauft habe.

1991 findet mit der „Europe-wide HipHop Jam" der letzte große HipHop-Event in Lüdenscheid statt. Und es waren alle da: *DJ Cutsfaster, Advanced Chemistry, Cora E, Too Strong, Reckless Rebelz, Battle Squad, Supreme Force, Flow Matics, TDB (=Tod durch Breakdance)*. In die Wege geleitet wurde das Ganze natürlich von *Tricks*. Danach wird es ruhiger. 1994 stirbt *Tricks* an einer Überdosis Heroin. Langsam wird klar, wie viel von dieser einen Person abhing.

Denick: Dass Lüdenscheid im nationalen Kontext eines der Zentren der Old-School-Bewegung war, hatte letztendlich mit der Aktivität von *Tricks* zu tun. In den meisten Städten waren es ja oft nur vier oder fünf Leute, die wirklich dabeigeblieben sind und was gemacht haben. Bei uns war es tatsächlich nur einer. *Tricks* hat eigentlich alles geschafft, was er sich vorgenommen hat. Er war begabt und er wollte ein guter Breaker werden und dann hat er so lange trainiert, bis er das konnte und *respect* dafür bekam.
Came: *Tricks* hat sich aber auch diese Kindlichkeit bewahrt. Andere sind langsam erwachsen geworden. Bei *Tricks* ist das nie passiert. Deswegen ist er auch mit einem solchen Enthusiasmus dabeigeblieben. Der war mit zwanzig, zweiundzwanzig immer noch so drauf wie mit fünfzehn oder sechzehn.
Zoid: Was bei uns allen ein Merkmal zu Anfang war, diese Sorglosigkeit, die hat sich *Tricks* ziemlich lange bewahrt.
Denick: Das war seine Lebenseinstellung. Ich konnte das nicht so. Das ging ein paar Jahre, und als Jugendlicher kannst du dir das alles noch schön zurechtbiegen, du bist ja auch nirgendwo eingebunden und kannst das alles machen. Später wird das schwierig.

Came: *Tricks* war ja auch über Deutschland hinaus bekannt. Der hat in New York abgehangen, in Paris, London und kannte da die Leute. Nachdem er sich aufs Tanzen festgelegt hatte, war er auf allen Jams und hat auch in anderen Ländern Crews kennen gelernt.

Denick: Als ich *Tricks* kennen gelernt habe, hat er mich ausgelacht, als ich angefangen habe, Zigaretten zu rauchen. Er war ein krasser Mensch. Sekt oder Selters eben.

Came: *Tricks* hatte immer nur tanzen, tanzen, tanzen und HipHop, HipHop, HipHop im Kopf. An anderen Dingen, wie zum Beispiel Beziehungen oder so, hatte er gar kein Interesse. Als er dann später eine Beziehung hatte, war das gleich mit einer Lady, die ziemlich krass drauf war.

Denick: Bei *Tricks* ging alles immer so verdammt schnell. Der hat angefangen zu paffen und zwei Wochen später war er auf Schore. Es hat ja auch dann nicht lange gedauert, bis er daran gestorben ist. Das ging ruck, zuck und keiner hat das geschnallt. Das ist echt 'ne schlimme Geschichte.

Zoid: Auf der allerletzten Wichstoilette in Lüdenscheid ist er krepiert und sein ehemals bester Freund hat ihn gefunden und versucht, ihn wieder zu beleben, weil sein Herz noch schlug.

Came: Von dem Punkt an, als *Tricks* auf Schore gekommen ist, bis zu seinem Tod sind gerade mal acht Monate vergangen. Zwischendurch war er ab und zu absolut auf Alkohol.

Zoid: Als wir angefangen haben zu paffen, waren wir so um sechzehn, siebzehn oder so. Das ging aber alles sehr langsam und man hat da gemeinsam Erfahrungen gemacht und diese Kiffkultur allmählich in den Alltag mit einbezogen. Und da haben aber alle auch ein bisschen aufeinander aufgepasst. Wenn jemand da übertrieben hat, hat man ihm das gesagt. Das war anders bei *Tricks*. Er war doch meistens allein unterwegs.

Came: Das hatte doch auch damit zu tun, dass er immer allein von Jam zu Jam gezogen ist, und da kamen wir nicht mit. *Tricks* konnte das, der hatte auch von zu Hause die Möglichkeiten dazu, er hatte die Kohle. *Tricks* hat nie groß gearbeitet. Der hat mal in einem Druckhaus eine Lehre angefangen und das war's. Als ich das dann mit der Schore erfahren habe, hab ich ewig mit ihm gequatscht.

Denick: Ich erinnere mich, dass ich für ihn in dieser Phase mal ein Fahrrad geklaut habe, weil er so gern Mountainbike fahren wollte. Wir wollten uns dann zum Fahren treffen, aber das hat nicht geklappt. Er ist vielleicht zwei-, dreimal mit dem Bike gefahren. *Tricks* hat uns ja von sich aus angesprochen und gesagt, dass er eigentlich keine richtigen Freunde habe, nur diese ganzen Assis um ihn herum, diese Toys, die ihn zwar vergöttern, die aber gar nicht wissen, wie er wirklich ist. Anerkennung hat er gekriegt, aber nicht das, was er gebraucht hätte. Die Leute haben ihn nicht als Mensch, sondern als HipHop-Ikone angenommen. Da musstest du auch immer cool bleiben, *Tricks* war aber ein sehr sensibler Typ.

Zoid: Wir haben mit der Zeit andere Erfahrungen gemacht, Erfahrungen, die über dieses HipHop-Ding hinausgingen und teilweise auch nichts mehr damit zu tun hatten. Und es bildet sich da vielleicht auch die Einsicht, dass nicht die ganze Welt von dieser HipHop-Geschichte gerockt wird. Die Interessen haben sich in andere Bereiche verlagert. Aber bei *Tricks* hat es diesen Prozess nie gegeben.

Denick: *Tricks* hat, nachdem er mit dem Ballern angefangen hat, auch kaum noch getanzt. Er hing dann später oft in Spielhallen ab, hat selbst angefangen zu verticken. Wenn er mal getanzt hat, dann meistens besoffen. Nach ein paar Moves ist er dann meist lachend in der Ecke zusammengebrochen. Er war ja auch bis zum Schluss noch in seiner Crew, *Fresh Force,* und die hatten als oberstes Gebot: keine Drogen. Deshalb hat *Tricks* natürlich versucht, das irgendwie geheim zu halten. *Speedy,* der sehr gut mit ihm befreundet war, hat es dann irgendwann mitbekommen und ihn darauf angesprochen und seitdem war *Tricks* da auch nicht mehr aufgetaucht. Das war ihm zu peinlich. So eine direkte Ansprache hätte er vielleicht früher gebraucht. Aber *Tricks* hatte auch keine anderen Hobbys. Der war hundert Prozent HipHop und das hat ihn kaputtgemacht. Als *Tricks* mit dem Drücken anfing, wollte er seine Platten verkaufen, um mehr Kohle zu haben. Und das war echt eine Drohung, denn der Typ hatte Vinyl, wonach sich etliche Leute heute die Finger lecken. *Tricks* hatte schon eine gigantische Plattensammlung, als man hier das Wort DJ noch gar nicht kannte. Der hatte drei-, viertausend Platten zu Hause stehen.

Came: *Tricks* hat sich aus der ganzen Welt Platten bestellt. Der hat jede Woche drei, vier Pakete nur mit Platten bekommen und wenn ein neuer Adidas-Anzug rauskam, dann hatte *Tricks* den am nächsten Tag. *Tricks* ist der herbste HipHop-Fanatiker, den ich jemals kennen gelernt habe. Der hat die ganze Szene hier auch am Leben gehalten.

Auf *Tricks'* Beerdigung trafen sich Rapper, B-Boys, Writer und DJs aus dem ganzen Bundesgebiet. Das Schockierende war die Art seines Todes, Heroin und HipHop – wie konnte das zusammenpassen? Und warum gerade *Tricks*? *Zeb.Roc.Ski* (= Akim Walta), der sich als DJ, Breaker und Writer früh einen Namen in der Szene gemacht hatte und heute die Plattenfirma *MZEE Records* in Köln leitet und *Tricks* 1987 auf der ersten Jam in Dortmund kennen gelernt hatte, erinnert sich an die Beerdigung:
„Es waren eigentlich alle sehr geschockt und vor den Kopf gestoßen. Auf der Beerdigung waren dann eigentlich genau die Leute, die sonst zu einer Jam gegangen wären. Es war eben auch der Hammer, wie *Tricks* gestorben ist. Es wäre was anderes gewesen, wenn er vom Zug überfahren worden wäre oder einen Autounfall gehabt hätte. Aber er ist ja so gestorben, wie kein HipHop sterben sollte, und an einer Sache, die man ja eigentlich verteufelt hatte. Ich hätte den Eltern gern gesagt, was für ein dufter Kerl ihr Sohn war und welche Rolle er für uns gespielt hat. Wir konnten uns letztendlich diese Frage nicht beantworten und es ist uns unverständlich geblieben, wie so was passieren konnte. Jeder hat das schließlich so für sich ausgemacht und in einigen Texten tauchten dann ja Bezüge auf oder die Leute haben ihre Bilder oder Platten in memoriam to *Tricks* gemacht."
Heute ist es still in Lüdenscheid. Es gibt hier und da Partys, auch Konzerte, aber von HipHop, wie *Zoid, Came* und *Denick* ihn erlebt haben, ist nichts geblieben. Ich habe mit *Came* noch lange Musik gemacht. Bis 1996 war er Rapper bei *Anarchist Academy*. Wenn wir Konzerte in Lüdenscheid hatten, war das immer etwas Besonderes. Es gab noch ein paar Leute, die dankbar waren, dass HipHop in der Stadt gespielt wurde, Leute, die sich an die alten Tage erinnern konnten. Für mich war das absurd, denn Lüdenscheid war in meinen Augen die Kultstätte des HipHop, und ich war dankbar, dass wir hier mit offenen Armen empfangen wurden. Unsere zweite LP haben wir *Tricks* gewidmet. Diese ganze Lüdenscheid-Geschichte ist für mich ein Stück Old School geworden, das ich verstehe und nachempfinden kann, obwohl ich diese Zeit nie erlebt habe.

„fight for your right (to party)"

HipHop in den USA, die Ursprünge (SV)

Die HipHop-Bewegung in Deutschland lässt sich nur beschreiben und verstehen mit Blick auf die New Yorker Anfänge. Die Geschichte von HipHop in den USA füllt inzwischen mehrere Bücher. Unübertroffen ist bis heute David Toops *Rap Attack,* 1984 erstmals erschienen und jetzt gerade in seiner erweiterten dritten Ausgabe zu haben. Brian Cross hat die Geschichte des Westcoast-Rap nachgeliefert, *It's not about a Salary.* Tricia Rose, David Dufresne, Ulf Poschardt und viele andere haben wichtige Details hinzugefügt. Dabei sind es nicht so sehr die Gruppennamen und Songtitel derer, die HipHop immer wieder revolutioniert und neu erfunden haben; wichtig sind die sozialen Hintergründe und Entwicklungen innerhalb der Bewegung. Erst im Bezug auf die amerikanische HipHop-Geschichte kann klar werden, was HipHop in Deutschland ist und warum. Was HipHop sein könnte, müsste, schon war und geworden ist, was er ist.

„back! caught you looking for the same thing"

HipHop wird Pop (SV)

Eine Legende des HipHop, einer von denen, die Rap den Rhythmus brachten, *Mr. Ness* aka *Scorpio* von den *Furious Five*, lebt in Stuttgart, und das schon seit Monaten. Stuttgart, die Stadt im Kessel, ist für ihn fast so etwas wie das Paradies, von hier aus plant er sein Comeback, tourt mit den *Turntable Rockers, Hausmarke* und *Thomilla*, rappt mit *Angelique Kidjo* und bringt den *spirit* nach Deutschland. Man darf wirklich gespannt sein auf seine neue Platte.

Es ist viel geredet worden, schlecht geredet worden über Andreas „Bär" Läsker, offen und noch mehr hinter vorgehaltener Hand, über seine dominierende Rolle in der Stuttgarter Musikszene, über sein Management der *Fantastischen Vier* ... und nun diese Aufbauarbeit für *Def Jam* Deutschland und dieser kontinuierliche Einsatz, der *Scorpio* die Rückkehr ins Rap-Business ermöglichen soll. In den USA hatte sich niemand mehr für diese Old-School-Legende interessiert, obwohl sie ihn alle noch kennen. Keiner wollte ihn unterstützen, da hat er den Sprung nach Europa gewagt. Ich traf *Scorpio* im Büro seines Managers bei Bear Entertainment.

Was zuerst auffällt: Er ist so verdammt jung. 1982 kam „The Message", aber schon 1976 hatte *Grandmaster Flash* seinen ersten großen Auftritt als DJ, vor fast fünfundzwanzig Jahren also, und *Scorpio* ist jetzt gerade mal siebenunddreißig. Sie waren wirklich noch Jugendliche damals, zwölf, dreizehn, fast noch Kinder, als sie die HipHop-Kultur erfanden. Und genau so spricht *Scorpio* über diese ersten Jahre der HipHop-Bewegung, für ihn sind es Kindheitserinnerungen: Auf der Straße, im Fernsehen, überall konnten sie all die schönen Sachen sehen, Fahrräder, Spielzeug, Swimmingpools, Klamotten, den ganzen Glamour der Siebzigerjahre, und nichts davon sollte für sie sein? Da haben sie sich aus Langeweile, und weil es sonst nichts gab, ihr eigenes Spielzeug erfunden: HipHop. Und dann wollten plötzlich alle Leute unbedingt ihr Spielzeug haben, wollten überhaupt nur noch damit spielen. Plötzlich standen sie im Mittelpunkt, waren die Könige, die Stars. Dieses Gefühl kann man nicht beschreiben, sagt *Scorpio* heute, überwältigend. Das Interview, das wir gerade führen, all die Leute, die er im Lauf der Zeit kennen gelernt hat, auf der ganzen Welt, das alles ist nur durch HipHop möglich geworden. Dass er hier in Stuttgart sitzt, mit den Leuten reden kann, Musik machen, dass sie die gleiche Sprache sprechen, dass sie verstehen und ihn unterstützen, wo wäre er ohne HipHop? – HipHop hat Leute auf der ganzen Welt zusammengeführt, das konnte sich damals keiner von ihnen vorstellen, nicht einmal im Traum.

Doch zunächst begann alles mit einem Schock: Im Herbst 1979 wummerte plötzlich dieses aus den Autoradios und Plattenläden: „now what you hear is not a test, i'm rapping to the beat / and me, the groove and my friends are gonna try to move your feet." „Rapper's Delight" war zwar nicht die erste Rap-Schallplatte auf dem Markt – davor gab es schon „King Tim III" von der *Fatback Band,* ein B-Seiten-Stück –, aber es war die *Sugarhill Gang,* die mit ihrem Stück Rap über die New Yorker Stadtgrenzen hinaus bekannt wurde. Seither heißt überhaupt erst Rap, was davor MCing war. Ursprünglich bedeutete „to rap" klopfen, erzählen, schwätzen und eben, einen langen, eindrucksvollen Monolog halten. Es lag also nahe, die MCs Rapper zu nennen, denn noch nie zuvor ist in der Popmusik so viel gesagt worden.

Ihre Musik war nun populär, trotzdem bereitete „Rapper's Delight" den B-Boys aus der Bronx ganz und gar kein Vergnügen. Denn die Rapper der *Sugarhill Gang* kannte kaum jemand, umso besser kannte man dafür ihre Texte. Die waren nämlich zusammengeklaut von den damaligen Stars der Szene, von den *Cold Crush Brothers,* von *DJ Hollywood* oder den *Furious Five.* Besonders *Grandmaster Caz* von den *Cold Crush Brothers* fühlte sich hintergangen. *Big Bank Hank,* einer der Rapper der *Sugarhill Gang,* hatte ihn nämlich gefragt, ob er ein paar von seinen Reimen für eine Plattenproduktion verwenden dürfte. *Caz* war so freundlich – naiv? –, gab *Hank* sein Reimbuch und musste dann erleben, dass der ihn auf seiner Platte nicht einmal grüßte, keine Credits, kein Geld, nichts. Stattdessen kamen nun Leute an, die ihm gratulieren, sich mit ihm freuen wollten, weil doch sein Rap die ganze Zeit im Radio lief … Pustekuchen.

Kurz darauf bekamen zwar auch *Grandmaster Caz* und viele andere Rapper aus der Bronx ihre Chance und konnten Platten veröffentlichen, doch dieser erste Schock saß tief. Und es sollte noch schlimmer kommen.

In den frühen Achtzigerjahren erging es HipHop wie so vielen anderen Jugend- und Musikkulturen davor: HipHop wurde Trend. Plötzlich waren es nicht mehr die Künstler, die bestimmten, „was falsch und was richtig ist" *(Massive Töne)*, sondern Publikum, Medien und Plattenindustrie („tausend magazine sagen dir, was falsch und was richtig ist" – *Massive Töne*). 1982 kam zwar mit „The Message" von *Grandmaster Flash & The Furious Five* eine zukunftsweisende inhaltliche Wende. Plötzlich redeten die Rapper nicht mehr nur davon, wer am besten reimen kann, wer die meisten Mädchen bekommt oder die besten Partys veranstaltet, plötzlich handelten die Texte vom Leben in den Gettobezirken: „it's like a jungle sometimes it makes me wonder / how i keep from going under" („The Message") – Rap redete nicht mehr bloß, Rap hatte etwas zu sagen und fand damit seine eigentliche Bestimmung. Mit Breakdance hatte sich HipHop zwar die ganze Welt erschlossen, aber noch immer war Rap fast ausschließlich ein New Yorker Phänomen. Noch fehlten die nötigen Kontakte, die Infrastruktur, das Wissen um die Verhältnisse im Plattenbusiness und vor allem die Masse an jungen Talenten, die HipHop hätte weiterbringen können. Das alles kam erst später.

Musikalisch war die Stilvielfalt verloren gegangen. Die Produktionen klangen immer ähnlicher, weil jeder die gleiche, obligatorische Beatbox benutzte – Sampler kamen erst später zum Einsatz –, und mit dem Reiz des Neuen verschwand auch das Interesse des Publikums. Kalamu ya Salaam, Musikjournalist und Poptheoretiker aus New Orleans, hat diese frühe HipHop-Szene als kleines Kind beschrieben, das sich plötzlich und unverhofft in der Welt der Erwachsenen wieder findet und erst noch lernen muss, wie man sich dort behauptet. Da sei es kaum verwunderlich, dass die Rapper in diesen frühen Jahren den leeren Versprechungen der redegewandten Manager und Produzenten Glauben schenkten und sich letztlich an die Plattenfirmen verkauften – einige tun das ja bis heute. *Lil Rodney Cee* von der Rapcrew *Funky Four Plus One More* erinnert sich noch immer, wie da plötzlich dieser Typ ankam und eine Platte mit ihnen machen wollte. Der versprach ihnen, dass sie damit reich würden, und hielt ihnen dann einen Vertrag unter die Nase. Mit ihren sechzehn, siebzehn Jahren wollten sie ihm glauben und unterschrieben. Wie bei vielen anderen lief es auch bei ihnen einige Zeit ganz gut, bloß reich ist damit keiner geworden.

Als Rap zum Trend erkoren wurde, da kamen sie in Scharen, die weißen New Yorker aus der Musikindustrie, die noch wenige Monate zuvor einen weiten Bogen um die Bronx gemacht hatten. All die feinen Herren in Anzug und Krawatte, die nach dem Erfolg von „Rapper's Delight" wirklich jeden, der nur ansatzweise rappen konnte, von der Straße weg verpflichteten, die schnellen Reichtum versprachen und dabei doch nur an ihr eigenes Bankkonto dachten. Sie waren die Letzten, die HipHop und das Leben in den Gettos nach ihren Vorstellungen gestalten konnten.

„Man kann sich das heute nicht mehr so richtig vorstellen", erzählt *Scorpio*, „aber damals gab es keinen HipHop-Untergrund. Zuerst war gar nichts und dann war HipHop auf einmal Mainstream. Die jungen HipHops in der Bronx hatten keine Vorbilder, keine großen Brüder oder Freunde, die ähnliche Erfahrungen schon gemacht hatten, die sie vor Fehlern hätten bewahren können. Wir hatten keine Manager, wir kannten keine Rechtsanwälte, wir waren vollkommen unvorbereitet und hatten keine Ahnung. Die ganze HipHop-Szene geriet damals in die Mühlen der Popindustrie. Und alle hofften natürlich, mit ihrer Musik reich zu werden, richtig reich, und sich all die Sachen leisten zu können, die sie nur aus dem Fernsehen kannten. Als der Boom dann Mitte der Achtzigerjahre plötzlich wieder zu Ende ging, war nicht mehr viel übrig von der ursprünglichen New Yorker HipHop-Szene."

Doch überall im Land, auf der ganzen Welt begannen Jugendliche, sich diese Kultur, diese neue Musik anzueignen. Und die HipHops hatten schnell gelernt und schufen sich in den darauf folgenden Jahren ihre eigene, unabhängige Infrastruktur aus Studios, Labels, Verlagen, Videoproduktionsfirmen, Magazinen und so weiter. Diesen unabhängigen Strukturen ist es zu verdanken, dass Rapmusik ab Mitte der Achtzigerjahre auch kommerziell wieder erfolgreich wurde. *Run DMC, LL Cool J, Beastie Boys, Public Enemy, N.W.A, Two Life Crew*, sie alle haben ihre ersten Platten bei Labels veröffentlicht, die aus der Szene heraus entstanden waren, oder sie haben sich ihre eigenen Plattenfirmen geschaffen: *Def Jam* (Russell Simmons und Rick Rubin), *Ruthless (Eazy-E), Luke Skywalker* (Luther Campbell), später *Death Row (Dr. Dre), Rhyme Syndicate (Ice T)* und auch *Puff Daddys* Musikimperium gehört in diese Reihe.

Ein anderes Beispiel für das neue Selbstbewusstsein der HipHop-Bewegung ist der *Wu-Tang Clan*, der zwar als Gruppe von BMG verpflichtet wurde, sich aber vertraglich zusichern ließ, dass die einzelnen Clan-Mitglieder ihre Soloalben bei anderen Labels veröffentlichen können. *Method Man* erschien dann bei *Def Jam, Genius* bei *Geffen* und *Ol' Dirty Bastard* bei *Elektra*. Auf diese Weise blieb *Wu Tang* stets unabhängig, trotz seiner Verträge mit den Major Companies. Es versteht sich von selbst, dass diese den plötzlichen Kontrollverlust und die finanziellen Einbußen nicht hinnehmen wollten. Sie setzten alles daran, ihre alte Machtposition wieder zu erlangen. *Def Jam Records* hatte es da vergleichsweise leicht, da sie sich schon bald in die herrschenden Verhältnisse einfügten und ihre Veröffentlichungen über Columbia/Sony vertrieben. Trotzdem bewahrten sie sich ihre künstlerische Freiheit und nicht sie, sondern Columbia/Sony, der Major, musste für diesen Deal tief in die Tasche greifen, das Machtgefüge hatte sich schon verschoben. Ganz anders erging es da Luther Campbell mit seinem Label *Luke Skywalker*. Als er nach den ersten Erfolgen seiner *Two Life Crew* begann, außerhalb der bestehenden Netzwerke der Musikindustrie Millionenprofite zu erwirtschaften, da bekam er die geballte Macht des Systems zu spüren: Gerichtsverhandlungen (die Texte der *Two Life Crew* seien obszön), Unterlassungsklagen (er durfte den Namen *Luke Skywalker* – aus *Star Wars* – nicht länger verwenden) bis hin zu Verhaftungen. Verstärkt wurden diese juristischen Angriffe durch eine Kampagne in den Medien. Der Sturm der Entrüstung beruhigte sich jedoch in dem Moment, als die *Two Life Crew* einen Vertrag bei *Atlantic Records* unterzeichnet hatte und Luther Campbell damit die Grundlage seines finanziellen Erfolgs entzogen war. „Der Klan tötet", schrieb Kalamu ya Salaam in einem Aufsatz über die Kontroverse um die *Two Life Crew*, „der Klan tötet, die Kapitalisten kaufen ein und sind dann noch stolz darauf, sie seien keine Rassisten."

Von den HipHops in Deutschland wurde diese Kontroverse als allgemeiner Angriff auf die HipHop-Kultur bewertet. Plötzlich war man schon allein deshalb Angehöriger einer Minderheit und diskriminiert, weil man sich der HipHop-Kultur zugehörig fühlte. Der wirtschaftliche Machtkampf mit rassistischem Hintergrund wurde umgedeutet in einen ideologischen Angriff der Welt gegen HipHop: Die Medien wollen HipHop zerstören, die Plattenindustrie will unsere lebendige Kultur ausverkaufen und kaputtmachen, hieß es in der Szene. Doch dafür war HipHop in Deutschland Anfang der Achtzigerjahre wirtschaftlich einfach zu unbedeutend. Die Plattenindustrie wollte auch in Deutschland mit Rapmusik Geld verdienen, gewiss, aber für einen wirtschaftlichen Verdrängungskrieg gab es hierzulande einfach keinen Grund. Heute schon eher, aber inzwischen sind die meisten unabhängigen Plattenfirmen ja bereits mit Major Companies verbunden, also erst recht kein Grund zur Sorge.

„wir kamen zuerst und wir gehen auch zuletzt"

Die Fantastischen Vier *und HipHop I* (SV)

Immer wieder werden die *Fantastischen Vier* mit der *Sugarhill Gang* verglichen. Auch sie waren nämlich in der Szene völlig unbekannt, bis sie dann mit ihrem ersten Album *Jetzt geht's ab* das Interesse der Medien an Rap in deutscher Sprache weckten. Das war im Sommer 1991, als es HipHop in Deutschland bereits seit über zehn Jahren gab. Der erste Unterschied liegt schon darin, dass die Platte der *Fantastischen Vier* nicht bei einem unabhängigen Label erschien, sondern bei Columbia/Sony, die natürlich an HipHop als Kultur nicht interessiert waren. Was aber noch schwerer wiegt: Die *Fantastischen Vier* hatten außer ihrer Liebe zur Rapmusik mit den Jugendlichen, die die HipHop-Szene in Deutschland aufgebaut haben, so gar nichts gemein. Und dennoch wurden sie nach außen hin zu den Repräsentanten dieser neuen Musik. In der HipHop-Szene hatten Nationalitäten und Sprachen nie eine Rolle gespielt, die *Fantastischen Vier* machten Deutschsein zu einem Markenzeichen: „Wir sind die erste konsequent deutschsprachige Rapband", darauf beharren sie bis heute. Als ob das wirklich wichtig wäre ...

Wenn es den *Fantastischen Vier* um Anerkennung ging, dann genau um dieses: als deutsche Sprechsänger akzeptiert zu werden. Wenn es ihnen um Freiräume ging, dann allenfalls um finanzielle und künstlerische Unabhängigkeit. Da war nichts von dem Aufbegehren benachteiligter Jugendlicher, die mit ihren Körpern in die Fußgängerzonen tanzten: Es gibt uns noch. In bunten Farben und Formen strahlte es von den Wänden: Wir nehmen uns den Freiraum. Und die Beats und Raps hämmerten der Gesellschaft ins Gewissen: Macht endlich eure Augen auf und nehmt unsere Sorgen und Hoffnungen ernst. Davon war bei den *Fantastischen Vier* nichts mehr zu spüren, sie standen ja auch nicht im Abseits. Vergessen wurde aber, dass es benachteiligte Jugendliche auch in Deutschland gibt, die HipHop aus ihrer sozialen Situation heraus für sich entdeckt hatten.

Die Unterschiede zwischen den *Fantastischen Vier* und dem Rest der Szene hätten größer kaum sein können. Erst mit dem Erfolg der *Fantastischen Vier* kam dann auch die Frage auf, was HipHop hier in Deutschland eigentlich zu suchen hat, diese Protestkultur von benachteiligten ethnischen Minderheiten aus den US-amerikanischen Großstadtgettos. Dieses Legitimationsproblem hatte es vorher in der Szene nie gegeben. Die HipHops aus Deutschland waren ein selbstverständlicher Teil einer weltweit verbreiteten Jugendkultur, sie hatten Kontakte nach Frankreich, Italien, Holland, England, in die USA, die besten Jams fanden zu dieser Zeit in der Schweiz statt, da gab es keine nationalen Grenzen, schon gar keine nationale Abgrenzung. Alle waren sich einig über die gemeinsamen Grundwerte, jeder wurde gleichermaßen anerkannt, egal, woher er kam. Ein Legitimationsproblem hatten eigentlich nur die *Fantastischen Vier* und ihr Mittelstands-Rap. Das war zwar auf ihre Weise durchaus ehrlich, hatte aber mit dem Rest der HipHop-Szene in Deutschland nicht allzu viel zu tun. Da aber die *Fantastischen Vier* von den Medien als die Repräsentanten der neuen Kultur angesehen wurden, mussten sich plötzlich auch die übrigen HipHops in Deutschland rechtfertigen.

Während die *Sugarhill Gang* die New Yorker HipHop-Szene letztlich ganz nach oben brachte, waren die *Fantastischen Vier* für die Bewegung in Deutschland eher hinderlich. Sie wurden zum Maßstab und machten immer wieder klar: HipHop in Deutschland ist etwas ganz anderes als in den USA. Und ob sie es wollten oder nicht: Die eigentlichen Vertreter der Szene wurden immer wieder auf die Positionen der *Fantastischen Vier* zurückgeworfen. In jedem Interview, in jedem Gespräch mussten sie sich erklären, legitimieren, abgrenzen: „ich bin es leid, hiphop zu verteidigen, doch ich bin es ihm schuldig", rappte eine genervte *Cora E* 1994 auf ihrer programmatischen Maxisingle „... nur ein Teil der Kultur". Aber an den *Fantastischen Vier* führte letztlich kein Weg vorbei.

Ein letzter Unterschied zwischen *Sugarhill Gang* und den *Fantastischen Vier* ist, dass „Rapper's Delight" einfach gut gemacht war, so gut, dass sich die Platte ohne jede Werbung mehr als zwei Millionen Mal verkaufte und so die Plattenindustrie auf die neue Musik aufmerksam machte. Das sieht auch *Scorpio*, so sehr er sich damals über diese Platte geärgert hatte: Für HipHop war es das Beste, was passieren konnte. Seine Gruppe, *Grandmaster Flash & The Furious Five*, hatten ja selbst schon einen Plattenvertrag auf dem Tisch gehabt – und abgelehnt. Sie konnten sich einfach nicht vorstellen, dass sich irgendjemand da draußen, außerhalb ihres Blocks, für ihre Musik interessieren könnte – eine fatale Fehleinschätzung, die sich ein paar Jahre später um ein Haar wiederholt hätte. Denn auch bei „The Message" waren die *Furious Five* eher skeptisch und *Melle Mel* war strikt dagegen, einen solchen Rap zu veröffentlichen. Wieder konnten sie nicht glauben, dass sich andere Menschen für dieses Thema interessieren könnten.

Die *Sugarhill Gang* hat HipHop in den USA an die Spitze gebracht und bald redete niemand mehr von ihnen. Der Erfolg der *Fantastischen Vier* war letztlich nicht so groß, als dass sich die Plattenfirmen auf deutschsprachige Rap-Acts gestürzt hätten. Trotz „Die da?" blieben auch die *Fantastische Vier* Teil einer Spartenmusik. Das sollte sich erst in der zweiten Hälfte der Neunzigerjahre grundlegend ändern. Trotzdem redet bis heute jeder von den *Fantastischen Vier*.

„a child is born with no state of mind"

Soziale Hintergründe (SV)

In einem Aufsatz („Appetite for Destruction") hatte ich gelesen, dass am Anfang der HipHop-Bewegung die Zerstörung stand, die mutwillige Zerstörung eines New Yorker Stadtviertels: In den Sechzigerjahren zogen die Stadtplaner um Robert Moses eine folgenschwere Linie in ihre Pläne, die bald darauf für die Bewohner der Bronx als Cross Bronx Expressway Realität werden sollte. Eine vielspurige Autobahn schnitt plötzlich mitten durch ihr Stadtviertel. Wer es sich leisten konnte, der kehrte der Bronx schnell den Rücken. Und wer blieb, hatte wohl keine andere Wahl.

Erst der Cross Bronx Expressway machte die Bronx zu dem, was der Kinobesucher und Fernsehzuschauer kennt: eine apokalyptische Stadtlandschaft aus leer stehenden Fabrikgebäuden, zerklüfteten, verwahrlosten Mietskasernen und verdreckten Hinterhöfen. Ein Schauplatz wie geschaffen für brutale Bandenkriege und Endzeitszenarios à la Hollywood. Und es waren nicht die Bewohner der Bronx, die ihr Viertel hatten herunterkommen lassen, es war die verfehlte Modernisierungspolitik der New Yorker Stadtverwaltung, die das Viertel zerstörte und die Probleme damit erst schuf, die sie später so lautstark beklagte.

Scorpio hat von Robert Moses nie etwas gehört und fragt leicht genervt zurück, was das denn nun mit HipHop zu tun habe. Und er hat Recht: Was immer die stadtplanerischen, sozialen, geschichtlichen Hintergründe waren, die Jugendlichen in der Bronx brauchten nichts davon zu wissen, um HipHop zu erfinden. Was wissen wir überhaupt von den Anfängen der HipHop-Kultur? Gewiss, ohne Robert Moses und seinen Cross Bronx Expressway hätte es HipHop vielleicht wirklich nicht gegeben. Aber die Jugendlichen in der Bronx, die mit einem trotzigen Stolz hier weiterlebten, waren zu jung, um diese Zusammenhänge zu erkennen. Für sie war HipHop eine Möglichkeit, Spaß zu haben und sich zu verwirklichen. HipHop war für sie ein Ausdrucksmittel geworden, das sie berühmt und sichtbar machte und das sie sogleich aus der Menge hervorhob. Sie konnten durch Manhattan gehen, ihren Rap-Slang auf den Lippen, über die Leute reden und keiner verstand sie. Sie konnten sich auf die Bühne stellen, von ihren Problemen berichten und keiner konnte sich dem mehr verschließen.

„concerto of the desperado"

Rap als Nachrichtenkanal *(SV)*

Die wohl am häufigsten zitierte Aussage der HipHop-Kultur ist *Chuck Ds* Beschreibung von Rap als dem CNN der Schwarzen. Oft wird sie verkürzt und verfälscht als „Nachrichten aus dem Getto" wiedergegeben. Rap als Nachrichtenkanal bedeutet, dass die Bewohner der Armenviertel selbst bestimmen, was und wie über sie berichtet wird. Bis in die frühen Achtzigerjahre fanden die Gettobezirke von New York nur in den Verbrechensstatistiken der Polizei Beachtung oder in den Horrorszenarien von Politik und Medien, wenn es wieder einmal darum ging, schärfere Gesetze durchzusetzen oder die Verkommenheit und Verwahrlosung der menschlichen Rasse vorzuführen, insbesondere natürlich des Teils mit dunkler Hautfarbe. Die vielen apokalyptischen Hollywood-Streifen trugen ihren Teil dazu bei, dieses trostlose Bild zu verfestigen.

Bloß für die Menschen in der Bronx, in Queens, Harlem oder Brooklyn sah die Welt ganz anders aus. Und mit Rap, Breakdance und Graffiti, auf ihren Konzerten, in Interviews, bei ihren Auftritten in der Öffentlichkeit – die ihnen plötzlich zuhörte – und später dann in den Musikvideos konnten die Jugendlichen aus den Gettos ihre Sicht der Dinge verkünden und so das einseitig negative Bild verändern. „Wenn sich die Stadt weigerte, zu den jungen Schwarzen und Puertoricanern zu kommen", schrieb David Toop, „dann mussten sie zu ihr kommen." Weil sich die weiße Bevölkerungsmehrheit weigerte, die Bewohner der Gettos mit ihren Problemen, Ängsten, Hoffnungen und Wünschen wahrzunehmen, fanden diese ihre kulturelle Ausdrucksform, die nicht länger zu ignorieren war. Die auffälligen Bilder der Graffiti-Writer, die spektakulären Bewegungen der Breakdancer, die durchdringenden Beats und Raps – dem Einfluss von HipHop konnte sich niemand entziehen, HipHop war einfach plötzlich da.

Und dann waren es die großen, etablierten Medien, die dafür gesorgt haben, dass bis in die letzten Winkel Amerikas und dann auch in der ganzen Welt klar wurde, wie man durch HipHop die Aufmerksamkeit auf sich ziehen kann. Beispielsweise die *New York Times,* die bereits im Juli 1971 ein ausführliches Interview mit *Taki 183* führte und ihn im ganzen Land bekannt machte. *Taki 183* war der erste Sprüher, der seine Tags auch außerhalb der Gettobezirke platzierte – inzwischen erzählt man sich sogar, der Begriff Tag sei abgeleitet von *Taki*, eine Würdigung des Urvaters der Writer-Szene. In Deutschland hat das ZDF den legendären HipHop-Film *Wild Style* kofinanziert, Anfang der Achtzigerjahre im deutschen Fernsehen gezeigt und damit das Besprühen von Zügen und Wänden populär gemacht.

Rap als CNN der Schwarzen meint aber auch, dass es vor Rap für die Jugendlichen in den Armenvierteln kaum Möglichkeiten gab, mit Menschen in anderen Städten zu kommunizieren. Sie hatten doch keine Ahnung, wie es den Leuten in Los Angeles ging, erzählt *Scorpio*, in welchen Verhältnissen, unter welchen Umständen die dort zu leben hatten. „Wir konnten damals nicht einfach an die Westküste fahren oder kurz anrufen. Wen hätten wir denn anrufen sollen?" Erst als dann Anfang der Achtzigerjahre auch außerhalb New Yorks Rap-Platten produziert wurden, erfuhren sie, dass dort ähnliche Probleme herrschten, dass sie nicht allein waren. So entstand ein Austausch, man schickte Platten hin und her. Und als dann die ersten Rap-Konzerte veranstaltet wurden, lernte man einander endlich auch persönlich kennen. Allerdings brachen einige Rapper noch in den Neunzigerjahren ihre Europatourneen ab – vor Heimweh! – und ließen konsternierte Konzertveranstalter zurück. Niemals zuvor waren sie aus ihren Vierteln herausgekommen, hatten gerade einmal eine Platte produziert und schon setzte man sie ins Flugzeug nach Europa, ein Kulturschock, den einige nicht aushalten konnten.

Chuck D hat immer wieder deutlich gesagt, was er mit seinem Rap als CNN der Schwarzen gemeint hat, bloß genützt hat es wenig. Mit den ersten Erfolgen von *Ice T* und spätestens mit Dennis Hoppers Film *Colors – Farben der Gewalt* entdeckte das breite Publikum gerade auch in Deutschland das Getto als aufwühlenden Ort des Niedergangs. Junge schwarze Männer, die mit einer schamlosen Fuck-you-Attitüde Sex, Gewalt und Drogenrausch zelebrierten, gaben ein gleichermaßen erschreckendes wie faszinierendes Bild ab. Das Getto wurde zum Sinnbild für die Rückkehr des Bösen und das alles gab es ohne eigenes Risiko im heimischen Wohnzimmer, die bezaubernde Barbarei des wilden schwarzen Mannes. Die neuen Nachrichtensprecher des Rap, denen das Publikum zuhören wollte, waren nicht mehr die politischen Aufklärer wie *Chuck D* oder *KRS ONE*, das waren die Gangsta-Rapper von der Westküste, sie entsprachen viel mehr dem erwünschten Klischee.

„nuthing but a g-thang"

Gangsta-Rap (SV)

Als sich Ende der Achtzigerjahre immer mehr Jugendliche aus der weißen Mittelschicht für Rap begeisterten, vor allem für Gangsta-Rap, sahen viele Eltern und Politiker darin eine Gefahr für die Jugend, aber bald auch für das ganze Land. 1992 drohten diese Diskussionen zu eskalieren, als *Ice T* mit seiner Metal-Band *Body Count* den Song „Cop Killer" veröffentlichte. Plötzlich schien selbst der amerikanische Präsident davon überzeugt, dass Rap eine Bedrohung für das Allgemeinwohl darstellt, und griff persönlich in die erhitzte Diskussion ein. Bill Clinton versuchte aber nicht etwa, die Auseinandersetzung zu beruhigen, auch er verurteilte die Statements von *Ice T*. Das Paradoxe an dieser Situation war, dass es gerade dieser angeblich so staatsgefährdende Song war, der *Ice T* die Türen zu allen Fernsehsendern öffnete. Erst seit diesem Song war seine Meinung in der Öffentlichkeit gefragt. Und er nutzte diese neue Macht, jederzeit Zugang zu den großen Medien zu haben.

In „Cop Killer" wendet sich *Ice T* gegen einen Polizeiapparat, der systematisch Angehörige ethnischer Minderheiten schikaniert, und gegen ein Rechtssystem, das selbst die brutalsten Übergriffe einzelner Polizisten nicht bestraft, wie im Fall Rodney King: Vier weiße Polizisten prügelten mit ihren Schlagstöcken auf den wehrlos am Boden liegenden Schwarzen Rodney King ein und schlugen ihn halb tot. Ein zufällig vorbeikommender Passant hatte die Aktion mit seiner Videokamera gefilmt, aber selbst dieser klare Beweis half nicht – die Polizisten wurden freigesprochen. Das Rodney-King-Urteil war einer der Auslöser für die *Los Angeles riots* 1992.

*Ice T*s Song ist kritisch und hat gewiss auch einen drohenden Unterton, aber er ist kein Aufruf zum wahllosen Polizistenmord, wie es in den Medien immer wieder hieß. Und auch in der folgenden Auseinandersetzung ging *Ice T* sehr geschickt und gewissenhaft mit seiner neu erlangten Medienpräsenz und öffentlichen Macht um. Als er auf einer Pressekonferenz bekannt gab, er werde „Cop Killer" vom *Body Count*-Album nehmen, weil unschuldige Mitarbeiter seiner Plattenfirma (Time Warner) bedroht würden, trug er ein T-Shirt mit dem Aufdruck „LAPD [= Los Angeles Police Department]: We treat you like a King!", eine Anspielung auf den Fall Rodney King. Außerdem zeigte er ein Video, das weitere gewalttätige Übergriffe seitens der Polizei dokumentierte. So unterstrich er seine Kritik, trug seinen Teil dazu bei, die Auseinandersetzung zu beruhigen, und auch kommerziell war es ein kluger Schachzug, denn nun wollte sich natürlich jeder noch eines der verbleibenden „Cop Killer"-Alben sichern.

Letztlich ging es gar nicht darum, was *Ice T* nun genau in seinem Rap gesagt hatte oder nicht. Allein die Tatsache, dass er sich nicht an die Regeln hielt, dass er sich die Freiheit nahm, seine Kritik offen zu äußern, machte ihn gefährlich. Und die Art und Weise, wie er den Angriffen von Politik und Medien begegnete, machte ihn zum Helden der HipHop-Bewegung. Er spielte mit den Medien, manipulierte sie zu seinen Zwecken und machte damit deutlich, wie Öffentlichkeit funktioniert. Und nicht zuletzt nutzte er seine öffentliche Macht auch für sich selbst. Denn auf dem Höhepunkt der Auseinandersetzungen löste er in beiderseitigem Einverständnis seinen Vertrag mit Time Warner und gründete sein eigenes Plattenlabel, *Rhyme Syndicate*. Angesichts von annähernd vierhunderttausend Vorbestellungen für sein neues Album eine sichere Angelegenheit.

Medien und Politik instrumentalisierten das Thema Gewalt, um gegen die unbequeme Kritik aus den Reihen der Rapper vorgehen zu können. Die Rapper instrumentalisierten das Thema ihrerseits, um sich dauerhafte Präsenz in den Medien zu sichern. Und sich gegenseitig verstärkend, trieb die Diskussion immer neue Blüten. Als die ersten Rapper vor Gericht gestellt wurden – wegen Körperverletzung, versuchten Mordes –, schien dann alles klar: Wer die ganze Zeit von Gewalt redet, muss schließlich auch gewalttätig werden. Und schließlich wurden kurz hintereinander *2Pac Shakur* (Westcoast) und *Biggie Smalls* (Eastcoast) ermordet. Plötzlich war von einem Krieg der Rapper die Rede, Eastcoast gegen Westcoast. Geblieben ist bis heute das voyeuristische Interesse des Publikums an Gangsta-Rap und zugleich das Desinteresse an den wahren Problemen der Menschen in den Großstadtgettos.

Gangsta-Rap ist die dunkle Seite des Message Rap. Während die Knowledge Rapper um *KRS ONE* (= Knowledge Reigns Supreme Over Nearly Everyone) an die Vernunft ihrer Hörer appellieren, bedienen die Gangsta-Rapper die Sensationslust des Publikums. Oder um es im Sinn von *Chuck D* zu sagen: Message Rap ist die seriöse, politische Tageszeitung, Gangsta-Rap die Boulevardpresse. Und wie im Pressewesen das eine ohne das andere nicht bestehen kann, wird auch der Gangsta-Rap neben der Message weiter existieren.

„you all know how the story goes"

HipHop-Techniken (SV)

Natürlich ist diese Geschichte von den Anfängen der HipHop-Kultur schon unzählige Male erzählt worden. Die übliche Version ist: Die Jugendlichen aus der Bronx waren zu jung, hatten kein Geld oder nicht die richtigen Klamotten, als dass man sie in die schicken Clubs und Diskotheken gelassen hätte. Also veranstalteten sie ihre eigenen Partys in den Parks und Hinterhöfen: Block Parties. Die Jugendlichen eines Häuserblocks trafen sich und feierten. Den Strom für das Soundsystem des DJs holte man sich bei irgendwelchen Nachbarn oder noch lieber aus dem öffentlichen Netz, indem man die nächste Straßenlaterne anzapfte. Wenn gar nichts ging, setzten sich die Jungs auch mal aufs Rad und erzeugten ihren eigenen Strom. Und dann konnte die Party beginnen, bis die Polizei kam und den Spaß beendete, wenn auch nur für kurze Zeit, denn ein neuer Platz war meist schnell gefunden.

Auf diesen Block Parties hat *Kool DJ Herc* festgestellt, dass die Leute am ausgelassensten auf die Breaks der von ihm gespielten Stücke reagierten. Also kaufte er sich jeweils ein zweites Exemplar seiner Platten, spielte den Break abwechselnd vom einen, dann wieder vom anderen Plattenspieler und verlängerte ihn auf diese Weise, wies ihm gefiel. Breakbeats nannte man diese neue Musik, die Tänzer entsprechend Breakdancer oder B-Boys. Die HipHop-DJs nahmen die Kirsche von der Torte, aßen sie auf und schmissen den Rest weg, so beschrieb David Toop, der erste und bis heute unerreichte Berichterstatter der frühen HipHop-Kultur, diese neue Auffassung von Musik. Und wenn auf einer Platte nur ein einziger Takt zu finden war, der es wert war, gespielt zu werden: Die HipHop-DJs erschufen daraus ein neues Stück.

Neue Musik aus den Bestandteilen bereits bestehender Musikstücke zusammenzusetzen, das kennen wir doch, sagten sich einige findige Philosophen und Kulturtheoretiker in den Neunzigern. Das ist doch die postmoderne Methode. Die Kunstentwicklung ist an einem Punkt angelangt, wo es keine originären Schöpfungen mehr geben kann. Neues kann nur noch aus der Kombination von Altem entstehen. Das ist eine stark verkürzte Definition, gewiss, aber es ist auch gar nicht nötig, sich genauer mit postmoderner Kunsttheorie zu befassen, nicht, weil sie es nicht wert wäre, sondern weil sie im Bezug auf HipHop eben eine unzulässige Vereinnahmung bedeutet. Denn wie der Name schon sagt: Postmoderne ist, was nach der Moderne kommt und somit die Moderne und ihre Positionen überwindet. Um jedoch die Moderne überwinden zu können, sollte man wissen, was ihre Kunstpositionen überhaupt ausmacht. Und in den frühen Siebzigerjahren war von der Moderne, von abendländischer Kultur der letzten zwei bis drei Jahrhunderte in den Armenvierteln von New York nicht die Rede. Die ersten HipHops kannten also gar nicht, was sie nach einigen Philosophen überwunden hatten. Und trotzdem kamen sie auf Techniken, die denen postmoderner Künstler ähnlich sind.

Mit dem Scratch, so wurde zu Recht behauptet, wurden Plattenspieler und Mischpult endgültig zum Instrument, mit dem eine ganz eigene Klangwelt erzeugt werden kann. Und die Geschichte, wie *Grandwizard Theodore* das Scratchen erfand, ist eine der schönsten der HipHop-Kultur: *Theodore* war zunächst Record-Boy von *Grandmaster Flash*. Er zog also nachmittags durch die Musikgeschäfte und besorgte *Flash* die neuesten Scheiben, das war 1973/74. Aber *Theodore* wollte natürlich selbst DJ werden und übte schon lange an seinen eigenen Tricks. Als seine Musik wieder einmal zu laut war, hämmerte seine Mutter an die Tür, er solle sie endlich leiser stellen. Während seine Mutter mit ihm sprach, hielt er die Platte mit der Hand an und spielte nervös daran herum, bis er im Kopfhörer plötzlich dieses Kratzen hörte. Vorsichtig bewegte er die Platte unter der Nadel hin und her. *Theodore* war begeistert. Durch puren Zufall hatte er nun seinen ganz eigenen Trick – der Scratch war erfunden. Nicht etwa als Ergebnis eines ausgetüftelten (postmodernen) Klangexperiments, sondern im typischen Konflikt der heranwachsenden HipHops mit ihren Eltern wurde die DJ-Musik revolutioniert.

Als er sich Monate später mit seinen Scratches zum ersten Mal vor sein Publikum wagte, wurde aus *Theodore,* dem kleinen Bruder und Record-Boy, *Grandwizard Theodore,* der große Hexenmeister. Und wenn einer diesen Titel verdient hat, dann ist er es. Trotzdem fehlt er im *Guinness Who's Who of Rap, Rance & Techno* ebenso wie in David Toops *Rap Attack* und spielt auch sonst in den Büchern zur HipHop-Geschichte, wenn überhaupt, nur eine unbedeutende Rolle. Warum erinnerte sich *Grandmaster Flash* immer gern an *Kool DJ Herc,* aber nie an seinen Record-Boy *Theodore,* den Hexenmeister, dem er den Scratch verdankt?

„too many mcs not enough mics"

Battle und Freestyle (SV)

Die Breakbeats von *Kool DJ Herc*, die Beatbox von *Grandmaster Flash* und die Scratches von *Grandwizard Theodore* bedeuteten eine musikalische Revolution. Und in ähnlicher Weise gilt das auch für Rap, Graffiti und Breakdance: HipHop hat die Kunst revolutioniert. Doch das wirklich Spannende an der HipHop-Bewegung sind nicht die stilistischen und technischen Neuerungen oder dass *Grandmaster Flash* mit den Ellenbogen und der großen Zehe scratchen konnte. Wirklich spannend ist die Battle-Kultur. Angefangen hatte alles damit, dass die neuen Tricks und Techniken der DJs so spektakulär wurden, dass niemand mehr tanzen wollte. Alle standen wie gebannt im Halbkreis vor dem DJ und bewunderten seine Fähigkeiten. Wie in einem Seminar, ärgerte sich *Grandmaster Flash*. Was nutzten ihm seine vielen Tricks, seine ausgefallene Plattensammlung, wenn die Leute nicht mehr tanzten?

Schon immer hatten die DJs mit lockeren Sprüchen die Stimmung im Saal angeheizt. Aber das allein schien plötzlich nicht mehr auszureichen beziehungsweise die DJs waren zu sehr mit ihren Breakbeats beschäftigt und konnten sich nicht mehr wirklich um ihr Publikum kümmern. Also holte sich *Grandmaster Flash* zunächst *Lovebug Starski* als MC (= Master of Ceremony) zu sich auf die Bühne. Später kam dann *Cowboy* dazu und bald darauf der Rest der *Furious Five,* während *Lovebug Starski* eigene Wege ging. – *Grandmaster Flash & The Furious Five* hatten sich übrigens auf einer Breakdance-Battle kennen gelernt, hatten gegeneinander getanzt und waren Freunde geworden.

Die Aufgabe der MCs war es, das Publikum bei Laune und vor allem auf der Tanzfläche zu halten. Sie priesen und kommentierten die Fähigkeiten ihres DJs, lobten lautstark seine Tricks und seine Erfindergabe. Sie erzählten Witze, Geschichten aus der Nachbarschaft und gaben zum Besten, was für tolle Typen und Reimkünstler sie selbst sind, besser als alle anderen im Saal. Die wiederum wollten das natürlich nicht auf sich sitzen lassen und so kam es bald zu den ersten Wort- und Reimgefechten auf der Bühne: Battle-Time. In einer solchen Battle konnte man mit vorgefertigten Phrasen nicht bestehen. Hier sind Spontaneität und Improvisation gefragt, nur wer auf andere eingehen kann, hat eine Chance. Natürlich geht es darum, den Gegner zu übertrumpfen, ihn in Grund und Boden zu rappen, mehr Reime, kompliziertere Reime, mehr Metaphern, ausgefallenere Metaphern, verrücktere Styles, lustigere Geschichten. Am besten bringt man den Gegner gleich ganz zum Schweigen, dann gibt es keinen Zweifel mehr, wer der Bessere ist. Außerdem sprechen die MCs ihr Publikum an, das letztlich darüber zu entscheiden hat, wer den Kreis als Sieger verlassen wird. Und was nützen einem die besten Reime, wenn die Inhalte beim Publikum nicht ankommen, was die ausgefallensten Metaphern, wenn die Leute sie nicht verstehen?

Wer auf der Bühne bestehen will, muss also ständig Neues zu bieten haben. Mit jedem neuen Style wird das Publikum anspruchsvoller, worüber gestern noch gejubelt wurde, ist heute langweilige Wiederholung. In diesem gegenseitigen und gemeinsamen Wettstreit wurden die Ausdrucksformen der HipHop-Kultur entwickelt und stilistisch verfeinert. Und bis heute ist die Battle der Motor der Bewegung, der sie am Leben hält und von anderen Kulturen unterscheidet. Die Battle hebt die Grenzen auf zwischen Produzent und Konsument. Es gibt anerkannte Größen in der HipHop-Szene, die man im eigenen Interesse besser nicht herausfordert. Aber nicht einmal die heutigen Megastars sind davor sicher, gebattlet zu werden.

Aber nicht nur die Rapper wetteifern um die Gunst des Publikums, Battles gibt es auch im Breakdance, unter DJs und Graffiti-Writern. Und immer geht es sowohl um Qualität als auch um Quantität. Respekt bekommt, wer die meisten Tags gesetzt, das ausgefallenste Piece gemalt oder eben eine spektakuläre Stelle für sein Bild entdeckt hat, Sieger in der Battle kann werden, wer seinen ganz eigenen Breakdance-Move hat oder sich am häufigsten um die eigene Achse drehen kann, wer die spektakulärsten Tricks an den Turntables vorführt, die ausgesuchtesten Platten hat oder alle anderen mit seinem Soundsystem buchstäblich wegfegt.

In der Battle hat jeder die gleichen Chancen. Niemand ist unangreifbar, egal, wie viele Platten er schon verkauft hat, egal, wie viel Respekt er in der Szene genießt. Jeder muss jeden Tag seine Stellung aufs Neue behaupten. Und irgendwo da draußen, in irgendeinem Kinderzimmer, Jugendkeller, bastelt gerade einer an seinen Tricks, die alles revolutionieren werden. Das ist es, was HipHop seit mehr als fünfundzwanzig Jahren lebendig und innovativ macht, und bis heute ist kein Ende absehbar.

„stop the violence"

Afrika Bambaataa *und die Zulu-Nation* (SV)

Afrika Bambaataa hat die Battle-Kultur von HipHop als Möglichkeit erkannt, dem Teufelskreis zunehmender Gewalt in den Armenvierteln von New York zu entkommen. Die Geschichte wurde schon oft erzählt: *Bambaataa* war als Jugendlicher Mitglied der Black Spades, bis er miterleben musste, wie sein bester Freund auf offener Straße von einer rivalisierenden Gang erschossen wurde. Er verließ die Gang und gründete seine Zulu-Nation, einen Zusammenschluss aktiver HipHops, die sich für Gewaltlosigkeit, Drogenfreiheit und gegenseitigen Respekt stark machten. *Bambaataa* hatte ja selbst erlebt, wie wichtig der Zusammenhalt der Gruppe für die einzelnen Mitglieder ist und wie zerstörerisch zugleich der Einfluss der Gangs. Die Zulu-Nation sollte für viele eine Alternative zu den Gangs werden, die sie stark machte gegen Gewalt und Drogenmissbrauch. Aber wie sich gezeigt hat, muss man diese Geschichte immer wieder erzählen, sie richtig erzählen. Zuletzt war fälschlich zu lesen, dass *Afrika Bambaataa* nicht nur Mitglied der Black Spades war, sondern einer ihrer Führer, der dann, als er die Sinnlosigkeit seines Tuns erkannt hatte, die Black Spades in seine Zulu-Nation umgewandelt hätte (Heike Blümner in *Alles so schön bunt hier*).

Afrika Bambaataa hat den Battle-Gedanken institutionalisiert. „Gegen Gewalt" war eines der obersten Ziele seiner Zulu-Nation. Das bedeutete, wenn zwei Leute ein Problem miteinander hatten, dann sollten sie das nicht mit den Fäusten, sondern in einer HipHop-Battle austragen. Wenn sich also zwei auf einer Block Party prügeln wollten, dann hat der MC auf der Bühne die Leute aufgefordert, einen Kreis um die Kontrahenten zu bilden. Und aus der drohenden Schlägerei wurde eine HipHop-Battle. Wie in einem Duell wurden dann die Waffen gewählt – Rap, Breakdance – oder das Ganze wurd vertagt und im Graffiti ausgetragen. Das funktionierte und verselbstständigte sich, immer öfter wurden Konflikte nun in Form von HipHop-Battles ausgetragen. Aus einem frustrierten Gewalttrieb wurde Kultur. Der alte Traum, dass Kultur den Sieg davonträgt über rohe Gewalt – in den Armenvierteln von New York wurde er Wirklichkeit. Zu einer Zeit, als Gewalt zu einem immer größeren Problem wurde, fand *Afrika Bambaataa* einen Ausweg, diesen Teufelskreis zu durchbrechen, den alle akzeptieren konnten. HipHop ist seitdem nicht nur eine Musikform, HipHop ist auch eine Kultur des Zusammenlebens.

„die welle aus amerika spülte mich an land zurück"

Breakdance erobert die Welt (LJ)

Am 16. September 1979 kam „Rapper's Delight" in die Plattenläden und spätestens Anfang 1980 war die *Sugarhill Gang* in Clubs und Diskotheken auf der ganzen Welt zu hören. Bald darauf folgten weitere Rap-Produktionen: *Grandmaster Flash & The Furious Five, Trecherous Three, Kurtis Blow* und viele mehr. Und schon bald begannen Musiker, die nicht aus dem HipHop-Umfeld stammten, mit diesem neuen Sound und dem neuen Verständnis von Gesang zu experimentieren. Im deutschsprachigen Raum waren das Falco, *Fehlfarben, DAF* und bereits 1980 gab es eine Coverversion, „Rapper's Deutsch" von Thomas Gottschalk, Frank Laufenberg und Manfred Sexauer (= *GLS United*). Keine dieser Gruppen fühlte sich dadurch einer neuen Musik- und Jugendkultur zugehörig, die meisten werden nicht einmal gewusst haben, dass Rapmusik eine Ausdrucksform der HipHop-Kultur ist. Es blieb bei einmaligen Veröffentlichungen. Auch wenn viele HipHops immer wieder behaupten, Falco sei der erste deutschsprachige Rapper gewesen: Die Experimente Anfang der Achtzigerjahre blieben ohne Wirkung. Sonst könnte man mit gleichem Recht behaupten, ein mittelalterlicher Mönch habe den Rap nach Deutschland gebracht, denn Sprechgesang an sich ist schließlich eine jahrhundertealte Ausdrucksform.

HipHop als Jugendkultur begann sich mit Breakdance weltweit zu verbreiten. Der Begriff Breakdance zeigt schon, wie weit der Einfluss und die Definitionsmacht der Medien gehen. Breakdance wurde zur griffigen Bezeichnung für eine Vielzahl von Tanzstilen, die in den Siebzigerjahren in New York entstanden waren: Uprock, Electric Boogie, Popping und Locking, um nur einige zu nennen. Und es wäre vielleicht bei der einen Breakdance-Modewelle geblieben, hätten nicht Filme wie *Wild Style* oder *Beat Street* das ganze kulturelle Spektrum gezeigt. „ich muss zugeben, hätts die medien nicht gegeben / führte wahrscheinlich auch ich ein anderes leben / doch stylewars, beatstreet und wildstyle / zeigten b-boying, graffiti und rap zu gleichem teil / so lehrten sie von anfang an den zusammenhang der dinge / für die hiphop immer nur als überbegriff stand", rappte *Cora E* 1994 auf ihrer programmatischen Maxi-Single „... nur ein Teil der Kultur".

Auch wenn immer wieder von einer einzigen, weltweiten HipHop-Kultur gesprochen wird, die in vielen Ländern zeitgleich und mit der Breakdance-Mode begonnen hat, so sind es die jeweiligen kulturellen und ökonomischen Verhältnisse eines Landes, die letztlich dafür bestimmend waren, wie, wann und ob überhaupt sich Jugendliche HipHop aneignen konnten. Aber wie entwickelte sich die HipHop-Kultur in anderen Ländern? Und worin liegen die Unterschiede zu Deutschland? Einige jener, die heute in der HipHop-Szene in Deutschland aktiv sind, habe die frühen Jahre der Bewegung im Heimatland ihrer Eltern erlebt, etwa *Babak* in Teheran (Iran), Writer und Produzent bei *Anarchist Academy*, *Harol* in Bogotá (Kolumbien), Breakdancer und Rapper bei *La Etnia*, oder *Ade* und *Abi* in Lagos (Nigeria), Rapper und Produzenten bei *Bantu* (früher *Exponential Enjoyment* und *Weep Not Child*). Sie alle haben die HipHop-Szene in verschiedenen Kulturkreisen erlebt und machen deutlich, wie unterschiedlich die Übernahme und Entwicklung von HipHop aussehen kann.

Warum zum Beispiel haben Graffiti-Sprayer in Deutschland Schadenersatzforderungen in Höhe von mehreren hunderttausend D-Mark zu befürchten, wenn sie beim Bemalen von Zügen und Häusern erwischt werden, und warum bezahlt in Lateinamerika der Bürgermeister einer großen kolumbianischen Stadt nach der Eröffnung der neuen Metro 1995 eine Gruppe von Graffiti-Writern, damit diese alle U-Bahn-Stationen mit ihren Tags und Pieces besprühen? Und warum ist Graffiti in Lateinamerika trotzdem nur eine Randerscheinung?

„Graffiti war in Lateinamerika populär, lange bevor Breakdance kam", erklärt *Harol*. „In Kolumbien zum Beispiel findest du überall Graffiti in sehr unterschiedlicher Form. Graffiti in Lateinamerika ist eine Tradition aus den frühen Sechziger- und Siebzigerjahren. Es ist nicht dieser *fancy style*, mit dem du aufwändige Bilder malst, sondern ein Phänomen, das in einem strikt politischen Kontext steht. Du findest Schriftzüge und Parolen genauso wie Bilder von wichtigen politischen Personen wie Che Guevara oder Lenin. In den Sechziger- und frühen Siebzigerjahren wurde mit Pinseln gearbeitet und seit den späten Siebzigern auch mit der Sprühdose. Seit Beginn der Neunziger gibt es auch einige HipHop-Graffiti, aber lang nicht so massiv wie in anderen Ländern. Wenn du auf Kuba bist, siehst du an jeder Ecke Graffiti, aber es sind Parolen und Nachrichten, die da stehen. Das HipHop-Graffito ist das genaue Gegenteil davon; da geht es um Form und Farbe und Style, nicht um Message. Die Leute, die in den Siebzigern und frühen Achtzigern in Kolumbien mit Graffiti zu tun hatten, kamen aus politischen Zusammenhängen, waren aktiv, gehörten der Guerilla an und wurden von der Polizei und dem Militär gesucht. Wenn dich die Bullen irgendwo beim Sprayen erwischen, dann wissen sie: Die einzigen Leute, die so etwas tun, sind Guerilleros. Es wäre dann auch schwer, den Bullen zu erklären, dass du andere Motive hast und eigentlich nur ein schönes Piece malen willst."

HipHop fand mit Breakdance überall Beachtung und es war allen klar, dass dieses Phänomen aus den USA kam. In jedem Land gab es andere Bedingung und Traditionen, die dazu führten, dass Breakdance an ganz bestimmten Orten stattfand oder in einen besonderen Kontext gestellt wurde. „Es gibt im Islam einen Trauermonat, in dem man sich in den Moscheen trifft und Prozessionen durch die Stadtviertel organisiert", erklärt *Babak*. „Das ist eigentlich auch schon so ein Battle-Ding, denn jede Moschee hat ihren eigenen Zug, der dann durch die Stadt geht. Dafür werden vorher auch bestimmte Tanzbewegungen einstudiert. Als wir auf einem dieser Züge waren, haben wir andere Kids getroffen, die auch breakten. Wir haben uns erkannt, weil wir zu den Tanzbewegungen der Prozession parodistisch ein paar Breakdance-Bewegungen gemacht haben. Dann sind wir darüber ins Gespräch gekommen und haben einen Termin für eine Battle vereinbart. Das war dann in einer kleinen Seitenstraße, weil es auf größeren Plätzen und Straßen schwer möglich war. Denn im Iran gibt es so etwas wie eine Moralpolizei, die darauf achtet, dass man nicht einfach irgendwo in der Öffentlichkeit seinen Spaß hat mit irgendwelchen ausländischen Sachen. Wir haben dann unsere Klamotten mitgenommen, diese hinter einer Ecke schnell angezogen und gegeneinander gebreakt, teilweise mit, teilweise ohne Musik. Allerdings sind diese Treffen oft in Schlägereien ausgeartet, weil die Battles nicht so sehr auf Können basierten, sondern auf gegenseitiger Verarsche und Anmache. Es hat bei uns eigentlich nie diesen Effekt gehabt, durch tanzen Gewalt wegzulassen."

Im Iran hat es aufgrund der gesellschaftlichen Situation, wie in vielen anderen Ländern auch, nie eine öffentliche HipHop-Szene gegeben und doch gab es eine Menge begeisterter Kids, die mit viel Aufwand und Engagement Breakdance-Moves übten. Der Austausch fand nicht auf der Straße statt, sondern vor allem auf großen Familienfesten. Dort tanzten die

Kids gemeinsam, meist zum Vergnügen der Erwachsenen, und wurden zur Attraktion der Party. Da im Iran Filme wie *Beat Street* nicht in den Kinos liefen, war man auf Videokopien angewiesen, die einem Verwandte oder Freunde aus den USA zukommen ließen. Allein diese Tatsache schloss die ärmeren Schichten vom Kontakt mit Breakdance aus. „Es war im Iran überhaupt nicht so, dass irgendwelche Gettokids HipHop für sich entdeckt hätten. Du musstest mindestens aus der Mittelschicht kommen, um überhaupt etwas davon mitkriegen zu können", beschreibt *Babak* die Situation in Teheran. „Es war ja eine Frage der sozialen Stellung, ob du überhaupt an die Videos und Kassetten rankamst. Du brauchtest mindestens einen Videorecorder, ein Tapedeck und Kontakte nach Amerika. Das ganze Ding konnte auch nie so richtig groß werden, da es keine Medien gab, die es verbreitet hätten. Das lief über Mundpropaganda und dadurch konnte es nicht diesen Schneeballeffekt geben. Wenn du jemanden getroffen hast, der gebreakt hat, und dir hat das gefallen, dann musstest du schon sagen: Okay, erzähl mir alles und bring mir alles bei."

In Lagos war die Situation wieder ganz anders. In Nigeria – wie in vielen anderen afrikanischen Staaten auch – besteht eine enge Verbindung zwischen der Black Culture in den USA und den eigenen kulturellen Szenen. Viele amerikanische Black-TV-Serien werden beispielsweise auch in Afrika ausgestrahlt und so kannten die afrikanischen Kids, noch bevor sie mit der *Sugarhill Gang* oder der *Rock Steady Crew* in Kontakt kamen, Sendungen wie *Good Times* oder *Soul Train*. *Abi* erzählt, dass in Lagos damals jedes kleine Kind gebreakt hat und seine ganz speziellen Vorbilder in New York hatte. „Es gab *Beat Street*, *Wild Style* und den ganzen Kram im Kino. Doch die Leute haben das, glaube ich, auch mit dem Gefühl konsumiert, dass da mehr dahintersteckt, als sich nur die angesagten Klamotten zu holen, denn das konnten sich sowieso nur die wenigsten leisten. Dieses Lebensgefühl hat man von Anfang an mitgekriegt."

Das Lebensgefühl, das HipHop den Menschen vermittelte, stand in engem Zusammenhang mit ihren alltäglichen Erfahrungen. „Die Leute in Bogotá oder São Paulo wussten, dass diese Musik und dieser Tanz aus den USA kam", erzählt *Harol*. „Sie spürten, dass es zwischen ihnen und den Jugendlichen aus den Armenvierteln in New York Gemeinsamkeiten gibt. HipHop ist in Südamerika auch nie als schwarze Kultur wahrgenommen worden. Wenn in einem Land jeder verschieden aussieht und alle unterschiedlich getönte Haut haben, kümmern sich die Leute viel weniger um solche Äußerlichkeiten. In Lateinamerika war Breakdance fast aussch-

ließlich das Ding der jugendlichen Slumbewohner, weil man dafür weder Equipment noch teure Klamotten brauchte und sich die Möglichkeit bot, unabhängig von Herkunft und Status Anerkennung zu bekommen. Die wirklich armen Leute, die in den Gettos wohnten, haben ausschließlich Breakdance gemacht. Jugendliche, die aus vornehmeren Gegenden kamen, fuhren Skateboard oder BMX. Vor allem Skateboards waren zu dieser Zeit sehr teuer, denn du konntest sie nur als US-amerikanischen Exportartikel bekommen."

Ob es den einen HipHop-Spirit wirklich gibt, das universale Feeling, ist mehr als fraglich. Man erhält die unterschiedlichsten Antworten und Erklärungen, je nachdem, wen man zu welcher Zeit erzählen lässt, und alle sind sie plausibel. Es gibt allerdings Geschichten und Anekdoten, die besonders schön sind und die besonders häufig erzählt werden. Vielleicht, weil sie dem, was HipHop sein sollte, besonders nahe kommen. Und solche Geschichten wie die von *Harol* können nicht oft genug erzählt werden:

„1986 sollte ein großes HipHop-Konzert in Bogotá stattfinden – unter anderem mit einigen New Yorker Old-School-Größen. Es gab eine Ausschreibung des Veranstalters, in der er jener Gruppe, die das beste Demotape einschickt, Freikarten und ein paar Minuten mit den Stars gemeinsam auf der Bühne zu stehen versprach. Die Rapper von *Gotas De Rap,* einer HipHop-Crew aus einem armen Viertel Bogotás, haben sich daran beteiligt, sie wurden aber nicht ausgewählt. Es gewann eine Band aus einer reichen Gegend, die sich teure Aufnahmegeräte leisten und deshalb ein Demotape mit besonders gutem Sound produzieren konnte. Das Konzert fand in einem großen Stadion statt und als es losging, sagten sich die *Gotas:* Scheißegal, wir gehen jetzt einfach so auf die Bühne. Sie sind also einfach während der Show auf die Bühne gesprungen und haben sofort angefangen zu breaken. Der Rapper, der gerade seine Show machte, hörte augenblicklich auf zu rappen, machte den Jungs Platz, feuerte sie begeistert an und fing dann sogar an, mit ihnen zusammen zu tanzen. Von der Band, die eigentlich gewonnen hatte, sah man an dem Abend nichts mehr."

„welcher pfad führt zur geschichte?"

Geschichtsschreibung im Hinterhof (SV)

Wer etwas über Rap und die HipHop-Kultur erfahren möchte, der sollte sich die Texte der Rapper genau anhören. Auch wenn es heute ein wenig in den Hintergrund geraten ist – die wichtigsten und besten Informationen erfährt man hier aus erster Hand. Wie kein zweites musikalisches und literarisches Genre hat HipHop seine Geschichtsschreibung selbst übernommen und auf Schallplatte gepresst. Es sind die Rapper, die in ihren Texten immer wieder auf die Geschichte und aktuelle Entwicklungen der Szene Bezug nehmen, es sind die DJs, die mit ihren Scratches und Sprachsamples die Verknüpfungen innerhalb der Szene hörbar machen. Hier werden Vorbilder und Freunde geehrt, dort Gegner gedisst. So kann man zum Beispiel erfahren, dass *DJ Thomilla* und *DJ Stylewarz* gerade (im Juni 2000) eine kleine Fehde am Laufen haben: Angefangen hat es mit einem *Backspin*-Interview mit *DJ Stylewarz*. Er könne mit der Musik von *DJ Thomilla* nicht viel anfangen, stand da zu lesen. *Thomilla* nahm es persönlich und schickte eine Platte nach Bremerhaven. *DJ Stylewarz* antwortet seinerseits mit einem Song und hat *DJ Thomilla* jetzt auch öffentlich zur Battle herausgefordert.

Das ist eine spannende Sache, stoßen hier doch Old School *(Stylewarz)* und New School *(Thomilla)* aufeinander. Der Konflikt zwischen Old School und New School wird sich wie ein roter Faden durch dieses Buch ziehen, wobei der Streit um das richtige Verständnis von HipHop zwischen Alter und Neuer Schule und ihr jeweiliges Verhältnis zu Medien und Plattenindustrie in all seinen Facetten erst am Ende des Buchs klar wird. An dieser Stelle deshalb nur ein paar chronologische Anhaltspunkte: Als Old School wird in der Regel die Phase vor den ersten Plattenveröffentlichungen bezeichnet, also die Jahre vor 1991. Als Old Schooler bezeichnen sich diejenigen, die bereits in dieser Zeit aktiv waren und die Szene in Deutschland aufgebaut und geprägt haben. Die prägenden Ereignisse für die Old School sind die ersten überregionalen Jams ab 1986. New School ist dementsprechend, wer in den Neunzigerjahren zur HipHop-Szene stieß.

Und auch in der Battle zwischen *Stylewarz* und *Thomilla* ist dieser Konflikt spürbar. Für *DJ Stylewarz* ist ganz klar: Wenn sich *Thomilla* dieser Herausforderung nicht stellt, dann hat er ohnehin verloren, und *Thomilla* selbst hat sich noch nicht geäußert. Aber für uns ist klar: Wir wollen unseren Spaß. Kneifen gilt nicht. Wir wollen die Battle sehen!

„mit breakdance in der fußgängerzone, das war gar nicht ohne, aber ohne mich"

Was ist HipHop? *(LJ)*

Was weiß eigentlich der Nachwuchs, was wissen die jugendlichen Fans von der Kultur, der sie sich zugehörig fühlen? Was muss man überhaupt wissen? Um dabei sein zu können? Um mitreden zu können? Und was darf getrost vergessen werden?

Also auf zum nächsten HipHop-Konzert im Kölner Stadtgarten, dem *Mixery Raw Deluxe*-Freestyle-Contest mit *MC René* als Moderator. Ich spreche zunächst ein paar Frauen an, die etwas älter zu sein scheinen als der Rest des Publikums. Zu HipHop gehören die typischen vier Elemente: Rap, Graffiti, Breakdance und einfach chillen, erklärt mir Inga (25), etwas genervt. Und ihre Freundin Daniela (19) fügt hinzu: Und DJing! Es sind nämlich fünf Elemente. Inga begeistert dieses Lebensgefühl HipHop, seit sie zum ersten Mal das *Vier Gewinnt*-Album der *Fantastischen Vier* gehört hat, und findet Acts wie die *Firma* zu kommerziell und geistlos. Als ich frage, ob eine von ihnen selbst aktiv sei, ernte ich allgemeines Gelächter, als müsste mir klar sein, dass ich es hier mit Allroundtalenten zu tun habe. Klar, im Bereich Sponsoring, Marketing, Management und so weiter, klärt mich Inga auf. Ob das wohl bald das sechste Element sein wird, frage ich mich und gehe schnell weiter.

Oliver (16) erklärt mir, dass HipHop ein Lebensgefühl sei, Klamotten, Musik, das ganze Gefühl eben. Auf meine Frage, was HipHop denn von anderen Jugendkulturen unterscheide, meint Max (16), es sei lockerer. Und Frank (19) ergänzt: „Du lebst es halt jeden Tag." Bands wie *Dynamite Deluxe*, *Eins Zwo* und *Too Strong* stehen bei ihnen hoch im Kurs, aber bei *MC René* fängt der Ausverkauf an, meint Frank. „HipHop ist zurzeit groß im Trend", fügt Dirk (16) hinzu, „aber es ist ja nicht so, dass alle Leute HipHop auch wirklich verstehen." Dass Writen und Breakdance zu HipHop gehören, darüber sind sich alle einig, aber in Bezug auf Skaten gehen die Meinungen auseinander. „Es gehört alles dazu, Writen, Sprayen, Skaten", behauptet Max, aber Dirk sieht das anders: „Skaten ist ja eher eine Sportart und sicher ist es cool, wenn man HipHop hört und skatet, aber ich kenne genauso Skater, die Hardcore hören." Ist denn dann eine Band wie *Freundeskreis*, die mit Live-Instrumenten ihre Show macht, in euren Augen noch straight HipHop, frage ich, ernte aber nur Unverständnis: Ja klar, warum denn nicht?

Dann treffe ich Miriam, Alex und Christina (alle sechzehn Jahre alt). Sie sind durch die Kölner Gruppe die *Firma* an HipHop geraten und seither begeisterte Fans. Zu HipHop gehöre rappen, cool sein und skaten, sagt Christina. Und Graffiti, fügt Miriam hinzu. Für Alex lautet die Definition: Einfach nur gut drauf sein. „Zu den anderen Sachen geht man ab, und dann ist es vorbei, aber über HipHop denkt man auch hinterher noch nach", versucht Miriam ihr Gefühl zu beschreiben. Zu ihren Favoriten zählen *Doppelkopf, Eins Zwo, Too Strong, Absolute Beginner, Crème de la Crème* und *Fünf Sterne Deluxe*. Christina erzählt, dass sich in ihrem Freundeskreis irgendwann eine Clique von Leuten gebildet hat, die nur noch HipHop hört, und dass sie da auch mitgemacht hat. Es sei dann schon ein cooles Gefühl, nicht nur so rumzurennen wie all die anderen Typen in der Schule.

Das bestätigen mir auch Lisa und Agi (beide sechzehn). „Wir wurden richtig schief angeschaut. Die anderen haben gesagt: Was soll denn das? Mädchen mit weiten Hosen, wollt ihr aussehen wie Jungs? Oder: Seid ihr lesbisch oder was?", erinnert sich Lisa und Agi ergänzt: „Aber das fanden wir eigentlich auch gut so. Wir hatten etwas, was andere nicht hatten. Es war auch nicht so, dass wir dachten: Mist, jetzt sind *wir* die Außenseiter und keiner mag uns. Wir hatten ja auch unsere Freunde. Das war so eine Art Mini-Rebellion. Wir dachten eben: Ha, ihr armen Schweine, ihr mit eurer Popmusik. Wir waren da vielleicht auch ein bisschen posermäßig, aber mit dreizehn, mein Gott."

HipHop ist also auch heute noch etwas Besonderes und funktioniert immer noch als Abgrenzung zum Mainstream, auch wenn es heute in allererster Linie um Rap geht. Natürlich spielen Klamotten eine wichtige Rolle. Die weiten Hosen jedenfalls haben Lisa und Agi schnell an den Nagel gehängt, als plötzlich die halbe Welt damit herumlief, und bei Buffalo-Schuhen hört für Lisa der Spaß auf, da muss einer schon verdammt gute Gründe haben. „Wenn das wegen einer Wette ist, dann könnte ich das vielleicht noch akzeptieren, aber sonst?" Auch die Diskussion um Ausverkauf, Sellout, spielt wieder eine Rolle. Die *Absoluten Beginner* beispielsweise sind für den Geschmack von Agi und Lisa einen Schritt zu weit gegangen. So am Anfang, als sie die gehört hätten, da war das okay, auch dass sie Erfolg hatten. Aber dann fing das an, dass sie überall aufgetreten sind. Und den Respekt haben sie verloren, als sie bei „The Dome" waren. „Klar, du kannst immer sagen: Wir sind hier nur des Geldes wegen. Aber irgendwann ist der Respekt weg", meint Lisa und Agi zitiert verächtlich eine Textzeile der *Beginner:* „ich brauch kein chartzauber und den ganzen heckmeck." – „Und dann stehen die bei einer Chartparty, werden als der Super-Act angekündigt, können einen Song spielen und verschwinden dann wieder", spottet Lisa.

Der Nachwuchs lässt bei weitem nicht alles durchgehen und er kennt sich gut aus. Zu den derzeitigen Lieblingen gehören die Gruppen *Texta* und *Total Chaos* aus Österreich, aber auch andere Acts werden ausführlich unter die Lupe genommen: Bei *Doppelkopf* sei ihr das erste Mal richtig bewusst geworden, wie viele unterschiedliche Arten von Rap es gibt, dass es nicht nur diese Selbstbehauptungssache gibt, sondern auch Leute, die tiefgründige Texte schreiben, über die man vielleicht fünfmal nachdenken muss, bevor man sie richtig versteht, erzählt Lisa. Begriffe wie Realness, Fake oder Sellout spielen eine ebenso wichtige Rolle wie für die erste Generation, als diese sich gegen die *Fantastischen Vier* abzugrenzen versuchte. Auch die Möchtegern-Rapper, die einem erzählen wollen, was HipHop ist, werden wohl nie aussterben. Was Lisa und Agi zurzeit am meisten ärgert, sind nämlich „die ganzen Neucoolen, die Dreizehn-, Vierzehnjährigen, die sich für die Obercoolen halten und voll einen auf Underground-HipHop machen. Aber das kommt eben nicht richtig rüber und ich glaub auch nicht, dass die das wirklich verstehen. Die sagen von sich, ich bin HipHop, obwohl sie selbst gar nichts machen. Diese Leute behaupten von sich einfach, dass sie die Allerbesten sind, dass sie das Volk sind, das HipHop hört, und wissen noch nicht mal, wer *MC René* ist", empört sich Lisa.

Als ich den beiden „Kapitel eins" von *Torch* vorspiele, kommen sie aus dem Staunen kaum heraus. Das sei ja unglaublich, meint Lisa aufgebracht, „ich habe den Song jetzt zwar zum ersten Mal gehört, aber super viele Stellen kannte ich schon als Samples aus anderen Songs. Das gibt es ja gar nicht, dass das alles diesem einen Lied entspringt!" Auch Agi fühlt sich von dem Text sofort angesprochen. „Wisst ihr denn, wer *Gawki* war?", frage ich die beiden abschließend. Natürlich ist ihnen der Name kein Begriff, schließlich waren sie gerade mal zehn Jahre alt, als *Torch* den Toys seiner Zeit diese Wissenslücke zum Vorwurf machte. (*Gawki* gehört zu den Graffiti-Writern der ersten Stunde. Darüber hinaus wurde er für die HipHop-Szene in Deutschland wichtig, weil er Mitte der Achtzigerjahre mit seinen Eltern nach Paris zog und eine wichtige Verbindung zur dortigen HipHop-Szene schuf). Der *Gawki* von heute hat einen anderen Namen.

„ich will, dass man mich hört und sieht ..."

Torch, Advanced Chemistry, *Heidelberg* (SV)

Mitte der Neunzigerjahre waren *Advanced Chemistry* in TV-Spots gegen Rassismus und Fremdenfeindlichkeit überall im deutschen Fernsehen zu sehen („Hand in Hand"-Kampagne) und sie durften auch nicht auf einem der zahlreichen Sampler-Projekte fehlen, die sich dem neu erwachten Nationalismus entgegenstellen wollten. Mit „Fremd im eigenen Land" sind *Advanced Chemistry* bekannt geworden und auf diesen Text hat man sie lange Zeit festgelegt, entsprach er doch wie kein zweiter Song zu dieser Zeit den Klischeevorstellungen von Medien und Publikum, wie HipHop zu sein habe. Man kaufte die Platten der *Fantastischen Vier,* tanzte und freute sich seines Lebens, aber mit *Advanced Chemistry* konnte man einen Blick in die Herzen junger Migranten der zweiten und dritten Generation erhaschen. Und ein kleiner Hauch von Getto wehte einem auch hier ins Gesicht. Mehr gezwungen als selbstbestimmt, wurden *Advanced Chemistry* zur Alternative zu den *Fantastischen Vier,* Sozialkritik gegen Party, Underground versus Mainstream, „Fremd im eigenen Land" gegen „Lass die Sonne rein", es war klar, wer beim breiten Publikum letztlich mehr Erfolg haben würde.

„Fremd im eigenen Land" war eine Sache gewesen, nur ein Aspekt dessen, was HipHop für *Advanced Chemistry* bedeutet. Unbemerkt von einer größeren Öffentlichkeit folgten Battle-Raps, Party-Lieder, natürlich auch weitere politische Texte wie „Operation Artikel 23". Für die Entwicklung von HipHop in Deutschland sollte aber ein ganz anderer Song wichtig werden, nämlich *Torchs* erstes Solostück „Kapitel eins". Kapitel nennt *Torch* seine persönlichen Texte der Selbstvergewisserung. „Kapitel eins" ist das erste Kapitel aus *Torchs* HipHop-Biografie. „Kapitel eins" ist aber auch der Anfang zur Geschichte von HipHop in Deutschland als eigenständigem Popmusik-Genre und Textgenre.

Raps wie „Kapitel eins" sind deshalb so wichtig, weil sie neben der persönlichen Geschichte auch den Ursprungsmythos der Bewegung

Advanced Chemistry aus Heidelberg

weitertragen, ohne den keine Kultur Bestand haben kann. *Torch* erblickt „den pfad zur geschichte" und macht dies zum Thema seines Texts. Damit (ent)führt er auch seine Hörer zurück in diese Zeit. „Kapitel eins" erschien erstmals auf dem programmatischen Sampler *Alte Schule*. Hier meldete sich die erste Generation von HipHops zu Wort und setzt sich mit den aktuellen Entwicklungen der Szene nach „Die da?", dem ersten Top-Ten-Hit der *Fantastischen Vier* (1992), auseinander. Doch im Gegensatz zu *Moses P,* der die *Fantastischen Vier* einfach aus dem Weg räumte mit einer ganz typischen HipHop-Attitüde, ließen sich die alten Schüler auf Diskussionen ein, beharrten auf ihrer Sicht der Dinge und standen am Ende als die Dogmatiker da, die jede Weiterentwicklung verhindern wollten. Dieser Eindruck hat bei den jüngeren HipHops in der Szene zu den entsprechend extremen Reaktionen geführt, die in einer Ausgrenzung der alten Schule gipfelten.

Torch

Kapitel eins (1993)

Refrain: gestatten sie, mein name ist frederick hahn
„you see they call me a star, but that's not what i am"

ich weiß noch genau, wie das alles begann
the message von melle mel war für mich wie ein telegramm
und obwohl ich kein einziges wort verstehen konnte, erkannte
ich welches feuer in seinen worten brannte
die fackel in mir wurde sofort entfacht
in einer nacht über ein ganzes leben nachgedacht
ich erblickte den pfad zur geschichte, mein kopf wippte
nickte zur geschwindigkeit des takts
von diesem tag an war mir klar
scheißegal, was das ziel auch sei, ich packs

Refrain

ich hab das freestyle-reimen eingeführt und zwar schon vor jahren
von kiel bis biel bin ich auf jede jam gefahren
so kam ich durch die ganze welt, meist ganz ohne geld
denn wenn torch ein ziel hat, gibt es nichts was ihn aufhält
weder der staat noch irgendeine braut jedem
jam-plakat folgte ich blind, denn ich hab hiphop vertraut
„you see they call me a star" andre sagen ich sei ein penner
dabei verdien ich mein geld und respekt als rapsänger
ihr könnt euch nicht vorstellen, wie ein gerücht einen kränkt
wenn das leben, das man führt, an einem sehr dünnen faden hängt

Refrain

freunde gingen fort, mädels kamen und gingen
weil sie nur an einem teil und nicht am ganzen torchman hingen

hiphop war meine erste freundin, sie machte mich zum mann
gab mir meinen stolz und wissen, das ich lehren kann
wie am ersten tag bin ich noch verliebt
weil es für mich nichts andres gibt, was mir mehr kraft gibt
perfekt wie ein kreis, dreihundertsechzig grad
umschließt mein leben und begründet jede tat
wenn ich sterbe, stirbt zwar auch ein teil dieser kultur
bloß, wenn hiphop stirbt, werden viele obdachlos

Refrain

auf den jams stehen echte b-boys in einem kreis
tanzen für schmerzen und schweiß, denn das ist der erste preis
ich steh in der menge, klatsche und seh
auf der jacke steht crazy force, auf dem anzug steht tdb
steve, sonny, speedy, jbk, tricks
rock da most auf der bühne, dj cutsfaster am mix
jeder new jack erzählt mir, dass er schon immer dabei war
doch auf den jams warst du nie da und weißt nicht mal wer gawki war
stell dich hinten an, die kämpfer werden kingz
respekt geht an rta, respekt geht an chintz
wahre writercrews sind nie zu zertrennen
ich brauch nur einen zu nennen, hundertdreiundneunziger scm
an alle pisser, die dachten ich sei verstummt
auch wenn du mich nicht hörst, bin ich niemals still und
falls du mich nicht siehst, heißt das nur, ich bin getarnt
denn hiphop lebt im untergrund, also sei gewarnt
auf einmal ist es da, riesengroß, ja ein wholecar
superfette buchstaben überrollen den popstar
der rap ausverkauft, hier kommt der redefluss, ha, ersauft
lauft und spürt ein bisschen von dem zorn, der in mir rauft
meine reime werden grantig und grintig, schier tödlich
„härter als no remorze", das ist unmöglich
ich kämpfe für hiphop, für meine mission, gegen das
gesetz, bundesgrenzschutz und sonderkommission
im scheinwerferlicht bin ich über stacheldraht geflohn
wenn einen hunde bedrohn, nur mit farbe als munition
ich will, dass man mich sieht und hört, deswegen rap ich

torchman kommt über euch wie ein ganzer bombenteppich
schrecklich nur für den, der das produkt konsumiert
ohne auch zu sehen, was im hintergrund passiert
jede sau erzählt mir heutzutage, was hiphop ist
wie man sich kleidet, wie man tanzt und den ganzen mist
journalist, plattenaufleger und verkäufer
erkenne deine position, denn du bist nur der läufer
bleib ruhig, halt still und lass den könig ziehen
ac, battle squad und cora, die zulu queen
tecroc, can two, burns, boubou, scope
kolute, defcon, lsd, cus
ebenholz prinz, duke, don abi
starski, david, monti

„gestatten sie mein name ist frederick hahn", stellt sich *Torch* zunächst vor, ehe er dann seine ganz persönliche HipHop-Geschichte vorträgt. In einem einzigen Satz ist hier bereits zum Ausdruck gebracht, was diesen Song und Rapmusik insgesamt von anderen Musikstilen unterscheidet: Ein Individuum meldet sich zu Wort und tritt mit seiner ganz persönlichen Geschichte an die Öffentlichkeit. *Torch* will als das gesehen werden, was er ist, was er fühlt, nicht was über ihn geredet oder geschrieben wird. Da ist keine Lücke zwischen *Torch,* der öffentlichen Person auf der Bühne, und dem Menschen Frederick Hahn aus Heidelberg. – Die Wahl eines Künstlernamens bedeutet, dass man sein bisheriges Leben hinter sich lässt. Es ist unwichtig geworden, da im HipHop nicht zählt, was man ist, sondern was man kann. – Hier steh ich vor euch, ich, Frederick Hahn, und „will, dass man mich hört und sieht, deswegen rap ich". Es gibt mich, auch wenn es euch nicht interessiert, ich werde keine Ruhe mehr geben, mich nicht mehr verstecken, das ist die Grundbotschaft von HipHop.
Dann der zweite Satz, ein Sample von den *Jungle Brothers:* „you see they call me a star but that's not what i am", eine deutliche Absage an jedes Startum, das in dieser Zeit in der HipHop-Szene in Deutschland wichtig zu werden begann. Aus den Jams wurden allmählich Rap-Konzerte, plötzlich gab es eine Trennung zwischen Bühne und Publikum. *Torch* will damit nichts zu tun haben und weiß doch genau, wie sehr er selbst sich schon von seinen Wurzeln und aus der Szene fortentwickelt hat, seit sich seine Gruppe *Advanced Chemistry* mit „Fremd im eigenen Land" bis vors Europaparlament und in zahlreiche Talkshows gerappt hat.

In einem späteren Song, der im Jahr 2000 auf dem Album *Blauer Samt* erscheint, wird *Torch* kritisch auf diese Zeit zurückblicken, in der immer mehr Leute auf ihn zukamen mit großen Augen und offenen Herzen, die ihm Fragen stellten, und doch reichte es am Ende immer nur für ein Autogramm. Wie viel hätte er ihnen erklären können, erzählen müssen über sich und sein Leben als Afrodeutscher in diesem Land, über die Zulu-Nation und *Afrika Bambaataa*, über seine Liebe zu HipHop – und dann doch nur ein Autogramm. Denn ganz plötzlich waren da viel zu viele Leute und diese neue, sich ständig ändernde Szene konnte ein einzelner nicht mehr zusammenhalten, auch nicht *Torch*.

In der gleichen lyrischen Verdichtung fährt *Torch* fort: „the message von melle mel war für mich wie ein telegramm." „The Message", der wichtigste Rap der HipHop-Geschichte, wird für einen Teil der Jugendlichen in Deutschland zum Telegramm, zum Kurzbrief, zur Aufforderung, selbst aktiv zu werden. Diese knappe Botschaft aus dem New Yorker Getto an die Welt gilt es nun, mit dem eigenen Körper zu erfahren, mit der eigenen Stimme zu erfassen. „The Message" liefert die Form, die Inhalte muss jeder selbst finden. Und *Smudos (Die Fantastischen Vier)* Aussage in einem SWF-3-Interview von 1996, dass die HipHops in Deutschland nicht ein Black-Community-Gedanke verbinde, sondern die gemeinsame Liebe zum Genre HipHop, verschleiert die soziale Erdung, die HipHop auch in Deutschland bis heute noch hat. *Smudo* macht HipHop zum ästhetischen Spielball. Aber HipHop in Deutschland ist und war schon immer mehr als nur die zitierende Liebe zum Genre. HipHop in Deutschland ist eine lebendige Sprach- und Musikkultur, die das Zusammenleben der Menschen verändern wird. HipHop ist für Jugendliche fremdländischer Herkunft oder niederer sozialer Stellung eine Möglichkeit, Teil dieser Gesellschaft zu werden, und für die Jugendlichen aus den deutschen Mittel- und Oberschichten eine Gelegenheit, sich dem Einfluss von Eltern und Staat wirksam zu entziehen. In dieser goldenen Mitte, diesem neuen sozialen Raum, findet HipHop als Form des Zusammenlebens statt. Hier spielt es noch immer keine Rolle, woher einer kommt oder was er ist. Hier zählt allein, was einer kann!

Wie viele andere, die sich für diese neue Kultur begeistern sollten, war auch *Torch* zu dem Zeitpunkt, als „The Message" in Deutschland erstmals zu hören war, noch sehr jung, gerade mal zwölf, vielleicht dreizehn Jahre alt. Natürlich konnte er mit seinem Schulenglisch nur sehr wenig von diesem Text verstehen, aber das war auch gar nicht nötig. Die Art, in der hier gesprochen wurde, dass überhaupt gesprochen wurde, die Intensität des Rap und die musikalische Umsetzung machten unmissverständlich klar, „welches feuer in seinen worten brannte". Um die Verzweiflung und Wut zu erkennen, das Aufbegehren, aber auch die positive Kraft und trotzige Hoffnung, musste man den Text nicht wörtlich verstehen, das alles sah man in den Bewegungen des Breakdance, in den Formen und Farben des Graffito, all das hörte man in den Stimmen und Beats. Die Botschaft, das Telegramm erzielte seine Wirkung, auch wenn der Text nur unvollständig ankam.

    Torch entwirft in seinem Text das Bild einer Erleuchtung. Das Feuer in *Melle Mels* Worten entfacht die Fackel in ihm und macht ihn erst zu dem, was er heute ist (engl. torch = Fackel). *Torch* brennt darauf, selbst aktiv zu werden. Und mit seinen Raps und Freestyle-Reimen, seinem unermüdlichen Einsatz für HipHop begeistert er die neu entstehende Szene. Auch in *Torchs* Worten brennt das Feuer, das andere Herzen für HipHop entzünden konnte.

    Viele von denen, die Anfang der Achtzigerjahre zur HipHop-Kultur stießen, führten wie *Torch* ein Leben, „das an einem sehr dünnen faden hängt". Innerhalb der Familie, in Schule und Gesellschaft waren sie Außenseiter, Grenzgänger, denen HipHop plötzlich die Gewissheit gab, dass auch sie es schaffen konnten. „da war etwas, das auf mich wartet, also ging ich", rappt *Cora E* in „Schlüsselkind" und *Wasi* von den *Massiven Tönen:* „als nichtsnutz hab ich einen plan einen traum" („Nichtsnutz"). Irgendwann war bei jedem die Gewissheit da, dass HipHop der Weg ist, „sich aus der namenlosigkeit zu lösen" und „sich und sein wesen zu offenbaren" (*Wasi* in „Wenn der Vorhang fällt"). Die Gewissheit war da und damit auch das Ziel: „scheißegal, ich packs." Diese Erleuchtung verknüpft sich mit einem Ereignis, einem Song, einem Film, einer Person, was auch immer. Für die einen ist es *Wild Style,* für andere Breakdance, „The Message", *KRS ONE, Public Enemy* oder einfach die Gewissheit, dass man selbst besser ist als alle anderen. Dieser persönliche Mythos, ob er nun wahr ist oder bloß gut erfunden, ist notwendig für die individuelle Entwicklung. Und ebenso wichtig ist es, immer wieder darauf zurückzublicken, auf die eigenen Anfänge, die eigene Verwurzelung in der Kultur, um zu erkennen, wo man selbst steht, um „niemals zu vergessen, wie es war" (*Cora E* in „Schlüsselkind").

    Im zweiten Part entwickelt *Torch* das angefangene Thema weiter: Freestyle, Jams und der Charme der frühen Jahre. Es gibt Leute, die in ihm einen Star sehen wollen, andere wieder, die in ihm den Penner sehen, beide Zuschreibungen kränken ihn gleichermaßen und machen ihm das Leben schwer, gerade weil sie beide wahr sind, teilweise. Im dritten Part steuert *Torch* dann zielstrebig auf diesen hilflosen Kitsch zu, der Klischees übereinander häufen muss und die gefühlte Einmaligkeit doch nicht auszudrücken vermag: „hiphop war meine erste frau, sie machte mich zum mann", „gab mir meinen stolz", „wissen, das ich lehren kann", „wie am ersten tag bin ich noch verliebt", „perfekt wie ein kreis". Und doch ist es nur die halbe Wahrheit, hier von Kitsch zu sprechen.

Einerseits nämlich endet die Strophe mit dem starken Bild: „wenn ich sterbe, stirbt zwar auch ein teil dieser kultur / bloß wenn hiphop stirbt, werden viele obdachlos" – das beklemmende Gefühl, ohne diese Kultur nichts mehr zu sein, ausgestoßen wie am ersten Tag und ohne jede Hoffnung. Die Angst, die eigene Identität wieder zu verlieren, bloß weil ein paar HipHop-Hampelmänner die Kultur zum Trend erheben und damit zerstören. Das ist das grundlegende Gefühl, das die Old Schooler damals verband: wieder zu verlieren, was sie sich so mühsam aufgebaut hatten. Dieses Schlussbild gewinnt durch den Kontrast zu den vorhergehenden Zeilen an Wirkung.

Andererseits kann sich ein solcher Kitsch-Vorwurf allein auf den Text stützen. Aber Rap ist Text und Musik und als Einheit zu untersuchen. Wie der Text ist auch die musikalische Umsetzung im Vergleich zu anderen Produktionen sehr ausgereift. Zum einen das melancholische *Talk Talk*-Sample, „das war schon wieder so Scheiße", erzählt *Torch*, „daran hätte sich doch kein amerikanischer Produzent die Finger schmutzig gemacht". Aber wer hier in Deutschland in den Achtzigerjahren aufgewachsen ist, für den waren *Talk Talk* präsent, zu oft waren sie im Radio zu hören gewesen. Und *Torch* macht aus *Talk Talk* HipHop. Und dann, völlig untypisch, verschwindet das Sample im vierten Part und *Torchs* Reime werden „grantig und grintig, schier tödlich", unterlegt vom aggressiven Beat aus *LL Cool J*s „I need my radio".

Dem melancholischen Rückblick folgt nun die Kampfansage an all jene, die mit HipHop schnelles Geld verdienen wollen, „auf einmal ist es da, riesengroß, ja ein wholecar / superfette buchstaben überrollen den popstar". *Torch* fegt über die neuen Fake-MCs und oberschlauen Journalisten hinweg „wie ein bombenteppich", ein genialer Reim auf „rap ich". Und doch lässt *Torch* keinen Zweifel daran, dass hier metaphorisch gesprochen wird. Der Angriff nach außen wird immer wieder unterbrochen durch die

Würdigung all jener, die der Kultur treu geblieben sind. Auf diese Weise führt *Torch* die Szene enger zusammen und die kleinen Zwischenstücke, die eine Live-Situation simulieren, machen deutlich, dass dies ein Stück für die Bühne ist, es gehört auf die Jam, wo alle Szenegrößen anwesend sind und gemeinsam mit *Torch* Party feiern. Dieser letzte Part, vierzig Verse lang, liest sich wie ein Namenslexikon der Old School. Einige Namen stehen stellvertretend für ihre Gruppe oder Writercrew. Fehlt jemand? Das wissen vielleicht nur *Torch* selbst und die Betroffenen. Wir sind *Torchs* Appell gefolgt und haben eine dieser Old-School-Legenden besucht:

MC Transum/ DAD und Scid da Beat auf der Dortmund-Jam 1987

DJ Cutsfaster auf der Jam in Dortmund 1987

V. l. n. r.: DJ Cutsfaster, Scid da Beat, Wonderfinger Mike, Transum, Gawki

V. l. n. r.: Icead, Scid, Randolf, DJ Cutsfaster, Crazy, T-Rock

B-Boy-Action auf der Jam in Mainz 1988

Dortmunder HipHops 1985

Scid da Beat beim Sprayen eines Old School Character

HipHops in Lüdenscheid 1984. Links oben mit Kapuze: Tricks; links unten mit Zigarette: Came

Tricks beim Sprühen eines Piece, Lüdenscheid 1987. Dahinter v. l. n. r: Zoid, Denick, Denar

Der Innenhof des Schillerbads in Lüdenscheid 1988

Der Innenhof des ehemaligen Schillerbads heute

DJ Mike MD, Steve und Step

Tricks vor seinem Graffito 1986

Cutsfasters DJ-Workstation 1983–1986

DJ Mike MDs
Homestudio 1984

„hier kommt der redefluss, ha, ersauft"

DJ Cutsfaster *und die Real Old School* *(SV)*

Es war gar nicht so einfach, mit *DJ Cutsfaster* aus Gießen, *dem* Old-School-DJ Deutschlands, in Kontakt zu kommen, schließlich hatte er sich bereits vor Jahren aus der Szene zurückgezogen, 1992, um genau zu sein. Es sei einfach zu heftig geworden, er sei im Fernsehen gezeigt worden, ohne es zu wissen, stand in Magazinen und Zeitschriften zitiert mit Aussagen, die er so nicht gesagt hatte. Er sei nicht mehr Herr seiner selbst gewesen und konnte nicht mehr selbst bestimmen, wann und in welchem Rahmen er an die Öffentlichkeit trat. Also hat er den großen Schnitt gemacht und sich aus der Szene zurückgezogen. Seitdem galt er als verschollen.

Scope wusste noch, dass er Berno oder Bernhard heißt, *Akim* wusste, dass er irgendwo in Köln wohnt und wohl in der Altenpflege arbeitet. Andere erzählten uns, dass er etwas eigen sei, wieder andere meinten *strange*, dass er sehr viel rede und dass er sehr wichtig war für die Old School in Deutschland. Wir hörten aber auch skurrile Geschichten: *Ali*, damals noch bei *Da Crime Posse* aus Kiel – später rappte er dann bei *Cartel* –, war einmal auf einer Jam in Gießen zu Besuch gewesen und hatte bei Berno übernachtet. Für *Ali* war das eine ganz besondere Erfahrung. Zum einen verehrte er *DJ Cutsfaster* als Musiker, zum anderen erlebte er zum ersten Mal diesen Zusammenhalt in der HipHop-Szene. Es war überhaupt kein Thema, sie lebten beide für dieselbe Sache, also würde *Ali* auch bei Berno übernachten. Als er am nächsten Morgen aufwachte, saß auf seinem Kopfkissen eine Vogelspinne. Am Abend zuvor hatten Berno und sein Bruder noch Witze gemacht, dass auch eine Vogelspinne ihren regelmäßigen Auslauf bräuchte, und jetzt das. Da fängt Berno plötzlich an, laut zu lachen, als er *Alis* erschrecktes Gesicht sieht. Natürlich war das nicht wirklich eine Vogelspinne da auf dem Kopfkissen, bloß einer ihrer abgestreiften Panzer, *Ali* hat es gereicht, für diesen Moment zumindest.

Uns half das alles nicht weiter, da keiner eine aktuelle Adresse oder Telefonnummer von *DJ Cutsfaster* hatte. *Torch* schließlich konnte sich an den Nachnamen erinnern. Aber kein Eintrag im Telefonbuch, dafür ein Bernhard in Düsseldorf, wie sich herausstellen sollte, der Vater. Über den Bruder – so nebenbei lernte ich also auch noch *Skid da Beat* kennen, einen der ersten wirklichen Beatboxer, Writer und Rapper in Deutschland – kam dann endlich der Kontakt zustande: *DJ Cutsfaster* am Telefon, sehr zurückhaltend, fast misstrauisch, und dennoch erzählt er mir fast zwei Stunden lang Geschichten aus der Old School.

Zwei Tage später wieder am Telefon: Er hat sich umgehört, Erkundigungen eingeholt über mich und ist bereit für ein Treffen. Am nächsten Abend dann, Treffpunkt am Kölner *Cinedom,* an der Drehtür. Er wartet drinnen mit seiner Freundin, ein kurzer, prüfender Blick, ich bin allein, erst dann gibt er sich zu erkennen. Eine reine Vorsichtsmaßnahme, nichts gegen mich, aber er hatte schon Anfragen von Journalisten, die sich dann als Skinheads erwiesen. Im Gespräch stellt sich dann heraus, dass dieses ganze Versteckspiel mit Geheimnummer und fast konspirativem Treffen ihn vor allem vor dem eigenen Vater beschützen soll. Ein Schock für ihn also, dass der Kontakt ausgerechnet über den Vater zustande kam. Der nämlich wollte immer etwas Besseres für seine Söhne als dieses HipHop-Ding, als diese Gettomusik und diese Schmierereien aus den amerikanischen Gettos. Dabei soll er sämtliche Register elterlicher Machtausübung ergriffen haben. Heute, wo Eltern ihre Kinder bereitwillig zur Jam fahren und dann auch wieder abholen, ist das kaum noch vorstellbar, aber die ersten HipHops mussten ihre Liebe zu dieser neuen Kultur vor allem auch gegen die eigenen Eltern durchsetzen.

Noch bevor er 1983 DJ wurde, hat *DJ Cutsfaster* schon mit Tonbändern experimentiert und erste Mixe zusammengeschnitten. Sein erster Plattenspieler war dann ein Dual-Gerät mit minimalem Drehpitcher. Später hat er sich einen zweiten dazugekauft, diesmal einen Technics, ein Billigteil mit einem ganz groben Schiebepitcher. Das sei sowieso das Schlimmste, was man sich als DJ antun könne, zwei verschiedene Plattenspieler, aber es ging eben nicht anders, damals. Und auch mit diesem Handicap hat er alle anderen platt gemacht. Als er sich dann 1985 zwei Technics MK-2 gekauft hatte, war das ein Schock, denn plötzlich konnte er nicht mehr richtig mixen. Immer noch gab er nach dem Scratchen den Platten neuen Schwung, was bei dem starken Direktantrieb der 1210er nicht mehr nötig war. Aber da er es so gewohnt war, liefen seine Platten jetzt erst einmal zu schnell. Fast ein Jahr lang hat es gedauert, bis er sich umgewöhnt hatte.

Die DJs der ersten Jahre haben alle ihren ganz persönlichen Stil an den Turntables entwickelt, weil sie damals kein Anschauungsmaterial hatten, keine DJ-Videos oder Fotosequenzen, an denen sie sich hätten orientieren können. Sie habe ihre Kunst allein über das Gehör gelernt. *DJ Stylewarz* zum Beispiel scratcht bis heute mit der linken Hand, obwohl er eigentlich Rechtshänder ist. Aber seine ersten Scratches hat er eben an der Stereoanlage seiner Mutter geübt, und da waren der Plattenteller links und der Regler rechts. Seitdem scratcht er mit links und er sagt, er sei viel sensibler in dieser Hand geworden.

In den USA gab es einen DJ, der nannte sich *Cut Fast*, konnte aber gar nicht wirklich scratchen. Er arbeitete mit Samplertechniken, speicherte kurze Scratches im Sampler ab und ließ sie per Knopfdruck immer wieder abspielen. Das klang ganz ähnlich und war vor allem sehr schnell. Aber Berno war schneller, auch ohne die technischen Tricks, er war eben *Cutsfaster*. Und so wurde *Bee Jay Cut* zu *DJ Cutsfaster*. Eine Battle hat es zwischen den beiden nie gegeben, warum auch? *DJ Cut Fast* war einfach kein ernst zu nehmender HipHop-DJ. *DJ Cutsfaster,* der neue Name, war so lang, dass er nicht auf die obligatorische Gürtelschnalle passte, die zu jener Zeit im HipHop modern war, also zog er von nun an immer mit zwei Gürtelschnallen von Jam zu Jam.

Berno erzählt vier Stunden am Stück, ohne Unterbrechung, ohne sich auch nur ein einziges Mal zu wiederholen, ohne langweilig zu werden. *Akim* soll ihn dafür schon gewürgt haben, freundschaftlich zwar, aber er konnte diesen Redefluss nicht länger ertragen („hier kommt der redefluss, ha, ersauft / lauft und spürt ein bisschen von dem zorn der in mir rauft"; *Torch*). Und mein erster Eindruck von Geheimlehre, Verschwörungstheorie und Verfolgungswahn ist schnell verflogen. Hinter dieser Aufgeregtheit kommt ein Mensch zum Vorschein, dem HipHop alles bedeutet, der von Anfang an dabei war und mit ansehen musste, wie die Ideale der Bewegung langsam an Bedeutung verloren, wie die Begründer der Szene langsam ins Abseits gedrängt wurden. Und das von Leuten, die im HipHop vor allem ihren Spaß suchten, ohne sich um die Hintergründe zu kümmern.

Als ob sie damals keinen Spaß gehabt hätten, von wegen. Solche ausgelassenen Partys wie Mitte bis Ende der Achtzigerjahre hat es in Deutschland nicht mehr gegeben. Und genau das war es, was die zweite Generation im HipHop suchte: Party. Und trotzdem dieses große Missverständnis, man glaubte voneinander, dass die einen keinen Spaß verstehen und die anderen nichts ernst nehmen könnten. Und irgendwie kam es dann zum Bruch. Was ihn richtig ärgert, um ein konkretes Beispiel zu nennen, dass sich ein paar Hamburger Jungs *Absolute Beginner* nennen. Nicht dass er etwas gegen die Leute hätte, auch ihre Musik findet er cool. Aber wenn in Deutschland jemand ein Recht auf diesen Titel hat, dann sind es die Old Schooler, aber eigentlich nicht einmal die. Die absoluten Beginner, das sind die ersten DJs aus der Bronx, die HipHop erfunden haben, aber nicht ein paar Jungs aus Hamburg. Und damit hat er Recht, doch wenn er das in der Szene sagt, muss er sich wieder anhören, dass er alles so eng sieht.

Während sich andere aus der Old School, wie *Marius No. 1, Torch* oder *Akim,* ihre Position erkämpft haben und sich letztlich mit dem Wandel der Zeit arrangiert haben, ist *DJ Cutsfaster* immer Old Schooler geblieben. Aus ihm spricht dieser heilige Ernst längst vergangener Tage. Man hat ihn als Schwätzer abgestempelt, um ihm nicht mehr zuhören zu müssen, um ihn nicht mehr ernst nehmen zu müssen. Wenn ich *DJ Cutsfaster* so erzählen höre, kann ich gut verstehen, warum viele von ihm nichts mehr wissen wollten, und im Zuhören merke ich, wie viel der HipHop-Szene dadurch verloren gegangen ist, dass man sich gegenseitig nicht mehr richtig zugehört hat.

DJ Cutsfaster übersetzt Rap mit Klopfgesang: Ich klopfe an deine Tür, machst auf und ich sage dir die Wahrheit. Und wenn du mir die Tür nicht aufmachst, schlage ich sie ein und sage dir dann die Wahrheit ins Gesicht. Das sei heute völlig in den Hintergrund getreten, „dass HipHop für die Wahrheit steht, dass sich HipHop immer darum bemüht hat, die Wahrheit zu sagen, auch wenn es weh tat. Die Meisten haben vergessen, dass HipHop ein Sprachrohr ist gegen Gewalt und Unterdrückung, letztlich gegen das Getto, das zur Metapher für die Missstände in dieser Welt wird."

„Die Leute merken gar nicht, wie sehr es den herrschenden Klassen hilft, dass wir uns immer nur gegenseitig bekämpfen und schon gar nicht mehr merken, wer der eigentliche Gegner ist. Viele stehen sich selbst im Weg. HipHop will doch die Leute aufrütteln, sich Gedanken über diese Welt zu machen und sie zu verändern. Das ist die große Botschaft der HipHop-Bewegung. Und da ist es fatal, dass ausgerechnet so was wie Gangsta-Rap zum Hit wird, dieses Missverständnis der Battle-Kultur." Wie *Torch* sagte: Wenn du einen Battle-Rap schreibst, solltest du dir auch bewusst darüber sein und vor allem deinen Zuhörern bewusst machen,

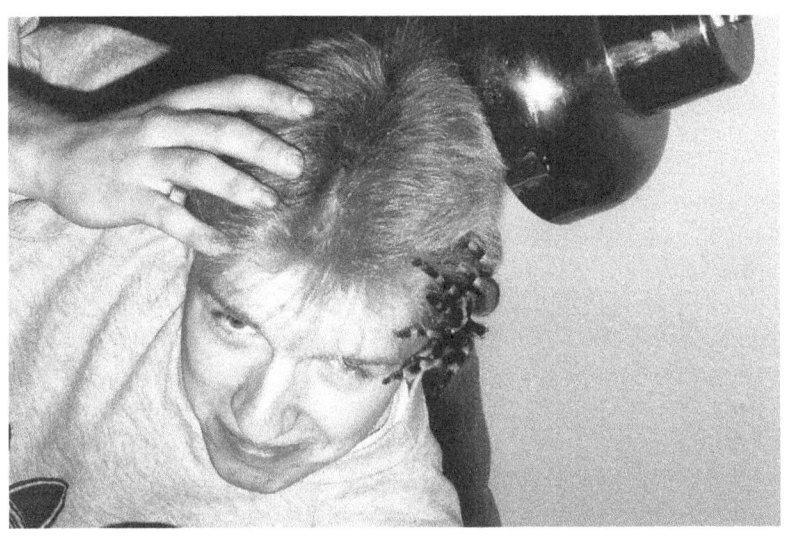

Mit der Vogelspinne von Scid da Beat machte auch Ali von Da Crime Posse Bekanntschaft

DJ Cutsfaster an den Turntables (unten) und in Paris 1986

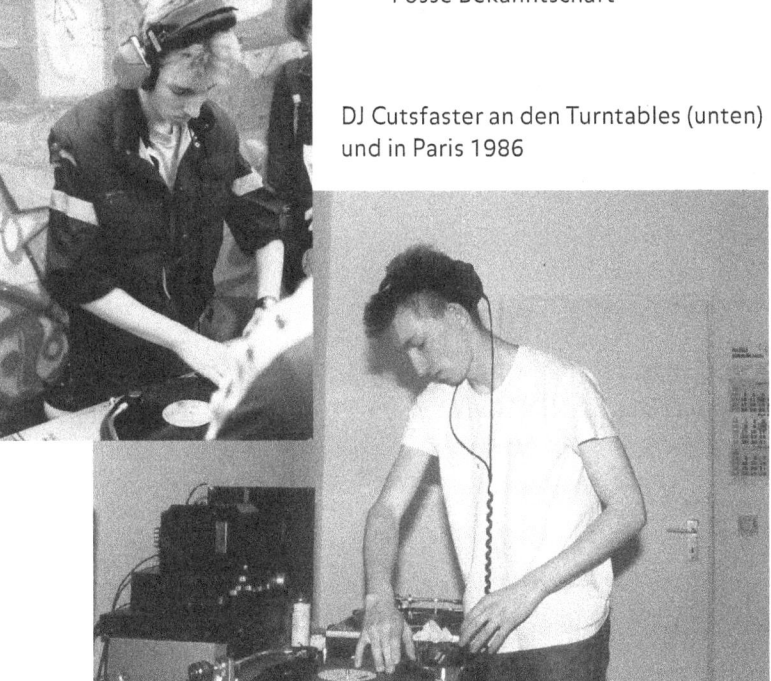

dass du einen Battle-Rap schreibst. „Du musst klarmachen, dass die gewalttätige Sprache dazu da ist, wirkliche Gewalt zwischen den Menschen zu verhindern, dass hier nicht Gewalt gefeiert, sondern verhindert wird, das ist wichtig."

Die „Stop the Violence"-Bewegung, der politische Hintergrund von HipHop, das alles ist längst in Vergessenheit geraten. Manchmal kommt es ihm so vor, als ob HipHop in seiner eigenen Fantasiewelt lebt, in einer Scheinwelt, und sich dort um sich selbst dreht. Der Bezug zu den wirklichen Problemen der Menschen ist weg. Das macht ihn wütend, auch heute noch, dass es sich die Rapper zu einfach machen, dass sie dieses einmalige Sprachrohr nicht nutzen, um wirklich etwas zu sagen, um Wahrheiten zu verbreiten, auch und gerade die unangenehmen.

Mit diesem Vorwurf an die heutige HipHop-Szene ist *DJ Cutsfaster* nicht allein. *DJ Marius No. 1* ärgert die Bereitschaft zum billigen Kompromiss, dass niemand mehr wirklich versucht, Strukturen zu verändern. Stattdessen versucht jeder, sich in diesen bestehenden Verhältnissen so gut wie möglich einzurichten, das sei kein HipHop. „So vieles wird heute dem Plattenvertrag untergeordnet und dann dem Verkauf von Platten und dann der Sicherung der eigenen Karriere und so weiter. Keiner hat heute mehr den Mut, wirklich etwas zu sagen, alle gehen den sicheren Weg und das ist definitiv nicht HipHop. Das ist natürlich stark verallgemeinert, aber die Tendenz geht eben dahin."

DJ Cutsfaster stand dieser scheinbar einfache Weg zum Erfolg einmal offen. Anfang der Neunzigerjahre, als man ihm für seine Remixe zehntausend D-Mark und mehr anbot. Allerdings sollte er irgendwelche Popsongs remixen, keinen HipHop. *DJ Cutsfaster* hat abgelehnt, und nicht nur das, er hat sich ganz aus dem Geschäft zurückgezogen. „Jeder muss für sich selbst entscheiden, bis zu welchem Grad er sich diesem System unterwerfen will und wann es Zeit ist, auszusteigen. Jeder muss wissen, wo seine persönlichen Grenzen liegen und für *DJ Cutsfaster* waren die damals schon längst überschritten."

Auf einmal kommt *Thomas D* von den *Fantastischen Vier* am *Cinedom* vorbei, direkt auf uns zu, er zögert kurz, geht dann aber weiter. Hat er mich erkannt, hat er *DJ Cutsfaster* erkannt und konnte unsere Gesichter dann doch nicht einordnen? Erstaunlicherweise fand Berno *Thomas D* immer interessant als Rapper. Da ist nichts von Dogmatik – die *Fantastischen Vier* sind doof –, von diesen Sprüchen, mit denen man Mitte der Neunzigerjahre jedes Jam-Publikum zum Toben bringen konnte. *DJ Cutsfaster* schaut sehr genau hin, bevor er sein Urteil fällt, schade, dass andere das nicht auch tun.

Eigentlich hatte er sich ja gar nicht mit mir treffen wollen, aber ein paar gute Freunde hätten ihn schließlich überredet. Es sei an der Zeit, endlich wieder selbst aktiv zu werden, den Leuten zu erzählen, wie es damals wirklich abgelaufen ist, von den Leuten, die damals wirklich wichtig waren, die Aschaffenburger zum Beispiel, die heute niemand mehr kennt, von *Gawki,* der mit seinen Eltern irgendwann nach Paris gezogen ist und die ersten Kontakte mit Frankreich hergestellt hat. Man muss den Leuten erzählen, was HipHop wirklich ist, damit endlich das schiefe Bild, das die Medien von HipHop verbreiten – und die HipHops selbst natürlich auch –, dass dieses falsche Bild endlich korrigiert wird.

„Früher zum Beispiel, da war eine Battle eine ernste Sache, keine solche Alibiveranstaltung wie heutzutage auf Viva. Da wurde um die Ehre und um die Sache gestritten. Da warf einer seine Jacke auf den Boden und allen war klar: Jetzt wird gebattlet, um diese Jacke. Das waren nicht irgendwelche Jacken, die hatten einen ideellen Wert. Entweder hatten sie ein aufwändiges Backpiece oder der Name der Crew war aufgedruckt. Und es bedeutete schon etwas, wenn einer plötzlich mit einer Jacke von *Crazy Force* oder *TDB* herumlief. Da wussten alle sofort, der hat gegen einen aus der *Crazy Force* in der Battle gewonnen, da überlegt man es sich schon zweimal, ob man den zu einer Battle herausfordert."

Auch bei Berno ist diese Melancholie der Old Schooler zu spüren, das Gefühl, dass etwas verloren gegangen ist, dass etwas fehlt im heutigen HipHop. Wir zählen auf euch, gibt mir *DJ Cutsfaster* mit auf den Weg zurück an meinen Schreibtisch, wir vertrauen auf euch. Warum gerade uns? Weil wir die Einzigen sind, sie noch zuhören? Wie *Torch,* Berno und die anderen Old Schooler die Einzigen sind, die sich noch erinnern wollen? Oder doch nur, weil wir ein Buch schreiben? Dass es innerhalb der HipHop-Szene schwer sein könnte, mit seinen Ansichten und seinem Wissen gehört zu werden, ist eine neue Erfahrung für uns. Wenn ein HipHop etwas zu sagen hat, dann sagt er es auch. Und der Respekt innerhalb der Szene verlangt eigentlich, dass ihm auch zugehört wird, egal, wer er ist. Aber die HipHops scheinen sich nicht mehr wirklich für die Geschichte der eigenen Bewegung zu interessieren. Und so können wir nur hoffen, dass es bald wieder etwas Neues zu hören geben wird aus den Reihen der Old School, etwas Unerhörtes, etwas Unüberhörbares.

„was es heißt, wenn man in söflingen auf hiphop steht"

Die Anfänge in Deutschland *(LJ)*

Die ersten zehn Jahre von HipHop in Deutschland liegen im Verborgenen. Es gibt keine Möglichkeit, sich Platten anzuhören, in Magazinen zu blättern oder Videos anzuschauen, um das Selbstverständnis der Old School-HipHops zu verstehen, welche Leute wichtig waren und wie sich die kleine Szene langsam entwickelte. HipHop lebte draußen an den Hangouts der Writer, an den Trainingsorten der Breaker und auf den chaotischen Jams in den Jugendhäusern, wo gebattlet wurde, wo man sich traf und austauschte.

Wer sich heute erinnert oder wer heute darum gebeten wird, sich zu erinnern, der muss sich zurücktasten und seine ganz subjektive, eigene Geschichte erzählen. Natürlich werden da Erfahrungen gebündelt und an einem bestimmten Punkt festgemacht, einige Ereignisse erhalten symbolischen Charakter, andere werden vergessen. Ähnliche Erfahrungen machte auch David Toop, als er Anfang der Achtziger versuchte, den frühen Tagen der HipHop-Kultur in New York auf die Spur zu kommen. Die Eckpunkte, an denen Toop die Geschichte der frühen Tage festmacht, sind keine gesicherten Fakten, sondern schillernde Erzählungen und pfiffige Anekdoten über Ereignisse und Personen, die in bestimmten Zusammenhängen immer wieder auftauchten. *Kool DJ Herc* hat selbst nie eine Platte veröffentlicht. Seine unangefochtene Pionierstellung in der HipHop-Geschichte aber war ihm sicher, weil sich Leute wie *Grandmaster Flash* oder *Afrika Bambaataa* an ihn erinnerten und zu sagen wussten, welch ungeheuren Einfluss er auf sie hatte. Diese Geschichten, die im Nebel der frühen Jahre liegen, machen den Flavour aus, den HipHop in den Achtzigern und frühen Neunzigern – nicht nur in Deutschland – hatte.

Nach den vielen Interviews mit den verschiedensten Leuten wurde schnell klar, dass es nicht den einen Weg zu HipHop gegeben hat. Die gängige Vorstellung, dass die Breakdance-Welle plötzlich alle erfasste, mitriss, schließlich wieder verebbte und einige zurückließ, die dann die HipHop-Szene aufbauten, ist so nicht richtig und oft ein Streich der eigenen Wahrnehmung. Für viele ist die Breakdance-Hochzeit eben das einzige Ereignis, woran sie sich erinnern können.

Die Generation, die man zur Alten Schule zählt, ist heute zwischen achtundzwanzig und zweiunddreißig Jahre alt und ihr „Pfad zur Geschichte" *(Advanced Chemistry)* ist so unterschiedlich wie die Verhältnisse, aus denen sie stammen. Wie und warum sich jemand von HipHop begeistern ließ, hatte ganz unterschiedliche Gründe und oft war es auch gar nicht dieses eine *(Grandmaster-)*Flash-Erlebnis, sondern ein Prozess, in den HipHop sich als ganz natürliches Bindeglied einreihte. *Torch* zum Beispiel wurde, als er noch im Grundschulalter war, eines Abends von seinem Vater gerufen, als im Fernsehen eine Dokumentation über New York lief, in der der junge Puertoricaner *Fable* gezeigt wurde, wie er seinen Alltag mit Graffiti und B-Boying verbrachte. Im Rückblick schildert *Torch* diesen Moment nicht als Schlüsselereignis, das ihm die Augen öffnete für das, was er schon immer tun wollte. Vielmehr war es die organische Aufnahme einer Sache, die ihm sofort gefiel und einleuchtete, weil er von seinem familiären Umfeld eine Atmosphäre gewohnt war, in der Musik, Tanz und die Möglichkeit, sich auszudrücken, einen festen Platz hatten.

Für andere stellte HipHop eine Möglichkeit dar, dem spießigen Lebensrhythmus der Eltern den Rücken zu kehren, ihnen, wie der Writer *Denick* es ausdrückt, „den Dicken zu zeigen" und einfach sein Ding zu machen. Der Erwartungsdruck, den viele Kids damals im Rücken spürten, der eitle Wunsch der Eltern, ihre Kinder in gute Karriereposition zu zwingen, brachte sie dazu, in HipHop eigene Formen des Ausdrucks zu suchen. HipHop hatte zwar auch etwas mit Leistung und Wettbewerb zu tun, blieb den Bewertungskriterien der Eltern aber entzogen. Rapmusik, Breakdance und Graffiti galten in den meisten Mittelstandshaushalten als lästiges Jugendphänomen, dem die Mutter zu begegnen suchte, indem sie ihrem Sprössling „Mozart für Kinder" zu Weihnachten schenkte und der Vater seinen Sohn in den Sportverein schickte, damit er sich nicht ständig im Staub der Straße wälzte.

HipHop hatte von Beginn an eine besondere Anziehungskraft auf die Söhne und Töchter der zweiten Migrantengeneration. Weit über die Hälfte der HipHops waren junge Türken, Kurden, Jugoslawen, Griechen oder Italiener. Für sie tauchten plötzlich mit *Crazy Legs* oder *Melle Mel* Figuren auf, wie sie im sauber abgesteckten Kulturrahmen in Deutschland nicht vorkamen; in *Beat Street* und *Wild Style* begegneten ihnen Charaktere, die ein Leben führten, das dem ihren nicht unähnlich war: keine großen, weißen Wohnungen, wo Mama und Papa ihren Kindern abends aus Märchenbüchern vorlasen, keine sauberen Vorortwohngegenden, sondern allein erziehende Mütter, enge Zimmer und viel Straße.

„ich seh es vor mir, als wär es gestern"

Die Old School (LJ)

Was ist eigentlich zu verstehen unter dem Begriff „Alte Schule" oder „Old School"? Grundsätzlich ist damit die erste Generation einer Szene gemeint, die in Pionierarbeit Strukturen und Voraussetzungen schafft, auf der die spätere Entwicklung aufbaut. Nun wurde weder Rap noch Graffiti, Breakdance oder DJing in Deutschland erfunden, sondern kam als fertiges Ganzes über die Medien in die Kinos und Jugendzimmer dieses Landes. Aber keiner dort erklärte den Kids, wie das nun genau funktioniert mit dem Scratchen, Backspinnen, Crossfading oder welches Mischpult man wie anschließen muss und so weiter. Keiner erläuterte die B-Boy-Moves oder die Technik beim Sprühen eines Bildes. Hier arbeiteten die ersten HipHop-Freaks leidenschaftlich und energisch, systematisierten Tanzstile und erprobten Formen des Rappens, Beatboxens und DJings. Bei Graffiti kann man sogar von einer Wiederholung der ursprünglichen Entwicklung im Zeitraffer sprechen. Denn keiner griff 1983 sofort zur Dose und malte Wholecars, sondern der Weg zum Wand- und schließlich zum Zug-Piece verlief über eine intensive Periode des Taggens mit Markern und Stiften. Jeder Griff mit der Sprühdose musste mühsam erlernt werden. Writer der frühen Tage können da köstliche Geschichten erzählen, wie *Mason*, der sein erstes illegales Piece mit den Outlines begann, dann wieder nach Hause ging und am nächsten Tag zurückkehrte, um die Flächen auszufüllen (der Kenner weiß, dass die Outlines eigentlich ganz zum Schluss gemalt werden).

Durch ausdauerndes Nachahmen der Vorbilder, die man in Film und Fernsehen verfolgte, entstanden die ersten eigenen Styles. Jeder Breaker entdeckte Vorlieben und baute sie aus, bestimmte Moves wurden abgewandelt, neue entstanden. In München entwickelten die Writer einen eigenen Style, der sich von dem in Dortmund unterschied, und natürlich war jeder Rapper bemüht, einen unverwechselbaren Flow und eigene Skills zu entwickeln. HipHop war kein Exportartikel, der problemlos konsumiert werden konnte. Für die Breakdance-Mode mag das in mancher Hinsicht zutreffen, da die Massenvermarktung schnell eine Rolle spielte. Es gab *Bravo*-Sampler zu kaufen oder Sonderausgaben, die sich ausschließlich dem Thema Breakdance widmeten. Nicht zu vergessen *Eisi Gulp,* der 1984 jeden Mittag im Fernsehen Pantomime-Bewegungen als Breakdance-Moves verkaufen sollte. Breakdance gehörte eine Zeit lang einfach dazu. Die wenigsten haben sich darüber groß Gedanken gemacht. Wer jedoch HipHop ernst nahm, dem war der flüchtige *Bravo*-Hype bald nicht mehr genug, bestens nachzulesen in der Autobiografie von *Storm.*

Aber waren Leute wie *Storm, Torch, Zodiak, Tricks* und viele andere der HipHop-Old-School tatsächlich die Ersten, die registrierten, was in New York passierte? Die Meisten, mit denen wir sprachen, erzählten uns, dass zu der Zeit, als das Interesse für Breakdance aufkam, in vielen Städten schon mehr oder weniger professionelle Tanzcrews aktiv waren. In Dortmund waren seit 1982 die *Rhythm Legs* unterwegs, in Flensburg waren es *Dancing Revolution,* in Heidelberg *Baobab.* Es gab praktisch in jeder größeren Stadt schon Breakdance-Gruppen, als diejenigen, die später die Szene aufbauen sollten, auf HipHop aufmerksam wurden.

Was wurde aus diesen Tänzern, die mit dem Abflauen des großen Hypes 1985 wieder verschwanden? Und warum waren sie nicht dabei, als es im kleinen Kreis weiterging? Diese Leute waren achtzehn oder neunzehn Jahre alt, als Breakdance keinen mehr interessierte, also in einer Phase, in der man sich erstmals Gedanken darüber macht, was denn nun in Zukunft passieren sollte. Die Kids aber, die damals zwischen zwölf und fünfzehn waren, sie waren begierig darauf, mehr zu erfahren. Wer in diesem Alter mit einer Sache anfängt, die ihn fasziniert, der lässt so schnell nicht locker, und genau in diese Periode fielen die Filme. „*Wild Style* war die Verstrahlung überhaupt", beschreibt *Torch* seinen ersten Eindruck, „*Wild Style* wurde dir so echt und kompakt vor die Füße geschissen. Wenn dir die Sache vorher halbwegs gefallen hat, musste es spätestens nach *Wild Style* um dich geschehen sein. Der Film hatte so viel Exotik mitten in einem trockenen Alltag. Mir waren die Sachen, die ich in dem Film gesehen habe, zu dem Zeitpunkt ja alle schon vertraut, aber die Typen haben den ganzen Tag nichts anderes gemacht. Da hast du dich nur noch gefragt: Hey, was geht denn hier ab? Da hast du sofort feuchte Handflächen gekriegt und gewusst: Okay, ich bin einer von denen."

Wild Style von Charlie Ahearn ist eine Mischung aus Fiktion und Dokumentarfilm: Eine weiße Journalistin will eine Reportage über die

DJ Mike MD 1984

Eintrittskarte für den Beatstreet Breakdance Worldcup 1984 in Stuttgart

New Yorker HipHop-Szene schreiben. In der Szene löst sie eine Grundsatzdiskussion aus über Sellout und die Hoffnung, endlich groß rauszukommen. Diese fiktive Rahmenhandlung wird durch zahlreiche Originalszenen belebt, von Jams, Breakdance- und Rap-Battles, beispielsweise zwischen den *Cold Crush Brothers* und den *Fantastic Freaks*. Der Film zeigt die ganze Kultur und erklärt zugleich ihre Spielregeln. Für das Selbstverständnis der HipHop-Szene in Deutschland war dieser Film außerordentlich wichtig.

Auch der Rapper und Produzent *Sven Franzisko* aus Hamburg erinnert sich lebhaft an die ersten HipHop-Filme. *Sven* gründete 1993 zusammen mit *DJ Koze, Stachi* und *Cosmic DJ* die Rapcrew *Fischmob*, 1998 verließ er die Gruppe und bereitet zurzeit mit seiner neuen Band ein Comeback vor. „Die Filme waren total wichtig", erzählt er mir, „weil es ja ansonsten keinerlei Anhaltspunkte für HipHop-Kultur gab. Man kannte ja lediglich die Musik und wusste, was Breaken und Graffiti sind, aber wie das im Einzelnen funktionierte, wusste man nicht. Es gab keinerlei Veröffentlichungen darüber und Vorbilder gab es bei uns in der norddeutschen Einöde natürlich auch nicht. Dementsprechend hat man sich natürlich die Filme erst im Kino und dann auf Video und da besonders die entscheidenden Szenen immer wieder angeguckt. Wenn ein bemalter Zug durchs Bild gefahren ist, hat man das per Einzelbildschaltung wieder und wieder geguckt, abfotografiert und so weiter."

Wild Style lief 1983, *Beat Street* 1984 und 1985/86 war der ganze Rummel in der Öffentlichkeit ja schon wieder vorbei. Mit den Filmen aber wurden Horizonte geöffnet, die weit über das hinausgingen, was einem in *Bravo* als HipHop verkauft worden war. An diesem Punkt setzt die Eigendynamik ein, die einige begeisterte Kids zu entschlossenen Aktivisten werden ließ, oder, wie *Torch* es in „Kapitel eins" sagt: „von diesem tag an war mir klar, scheißegal was das ziel auch sei, ich packs!"

„kernige blieben, erhielten und trieben ..."

Die Jahre 1984 bis 1986 (LJ)

Versetzen wir uns zurück in die Zeit Anfang der Achtzigerjahre. Der Begriff Halbschuh war damals kein schlechter Witz, sondern die Bezeichnung dafür, was die meisten Leute an ihren Füßen trugen. Turnschuhe zog man an, wenn man turnen ging, und Halbschuhe waren für den Alltag gedacht. Es gab keine Turnschuhmode – erst mit Breakdance und später mit Rap (remember „My Adidas" von *Run DMC*) setzte sich dieser Trend langsam durch. Alles, was wir heute unter dem Begriff „Streetwear" kennen, etablierte sich erst langsam in den späten Achtzigern. Baseballcaps, Superstars oder Adidas-Anzüge, wie sie von der *Rock Steady Crew* getragen wurden, gab es nur als Exportartikel.

Und nach ein paar Jahren schien alles schon wieder vorbei. *Torch* erzählt, er habe HipHop nie bewusster erlebt als in diesem Loch nach der Breakdance-Welle. „Du hast dich gefragt: Was geht hier eigentlich ab? Es gab keine Sachen, wo du einfach hättest mitschwimmen können, es war noch nichts vorgefertigt. Die Leute fragen sich immer, warum reden die ständig von dieser Old School, aber man muss sich, um das verstehen zu können, mal vergegenwärtigen, dass damals zum Beispiel kein normaler Mensch mit Turnschuhen rumrannte. Das gab es nicht. Rapper waren die Verrückten mit den Turnschuhen. Du hast einen Rapper ohne Scheiß auf dreihundert Meter erkannt. Es war nicht normal, dass jemand mit halbwegs styligen Turnschuhen am helllichten Tag die Straße lang kam, womöglich noch mit fetten Schnürsenkeln oder noch besser ohne Schnürsenkel und nur mit Gummiband im Schuh. Einen HipHop hast du damals sofort auf der Straße erkannt. Der Drang, sich so zu kleiden, dass man erkannt wurde, war auch viel größer, weil die ganze Sache ja so weggegraben war. Es war einfach cool, die Klamotten, die vorher Mainstream waren und die jetzt keiner mehr trug, einfach weiter zu tragen, und wenn du dann zufällig jemanden getroffen hast, der auch so rumrennt, dann hat man sich natürlich sofort unterhalten."

Als ich mit *DJ Zonic,* einem Dortmunder Old School Writer, DJ und Mitbegründer von *Too Strong,* über die frühen Achtzigerjahre spreche, verzieht sich sein Gesicht. „Anfang der Achtziger war die ekligste Popperzeit", sagt er, „das war das ästhetische Vakuum in unserem Jahrhundert schlechthin, es war schlimm, es war schrecklich. Fast nur beknackte Musik, die Mädchen haben sich hinter Säcken versteckt, überall Vanillahosen, Lackschuhe, krank, absolut krank! Und da warst du so froh, irgendwas zu machen, was kein anderer machte. Punk war mir zu assig, Popper konnte ich nicht ausstehen, das war auch das Mainstream-Ding zu der Zeit. Und in diesem Moment kam HipHop. Die Teenies von heute können sich das mit Sicherheit nicht vorstellen, was wir mit dreizehn, vierzehn durchmachen mussten. Wir waren schon fasziniert von einem blöden BMX-Rad oder einem Skateboard, Turnschuhe überhaupt waren der Hammer. Geh doch heute raus, du wirst doch zubombardiert mit allem möglichen Scheiß."

Auch *DJ Mike MD* aus Illingen bei Pforzheim hatte das Bedürfnis, anders auszusehen. Er erinnert sich daran, dass ihm sein Vater einmal eine Baseballkappe aus den USA mitgebracht hat. „Die habe ich im Zuge meiner Breakdance-Begeisterung wieder hervorgekramt. Ich war der Einzige weit und breit, der so eine Mütze hatte, und als ich damit durch Stuttgart gelaufen bin, hat mich ein erwachsener Typ angequatscht, ob ich ihm das Teil nicht verkaufen wolle." Der Wunsch, sich abzuheben und den Vorbildern in den Filmen ähnlich zu sein, führte dazu, dass man keinen Weg scheute, um an die geliebten Turnschuhe oder Trainingsanzüge zu kommen. „Wir sind früher nach Frankreich gefahren, um die Superstar-Restbestände aufzukaufen", erzählt *Zoid* aus Lüdenscheid. „Du trägst solche Klamotten, die dir ein Kumpel von irgendwoher mitbringt, weil es die hier nicht mehr gibt, auch mit einem ganz anderen Gefühl. Heute läuft jeder Zweite in Superstars rum, und die Meisten wissen nicht einmal, dass das der HipHop-Schuh schlechthin war."

Die Informationen über Breakdance waren spärlicher, als man sich das heute vorstellt. Denn was über die *Bravo-*Schiene an Infos geliefert wurde, interessierte niemanden ernsthaft, für den B-Boying mehr als nur ein „feierabend freizeithobby' *(Bob)* war. *Eisi Gulp* wurde von keinem echten B-Boy ernst genommen und der einzige Grund, warum viele Breaker mittags vor dem Fernseher saßen, war der glückliche Umstand, dass im Vorspann zur „Fit durch Breakdance"-Show ein Ausschnitt aus *Flashdance* gezeigt wurde, in dem die *Rock Steady Crew* zu sehen war. In den verschiedensten Orten des Landes machten sich HipHop-Fans auf die Suche nach rar gesäten Bildern und Dokumenten. Es gab zwar einige Filme zum Thema Breakdance und im Fernsehen liefen immer wieder Berichte, aber nur wenige besaßen damals einen Videorecorder. Die Gelegenheit, sich die interessanten Passagen in aller Ruhe anzuschauen, waren selten.

Die Meisten lernten Breakdance, indem sie sich die Bilder aus den Filmen so lange anschauten und einprägten, bis sie sie körperlich umsetzen konnten. Der Vorteil dieser Methode war, dass der Individualität ein relativ großer Spielraum blieb, da bei der Umsetzung des Abgeschauten immer eine kleine Lücke entstand, die der Tänzer selbst korrigieren musste. Man sollte also nicht von kopieren sprechen, da der eigene Style von Beginn an eine wichtige Rolle spielte. Viele Aktivisten der ersten Generation, sowohl Breaker als auch Writer, beklagen deshalb, dass es den wenigsten heute auf einen individuellen Stil ankomme, sondern die Technik im Vordergrund stehe.

Der unbedingte Wille, die Techniken der Vorbilder aus New York zu entschlüsseln, setzte bei den jungen HipHops eine erstaunliche Kreativität frei. *Marius No. 1* zum Beispiel, der später mit *Cora E* die ersten Platten produzierte, saß 1983/84 mit Butterbrotpapier vor dem Bildschirm seines Fernsehers und pauste mit Butterbrotpapier und Bleistift Pieces aus *Wild Style* und *Style Wars* ab. Oder die Brüder *Rick Ski* und *Future Rock* von der Old-School-Formation *LSD:* Sie versuchten die Scratches der New Yorker DJs in umgekehrter Richtung auszuführen, um so herauszufinden, welche Platten sie benutzt hatten.

Richtig schwierig wurde die Materialsuche, wenn es um Graffiti ging. Heute gibt es in jeder größeren Stadt Läden, in denen man sich alles kaufen kann, was das HipHop-Herz begehrt, von speziellen Markern bis hin zu Sprühdosen, die speziell von Graffiti-Writern entwickelt wurden. Die Zahl der Graffiti-Fotos, die Monat für Monat in Büchern, Magazinen, Video-Fanzines und so weiter veröffentlicht wird, ist nicht mehr zu überblicken. Eine unüberschaubare Menge an Videos informiert den Neueinsteiger präzise über alles, was gerade in ist und wie es gemacht wird. Spezielle Trainingsvideos machen das Erlernen von Tanzschritten zu einem Kinderspiel und jeder größere Szeneladen bietet alles an Fashion und Style, was im HipHop gerade angesagt ist.

Akim, der Chef von *MZEE Records,* war zunächst von Breakdance beeindruckt und entdeckte durch die Filme dann auch Graffiti für sich. Beides faszinierte ihn: „Es war so, dass uns alles super interessiert hat, wir aber kaum an Material gekommen sind. Man hat Graffiti-Fotos, die man in Zeitungsberichten über New York gefunden hat, sofort ausgeschnitten. Meine Schwester hat mal ein Magazin aus den USA mitgebracht und wir haben uns alle Sachen total oft angeschaut und supergenau studiert. Mit einem Foto, das die Leute heute einfach überblättern würden, haben wir uns tagelang auseinander gesetzt. Dann sind wir auch zu den Ami-Kasernen gestiefelt und haben versucht, dass wir da unsere Sneakers bekommen. Das war allerdings gar nicht so einfach, weil du ohne ID und so weiter erst gar nicht reingekommen bist. Wir haben also Leute angehauen, die dann für uns rein sind und uns die Schuhe gekauft haben."

Ein prägendes Highlight dieser Zeit war der Auftritt der *Rock Steady Crew*, der *New York City Breakers* und der *Magnificent Crew* 1984 bei *Wetten, dass ..?*. *Storm* beschreibt in seinem Buch, wie er das Fernsehprogramm systematisch nach Sendungen durchforstet hat, die möglicherweise etwas über HipHop berichten könnten. Wie ihm ging es vielen. Man war begierig auf Information, man wollte alles wissen und üben, üben, üben. Das neue Lebensgefühl aus *Wild Style* und *Beat Street* nahm nicht nur mehr und mehr Besitz von einem selbst, sondern führte auch im Alltag zu Szenen, wie sie sich kein Drehbuchautor hätte besser ausdenken können:

Als *Ali*, Breaker der Old-School-Formation *Fantastic Devils*, 1985 eines Tages mit seiner Crew in Kiel durch die Fußgängerzone schlenderte, kam ihnen eine Gruppe Berliner B-Boys entgegen. Provokativ baute sich die Clique vor den Kieler Breakern auf und forderte sie zur Battle. „Aber vorher gehen wir noch ins Kino. Ihr kommt dann wieder hierher, und dann battlen wir euch", erklärte ihnen der Älteste. Dann verschwand die Gruppe im Kino. *Ali* und seine Freunde blickten sich gespannt an. Es war klar, die Battle würde stattfinden. Nach dem Kino führte man die Berliner zu dem Ort, wo die *Fantastic Devils* auch sonst tanzten, und forderte sie auf, mit dem Wettstreit zu beginnen. Innerlich hatte man sich schon fast mit einer Niederlage abgefunden, denn die anderen waren im Durchschnitt nicht nur etwas älter, sondern trugen auch Nike-Klamotten, was für die damalige Zeit außergewöhnlich war. Als der erste Breaker der Berliner einen Headspin versuchte, den er aber nie länger als anderthalb Runden halten konnte, wunderten sich die *Fantastic Devils* nicht schlecht. Denn bei ihnen lag der Standard locker bei vier Umdrehungen und im Verlauf der Battle erwiesen sich die Kieler als eindeutig überlegen und so wurde der Wettkampf glücklich gewonnen. „Konkret haben wir die voll abgezogen, einen nach dem andern. Wir waren verdammt noch mal viel besser als die", erinnert sich *Ali*. Die Berliner, die diese Niederlage nicht verkrafte-

DJ Mike MD beim Breaken 1984

Akim wärmt sich am Ofen

ten, wurden wütend und entgegneten den *Devils* störrisch: „Hey, kennt ihr *Murat Koc?* Wenn der hier wäre, würde er euch alle abziehen!" Der war aber nicht da und im HipHop zählt eben, was einer jetzt und hier und ohne Berufung auf höhere Instanzen zu leisten vermag.

Ab 1985 wurden die Informationen über HipHop spärlicher und versiegten bald ganz. Der Begriff „Breakdance-Welle" weckt jedoch fälschlicherweise die Vorstellung, dass etwas plötzlich da ist und ebenso schnell wieder verschwindet. Der Prozess vollzog sich eher schleichend. Klar tauchte Breakdance in *Bravo* irgendwann 1985 unter der Rubrik „out" auf, aber die Leute, die tanzten, trafen sich auch weiterhin an ihren angestammten Plätzen. Es wurden langsam weniger und um sie herum gab es weniger Leute, die sich dafür interessierten. Irgendwann fand es die überwiegende Mehrheit extrem uncool, wenn jemand von sich sagte: Ja, ich breake! Aber wenn dann in einer Disco irgendwelche B-Boys ihre Moves auspackten, blieben doch wieder alle fasziniert stehen, weil sie sich der Magie der Bewegungen nicht zu entziehen vermochten. Für *DJ Mike MD* fing das richtige Training eigentlich erst mit dem Niedergang der Breakdance-Begeisterung an. „Als ich in der Zeitung gelesen habe, dass Breakdance out sei, war das für mich ein Ansporn, noch härter zu trainieren", erzählt er, „ich wollte, dass den Leuten die Augen rausfallen, wenn sie mich tanzen sehen."

Eigentlich war niemand wirklich traurig, als Breakdance plötzlich nicht mehr Mainstream war. Einerseits war man selbst so fasziniert, dass einen Reaktionen der Außenwelt nicht groß irritieren konnten, andererseits hatte man das ganze Ding mit einem Mal für sich allein, ohne es mit Leuten teilen zu müssen, die sich Breakdance einverleibten wie den neuesten Fruchtjogurt. „Wir hatten inzwischen so ein Desperadogefühl bekommen", beschreibt *Akim* diese Zeit. „Uns hat es auch gestört, dass plötzlich alle im Alter zwischen fünf und achtzig Breakdance gemacht und die Medien das Ganze als Trend ausgeschlachtet haben – von der *Bravo*-Extraausgabe bis hin zu den Tanzschulen. Die wenigsten wussten auch über die Geschichte und Hintergründe Bescheid."

„wem gehört die scheiße eigentlich"

Die HipHop-Pubertät (LJ)

Die ersten überregionalen Kontakte, die später auch eine Rolle für die HipHip-Old-School spielen sollten, entstanden schon während des Breakdance-Booms. Auf dem Breakdance Worldcup 1984 in Stuttgart trafen sich über sechstausend B-Boys; 1984 und 1985 gab es ständig Contests im ganzen Land, zu denen Leute aus den verschiedensten Städten angereist kamen. Dort tauschte man sich aus, gab Adressen weiter, vereinbarte Treffen und battlete natürlich gegeneinander. Es ist jedoch irreführend, sich hier eine ungebrochene Kontinuität vorzustellen, denn ein Großteil der vormals aktiven Tänzer hörte im Zuge des Niedergangs tatsächlich auf zu tanzen. *DJ Mike MD* zum Beispiel stand 1985 plötzlich ohne seine drei Tanzpartner da, weil diese sich von ihren Eltern hatten ködern lassen: Breakdance oder Motorrad, da war für viele die Wahl klar.

Nach und nach stellte sich heraus, dass nicht besonders viele HipHop-Liebhaber übrig geblieben waren, und jeder fragte sich, wie es weitergehen sollte. Man war gezwungen, sich neu zu orientieren, und in dieser Phase wurde langsam klar, dass die Leute, die geblieben waren, nicht unbedingt alle vom gleichen Schlag waren. Auch musste man erkennen, dass es nicht die eine Definition von HipHop gab. Aber man saß im gleichen Boot – gezwungenermaßen –, denn die Möglichkeit, HipHop in aller Ruhe nach seiner Version zu leben, gab es nach der Flaute nicht mehr. Plötzlich standen sich Personen und Cliquen gegenüber, die unter anderen Umständen nie etwas miteinander zu tun gehabt hätten. Und dieses Aufeinandertreffen lief nicht immer harmonisch ab.

Torch hat diese Übergangszeit noch lebhaft vor Augen. „Heute ist ja alles Friede, Freude, Eierkuchen", meint er, „aber ich kann mich erinnern, wie diese ganze HipHop-Geschichte nach dem ersten Mainstream-Boom heftig aufeinander geprallt ist. Da gingen richtig die Machtkämpfe los. Das hatte nichts mit HipHop an sich zu tun, das waren gesellschaftliche Machtkämpfe, die heute gar nicht mehr nachzuvollziehen sind. Es stand die Frage im Raum: Wem gehört die Scheiße eigentlich? Du hattest auf einmal einen Haufen von Menschen, die völlig verschieden und alle der Meinung waren, das würde ihnen gehören. Das ist richtig aufeinander geprallt, und zwar eine Zeit lang richtig heftig. Heute ist das einfach entschieden, wobei die Industrie ja mächtig mitgeholfen hat. Ganz am Anfang sind hier ein paar GIs rumgerannt, die haben einen auf Amis gemacht, dann waren da hinten irgendwelche Türkencliquen, die jahrelang nichts anderes als diesen Scheiß gemacht haben, dann gab es irgendwelche Mittelstandsdeutsche, die sich einen kleinen Computer gekauft hatten, und das hat alles nicht zueinander gepasst. Das waren völlig verschiedene Welten. Die waren am Anfang alle auf einer Party, das ist halt einfach so passiert und es musste sich erst mit der Zeit herauskristallisieren, wer weiter kam und wer wegblieb."

Teilweise habe das sogar in Straßenschlachten geendet, erzählt *Torch* und schüttelt verständnislos den Kopf. Eine Zeit lang gab es HipHop dann nur noch in Jugendzentren. Das hieß konkret, dass auch die Jugendlichen aus der Mittelschicht, die sich weiter für HipHop interessierten, ins Jugendzentrum gehen mussten, wo aber ganz andere Leute das Sagen hatten. „Und dann ging es richtig rund mit Klamotten abziehen und so; es gab auch richtige Städtekriege zwischen Graffiti-Writern. Die Leute waren einfach so verschieden, dass es vorn und hinten nicht gepasst hat. Die Leute mussten sich ja in dieser Zeit auch untereinander mehr suchen. Dann hast du zum Beispiel irgendwo in Gießen eine HipHop-Party gehabt und es kamen welche aus Oldenburg runter und auch welche aus Augsburg und Offenbach, und auf einmal hast du da die verschiedensten Typen und die verschiedensten Cliquen und dann hat der Offenbacher dem Augsburger den Wagen aufgebrochen und so weiter. Da gab es viele Unstimmigkeiten. Es war auch gar nicht klar, was dich erwartet, wenn du in eine Stadt gekommen bist. Die einen haben irgendwie Miami Bass auf deutsch gemacht, die anderen haben Funk gemacht. Das war totales Chaos und es gab keine Linie."

Ab 1985 formierten sich die ersten, meist regional überschaubaren Kontakte. 1986 fanden schon verschiedene Partys statt, die aber noch nicht den Charakter hatten, der später die Jams ausmachen sollte. In Gießen fanden schon früh jamartige Partys statt, die von den GIs vor Ort organisiert wurden. Auch München und Umgebung, Stuttgart und Karlsruhe, das Rhein-Main-Gebiet, Dortmund und das Ruhrgebiet sowie Kiel und Hamburg, wo es schon sehr früh Kontakte zu Holland gab, waren frühe Zentren der sich langsam formierenden Old School.

„von kiel bis biel bin ich auf jede jam gefahren"

Die Jam-Kultur (LJ)

Es ist nicht möglich, die Geschichte der HipHop-Old-School chronologisch darzustellen. Vieles ereignete sich zeitgleich, ohne dass die Beteiligten voneinander wussten. In dieser Phase waren ganz unterschiedliche Ereignisse für die einzelnen HipHops prägend. Es ist daher schwierig, Ereignisse zu benennen, die für die Szene als Ganzes einen wichtigen Schritt bedeuteten. 1986/87 schon von einer Szene zu sprechen wäre falsch, da in diesen Jahren in einem unübersichtlichen Prozess erst entstand, was sich etwa ab 1988 als überschaubare HipHop-Community präsentierte. Für einen Breaker waren andere Erlebnisse wichtig als zum Beispiel für einen Writer. Viele Writer würden vielleicht rückblickend den ersten Besuch in Amsterdam als ihre bedeutendste Old-School-Erfahrung nennen und manch ein Breaker die Teilnahme am *UK Fresh* 1986 in London.

Die Jam aber, auf der sich viele der wichtigen Vertreter der späteren Szene zum ersten Mal trafen und Kontakte knüpften, fand Anfang 1987 in Dortmund-Marten statt. Aus vielen Städten waren HipHops angereist, aus Frankfurt, Gießen, Aschaffenburg, Hamburg, Mainz, Lüdenscheid, Heidelberg, Mühlheim, Offenbach. *Crazy Break* und *DJ Cutsfaster* brachten auf einem Pick-up die Anlage mit, Breaker waren aus allen Teilen des Landes angereist und die *Fantastic Devils* lieferten sich eine spektakuläre Battle mit der *Supreme Force*. Jede Menge Beatboxer – eine zu dieser Zeit noch sehr gepflegte und respektierte HipHop-Disziplin –, aber auch Rapper standen auf der Bühne. Die ganze Jam war völlig unorganisiert und lief entsprechend chaotisch ab, was aber dem Feeling keinen Abbruch tat.

„Dortmund 1987 war die erste Underground-Jam, die ich so mitbekommen habe", erinnert sich *Akim,* der damals vor allem als B-Boy unterwegs war. „Ich weiß auch noch genau, wie wir da hingefahren sind. Wir hatten *Steve* vorher kennen gelernt und sind als *Supreme Force* angetreten: *Steve, Crazy Rock, Can 2* und ich, *Zeb.Roc.Ski*. Von der Jam hatten wir gehört und waren ziemlich heiß drauf, auch weil wir nicht wussten, was uns da erwartet. Wir kamen also auf die Jam und da war *Scid da Beat* mit Beatbox am Mikro, ein anderer Gießener hat gerappt auf ein *Wild Style*-Instrumental und *DJ Cutsfaster* hat Platten aufgelegt. Leute wie *Chana* waren da und viele der Dortmunder hatten irgendwelche Bahnarbeiteranzüge an und auch *Swift* war da. Es war dann so, dass wir praktisch gegen den Rest der B-Boys gebattlet haben. Auf der Jam waren Leute wie *Tricks* und *Sonny* aus Hamburg da, die wir zum ersten Mal kennen lernten. *Sonny* hatte zu dieser Zeit schon Kontakte nach Holland. Auch *JBK* haben wir dort getroffen. *Shark* und *Zodiak* waren, glaube ich, auch da. Das war halt ein total geiles Gefühl: Du bist da hingefahren, kanntest keinen, alles war extrem neu und aufregend und du wusstest, dass du heute Abend battlen wirst. Das war eben auch die erste Jam, wo wirklich mehrere Städte vertreten waren. Wir haben natürlich gebreakt bis zum Umfallen und sind danach zum Bahnhof gefahren. Dortmund war für uns deshalb auch ziemlich aufregend, weil das Stadtbild durch Graffiti viel mehr geprägt war als bei uns. Jedenfalls sind wir alle zusammen zum Bahnhof, haben da die Nacht durchgemacht und dort auch noch gebreakt. Am Bahnhof habe ich dann auch einen Writer aus Kiel getroffen mit dem dubiosen Namen *JBK*. *Tricks* war in dieser Nacht sehr aktiv. Nach und nach sind wir dann alle auseinander, weil so gegen fünf Uhr dreiundvierzig, fünf Uhr dreiundfünfzig die ganzen Züge kamen. Wir haben Adressen ausgetauscht und die ersten wichtigen Kontakte geknüpft. Man hatte danach eben Brief- und Telefonkontakte und wusste, dass man sich bald wieder auf der nächsten Jam sehen würde."

Es kamen auch Kontakte durch Zufall zustande, die später zu wichtigen Verbindungen wurden. *Zeb.Roc.Ski* las in einem Zeitungsartikel über Graffiti in München und setzte sich daraufhin mit *Can 2* in den Zug, um sich die Sache aus der Nähe anzuschauen. *Shark* hatte auf dem Weg in den Urlaub einen Zwischenstopp am Münchner Hauptbahnhof und sah dort Züge mit Graffiti fahren, woraufhin er wenig später mit *Chintz* dort aufkreuzte. Jeder, der damals malte, breakte oder rappte, hielt die Augen offen und suchte nach seinesgleichen.

Auf der ersten Dortmund-Jam wurden die Koordinaten gesetzt, die die spätere Old-School-Achse Kiel/Hamburg–Dortmund–Gießen–Mainz/Heidelberg–München ausmachen sollten. Hier trafen sich die Leute, die man auch als Tramperticket-Generation bezeichnet, jene, die als HipHop-Pilger durchs Land reisten, Kontakte pflegten, Jams besuchten und selbst

Too Strong 1989: DJ Zonic, MC Doze und Aisy

organisatorisch eingriffen. Man kann diese Jam-Ära nicht ohne die lebendige Dynamik und den aktivistischen Spirit verstehen, der die HipHops der Alten Schule umtrieb.

Jams waren keine Konzerte, wie man sie heute kennt. Die Rapper standen keineswegs im Mittelpunkt. Wenn überhaupt, dann waren es die Beatboxer, die sehr zahlreich anzutreffen waren und an die sich der Breaker *Storm* genervt erinnert, da ihre massive Präsenz an den Mikrofonen für die Breakdancer eher störend war. Man darf sich die Jams zu dieser Zeit nicht als Shows mit festem Programm vorstellen. Natürlich gab es einen Ablauf, der auf Flyern angekündigt war, aber der hatte eher den Charakter eines Arbeitsvorschlags. Wer eine Jam veranstalten wollte, kramte all seine Kontakte zusammen, fragte einen der lokalen Writer, ob er den Flyer gestaltet, und packte darauf die Namen aller Rapper, Breaker, DJs und Crews, die er kannte. Die Flyer wurden verschickt und in der Region verteilt und dann wartete man ab, was geschah.

Als Räumlichkeiten für Jams dienten fast ausschließlich Jugendzentren oder Jugendhäuser und mit den verantwortlichen Sozialarbeitern gab es regelmäßig Ärger, weil die angereisten HipHops nicht nur im gesamten Gebäude ihre Tags hinterließen, sondern auch Mauern, Häuser und Yards der näheren Umgebung nicht verschonten. Dazu kam, dass man auf den Jams neben dem HipHop-Publikum natürlich auch die lokalen Jugendzentrums-Cliquen zu Gast hatte, was die Sache noch komplizierter machte. Immer wieder hatte man es mit Leuten zu tun, die partout keinen Eintritt zahlen wollten und den Weg durch das Hinterfenster suchten. Sachen, die offen herumlagen, wurden mit in der Regel geklaut, so wie manchmal auch die Kasse mit den Eintrittsgeldern. Da von den Juz-Mitarbeitern die wenigsten kapierten, was eine HipHop-Jam von normalen Rock- oder Popkonzerten unterschied, kam es hin und wieder vor, dass der ansässige Motorradklub als Security engagiert wurde – eine ästhetische Provokation, wie sie deutlicher kaum ausfallen könnte. Niemand wusste, wie der Abend ausgehen würde, aber alle hatten ihren Spaß. „Ich weiß nicht, was heute so abgeht, aber ich glaube nicht, dass die Kids heute in Häuser der Jugend oder so gehen, weil da innovative Musik gespielt wird, die es sonst nirgends gibt. In den Achtzigern war das so. Man kann echt nicht oft genug wiederholen, was das für eine coole Zeit war", erinnert sich *Marius No. 1* an die alten Juz-Zeiten.

Keiner der Rapper oder Breaker, die aus entlegenen Regionen angereist kamen, erhielt vom Veranstalter eine Gage, nicht einmal Fahrgeld wurde bezahlt. Das war nicht Sinn der Sache und es gab auch niemanden, der das eingefordert hätte. Fast alle Anwesenden waren selbst Aktive, die rappen, breaken, scratchen oder beatboxen wollten. Die Writer brachten ihre Blackbooks mit, in die sie Skizzen, Bilder und Fotos eingeklebt hatten und die anderen Writern oft als Gästebuch gegeben wurden, mit der Bitte, sich mit einer Skizze oder einem Tag zu verewigen. Ein Publikum im klassischen Sinn gab es nicht. Jeder Beteiligte war beschäftigt mit seinem Ding und begierig, den anderen seine Moves, Skills und Styles zu präsentieren. Man repräsentierte sich, seine Crew und seine Stadt. Jams waren Messen im doppelten Sinn des Wortes, man präsentierte sein Können und man maß sich in der Battle mit anderen. Gleichzeitig ließ man sich Sachen erklären und lernte eifrig dazu. Für jemanden, der zufällig von außen dazustieß und ein Konzert erwartete, wo zuerst diese Gruppe auftritt und

Scid da Beat, Toni L, Torch und End 2 auf der Gießen-Jam 1989

Mit diesem Pick-up brachten die Gießener ihre 250-Watt-Boxen 1987 zur Jam nach Dortmund

nach einer kurzen Pause jene Tanzcrew ihr Programm vorführt, musste dieses kurioses Spektakel unverständlich bleiben. Es machte eigentlich überhaupt keinen Sinn, auf einer Jam aufzutauchen, ohne selbst etwas beizutragen.

In der Zeit zwischen 1987 und 1991 fand man auf den Jams tatsächlich alle HipHop-Disziplinen gleichberechtigt nebeneinander. Es gab Nuancen, je nachdem, welche Stadt die Jam veranstaltete, aber eine Omnipräsenz der Rapper, wie sie seit 1992 einsetzte, war damals undenkbar. Als durch das wachsende Medieninteresse an Rap, vor allem an deutschsprachigem Rap, immer mehr Leute von außen dazustießen, die selbst nicht aktiv waren und nur konsumieren wollten, war das ebenbürtige Zusammenspiel von Rap, Graffiti, Breakdance und DJing bald dahin. Plötzlich sah man die Breaker in der Vorhalle tanzen, weil die meisten Rapper es nicht leiden konnten, dass die B-Boys mit ihren Moves vor der Bühne die ganze Aufmerksamkeit auf sich zogen. Die DJs verschwanden immer mehr im Rahmenprogramm der Rap-Bands und brachten ihre Cuts an einstudierten Stellen und kaum ein Writer bringt heute noch sein Blackbook mit auf Konzerte. Die Schwärmerei und Nostalgie vieler Leute, die die alten Jam-Zeiten noch miterlebt hatten, ist unter diesem Gesichtspunkt sehr verständlich.

Torch hebt hervor, dass gerade das Chaotische auch das Tolle an den frühen Jams gewesen sei. „Die Jams waren eigentlich so was wie eine unorganisierte Talentshow", erzählt er, „und das Schöne daran war, dass alles möglich war, weil es keine festen Abläufe gab und niemand kam und meinte: Du musst dann und dann auftreten. Es gab kein Konzept und kein Programm, man ist einfach da, man unterhält sich, die einen machen Musik, die anderen breaken, die anderen rappen, und was auch völlig Standard war: dass Graffiti-Writer nicht nur ihre Dosen mitbringen, sondern auch ihre Blackbooks und sich gegenseitig Skizzen und Fotos gezeigt haben. Damals war das ja auch die einzige Möglichkeit, den anderen was zu zeigen. Es gab ja weder Graffiti-Magazine noch Internet oder so. Heute findest du höchstens mal zwei verstrahlte Typen, die sagen: Hey, ich hab mein Blackbook dabei. Du gehst eben heute nicht mehr auf ein *Blumentopf*-Konzert mit deinem Blackbook unterm Arm."

Die Jam-Ära begann mit der Dortmund-Jam im Sommer 1987 und dauerte knapp vier Jahre. Es ist natürlich nicht möglich, hier einen eindeutigen Schnitt zu setzen, da es auch 1993/94 noch Jams gab, die bemüht waren, alle Elemente des HipHop gleichberechtigt zu präsentieren. Diese

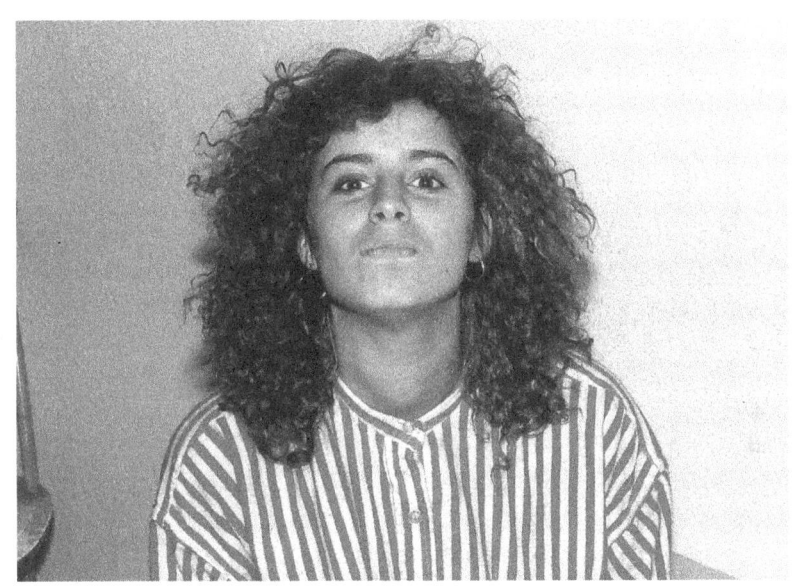

Cora E zu Gast in
Gießen 1985

DJ Cutsfaster,
Scid da Beat, Icead aus
Gießen und Shane aus
Aschaffenburg

Jams wurden aber schon mit dem Wissen organisiert, dass eine solche Form nicht mehr selbstverständlich ist, und versuchten das Modell der Old-School-Jams nachzuahmen.

Neben den Jams, die seit 1987 regelmäßig stattfanden, gab es auch weiterhin Events, die nur regionalen Charakter hatten, aber es bildete sich mit der Zeit ein Zirkel von Leuten heraus, deren Namen jedem, der mit HipHop etwas zu tun hatte, ein Begriff waren: *Rock Da Most* aus Berlin, *Cora E* aus Kiel, *Torch* aus Heidelberg, *Zeb.Roc.Ski* aus Mainz, *Sonny* aus Hamburg, *Tricks, DJ Cutsfaster, DJ Mike MD, Gawki, Chintz, Shark, Zodiak, Can 2, Gee One, TecRoc, Loomit, Swift* und *Storm (Unique Rockers), Supreme Force, Rockin Force, We Wear The Crown, TDB, Fantastic Devils* und viele andere waren regelmäßig auf Jams vertreten. Namen wie *Cora E* oder *Torch* hörte man oft lange bevor sie einem livehaftig auf einer Jam über den Weg liefen.

1987 entstand auch das wohl erste Video, das Graffiti in Deutschland (genauer gesagt in Budenheim, Mainz und Umgebung) dokumentierte, mit dem viel versprechenden Titel *Graffiti – eine Sucht?*. *Can 2* und *Zeb.Roc.Ski* zeigen in diesem kurzen Film neben lustigen Interviews mit besorgt-erregten Eltern und erstaunlich gelassenen Bürgermeistern viele Pieces, Tags, Writer, B-Boys und einige Ausschnitte von HipHop-Partys, die insgesamt einen guten Einblick in die Atmosphäre dieser frühen Tage geben. Der Style der Bilder, die Klamotten der HipHops, überhaupt die ganze Ästhetik haben sehr wenig zu tun mit der genormten Markenmode von heute. Man spürt: Hier machen tatsächlich einige Leute ihr Ding, um diese oft benutzte Phrase einmal in einem passenden Kontext zu verwenden. Parallel, aber unabhängig von diesem Video erscheint 1987 im Tapir-Verlag ein Bildband über die Dortmunder Writer-Szene, der mit knapp einhundert Wand- und Zugfotos eindrucksvoll dokumentiert, was HipHop in manchen Städten schon bewirkt hat. Auch hier ist wieder der Style der Bilder spannend, der deutlich die Zeit widerspiegelt und einen eigenen Spirit atmet.

Dortmund machte 1987 den Anfang, die zweite wichtige Jam wurde dann im Februar 1988 von *Akim* in Mainz veranstaltet. „Ich hatte zu dieser Zeit schon so viele Leute kennen gelernt und so viele Kontakte durch irgendwelche Tramperticket-Aktionen geknüpft", erzählt Akim, „dass auf dieser Jam in Mainz nicht nur ein paar, sondern wirklich alle Leute aus allen zu dieser Zeit relevanten Städten am Start waren. Das war im Februar '88 und es kam ein Bus aus München, aus Berlin waren irgendwelche verrückten Typen da, Hamburg war vertreten – insgesamt zirka fünfzehn bis zwanzig deutsche und internationale Städte waren am Start und die haben alle bei mir im Keller übernachtet. Das Haus der Jugend war ausverkauft, *Swift* und *Storm* waren da, Kieler und Frankfurter, *TecRoc* aus Landshut, Holländer, auch *Gawki*, wie ich Jahre später erfuhr, *Darco* war da, irgendwelche geilen DJs aus Holland, super Beatboxer aus Berlin, *Turbo B* war damals am Start und *Moses P* hat gerappt. Daraus sind natürlich wieder jede Menge neue Kontakte entstanden, das war so ein Schneeballprinzip. Jams wurden zu den Treffen derjenigen, die übrig geblieben sind und die sich dort austauschen konnten. Durch eine Jam konntest du deine Stadt repräsentieren, außerdem hat man Fame bekommen, wenn man so was organisiert hat."

Kurz nach Mainz fand in Hamburg eine wichtige Jam statt, die von *Sonny* organisiert wurde. Neben den Writern, DJs, Rappern und Breakern, die auch schon in Dortmund und Mainz dabei waren, stießen jetzt immer neue Leute dazu. Von diesem Zeitpunkt an war klar, dass es in Deutschland tatsächlich eine Szene gibt, mit der zu rechnen war, und es entstanden die ersten Kooperationen. *Zeb.Roc.Ski* wurde von Astrid Weindl angesprochen, die in München im Jugendzentrum Berg am Laim organisatorisch für Graffiti-Writer tätig war. So entstand die Idee, sich bei der Organisation von Jams gegenseitig zu unterstützen. Es wurden in München und Mainz zeitversetzt Veranstaltungen durchgeführt und dadurch erhebliche Kosten gespart.

Aus dieser Zusammenarbeit ist auch das „MZEE Frisch"-Projekt entstanden. Die wichtigsten Jams der Mainz-München-Connection waren: „Music n' Colours", „HipHop-Event", „MZEE Frisch" und „MZEE Frischer". Ab 1990 fand in regelmäßigem Abstand der von Thomas Hergenröther von den *Burning Moves* organisierte Breakdance-Contest „The Battle" statt. Das führte dazu, dass immer mehr Crews aus den Nachbarländern anreisten und sich die Kontakte auf europäischer Ebene intensivierten. Auf der organisatorischen Ebene tat sich viel, außerdem waren Leute wie *Torch* darum bemüht, der jungen HipHop-Community einen ideologischen Rückhalt zu geben, indem sie versuchten, den Zulu-Gedanken *Afrika Bambaataas* innerhalb der Szene zu verbreiten. Das war kein leichtes Unterfangen, denn trotz Jam-Kultur und gemeinsamer Interessen hatte man es doch mit sehr unterschiedlichen Leuten zu tun.

„dies war nie das, was zählt, aber irgendwie lieb ich das"

HipHop und Mode (SV)

Was man sich heute kaum mehr vorstellen kann, ist der kreative Freiraum, der in dieser Periode weitab vom Mainstream entstand und die verrücktesten Blüten trieb. Es war vom Style her einfach alles erlaubt und auf den Jams begegneten einem die unglaublichsten Freaks. Die heutige standardisierte HipHop-Mode hat mit der chaotisch-knalligen Old-School-Fashion nicht mehr viel gemeinsam. Der Battle-Spirit, der Wunsch, die anderen durch außergewöhnliche Einfälle oder völlig unerwartete Styles zu beeindrucken, brachte eine durchgeknallte Vielfalt hervor, die den Leuten manchmal die Sprache verschlug.

Viele der alten Klamotten hat *Torch* noch zu Hause liegen und hin und wieder trägt er sie auch. Aber heute seien einfach diese Unbeschwertheit und Experimentierfreude weg. „Modisch gesehen ging damals einiges und es war auch viel lustiger als heute", erzählt er, „du hattest zwar auch einen Marken-Run, der konzentrierte sich aber auf Marken, die es tatsächlich hier nicht gab. Es war einfach richtig cool, mit Klamotten rumzulaufen, die es wirklich nicht gab. Dann warst du vielleicht in Italien und hast dir da Zeug gekauft, was hier keiner kannte. Oder wir haben die Golfschuhe von unserem Onkel rausgekramt, so unmögliche schwarzweiß karierte Teile. Da waren wir eine Zeit lang richtig kreativ. Man hat zum Beispiel ein T-Shirt genommen und einfach mit einer Sprühdose draufgetaggt. Oder auf so hellere Jeans haben wir mit Stiften die Seiten mit Schriftzügen und Charaktern bemalt oder auf die Jeansjacken wurde hinten ein geiles Backpiece draufgemacht – das macht heute kein Schwein mehr. Die Leute haben sich hinten in die Haare ihren Namen oder ein Logo reingeritzt. Da ging richtig was ab. Auf der einen Seite war nichts zu peinlich, auf der anderen Seite war jeder so cool, das kannst du dir gar nicht vorstellen! Eine Zeit lang war es auch so, dass die Leute dich gar nicht angesprochen haben, weil man einfach zu cool für die Welt war. Du hast dich gestylt

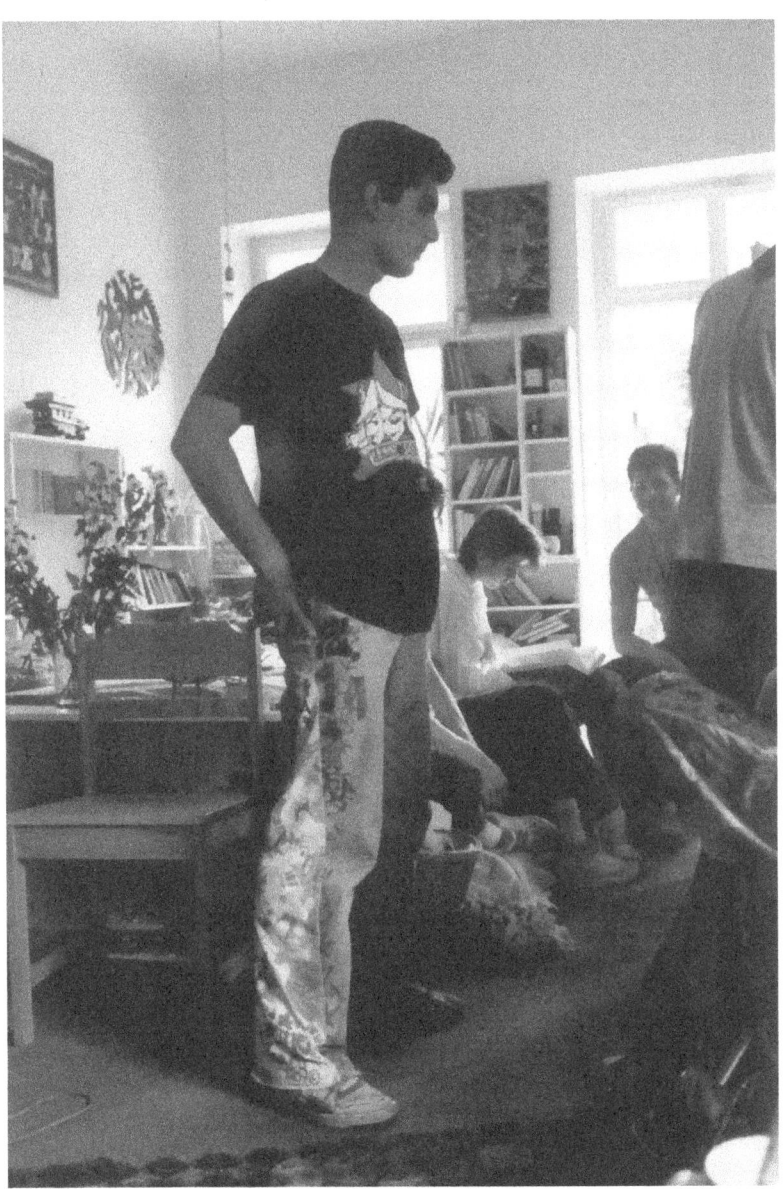
Gee One mit bemalter Graffitijeans

nach dem Motto ‚Ich bin der Geilste', bist auf die Party und die Leute haben mit dir kein Wort gewechselt. Es hieß dann nur: Haste gesehen, der und der ist auch da, cool. Heute ist das mehr aufgeteilt in Publikum und Stars. Das war früher nicht Mode im Sinn von Trend-Mitmachen, sondern Mode im Sinn von Kunst. Eine Zeit lang war es total angesagt, sich aus so Kupferplatten ausm Bauhaus Kettenanhänger oder fette Ringe zu machen. Du hast dann mit Bleistift Outlines auf die Platte gemalt, das mit einer Säge ausgeschnitten, abgefeilt und eventuell noch mit Sekundenkleber irgendwo draufgeklebt. Da ging so viel: Keine Schnürsenkel zu haben war völlig normal, nur eine Shorts an und dazu ein riesig langer Mantel, eine fette gezockte DB-Fahne um den Hals, fünf Hüte aufm Kopf, drei fette Brillen ... Mann, das war Standard, was geht ab?" *Zoid* aus Lüdenscheid hat ganz ähnliche Erinnerungen an diese Zeit: „Wir sind teilweise wie die letzten Assis rumgelaufen, waren aber trotzdem die Coolsten weit und breit", sagt er, „denn es kam ja darauf an, wie du die Sachen kombiniert hast. Du konntest dir selbst was überlegen und einfach so was Neues machen, wo bisher noch keiner draufgekommen ist. Du musstest es halt cool und mit Überzeugung bringen, dann hast du auch Respekt dafür gekriegt."

In einem *Spiegel Spezial*-Heft von 1994 („Pop & Politik") wurden auf zwei Doppelseiten die Accessoires der Popkultur ausgebreitet, garniert mit lockeren Sprüchen der Redaktion. Da steht dann über die dicken Goldketten von *Run DMC* und anderen Rap-Gruppen zu lesen: „Sieh her, mein Vater war Zuhälter, ich bin Rapper, und ich mache noch mehr Geld als er." Einmal abgesehen davon, dass die Bildunterschrift nahe legt, Rap und Zuhälterei seien mehr oder weniger dasselbe – wirklich haarsträubend ist, dass hier behauptet wird, die Kinder in den Gettos wüchsen im Wohlstand auf, zumindest müssten die Väter, die ja alle Zuhälter seien, mit ihren Geschäften eigentlich reich werden. Wahrscheinlicher ist doch, dass sich *Run DMC* vielmehr fragen, wer und wo überhaupt ihre Väter sind, denn in der Regel wachsen die Kinder in der South Bronx und vergleichbaren Stadtvierteln bei ihren allein erziehenden Müttern auf, vom Vater keine Spur. Natürlich beziehen sich *Run DMC* auf dieses Symbol aus dem Zuhälter- und Drogendealermilieu, jedoch nicht so, wie der *Spiegel* meint. Der aggressiv zur Schau getragene Reichtum zeigt, dass sie es geschafft haben, gegen alle Widerstände aus den Chefetagen der Plattenindustrie, gegen Politik und Medien. Diese Goldketten machen Hoffnung, sie geben vielen Jugendlichen eine Perspektive, dass auch sie es schaffen können, ohne kriminell zu werden. Die Goldketten von *Run DMC* sind eine positive Umdeutung eines Symbols aus dem kriminellen Milieu.

Diese positiven Umdeutungen sind ein wichtiges Merkmal der HipHop-Kultur. Wenn sich Schwarze untereinander als Nigger bezeichnen, dann nehmen sie damit diesem rassistischen Schimpfwort die verletzende Kraft. Zugleich stellen sie sich auf diese Weise moralisch über ihre Beleidiger: Ja, wir sind Nigger, wir sind cool, wir sind *Niggers With Attitude (N.W.A)*. Auch die notorischen XXL-Hosen der HipHops hatten ursprünglich einen Sinn, „der tiefer geht, als mein schritt hängt" *(Blumentopf)*. Man will sich ja nichts zuschulden kommen lassen, sagten sich die Verwalter der überfüllten amerikanischen Gefängnisse. Und da Gürtel, Hosenträger, selbst Schnürsenkel als Waffen verwendet werden könnten, wurden sie den Gefängnisinsassen kurzerhand verboten. Nun gab es eben Gefangene, deren Hosen tief zwischen den Knien hing, Pech gehabt. Auch diese Schikane wurde positiv umgedeutet: Seht her, auch wir hier draußen stehen mit einem Bein schon im Gefängnis, ein nicht bezahlter Strafzettel, einmal zur falschen Zeit am falschen Ort, schon ist es passiert. Aber wir lassen uns nicht unterkriegen, nicht schikanieren, nicht von euch, bloß weil unsere Haut dunkler ist als die eure.

Über die Wollmützen, die die *Beastie Boys* in die Modewelt eingeführt haben sollen, steht dann in *Spiegel Spezial:* „Wir sind mickrig. Wir haben Pickel. Wir sind Idioten, die keine Frauen kriegen. Lasst uns wie Vollidioten aussehen, damit wir ALLE Frauen kriegen." Wirklich komisch. Wer einem aktiven Breakdancer einmal von oben auf den Kopf schauen konnte, der hat sie vielleicht schon gesehen, die Tonsur der wahren HipHop-Brüder, das Headspin-Loch, ebenso wie Hornhaut an den Händen ein untrügliches Zeichen für den Trainingseifer eines B-Boys. Wir sind vielleicht Idioten, wenn ihr es sagt, und wir drehen uns so lange auf dem Kopf um unsere eigene Achse, bis wir alle Sorgen vergessen haben, bis ihr uns endlich wahrnehmt. Und dafür brauchen wir Mützen.

„terror of the streets"

Mythos Streetwear *(SV)*

In einem *Spiegel*-Essay (in „Pop & Politik") beschreibt der Rapper *Ice T* aus Los Angeles seine ersten Erfahrungen mit der Polizei: Der Mutter eines Freundes war das Autoradio gestohlen worden, also hatte sie die Polizei gerufen: *Ice T* und ein paar andere Jungs standen gerade vor dem Haus, als die Beamten vom LAPD ankamen. Die Polizisten sprangen mit entsicherten Waffen aus dem Wagen, zwangen alle, sich flach auf den Boden zu legen, Gesicht in den Dreck, alle viere weit von sich gestreckt. Einzeln wurden sie durchsucht. Die Mutter kam aus dem Haus, kreischte, das ist mein Sohn – halt 's Maul und geh zurück ins Haus ... An diesem Abend ist weiter nichts passiert, aber so kommt eine Situation zur anderen und die Kids lernen schnell: „Im Getto ist der Cop der Hundefänger, da gibt es kein Entrinnen. Also versteck dich vor ihm, beiß ihn, schieß auf ihn, aber komm nie auf die Idee, dass du dich mit ihm unterhalten könntest" *(Ice T)*.

Mit Kapuzenpullis kann man schnell sein Gesicht verbergen, dunkle Jacken bieten Schutz in der Nacht, weite Klamotten sorgen für die nötige Bewegungsfreiheit, Turnschuhe sowieso. Das Material muss robust sein, dass es nicht am nächsten Zaun schon zerreißt. Streetwear ist keine Mode, Streetwear ist Funktionskleidung, die Art Klamotten, mit der man im Getto am besten zurechtkommt, auf der Flucht vor der Polizei oder verfeindeten Gangs. Und für Sprüher und B-Boys war diese Art Kleidung ideal.

Mit der Verbreitung der HipHop-Kultur fand diese Streetwear dann den Weg in die Szeneläden und wird dort nun zu horrenden Preisen an die modebewusste HipHop-Klientel aus dem Mittelstand verkauft. Sogar die Deutsche Bahn AG verkauft inzwischen unter ihrem neuen Label *Deiner* Streetwear. Das ist bestimmt der neueste Kick für Sprüher, Züge bomben in DB-Klamotten, ein *Deiner*-Shirt mit Backpiece. Die Dortmunder Writer-Szene hat sich ja schon in den Achtzigerjahren einen Spaß daraus gemacht, in Bahnarbeiteranzügen auf den Jams zu erscheinen.

Wer nun aber glaubt, irgendeiner von den Jungs würde mit offenen Schnürsenkeln durchs Getto schlurfen wie manch verblendeter Jugendliche durch hiesige Fußgängerzonen ... Ja, die Schnürsenkel sind offen, aber in die Schuhe der amerikanischen Vorbilder sind Gummibänder eingenäht, die sitzen also fest am Fuß. Die erste HipHop-Generation in Deutschland wusste so etwas noch, aber irgendwann scheint dieses Wissen verloren gegangen zu sein. Die Schnürsenkel waren also eigentlich nicht mehr notwendig und damit frei verfügbar als Gruppensymbol, *Crips* blau, *Bloods* rot, wie der Name schon sagt.

„torch öffnet das tor"

Rap in deutscher Sprache *(LJ)*

Wer heute in der HipHop-Szene als Rapper Respekt ernten will, der muss sich in der Disziplin Freestyle auskennen. Das heißt, er muss das spontane Improvisieren von Reimen beherrschen. Rapper wie *MC René, Lenny* oder *Samy Deluxe* waren lange, bevor sie durch Plattenveröffentlichungen einem größeren Publikum bekannt wurden, innerhalb der Szene als Freestyler berühmt und berüchtigt. Ohne Freestyle ist Rap nicht mehr denkbar; auf den Konzerten oder Partys stehen viele Gruppen abseits, die sich zu Handclaps oder Beatbox-Freestyle-Battles liefern. Auf Konzerten werden Freestyle-Contests veranstaltet und dreizehn-, vierzehnjährige Kids jonglieren mit improvisierten Reimen, dass man aus dem Staunen nicht mehr herauskommt.

In vielen Fällen ist es schwer, zurückzuverfolgen, wer eine bestimmte Sache zum ersten Mal gemacht hat, wer einen bestimmten Style erfand, prägte und verbreitete. Doch in Sachen Freestyle liegen die Fakten relativ klar. Wenn *Torch* rappt „ich hab das freestylereimen eingeführt und zwar schon vor jahren", dann ist das keine Hochstapelei, sondern Tatsache. Denn es gab lange Zeit keinen MC, der mit einer vergleichbaren Konstanz, Kontinuität und Ausdauer auf Jams in deutscher Sprache gefreestylt hat und damit eine ganze Generation von Rappern beeinflusste.

Der Rapper *Doppel L* von der *Königsdorf Posse,* einer legendären Kölner Freestyle-Gruppe, erinnert sich lebhaft an die erste Begegnung mit *Torch*. „Ich habe 1992 angefangen, Texte zu schreiben, aber das hat mich nicht richtig befriedigt und ich muss sagen, als ich *Torch* zum ersten Mal gesehen habe, war das eine ziemliche Inspiration", erzählt er, „ich fand das, was er gekickt hat, geil und vor allem hat mich die Energie, die dabei rüberkam, beeindruckt. Es ist ihm gelungen, die Leute direkt anzusprechen und mitzureißen. Wenn du so etwas kannst, dann bist du wirklich flexibel auf der Bühne, und wenn du etwas sagen willst, dann tust du es einfach. Sagt dann jemand was dagegen, gehst du einfach darauf ein. Du bist immer dabei und kannst sofort reagieren."

Toni L, Rap-Partner und guter Freund von *Torch,* beschreibt, wie *Torch* zum ersten Mal auf einer Jam auf Deutsch improvisierte, vorher war ja nur auf Englisch gerappt worden: „Wir haben damals zwischen unseren Stücken mit dem Publikum immer auf Deutsch geredet und irgendwann hat *Torch* angefangen, so auf Deutsch einen Freestyle zu kicken, einfach so aus Scheiß, ohne dass wir es jetzt irgendwie abgesprochen hätten. Und dann hat man gemerkt, wie auch das Publikum reagiert hat, viele hatten richtig Freude, auf einmal zu verstehen, was abgeht, und dann hast du halt losgelegt und hast die Leute direkt ansprechen können."

Auf die Frage, wie er auf die Idee kam, in deutscher Sprache zu freestylen, runzelt *Torch* die Stirn und holt weit aus: „Zuerst einmal habe ich das Mikro in die Hand gekriegt, weil ich es mir genommen habe. Meiner Meinung nach auch heute noch die einzige Möglichkeit", fügt er hinzu. „Ich habe angefangen, auf Deutsch zu reimen, aber ich hatte keinen richtigen Text und habe nur gefreestylt. Wir waren viel mit *Advanced Chemistry* unterwegs, da hatten wir noch englische Texte. Dazu muss man sagen, dass meine Geschichte und die von *Advanced Chemistry* zum Teil parallel läuft, ich aber oft auch allein unterwegs war, um zum Beispiel in irgendeiner Stadt mit irgendwelchen Typen Graffiti zu malen, und ich da die ganze Zeit auch rumgefreestylt habe. Ich habe – wie Helge Schneider auch – versucht, die Pausen zu überbrücken, und außerdem konnte ich nicht richtig Englisch. Es fällt mir schwer, das alles chronologisch zu ordnen. Oft war es zum Beispiel auch so, dass ich irgendwo hinkam und keine Kohle mehr hatte und an der Kasse meinte: Okay, ich reim euch was und ihr lasst mich umsonst rein dafür. Dann hast du denen an der Tür eine Kostprobe gegeben und die meinten: Ja, super, komm rein. Das mache ich aber heute auch noch so.

Irgendwann kannte dann jeder *Torch* und *Advanced Chemistry,* wobei es natürlich auch viele andere Gruppen und Rapper gab, die innerhalb der Szene jeder kannte. Ich habe Ende 1987 angefangen, auch auf Deutsch zu rappen, aber es ist schwer, das genau festzumachen, weil das ein fließender Übergang war. Wenn ich irgendwo hinkam, wo Menschen sind und da war nichts los, hat mich das immer gestört. Es musste immer was passieren. Wir haben früher immer mit den Amis gereimt und die haben auch oft improvisiert. Das war auch nichts Besonderes, sondern völlig normal. Wir haben auch gegen die gebattlet, aber improvisierend gegen die zu battlen war natürlich schwierig. Die hatten auch Texte, aber mich hat vor allem fasziniert, wenn sie improvisiert und situationsbezogen gereimt haben. Ich habe, als ich auf Deutsch zu reimen begonnen habe, nur improvisiert. Erst irgend-

 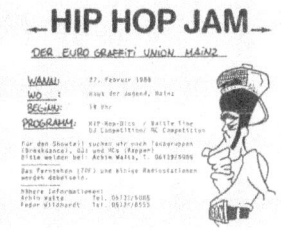

wann, so um 1988, hatte ich mal einen deutschen Text, den ich auf den Partys auch oft gebracht habe und an den sich auch heute noch viele Leute erinnern können. Erst als ich diesen geschriebenen Text gebracht habe, hat es bei den Leuten richtig gefunkt und die haben gerafft: Hey, der rappt ja! Vorher war das einfach so sehr improvisiert, dass Leute, die weder improvisierten Rap noch geschriebenen Rap auf Deutsch kannten, nicht gerafft haben, dass das überhaupt Rap war. Die fanden das Improvisieren alle total witzig, haben aber nicht realisieren können, was da eigentlich abgeht. Es hat zwar innerhalb der Szene auch schnell jeder mitgekriegt, dass ich da was mache, aber die Hauptzeit habe ich eigentlich in der Schule, in der Straßenbahn und vor irgendwelchen Nicht-HipHops gerappt und da hat es auch viel mehr Spaß gemacht, weil es für die viel mehr ein Phänomen war. Ich habe auch geübt wie ein Idiot, weil es für mich faszinierend war, zu sehen: Was geht da? Was kann ich? Das Freestylen kam immer an wie eine Bombe, die Leute waren fasziniert, geflasht.

Es war nicht dieses typische Rappen nach dem Motto: Achtung, jetzt rapp ich. Es war eher so, wie der Typ bei *Police Academy* Beatbox gemacht hat. Das war keine richtige Human Beatbox. Es war bei mir so, dass ich vom Lehrer was gefragt wurde und ihm in einem Reim geantwortet habe. Oder man hat mich gefragt: Was willste denn mal werden? Und ich: Der beste Rapper auf Erden. Es war zuerst eine große Klappe und ich hab dann in alle Richtungen losgelegt. Ich fand auch die deutsche Sprache immer cool und habe sonst immer nur gehört: Deutsch ist Scheiße. Das habe ich nie so empfunden. Ich finde Deutsch als Sprache super, damit kannst du so viel machen. Ich bin auch der Meinung, dass das nicht eine Sache der Sprache ist, sondern die des Sprechenden, was der damit macht und wie weit der damit überhaupt gehen will, inwieweit er sie zu einem anderen Zweck als nur zur Informationsvermittlung nutzen will und so weiter. Letztendlich sind das nur Schallwellen, die du formst. Ich war in der HipHop-Szene sehr, sehr lange der Einzige, der auf Deutsch gefreestylt hat."

„mr. chuck / überraschung gelungen, ich glaub mich trifft 'n truck"

Das Jahr 1988 (LJ)

Neben der Old School, die sich in den Jahren 1987/88 formierte, gab es in vielen anderen Städten Deutschlands Leute, die Anfang der Achtziger vor allem über die Musik, über *Sugarhill Gang, Grandmaster Flash* oder *Afrika Bambaataa,* zu leidenschaftlichen HipHop-Fans geworden waren, die aber nach der Flaute 1985 keine Kontakte zu anderen Aktiven mehr hatten und lange Zeit allein oder in kleinem Kreis ausharrten und auf bessere Zeiten hofften. In kleineren Städten konnte es leicht passieren, dass man bis Ende der Achtzigerjahre so gut wie nichts von dem mitbekam, was sich in anderen Städten abspielte. Es blieb einem nichts anderes übrig, als für sich im stillen Kämmerlein oder mit zwei, drei Gleichgesinnten sein Ding zu verfolgen, Lyrics zu verfassen, Mixtapes aufzunehmen und auf B-Seiten-Instrumentals diverser Rap-Maxisingles erste Gehversuche in Sachen Rap-Style zu wagen. Was natürlich fehlte, war die Möglichkeit, sich in der Battle mit anderen zu vergleichen und überhaupt seine Sachen einem interessierten Publikum zu offenbaren. „Man war dazu verdammt, die Zimmerflak aufzustellen und im Geist die Decke wegzuballern", wie *Feridun Zaimoglu* seine ersten Home-Experimente in Sachen Rap beschreibt. Diese Situation änderte sich erst im Jahr 1988, als eine Fülle innovativer Rap-Platten auf den Markt kam.

Bei der Erinnerung an diese Zeit gerät *Torch* ins Schwärmen. „1988 war das Superjahr", sagt er, „wer 1988 keinen HipHop gehört hat, mit dem habe ich mich erst gar nicht an einen Tisch gesetzt. Da hast du alles gehabt. Es gab Leute, die nur mit Drum-Computern gearbeitet haben, es gab Gruppen, die nur mit Instrumenten gespielt haben, die einen haben gerappt, die anderen auch gesungen, das war so vielseitig. Jede Platte, die man sich gekauft hat, hat sich völlig anders angehört. Du konntest das gar nicht an der Musikart festmachen. Natürlich hattest du die Basics, aber die Basics der Old School sind ja auch kunterbunter Kram."

Mit *Public Enemy* betrat eine Gruppe die Bühne, die bei vielen wie eine Bombe einschlug. Die harten Noise-Sounds, die straighte Stimme von *Chuck D,* die keinen Zweifel daran ließ, dass *Public Enemy* es verdammt ernst meinen, der durchgeknallte *Flavour Flav* und die plötzliche Wiederkehr einer radikal-politischen Black-Panthers-Symbolik – all diese Faktoren führten dazu, dass sich viele wieder gespannt HipHop zuwandten. „*Public Enemy* waren die absolute Härte", erzählt *DJ Zonic,* „als wir das zum ersten Mal hörten, haben wir uns nur gedacht: Alles klar, jetzt geht die Welt unter." Auch *Sven Franzisko* aus Flensburg, der 1993 zusammen mit *DJ Koze, Stachi* und *Cosmic DJ* die Rap-Gruppe *Fischmob* gründete, erinnert sich lebhaft an die erste *Public Enemy*-Platte. „Bei der ‚Yo! Bum Rush The Show' dachte ich nur: Wahnsinn! Das war so massiv und kraftvoll. Für mich war das auch deshalb ein Schlüsselerlebnis, weil plötzlich die Musik und die Inhalte noch viel besser in mein Weltbild passten als die Musik davor. Mit *PE* kamen plötzlich krasse politische Statements [„fight the power / we got to fight the powers that be" oder „elvis was a hero to most / but he never meant a shit to me, you see / straight up racist that sucker was simple and plain / motherfuck him and john wayne / cause i'm black and i'm proud / i'm ready and hyped plus i'm amped"], die ich nicht immer unterschreiben konnte und wollte, aber da habe ich gemerkt: Meine Fresse, da ist ja noch was offen! Und dann war ich auch wieder richtig dabei. Das war so der Kick, diese Durststrecke durchgestanden zu haben und jetzt aber wieder richtig loszulegen."

Um 1988/89 gab es nach dem großen Rap-Boom, der parallel zur Breakdance-Euphorie verlaufen war, eine Rap-Renaissance, die auch in Deutschland einiges in Bewegung brachte. In Flensburg zum Beispiel formierten sich zwei Crews, eine um *DJ Koze* und seine Band *Daily Opressors,* eine zweite um *Cosmic DJ:* „Die *Koze*-Leute hatten immer so Tarnklamotten an und Sonnenbrillen auf, *PE*-mäßig eben", erinnert sich *Sven,* „wir waren insgesamt etwas hippiemäßiger drauf und auf den Partys gab es dann natürlich Fans von beiden Fraktionen. Wer nun die meisten Leute mitgebracht hatte beziehungsweise auf der Party auf seine Seite ziehen konnte, bestimmte, ob harter *PE*-Sound lief oder eher *De La Soul* oder *A Tribe Called Quest"* – auch eine Form von Battle.

„Es war wieder richtig was los, und die Möglichkeiten, sich in die Quere zu kommen, standen nicht schlecht. Denn die Locations, in denen man HipHop zu hören bekam oder gar die Möglichkeit hatte, selbst aufzutreten, waren immer noch spärlich gesät. So kam es manchmal zu groben Missverständnissen, wenn zum Beispiel Gruppen zusammen auf der Bühne standen, die unter anderen Umständen wahrscheinlich nicht zusammen gespielt hätten. In meinem ersten Jahr in Hamburg sind wir auf einer Jam gewesen und haben fast von den *Ghetto Kings* aufs Maul gekriegt", erzählt *Sven,* „das war damals in Hamburg die größte Gang und die trugen immer so weiß-schwarz karierte Holzfällerjacken. Auf der Jam hat auch eine Frau von denen gerappt, *Big Foot* hieß die, die war eigentlich ganz gut. Und nachdem die fertig war, kamen wir, und schon aus diesem Grund konnten uns die *Ghetto Kings* natürlich nur Scheiße finden. Ich muss dazusagen, dass wir wirklich auch ganz andere Sachen gemacht haben. Die standen mehr so auf Hip-House und wir eher auf slowere Sachen. Eine Textzeile von uns lautete dann auch noch: hip-house suckers and hiphop sellout / you think it is okay – get the hell out. Da flogen dann auch schon die ersten Bierflaschen und danach mussten wir ziemlich schnell laufen."

„we give a fuck what language, die leute verstehen mich"

Underground-HipHop in Europa (LJ)

Bald zeigte sich, dass die neue Vielfalt nicht nur einige HipHops aus dem Winterschlaf geweckt hatte, sondern jede Menge neue Leute dazustießen. Parallel dazu wuchs auch die Old School – vor allem durch Kontakte nach Frankreich, Holland, England, Italien und in die Schweiz. Schon auf der Jam im Haus der Jugend in Mainz 1988 waren DJs und Rapper aus den Nachbarländern mit von der Partie gewesen. Und auf den darauf folgenden Events hörte man neben englischen Lyrics vor allem französischen Rap. Die Breaker hatten ja schon Mitte der Achtzigerjahre Kontakte in andere europäische Länder. Jetzt wurden immer öfter Rap-Gruppen aus Frankreich, England oder Holland eingeladen. Die Jams wurden größer und größer und bekamen den Charakter internationaler Festivals. Mehrere tausend Besucher waren keine Seltenheit und die Leute kamen nicht nur, um die Rapper zu beklatschen, sondern vor allem wegen des alten Jam-Spirits, der ganz unerwartet und jenseits des Mainstreams eine magische Attraktivität bekam.

HipHop war zu diesem Zeitpunkt noch nicht von den großen Plattenfirmen entdeckt worden und zur Überraschung der Meisten auf dem Weg zu einer großen Bewegung, die sich selbst im Griff hatte. „1990 war Underground-HipHop in Europa schon so groß, dass du zwei- bis dreitausend Leute im Saal hattest, die fett Eintritt zahlten und die Gruppen sehen wollten, die alle keine Platte draußen hatten", beschreibt *Torch* die Situation. „Das war richtig fett und schön und groß. Da gab es Festivals in Schwabing, Hofbräuhaus – rammelvoll! Riesen Graffiti-Action, Riesenshows und alles ‚No-names', wenn du so willst. Das war wie ein Paralleluniversum, weil die HipHop-Szene parallel zum tatsächlichen Pop-Geschehen lief, immer größer wurde, immer wichtiger wurde, immer mehr Leute gezogen hat, immer mehr Fans hatte, und zwar ohne dass irgendjemand eine Platte oder sonst was gehabt hätte. Das war richtig

Echte B-Boys tanzen auch mit Krücken

spannend. Wir sind damals mit Kassetten aufgetreten und die Leute sind ausgerastet, rumgehopst und durchgedreht. Da war alles – Typen, die aus dem Publikum rausgesprungen sind und Feuer gespuckt haben, andere haben Stagediving gemacht, das war unglaublich, da hast du dich nur noch gefragt: Was läuft hier eigentlich? Die europäische Szene war wirklich geil zu der Zeit. Wir sind mit *IAM* aufgetreten, mit *Little MCs,* mit *Gunshot, HiJack,* mit den ganzen Engländern. Die waren ja auch nicht älter als wir und in Deutschland auch nicht weitaus bekannter. Mit einem Mal hattest du Leute aus Paris da, Leute aus Italien. Es war plötzlich größer."

1988 bis 1991, das waren die goldenen Zeiten, eine kurze Periode, in der alles möglich war und keiner wusste, in welche Richtung es weitergehen würde. Ein kunterbunter Haufen, die Palette reichte von professionellen Acts wie *N-Factor* aus Bielefeld, die schon früh Platten veröffentlichten und sich ein eigenes Publikum erspielten, über die Old-School-Rapper von *Advanced Chemistry, LSD* und die *Rude Poets,* die mit „Eh paar Biersche" einen lokalen Hit im Kölner Raum hatten, bis hin zu experimentierfreudigen Projekten wie *Exponential Enjoyment,* denen unter anderen *Mola* und *Ade* (damals noch *Duke T*) angehörten.

Mit dem Erfolg von *HiJack* und später *Gunshot* entstand auch in Deutschland, vor allem im Norden, eine innovative Britcore-Szene, an die sich heute die wenigsten erinnern. Namen wie *No Remorze* oder *Ready Kill*, die von den Writern *Daim* und *Hesh* in einem aufwändigen Graffito in Hamburg verewigt wurden, werden einigen noch ein Begriff sein, aber die Jungs von *Hamburg 90* – eine sympathische Posse, die ihre Sachen ausschließlich auf Kassetten und per Mailorder vertrieben – dürfte kaum mehr einer kennen. Bekannt waren die *Hamburg 90*-Leute vor allem dafür, dass sie auf Jams und Konzerten grundsätzlich mit ihrem gesamten Fantross auftauchten. Für solche Touren wurde ein Bus gechartert, jeder zahlte einen Unkostenbeitrag und dann ging es mit sechzig Leuten los zu einer Jam nach Österreich, in die Schweiz oder sonst wohin.

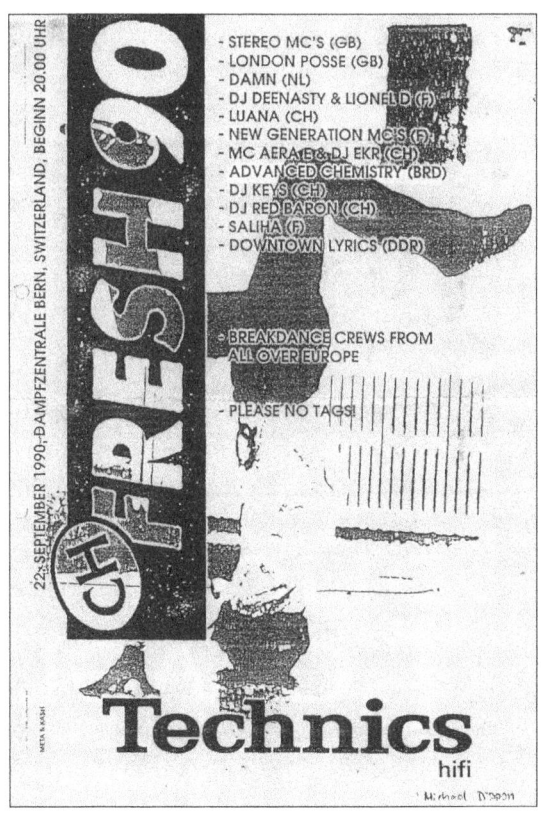

„ich bin wie ein windhund / komm geschwind und ..."

Ma, *HipHop in Bremen* (SV)

1982/83, also noch vor der großen Breakdance-Welle, hat „matthias mein name, ma mein titel" zum ersten Mal Rapmusik gehört, einen Sampler mit *Grandmaster Flash & The Furious Five, Funky Four Plus One More, Trecherous Three* und anderen Gruppen der amerikanischen Old School. 1984 dann Breakdance in der Fußgängerzone und 1985 war er dann sogar froh, dass der Trend wieder vorbei war. Außerdem kamen gerade, als die Mode am Abflauen war, einfach gute Platten raus, die erste *LL Cool J, Roxanne Shanté, Run DMC,* da hat das Breaken einfach wieder Spaß gemacht.

1986 hat er dann mit seinen Freunden die erste Jam in Bremen organisiert. Der Termin wurde über *Dr. Noxx* bekannt gegeben, die einzige Show bei Radio Bremen, die auch Rapmusik spielte. „Es kamen über vierhundert Leute aus dem Umkreis, *Swift* und *Storm* von der *Battle Squad* waren da, auch die Jungs aus Bremerhaven, *DJ Stylewarz, Dee One,* obwohl da am Anfang eine große Rivalität bestand zwischen Bremen und Bremerhaven. Wie das früher eben so war, jeder war der Härteste und wir waren natürlich die allerhärteste Crew. Man hat da nicht wirklich Kontakt aufgenommen miteinander. Ich kann mich noch erinnern, dass ich *Dee One* im Breakdance gebattlet habe. Und das war nicht so eine Battle wie heute, so just for fun, das war eine Battle, und danach ist man sich auch wieder aus dem Weg gegangen. Das war jetzt nicht aggressiv, aber die Rivalität war deutlich zu spüren. Auch innerhalb von Bremen – man wollte nicht unbedingt was miteinander machen, man wollte zunächst einmal besser sein als die anderen, nicht so dieses ‚eine gemeinsame HipHop-Gemeinde' wie heute, wo keiner mehr ein böses Wort sagt. Später sind wir dann Freunde geworden, aber das war erst so 1990/91."

Das ist sowieso eine komische Sache heute, jeder schreibt Battle-Reime, selbst die *Fantastischen Vier,* zum ersten Mal, aber eigentlich ist man doch sehr freundlich zueinander. Jeder ist für sich der Beste und stört sich nicht sonderlich daran, dass andere das auch von sich behaupten. Aber jeder hat eben sein Auskommen, die Möglichkeit, Platten zu pressen, Konzerte zu geben, da ist jeder für sich der Beste und alle zusammen sind es zufrieden. Und man fragt gespannt: Wie lange noch? Irgendwo müssen doch die jungen, aggressiven Rapper sein, denen diese Friede-Freude-Eierkuchen-Schiene auf die Nerven geht. Wo seid ihr? „Das kann doch gar nicht sein", findet auch *Ma,* „dass sich die Leute plötzlich alle verstehen, da muss es doch Ärger geben. Aber den macht man unter sich aus, nicht öffentlich, wie es doch eigentlich mal üblich war im HipHop."

Jedenfalls hat er jeden Tag Musik gehört und jeden Tag mehr verstanden von dem, was ihm die Jungs aus Amerika den lieben langen Tag vorrappten. Dann hat er Texte nachgerappt und irgendwann kam dann die Idee, selber zu rappen. „Ich probier das jetzt einfach mal aus. Ich kann mich noch gut erinnern, als ich meine ersten zehn oder zwölf Zeilen geschrieben hatte, auf Englisch damals noch, da habe ich das niemandem vorgerappt, das wollte ich erst einmal für mich aufnehmen. Und zwar habe ich das so gemacht: Es war eine Single von *Ice T,* ‚Make it funky', da war auf der B-Seite das Instrumental drauf. Damit das anders klingt, habe ich die Platte einfach auf dreiunddreißig statt auf fünfundvierzig Umdrehungen ablaufen lassen. Und dann hatte ich natürlich keine Möglichkeit, das richtig aufzunehmen, also habe ich einen Radiorekorder genommen mit eingebautem Mikrofon und mich damit vor die Box meiner Anlage gestellt. Das Instrumental kam dann also aus der Box und ich habe dazu gerappt. Ich habe dann noch versucht, das mit den Lautstärken einigermaßen abzustimmen, und das war er dann, mein erster Rap. Und alle fanden das richtig geil: Hey, wie hast du das denn gemacht, das ist ja voll gut. Das war die erste Reaktion und sicher ausschlaggebend für mich, zu sagen: Hey, da mache ich jetzt weiter. So war das eben damals, alles war irgendwie improvisiert. Ralf Pauli zum Beispiel, mit dem ich dann später *Lyrical Poetry* gemacht habe, hat zum Beispiel Zehnpfennigstücke auf dem Tonarm seines Plattenspielers festgeklebt, damit ihm die Nadel nicht andauernd sprang beim Scratchen, und sein erstes Mischpult hat er sich noch selbst zusammengebastelt, wie *Grandmaster Flash*."

Bei diesen improvisierten Versuchen sollte es natürlich nicht bleiben. Aber wie kommt man an das nötige Equipment? *Ma* und seine Crew haben sich erkundigt, was man alles braucht an Geräten, um professionell HipHop-Musik produzieren zu können, haben sich ausgerechnet, was das alles kosten würde, und sind dann zur Bank marschiert und wollten einen

Kredit aufnehmen. Da aber keiner von ihnen bisher richtig Geld verdiente, war das gar nicht so einfach. Aber über Bekannte von Bekannten kam das Kreditgeschäft dann doch zustande. Da saßen sie nun mit ihren neuen Geräten und hatten keine Ahnung, wie das alles zusammengehört. „Man kann sich das nicht vorstellen, das Gefühl, zum ersten Mal vor einem Effektgerät zu sitzen, Kopfhörer auf den Ohren, und mit den Sounds zu spielen ... das war die Geburt von *Lyrical Poetry*."

1992 waren sie dann bereits mit *Gang Starr* auf Deutschlandtour, einen Diss gegen die *Fantastischen Vier* mit im Gepäck, genau zur „Die da?"-Zeit. „Die Leute haben mich dann gefragt: Warum disst du die? Ich fand die natürlich nicht besonders gut damals, aber das Schlimmste war eigentlich, dass überall und jeder dich angesprochen hat: Ihr könnt das doch auch ganz gut, macht doch mal so was wie die *Fantastischen Vier*. Das hat uns unheimlich genervt damals. Ohne die zu kennen, hatten wir schon die totale Antipathie gegen die, weil wirklich jeder gesagt hat: Macht doch mal wie die: ‚die ganzen guten ratschläge machen mich zum tier / warum macht ihr es nicht wie die fantastischen vier / weil ich bin der hier, die fantastische eins / die machen ihr ding, und ich mach meins.'"

Ansonsten war das Programm von *Lyrical Poetry* auf dieser Tour komplett auf Englisch, bis auf einen weiteren kleinen Reim, für den *Ma* noch heute bekannt ist: „ich bin wie ein windhund / komm geschwind und / am mikrofon bin ich das goldene kind und / ich bin nicht ganz dicht ..." Und das ist wahrscheinlich der erste erweiterte und gespaltene Reim in der Geschichte des deutschsprachigen Rap. Aber es war der *Fanta 4*-Diss, „plötzlich zu sehen, dass die Leute verstehen, was du sagst, das gab es nicht, wenn ich auf Englisch gerappt habe. Die Leute haben gefeiert, nach uns hat ja dann auch *Gang Starr* gespielt, aber den Leuten in die Augen zu schauen und zu sehen, dass sie dich verstehen, das war ein ganz besonderes Erlebnis. Die Leute hörten einem plötzlich viel aufmerksamer zu. Von da an habe ich nur noch deutsche Texte geschrieben."

„Schon 1986", kann *Ma* sich erinnern, „hat mir irgendein Bremer HipHop einen Text auf Deutsch vorgerappt, einen Text über seine Lehrerin, aber das hat keiner von uns ernst genommen, der Autor selbst auch nicht, das war ein einmaliger Spaß, ohne Folgen. Wen man aber unbedingt erwähnen sollte, ist *Mad Mark*. Er war definitiv der Erste, der hier in Bremen gerappt hat, schon 1983/84, und er ist seit dieser Zeit dabei geblieben. *Mad Mark* ist der Beweis dafür, dass man HipHop sein kann, ohne in der Öffentlichkeit zu stehen, ohne jemals eine Platte zu machen. Wenn

Der Rapper Quick Lyrik, der sich heute Ma nennt

1994 erschien der Sampler Nordseite bei operation 23

man Erfolg hat, ist es einfach, weiterzumachen. Aber *Mad Mark* meint es wirklich ernst. Er rappt seit über fünfzehn Jahren und hat nur ein einziges Lied veröffentlicht, auf dem *Nordseite*-Sampler." Aber auf dem neuen Soloalbum von *Ma* wird wieder ein Stück von *Mad Mark* zu hören sein.

Die große Zeit der Bremer HipHop-Szene beginnt ungefähr 1994. *F.A.B.* waren zu dieser Zeit ohnehin als Support bei den Auftritten von *Lyrical Poetry* dabei. Irgendwann hatten *Ma* und *Dee One* – einer der ersten und besten Writer, die hier in Bremen gesprüht haben, betont *Ma(tthias)* – die Idee, einen Sampler zusammenzustellen, der die Bremer HipHop-Szene repräsentieren sollte. Mit dabei waren unter anderen *Lyrical Poetry, F.A.B., Zentrifugal, FSP* und eben *Mad Mark*. *Nordseite* (1994) ist der erste Sampler, der die Szene einer Stadt präsentiert. Bald darauf folgte mit *Pionier Manöver I* eine Compilation HipHop aus dem Osten. Beide Veröffentlichungen sollten ihre jeweilige Rap-Szene beleben.

Die *Nordseite* fand ihre Fortsetzung in der *Breitseite* (1995), später folgte dann die *Innenseite*. *Vicente Celi*, der an der *Nordseite* zunächst nur als Studiobesitzer und Produzent beteiligt war, übernahm dann das Label *OP 23*, nachdem sich *Lyrical Poetry* wieder ganz auf ihre Musik konzentrieren wollten. In den kommenden drei, vier Jahren wurde *OP 23* zur Anlaufstelle für Bremens HipHop-Szene, *F.A.B., Zentrifugal, Cribb 199* haben hier ihre ersten Stücke herausgebracht, ehe sie den Sprung zu den Majors schafften und schließlich aus Bremen wegzogen. 1995 gab es noch einmal eine große Jam in Bremen, „Fight the Power", mit *Mirko Machine, Marius No. 1, Stylewarz, Toni L, Torch, Scope, F.A.B., Flying Steps* und vielen anderen. *Ma(tthias)* hatte gerade den Kriegsdienst total verweigert und war zu einer Geldstrafe von sechstausend D-Mark verurteilt worden. Die Jam war sein persönliches Benefiz, die Künstler traten ohne Gage auf, für Matthias, damit er seine Strafe abstottern konnte – das war etwas ganz Besonderes. Seitdem aber ist es ruhig geworden in Bremen.

„so viele türken und kurden waren dabei"

Die vergessene Generation (LJ)

Das *Gloria* in Heidelberg zeigte Anfang der Achtzigerjahre jeden Nachmittag um vierzehn Uhr Low-Budget-Filme à la *Godzilla gegen King Kong* oder *Karate-Action* für den Preis von einer Mark. Dort trafen sich die Jugendlichen, auf die nach der Schule niemand mit dem Mittagessen wartete oder deren Wohnstuben so überfüllt waren, dass sich ein Gang nach Hause kaum lohnte. Viele der jungen Kinobesucher waren Kinder aus so genannten Gastarbeiterfamilien. Die Meisten dieser Kids verbrachten ihre Nachmittage auf der Straße oder im Jugendzentrum. Zu Hause war ohnehin wenig Platz und wer hatte schon Lust, den Nachmittag mit den Geschwistern im Zimmer zu sitzen? Da war das *Gloria*-Angebot wie ein Segen, nach der Schule für eine Mark Actionstreifen gucken – das war was! Nach dem Kino trafen sich die aufgekratzten Kids auf der Straße und es kam regelmäßig zu Prügeleien, weil keiner so recht wusste, was mit sich anfangen oder wohin man hätte gehen können. Das war Ende 1982. „Du musst dir vorstellen: eine riesige Meute von Kids mit superviel Energie, die aber nicht wirklich wussten, wo sie hingehören, und die ja auch keine anderen Bezugspersonen hatten, an denen sie sich hätten orientieren können. Tja und dann – bang! – kommt auf einmal Breakdance", erinnert sich *Torch,* der zu dieser Zeit auch ein Fan des *Gloria*-Mittagsprogramms war und hautnah miterlebte, wie HipHop diese Kids ergriff und nicht wieder losließ. „Da war einfach was in der Luft und es war auch klar, dass das denen gehört. Es war einfach näher an einem dran als manches andere. Breakdance hat plötzlich repräsentative Figuren gebracht, die für dich die Helden waren. Das hatte eine gottverdammte Power."

Mit Breakdance gab es eine Perspektive, HipHop bot die Möglichkeit, sich auszudrücken. Und Herkunft oder Status spielten hier keine Rolle. „Natürlich, jeder hat gebreakt", erinnert sich *Torch,* „aber die Frage ist: Wie sehr hast du das an dich rangelassen? Für diese Leute war das fast schon so was wie eine musikalische oder kulturelle Rettung. Denn für die war nichts vorgesehen und irgendeine Nebenrolle in irgendwelchen gut funktionierenden kulturellen Situationen einzunehmen ist nicht so befriedigend, wie sagen zu können: Jetzt hab ich mein Scheißding!" Die Begeisterung unter den Migrantenjugendlichen für die neue Kultur war so groß, dass viele ihrer bisherigen Freunde sie nicht mehr verstehen konnten. *Tachi* (früher bei *Fresh Familee,* heute *Jazzkantine* und solo) wuchs in Ratingen bei Düsseldorf auf. Er erinnert sich, dass er bis 1983 ausschließlich deutsche Freunde hatte: „Wir waren Prolls, haben Bier gesoffen und ‚Fortuna' gegrölt." Als Breakdance kam, hatte *Tachi* plötzlich fast nur noch „ausländische" Freunde, die wie er von HipHop begeistert waren und gemeinsam trainierten. „Von meinen ehemaligen deutschen Kumpels kenne ich keinen, der da mitgezogen ist, das waren alles Marokkaner, Jugoslawen, Griechen oder Türken." In seinem Song „Eski okul" erinnert *Boulevard Bou* an die Zeit, „als dieser tanz aus den gettos der usa / europa nach und nach in besitz nahm / auch in die hintersten ecken deutschlands kam / sprach er auch viele türken und kurden an / denn man wurde bewertet nach dem, was man kann".

Als HipHop nach der großen Breakdance-Mode Mitte der Achtzigerjahre wieder in der Bedeutungslosigkeit verschwand, fanden einige den Weg in die Old School und bauten in den späten Achtzigerjahren die HipHop-Szene mit auf. Daneben bildeten sich jedoch in den Jugendzentren und auf Partys im regionalen Rahmen parallele Szenen, die zur Alten Schule nur wenig Kontakt hatten. Dies sollte später zu groben Missverständnissen führen: „Da wurde uns vorgeworfen, wir wären damals nie auf Jams gewesen", empört sich *Tachi*. „Ich war auf der ersten NRW-Jam! Was soll ich nach Mainz fahren, dafür hatte ich keine Kohle und mitgekriegt hast du das auch nicht. Ich kannte superfrüh alle wichtigen HipHops aus meiner Umgebung, Krefeld, Essen, Oberhausen, und dann erzählt mir jemand aus Heidelberg Jahre später, wir seien nicht real, weil wir nicht auf Jams waren."

Die sozialen und familiären Verhältnisse der HipHops waren sehr unterschiedlich. Das führte dazu, dass viele die Reisekultur, das für die Old School so charakteristische Tramperticket-Dasein, nicht leben konnten: „Die Meisten von uns sind mit vier oder fünf Geschwistern groß geworden", erinnert sich *Ade* an jene Zeit. „Wir mussten uns durchschlagen, wir konnten es uns überhaupt nicht leisten, auf jede Jam zu fahren! Woher das Geld? Ich sage immer: Das waren die reichen Kids, die auf den Jams waren. Bei der Kohle, die wir monatlich von unseren Eltern bekamen, konnten wir uns so eine Bahnfahrt überhaupt nicht leisten. Wir konnten uns vielleicht zwei-, dreimal im Jahr mit *Advanced Chemistry* treffen, wenn überhaupt, aber das waren dann auch sehr intensive Treffen."

Die Entwicklung von *Fresh Familee* zeigt dieses Missverständnis besonders deutlich. HipHop spielte sich für *Tachi, Suli, Higgi* und viele andere aus Ratingen vor allem im lokalen Jugendzentrum oder auf Partys in benachbarten Städten ab. Nach einer intensiven Graffiti-Phase fingen sie 1987/88 an, auf die B-Seiten amerikanischer Maxisingles zu rappen, nahmen erste Tapes auf und präsentierten sie stolz ihren Freunden auf der Straße. Als die nicht glauben konnten, dass das ihre eigenen Raps waren, wollte es die *Fresh Familee* allen beweisen. Mehr und mehr widmeten sie sich ihrer Musik. Der Song, der *Fresh Familee* bald darauf bekannt machen sollte, war „Ahmed Gündüz". Viele HipHops kennen *Tachi* allein durch diesen Song und er ist auch heute noch der wichtigste Titel der Gruppe. „Ahmed Gündüz" ist der erste deutschsprachige Rap auf Schallplatte, aufgenommen und veröffentlicht noch vor dem ersten Album der *Fantastischen Vier*. *Tachi* nimmt im ersten Teil des Texts die Perspektive seiner Elterngeneration ein und schildert aus der Sicht eines „Gastarbeiters" dessen Erfahrungen mit Deutschland.

> mein name is ahmed gündüz, lass mich erzählen euch
> du muss schon zuhören, ich kann nix sehr viel deutsch
> komm von der türkei, swei Jahre her
> und ich viel gefreut, doch lebene hier is schwer
> auf arbeit chef mir sagen kanake, hey wie geht's?
> ich sag dann hadi siktir lan doch arschloch nix versteht
> mein sohn gehen schule, kann schreiben jez
> doch lehrer ist ein schwein, er gibt ihm immer sechs
> gestern ich komm von arbeit und sitzen in der bahn
> da kommt ein besoffene mann und setzt sich nebenan
> der mann sagt öff, du nach knoblauch stinken
> ich sagen ach, egal, du stinken von trinken!
> (*Fresh Familee*, Coming from Ratinga, 1991)

Im zweiten Teil des Rap flowt *Tachi* dann in sauberstem Hochdeutsch und ruft zu Versöhnung und Solidarität auf: „gib mit deine hand und lass uns leben friedlich." Bei vielen, die diesen Song zum ersten Mal hörten, löste er spontane Begeisterung aus. Da wurde etwas auf einfache, sympathische Art gerappt, und zwar auf Deutsch, von jemandem, den die meisten Deutschen als „Ausländer" wahrnahmen. Deutschsprachiger Rap ist also keine „deutsche" Erfindung, schon gar nicht die der *Fantastischen Vier*. Mit großem Selbstbewusstsein schildert *Tachi* den ganz alltäglichen Rassismus, wie ihn viele ertragen müssen. *Tachi* leiht der Generation seiner Eltern die Stimme, die nie eine Stimme hatte. Er hebt den Gastarbeiter für einen Moment zurück in die Sichtbarkeit und lässt ihn auf die dummen Sprüche seiner Umgebung trotzig reagieren. *Tachi* kann sagen, wie er sich eine andere Gesellschaft vorstellt, und er kann es mit Nachdruck und Überzeugung sagen. Er kann es rappen, weil er mit HipHop eine Form gefunden hat, die ihn kraftvoll und sichtbar macht.

„anfangs hab ich mich gefreut, doch schnell hab ich's bereut"

HipHop und Wiedervereinigung (LJ)

Welche Folgen die Wiedervereinigung für die Entwicklung von HipHop in Deutschland hatte, ist nicht leicht zu beantworten und es ist kaum möglich, hier ein allgemein gültiges Urteil zu fällen. Jedoch sind einige Phänomene, die zu Beginn der Neunzigerjahre im HipHop auftauchten, nur zu verstehen, wenn man die Auswirkungen des Mauerfalls am 9. November 1989 im Auge behält.

Tachi, der sich damals weder für die DDR noch für einen möglichen Zusammenschluss der beiden deutschen Staaten interessierte, wurde sich der Wiedervereinigung erst bewusst, als sich unter seinen deutschen Arbeitskollegen im Lager eines Supermarkts plötzlich ein nationalistischer Hochmut breit machte: „Nach der Wiedervereinigung haben dann viele Leute darüber geredet", erinnert er sich, „Arbeitskollegen zum Beispiel, die ein bisschen hohl waren, die meinten plötzlich: Ja, endlich mal wieder ein Großdeutschland. Da kam einiges an Nationalismus auf. Von vielen Leuten hast du Witze und Anekdoten darüber gehört, dass Deutschland ja jetzt wieder eine große Macht sei und loslegen könnte." Das Land erlebte einen Stimmungswechsel, der sich auf verschiedenen Ebenen auswirkte. In der Politik sprach man von der „neuen Normalität", am Stammtisch waren die Worte schon deutlicher. Eine Fülle diskriminierender Wortschöpfungen tauchte in den Medien auf: „Asylantenflut", „Flüchtlingsschwemme", „Einwanderungswelle", „Asylschmarotzer", „Scheinasylant", „Wirtschaftsflüchtling" und so weiter – Wörter, die das Verhalten des rassistischen Mobs nachträglich entschuldigten. „in der öffentlichkeit ging nun die debatte los / und der konsens war ganz erstaunlich groß / betroffen war man immerhin da und dort / doch der grund dafür war seltsam absurd / dem befinden des inländers galt diese sorge / und was aus dem ruf unserer wirtschaft wird ...", brachten *Eric IQ Gray, Easy Business* und die *Goldenen Zitronen* die Stimmung 1993 auf den Punkt.

Innerhalb der HipHop-Szene schlug sich diese Entwicklung in den Texten vieler Rap-Gruppen nieder. Auch wenn vereinzelt eindeutige Äußerungen fielen – „wenn es drauf ankommt, kämpfe ich auge um auge, zahn um zahn" *(Torch);* „one racist, one bullet" *(Duke T)* –, zeigte sich bald, dass die wenigsten Rapper über seichte Statements wie „Rassismus ist blöd" oder „Halt, keine Gewalt" hinauskamen. Diese oberflächliche Auseinandersetzung führte auch dazu, dass sich viele Gruppen auf fragwürdige Mainstream-Projekte einließen. Ein gutes Beispiel für solch eine misslungene Kooperation ist ein Sampler des Magazins *Prinz* (1993): eine Compilation von dreiundzwanzig Rap-Bands aus Deutschland. Der Titel des Samplers wirkt in Anbetracht der steigenden Zahl von Opfern rassistischer Gewalt fast sarkastisch: *HipHop Hurra. Rap gegen Rechts.* Im Booklet des Samplers wird klar, dass die Initiatoren sich nicht so sehr für eine antirassistische Jugendbewegung einsetzen, als sich vielmehr selbst als Trendscouts darstellen wollen. So bezieht sich die gesamte erste Seite des Begleithefts nicht etwa auf die Solingen-Morde, die gerade einmal einen Monat zurücklagen, sondern plaudert unbefangen von der besonderen Rolle, die *Prinz* bei der Entdeckung von HipHop aus Deutschland zukommt: „HipHop aus Deutschland war für Prinz schon immer ein Thema: Die Fantastischen Vier wurden erstmals von Prinz Stuttgart einer breiteren Öffentlichkeit vorgestellt", lautet der erste Satz und vier Zeilen später proklamiert man stolz: „Die Zeiten, in denen Deutschrap mit arrogantem Naserümpfen getadelt wurde, sind definitiv vorbei. Und musikalisch haben heimische Produktionen längst internationales Niveau erreicht." Das ernsthafte Anliegen der Interpreten wurde durch diese Präsentation in einen Kontext gestellt, mit dem viele nichts zu tun haben wollten.

„punkt eins, ich bin kein multikulti irgendwas"

Die Multikulti-Falle (LJ)

Die steigende Zahl der Opfer rassistischer Gewalt führte dazu, dass die Medien Ausschau hielten nach Projekten, in denen „Deutsche" und „Ausländer" zusammenwirkten. Bald geriet auch die *Fresh Familee* in ihr Blickfeld und wurde von den Medien als Aushängeschild eines „friedlichen Miteinanders verschiedener Kulturen" in Reportagen und Interviews dargestellt. „Dass wir eine multikulturelle Truppe sind, haben uns die Medien gesagt. Wir haben das gar nicht bemerkt", erinnert sich *Tachi* und macht damit den Charakter des Multikulti-Projekts als mediale Inszenierung deutlich.

Was auf den ersten Blick fortschrittlich erschien, entpuppte sich bei genauerem Hinsehen als zweischneidige Angelegenheit. Der Multikulti-Fan kannte nur den „guten Ausländer", der im besten Fall noch kreativ ist. HipHop bot sich da an und die meisten Sozialarbeiter sahen in ihren rappenden oder breakenden Schützlingen die Erfüllung eines alten Traums: kreative statt kriminelle Kids. Gestaltende statt gewalttätige Gören. Schnell wurden Rap-Bands wie *Fresh Familee* oder *T.C.A.* auf den Präsentierteller gehoben. Man kann den Gruppen daraus keinen Vorwurf machen, da es schwierig ist, solche Mechanismen rechtzeitig zu durchschauen, wenn man selbst nicht den nötigen Abstand hat. Im Rückblick auf diese Phase fällt dies leichter: „Bei uns hieß das: Ihr seid *Fresh Familee*, ihr seid Kanaken", erinnert sich *Tachi*, „ihr kommt ausm Getto, ihr macht HipHop in deutscher Sprache – erzählt eure Probleme! Das lief, als die politische Lage so war, dass sich alle dafür interessierten. Und das Thema war wieder vom Tisch, als keine Asylantenheime mehr gebrannt haben. Da kam plötzlich auch die Plattenfirma und meinte: Hm, ja, wir müssen jetzt mal schauen, ob wir nicht einen etwas anderen Weg gehen. Wir wollten sowieso auch andere Sachen machen und nicht immer dieses Zeigefinger-Ding nach dem Motto: Wir sind die armen Türken- und die armen Zigeuner- und Marokkanerkinder, hört uns doch mal zu." Bezeichnenderweise wurden *Fresh Familee* von der restlichen HipHop-Szene nicht deshalb kritisiert, weil sie sich auf ein politisch fragwürdiges Projekt einließen, sondern aufgrund ihres Plattenvertrags mit *Mercury*.

„fill the gap"

Adegoke Odukoya *über „Deutschrap", Ausgrenzung und verpasste Chancen*

Ade (früher *Duke T*) war schon zu Old-School-Zeiten mit der Gruppe *Exponential Enjoyment* eine bekannte Größe in der HipHop-Szene. Ab 1993 war er als Frontman der Band *Weep Not Child* in verschiedenen europäischen Ländern unterwegs. Seit einigen Jahren betreibt er mit seinem Bruder *Abi* ein Studio in Köln und arbeitet seither mit unterschiedlichen Künstlern zusammen. Im Interview auf das Thema „Deutschrap" angesprochen, verfinstert sich seine Miene ... Der folgende Text ist auf der Grundlage dieses Gesprächs entstanden:

„Anfangs konnten wir das mit dem ‚Deutschrap' nicht richtig ernst nehmen, weil wir schon früh in den verschiedensten Sprachen gerappt haben. Es gab einfach diese Lass-uns-machen-Energie, eine Umtriebigkeit. Wir haben viel hinterfragt und haben probiert, mit Musik und Lyrics alle Grenzen zu sprengen. Aber du hast immer deutlicher einen Widerstand gegen diese Haltung bemerkt. Die Leute wollten immer mehr diesen Deutsch-Stuff. Wir hatten gerade mit *Exponential Enjoyment* so ein Freejazzalbum *(Expo's Jazz n' Joy)* released und haben als erster deutscher HipHop-Act auf dem Jazzfestival in Moers gespielt.

Wir waren immer schon politische Menschen, aber diese Haltung hat sich verschärft, als ein Angolaner, Jao Gomondai, in Ostberlin von Neonazis aus der fahrenden S-Bahn geworfen wurde und dabei umkam. Als uns diese Nachricht erreichte, waren wir gerade an unserem Longplayer im Studio und wir haben daraufhin ein Stück gemacht, ein Poetry-Stück, das wir ihm gewidmet haben, und gleichzeitig haben wir auf diese Platte den Song ‚One Racist, One Bullet' gebracht. Wir mussten unsere Wut präsentieren. Auch *Public Enemy* waren in dieser Zeit auf ihrem Zenit. Für uns war es so, dass sich ein Netzwerk entwickelte, und zwar überall. Viele *downpressed people* wurden mit einem Mal wach, viele Minderheiten fingen an, ihre eigene Identität um dieses HipHop-Ding herum aufzubauen. Da wurden die Weichen gestellt für die *Los Angeles riots*. Und auch für uns war klar, dass wir jetzt Haltung zeigen mussten.

HipHop war zu dieser Zeit in einer Entwicklungsphase, wo es immer mehr Input gab, und die Leute waren gierig darauf. Es ging um Message und Statement, und die Leute haben das verstanden, auch wenn es auf Englisch war. *Public Enemy* waren hier, und da sind drei- bis viertausend Leute hingegangen, die wussten, worum es ging. Jeder wusste, *Chuck D* steht da auf der Bühne und der meint es ehrlich, der ist wütend und hat einen Grund dafür. Nicht viel anders war es bei uns. Ich persönlich habe gemerkt: Ich bin hier in diesem Land bedroht. Ich bin aufgrund meiner Erscheinung schnell ausfindig zu machen und man kann mich killen, und dementsprechend muss ich mich verteidigen. By all means necessary! Also Augen auf halten und gewisse Sachen in die Wege leiten. Für uns war es klar, dass wir jetzt Haltung zeigen mussten.

1992 ist dann *Weep Not Child* entstanden. Ich hatte schon vorher *Moreno* (Oliver Freimann) kennen gelernt, unseren späteren Produzenten. Bei *Buback* kam dann unsere erste EP, *From Hoyerswerda to Rostock. Exponential Enjoyment* wurde mir mit der Zeit zu schwammig. Da wurde zu viel auf dieser Multikulti-Schiene zerredet und ich fühlte mich in diesem ‚Schmelztiegel' nicht mehr wohl. Diese ganze Multikulti-Geschichte wurde ziemlich schnell von den Medien an uns herangetragen. Am Anfang haben wir das nicht richtig verstanden. HipHop war zu dieser Zeit auf der Höhe dieser Afrozentrik-Sache und plötzlich liefen die ganzen Leute im Afrika-Style durch die Gegend. Zuerst dachte ich: Cool, kein Problem, damit bin ich groß geworden, jetzt kann ich endlich mal meine Klamotten anziehen und in Ruhe chillen. Man könnte es naiv nennen, aber ich glaube, es war einfach Unbefangenheit.

Wir hatten damals so eine lockere P-Funk-Mentalität, HipHop war Freedom für uns. Und das haben die Medien gesehen und uns direkt in eine Schublade gesteckt. Das Problem war jedoch bei uns, dass wir für diese Multikulti-Schiene nicht so greifbar waren wie beispielsweise *Fresh Familee* oder so. Wir waren auch keine Sozialfälle. Auch wenn wir eigentlich vom Musikalischen her gar nicht einzuordnen waren und die Leute auch immer wieder überrascht haben, ist es den Medien doch gelungen, uns in diesem Multikulti-Reservat einzuzäunen. Wir haben das am Anfang auch zugelassen, weil wir dachten: Okay, Multikulti, vielleicht ist das ja die Lösung. Das klang ja auch alles sehr schön. Deutschland erschien uns sowieso zu grau und auf einmal hörst du ‚Multikulti', allein dieser Sprachgebrauch, auch ‚Bunte Republik Deutschland', was Udo Lindenberg zu dieser Zeit so gepusht hat. Wir haben gedacht: Hey, lass

From Hoyerswerda to Rostock – Weep Not Child 1994

uns etwas zu diesem Traum beitragen, wir sind aus verschiedenen Nationen und kommen miteinander klar, wir machen zusammen Musik. Das war wirklich ehrlich gemeint.

Dann kamen Hoyerswerda, Rostock, Solingen und es wurde klar, dass dieser Traum mit dem, was da draußen passiert, nichts zu tun hatte. Auf das Cover unserer EP *From Hoyerswerda to Rostock* wollte ich zuerst noch den Zusatz bringen ‚… fill the Gap'. Es war krass, was plötzlich in Deutschland abging, und ich muss sagen, dass der ‚deutsche' HipHop in dieser Situation kläglich versagt hat. Mein spontaner Gedanke war: Okay, wir müssen jetzt reagieren, was können wir machen? Und es gab damals schon *Public Enemy, BDP,* also von der Optik her militante und politische Gruppen. Meine Idee war, dass wir ja nicht mal außerhalb des HipHop-Kontexts suchen mussten, um eine Antwort auf diese Entwicklung zu finden. HipHop ist Statement, mit HipHop kannst du deine Wut rauslassen und den Leuten sagen: Passt auf, we are ready! Wenn ihr einen falschen Move macht, brennen wir die Scheiße nieder! Das waren meine ganz spontanen Gedanken. Aber es passierte nichts, und was macht man in einer Situation, in der du feststellst, dass du fast allein bist?

Ich drehte mich um und was ich sah, war Folgendes: Deutscher HipHop ließ sich feiern und alle anderen waren damit beschäftigt, sich darüber zu streiten, was authentischer HipHop ist. Die Leute hatten Airplay im Radio, Mann, und worüber haben die gequatscht? Ja, ich habe damals auch gebreakt, wir sind Zulu-Nation, blabla … Und in der gleichen Zeit sind Leute umgebracht worden! Zuerst habe ich gedacht: You know what? Fuck everybody! In the meantime werde ich meinen Kommentar loslassen. Auch auf den Jams hast du niemanden gefunden. Klar, die *Absoluten Beginner,* die *Buback*-Posse, die waren auch politisch, aber sonst? HipHop hat einen total im Stich gelassen. Das war eine Ernüchterung, es war wie ein Erwachsenwerden, man wurde aus seinem Dornröschenschlaf geweckt. Man wurde sich auch klarer über die eigene Rolle und fragte sich: Wofür stehe ich überhaupt? Wofür kämpfe ich? Wohin möchte ich jetzt gehen? Möchte ich reine Unterhaltungsmusik machen oder möchte ich Edutainment betreiben? In dieser Phase entstand ‚Liberation through Music', wo ich versucht habe zu sagen: Scheiß auf dieses Multikulti-Getue, es ist zu schwammig. Ich gehöre hier einer afrodeutschen Minderheit an und ich möchte jetzt für diese Minderheit aufgrund meiner persönlichen Erfahrung sprechen. Aber in dieser Zeit war der Patient HipHop schon komplett ins Koma gefallen.

Faktum ist, dass man viele Leute aus der Szene rausgeekelt hat, besonders die ‚ausländischen Mitbürger'. Und das fing schon Anfang der Neunziger an. Man merkte das durch die enorme Akzeptanz einer Gruppe wie den *Fantastischen Vier*. Plötzlich kam eine Definition von ‚deutschem HipHop' zustande, wo viele Gruppen nicht mehr drin vorkamen. All jene, die auf Englisch gerappt haben oder ihre Story auf Türkisch oder Jugoslawisch erzählt haben, fühlten sich da nicht mehr zu Hause und waren auch nicht mehr willkommen. Plötzlich sind da nur noch deutsche Mittelstandskids, die was von ‚authentisch' und ‚keep it real' erzählen und sich von Papas Kohle teure Markenklamotten kaufen. Der Arbeiterflavour der frühen Tage war verschwunden und auf den Jams hast du gemerkt, dass es nicht mehr nur um den Sneaker ging, sondern auf einmal ging es um den Baggy, die Jacke, das Cappy. Was waren das plötzlich für Kodexe? Dieser Mechanismus, dieser soziale Wechsel ist mit dem Erfolg der *Fantastischen Vier* in Gang gesetzt worden. Und man hat die Leute auch ganz bewusst ausgegrenzt. Ein Typ beispielsweise, der nur die Hauptschule besucht hat und sich nicht unbedingt mit der deutschen Sprache identifizierte, wurde einfach nicht mehr beachtet. Dabei war das doch gerade der Grund, warum HipHop unser Ding war. Man hat uns nicht die Chance gegeben, an der deutschen Gesellschaft teilzunehmen, und unsere Reaktion war: Okay, fuck you, deshalb rappen wir auf Englisch oder auf Türkisch. Dann nämlich könnt *ihr* uns nicht mehr verstehen und vielleicht macht *ihr* dann mal die Erfahrung, wie es ist, wenn man nichts versteht, wenn man nicht in der Lage ist, zu kommunizieren.

Das waren die Anfänge von Rap in Deutschland. Nach und nach hast du gemerkt, wie sich die Stimmung verändert hat. Wir haben auf einer legendären Jam in Berlin gespielt, mit *Easy Business,* mit *Rock Da Most,* und da waren auch die *36Boys* mit Baseballschlägern und so und die haben die Jam auseinander genommen. Aber warum? Die Typen waren ausgeschlossen von dieser Jam, die durften da nicht rein. Es fing an, dass sich innerhalb der Szene ein elitäres Verhalten entwickelte, eine totale Hochnäsigkeit, nach dem Motto: Wir haben die Kultur für uns gepachtet, deutscher HipHop ist das neue Ding. Ich meine, ist doch klar, dass Leute wie die *36Boys* da ausrasten! Wieso haben so viele türkische Jugendliche über Jahre hinweg nur Swingbeats gehört oder amerikanischen Westcoast-HipHop? Und wieso haben sie dir gesagt, wenn du mit deutschem HipHop gekommen bist: ‚Fick dich!'? Weil die Kultur sie verraten hat! Weil sie von irgendwelchen Leuten gefragt wurden: Was habt ihr schon dazu beigetragen? Aber das waren die, die früher die Platten gekauft haben! Das waren die, die auf die Jams gegangen sind. Warum war HipHop deren Ding? Weil es nicht darum ging, Leute nach ihrem Aussehen oder ihrer Herkunft zu beurteilen, sondern man hatte eine gemeinsame Erfahrung. Man traf sich mit einer gewissen Punk-Attitüde, um alles rauszulassen, um Gleichgesinnte zu treffen und um zu merken: You are not alone. Deutscher HipHop hat keine Love gegeben und ich meine, dass diese ganze Geschichte aus der Sicht der Migranten neu geschrieben werden muss."

„wir machen rapmusik und wir hören sie auch gern"

Die Fantastischen Vier *und HipHop II (LJ)*

Die europäische HipHop-Szene wurde ab 1990 immer größer und jenseits des etablierten Popbetriebs bildeten sich Strukturen und Vernetzungen, die eine eigenständige Entwicklung versprachen. Auf die Jams strömten immer mehr Besucher, es wurde auf Italienisch, Deutsch, Englisch und Französisch gerappt, ohne dass sich die Medien dafür interessiert hätten. HipHop fand auf einem sympathischen, nicht auf nationale Grenzen beschränkten Weg aus den Jugendzentren heraus und wurde ohne Kampagnen oder Medienrummel gefeiert wie nie zuvor. Genau in diese Zeit fiel der Erfolg der *Fantastischen Vier*. Im August 1991 erschien ihre erste LP *Jetzt geht's ab* bei Columbia/Sony. Die vier Stuttgarter wurden – neben Bands wie *Nationalgalerie* oder *Lassie Singers* – von Sony als Nachwuchskünstler ins Rennen geschickt. Man wollte den Markt ausloten, da nach der Wiedervereinigung das Interesse an deutschsprachigen Pop-Produkten gestiegen war.

Die HipHop-Szene wurde von den *Fantastischen Vier* völlig überrascht. Keiner der Aktiven kannte einen der Stuttgarter Jungs aus Breakdance-, Writer- oder Jam-Zeiten, keiner konnte sich erklären, was da passierte und was daraus werden sollte. Bis zum Sommer 1992 war es noch ein verunsichertes, angespanntes Warten, denn die erste Platte hatte zwar gute Verkaufszahlen für ein Debüt (zirka zwanzigtausend Exemplare), war aber in der Wirkung nicht zu vergleichen mit dem, was „Die da?" auslösen sollte. Einige hatten die *Fantastischen Vier* schon im Sommer 1991 auf dem Loreley-Festival gesehen; auf der Oster-Jam 1992 in Frankfurt kam es dann zu einer erneuten Begegnung.

Auf einer Veranstaltung in Köln 1991 traf *Ade* (früher *Duke T*) nach einem Auftritt mit *LSD* und dem *Äi-Tiem* zufällig die *Fantastischen Vier*: „Wir kamen dann mit denen ins Gespräch und die erzählten uns, sie würden auch Rap machen. Damals haben wir die Typen nicht ernst genommen, muss ich ehrlich sagen, allein von ihrem Erscheinungsbild. Die kamen für uns rüber wie Manta-Fahrer, die auf einmal auf HipHop umgeschwenkt sind – so sah das optisch aus." Sein Bruder *Abi* fügt hinzu: „Das war alles noch Achtziger, die kamen von der Erscheinung noch so ein bisschen endachtzigermäßig pink rüber. Dieses Gefühl hatte man so ... pink! Das war Deutsch-HipHop: pink, nett, schön."

Auch in der *MZEE*-Zentrale konnte man mit diesem Phänomen nicht viel anfangen. Zwischen das Unverständnis mischte sich aber schon früh die Angst, dass diese neue Entwicklung den Aufbau unabhängiger Szenestrukturen erschweren könnte. „Wir waren ja zu dieser Zeit auch schon mit dem Gedanken beschäftigt, Platten zu machen. Wir hatten auch schon Demos verschickt und so", erinnert sich *Akim* von *MZEE*. „Und es war schon am Anfang so: Huch, wer ist das denn, die kennen wir ja gar nicht! Und die zweite Reaktion: He, was soll das denn sein, das hat doch mit Rap nichts zu tun. Musikalisch waren wir sehr von den USA geprägt und die Musik der *Fantastischen Vier* war sehr poppig und nicht HipHop-Beat-orientiert. Auch was die da vom Reimfluss und den Texten gemacht haben, das war nicht das, was wir die ganzen Jahre gelebt haben. Für uns kam das von ganz woanders her und wir haben das einfach als ‚Toyrap' abgetan. Durch die Situation aber, dass da eine Medien- und Marketingmacht dahinter stand, waren die uns überlegen und wir mussten dagegen ankämpfen, weil ja plötzlich alle Medien, die sich jahrelang nicht mit HipHop beschäftigt haben, auf einmal kamen und sagten: Hey, das ist HipHop! Für uns war das krass und wir wollten sagen: Moment! Ich weiß das besser, ich hab das nämlich die letzten zehn Jahre gemacht, so geht das nicht!"

Weil die *Fantastischen Vier* nichts mit Graffiti und Breakdance zu tun hatten, befürchtete man eine Abkopplung von Rap, die im Ausverkauf münden und die restlichen Elemente zurücklassen würde. Erinnerungen an die Breakdance-Welle Mitte der Achtzigerjahre wurden wach: „Damals hatte uns die Medienmacht zu diktieren versucht, was Breakdance ist", erinnert sich *Akim,* „und dasselbe kam jetzt mit Rap. Das wollten wir um jeden Preis verhindern, weil wir wussten, dass es vielleicht in zwei Jahren wieder vorbei ist und wir wieder die Deppen sind. Wir hatten ja gemerkt, dass HipHop unsere Bestimmung ist, und wir wollten das Geschäft auch in unseren Händen behalten. Was ich auch nie verstanden habe, ist dieser Vorwurf, wir würden verlangen, dass man in jedem Rap über Breakdance oder Graffiti reden müsste. Es war nur so, dass das real war, so war HipHop zu dieser Zeit. Wir haben nur nicht akzeptiert, dass diese Pop-

Cover des Hitalbums *Vier Gewinnt* von den Fantastischen Vier

musik als HipHop verkauft wird, und auch das klamottenmäßige Auftreten der Typen war für uns einfach eine völlig andere Welt. Und da wollten wir uns natürlich von den Medien auch anders dokumentiert sehen." Dieser Gedanke stand hinter der Gründung von *MZEE Records* (1992), wobei sich im Rückblick die Frage stellt, inwieweit das *MZEE*-Konzept seinen eigenen Idealen gerecht werden konnte; immerhin verließen bald alle wichtigen Bands der ersten Jahre das Label wieder *(Fast Forward, Massive Töne, F.A.B., MC René)* und in den Erinnerungen von *Cora E* und *Torch* an die Zusammenarbeit mit *Akim* schwingt Enttäuschung und Frust mit. „*Akim* hatte eine outstanding Rolle", resümiert *Torch* nüchtern.

Die Befürchtungen, der neue Rap-Boom könne im Ausverkauf der Szene enden, waren nicht unbegründet, denn die neue Vermarktungsstrategie war darauf ausgerichtet, „deutschen" Rap zu verkaufen, und nicht etwa „deutschsprachigen" oder Rap aus Deutschland. Niemand in der Szene hatte sich vorher Gedanken über so eine Kategorisierung gemacht und es machte auch keinen Sinn, denn an der wachsenden HipHop-Community waren alle beteiligt – „deutsch" oder „nichtdeutsch" spielte keine Rolle. Auch die Absicht der Plattenindustrie, den „Pop-Standort Deutschland" durch heimische Produkte zu stärken, war den HipHops unverständlich. Ihre Szene wuchs von allein über die Grenzen, und gerade die Präsenz französischer, italienischer und englischer Bands machte die Sache spannend. Doch mit dem Platin-Erfolg von „Die da?" war die Bezeichnung „deutscher Rap" offiziell geworden.

Plötzlich fand sich die HipHop-Szene in einer äußerst undankbaren Situation wieder. Einerseits wollte und konnte man die Definition von HipHop nicht Leuten überlassen, die davon offensichtliche keine Ahnung hatten. Andererseits führten die Fragen – Wer hat denn nun zuerst auf Deutsch gerappt? Was ist das, deutscher HipHop? – in eine Richtung, die den meisten HipHops fern lag.

Der erste Showdown fand im März 1993 in der Musikzeitschrift *CUT* statt. In einem „Interviewduell" standen einander *Advanced Chemistry* und die *Fantastischen Vier* gegenüber. Es ist auffallend, dass den *Fantastischen Vier* etwa zwei Drittel des Platzes eingeräumt wurden, die Statements von *Advanced Chemistry* dagegen merkwürdig knapp gehalten waren. Es wird deutlich, dass sich *Torch*, *Toni L* und *Linguist* nur zähneknirschend der leidigen Debatte stellen. Die *Fantastischen Vier* dagegen verleihen sich stolz und schamlos das Etikett „Erste konsequent deutschsprachige Rap-Band auf Schallplatte" und definieren weiter: „Unter konsequent verstehen wir, dass wir deutsche Künstlernamen wie auch einen deutschen Bandnamen haben. Viele Bands haben (auch heute noch) einen englischen Namen, unter dem sie dann unter anderem deutschsprachige Raps produzieren." Der „Deutschwahn" geht schließlich so weit, dass die *Fantastischen Vier* *Advanced Chemistry* ihren englischen Bandnamen vorwerfen. *Advanced Chemistry* ahnen die Gefahr und stellen klar, dass sowohl ihr Name als auch ihr Programm „international bleiben, weil unsere Vorhaben nicht zur ‚Deutschtümelei' führen sollen".

Heute kann *Torch* das Dilemma deutlicher benennen: „Die *Fantastischen Vier* waren vier Jungs, die Musik gemacht haben, und wir hatten mit denen den traurigen gemeinsamen Nenner, dass wir beide unter ‚deutscher Rap' liefen. Da wurden Dinge in eine Schublade geschmissen, die einfach nicht zusammengehört haben. Du kannst dir nicht vorstellen, wie viel HipHop-Szenedruck hinter uns stand – was nicht heißt, das wir dadurch etwas gesagt hätten, wovon wir selbst nicht überzeugt waren –, aber es stand eine riesige Menge von Leuten hinter uns, die sich gedacht haben: Was ist das für ein Scheiß? Wir haben nur ausgesprochen, was zigfach an Hass, Power, Angst vorhanden war. Und plötzlich musstest du so viel erklären und Unterschiede klarmachen."

Dieser Rechtfertigungsdruck war es, der die Alte Schule nach außen hin als eine verschworene Gemeinde erscheinen ließ, als „Gralshütergemeinschaft" des reinen HipHop, wie viele spotteten. Aber wäre es möglich gewesen, zu schweigen und sich der Auseinandersetzung zu entziehen? „Die Leute kannten ja nur ‚deutschen Rap'", ärgert sich *Torch*, „und plötzlich gab es diese blöde Diskussion ‚Wer hat zuerst auf Deutsch gerappt?' – so ein Scheiß! Thomas Gottschalk hat vor mir auf Deutsch gerappt, *Benjamin Blümchen* auch, kein Scheiß, Mann, ich habe die Scheiben alle zu Hause. Was soll die Scheißdiskussion? Ich will nur nicht, dass man mich mit Gottschalk oder Falco in einen Topf wirft. Nicht anders war es mit den *Fantastischen Vier*." Dass der Alten Schule später vorgeworfen wurde, ihre Vorstellung von HipHop sei zu dogmatisch und normativ, hat eine tragische Note, denn die Old-School-Zeiten waren ja das genaue Gegenteil. Damals war alles erlaubt, Leute von überall feierten ‚ihr Ding', hatten jede Menge Spaß und der Fantasie waren keine Grenzen gesetzt. Diese Seite der Old School geriet völlig aus dem Blickwinkel und ist heute fast vergessen.

„Wir mussten uns zwangsläufig auf die *Fantastischen Vier* einlassen", meint *Torch* rückblickend. „Die haben auch eine ‚fantastische' Rolle gehabt, denn sie kamen für uns, für die damalige HipHop-Szene, zum denkbar schlechtesten Zeitpunkt. Die Szene fing gerade an, langsam ihr Ding zu machen, und plötzlich kamen die. Die waren auch damals schon meiner Meinung nach viel zu alt für den Kram, sich so peinlich darzustellen, und mittlerweile haben die ja selber gesagt, dass sie sich auch dafür gedisst hätten. Da sind wirklich zwei Welten aufeinander geprallt. Im Endeffekt hätte keiner etwas gegen das Zeug gehabt, was die gemacht haben, es war einfach nur das Problem, dass alle Angst hatten, dass das Ding, das du die ganze Zeit gemacht hast und das dir so viel wert war und wo du dein ganzes verschissenes Leben reingesteckt hast, plötzlich keinen mehr interessiert und es nur noch heißt: ‚*Die Fantastischen Vier.*' Ich hatte die Typen vorher noch nie gesehen und die kamen mit einem Scheiß um die Ecke, dass du dachtest: Hey, das darf doch wohl nicht sein! Oder anders gesagt: Die Typen, die in der Schule neben mir saßen und mich immer gedisst haben, kriegen jetzt die Props ab. In der Szene war eine Panik angesagt, das kann ich dir sagen, und diese Panik haben wir mit *Advanced Chemistry* nur ausgesprochen, weil wir das Mic in der Hand hatten und die Kamera auf uns gerichtet war."

„wettstreiten auf jams ist der einzige beweis"

Die Fantastischen Vier *und die Battle-Kultur* (LJ)

Die Fantastischen Vier hatten noch einen weiteren Vorteil. Ihnen war der klassische Battle-Gedanke des HipHop fremd. Sie waren nie in Style-Wettkämpfe mit anderem Crews verwickelt und lehnten diese Form der Auseinandersetzung ab. Die *Fantastischen Vier* waren plötzlich überall und doch nirgends greifbar. Der größte Wunsch vieler HipHops war es, *Thomas D* oder *Smudo* irgendwo zu treffen und sie in Grund und Boden zu battlen. Aber sie tauchten ja nirgends auf! Wieso gab es keine Bühne, die das „Battle of the Year: HipHop versus Pop-Rap" aufführte? Da war nichts zu machen und der Rapper *Quick Lyrik* von der Old-School-Crew *Lyrical Poetry* wünschte sich vergeblich eine Begegnung mit *Smudo*, um dem mal richtig zu zeigen, wo der Skillhammer hängt. „Also dieser *Smudo*, ich kenne den zwar nicht sehr gut, aber ich hab ihn mal irgendwo backstage getroffen und da hat der sich so ziemlich arschmäßig von oben herab benommen und ich will mal eins sagen: *Smudo* verblase ich in allen Sprachen, Deutsch, Englisch, vorwärts, rückwärts, morgens, abends, nach vier Flaschen Bier, nach acht Flaschen Bier, den mache ich platt! Der soll mal vorbeikommen bei mir."

Smudo kam nicht und er tat gut daran, denn die Zeit heilt alle Wunden. Kaum einer von denen, die damals mit viel Wut im Bauch versuchten, ihre Version von HipHop zu verteidigen, hegt noch Groll gegen die *Fantastischen Vier*. Vorbei die Tage, an denen *David Pe* freestylte „smudo und thomas d vierundzwanzig kugeln in den bauch", vorbei die Zeit, als auch die unbekannteste Rap-Band auf Jams den Applaus auf ihrer Seite hatte, wenn sie die *Vier* aus Stuttgart disste. Heute sind ganz andere Töne zu hören:

„Die Skills sind einfach scheißegal! Aber wie verhindert man das? Wie kann man Deutschland klarmachen, dass das Mist ist und kein Rap? Dass Rap mehr bedeutet als schnell sprechen und Turnschuhe tragen?" Das fragten sich nach dem Megaerfolg von „Die da?" tausende von HipHops im ganzen Land. Allerdings stammt dieses Zitat weder von *Torch* oder *Linguist* noch bezieht es sich auf die *Fantastischen Vier*. Im Frühjahr 1997 schreibt *Jan Eißfeld* von den *Absoluten Beginnern* einen Artikel in *Backspin* und grübelt im Abspann darüber, wie man den Leuten am besten klarmachen kann, dass Euro-Trash-Rap und „poppige Sprechgesangscheiße à la Tic Tac Toe oder Bürger Lars Dietrich" nichts mit gutem HipHop gemein haben. Er kommt zu einem erstaunlichen Ergebnis: „Die Einzigen, die meiner Meinung zu diesem Kreuzzug aufbrechen könnten/sollten/müssten, sind die *Fantas*. Erstens nimmt man sie am ehesten ernst, zweitens haben sie das größte Forum und drittens könnten sie damit ihre ‚Jugendsünden' von sich streichen und beweisen, dass man sie keinesfalls mehr mit Bürger Lars Dietrich & Co. in einen Topf schmeißen darf."

Woher kommt diese plötzliche Gelassenheit im Umgang mit den ehemaligen Feinden des HipHop-Untergrunds? Gerade *Jan Eißfeld,* der mit den *Absoluten Beginnern* noch vor wenigen Jahren sehr deutschlandkritische Töne verlauten ließ, beruft sich auf die Väter des „Deutschrap", auf jene, die das Wort „Sprechgesang" einführten und damit den Medien ein willkommenes Stichwort lieferten, um die deutsche Identität gegenüber amerikanischem, englischem oder französischem Rap hervorzuheben. Der „deutsche Sprechgesang" schloss von Beginn an viele HipHops aus, die sich einem solchen Label nicht unterordnen wollten oder die diesem Etikett nicht entsprachen. Wie viele andere, die von dem Markt profitierten, den die *Fantastischen Vier* mit ihrem „deutschen Sprechgesang" öffneten, akzeptiert *Eißfeld* die Erfolgsstory der *Fantas* und bietet ihnen einen Ehrenplatz in der Szene an.

> „macht euch bereit,
> denn es reicht euch die hand,
> wer auch immer ihr seid"

Cartel *(LJ)*

„**Ich war in dieser Zeit** nicht zufrieden mit HipHop, weil viel zu wenig über dieses Thema der Brandanschläge gekickt wurde", erzählt *Ali* (von *Da Crime Posse* und Rapper bei *Cartel*) im Interview. „Ich meine jetzt nicht diese ‚Hört auf damit, wir sind doch alle gleich'-Sachen, darum geht es nicht. Ich habe Fakten und Ehrlichkeit vermisst. Es geht ja nicht darum, nur noch kritische Sachen zu machen, aber mein Motor war damals auf hundertachtzig und ich habe mir das runtergeschrieben. Aus dem Bereich Deutschrap kam leider kaum was. Das war vielleicht auch ein Grund dafür, dass sich *Cartel* formiert haben."

Als die Gruppe *Cartel*, die sich aus den HipHop-Crews *Karakan* (Nürnberg), *Da Crime Posse* (Kiel) und *Erci E* (Berlin) zusammensetzte, ihr erstes Konzert 1995 in Bielefeld vor rund eintausend überwiegend türkisch- oder kurdischstämmigen Jugendlichen gab, bot sich ein für ein Rap-Konzert ungewöhnlicher Anblick: Während der Stücke horcht das Publikum gespannt und bewegt sich kaum, obwohl die Beats treibend und laut durch die Halle krachen. Nach den Songs setzt tosender Applaus ein, der sofort wieder abbricht, wenn das nächste Stück beginnt. *Cartel* rappen größtenteils auf Türkisch und werden von den Kids verstanden. Das Interesse ist groß und für ein Erstlingswerk verkauft sich die Platte sehr gut. Was dann passierte, damit hatte allerdings keiner gerechnet. Über verschiedene Wege gelangten CDs und Tapes von *Cartel* an Rundfunk-DJs in Istanbul und anderen türkischen Städten. Binnen weniger Wochen war die Gruppe im ganzen Land bekannt, ein regelrechtes *Cartel*-Fieber breitete sich aus. Jeder wollte die Platte kaufen, aber in der Türkei gab es keinen Vertrieb, der das Album anbot. Die Rapper von *Cartel* und ihr Management wurden von dieser Nachricht vollkommen überrascht und handelten kurzfristig einen Vertrag mit *Mercury* aus. Innerhalb kürzester Zeit verdrängten *Cartel Michael Jackson* von Platz eins der Album-Charts. Auf ihrer Türkeitournee, die die Band im Spätsommer 1995 unternahm, füllten sie Fußballstadien und spielten vor mehreren zehntausenden Fans.

Die verbreitete Ansicht, *Cartel* seien die türkische Antwort auf die deutschen *Fantastischen Vier,* ist problematisch, sie enthält jedoch eine wichtige Wahrheit. Der Erfolg beider Gruppen hat mit ihrer eindeutigen Haltung zur nationalen und sprachlichen Identität zu tun. Obwohl *Cartel* sich ausdrücklich gegen jede Anbiederungen vonseiten der faschistischen Grauen Wölfe wehrten, wurden sie doch als ausdrücklich „türkische" Band rezipiert. Und das, obwohl auch spanische und deutsche Rapper mit von der Partie waren. Genauso stehen die *Fantastischen Vier* – und mit ihnen inzwischen unzählige andere HipHop-Bands – für den Rap-Standort Deutschland, unabhängig davon, ob es ihnen recht ist oder nicht. Interessant ist allerdings, dass es über die nationalistische Problematik bei *Cartel* eine ausführliche Debatte gab, dass jedoch über die Rolle der *Fantastischen Vier* beziehungsweise ihre Vermarktung und Rezeption in Deutschland nur wenig diskutiert wurde. Mit dem Erfolg des *Cartel*-Albums war ein neuer Markt entstanden und man war gespannt, was alles kommen würde. Doch ein zweites *Cartel*-Album ließ auf sich warten und es gab auch keine anderen nennenswerten Projekte, die sich anschickten, die Nachfolge von *Cartel* zu übernehmen.

„motherfucker, diese song gehört uns"

Wege aus der Sackgasse (LJ)

„**Ich habe mir jahrelang** den Kopf darüber zerbrochen, was mit meiner Leiche passieren soll, und ich habe irgendwann den Entschluss gefasst, dass ich mich dann zweiteilen lasse und die eine Hälfte in der Türkei begraben wird und die andere in Deutschland" *(Tachi)*. Wie konnte man den Leuten klarmachen, dass man einfach nur HipHop leben wollte und dass es keine Rolle spielte, aus welchem Staat dieser Erde die Eltern oder Großeltern stammten? Dass man keinen „Oriental HipHop" machte, bloß weil in einem Song eine Saz (ein türkisches Saiteninstrument) gesampelt wurde oder ungewohnte Melodien auftauchten?

Von den Meisten unbemerkt hatte *David Pe*, der Rapper der Münchner HipHop-Crew *Main Concept*, schon früh Vorschläge gemacht, wie diesen Identitätsstrategien sinnvoll begegnet werden kann. Mitte 1990 trafen sich *David Pe*, *Human D* und *DJ Explizit* und gründeten *Main Concept*. Damals waren die drei kaum volljährig und machten bald aufgrund ihrer wirbeligen Präsenz auf Jams auf sich aufmerksam. Besonders der Rapper *David Pe* verblüffte die Leute immer wieder durch seine energiegeladenen Raps und seine unermüdliche Aktivität auf der Bühne. *David Pe* widmete sich in seinen Texten von Beginn an auch politischen Fragen. Als „Insasse Bayerns" beschrieb er, der Sohn serbischer Eltern, seine Erfahrungen mit Ordnungsmacht und CSU-Politik. Ebenso wichtig war für *Main Concept* die Zugehörigkeit zum Untergrund und dieser Bezug tauchte in den Texten immer wieder auf. In ihrer Anfangsphase wurde die Gruppe tatkräftig von vielen Old Schoolern unterstützt und gefördert.

Im April 1994 veröffentlichten *Main Concept* ihre erste LP *(Coole Scheiße)* mit dem wichtigen Song „Zwischen zwei Stühlen". *David Pe* zitiert im Refrain dieses Stücks eine Textzeile aus „Fremd im eigenen Land" *(Advanced Chemistry)*: „bin in diesem land geboren, doch frag ich mich manchmal, was hab ich hier verloren", und macht sie zum Ausgangspunkt seiner Überlegungen. Er greift *Advanced Chemistry* dort auf, wo diese in einer gewissen Ratlosigkeit den Stift niedergelegt hatten, und bietet eine ganz neue Antwort an. Er verlässt den Zoo der Zuschreibungen und schließt seinen Text selbstbewusst: „fremde wurzeln, deutsches leben, kann kein begriff umfassen, ihr müsst es lassen, nach nationalität zu ordnen, es gibt dafür zu viele ohne nationale identität." Doch *David Pes* Aufforderung verhallt ungehört und löst in der Szene keine Auseinandersetzung aus. Der Text wird als persönliches Statement zu einem persönlichen Schicksal verstanden und nicht als Vorschlag gewertet, der Debatte um „Deutschrap" versus „Oriental HipHop" zu begegnen.

Etwa zur gleichen Zeit lernte *Feridun Zaimoglu* die Kieler HipHop-Crew *Da Crime Posse* kennen und wird durch den Kontakt mit den Rappern zu einem folgenreichen Projekt inspiriert. „*Ali,* der Frontman der HipHop-Crew *Da Crime Posse* aus Kiel, sowie ein paar andere Brothers", erinnert sich *Feridun Zaimoglu,* „und auch meine Wenigkeit saßen einmal in den Morgenstunden Ende 1993 nach einer ziemlich arbeitsreichen Nacht zusammen in einem kleinen Studio und haben abgechillt. Und dann legte *Ali* los, und zwar ohne dass ihn jemand gefragt hätte, was Sache ist. Das war kein Innerlichkeitsgeschwätz nach dem Motto: Mein Sozialarbeiter ist unglücklich mit mir. *Ali* hat losgelegt über sein Standing, wieso die Musik, was er macht, woher das kommt, und zwar in diesem ganz bestimmten metropolitanen Jargon. Das war eine richtige Sturzflut an Metaphern und Bildern, ohne Filter, unverblümt und ohne auf bürgerverfasste Vokabeln zurückzugehen. Da ging mir ein Lichtlein auf, und ich dachte: Wow! Ich gehöre selbst der zweiten Generation an. Alle quatschten immer was von Identität, dass sich die erste, zweite, dritte Generation nicht vom Fleck rühren würde. Ich bin einfach zu den unterschiedlichsten Leuten aus den verschiedensten Szenen gegangen und habe denen ein Diktafon unter die Nase gehalten und fragte die, wie es sich als Kanake in Deutschland lebt."

Das Ergebnis seiner Interviews fasste *Feridun* in einem Buch mit dem Titel *Kanak Sprak. 24 Misstöne vom Rande der Gesellschaft* zusammen, das 1995 beim Rotbuchverlag erschien. Keine weinerlichen Opfersprüche, keine Rechtfertigungsstrategien, sondern unverblümter, direkter Slang. Es ist wohl kein Zufall, dass unter den Befragten auch drei aktive HipHops, zwei Rapper und ein Breaker, zu finden sind. Die Zeit der Bescheidenheit ist vorbei. „Ich bringe Schlussverkaufsaroma und deswegen pfeif ich auf Mittelstandsnarkose und all diese Witzigkeiten", unterstreicht *Feridun,* „es geht um Frische, es geht um Kampfgeist, es geht darum, dass diese ganzen parfümierten Schnösel irgendwann banal und langweilig sind, und es geht darum, dass hier fernab der medialen Verwurstung richtig was losgeht. Was wir jetzt gesehen haben, ist nur die Spitze des Eisbergs. Ich bin einer von einigen und deshalb kann ich mich auch nicht zurücklehnen. Aber das macht mir Mut, da kommt was, das ist nicht mehr aufzuhalten!"

Seit Jahren beobachteten die meisten Kids der zweiten und dritten Einwanderergeneration den Deutschrap-Boom als Außenstehende. Sie fühlten sich von den Inhalten und dem Lebensgefühl weder angesprochen noch repräsentiert. „Was ich so mitkriege, wenn ich unterwegs bin, ist ein gewisser Unmut", erzählt *Feridun*, „erstens die Frage, ob es das jetzt wirklich sein soll. Man sagt sich: Hey, wir haben den Scheiß gepuscht die ganzen Jahre und wer ist in den Charts? Die letzten Deppen, die mir was über Beziehungsgeschichten und Larifari erzählen. Es gibt einen Ekel über das, was nicht nur jetzt, sondern schon seit einigen Jahren gehypt wird und die Oberhand gewonnen hat." *2Pac* oder *Biggie Smalls* stünden ihnen da schon näher als die HipHop-Hurra-Lyrics vieler deutschsprachiger Rapper. In einer immer noch stark an New York orientierten HipHop-Szene wiederum wird diese Westcoast-Begeisterung belächelt und viele halten die „2Pac-Türken" für inkompetente Poser.

Eine voreilige Abfertigung, denn inzwischen gibt es in vielen Städten Nachwuchsrapper, die abseits der Deutschrap-Szene im Kreis ihrer *homies* eigene kraftvolle Styles entwickelt haben. Sie kommen daher mit einem neuen Selbstbewusstsein, so wie *Messut* aus Berlin: „Die ganzen Rapper, die jetzt voll angesagt sind, machen doch die ganze Kulturkacke mit. Die erzählen dir nicht, was hier abgeht, Mann, die sagen dir ‚Beweg deinen Popo' oder so 'n Quatsch. Für mich ist der *Feridun Zaimoglu* mehr HipHop als viele von denen." Oder *Soni,* Rapper, Freestyler und Breaker aus Iserlohn, gerade mal siebzehn Jahre jung und bereits ein druckvoller, eigenständiger Style, kräftig und rau. *Soni* interessiert sich nicht besonders für die Größen des Deutschrap und hat keinerlei Anbindung an die überregionale HipHop-Szene. Dadurch fehlen ihm natürlich auch die Kontakte zu Produzenten, Studios oder DJs, die für ihn Beats produzieren könnten. *Soni* macht Straßen-HipHop und einige seiner Texte sind schon zu kleinen Underground-Hits geworden: „ihr wollt mich haben? also nehmt mich, wie ich bin / rappen mit sinn an alle freunde die noch ab und zu träumen / irgendwann kommt die zeit, in der ihr alle versteht."

Einer, der sich sehr darum bemüht, dieses neue Selbstbewusstsein zu fördern, ist *Murat G* aus Frankfurt. Bereits 1994 hat er gemeinsam mit

DJ Mahmut auf seinem Label *looptown records* die LP *looptown presents turkish hiphop* veröffentlicht. Im Mai 2000 hat er seine Magisterarbeit zum Thema „Oriental HipHop" abgeschlossen. *Murat* erzählt von seinen Erfahrungen mit Multikulti-Journalisten, die sich bei Interviews nie für seine Musik oder seine Texte interessierten. „Die hatten ihre Klischees im Kopf von wegen Migrantenkinder und Getto und dann hieß es immer: ‚Komm, erzähl doch mal was über Skinheads. Was macht deine Familie?' Ich habe das so oft erlebt und hatte irgendwann keinen Bock mehr. Ich kann mich nur an ein Interview erinnern, wo ich nicht permanent darauf angesprochen worden bin. Ich habe schon ziemlich viele Interviews gegeben und in neunundneunzig Prozent der Fälle sollte ich über mein Dasein als Türke in Deutschland erzählen. Du wurdest permanent zu dem Türken abgestempelt, der Musik in Deutschland macht."

Murat ist Teil der Kanak-Attak-Bewegung, eines bundesweiten Zusammenschlusses von Künstlern, Intellektuellen, Schriftstellern und Journalisten, die sich gegen die Ethnisierungsstrategien des Multikulturalismus wehren und in verschiedenen Städten Veranstaltungen zu dem Thema organisieren. *Murat* erzählt mir von einer Kanak-Attak-Jam im *SO 36* in Berlin, auf der einige bekannte HipHop-Szenegrößen zu sehen waren. Die Berliner Kanak-Attak-Gruppe beschäftigte sich viel mit Geschlechterrollen, Musik und Politik. Der im HipHop weit verbreitete Machismo und die Homophobie waren natürlich auch Thema und letztendlich wurde der Kanak-Attak-Jam von zwei Transvestiten moderiert. „Die HipHops haben ganz schön Probleme damit gehabt, aber wir haben das eiskalt durchgezogen, obwohl das wirklich nicht so *easy-play* war, wie sich das vielleicht jetzt anhört. Mackerrapper können einem nämlich ziemlich auf die Nerven gehen", erinnert sich *Murat*.

Kanak Attak und Basta

(Auszug aus dem Manifest)

„Kanak Attak versteht sich nicht als ein aus einer nationalen, kulturellen, religiösen oder sonstigen Gruppenzugehörigkeit abgeleitetes Bündnis von Migranten, sondern ist der selbst gewählte Zusammenschluss verschiedener Leute jenseits zugeschriebener oder mit in die Wiege gelegter Identitäten.

Kanak Attak grenzt sich bewusst ab gegen Veranstaltungen wie ‚Tag des ausländischen Mitbürgers', Folklore in Maxiversionen und humanistische Kampagnen, den Dialog und das friedliche Zusammenleben zwischen Kanaken und der Mehrheitsgesellschaft zu fördern. Diese Toleranzleier war nicht ganz unnütz. Hansemann weiß inzwischen auch Gyros-Kebab-Spaghetti zu schätzen. O, là, là! Und wenn das Wetter gut und das Gewissen schlecht ist, wird das Auto gern mit dem Aufkleber ‚Ausländer, lasst uns mit diesen Deutschen nicht allein!' versehen. Kanak Attak ist keine Freundin des Mültikültüralizm. Wir verschwenden nicht unsere Power an ein folkloristisches Modell.

Kanak Attak ist ein Vorhaben, in dem gerade die Zuweisung von ethnischen Identitäten und Rollen, das ‚Wir' und ‚Die', durchbrochen und durchlöchert werden soll. Deshalb sind auch Nichtmigranten und Deutsche der n2-Generation mit bei der Sache. Kanak ist eine Frage der Haltung und nicht eine Frage der Herkunft. Wir treten an, eine neue Haltung von Migranten eigenständig, ohne Anbiederung und Konformismus, auf die Bühne zu bringen.

Obwohl Kanak Attak für viele nach Straße riecht, ist es kein Kind des Gettos. So hätten es die Spürhunde der Kulturindustrie gern, die auf der ständigen Suche nach authentischem und exotischem Menschenmaterial sind, was den vermeintlich grauen Alltag bunter werden lässt. Dazu passend die Figur des jungen, zornigen Migranten, der sich von ganz unten nach oben auf die Sonnenseite der deutschen Gesellschaft boxt. Was für eine rührende neoliberale Geschichte könnte da erzählt werden, wie sich Wut in produktives kulturelles und ökonomisches Kapital verwandelt.

Plakat einer Kanak Attack-Veranstaltung im SO 36 in Berlin

Eine wahre Bereicherung für die deutsche Literatur und den deutschen Film! Ein echter Gewinn für den heimischen Musikmarkt! Sie sollen nur kommen."

Was hat es mit dem Manifest auf sich?, frage ich *Murat*. „Das Kanak-Attak-Manifest ist im Rahmen des Projekts entstanden. Zum einen ist es eine Bestandsaufnahme der momentanen Situation in Deutschland, zum anderen soll es auch einen Weg aufzeigen, wie man aus dieser Ethno-Zwickmühle rauskommen kann." Wie ich erfahre, hat Kanak Attak auch eine übersichtliche Homepage mit Literatur, Artikeln und weiterführenden Links (www.kanak-attak.de). „Und noch was", meint *Murat,* „wenn du auf der Kanak-Attak-Page bist, dann lade dir auf jeden Fall den Artikel von *Imran Ayata* ‚Heute die Gesichter, morgen die Ärsche' runter. Darin wird genau die Problematik deutlich, weil er die Schwierigkeit zeigt, mit denen *Ali* und *Pinar* im Kulturbiz zu kämpfen haben. Diese ganzen Zuschreibungen, was man zu sein hat oder was aus einem gemacht wird. Entweder ist man draußen im Niemandsland oder die Industrie macht aus dir einen Ehtno-Hype-Kanak-Star. Erst mal ist das ja nicht so schlecht. Doch besser ist es, wenn man sich seine Rolle selber zusammenbastelt. Diese Probleme haben Peter und Julia nicht, wenn sie in Almanya Kunst machen. Deswegen geht es eigentlich darum, sich Strukturen zu schaffen, um sich von der Kulturjury zu lösen."

Dann erzählt mir *Murat* noch von einem HipHop-All-Star-Song („Kanak Attak – Dieser Song gehört uns"), der im Zusammenhang mit dem Kanak-Attak-Projekt entstanden ist. Neben *Murat* sind mit von der Partie: *Sgr. Rossi (T.C.A.), Aziza A., Aljoscha, Stella, Elena Lange, Kutlu (T.C.A.), Deniz (T.C.A.)* und *Boulevard Bou.* „Wir starten den Versuch, mit diesem Song HipHop-Inhalte zu bringen, die mittlerweile eigentlich nicht mehr erlaubt sind", erklärt *Murat.* „Es geht darum, den HipHop-Mainstream durcheinander zu bringen."

Kanak Attak (2000)

Diese Song gehört uns

Part 1 *(Murat G)*
ich stehe hier mit lauter kanaken, die nie abfucken
ex-beute crew im nacken, ich bin nicht pc wie die
werde ich nie so wie sie, komm mehr wie bruce lee
als mc nenn mich einfach mg
widerstand pur, liege stur
zwischen deinen gesetzen, streue beats zum zersetzen
bin am organisieren, nicht am blondieren
von meinen kollegaz, all star senioritas
fick dich und deine ganzen monetas
kanakenfusion null illusion, bereit für die invasion
als störfaktor mit haltung buhl ich nicht nach geltung
motherfucker, diese song gehört uns

Part 2 *(Rossi, T.C.A.)*
na, wie geht's, du kleiner rassist
ich geh dir auf den sack, weil mir gerad danach ist
mit scheuklappen im gesicht und unschuldsmiene
fährst nur einen weg, und das ist die rechte schiene
triffst dich mit kumpeln, um uns zu überrumpeln
lässt im dunkeln häuser funkeln
wir machen jagd auf euresgleichen
und wenn wir mit euch fertig sind, dann gibt es leichen

Part 3 *(Aziza A.)*
der boden bebt, wenn mein fuß ihn berührt
meine gestalt einigen den atem abschnürt
bin nicht allein, nein, wein nicht in einer ecke
ganz im gegenteil, wecke leute, checke
reaktion auf provokation, kommunikation

führt zu diskussion oder zur explosion
bin dabei, schlagwort attak, uns gibt's nicht nur im neunerpack
sind zu viele, wie ein herrscher
sind kein herrscher, kein verfolger
fühlen uns wunderbar, denn klar ist
es zählt das sein und nicht nur der keim
nicht der keim bestimmt nicht das dasein, nein
ich denke also bin ich, bin, will nicht
zimperlich, schränk mich nicht ein
und drill nicht andere, so zu sein wie ich
das war aziza, und ich empfehl mich höflich

Part 4 *(Aljoscha)*
mit multimedialen waffen werden scheinrealitäten
erschaffen, die negieren, dass massen existieren
die bei gleichen pflichten und halben rechten
unter schweiß und repression seit dekaden schon
babylon finanzieren, wir sind kanaken und
wir wissen, wer wir sind, lassen uns nicht anpassen
fassen so einige dinge anders auf
nehm in kauf, dass dumpfe teutonen mit den säbeln rasseln
während wir die geschichte repuzzeln
wir haben die roots, haben die ruhe
haben die energie, mit platten attitüden
und ideologien dealen wir nie
zwischen kultur und politik lot ich mir meinen raum aus
ich bin kanake, und ich bin überall zuhaus

Refrain: kanak attak – wir nehmen das, was uns gehört
mit einem bild, das dich betört
stehen in einer tradition
kommen mit unserer vision
die idee, die in die zukunft weist
längst schon Zeit, kanak attak rise!

Part 5 *(Stella, Elena Lange)*
heb den langen atem auf für den weg zur mitte
salz auf unsere wunden, bitte, bitte und nochmals bitte

für fahrtbriefe haben wir immer noch zeit
vormodern in alle ewigkeit, wie lange noch
wie vormoderne gesellschaften, pfeifen wir aus dem letzten loch
und die sprache, die ich wähle, ist nicht, um mich zu quälen
sondern zu wissen, wir können alles erreichen
mit den ideen, die nichts sind und nichts mit den gefühlen, die alles sind
im bestimmten glück, du mieses grünes lügner- und opportunistenstück
meine seele kriegt ihr nicht, und wenn ihr auch auf den knieen rutscht

Part 6 *(Kutlu, T.C.A.)*
kein tag vergeht, geschichte wiederholt sich
damals laberten wir „hand in hand", illusionistisch
ist nicht, nennst uns gefahr und bedrohlich
nehmen dein land in die hand, sind hinterhältig
am start der hexenjagd, menschen sind ängstlich
die angst macht unruhig und gefährlich
richtig niederträchtig, verpiss dich
meine mafia ist königlich, böswillig

Part 7 *(Deniz, T.C.A.)*
welch scheißer, großmaulaufreißer
ich weiß, ihr denkt, ihr wascht eure weste weißer
durch antirassismus-aufkleber auf eurem bmw
oder den kauf einer multikulti-cd
ich mein jeden, der denkt, dass eines deutschen pflicht ist
gegen faschismus zu sein, doch selber rassist ist
das ist, was ich an euch heuchlern hasse
doch glaubt nicht, dass ich mich täuschen lasse

Part 8 *(Boulevard Bou)*
punkt eins, ich bin kein multikulti irgendwas, sondern das, was ich bin
und ich trage 'ne menge hass in mir spazieren
weil andere wichser ihn in mir platzieren
ich fühl es immer stärker, etwas schlimmes wird passieren
heut morgen ging's mir nicht so toll, wusste nicht
ob ich zuerst meinen nachbarn oder wolfgang schäuble erschießen soll
aus mir spricht nur der hass, den ihr geschaffen habt
logisch, dass ein normaler mensch in deutschland überschnappt

wenn man sieht, wie unterschriften gesammelt werden
von geistigen brandstiftern, die mit integration werben
zu viele wichser, die wir schon zu lange verschonen
edmund stoiber ist deutschlands größter hurensohn
zu viele brüder und schwestern sind tot, doch nicht vergessen
der gedanke, dass sie weg sind, macht mich besessen
kann nicht essen, kann nicht ruhen, kann nicht schlafen
bevor ich sterbe, muss ich diese bastarde bestrafen

Refrain: kanak attak – wir nehmen das, was uns gehört
mit einem bild, das dich betört
stehen in einer tradition
kommen mit unserer vision
die idee, die in die zukunft weist
längst schon Zeit, kanak attak rise!

„kill the nation with a groove"

Hardcore meets HipHop (LJ)

Die Punk/Hardcore-Szene war schon Anfang der Achtziger gut organisiert. Es existierten viele unabhängige Magazine, Fanzines und kleine Plattenlabels. In Autonomen Jugendzentren (AJZ) oder besetzten Häusern fanden regelmäßig Konzerte statt und Magazine wie das *ZAP*, das im saarländischen Homburg von Moses Arndt herausgegeben wurde, erreichten bei monatlichem Erscheinen eine Auflage von vier- bis fünftausend Exemplaren. Und dennoch waren Anfang der Neunzigerjahre viele der Meinung, die Szene würde inhaltlich stagnieren. Punkrock/Hardcore sei in Deutschland ein aufgeblasener Popanz, musikalisch ausgelaugt und die Texte würden sich in den meisten Fällen im Kreis drehen, diagnostizierte *Ale*, Expunk und Chef des *Buback*-Labels in Hamburg, im Booklet des HipHop-Samplers *Kill the Nation with a Groove*. Die älteren Bands versuchten, sich durch einen Plattenvertrag mit einer großen Firma ihren Anteil zu sichern, und der Nachwuchs tue nichts anderes, als die Fehler der Alten zu wiederholen. Obwohl sich die Strukturen über die Jahre verbessert hätten, sei inhaltlich kein frischer Wind zu spüren, beklagte sich *Ale*. Für ihn ist klar: Das neue Ding muss her.

Einige Aktivisten der Punk/Hardcore-Szene sahen im Underground-HipHop „das neue Ding" und bemühten sich, der jungen Bewegung, die gerade erst aus dem überschaubaren Kreis der Old-School-Jams herausgetreten war, unter die Arme zu greifen. Die Auseinandersetzung um Mainstream und Subkultur, Sellout und Major Companies, die in der HipHop-Szene zu dieser Zeit erstmals geführt wurde, war in der Punk/Hardcore-Szene schon mehrfach diskutiert worden. Leute wie *Ale* hatten die Hoffnung, hier korrigierend einzugreifen und die HipHops von den eigenen Erfahrungen profitieren zu lassen. Auch Moses Arndt suchte den Kontakt zur HipHop-Szene. Im *ZAP* konnte man ab 1992 regelmäßig Interviews mit Rap-Gruppen wie *Advanced Chemistry, Absolute Beginner, Anarchist Academy* oder *Public Enemy* lesen.

ZAP-Macher Moses Arndt

Anarchist Academy live on stage in Chemnitz 1994

Ein erstes szeneübergreifendes Projekt und wichtiges Statement kurz nach dem Beginn der rassistischen Anschläge war die Maxisingle „80.000.000 Hooligans", die die Punkband *Die Goldenen Zitronen* aus Hamburg im August 1992 zusammen mit den Hamburger Old-School-HipHops von *Easy Business* und dem New Yorker Rapper *Eric IQ Gray* aufnahm. Der harte, aggressive Rap, die treibenden, kräftigen Beats und rohen Scratches dieser Produktion passten gut zu den radikalen Lyrics und der kompromisslosen Absage an den neuen deutschen Nationalstolz.

Ebenfalls 1992 bahnte sich eine Kooperation zwischen dem HipHop-Label *MZEE* und *Ale* von *Buback* an, die schließlich zu *Kill the Nation with a Groove* führte, einem HipHop-Sampler, auf dem neben wichtigen Old-School-Repräsentanten wie *Cora E* (die damals noch auf Englisch rappte) auch junge Bands wie die *Absoluten Beginner* und einige Britcore-Acts, wie *Ready Kill* oder *No Remorze*, vertreten sind. Bereits in dieser frühen Phase vorsichtiger Zusammenarbeit von HipHop und Punk/Hardcore wurden die grundlegenden Missverständnisse deutlich. Der Albumtitel *Kill the Nation with the Groove* war noch ein Kompromiss, mit dem beide Seiten zufrieden sein konnten: Der Slogan hat Style und Inhalt. Aber schon bei der Gestaltung des Covers schieden sich die Geister. Das sehr dynamische, in blutigem Rot gehaltene Bild *(Buback)* konnte kein HipHop mit einem halbwegs ausgeprägten Sinn für Form und Farbe im Graffiti gutheißen. Auf der anderen Seite verliert das Booklet *(MZEE)*, das sich ausführlichst mit den Wurzeln von HipHop in Deutschland und den USA beschäftigt, kein Wort zum Thema des Samplers, kein Wort zur aktuellen politischen Situation in Deutschland, kein Wort zur Projektüberschrift „Kill the Nation ...". Zwar geht *Ale* in einem kurzen Nachwort auf die Gefahr einer Vereinnahmung der Szene durch die Etikettierung „100 % German HipHop" ein, aber das bleibt eher nebensächlich. Offensichtlich hatte man unterschiedliche Interessen.

„So wie ich das mitbekommen habe, lag das Interesse der Punk- und Hardcore-Leute an HipHop vor allem an den Inhalten", beschreibt *Akim Walta* von *MZEE Records* rückblickend seinen Eindruck. „Das war wohl eine Sache, mit der die sich auch identifizieren konnten. Das waren in erster Linie wohl die politischen Sachen, die ja bei *Advanced Chemistry* in einem Song auch eine Rolle gespielt haben und auch von ihrer Biografie her sicher, nur war es nicht erklärtes Ziel. So wie sie Songs über Politik gemacht haben, haben *Advanced Chemistry* auch Songs über HipHop gemacht oder über die letzte Graffiti-Wand. Von daher war das für uns auch etwas merkwürdig, auch weil wir uns nicht unbedingt mit den Punk-Idealen identifizieren konnten und wollten. Eigentlich war unsere Einstellung ja anders; nur in dem Bestreben, unabhängige Strukturen zu schaffen und sich als Writer vom Establishment abzuheben, gab es Überschneidungen. Da war also einerseits ziemlich viel Zuspruch, den man auch zu nutzen versuchte, andererseits wusste man auch nicht so recht, warum das jetzt so war. Man konnte jetzt aber auch nicht was Negatives darin sehen. Ich bin damals mit *Ale* in Kontakt gekommen. Der wollte diesen Sampler machen, *Kill the Nation with a Groove,* das hatte sich alles schön angehört und wir haben ja auch das Booklet dafür gemacht. Daran sieht man die extremen Unterschiede ganz gut. Wir haben uns wirklich gut verstanden und haben das auch gut umgesetzt. Nur wenn du mal die Inhalte des Begleithefts mit dem Cover der Platte vergleichst, das waren Welten, die dazwischenlagen. Ich konnte das vom Cover her auch unmöglich gutheißen, weil ich selbst irgendwie jahrelang gesprüht habe."

Im Gegensatz zur Hardcore-Szene, die in den Achtzigerjahren durch verschiedene politische Debatten gegangen war und Demos, Blockaden oder Hausbesetzungen organisiert hatte, war HipHop lange Zeit gesellschaftlich isoliert und nur mit sich selbst beschäftigt gewesen. Natürlich gab es vor allem im Umkreis von Graffiti schon früh Konfrontationen mit Justiz und Polizei, doch waren das unvermeidbare Begleiterscheinungen, die nichts oder nur wenig mit einer politischen Haltung zu tun hatten. Der Dortmunder Old-School-Writer *Shark* brachte diese Einstellung 1995 in einem Interview auf den Punkt: „Pass auf, es gibt Gesetze und wir halten uns nicht dran, also sind wir Kriminelle und Anarchisten, weil: Wir bevorzugen den Weg, den *wir* leben. Aber das heißt, dahinter steckt keine politische Aussage und wir sagen auch nicht bewusst: ‚Wir sind gegen diese Gesetze.' Dass die Gesetze gegen uns sind, ist nur eine beiläufige Randerscheinung. Wir sind nicht bewusst gegen das System, wie die ganzen Punker, die immer versuchen, bewusst gegen etwas zu sein. Wir sind bewusst etwas, aber nicht bewusst gegen etwas."

Erst Gruppen wie *Advanced Chemistry* und *Fresh Familee* reagierten 1991/92 in ihren Lyrics auf die sich verändernden gesellschaftlichen Verhältnisse, jedoch nicht aus einer theoretischen Einsicht heraus, die beispielsweise das kapitalistische System infrage stellte, sondern weil sie nach der Welle von fremdenfeindlichen Anschlägen aufgrund ihrer Hautfarbe oder der Herkunft ihrer Eltern direkt betroffen und bedroht waren.

Das Cover des *Kill the Nation with a Groove*-Samplers konnte die HipHops nicht überzeugen

„Das politische Interesse wurde von den HipHops oft als Vereinnahmung empfunden", erinnert sich *Akim Walta,* „der Bezug, den beide Szenen zu Bands wie *Public Enemy* oder *KRS ONE* hatten, beruhte auf ganz unterschiedlicher Wahrnehmung. Da wurde eben alles politisiert und dagegen haben wir uns auch ein bisschen gewehrt, weil HipHop eigentlich unpolitisch ist – unserer Meinung nach –, also in dem Land, in dem wir uns befinden, das heißt, man darf es nicht darauf beschränken. Politik spielt eine Rolle, wie jedes andere Thema auch, aber es darf eben nicht darauf eingeengt werden. Ich denke, in den USA ist es wieder anders, weil da die Situation auch völlig anders ist. Eine Gruppe wie *Public Enemy* hat da richtig Sinn gemacht, aber wenn *Advanced Chemistry* einen Song gegen Rassismus gemacht haben, dann ging es erst mal nicht um die politische Aussage, sondern um die persönliche, weil die das an ihrer eigenen Haut erfahren haben. Deshalb gab es da natürlich Abgrenzungsbemühungen."

Abgrenzung und Identität waren auch in der Auseinandersetzung mit der Hardcore-Szene wichtig, vor allem, als in der Nachfolge von Bands wie *Rage Against The Machine* auch in Deutschland Bands aus der Independent- und Hardcore-Szene begannen, mit Samplern und Rap-Vocals zu experimentieren. Diese Herangehensweise stieß in der HipHop-Community auf wenig Gegenliebe. Begriffe wie „Jam", „HipHop", „Rap" etc. erfreuten sich auch in Kreisen außerhalb der HipHop-Szene wachsender Beliebtheit und wurden in postmoderner Unbekümmertheit munter gesampelt. Was den einen eine willkommene Bereicherung war, ein neues Phänomen, aus dem man sich spielerisch einige Versatzstücke entlieh, erschien den anderen wie Piraterie.

    An der Gruppe *Mastino*, die 1993 ihre erste Maxisingle veröffentlichte, entlud sich die ganze Wut der HipHop-Szene. Ralf Kotthoff, der mit *Akim* das *MZEE*-Fanzine in den Jahren 1992 bis 1994 herausgab, verlor in der Frühjahrsausgabe des Magazins 1993 deutliche Worte über die Band: „Nachdem wir das erste Promo-Tape dieser Gruppe [*Mastino*] noch totgeschwiegen haben, ist es jetzt an der Zeit für deutliche Worte: Wer denkt, dass deutscher Rap aus Dahingerede und Rhythmusschlagzeug besteht, ist bei uns völlig fehl am Platz. Die Seuche der Punk- und Indierock-Bands, die jetzt auf einmal den Rap für sich entdecken, hat nicht die Bohne mit HipHop zu tun und dementsprechend SCHEISSE ist auch das Resultat. Also von unserer Seite her (der HipHop-Seite eben) sind Sachen wie Mastino überflüssiger als Quark am Stiel. Weg damit!"

    Mit *Krombacher MC* aus Hilden oder *Such a Surge* aus Braunschweig tauchten dann aber junge Bands auf, die Crossover ganz neu für sich entdeckten. Sie waren außerhalb oder am Rand der Szene auf HipHop aufmerksam geworden und kombinierten Rap mit einem klassischen Band-Programm. Auch diese Projekte wurden von den HipHops der Alten Schule, die mit dem *MZEE*-Magazin über die Jahre 1992 bis 1994 ein wichtiges Sprachrohr hatten, skeptisch beobachtet, wobei die Skepsis auch auf der anderen Seite groß war.

    „Ich würde mich nicht als HipHop betrachten, aber ich habe HipHop als Musik immer geliebt", erklärt *Mindix* von *Krombacher MC* sein Verhältnis zu HipHop. „Dadurch bekommst du natürlich auch den ganzen anderen Kram mit, Graffiti und Breakdance und so. Das fand ich auch immer cool, ohne dass ich das jetzt unbedingt selbst machen wollte. Die ersten Berührungen mit der HipHop-Szene in Deutschland haben bei mir aber dann doch erst mal Unverständnis ausgelöst. Ein Beispiel: Wir haben auf einer HipHop-Jam in Offenbach gespielt und wir waren die einzige Band mit Instrumenten. Als wir dabei waren, unsere Sachen aufzubauen, haben schon einige Leute skeptisch geguckt und während des Konzerts ist die Hälfte der Leute desinteressiert rausgegangen. Ich habe das nicht verstanden, warum eine Band, die ja wirklich Musikalität live bringt und eben nicht ein Band im Hintergrund laufen hat, von den reinen HipHops null Respekt bekam und die so engstirnig waren. Schon als unser Saxofonist Soundcheck gemacht hat, haben die gedacht, sie sind auf der Kirmes. Das habe ich nicht verstanden. Man muss dazusagen, dass die alle noch sehr jung waren, und bei mir hat sich auch der Eindruck verhärtet, dass die wirklich breaken wollten vor der Bühne, dass die nur reine Rapper haben wollten und hinten eben einen Plattenspieler. Bei mir war das genau umgekehrt. Ich erinnere mich noch an mein erstes *Gang Starr*-Konzert, da hatte ich dreißig D-Mark bezahlt und war bitter enttäuscht, als die ganz ohne Instrumente auftraten. Mir war das nach einer halben Stunde zu langweilig. Hinten wurde gekratzt und vorn haben die Jungs eine Story erzählt, die ich eh nicht verstanden habe."

Dagegen verstanden sich *Anarchist Academy* aus Iserlohn/Lüdenscheid als reine HipHop Band und hielten sich strikt an das Old-School-Reinheitsgebot „Two Turntables and a Microphone". Sie vertraten jedoch politisch radikale Inhalte und waren auch vom Rap-Stil her nicht zu vergleichen mit Gruppen wie *Advanced Chemistry*. Die Reaktionen der HipHop-Szene waren entsprechend verhalten bis ablehnend. Ganz anders das Echo in der Hardcore-Szene. Schon das erste Demotape wurde im *ZAP* zum Tape des Monats gekürt und wenig später kamen aus allen Teilen des Landes Anfragen von autonomen Jugendzentren und besetzten Häusern, die die Band für Konzerte buchen wollten. Anfang 1993 waren *Anarchist Academy* dann plötzlich live on stage in der Hamburger Markthalle – zusammen mit der Punk-Legende *Slime*, den *Emils* und der Hamburger Gruppe *But Alive*. Der Saal war brechend voll und einige der anwesenden Punks begegneten dem straighten HipHop-Sound der Gruppe mit gezielten Flaschenwürfen. Die Verwirrung war auf beiden Seiten groß und es brauchte seine Zeit, bis sich Bands wie *Anarchist Academy* oder *Such a Surge* ihr eigenes Publikum erspielt hatten.

Trotz aller Vorbehalte wurde die Infrastruktur der Hardcore-Szene jedoch von vielen HipHop-Bands gern genutzt. Auf Labels wie *Move*, *Tribehaus* oder *Buback*, die von Leuten aus der Hardcore-Szene geleitet wurden, wurden Platten von *Main Concept*, *Too Strong*, *Cora E* oder *Absolute Beginner* veröffentlicht und immer öfter fanden HipHop-Jams oder Konzerte in autonomen Zentren statt.

Dennoch wusste keiner so recht, wie ein Schulterschluss der beiden Szenen funktionieren sollte. Diskutiert wurde diese Frage vor allem im *ZAP*-Magazin. Ab Mitte 1993 erschien eine monatliche Kolumne mit dem Titel „HipHop Hurra" von *Andreas Purzer*, einem Old-School-HipHop aus München. Aber auch *ZAP*-Schreiber wie *Gonzo*, der sich intensiv mit der junge HipHop-Szene auseinander setzte, beteiligten sich an der Debatte.

Im Dezember 1993 erklärte *Andreas Purzer* in seinem Artikel, warum sich seiner Meinung nach der Annäherungsprozess der beiden Szenen so schwierig gestaltet: „Der Grund dafür ist meiner Meinung nach ganz klar, dass die HipHop-Leute zurzeit viel zu sehr damit beschäftigt sind, ihr eigenes Ding unter Kontrolle zu halten und strukturell erst mal aufzubauen. Dabei fehlen die Zeit, Energie, Übersicht, Erfahrung etc., um auch noch einen sinnvollen Crossover mit einer anderen, nahe liegenden Subkultur in die Gänge zu leiten. Die Hardcore-Szene tut sich in dieser Beziehung natürlich leichter, da eine feste Infrastruktur bereits existiert und man sich nun auch um andere Movements kümmern kann. Gebt HipHop einfach noch etwas Zeit und Unterstützung, um sich zu organisieren, dann wird ein Crossover, unter Umständen ganz selbstverständlich, zustande kommen. Bis es aber tatsächlich so weit kommt, wird noch ein langer Entwicklungsprozess zu durchlaufen sein, an dessen Anfang wir erst stehen."

Zu einer weiteren Annäherung der beiden Szenen sollte es jedoch nicht kommen, zu groß waren die ästhetischen und inhaltlichen Unterschiede. Der Battle-Gedanke beispielsweise, der im HipHop ein Leistungs- und Wettkampfprinzip verankert, war für die meisten Punk/Hardcore-Fans nur schwer nachvollziehbar. Auch den Idealen der Zulu-Nation, die zu dieser Zeit innerhalb der HipHop-Szene große Aktualität hatten, begegnete die Hardcore-Szene mit Kopfschütteln. Der Slogan „Keine Gewalt!" stieß auf Unverständnis, weil man nicht wusste, dass „keine Gewalt" im HipHop-Kontext bedeutete „keine Gewalt gegen dich selbst und den, der dein Schicksal teilt". „Keine Gewalt" wurde auf die aktuelle Situation in Deutschland bezogen und man warf den HipHops vor, dass sie sich in Anbetracht brennender Asylbewerberheime für Gewaltlosigkeit gegenüber Nazis entscheiden würden.

„Die Entwicklung, die HipHop in Deutschland gerade erfährt und schürt, finde ich da eher nicht so gelungen. Denn obwohl die Leute ja auch nicht müde werden, ihr antirassistisches Bild mit einzubringen, wird das Ganze doch mehr als Mode stilisiert, inklusive auch der richtigen Klamotten und dem Pipapo", stellte *Gonzo* im *ZAP* (3/93) fest. „Doch was bleibt dann, wenn der Trend vorübergeht? Und mit dem absolut gewaltfreien, konsensfähigen Bild, was die Szene da von sich abgeben lässt, ist sie doch eher willkommene Schau, quasi als Vorzeigeobjekt, das es mit dieser Gesellschaft doch funktioniert, dass es doch was anderes als einen Rechtstrend in D'land gibt. Quasi als die Lichterketten der Jugendbewegung. Wohl gerade weil sie sich dafür sehr gut eignen, ist die Präsenz in allen

Medien sehr groß. Wir wollen sehen, wie die Entwicklung weitergeht, für den Augenblick stelle ich fest, dass der Anfang etwas misslungen ist."

In den neuen Bundesländern sah die Situation allerdings etwas anders aus. Der Rechtsruck nach der Wiedervereinigung mobilisierte in vielen Gegenden der ehemaligen DDR eine militante Neonazi-Bewegung, die andere subkulturelle Strömungen dazu zwang, enger zusammenzurücken. Skater, BMX-Freaks, Hardcore-Fans, Punks und HipHops waren aufgrund ihrer äußerlichen Erscheinung gut erkennbar und hoben sich deutlich ab vom Glatzen-Einheitslook der Neonazis. Es genügte ein Skateboard unter dem Arm oder eine Baseballkappe auf dem Kopf, um in Leipzig, Dresden oder Jena in bestimmten Gegenden verprügelt zu werden. Dadurch rückte man automatisch enger zusammen. In den autonomen Zentren oder linken Jugendhäusern trafen sich alle, die keine Neonazis waren und eine antifaschistische Grundeinstellung teilten. „Das war eigentlich ziemlich schnell klar, dass du als HipHop was riskierst", erzählten uns HipHops aus Chemnitz, Leipzig oder Erfurt, wenn wir dort mit *Anarchist Academy* ein Konzert gaben. „Wenn du Pech hast, klatschen dich die Nazis schon wegen einer weiten Hose oder Sneakers. HipHop sein bedeutet Antifaschist sein. Du gehst halt einfach ein Risiko ein, allein wegen den Klamotten, die du trägst, dem Style und der Musik, die du hörst." Die meisten HipHops im Osten sind nicht unbedingt Fans von Hardcore-Musik, aber man respektiert sich eben, da jeder weiß, wie wichtig der Zusammenhalt ist.

Im *Conne Island,* einem großen autonomen Zentrum in Leipzig-Connewitz, stehen vor der Konzerthalle Skaterampen, das gesamte Gelände ist besprüht mit Graffiti, es gibt einen Info-Laden und ein regelmäßiges antifaschistisches Plenum. Das Konzertprogramm ist bunt gemischt. Im April 2000 spielten dort *DJ Storm* (Drum & Bass), *Dynamite Deluxe* (HipHop), *Red London* (Oi-Punk), *Torch & Zulu Soundsystem* (HipHop), *Vision* (Hardcore) und *Razzia* (Punkrock). Ein „Schulterschluss" zwischen Hardcore und HipHop hat hier also funktioniert, allerdings gab es darüber keine großen Debatten. Die Verhältnisse legten es nahe, sich Räumlichkeiten zu teilen und organisatorisch zusammenzuarbeiten. Wer sich in den neuen Bundesländern dazu entschließt, HipHop zu sein, der fällte notgedrungen auch eine politische Entscheidung, weil er sich dadurch zur Zielscheibe von Neonazi-Attacken macht. Es ist klar, dass solche Umstände ein Szenebewusstsein mit sich bringen, das sich von dem in Stuttgart oder Hamburg unterscheidet.

„ich bin jung und open-minded"

Die neue Schule *(LJ)*

Der Erfolg der *Fantastischen Vier* entpuppte sich als zweischneidige Angelegenheit. Einerseits bekam der Medienhype um „Deutschrap" eine beängstigende Eigendynamik, sodass die Befürchtungen berechtigt waren, man werde demnächst mit einer Fülle schlechter Rap-Produktionen überschwemmt, die nichts mehr mit dem ursprünglichen HipHop zu tun haben. Andererseits ermutigte die *Jetzt geht's ab* der *Fantastischen Vier* viele Jugendliche, die keinen Kontakt zur Old School hatten, dazu, sich ans Texten zu wagen. *Sven Franzisko,* der zu der Zeit mit seiner damaligen Band *Fischmob* dabei war, die ersten Beats zu produzieren, war von der ersten Begegnung mit den *Fantastischen Vier* angetan: „Ich habe die *Fantastischen Vier* das erste Mal auf einem Festival an der Loreley gesehen. Da kannte ich die Platte noch überhaupt nicht. Die kamen dann plötzlich mit *Ernie und Bert*-Platten. Und ich dachte: Mensch, das gibt's doch gar nicht, es gibt noch andere Leute, die deutschsprachigen HipHop machen! Es gab ein paar dusselige Stücke, klar, aber es wäre gelogen, würde ich sagen, ich hätte die nicht großartig gefunden."

Vielen ging es ähnlich, denn das erste *Fanta Vier*-Album landete zum größten Teil bei Leuten, die echtes Interesse an HipHop hatten oder selbst rappten. Die Party- und Spaß-Lyrics der *Vier* und die überraschende Erfahrung, dass Rap in deutscher Sprache eine ganze LP tragen konnte, spornte viele Rapper in Deutschland an, mit ihren eigenen Sachen voranzukommen. Das alles geschah vor dem Erfolg von *Vier Gewinnt,* dem zweiten Album der *Fantastischen Vier,* das dann bei den Meisten nur noch Kopfschütteln hervorrief. „„Die da?" fand ich zu anbiedernd", erinnert sich *Sven,* „das war mir echt peinlich. Ich habe mir das *Vier gewinnt*-Album geholt, ohne es vorher gehört zu haben, und dachte nur: Nee, das sind nicht die *Fantastischen Vier,* die ich früher toll fand."

Auf der anderen Seite wuchs mit dem Charts-Erfolg von „Die da?" auch das Interesse von Publikum und Plattenindustrie für deutschsprachigen Rap. Das bedeutete langfristig auch für die Gruppen aus dem Untergrund größere Plattenverkäufe und ein verstärktes Medieninteresse. Es war wohl selten zuvor so einfach, Tonträger aufzunehmen, wie für HipHop-Bands in dieser Zeit. Die Major- und Independent-Labels orientierten sich um; nach dem ersten Demotape folgte meist sofort eine Maxisingle. Und die Verkaufszahlen lagen selbst bei völlig namenlosen Gruppen zwischen ein- und fünftausend Stück. Die Veröffentlichungsrate von HipHop-Tonträgern mit deutschsprachigen Lyrics im Jahr 1992 lag schon doppelt so hoch wie im Jahr davor; 1993 verfünffachte sie sich.

Der plötzliche Erfolg der *Fantastischen Vier* führte auch dazu, dass immer neue Gruppen in die HipHop-Szene drängten, was die Situation der Alten Schule nicht gerade vereinfachte. Wer meinte es ernst von den Neuen? Wer war bloß Mitläufer? Wen sollte man aufnehmen, fördern? Wen verstoßen? Die Kriterien am Anfang hießen: Alles, was im Entferntesten an die *Fantastischen Vier* erinnerte, und alles, was sich auf einen Major-Deal einlassen wollte, konnte mit HipHop nichts zu tun haben. „Wenn sich jetzt eine Gruppe an ein Major-Label verkauft", schrieb *Akim* damals im *MZEE*-Magazin, „um den scheinbar leichteren, kommerziell günstigen Weg zu gehen, ist das in meinen Augen Sellout, Verrat an der Szene. Warum, fragst du mich? Weil die Majors nicht an der Musik, sondern nur am Geld interessiert sind. Firmen wie Intercord, East West und Polydor haben ihre Fühler ausgestreckt und wollen sich einen Platz im Trendjet, der da ,deutscher Rap' heißt, sichern." Major gleich Satan lautete die Formel und das bekamen als erster Underground-Act *Fresh Familee* zu spüren, als sie einen Vertrag bei *Mercury* unterschrieben. „Mit *Torch* und *MZEE* und den Jungs haben wir nur gekämpft. Die haben uns immer kritisiert, anstatt sich zu freuen, dass einer aus ihren Reihen mal etwas Erfolg hat und mehr Leute erreicht", erinnert sich *Tachi*.

Mit *Main Concept* (München), *Absolute Beginner* (Hamburg), *Fettes Brot* (Hamburg) und *Massive Töne* (Stuttgart) betrat eine neue Generation von Rappern die Bühne, die ihr Verständnis der HipHop-Kultur erst noch finden musste zwischen Alter Schule und den *Fantastischen Vier,* zwischen Underground und Plattenvertrag. Einerseits unterstützten sie die Alte Schule in ihrem Abgrenzungsbestreben, andererseits waren sie auf eine kritische Distanz zur Old School bedacht. Viele dieser Bands sind heute äußerst erfolgreich und es hat sich gezeigt, dass die Befürchtungen der Alten Schule letztlich unbegründet waren. Alle diese Bands stehen in ihrer Tradition, Gruppen wie *Advanced Chemistry* sind der Bezugspunkt der neuen Generation, und nicht die *Fantastischen Vier.*

„aus den fußstapfen muss ich rausspringen"

MC René *zwischen Alter und Neuer Schule* (LJ)

Als der zwölfjährige *MC René* aus Braunschweig Anfang der Neunzigerjahre von der Alten Schule „entdeckt" wurde und als ultimatives Freestyle-Talent auf fast jeder Jam im Land zu sehen war, prophezeite man dem jungen Nachwuchsrapper eine goldene Zukunft. *René* verkörperte eine Zeit lang den Idealtypus des neuen HipHops: talentiert, präsent und ehrfürchtig. Ihm kam die Ehre zu, als einziger Nicht-Old-Schooler auf dem Alte-Schule-Sampler die neue Generation zu vertreten, und zwar mit einem Song mit dem bezeichnenden Titel „Die neue Reimgeneration": „respekt an die alte schule, die die basis erschufen / der hiphop-kultur, die so genannten grundstufen / ich kann sie nicht übergehen, muss sie erst einmal verstehen / nur dann kann ich weitergehen", rappte *René* folgsam und hob den erzieherischen Einfluss hervor, den HipHop als Kultur auf ihn gehabt hatte: „1990 kein plan, was hiphop war / nur imponiergehabe überall wo man mich sah / ich begriff, dass ich mich nun in einer kultur beweg / wo der b-boy langfegt, der dj platten auflegt / der reimer kommentiert, indem er drüber dichtet/ drogenfrei bleibt und auf gewalt verzichtet." Mehr konnte sich die Alte Schule kaum wünschen. Kein Imponiergehabe wie bei den *Fantastischen Vier,* sondern Bescheidenheit im Wissen darüber, dass HipHop kein Musikstil ist, sondern „sprechgesang nur ein teil der kultur" *(Cora E)*.

Allerdings hatte die frühe Aufnahme in den Kreis der Alten Schule zur Folge, dass *René* keine klare Position innerhalb der HipHop-Szene erlangen konnte. Einerseits konnte er – schon allein aufgrund seines Alters – nie Teil der Alten Schule werden, andererseits führte seine Sonderstellung dazu, dass er auch in der New School keinen souveränen Platz fand. *René* war immer nur Rapper und Entertainer. Die Beats produzierte mal dieser, mal jener und selten gelang eine wirklich harmonische Zusammenarbeit. Symptomatisch für *Renés* Rolle war auch seine geografische Entwurzelung. In Braunschweig, seiner „Homebase", fand er nie die richtigen Leute für eine

DJ Mirko Machine und
MC René 1995

Das Plattencover der ersten LP
von MC René, „Renevolution"

fruchtbare Zusammenarbeit. Er reiste früh von Jam zu Jam und lebte noch einmal die Reisekultur der alten Jam-Tage, zu einer Zeit wohlgemerkt, als die aufstrebende New School sesshaft werden sollte. Die Szenen in den verschiedenen Städten waren inzwischen so weit gewachsen, dass es keine Notwendigkeit mehr gab, von Stadt zu Stadt zu reisen.

Dass *René* heute eine HipHop-Sendung moderiert, die – im Gegensatz zu den Vorgängern *Freestyle* und *Wordcup* – ohne feste Homebase auskommt, und dass *René* als Reisender unterwegs ist, um die Leute vor Ort zu besuchen, passt sehr gut zu seiner Geschichte. Er selbst beurteilte seine Rolle schon Anfang 1996 kritisch. Auf die Frage des *Intro*-Magazins, wie das für ihn gewesen sei, als einer der wenigen Jungen von den Old Schoolern so gefördert zu werden, antwortet er nüchtern und ehrlich: „Das war schon was Besonderes. Ich habe zu ihnen aufgeschaut. Heute schaue ich nicht mehr nach oben. Ich stehe mit denen auf einer Ebene. Ich respektiere sie nach wie vor und habe viel von ihnen gelernt. Wenn ich mich jetzt umschaue, könnte ich viele Sachen kritisieren. Es war cool, mit denen auf Tour zu gehen, aber es war nicht so, wie ich es mir vorgestellt habe. Wenn ich ehrlich bin, haben mich diese Leute ziemlich enttäuscht. Also in der Zeit, in der man gar nichts mehr von mir gehört hatte, da habe ich zu mir selbst gefunden, habe meine Stärken und Schwächen erkannt und gelernt, wie ich was einzusetzen habe. Das war eine Zeit, in der ich in ganz normalen Jobs und so gearbeitet habe." Als Moderator von *Mixery Raw Deluxe* feierte er im Januar 2000 sein Comeback und arbeitet parallel an seiner Solokarriere als Rapper.

„stehlen den hiphop-begriff und drehn ihn um"

Der Tobi und das Bo *(LJ)*

„Respektiere auch das, was aus deinem After kommt" stand auf dem T-Shirt der Rap-Gruppe *Der Tobi und das Bo*, deren LP *Genie und Wahnsinn* im Oktober 1994 von *Yo Mama* veröffentlicht wurde und von der Major-Plattenfirma Metronom vertrieben wird. Ein Affront gegen die Bemühungen der Alten Schule. *Tobi und Bo* stammen aus einem Dorf nördlich von Hamburg und waren etwa zehn Jahre alt, als sich 1986/87 die Old School in Deutschland formierte. Abseits der Sorgen und Ängste der Alten Schule bastelten sie seit 1992 in der norddeutschen Provinz an eigenen Reimen und Beats. Als ihr Longplayer erscheint, sind die beiden gerade mal neunzehn Jahre alt. *Tobi und Bo* sind von der Basis der Old School – nicht nur vom Alter her – so weit entfernt, dass sie sich mit einer beispiellosen Unbefangenheit Freiheiten herausnehmen, denen die alten Kämpfer nicht mehr angemessen zu begegnen wissen. Der Kontrast konnte nicht stärker sein: *Storm*, der B-Boy alter Schule, ernsthaft, bemüht und kritisch, neben *Tobi und Bo*, im April 1995 im Studio von Viva-*Freestyle*. *Storm*, der die Sendung moderierte, versuchte ein ernsthaftes Gespräch über HipHop zu führen, was die beiden nicht zuließen. Durch ihre Strategie der Kommunikationsverweigerung entgingen sie einer lästigen Zuordnung und wurden bald als eigenständiges Phänomen wahrgenommen; jenseits von *Advanced Chemistry* und den *Fantastischen Vier*.

1993 hatten *Advanced Chemistry* auf ihrer Maxi „Welcher Pfad führt zur Geschichte" gerappt: „poprapper und dieses ganze pack / treibt mit hiphop einfach so seinen schabernack / sie stehlen den hiphop-begriff und drehn ihn um / machen ihn krumm / sonnen sich dann in seinem ruhm." Diese Kritik der Alten Schule machten *Tobi und Bo* zum Ausgangspunkt ihres Songs und nannten ihn „poH piH". Im Intro zu „poH piH" wenden sich die beiden mit einer kurzen Ansprache direkt an die Old School: „Dieses Stück geht raus an die Alte Schule und es soll ihr zeigen, dass wir sie respektieren und sie hören, obwohl wir nicht immer mit dem einverstan-

den sind, was sie sagen. Wir hören ihre Lieder, verstehen und kritisieren sie. Dies ist eine Kritik. Also bitte, alle Altschüler, die dieses Lied hören, seid nicht sauer." Was für eine sympathische und umgängliche Art, eine Offensive einzuleiten. Auf solche Schüler sollte man eigentlich stolz sein. Doch der Sinn für ironische Spitzfindigkeit war innerhalb der Alten Schule zu der Zeit nicht sonderlich ausgeprägt.

„poH piH" wurde zum Eröffnungsstück von *Die Klasse von '95* und bekam einen programmatischen Stellenwert. Dazu muss man wissen, dass die Plattenfirma *MZEE,* die den Sampler ins Leben gerufen hatte, Ende 1993 auch für das Alte-Schule-Projekt verantwortlich war. Rückblickend begründet *MZEE*-Chef *Akim* seine Entscheidung so: „Bei Gruppen wie *Tobi und Bo* tat es mir sehr Leid, dass die so ins Kreuzfeuer der Kritik gerieten, obwohl die auch sehr real waren, auf ihre Weise haben die ihr Leben repräsentiert. Natürlich sind die nicht mit Graffiti oder Breaken groß geworden, aber sie haben sich auch nicht danach verstellt. Da lag dann auch die Idee von *Klasse von '95*, um der kommenden Generation den Weg zu ebnen." Neben *Tobi und Bo* waren auf der Platte *MC René, F.A.B., Raid, Die Coolen Säue, Fettes Brot, ZM Jay, Main Concept, Massive Töne* und die *Stieber Twins* vertreten, eine Auswahl, die nur einen Bruchteil der Szene widerspiegelte, aber ohne Zweifel wichtige Gruppen repräsentierte. In der Presse stieß *Die Klasse von '95* durchweg auf positive Resonanz. In vielen Besprechungen bezogen sich die Journalisten begeistert auf „poH piH" und priesen *Tobi und Bo* als Speerspitze einer neuen Generation im HipHop.

Eine der schönsten Geschichten zu den Missverständnissen und Verständigungsproblemen, die die Auseinandersetzungen von Alter und Neuer Schule beherrschten, erzählte *Sven Franzisko:* „Das war so süß. *Koze* sollte für den ‚Schlüsselkind'-Track scratchen, weil die kurzfristig einen DJ brauchten. *Koze* ist dahin gefahren, hat gescratcht und alles war gut. *Cora* kannte *Koze* nicht und hatte seinen Namen immer nur geschrieben gesehen. Deshalb dachte sie, der Bursche heißt ‚cosi', also amerikanisch ausgesprochen. Während der Aufnahmen meinte dann irgendjemand: ‚Hey, Koze, das war geil.' Und Cora: ‚Waaas, wie heißt der?! Du heißt nicht »cosi«? Ich will niemanden auf meinem Album stehen haben, der Koze heißt!' *Koze* hat sich dann auch geweigert, auf ihrem Album mit draufzustehen. Stattdessen hat er sie auf seiner nächsten Veröffentlichung gegrüßt. *Cora* hatte dann noch ihre Socken im Containerstudio vergessen, und als die *Stiebers* mal da waren, haben die einen Bilderrahmen besorgt, die Socken eingerahmt und druntergeschrieben: ‚for Koze'. Das war einfach niedlich."

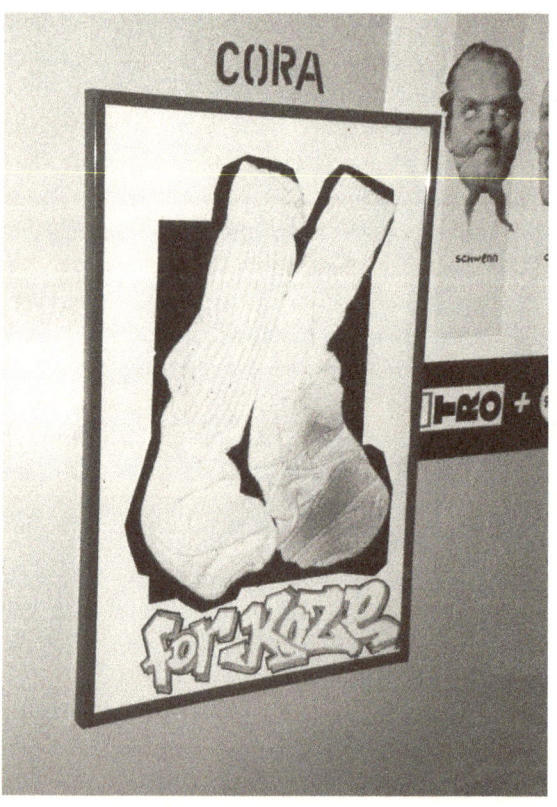

„for Koze": Die Stieber Twins rahmten die Socken ein, die Cora E im Studio in Hamburg vergessen hatte

„mach doch mal den beat lauter"

Tontechnik und Neue Schule (LJ)

Die neue Generation von Rappern zeichnete sich nicht mehr dadurch aus, dass sie von Jam zu Jam zog und gemeinsam mit den Breakern und DJs ihr Können präsentierte. Sie waren sesshaft geworden und repräsentierten ihre Stadt. Auf Reisen ging es jetzt im Rahmen organisierter Konzerttouren. Rap-Gruppen wurden in allen Teilen des Landes gebucht und man erwartete von ihnen ein abendfüllendes Programm. Außerdem wurde von den Rappern eine gewisse Professionalität in Sachen Sound und Show erwartet, was gerade am Anfang zu großen Schwierigkeiten führte. Das schützende Jam-Umfeld mit seinem kreativen Chaos fiel plötzlich weg und die Gruppen waren auf sich allein gestellt. Meistens an Orten, wo über Jahre hinweg nur Rockbands oder Hardcore/Punk-Acts aufgetreten waren.

Auf der einen Seite hatten die meisten Rapper von Anlagentechnik keine Ahnung und brachten lediglich ihren neu gekauften Sony-DAT-Rekorder mit, auf der anderen Seite wusste der Tontechniker vor Ort in den seltensten Fällen, was genau es mit einer „HipHop-Band" auf sich hat. Die Vokabel „Band" löst bei altgedienten Tontechnikern die Assoziation Musiker – Instrumente – Gitarre – Bass – Schlagzeug – Gesang aus und nicht fünf Mikrofone plus ein DAT-Rekorder plus zwei Plattenspieler. Zur Verwirrung auf technischem Gebiet kam dann noch das Zusammentreffen zweier ästhetischer Welten. Tabak rauchende, lederbehoste, langhaarige Soundrocker trafen plötzlich auf zappelige, ungeduldige HipHops, die mindestens zehn Jahre jünger waren und die technischen Codes nicht kannten. Daumen hoch hieß für die Rapper „Ist okay der Sound", für den Mann hinterm Pult jedoch „Noch lauter!". Kaum eine Rap-Gruppe hatte zu dieser Zeit ihren eigenen Tontechniker und so war man angewiesen auf die Leute vor Ort. Diese wiederum kannten sich mit den Gesetzmäßigkeiten des HipHop-Sounds nicht aus. Allein die Vorstellung, dass wirklich alle Instrumente von einem DAT-Band kommen konnten ...

Auch die Rapper mussten sich daran gewöhnen, ein ganzes Programm zu spielen und nicht nur die Pausen zwischen den Breakdance-Einlagen mit Partygeschnacke zu füllen. Song für Song und möglichst ohne peinliche Pausen sollte es nun gehen. Oft war das ein ernüchterndes Bild, wenn drei Rapper durcheinander quatschten und zum zehnten Mal riefen „Hey, ist Oldenburg (Stuttgart, Berlin …) gut drauf? Seid ihr im Haus?", während der Vierte verzweifelt den nächsten Song anspulte, weil man vergessen hatte, beim Zusammenschneiden des Instrumental-DATs ID-Punkte (Anspielpunkte) zu setzen. Auf einmal gab es keine Breaker mehr, denen sich das Publikum hätte zuwenden können, und so starrten die meisten Gäste fassungslos auf das Chaos, das vor ihren Augen auf der Bühne präsentiert wurde. Eine weitere schmerzhafte Angelegenheit war die Regelung des Monitorsounds. Rapper haben die Angewohnheit, ihr Mikrofon mit der ganzen Hand zu umklammern, ein Greifreflex, der sich wahrscheinlich aus den frühen Freestyle-Battle-Zeiten vererbt hat, als man sich gegen eine Unzahl von konkurrierenden MCs durchsetzen musste. Dadurch kommt es jedoch regelmäßig zu Rückkopplungseffekten, grässlich hohen Tönen, die einem direkt ins Rückenmark gehen.

Auf einer Jam in Bludenz 1995 mit *Blumentopf, Mad Mission* und *Schönheitsfehler* kam es zu einer amüsanten Episode, die dieses ständige aneinander Vorbeireden zeigt. *Blumentopf* hatten damals noch keinen eigenen Tontechniker dabei und mussten ihren Soundcheck notgedrungen mit dem Techniker vor Ort geregelt bekommen. Auf der Bühne herrschte das übliche Chaos. Irgendwann meldet sich *Holunder* beim Mischer: „Hey, mach doch bitte mal den Beat lauter." Aber es passiert nichts. *Holunder* wiederholt sein Anliegen: „Kannst du nicht mal den Beat lauter machen?!" Es passiert immer noch nichts. Schließlich kommt der Techniker hinter seinem Mischpult hervor, stellt sich vor die Bühne, stemmt die Arme in die Hüften und sagt verärgert: „Ja Herrgottsakrament, wer von euch ist denn jetzt der Beat?"

„... deshalb werd ich ein leben lang ein silo sein!"

Silo- versus Zulu-Nation (LJ)

Die sich entwickelnde Rap-Szene in Dortmund bezog sich von Beginn an stark auf die seit den Achtzigerjahren aktiven Writercrews der Stadt. Einige Rapper waren selbst aktive Writer und trugen in ihre Texte eine Mentalität, die ihrem nächtlichen illegalen Geschäft mit der Spraydose entsprach. Diese Zusammenhänge blieben selbst den Dortmunder Behörden nicht verborgen und so heißt es vom Grenzschutzbeamten Jürgen Karlisch, Einsatzleiter der Sonderkommission „Graffiti", er habe drei Hobbys: Kaffee, Zigaretten und HipHop. Denn: „Man kann ja nie wissen, welche kodierten Botschaften in den Texten der Dortmunder Rap-Formationen verborgen sind." In vielen Songs verbindet sich dieses Lebensgefühl mit einer proletarischen Liebe zur Region, in der man aufgewachsen ist, der Schatten des Förderturms, das nächtliche Erröten des Horizont beim Öffnen der Hochöfen, Kronenbier und BVB – solche Bilder finden sich auch in den Texten der Ruhrpott-Rapper wieder.

Im November 1994 erschien bei dem Dortmunder Label *Tribehaus Records* die erste Platte der Dortmunder Rap-Gruppe *Too Strong*, der damals neben den Gründungsvätern *DJ Zonic* und *MC Doze* noch *Der Lange* und *DJ Broke* angehörten. Die EP mit dem Titel *Rabenschwarze Nacht* enthält auf der B-Seite einen Track mit dem kryptischen Namen „Dortmund Silo", der binnen kürzester Zeit zu einem Underground-Hit in der Szene werden sollte und den Dortmunder Gegenentwurf zur Zulu-Nation schlagartig im ganzen Land bekannt machte. Während in Köln die Auseinandersetzung zwischen erster und zweiter Generation begonnen hatte und die Ideale der Zulu-Nation *Afrika Bambaataas* (keine Drogen, keine Gewalt, kreativer Wettstreit) von der Alten Schule gezielt als moralische Rückendeckung und geschichtliche Orientierungshilfe ins Feld geführt wurden, sehnten sich viele HipHops, denen die Zulu-Forderungen zu dogmatisch erschienen, nach einer Alternative.

Die verspätete Entwicklung der Rap-Szene in Dortmund, verbunden mit der europaweit geschätzten Writer-Szene der Stadt, führte zu einem selbstbewussten und unabhängigen Standpunkt gegenüber der restlichen Szene. Ursprünglich war die Idee, eine Silo-Nation zu gründen, nichts anderes als eine „Schnapsidee" im buchstäblichen Sinn des Wortes. *Shark,* der an jenem Gründungstag mit von der Partie war, erinnert sich: „Ach, das ist doch nur 'n Gag gewesen, das war absolut nichts. Die Jungs haben sich einen gesoffen. Es hieß ja immer: die Assis aus Dortmund. Den Ruf hatten wir weg. So um 1987/88, als der Alk ins Spiel kam, haben wir regelmäßig Schlägereien angezettelt, auf allen Jams. Das hat dann auch die nächste Generation übernommen, und gegen die politische Korrektheit der Zulu-Nation richtete sich dann die Silo-Nation, nach dem Motto: Trink, rauch, mach, was du willst. Mehr nicht." Was für *Shark* und andere Dortmunder ein Witz war, nahmen tausende von HipHops im ganzen Land begeistert auf. *Too Strong* wurden auf ihren Konzerten von grölenden Mengen mit „Silo! Silo!"-Rufen begrüßt. Die halbe Welt sah in ihnen die Botschafter der Silo-Nation und viele Leute fragten tatsächlich, wie man denn nun Mitglied werden könne.

Binnen weniger Monate sprach praktisch jeder, der etwas mit HipHop zu tun hatte, von der neuen Silo-Nation und von *Too Strong,* die als Begründer der neuen Bewegung gefeiert wurden. Silo-Nation war das Schlagwort, das die diffusen Wünsche, Sehnsüchte und Vorstellungen derjenigen zusammenfasste, die sich nicht den Vorgaben einer Alten Schule unterwerfen wollten. Und zum ersten Mal wurde deutlich, dass es sich dabei um die überragende Mehrheit handelte. Diese Tatsache sowie die ungebrochene Autorität der Dortmunder Writer-Szene erklären die zurückhaltende Reaktion der Old-School-Fraktion. So wurde in der Ausgabe des *MZEE*-Magazins von Dezember 1993 die neue *Too Strong*-EP euphorisch begrüßt und in einem Kästchen daneben sogar ein Statement der Silo-Nation abgedruckt: „Also die Gründung der Silo-Nation war ein Partygag, ausgelöst durch die persönliche Ächtung eines Dortmunder Sprühers durch Zulu-Anhänger. Und das nur, weil er auf einer HipHop-Jam Bier getrunken hatte. Der Gag wurde ernster, als wiederum Zulus auf das Silo-Gerücht mit fast sektenhaftem Getue und komischen Sprüchen antworteten. Und solltet ihr irgendetwas von ‚Gegenbewegung zur Zulu-Nation' lesen – das ist FALSCH und kommt nicht von der Silo-Nation. Auch Zulus sind – wie jeder andere aktive HipHop auch – herzlich willkommen. Anmeldeformulare und Mitgliedsmedaillen gibt es nicht."

Too Strong zusammen mit Tricks auf den Dortmunder Gleisen 1994

Gerade *Advanced Chemistry* trafen die Kritik und der Hohn der sich formierenden Silo-Anhängerschaft besonders hart. Denn was *Torch* oder *Toni L* in bester Absicht an die jungen HipHops herantrugen, weil sie der Überzeugung waren, dass nur ein Verständnis der Wurzel helfen kann, HipHop vor dem Ausverkauf zu bewahren, fassten viele als langweilige Belehrung oder arrogante Besserwisserei auf. Für viele, die die Jam-Zeiten nicht miterlebt hatten, blieb das energische Ringen um den HipHop-Begriff unverständlich. Sie wollten selbst ausprobieren, was richtig ist, und genau dafür stand die Silo-Nation: Lebenslust, Spaß, Party und Experimentierfreude. Den großen Durchbruch haben die Begründer der Silo-Nation bis heute nicht geschafft, auch wenn *Too Strong* auf der Realness-Skala immer noch ganz oben stehen.

„ein hartes wort, ein harter ort, nimm deinen blödelreim"

Das Comeback des Moses P *(LJ)*

„**Wenn es nicht hart ist,** ist es nicht das Projekt." Schwarzweiße Aufkleber mit diesem Satz fand man im Januar 1994 in jeder größeren Stadt; an Ampeln, Stromkästen oder Schildern. Daneben das Logo RHP in schwarzen Buchstaben vor einem weißen Karo. Im Februar 1994 erschien dann bei MCA die LP *Direkt aus Rödelheim* und spätestens jetzt wissen alle: RHP bedeutet *Rödelheim Hartreim Projekt*. Der erste Reim der Platte gibt in Kurzfassung wieder, was den Hörer die nächsten sechzig Minuten erwartet: „direkt aus rödelheim, pack deinen ködel ein." *Moses P* und sein Partner *Thomas H* haben es vor allem auf die *Fantastischen Vier* abgesehen. Seitdem diese zu Teenie-Stars avanciert waren und mit ihrer Hit-Single „Die da?" gezeigt hatten, dass es einen Markt gibt für deutschsprachige Rap-Produkte, setzte die Marketingstrategie beim *Rödelheim Hartreim Projekt* alles daran, ein Böse-Buben-Gegenstück zu den *Fantastischen Vier* anzubieten. Was bei den *Fantastischen Vier* bunt, lustig und nett war, begegnete einem bei den Rödelheimern als böse, gewalttätig und vor allem in Schwarzweiß. „nein, dem lied der vier stuttgarter jungs / sie nennen sich fantastisch, ich wundere mich / was sich die jungs dabei denken, sie sind spastisch / hör mal auf, lass mich, drastisch sagen wir, wie es ist / mit list werdet ihr abgedisst, angepisst, bis ihr wisst: / wer, wie, was, der, die, das / projekt aus rödelheim kommt krass."

So einen konkreten Diss hatte es in der kurzen Geschichte von Rap in Deutschland noch nicht gegeben. Aber auch die anderen standen auf der Liste von *Moses P* und *Thomas H:* Alte Schule, Polit-Rapper und engagierte Bands wie *Fresh Familee*. Dieser Rundumschlag hatte Kalkül und machte das *Rödelheim Hartreim Projekt* für die Medien interessant. Innerhalb der HipHop-Szene waren die Reaktionen sehr unterschiedlich. Die Alte Schule kannte *Moses P* noch von den Old-School-Jams und bei vielen jüngeren HipHops kam die Respektlosigkeit der Rödelheimer gut an. Außer-

Moses P 1994

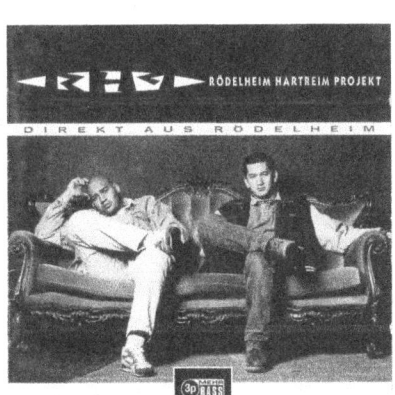

Moses P und Partner Thomas Hofmann auf der Hülle ihres ersten Albums

dem war *Moses P* im Gegensatz zu den *Fantastischen Vier* real. Selbst *Tachi*, der lange Zeit nicht besonders gut auf *Moses P* zu sprechen war, findet ihn „schweinereal". Ihm glaubte man die prollige Art sofort und manch einer konnte sich noch gut an die *We Wear The Crown*-Posse um *Turbo B* erinnern, mit der *Moses P* früher unterwegs war. „Die Typen von *We Wear The Crown* aus Frankfurt haben manchmal ganze Jams zerhoolt", erinnert sich *Came* aus Lüdenscheid und auf einer der ersten Jams in Mainz versuchte *Ali* von *Da Crime Posse* vergeblich, zwischen den Breakern von *We Wear The Crown* und seiner Posse zu vermitteln.

Abgesehen davon kannte man *Moses P* als Rapper. Man hatte zwar lange nichts mehr von ihm gehört, aber er war einer aus den eigenen Reihen und deshalb hatte sein plötzliches Auftreten auch nichts von dem gespenstischen Erscheinen der *Fantastischen Vier* zwei Jahre zuvor. „Wir haben nicht so extrem wie bei den *Fantastischen Vier* reagiert", erinnert sich *Akim*. „*Moses P* kannte ich von früher und man musste ihnen zumindest zugestehen, dass sie rappen konnten. Auch wenn man die Texte prollig fand und das ganze Konzept zu aufgesetzt, so war dieses jetzt-komm-ich-mäßige Auftreten doch viel mehr HipHop, und diese Sache hat man schon deshalb viel ernster genommen, auch wenn man von der Musik natürlich gehört hat, dass das nicht der klassische HipHop-Beat war." Die Anti-Haltung der Rödelheimer kam auch bei vielen Nicht-HipHops gut an, denn vielen waren die *Fantastischen Vier* einfach zu brav und zu bunt. Außerdem kümmerte sich *Moses P* nicht um die Definitionskämpfe, die gerade in der Szene ausgetragen wurden. Er disste *Advanced Chemistry* genauso wie *Smudo* oder *Thomas D* und er machte keinen Hehl daraus, dass er mit HipHop jede Menge Geld verdienen wollte. Mit dem Erfolg der New-School-Gruppen ab 1997 änderte sich diese Haltung etwas. Man hat heute den Eindruck, dass *Moses* den Weg zurück in die Szene sucht, auch wenn er inzwischen mit seiner Firma *3P (Pelham Power Productions)* unbestritten eine wichtige, autonome Stellung in der HipHop-Landschaft hat.

„simultaneität des klangs"

Textor, Kinderzimmer Productions, *Ulm (SV)*

Während Alte und Neue Schule noch erbittert um die wahre Schule und Definition von HipHop stritten, war andernorts schon ein ganz neues Verständnis der eigenen Kultur und ein unverkrampftes Verhältnis zu den amerikanischen Wurzeln im Entstehen. Während Heidelberg, Lüdenscheid oder Bremen zumindest zeitweilig zu zentralen Orten auf der HipHop-Landkarte wurden, ist Ulm bis heute Peripherie geblieben. München und Stuttgart sind zu weit entfernt, als dass ein regelmäßiger Austausch hätte stattfinden können, und in Ulm selbst hat sich nie eine größere HipHop-Szene entwickelt. In dieser Abgeschiedenheit, fast unbemerkt, überwanden *Kinderzimmer Productions* den Streit um den wahren HipHop, ohne jemals selbst daran beteiligt gewesen zu sein.

Auch wenn viele aus der HipHop-Szene die Musik von *Kinderzimmer Productions* lange Zeit nicht kannten oder sie ablehnten, der Name der Gruppe war den Meisten ein Begriff und viele waren neidisch. *Kinderzimmer Productions* ist HipHop in Deutschland. Der Name ist Programm: Im Kinderzimmer hat alles angefangen, wie bei den allermeisten HipHops in Deutschland, und „Productions" soll erinnern an *Boogie Down Productions*, also an die musikalischen Wurzeln: New York, Knowledge Rap und Storytelling. Das Stück „Back" dokumentiert die Sonderstellung von *Kinderzimmer Productions* innerhalb der HipHop-Szene und macht zugleich alle Diskussionen über ein richtiges Verständnis von HipHop in Deutschland überflüssig.

Kinderzimmer Productions – Back (1994)

Refrain   „back! caught you're looking for the same thing"
          „it's a new thing check out this i bring"

neue zeilen auf frischem papier
„was ich denke und fühle, das sag ich hier"
doch das hatten wir schon, und es ist jetzt an der zeit
für die postrüben-ära, seid ihr bereit?
manche sprechen lieber vom postrübismus
simultaneität des klangs, wie einst im kubismus
vom kubismus zu den kuben, von den kuben zu den würfeln
und die würfel sind gefallen: „hier ist hiphop von uns allen"
von uns allen beiden, dem duo
„you all know how the story goes"
aller anfang ist schwer, so auch dieser
ich blick auf all die zeit zurück und jetzt wird's besser und nicht mieser
reduziert und deformiert, jetzt wird's langsam kompliziert
umstrukturiert, wir hoffen dass es funktioniert
ah, da fällt's mir ein, und eh ich's vergesse
verdammt, ich hab haare in der fresse
wir haben fettige, fettige beats, fett die ganzen jahre
die fettigen, fettigen beats sind fast so fett wie meine haare
alle leute meinen, wenn sie mich gehen sehen
ich sei der doppelgänger von nirvanas kurt cobain
drei kleine rüben, die waren schwer dabei
die dritte ging 'nen andern Weg, „da waren's nur noch zwei"
ich weiß, ich kann nicht singen, konnt ich noch nie
aber immer noch besser als vanessa paradis
bekannt radikal bei der sample-auswahl
rein rationale auswahl wär hier fatal normal
egal! oder sind wir doch zu auf zack?
für diesen loop hier reißen uns die stranglers noch die eier ab
nochmal ein blick auf vergangenes
auf unwiderruflich begangenes
ich hab ein band hier vor mir liegen, natürlich von den „rüben"
ich hör's mit gemischten gefühlen, alles andere wäre lügen
auf alle fälle jetzt ein neubeginn

„back! caught you're looking for the same thing"
zu viel hat sich geändert an musik und unserer haltung
um nicht mit 'nem leisen lächeln auf den anfang zu sehn

Refrain

so, jetzt zum textor, zu mir
ein paar zeilen zum namen, die gönn ich mir hier
ich heiße textor, bürgerlich henrik, manche meinen
henrik das hemd, was meinem namen den realitätsbezug schenkt
hemd steht als metapher für mein ektomorphes wesen
was ektomorph ist, könnt ihr beizeiten dann im duden nachlesen
vom hemd zum stoff, stoff entspricht textil
textil ohne „il" gibt text, ziemlich diffiziler stil
ich weiß, doch auch wenn ihr es nicht begreift
wir sind so weit beim text, wenn das verstanden ist, dann reicht's
text plus instrumental dringt an euer ohr
aus der masse tret ich vor, henrik das hemd oder der textor
ene-di-mene-di-dubbe-di-dene-di-bio-di-bio-di-bio-di-buff
am definitiven ende der zeile
ring ich noch immer nicht nach luft
„sometimes i rhyme slow, sometimes i rhyme quick"
sometimes i rhyme bull, sometimes i rhyme shit
wie ich schon sagte, ich schreib meine zeilen, mal widerlich schnell, mal
fettig und langsam
mal sinnvoll, mal sinnlos wie kuliramsamsam
samsam, zurück zum anfang, zu meinem
partner, meinem partner, meinem kumpel, ich bin
nicht mit ihm verwandt oder verschwägert, aber ich bin
mit ihm verkoppelt und verkuppelt, und wenn er auch
nicht humpelt, kommt er doch von seiner haltung ziemlich nah
an den glöckner ran, an den von notre dame
ich nenn ihn deshalb schlicht und einfach quicki-di-quasi-modo klammt
oder sieht er mehr aus wie glenn gould am klavier
doch wir waren bei quasi modo, und das lassen wir auch hier
sechs takte sind zu füllen, worte zu schreiben
der leptosome legastheniker wird reimend sich die zeit vertreiben
k-i-n-d-e-r-z-i-doppel-m-e-r

ausgesprochen kinderzimmer und es kommt noch viel, viel mehr
p-r-o-d-u-c-t-i-o-n-s
productions aus dem kinderzimmer, zeit für neues, ungewohntes

Refrain

Angefangen haben *Textor* (Textor war übrigens der Geburtsname von Goethes Mutter und in Frankfurt ist eine Straße nach ihr benannt) und *Quasimodo* als *Die 3 Rüben*. Aus dieser Zeit stammt auch ihr erstes Demotape „Tanzmusik für eine reifere Jugend". Während *Torch* i„Kapitel eins" die alten Zeiten beschwört, blickt *Textor* mit einem leisen Lächeln auf die Anfänge zurück. Auffällig und neuartig sind die langen Assoziationsketten, die den Text gliedern: Postrüben-Ära – Postrübismus – Kubismus – Kuben – Würfel – Würfel fallen – HipHop von uns allen. Wer nun glaubt, hier finde eine bewusste Anbindung an die traditionelle Kulturgeschichte statt, dem erteilt *Textor* zwei Platten später den Verweis: „ich hab's gewusst, 'n trottel in der letzten reihe schreit jetzt dadaismus / fatale fehleinschätzung mit dem dadaismus, denn ich entziehe mich dem kunstgeschichtlichen katechismus." „Er kann schon gar nicht mehr aufzählen, mit wem er schon alles verglichen wurde", sagt *Textor,* „vor allem Lehrer sind es, die immer wieder neue Epochen und Dichter ins Spiel bringen, an die er erinnern würde, und allesamt widersprechen sie sich."

Noch spannender ist die zweite Assoziationskette: Textor – Henrik – Henrik das Hemd – ektomorphes Wesen – Duden – Hemd – Stoff – Textil – Textil ohne „il" gibt Text – ziemlich diffiziler Stil – „doch auch wenn ihr's nicht begreift / wir sind so weit beim text, wenn das verstanden ist, dann reicht's". Was hier auf engstem Raum geschieht, charakterisiert auch insgesamt *Textors* Schreibweise. Ein Text muss so gestaltet sein, dass er zusammen mit der Musik als reines Klangerlebnis existieren kann. Damit beschreibt er, was für viele Rapper heute zur Routine und zum alleinigen Ziel geworden ist: Es muss klingen. Doch für Henrik beginnt hier erst das eigentliche Schreiben. Diese Klangform gilt es jetzt mit Sinn zu füllen, „der tiefer geht, als mein schritt hängt" *(Blumentopf)*. Während HipHop die einzige Botschaft vieler Rapper ist, erzählt *Textor* Geschichten, sehr eigenwillige, persönliche Geschichten – ob sie nun wirklich erlebt sind, steht auf einem anderen Blatt.

Textor entzieht sich nicht nur dem kunstgeschichtlichen Katechismus, er entzieht sich vor allem auch dem HipHop-Katechismus, seine Beats sind fettig, fett sind seine Haare, Dreads. Von Kurt Cobain geht es dann über Vanessa Paradis zu den Stranglers und die rissen ihnen tatsächlich die Eier ab. Denn *Kinderzimmer Productions* hatten die Verwendung des charakteristischen Samples aus „Golden Brown" nicht abgeklärt. Als die Platte sich dann gerade auch wegen dieses Stücks gut verkaufte, versuchten *Kinderzimmer Productions,* das Sample doch noch zu klären. Man hatte sich gerade mit Verlag und den Stranglers geeinigt, als das Veto von der Plattenfirma (Emi) kam. Ärgerlich, dass ein paar Jahre später ein „Golden Brown"-Cover kam, von *Kaleef,* eines dieser billigen HipHop-Cover, die Ende der Neunzigerjahre in waren. Jedenfalls konnte die Platte nicht nachgepresst werden – „ich bleibe kalt und kühl, denn ich hab die gute alte kinderzimmer auf vinyl" *(Textor).*

„sechs takte sind zu füllen, worte zu schreiben ...", rappt *Textor* am Ende von „Back", sechs Takte, damit auch dieser zweite Part seinen Abschluss finden kann. *Textor* macht sich seinen Spaß aus dieser selbst gestellten Aufgabe, buchstabiert den Namen der Gruppe und vertreibt sich reimend die Zeit, ausgerechnet er, der eigentlich nie freestylt. Aber was heißt in einem solchen Fall vervollständigen? Nach dem Erfolg der *Fantastischen Vier* haben sich immer mehr Rapper in ihren Songs wie selbstverständlich dem gängigen Popschema angenähert, also drei Strophen, die wiederum gleich lang – oder kurz? –, zwischen acht und sechzehn Versen, viel Refain und eine Gesamtlänge von rund vier Minuten, was sich eben bewährt hat im Radio. „Back" sprengt diesen Rahmen gleich in mehrfacher Hinsicht. Was also heißt hier vervollständigen?

Die Ironie ist hintergründig. Eigentlich müsste *Textor* ja nicht sechs, sondern acht Takte füllen, damit der zweite Part vollständig wird im Sinn einer Symmetrie zum ersten Part. Am Ende hat der erste Part sechsunddreißig, der zweite aber nur vierunddreißig Verse. Da lag der Schluss nahe, dass *Textor* deutlich machen wollte, man solle und dürfe sich beim Texten keinen äußeren Zwängen unterwerfen. Und gemeinsam mit denen, die diesen versteckten Hinweis verstehen, amüsiert er sich dann über alle Schema-F-Rapper, die mühsam die letzten Takte füllen müssen, um den Anforderungen der Musikindustrie zu genügen. *Textor* hat sich über diese Interpretation sehr gefreut und musste dennoch herzlich darüber lachen. Seine persönliche Geschichte dieser sechs Takte ist nämlich eine ganz andere:

Manchmal ist die Idee für einen Text zuerst da, manchmal gibt ein bestimmtes Sample den Antoß, ein Stück zu machen. Auf jeden Fall aber werden Musik und Text dann gemeinsam erarbeitet, an beidem wird so lange gefeilt, bis daraus mehr geworden ist als die Summe der Einzelteile, eine *Kinderzimmer Production*. Nicht so bei „Back", da war das Instrumental bereits fertig und beiden war klar, dass daran nichts mehr verändert werden dürfte, es stimmte einfach alles. Nun musste *Textor* also einen Text zu einem fertigen Instrumental schreiben, das erste Mal. Und dieser eine Vers richtet sich dann eben an *DJ Quasimodo*, Beschwerde und Prophezeiung in einem: Nie wieder würde *Textor* sich das gefallen lassen, nie mehr gezwungen sein müssen, sechs Takte zu füllen, wenn der Text doch eigentlich schon fertig ist. Und dennoch trifft die Interpretation den Kern: *Kinderzimmer Productions* fügen sich eben nicht in dieses Popschema. Anzahl und Länge der Parts werden durch den Text bestimmt, nicht durch ein musikalisches Arrangement vorgegeben.

Im Vergleich zu „Kapitel eins" von *Torch* ist „Back" heiter und verspielt. *Kinderzimmer Productions* gehören keiner Neuen oder Alten Schule an. Sie mussten sich nicht rechtfertigen vor anderen Gruppen oder ihre Geschichte verteidigen. „Back" ist die persönliche HipHop-Geschichte von *Kinderzimmer Productions*, mit starken Bezügen zum amerikanischen HipHop, aber ohne jede ideologische Verkrampfung. *Kinderzimmer Productions* mussten weder den Spaß noch den Ernst von HipHop übertreiben, sie konnten einfach HipHop sein. Und wer *Kinderzimmer Productions* einmal persönlich kennen gelernt hat, weiß, wie nahe dieses Stück dem kommt, was *Textor* und *Quasimodo* sind. Auf ihrer neuen Platte werden sie diese Geschichte fortschreiben, mit einem neuen Rückblick auf „Back", zur eigenen Selbstvergewisserung und um zu zeigen, was sich in den fünf Jahren verändert hat.

„schlaue beats und schlaue sätze"

HipHop als schöne Kunst betrachtet (SV)

„Mord als schöne Kunst betrachtet" hatte Thomas de Quincey einen seiner provozierenden Aufsätze genannt. Das war 1827, zu einer Zeit wohlgemerkt, als noch keine Kriminalromane geschrieben wurden, Mord und Totschlag also noch vergleichsweise selten waren in der Literatur. Thomas de Quincey zeigt, dass selbst die mutwillige Auslöschung eines Menschenlebens ihre besonderen ästhetischen Qualitäten haben kann, und er schildert uns mit viel Spaß am Detail einen solchen kunstvoll durchgeführten Mord. Damit zwingt er zwei Dinge zusammen, die einander eigentlich ausschließen: Mord und Schönheit.

Was hat das mit Rap zu tun? In den letzten Jahren ist viel geschrieben und geredet worden über die positiven Aspekte der HipHop-Bewegung, die Battle wurde dargestellt als Ausweg aus dem Teufelskreis zunehmender Gewalt („kultureller statt krimineller Aktionismus"; Ulf Poschardt), Rap als Sprachrohr unterdrückter Minderheiten („Rap als CNN der Schwarzen"; *Chuck D*), die musikalische Revolution wurde gewürdigt, Graffiti in Galerien ausgestellt und vieles mehr. Wenn es dabei um Sprache ging, dann um die vermeintliche Kodierung („Black Talk"; *Ben Sidran*), um Inhalte und soziale Hintergründe, aber nur selten um die sprachliche Form und Gestaltung von Rap-Texten.

Tricia Rose bildet da eine angenehme Ausnahme. Sie hat (in „Black Noise", 1994) mit den Begriffen *flow, layering* und *break* (also fließende Bewegung, Überlagerung und plötzlicher Wechsel) die gemeinsamen Formmerkmale der vier Elemente anschaulich gemacht und die kulturelle Einheit von HipHop auch auf formaler Ebene nachgewiesen. Richard Shusterman war dann der Erste, der Raptexte literaturwissenschaftlich analysierte (in *Kunst Leben;* 1994), allerdings mit dem Ziel, Rap als postmoderne Kunstform zu adeln. Es war dies der Versuch eines Philosophieprofessors, seine wohl im Kollegenkreis belächelte Vorliebe für HipHop-Musik zu rechtfertigen. Seine Analyse konnte HipHop letztlich nicht gerecht werden, aber vielleicht hat seine Abhandlung ja zumindest dazu geführt, dass die Kollegen seine musikalische Vorliebe nun respektieren.

Albert Ostermaier hat Raptexte formal und inhaltlich analysiert (in *Die Zeit,* 1999), um sie dann mit den Höhenflügen zeitgenössischer Lyrik in Beziehung zu setzen. Eine babylonische Sprachverwirrung, die aus Katzen Hunde macht. Lyrics (Songtexte) und Lyrik (Gedichte) sind eben nur sprachgeschichtlich verwandt, meinen aber gerade im Rap etwas ganz anderes. Auch Reim, Vers, Gedicht, Dichter, Poet und so weiter bedeuten Unterschiedliches, je nachdem, ob ein Rapper oder ein traditioneller Schriftsteller/Literaturwissenschaftler diese Begriffe verwendet. Ja, *Moses P* bezeichnet sich als Bundesreimer Nummer eins, aber was heißt das schon? Dass er meint, besser zu sein als Goethe oder Grünbein? *Moses P* bezieht sich auf seine Rapkollegen, das ist HipHop-intern zu verstehen, ein Battle-Rap, eine Phrase, kein kulturgeschichtliches Statement. Aber es ist ja schön, wenn sich nicht nur die anderen Rapper darüber ärgern, sondern auch der eine oder andere traditionelle Dichter.

Ist es überhaupt angemessen, Rap mit zeitgenössischer Lyrik zu vergleichen? Man darf der Jugend ihre Jugendlichkeit nicht vorwerfen, sagte *Ale* von *Buback* einmal. Man kann und darf den siebzehn-, achtzehn-, neunzehnjährigen Rappern nicht vorwerfen, die Tradition nicht zu kennen. Schließlich ist im HipHop etwas passiert, was seit Langem keine Schule, keine Universität und schon gar keine literarische Strömung vermochte: In den Kinderzimmern, Jugendzentren, auf Schulhöfen, in Parks und Kneipen auf der ganzen Welt wird heute wieder gereimt und in Versen gestritten. Und im Gegensatz zu Schlager oder volkstümlicher Hitparade ist hier eine lebendige Reimkultur entstanden. Ihr ist sogar der angeblich unmögliche Reim auf Menschen eingefallen – „attention, da bleib ich stur" *(BOB).* Und die Zahl der jungen Poeten in Deutschland und überall auf der Welt wächst mit jedem Tag, an dem HipHop on the top bleibt. Gewiss, der Trend wird vergehen und viele werden abspringen, aber wer einmal ernsthaft mit dem Schreiben angefangen hat, der hört so schnell nicht wieder auf, nur weil die Mode etwas anderes von ihm verlangt.

Die sprachliche und inhaltliche Entwicklung von Rap in deutscher Sprache ist bemerkenswert. Bis Ende der Achtzigerjahre wurde, abgesehen von *Torchs* Freestyle-Reimen, ausschließlich auf Englisch gerappt, in starker Anlehnung an die amerikanischen Vorbilder. Erst Anfang der Neunzigerjahre begannen die Rapper, auch in Deutschland in ihren Muttersprachen (!) zu rappen. „wir sind die fantastischen vier / und wir sind hier, mit jeder menge bier / und viel fraun, die sind nicht abgehaun / die sind hier, um unsre show anzuschaun ...", so herrlich unbeholfen reimte *Thomas D* im Sommer 1991 vor sich hin, auf der ersten Platte der *Fantastischen Vier*, *Jetzt geht's ab*. Und für viele Rapper in Deutschland waren gerade diese Verse eine Erleuchtung.

Ein paar Takte später rappte *Thomas D* dann sein legendäres „jede menge reime, die sich auch noch reimen" mehr schlecht als recht, aber immerhin. *Moses P* fand das besonders schlimm, wie hatte man ihn belächelt, als seine erste LP *Twilight Zone* herauskam, und jetzt das. „sie nennen sich fantastisch, ich wundere mich was sich / die jungs dabei denken, sie sind spastisch, drastisch / sagen wir wie's ist ...", schleuderte er den Stuttgartern entgegen und die erstaunte Öffentlichkeit erlebte ihre erste Rap-Battle.

Doch bereits 1991 rappte die *Fresh Familee:* „gestern ich komm von arbeit und sitzen in der bahn / da kommt ein besoffene mann und setzt sich nebenan / der mann sagt öff, du nach knoblauch stinken / ich sagen ach, egal, du stinken von trinken!" Von da an ging es Schlag auf Schlag, die Raps wurden flüssiger, die Texte komplexer und auch inhaltlich sollte sich einiges tun.

1992: „das problem sind die ideen im system / ein echter deutscher muss so richtig deutsch aussehn / blaue augen, blondes haar / gab's da nicht 'ne zeit, wo es schon mal so war?" *(Advanced Chemistry)*

1993: „alle reden über stoff, stoff hier und stoff da / geht doch alle auf die knie und legt stoff auf 'nen altar / gemütlich im gespräch sitzen alle in der runde / die augen starr geradeaus und alle lallen nur im grunde" *(Kinderzimmer Productions)*

1994: „b-boys und rap, und jeder step begeistert weiter / mcs fasziniert ein gutes piece und seither / knüpft man den kontakt in fremde städte / und die komponenten die man aneinander nähte / ergeben nur zusammen das tuch, das hiphop abdeckt" *(Cora E)*

1995: „sie träumt so vor sich hin, genießt es allein / zu sein, doch plötzlich schreckt sie hoch, eine hand / auf ihrem bein – na, schöne frau, so ganz allein?" *(Fischmob)*

1996: „wenn ich meine / eindrücke ausdrücke, wind ich mich in wendungen / ich wende mich an windungen in meinem gehirn / wenn dinge dank gedanken aus dem nichts entstehn ..." *(Zentrifugal)*

1997: „wir waren achtzehn, antifas mit intifada-schal und / armyparka, andi war's der an die wand in der schule / malte: nein!" *(Freundeskreis)*

1998: „kopf hoch, mein sohn, nimm erst mal 'n taschentuch / das leben ist ein auf und ab wie 'n flaschenzug / ein jeder ist seines glückes schmied / und hiphop ist wie pizza, auch schlecht noch recht beliebt" *(Eins Zwo)* 1999: „nur ich, meine feder und mein tintenfass / und hier mein papier, und dann schreib ich was / und alles spielt verrückt in dem stück / alles spielt verrückt" *(Doppelkopf)*

Und 2000? Inzwischen sind wir an einem Punkt angelangt, wo Rap in deutscher Sprache derart verbreitet ist, jeder schon so viele Raps gehört hat, dass Verena aus dem *Big Brother*-Container auf die Bühne stolpern kann mit einem Rap auf den Lippen. Und um diesen Flow hätte sie manch einer zu Beginn der Neunzigerjahre beneidet. Natürlich hat Verena ihren Text nicht selbst geschrieben, aber auch der Vortrag will gelernt sein.

Und 2000? Inzwischen dürfte fast jeder Reim, den die deutsche Alltagssprache zu bieten hat, im Rap verwendet worden sein. Die Reime werden immer komplexer, zwei-, drei-, viersilbig, erweitert, gebrochen, gespalten, das Höher, Schneller, Weiter des Wortsports wird bald ein Ende haben. Gewiss, das eine oder andere Schätzlein deutscher Sprache wird wohl noch zu finden sein, etwa *Mas* Reim „meinen kühlschrank, ich geb's zu, den hab ich vom sperrmüll / aber reime wie diesen schüttel ich ausm ärmel". Bald wird sich auch ins hinterste Studio herumsprechen, dass mehr einfach nicht mehr geht. Und dann wird es wieder spannend werden, wenn das Reimgeklingel mit neuen Inhalten zu füllen sein wird, wenn weniger Reime gezielt einzusetzen sind und das Publikum nicht schon feiert, bloß weil die Reime fett sind. Das ist der Traum vieler Old Schooler und vieler geneigter Leser, dass wieder Geschichten erzählt werden, die von anderen Dingen handeln als von HipHop, Geschichten, wie sie manche schon vor fünf Jahren erzählt haben, *Bob* zum Beispiel oder *Fast Forward*, *Cora E,* die *Massiven Töne* oder *Zentrifugal*.

„dieser text ist deiner, dann los"

Bob, Königsdorf Posse, *Köln* (SV)

In *Bobs* Texten spielte HipHop schon 1996 keine Rolle mehr. Bei vielen anderen übrigens auch nicht, die schwenkten dann aber doch wieder auf diesen Modetrend um *(Massive Töne, Cora E)*. HipHop spielte in seinen Texten deshalb keine Rolle mehr, weil *Bobs* Leben HipHop ist, warum also noch groß Worte darüber verlieren? Wer nicht merkt, wie sehr *Bob* HipHop verkörpert, dem kann er es auch nicht erklären. „wer nur von hiphop was versteht, versteht auch davon nichts", appellierte *Mathias Bach* schon Anfang der Neunzigerjahre an seine HipHop-Kollegen, vergebens, doch für *Bob* ist dieser Satz längst das Motto seines Schreibens.

Bob ist keines dieser Mittelstandskinder, die Anfang der Neunzigerjahre plötzlich in die HipHop-Szene stießen, sich von ihren Eltern auf Jams fahren ließen und dort auf den berechtigten Argwohn der Alten Schüler stießen. Kein Abitur, kein Kleinfamilien-Idyll. Aber auch *Bob* hat sich nicht gerade Freunde in der Szene gemacht, als er und seine *Königsdorf Posse* zahlreiche Partys stürmten, als sie mit ihren massiven Freestyles die Bühnen besetzten. Für *Bob* ist HipHop ein Weg, mit den eigenen Minderwertigkeitsgefühlen, mit der eigenen Zerrissenheit klarzukommen.

Bob sei in vielen seiner Raps so weit vorn, wundert sich *Textor* von *Kinderzimmer Productions*, „warum muss er sich immer wieder dieser Elitekultur anbiedern? Warum dieser Zwang, sich als Poet, Dichter, als Künstler zu bezeichnen? Warum müssen seine Texte unbedingt Gedichte sein? Seine Arbeit spricht doch für sich, hat solche Vergleiche gar nicht nötig. *Bob* lebt nicht von der Tradition, er macht Tradition." Wäre da nicht dieses bohrende Gefühl der Unterlegenheit. Immer wieder musste *Bob* erfahren, gerade auch in seiner eigenen Gruppe, dass andere mehr wissen als er, mehr gelesen haben, sich gewählter ausdrücken können.

Durch Rap hat er Englisch gelernt, von *Public Enemy* und *KRS ONE* erfuhr er, was politische Verantwortung ist, und entwickelte ein Gefühl für Werte. In seinen Texten eignet er sich die Welt an, findet er seinen eigenen Standpunkt und wünscht sich doch nichts sehnlicher, als dazuzugehören, anerkannt zu werden, irgendwann selbst in den Bibliotheken zu stehen mit seinen Werken. Und zumindest in diesem Buch wird dieser Traum wahr werden.

„Alles Vorbestimmung" ist ein sehr persönlicher, ehrlicher Text, der für sein kommendes Schreiben programmatisch wurde. *Bobs* zentrales Thema ist der Gegensatz zwischen Natur und Gesellschaft, das hat er in seinem Projekt mit der E-Musikerin *Maria de Alvear* wieder erfahren, die wir in der Einleitung geschildert haben. Da könnte eine lange Karriere entstehen zwischen Rap und Poesie, zwischen Pop und Elite, zwischen zwei Stühlen, wie HipHop in Deutschland.

Bob – Alles Vorbestimmung (1996)

Refrain: alles vorbestimmung? schreitest den gegebnen weg
    alles vorbestimmung? schreitest den gegebnen pfad
    alles vorbestimmung? zieh dein resümee, überleg
    alles vorbestimmung? bis zu welchem grad

ultra extra mega, worte einer comic-sprechblase
supererinnerungen an meine aufwachsphase
gut drei jahre in der obhut meiner oma
kein stadtmief, sondern das ländliche luftaroma
der natur, die weitläufigkeit der ackerfelder
ein traum an freiraum für kids, so wurd ich älter
bis dahin konnt ich tun, machen, lassen, was ich wollte
keine autorität schrieb mir vor, was ich sollte
der kleine bob flog nonstop auf einer wolke
nicht lang, meine eltern starteten die revolte
ab in den kindergarten, macht aus diesem bengelchen
ein liebes engelchen, ohne mängelchen
am besten mit löckchen, benimmmanieren gratis
kinder als vorzeig-statussymbol für partys
oder was, kinder als jedermanns gesellschaftsspaß
oder was, kinder als unterhaltungsass
das kind als wiedergeburt der eltern, stellt deren
eigene wunschtraumerfüllung dar, erhält deren

fürsorge, erziehung nach bestem wissen und gewissen
ich hab mich nicht darum gerissen, find's vielleicht beschissen

Refrain

pädagogen formen kids gesellschaftsfähig
durch gesetze, regeln, verbote, quasi täglich
werden grenzen aufgezeigt, wie kläglich klein dein
wirkungskreis bleibt, wenn man nicht mit der masse treibt
im system funktioniert, geboren als individualist
fuck den mist, jeder weiß besser, was gut für dich ist
wird dir eingebläut, wirst betreut, als schulpflichtiger
sei emsig, häng dich rein, lern, nix is wichtiger
nimm papa als vorbild, der hat schon mit dreizehn gearbeitet
sich hochgekämpft, seine träume bewahrheitet
das ist toll, aber weshalb sind seine meine alp-
für ihn zukunftsvision, für mich pulp-
fiction, impossible mission, abfahrt zur hölle
wie 'n nächtlicher spaziergang durch mülheim kölle
warum zum teufel, warum protzt er mit geld?
wenn's ihm gefällt, ist aber nicht bobs welt, bobs held
warum demonstriert er nicht, will veränderung
sein stummer diener hält ihn auch nicht länger jung
seine einstellung ist mein denkanstoß
dieser text ist deiner, dann los

Refrain

Wie viele von *Bobs* Texten ist auch „Alles Vorbestimmung" voller Pathos, der Text wohlgemerkt. Aber einen Rap muss man hören, ob mit oder ohne Beat. Und wenn *Bob* dann auf die Bühne tritt, wenn seine Stimme erklingt, werden aus diesem Pathos Kraft und Energie. Stattdessen überfällt das Pathos jene, die über ihn schreiben oder reden, und das ist auch richtig so. Denn *Bob* begnügt sich nicht damit, seinem Publikum die Geschichte einer Jugend zu erzählen. Er will seine Zuhörer aufrütteln, deshalb auch immer wieder die direkten Appelle: „dieser text ist deiner, dann los!"

Interessant ist die verkehrte Welt im ersten Part von „Alles Vorbestimmung". Es ist nicht das Kind, das gegen die Eltern rebelliert, es sind die

Eltern, die ein friedliches Heranwachsen in der Natur unmöglich machen. Der Freiraum der Natur wird ersetzt durch Kindergarten, Schule, Gesellschaft, aus dem Bengelchen soll ein Engelchen werden, ohne Mängelchen. *Bob* hat sich nicht drum gerissen, wir alle nicht. Die kindliche Sozialisation macht aus dem eigenständigen Bengelchen einen Mitläufer und „jeder weiß besser, was gut für dich ist". Typisch für *Bobs* Schreibweise ist die extreme Verknappung im zweiten Part: „seine träume bewahrheitet / das ist toll, aber weshalb sind seine meine alp- / für ihn zukunftsvision, für mich pulp-."

Als *Bob* in der HipHop-Szene keinen rechten Anklang mehr fand, viele mit seinen Texten nichts mehr anfangen konnten oder wollten und keiner mehr da war, mit dem er sich so richtig hätte messen können, suchte er sich ein neues Publikum. In der Slam-Poetry-Szene traf er dann schnell auf einen zweiten Rapper, *Bastian Böttcher,* der dort mit seinen Texten für Aufregung sorgte. Später folgten weitere: *Thomas D, Max, Mathias Bach, Andy N,* selbst *Der Wolf* ist schon auf einer dieser alternativen Literaturbühnen gesehen worden.

„ich hab richtige gedichte im rap-repertoire"

Rap und Slam Poetry (SV)

Während sich also in Deutschland die Rapper nur langsam auf die Literaturbühne wagen, ist Slam Poetry in den USA ohne Rap kaum vorstellbar. Slam Poetry ist Lyrik, wachgerüttelt durch den Rap, schrieb Udo Scheer in einer frühen Dokumentation („Die Verse tanzen wieder", 1995). Und wer einmal die Freestyles von *KRS ONE* oder *Speech* gehört hat oder die Poetry-Raps von *Ursula Rucker* oder *Tarin Towers*, der weiß, wie viel Rap in dieser neuen Poesie steckt. Und ein Blick auf die Homepage des legendären *Nuyorican Poets Café* zeigt, wie eng die beiden Szenen auch heute noch verknüpft sind.

Slam Poetry sagt nichts über die sprachliche Form der Texte aus, denn eigentlich bezeichnet Slam nur ein Veranstaltungsformat, das sich seit Ende der Achtzigerjahre durchgesetzt hat: eine kleine Bühne, die jedem offen steht – er muss sich nur in eine Liste am Eingang eintragen –, die Reihenfolge, in der die Autoren auftreten, wird ausgelost und dann hat jeder zwischen fünf und zehn Minuten Zeit, das Publikum und gegebenenfalls auch eine Jury von sich und seinen Texten zu überzeugen. Slam Poetry ist so vielfältig wie die Leute, die sie vortragen, und sie ist so vielfältig, wie es das Publikum zulässt. Wer nämlich beim Publikum nicht ankommt, wird recht schnell von der Bühne gebuht, das ist das Risiko. Die ersten Poetry Slams wurden Ende der Achtzigerjahre in Chicago veranstaltet.

Wie HipHop hat auch Slam Poetry in den USA einen anderen sozialen Hintergrund und Stellenwert – die Preisgelder sind für viele Poeten dort lebenswichtig! –, wodurch sich zwangsläufig auch die Inhalte unterscheiden. Doch ungeachtet der Themen haben sich bestimmte Erzählstrategien durchgesetzt, die auf Slam-Bühnen Erfolg versprechen: kurze Spannungsbögen, extreme Rhythmisierung der Sprache („Die Verse tanzen wieder", Udo Scheer), abwechslungsreicher Stimmeinsatz und pointiertes Erzählen. Während in den USA Wut und Trotz die vorherrschenden

Gefühle auf den Slam-Bühnen sind, drängt sich in Deutschland der Spaßfaktor immer stärker in den Vordergrund, aber so ist das, wenn eine Szene plötzlich populär wird. Oft geht das so weit, dass ein Poetry Slam nicht mehr von einem Comedy-Abend zu unterscheiden ist, oder anders gesagt: Das Publikum erwartet einfach seinen Spaß, nachdenkliche Töne haben es da schwer.

„tat oder wahrheit"

Bastian Böttcher, Zentrifugal *(SV)*

Viele der Texte, die *Bastian* auf den Slam-Bühnen vorträgt, sind als Rap-Versionen auch auf den CDs von *Zentrifugal* zu hören, so auch „Coolawinta". Dieser Text gehört zu *Bastians* Jahreszeiten-Zyklus: „Sommersonne", „An diesigen Tagen", seine beliebten Stimmungsbilder:

Bastian Böttcher – Coolawinta (1999)

das war 'n cooler wintertag!
wir sind verreist in die vereiste weiße weite
in verschneite entlegene gegenden
durch die wir mit moonboots, skischuhen und schneestiefeln im
tiefschnee stiefelten
du schnieftest und schliefst dann mit pullmoll oder paroli
im molligen wollpulli am bollerofen
ich lag daneben mit rolli
und frau holles dicke schneedaunendecke
hing über die hüttendecke
wie 'ne lawine kurz vorm absturz
die rückkehr scheiterte. wir schienen eingeschneit
allein zu zweit weit und breit nur dunkelheit
und im schneekleid funkelte unbewohnt der mond
wenn's auf den klee schneit, glitzern alle eiskristalle ganz ungewohnt
vom ofenfeuer blieb nur glut. ich schob scheite nach
funken flogen aus den lodernden flammen, fackeln flackerten
schatten wackelten in den wellen deiner wolldecke
der wasserkessel tütete. ich schüttete 'ne tüte tee rein
reichte dir ein' becher. und die hütte taute auf
du schautest zu mir rauf ohne worte, wie die mit der yes torte
vertrautest drauf, dass der schneesturm bald abflaut

und das eis draußen abtaut
während der winterwind die weißen wolken
weich gegen die wand haucht, graut draußen der tag
und im bläulichen, morgendlichen licht glich die gleiche gegend nun
einem glitschigen rutschigen gletscher – fertig zur abfahrt!
wir starteten die schlitterpartie, zersplitterten die eiszapfen
und schnitten mit den schlittenkufen furchen in den schnee
der bob schleuderte beim slalom aus geschlängelten bahnen
und überschlug sich im flug zum loop
ich fing an zu zweifeln
das war nicht wahr!
wir war'n wahnsinnig nah am nirwana
und schwebten schwerelos mit schwung in windgeschwindigkeit weiter
huckel und hügel – die katapultierten unsern raumgleiter
ins weltall und ins walhall überall war'n wir traumreiter
im durchgeknallten überschall
prallte ich mit geballter power gegen die schallmauer
die welt wurde wieder grauer
ich fiel im freien fall aus allen wolken in die daunen- und sprungfedern
in den' ich auf dem rücken lag
das war 'n cooler wintertag

Rapper fragen wenig, sie machen einfach. Auch wenn *Bastian Böttcher* auf seinen vielen Lesereisen verstärkt mit der Poesie anderer Schriftsteller konfrontiert wird, seine Texte literaturwissenschaftlich analysiert werden, in traditionellen Gedichtsammlungen abgedruckt werden – demnächst sogar im *Conrady, Das große deutsche Gedichtbuch* in seiner Neuauflage 2000 –, auch wenn er mit seinen Texten zum Gegenstand gelehrter, literarischer Diskussionen wird, seine Lyrik kommt aus dem Gefühl, wie bei allen Rappern eigentlich. Das besondere an *Bastian* ist, dass ihn sein Gefühl selten trügt, er macht – und er macht es meistens gut. Was passiert dabei bewusst? Welche seiner verschiedensten Reimformen und Sprachspiele entstehen aus dem Moment heraus? Welche davon kann er benennen, zumindest beschreiben? Welche davon kann er bewusst einsetzen?

Die Rapper „machen" und kommen dabei auf so manche ebenso überraschende wie überzeugende Lösung uralter Probleme deutschsprachiger Reimerei: wie schon erwähnt der lange gesuchte Reim auf Menschen – attention *(Bob)*. Da war es fast zu erwarten, dass irgendwann einer, viel-

Bastian Böttcher und DJ Loris Negro von Zentrifugal

leicht aus Zufall, den guten alten Schüttelreim wieder entdecken würde. Schüttelreim heißt, dass die Anfangsbuchstaben zweier Wörter oder eines zusammengesetzten Wortes ausgetauscht werden, sodass eine neue, sinnvolle Wortfolge entsteht: „In Reimes Hut Geheimes ruht" ist das wohl bekannteste Beispiel, von Benno Papentrigk und zugleich auch der Titel seiner Sammlung von Schüttelreimen. Bei *Bastian* ist er etwas versteckt, aber es ist ein Schüttelreim: „und im schneekleid funkelte unbewohnt der mond / wenn's auf den klee schneit, glitzern alle eiskristalle ganz ungewohnt."

„wenn ich meine eindrücke ausdrücke / dann wind ich mich in wendungen / ich wende mich an windungen in meinem gehirn / wenn dinge dank gedanken aus dem nichts entstehn / ist mein plansoll erfüllt, eine eigene welt aus ideen", rappte *Bastian* auf seiner ersten LP *Poesiealbum,* der ersten und bisher einzigen Rap-Schallplatte mit ISBN-Nummer, die sonst nur Büchern vorbehalten ist. *Poesiealbum* ist Tonträger und Gedichtsammlung in einem und in jeder Buchhandlung erhältlich. Diese Zeilen sind programmatisch und *Poesiealbum* ist zugleich der erste poetologische Text in der deutschsprachigen Rap-Geschichte. Ein Text also, der sich Gedanken darüber macht, wie ein Text geschrieben wird oder werden sollte.

Dem Klang und Inhalt der einzelnen Wörter nachspürend, bewegt sich *Bastian Böttcher* durch das Universum seines Wortschatzes, von moonboots zu skischuhen zu schneestiefeln – im tiefschnee stiefelten – schnieftest – schliefst – pullmoll – paroli – im molligen wollpulli – bollerofen – rolli – frau holle – schneedaunendecke und so weiter, bis eine eigene Welt entsteht, die Geschichte eines coolen Wintertags eben. Und es könnte ewig so weitergehen, ohne dass man Angst haben müsste, dass einem langweilig würde, den ganzen Winter hindurch bis weit in den Sommer hinein. Diese assoziative Schreibweise, wobei sich die Assoziationen auf klanglicher wie inhaltlicher Ebene ergeben können, beherrscht *Bastian* wie kein Zweiter. Die Entwicklung dieser Geschichten scheint unvorhersehbar, sie sind immer wieder überraschend, auch beim zweiten und dritten Hören. Es sind im besten Sinn unerhörte Geschichten und zugleich Klangerlebnisse, die selbst ein Publikum begeistern, das die deutsche Sprache nicht versteht. Das macht *Bastian* zu einem idealen Botschafter für eine neue deutsche Lyrik. Und das Goethe-Institut tut gut daran, ihn weiter auf Lesereise durch die ganze Welt zu schicken. Seine Geschichten sind leicht, ohne seicht zu sein, sie sind spaßig und hintersinnig und sie zeigen vor allem, was durch Sprache möglich werden kann.

Bei seinem Auftritt beim European San Francisco Poetry Festival 1999 präsentierte *Bastian* ein Gedicht, „Kleine Einladung", in dem er den Klang fernöstlicher Sprachen imitiert: „ich wank an deina bungalow-wand lang und sing 'nen sting-song / ich klingel ding dong an deinm eingang / wag ein alleingang ..." Eine amerikanische Dichterin, die aus China stammt, war so begeistert, dass sie zu diesem vorgegebenen Klang nun ihrerseits eine wirkliche chinesische Geschichte erzählen will. Das ist Völkerverständigung im Sprachspiel – am Ende stellt sich dann alles als schöner Traum heraus, *Bastian* zerbricht die Illusion und holt seine Zuhörer in die Realität einer verrauchten Kneipe zurück, schade eigentlich, da wollten wir doch noch viel länger bleiben, bei diesem coolen Wintertag, in der Sommersonne und bei seinen Impressionen aus China.

„es sind nicht nur die worte allein"

Mathias Bach, *Stuttgart* (SV)

Schon früh hat *Mathias Bach* seinen Kollegen von der *Kolchose* vorgeschlagen, einen regelmäßigen Poetry-Abend zu veranstalten, an dem sie sich und einem kleinen Publikum ihre Raps vorlesen sollten, ohne Beats und Musik. Die Idee kam damals nicht an. Und obwohl die Stadtbücherei Stuttgart solche Veranstaltungen mit großem Erfolg durchführte – es lasen *Thomas D (die Fantastischen Vier), Max (Freundeskreis), Mathias Bach* und andere aus ihren Werken –, ergaben sich daraus keine Impulse. Also liest *Mathias* hin und wieder auf Poetry Slams und veranstaltet eigene Lesungen, ohne seine Rapkollegen aus der Kolchose, zuletzt beim German Masters 2000 in der *Stuttgarter Röhre:*

Mathias Bach – dergestalt ... (1997)

Gestalt der Gewalt
ist nicht nur
Force und Faust
auch Form und Farbe
schwarzrot gold
mit Sternen oder ohne
ist Banner Bann und Bande
Gang Gangster Galgen
Beil und Blut und Boden
ist immer wo ich wohne;
ein Sturmwind steigt
wo ich mein Lager schlage
dort ist Baum und Feuer Wasser
nicht nur Lebenszweck
denn ich bin Mensch
und so: Geschlecht

und somit Kain ein Teil
von mir und kein Entrinnen
scheint hier möglich
ist Schicksal Schlag und Schande
ist vorwärts nicht vergessen
und vergeben
und doch nur Teil von Leben.
denn wer heute 90 hat mehr
Krieg und Tod gesehen
in 10 Jahren
als ein anderer mit dreißig
bisher hier erfahren.
ich sprech von mir
und von Gewalt.

love rears its ugly head
die Wohnung war so kalt
dass wir alle in der Küche schliefen
während Kinder ihre Mütter riefen
deren Aschen schon im Wind
oder unter Last von Arbeit
Anspruch Ängsten bald zerbrochen waren.
Knochen auch nur Spuren
im Schnee die Amsel und
mit der Muschel den Namen
geritzt in die Wand ein Herz
tätowiert auf den Arm
das Geschirr zerschmissen und
polternd der Abend des Lebens
am Ende vor Mittag zerfleddernd
das Feld unendlich die Ehre
so wichtig wie Wasser bald rar
ist die Kraft (lies das Englisch)
ein Teil und doch überall
gegenwärtig im Sinn von
heute von Raum und von Zeit.
Gestalt nur die wechselt
Gehalt der verbleibt

der Gleiche ist seit
seit Kain und seit Abel

Brich diese Kette
Sieh hinter den Spiegel
Sei Alice doch wunder dich nicht
über was-du-entdeckt.
nimm einen Donut
trink einen Kaffee
süß ihn mit Zimt oder
süß ihn mit Zucker oder
süße ihn nicht;

(und dann ... halt Gericht)

Mathias Bach hat diesen Text auf den German Masters erstmals einem größeren Publikum präsentiert. Er schied in der Vorrunde aus, während *Bastian Böttcher* mit „Coolawinta" weiterkam und am Ende den Saal auch als Sieger verließ. Beide haben sie ihre Wurzeln unverkennbar im HipHop und sind doch so verschieden. *Bastian Böttcher* ist einer der Stars der nationalen und internationalen Slam-Szene. Er verbindet wie kein Zweiter Spaß und Hintersinn, erzählt private Geschichten in kunstvollen Reimen und Wortspielen. *Mathias Bach* dagegen verbindet Sinn und Form. Engagiert und auf eine abstrakte Weise politisch, verkörpert er das, was Slam Poetry in den USA ursprünglich einmal war. Seine Poesie ist Sprachrohr, ist Medium. Ihm geht es nicht um Geschichten, sondern um Geschichte. Er richtet sich gegen die Selbstgefälligkeit und Ignoranz einer Gesellschaft, die sich angewöhnt hat, wegzusehen, zu vereinfachen, und letztlich auch ihn von der Bühne verbannt.

Gewalt ist eben nicht nur Force und Faust, ist längst nicht immer körperlich. Gewalt offenbart sich in den verschiedensten Gestalten und ist überall, ist „immer wo ich wohne". Der Reim spielt in diesem Text nur eine untergeordnete Rolle, man denke an Bertolt Brechts Gedicht „Schlechte Zeit für Lyrik": „In meinem Lied ein Reim / käme mir fast vor wie Übermut." Es gibt Reime in *Mathias Bachs* Text, angefangen bei „Gestalt der Gewalt", sehr selten und an wichtigen Stellen. Diese Sparsamkeit gibt dem sprachlichen Gleichklang seine ursprüngliche Kraft wieder. Ein Reim wie „Gestalt der Gewalt" müsste untergehen in einer im Rap üblichen Flut von Endreimen.

Genau besehen reimt *Mathias Bach* doch: sein bestimmendes Formprinzip ist der Stabreim, die Alliteration: Force – Faust – Form – Farbe; Banner – Bann – Bande – Beil – Blut – Boden; Gang – Gangster – Galgen und so weiter. Diese Stabreime sind eindringlich, ohne zu harmonisieren, sie sind Klang, ohne wohlklingend zu sein, sind Form und doch nicht glatt und damit ein angemessenes Gestaltungsmittel für diesen Text. Auffallend ist weiterhin die mehrmalige Wiederkehr von „ist" am Versanfang (Anapher), die zugleich eine Auslassung (Ellipse) des Wortes „Gewalt" ist. Gewalt ist Banner Bann und Bande und so weiter. Gewalt ist allgegenwärtig und bleibt dennoch oft unsichtbar.

Mathias Bach macht die Gewalt sichtbar, da, wo wir sie nicht erwarten, wo wir gelernt haben, wegzusehen, da, wo es wehtut. Gewalt ist ein Bestandteil unseres Lebens, zerschlagenes Geschirr, Überlastung in Beruf und Alltag, Gewalt ist Lärm, ist der ignorierte Ruf eines Kindes, Gewalt ist Sprache, Symbolik, Staat, Gewalt ist allgegenwärtig. Und doch ist dieser Text nicht resignativ, deprimierend ja, aber nicht hoffnungslos: „brich diese Kette", „sieh hinter die Spiegel", „trink einen Kaffee (und dann … halt Gericht)."

Dies ist das stärkste Bild des Texts: Gewalt ist Nichtstun, ist tatenlose Besserwisserei. Wer nichts tut, kann auch keine Fehler machen, doch von der Schuld befreit er sich dadurch noch lange nicht. Wenn *Mathias Bachs* Text zur Ruhe, zum Abschluss kommt, fängt der eigentliche Text erst an, dann beginnt er zu wirken im Hörer, im Leser, dann wird dieser Text – ist ja bloß ein Gedicht – zum Appell, zur Aufforderung, nicht aufzugeben. Gestalt der Gewalt, auch im Nichtstun: „Es gibt nichts Gutes, außer man tut es" (Erich Kästner).

„herzlich willkommen in der mutterstadt"

HipHop in Stuttgart (SV)

Im September 1993 waren vier Künstlerinnen und Künstler vom Umweltprojekt *Eco Rap* aus San Francisco zu Gast auf der Internationalen Gartenausstellung IGA in Stuttgart. Spontan organisierten die Arbeitsgemeinschaft *Cumulus* (ein Netzwerk zur Förderung der Kinder- und Jugendkulturarbeit in Stuttgart) und der SDR ein gemeinsames Konzert von *Eco Rap* und *Kolchose* im Jugendhaus Mitte. Noch an diesem erfolgreichen Abend entstand die Idee, einen dreiwöchigen Jugendkulturaustausch durchzuführen. Im nächsten Jahr sollten zunächst zehn Aktivisten von *Eco Rap* nach Stuttgart kommen und mit der *Kolchose* gemeinsame Workshops und Konzerte veranstalten. Im Anschluss daran sollten dann zehn Mitglieder der *Kolchose* mit nach San Francisco fliegen und dort die Möglichkeit erhalten, ihre Kultur im Mutterland des HipHop kennen zu lernen. Es mussten viele Sponsoren gefunden, viel Überzeugungsarbeit geleistet werden, doch schließlich konnte im Juni 1994 der Austausch stattfinden.

„Stuttgart meets San Francisco" ist eines der gemeinsamen Erlebnisse, das die *Kolchose* bis heute zusammenhält. Anfang der Neunzigerjahre hatten sich nach und nach die einzelnen HipHops der späteren *Kolchose* kennen gelernt zum Teil besuchten sie dieselbe Schule, das gleiche Jugendhaus oder man traf sich in den wenigen Clubs, die HipHop-Musik spielten: im *On-U* oder im *Müsli*, später dann in der *Blumenwiese* und im *Unbekannten Tier*. Und so nach und nach bildeten sich dann die ersten festen Gruppen: *Fubar*, *Massive Töne*, die *Krähen*, *Agit Jazz* (später *Freundeskreis*). Da in der Anfangszeit aber keine der Gruppen genügend Stücke fertig hatte, um damit allein auftreten zu können, entstand die Idee, gemeinsam unter dem Namen *Kolchose* aufzutreten – die Namensgebung wird übrigens *Max (Freundeskreis)* zugeschrieben. Außerdem bot der Zusammenschluss die Möglichkeit, auch den Breakern und Writern ein Forum zu bieten.

Der erste gemeinsame Auftritt fand dann am 10. September 1992 in Leinfelden-Echterdingen statt, im *Areal*. Auch wenn *Textor (Kinderzimmer*

Productions), ein zufälliger Gast, und *Mathias Bach* (damals noch *ZM Großmaul*) im Rückblick sagen, dass dieser Auftritt alles andere als geglückt war – es war ein wichtiger Schritt nach vorn und letztlich die Geburtsstunde der *Kolchose*. 1992 gab es im Jugendhaus Mitte die erste Stuttgarter HipHop-Jam, es folgten die Etzel-Partys auf der Jugendfarm und dann eben das gemeinsame Austauschprogramm mit *Eco Rap*. 1995 waren die *Krähen* und *Massive Töne* dann so weit und veröffentlichten ihre ersten EPs. 1996 kam das legendäre *Kopfnicker*-Album von den *Massiven Tönen*, 1997 mit „A.N.N.A." von *Freundeskreis* der erste Top-Ten-Hit.

Die *Fantastischen Vier* hatten 1996 mit freundlicher Unterstützung von Columbia/Sony ihr eigenes Label gegründet, *Four Music,* und mit *Freundeskreis, Blumentopf,* dann *Afrob* bekamen Gruppen aus dem HipHop-Untergrund hier ihre Chance. Damit gelang den *Fantastischen Vier* nach vielen Auseinandersetzungen und Missverständnissen der Schulterschluss mit der Szene, zumindest in Stuttgart. Vor allem *Deejot Hausmarke* wurde hier zum Bindeglied. Mit *DJ Thomilla* ist er als *Turntable Rocker* unterwegs und mit *Max* verbindet ihn eine lange Freundschaft. *Afrob* dokumentiert diesen Stimmungswandel in „Reimemonster": Zum ersten Mal in der HipHop-Geschichte Deutschlands werden die *Fantastischen Vier* zitiert, ohne gleichzeitig gedisst zu werden: „schönen guten abend meine damen und herrn / wir machen rapmusik, verdammt, wir hören sie auch gern / also herzlich willkommen ...", beginnt *Afrobs* Text wie schon 1991 das erste Album der *Fantastischen Vier, Jetzt geht's ab.*

1999 gründeten dann die *Massiven Töne* ihr *Kopfnicker*-Label und *DJ Thomilla Benztown-Records,* zwei Szene-Labels mit Anbindung an Major Companies, *East-West* und *Edel*. Mit dem *0711-Club* konnte in Stuttgart eine regelmäßige HipHop-Party etabliert werden, die inzwischen mit ganz großen Gast-DJs aufwarten kann, beispielsweise *PF Cuttin* aus New York. Es folgten *0711-Booking* und *Four Artists,* zwei Management- und Bookingagenturen. Das *Kolchmag* ist ein offizielles Magazin, das die *Kolchose* (re)präsentiert, und als neuestes Projekt startet im Juli 2000 das HipHop-Open, das für die Zukunft als regelmäßiger Event, als Messe und Festival etabliert werden soll. Seit nun auch noch *Scorpio* in Stuttgart wohnt, um mithilfe des Managements von *Bear Entertainment* sein Comeback zu schaffen, scheint die HipHop-Welt in Stuttgart in Ordnung.

Das ist die offizielle Geschichte, die Erfolgsgeschichte der neuen HipHop-Metropole, wie sie inzwischen auch in den einzelnen Ausgaben von *Kolchmag* nachzulesen ist. Dieser Erfolg hatte seinen Preis. Die *Massiven*

Töne haben sich von *Wasi* getrennt, der bis dahin die Musik der Gruppe produziert hatte und auch an den Texten maßgeblich beteiligt war, andere schieden ganz aus. Und dann spielt das Business eine immer entscheidendere Rolle, bis in die Texte der einzelnen Gruppen hinein – Jungunternehmertum ist angesagt. Dabei geht viel von dem ursprünglichen HipHop-Feeling verloren, auch von dem Gemeinschaftsgefühl, das die Szene bis dahin geprägt hat. *Mathias Bach,* Gründungsmitglied der *Kolchose,* hat sich aus diesem geschäftigen Treiben zurückgezogen und mit seinen fünfunddreißig Jahren hat er die nötige Distanz, um die Stuttgarter HipHop-Geschichte in ihrer wirklichen Bedeutung überblicken zu können.

„0711, stuttgart ist die stadt"

Mathias Bach, *Rap-Poet, Dichter* (SV)

Wir sitzen im *San's* in der Eberhardstraße, später in der *Caffè-Bar*. Mathias scheint hier überall bekannt zu sein, bringt seine eigenen CDs mit und die Barkeeper sind tatsächlich froh, für eine Weile zumindest der üblichen Hintergrundmusik entgehen zu können. *Mathias* war es auch, der den Stuttgarter Clubs den Beat brachte, der über seine Mixe die Stimmen von Allen Ginsberg oder Jack Kerouac legte, den großen Autoren der Beat-Generation.

Wie ein Monster muss er den anderen HipHops vorgekommen sein, hat ihm ein guter Freund einmal gesagt, als er damals zu dieser ganz jungen Stuttgarter HipHop-Szene stieß, so wird es wohl gewesen sein. Denn in diesen frühen Jahren der Szene war *Mathias* bereits so alt, dass man ihn schon wieder ins Jugendhaus ließ. Eigentlich darf da ja niemand über achtzehn Jahren rein, aber die Sozialarbeiter dort akzeptierten ihn als Spiritus Rector, fast als Kollegen. Und *Mathias* tat dann auch gewissenhaft so, als ob er ein Auge drauf hätte. Ohne dieses Entgegenkommen seitens der Sozialarbeiter, wer weiß, ob dieser enge Kontakt zur Szene zustande gekommen wäre. So jedenfalls konnte er einfach dabei sein.

Er war kein Sprüher, kein Breaker oder DJ, wenn überhaupt, dann war er Rapper, *Zeremonienmeister Großmaul*, wie er sich bald nannte. *Mathias* war fasziniert von diesem Freestyle-Ding. „Wir haben superviel gefreestylt damals, teilweise natürlich auf einem entsetzlichen Niveau. Ich habe noch Aufnahmen, mit dem Diktiergerät gemacht, von *Wasi*, von *Max* und von mir, die sind wirklich schlecht. Aber egal, wir haben einfach gemacht, ohne viel nachzudenken. Das ist ja auch die Idee von HipHop: Wir haben nichts, aber wir machen das Beste daraus. Wir haben etwas zu sagen und wir sagen es auch. say it loud, i'm black and proud und i don't give a fuck, es ist mir scheißegal, ich mache hier meine Party und wenn ich Party machen will, dann mache ich auch Party. Ich brauche dafür keinen Plattenvertrag, was ich brauche, ist ein kleiner Kellerraum mit dicken Bassboxen, einen DJ, der zwei Platten auflegt, ein Mikro und dann erzähle ich was. Man muss sich das vor Augen führen, es ist dieser kleine Schritt zwischen Party-Anmache – Was geht Leute, seid ihr alle da, say ho – und diesem here's a little story that must been told. Als dieser Schritt vollzogen war, in dem Moment ist HipHop existent geworden, als the message ins Spiel kam. Heute sind wir ja so weit, dass HipHop selbst die Message ist, dass die Leute meinen, HipHop allein sei schon eine Mitteilung, und vergessen, dass HipHop eigentlich nur das Medium ist, eine Mitteilung zu machen." Aus „here's a little story that must been told" *(Beastie Boys)* wird dann eben „was soll ich euch noch erzählen" *(Dynamite Deluxe)* oder noch besser „was soll ich euch noch erzählen, was ihr nicht schon selber wisst" *(Eins Zwo)*, das ist der Lauf der Zeit.

1979 stand *Mathias Bach* zum ersten Mal auf der Bühne. Auch damals schon hat er einfach gemacht, hat in vier Bands gleichzeitig gespielt, hier Schlagzeug, da Bass, da gesungen und dort Keyboard gespielt. Punk war seine Musik. „Diese Don't-give-a-fuck-Attitüde, ich mach das einfach, was soll's, ich hab doch eh nichts zu verlieren und wenn dir der Sound nicht gefällt, dann geh doch. Das war der Punkt, der dann später die Verbindung hergestellt hat zur HipHop-Kultur, natürlich auch die Power der Musik. Der springende Punkt ist natürlich das Urgefühl von Punk: Wir sind für euch der letzte Dreck, also benehmen wir uns auch wie der letzte Dreck, also sehen wir auch aus wie der letzte Dreck, da unterscheiden sich Punk und HipHop eben. Weil die Leute im HipHop ja raus wollen aus ihren Verhältnissen und sich dann entsprechend beschissen benehmen."

Du hattest ja auch ein Leben vor HipHop, hat *Wasi* vor ein paar Wochen zu ihm gesagt, da schwingt Anerkennung mit, eine Anerkennung, die *Mathias* immer vermisst hat. Was bekommt einer zurück für das, was er investiert hat – das ist die Frage, die ihn lange Zeit beschäftigt hat. „Die *Kolchose* war ja von Anfang an auch so ein Abgrenzungsding, man wollte sich unterscheiden von anderen, auch qualitativ, und für *Ianni* und seine Gruppe *Fubar* war dann eben kein Platz in der *Kolchose,* auch wenn es im *Kolchmag* anders steht. Und heute, was ist mit *Milo*, einem der ersten Breaker, einem der Besten überhaupt? Was ist mit den ganzen Graffiti-Malern? Was ist mit *Retarded Youth?* Was ist mit mir?", fragt sich *Mathias*. Was ist mit *DJ Mike MD,* muss man hinzufügen, der so manchem aus der *Kolchose* beigebracht hat, wie man ein Studio einrichtet, wie man die Geräte bedient?

„Heute sind die Bühnengräben drei Meter tief und die Bühne ist vier Meter hoch. Früher konnte man den Leuten auf der Bühne noch auf den Kopf spucken, wenn man groß genug war, und es konnte einem passieren, dass einer auf die Bühne stürmte und einem das Mikrofon wegriss. Das ist heute nicht mehr drin. Heute sind es Shows, früher waren es Jams. HipHop ist keine Berufung mehr, HipHop ist Beruf. Und jeder muss möglichst versuchen, sein Marktsegment zu halten." Diesem Druck möchte *Mathias Bach* nicht ständig ausgesetzt sein. Und so ist er dorthin zurückgekehrt, woher er einmal kam. Nicht mehr *Großmaul,* sondern *Mathias Bach,* kein Rapper mehr, sondern Poet. Früher waren seine Gedichte auf keinen Fall gereimt, und kurze Zeilen machen tolle Gedichte, hat man ja überall so gelesen. HipHop hat ihm den Rhythmus und die Freude am Reimen zurückgegeben. Und dass man nicht unbedingt reimen muss, um einen guten Text zu schreiben, dieses Wissen hat er den Rappern voraus, die sich immer noch in ihren Reimen zu übertreffen versuchen.

„Das war überhaupt der eigentliche Unterschied zwischen mir und den anderen *Kolchose*-Jungs, nicht so sehr das Alter, sondern dass ich schon immer und schon damals mehr wusste. Ich wusste über die History und über die Entstehung von HipHop mehr als die, die ihn hier kreiert haben. Deshalb auch der Satz, ‚wer nur von hiphop was versteht, versteht auch davon nichts'. Das hat mich schon immer unterschieden, dass ich mehr wusste und dieses Wissen nie versteckt habe, nicht, um damit anzugeben, ich wollte schoolen. Ich habe zum Beispiel ein Seminar für Sozialarbeiter über HipHop gemacht, das hätte in Stuttgart sonst niemand gekonnt. *Afrob* hat mich jetzt ja gefragt, ob ich ihn nicht auf seiner Tour begleiten möchte, um vor seinen Auftritten über die Geschichte von HipHop zu reden, weil er ja auch merkt, dass die Kids nichts mehr wissen."

Hall of Fame in Köln-Ehrenfeld

DRA-Piece 1989

Wand in Amsterdam 1985

Graffito des Münchner Writers Loomit

Denick-Throw Up in Berlin, 1987

Piece von Zerok in Staffelstein, 1993

Bamberg, 1995

Zug im Kölner Hauptbahnhof 1998

Skin-Piece, 1997

Zerok-Piece in Bamberg, 1993

B-Boy mit Windmill auf einer Jam in Köln

B-Boy im Sommer 1985

DJ Mike MD 1984

DJ Mike MD präsentiert seine Moves vor erlesener Gesellschaft

Rapper in Action auf einer Jam in Bamberg 1995

Freestyle-Session auf einer Jam in Köln 1996

Rapper in typischer Old-School-Pose

„von abseits aus zu unwiderstehlich magnetisch"

Die verborgenen Netzwerke des HipHop (SV)

Im Gegensatz zu Stuttgart ist Hamburg, das zweite derzeitige Zentrum der HipHop-Kultur in Deutschland, keine gewachsene Szene. Viele der Bands, für die Hamburg berühmt wurde, stammen nicht aus Hamburg, *Ferris, DJ Stylewarz, Fischmob, Cora E, Aleksey, Dendemann,* selbst *Fettes Brot* und *DJ Marius No. 1,* sie alle sind nicht unmittelbar in Hamburg aufgewachsen. Hamburg war und ist ein Anziehungspunkt für ganz Norddeutschland. Hier gab es mit *Buback* und *Yo Mama* früh Labels, die HipHop-Musik veröffentlichen und vertreiben konnten. Und eine wirkliche HipHop-Szene gibt es bis heute nicht, sagt *Marius No. 1:* „Das Besondere an Hamburg ist: Es gibt eine Menge Gruppen und es ist nichts los. Wenn in Hamburg ein schlechter MC auf der Bühne steht, dann gibt es keinen von den angesagten Hamburger Rappern, der dem Typen sagen würde: Du bist hier in Hamburg und wir lassen uns so etwas hier nicht bieten", ärgert sich *Marius.* So gesehen sei in Hamburg nichts los. „Die eine Clique hängt hier ab, die andere hat dort ihren Treffpunkt. Es gibt momentan keinen Club, wo sich die Hamburger HipHop-Szene regelmäßig treffen könnte." Dabei hatte Hamburg mit dem *Defcon 5 (Marius)* und später dem *Powerhouse (Marius* und *Mario Cullmann,* heute *Fünf Sterne Deluxe)* Mitte der Neunzigerjahre mit die besten HipHop-Clubs in Deutschland. Aber was nicht mehr ist, kann ja wieder werden.

Um HipHop-Musik produzieren zu können, braucht man keine teuren Studios, nicht die neuesten und ausgefeiltesten Aufnahmetechniken. Inzwischen haben viele HipHops das notwendige Equipment bei sich zu Hause. Um diese kleinen Projektstudios herum entstehen oftmals kleine Netzwerke, die losgelöst von Medien und Plattenindustrie ihre Vision von HipHop verwirklichen: *Marius No. 1* und sein kleines, feines *Chiefrocker-*Label oder *Fast Forwards Put Da Needle To Da Record,* unabhängige Strukturen, die den HipHop-Untergrund am Leben halten. Immer häufiger passiert es, dass dabei HipHops der ersten Generation mit ganz jungen Talenten der dritten Generation zusammenarbeiten, nicht in Form von Features oder zeitweiligen Collabos, sondern als feste Gruppe, Posse, Produktionsgemeinschaft. Und die bisherigen Ergebnisse sind viel versprechend, wenn sich Erfahrung und Wissen mit jugendlichem Tatendrang verbinden.

Das bekannteste HipHop-Netzwerk in Deutschland ist sicher die Stuttgarter *Kolchose*. Die hat jedoch längst den Untergrund verlassen. Ihre Labels sind an Major Companies angebunden und längst können die *Kolchose*-Jungs ihr Business nicht mehr allein bewältigen, haben Angestellte, Sekretärinnen. Der Erfolg der *Kolchose* hängt natürlich auch damit zusammen, dass es sich hauptsächlich um ein Rap-Netzwerk handelt, das die eigene Existenz seit Jahren wortgewaltig nach außen trägt. Aber HipHop ist nicht nur Musik. Die *DomSports*-Halle in Köln-Vingst ist ein gutes Beispiel dafür, wie ein solches Netzwerk auch abseits des Musikbusiness funktionieren und wie erfolgreich man zugleich seine persönliche HipHop-Vision in die Tat umsetzen kann. Im Mittelpunkt steht eine BMX- und Skate-Halle mit angeschlossenem Biergarten und einer Konzerthalle. Und auf dem denkmalgeschützten Industrieareal finden sich kleine Studios für Musik und Artwork, ein T-Shirt-Label, Mailorder, eine Graffiti-Galerie und noch einiges mehr. Betrieben wird die *DomSports GmbH* von fünf Freunden rund um das *Äi-Tiem*, die gemeinsam in Köln-Porz aufgewachsen sind, mit BMX und Skaten, mit HipHop und Hardcore, die sich hier ihren gemeinsamen HipHop-Traum erfüllt haben. Ich traf *Hans Solo* und *Lord Fader* in ihrer Halle.

„wenn hier einer schießt, dann bin ich das"

DomSports-*Halle Köln* (SV)

„ich mag skater, die writen, aber ich liebe writer, die skaten" *(Stieber Twins)*. Meine erste Frage also: Was haben Skaten und BMX mit HipHop zu tun? Ganz schlechte Frage, gibt mir *Lord Fader* zu verstehen und *Hans Solo* fragt auch prompt zurück: Was ist HipHop? Und antwortet dann doch: „HipHop ist die Art, wie wir leben, wie wir uns das alles hier aufgebaut haben, gegen alle Widerstände bei Stadtverwaltung und Banken, gegen Bürgerinitiative und Denkmalschutz." – Bürgerinitiative? – „Die *DomSports*-Halle selbst liegt zwar mitten in einem Industriegebiet, um aber von der Bahnhaltestelle zur Halle zu kommen, muss man eben durch ein Wohngebiet gehen. Das stört die Anwohner und sie haben deshalb eine Bürgerinitiative gegen die *DomSports*-Halle ins Leben gerufen. Mit von der Partie in der Bürgerinitiative sind der Jugenddezernent (!) der Stadt Köln sowie einige andere Mitglieder der Kölner CDU-Ratsfraktion. Jugendhilfe ja", sagt *Hans Solo* abschätzig, „aber bitte nicht vor meiner Haustür! Wir seien ein Magnet für verwahrlostes, asoziales Pack, hieß es aus Kreisen der Bürgerinitiative und dann haben sie uns aufgefordert, fünfzig Garagen renovieren zu lassen, als ob es hier draußen Graffiti erst gibt, seit wir unsere Halle eröffnet haben." Aber *Hans Solo* lässt sich von so etwas nicht unterkriegen. Immerhin hätten sie die Lobby der Eltern auf ihrer Seite, die ihre Kinder inzwischen guten Gewissens nach der Schule hier herbringen und abends wieder abholen. Das sei ihnen wichtig, die Anerkennung der Eltern, fast noch wichtiger als die guten Kritiken in der internationalen Fachpresse.

Die Halle ist inzwischen zu einem Bindeglied geworden, zu einer Anlaufstelle für die verschiedenen Szenen. „Wir machen hier genauso Hardcore-Konzerte, wie wir HipHop-Jams veranstalten. Wir lassen uns nicht auf irgendwas festlegen. Trotzdem machen wir HipHop, wie die *Beastie Boys* auch. Heute kann HipHop ja sowieso alles Mögliche sein, jeder

Markus Wilke in der DomSports-Halle in Köln-Vingst   Photo: Boris Gronen

legt sich das so zurecht, wie es ihm gerade passt, jeder definiert sich heute selbst. Nur: Wir haben keine Definition griffbereit, warum auch? HipHop ist keine Schublade. Und die ganzen Jungs, die sich angeblich nicht in eine Schublade stecken lassen wollen, stecken sich dann selbst in die HipHop-Schublade, freiwillig und ohne jeden Zwang", amüsiert sich *Hans Solo*.

„Eigentlich haben wir wenig Kontakt zur HipHop-Szene, was aber nicht bedeutet, dass wir die Leute nicht kennen würden. Neulich zum Beispiel, es gibt ja nicht viele Regeln auf dem Gelände hier, aber eine davon ist eben, dass die Fassaden außen nicht besprüht werden dürfen, weil wir sonst Ärger mit dem Denkmalschutz bekommen. Und in der Halle ist ja auch genügend Wand zum Sprühen. Als *DJ Lifeforce* seine letzten *Beats in der Bude* hier bei uns in der Halle veranstaltet hat, kamen in der Nacht zuvor ungebetene Gäste. Eine Kölner Graffiti-Crew verewigte sich auf der Fassade, schließlich wurden für den nächsten Tag mehr als tausend Besucher erwartet. Diesen Fame wollten sie sich nicht entgehen lassen. Als uns das Denkmalamt aufforderte, die Fassade für viel Geld reinigen zu lassen, haben wir uns ins Auto gesetzt. So etwas tragen wir privat aus, wir kennen die Leute ja." Und bald schon waren besagte Sprüher dann mit dem Hochdruckreiniger zugange und versetzten die Fassade in ihren ursprünglichen Zustand zurück. „Und spätestens, wenn es darum geht, dass sie auch die Bilder der anderen wegmachen sollen, dann ist es mit dem Zusammenhalt in der Szene schnell vorbei, dann fangen sie an, sich gegenseitig zu verraten."

Hans Solo hat vor drei Jahren von *Darco*, einem Freund aus Paris, ein Bild auf zweihundertfünfzig Plattencover sprühen lassen, eine Benefizaktion für die Kölner Obdachlosen-Zeitschrift *von unge*. Das Bild wurde im Domforum ausgestellt, dann wurden die einzelnen Platten mit den Fragmenten von *Darkos* Bild versteigert. „Sechzig Platten haben wir verkauft", sagt er resigniert, „so interessant sind also Obdachlosigkeit und Armut für die Deutschen."

„HipHop hatte ja früher einmal einen politischen Hintergrund, davon ist heute nicht mehr viel zu spüren. Der ist dieser neuen Fun-Generation längst verloren gegangen. Ab und zu kann man mal was zwischen den Zeilen lesen, aber das ist doch eher selten. Die wirklich harten Gruppen von damals, *No Remorze* oder *Advanced Chemistry,* sind von der Bildfläche verschwunden. Heute geht es immer mehr in die Richtung: Ich bin der und der und vor allem besser als alle anderen." Das ist *Hans Solo* und *Lord Fader* zu wenig. „Aber die Majors kaufen sich eben dieses junge Gemüse

ein, Leute mit Potenzial zwar, die man aber noch formen kann und die möglichst wenig anecken. Da haben wir keine Chance, weil wir wollen anecken. Außerdem sind wir zu alt. Wir wissen genau, wie das Spiel im Musikbusiness gespielt wird, wir sind unbequem."

Einen seiner ersten Auftritte hatte das *Äi-Tiem* im *Rhenania* in Köln, zusammen mit *Exponential Enjoyment* und *Advanced Chemistry*. „Dafür haben wir Texte von *Two Life Crew* ins Deutsche übersetzt und ein bisschen umgeschrieben. Auch um den Leuten einmal zu zeigen, was sie da die ganze Zeit mitgrölen", fügt *Lord Fader* hinzu. *Torch* stand dann auf der Bühne: „say hey, say ho", das Übliche eben. Und dann ging *Hans Solo* auf die Bühne und rief eben: „sag Arsch, sag Fotze", ganz wie die *Two Life Crew*. „Das habe ich insgesamt zweimal geschafft, dann kamen die Betreiber vom *Rhenania* und haben uns von der Bühne geprügelt. Das war für uns dann der Ansporn, eine Platte zu machen. Man sollte uns eben nie sagen, dass wir etwas nicht tun sollen, denn dann machen wir es erst recht."

Ihre erste Platte, die EP *Alles Absicht,* ließen sie noch selbst pressen. Ihre erste LP erschien dann bei *Intercord* und landete bald auf dem Index, wegen einiger pornografischer Texte. Die Platte durfte nur noch an Jugendliche über achtzehn Jahren verkauft werden. „Das alles hat uns eher genützt als geschadet, auch die vielen schlechten Kritiken, das hat die Leute neugierig gemacht. Und es passt auch zu unserem Image." Trotz-

dem haben sie seitdem ihren Stempel: *Äi-Tiem,* das sind die Porno-Rapper aus Köln-Porz, mehr scheint nicht erwähnenswert. Und es scheint ja auch schlecht zusammenzupassen, diese zum Teil üblen pornografischen Texte und das soziale Engagement, diese politische Wut und der Rückzug in den Freundeskreis, dieses „Wir machen unser Ding, alles andere interessiert uns nicht". Das alles bleibt schwer verständlich, bis man *Hans Solo, Lord Fader* und die anderen der *DomSports-GmbH* einmal persönlich getroffen hat. Dann ergibt sich plötzlich ein Bild, kein einheitliches, aber ein stimmiges, in sich ruhendes Bild einer langen Freundschaft. Und auch das ist eine Botschaft des HipHop, der Wert des persönlichen Kontakts. Lieber nur tausend Platten verkaufen, wobei Käufer und Verkäufer ein genaues Bild voneinander haben, als zwei Millionen Platten verkaufen und jeglichen direkten Kontakt verlieren.

„just writin' my name"

Graffiti in Deutschland (LJ)

HipHop hat sich in Deutschland in drei großen Schüben entfaltet. Zuerst kam Breakdance und verbreitete sich durch den Medienhype bis in die hintersten Winkel der Provinz. Mit den Filmen *Wild Style, Beat Street* und dem bis heute unübertroffenen Dokumentarfilm *Style Wars* setzte die Entwicklung im Graffiti ein und erst Ende der Achtzigerjahre entstanden die ersten Rap-Gruppen, die sich ernsthaft Gedanken darüber machten, Platten zu produzieren. Im Unterschied zu Breakdance entflammte die Begeisterung für das Taggen und Writen ohne die Begleiterscheinungen eines kommerziellen Trends.

Graffiti gilt als das Element der HipHop-Vierfaltigkeit mit der größten Eigendynamik. Im Gegensatz zu Breakdance, Rap oder DJing ist Writen illegal und somit die einzige HipHop-Disziplin, die ein echtes Risiko mit sich bringt. „Das Echteste, was es heute im HipHop noch gibt, ist es, nachts einen Zug malen zu gehen", betont *Torch* im Interview mit dem *Backspin*-Magazin (6/2000). Auch wenn es übertrieben ist, von einer speziellen „Writer-Mentalität" zu sprechen, so ist die Summe der Erfahrungen, die ein Writer während seiner Laufbahn macht, doch kaum vergleichbar mit dem, was ein Breaker oder DJ in seinem Alltag erlebt. Es ist kein Zufall, dass einige bekannte Sprayer mit Rapmusik oder B-Boying nichts oder nur wenig zu tun haben wollen. Andererseits gibt es Maler, die den Zusammenhang betonen, wie *Creator,* der eine überraschende Parallele zu Breakdance zieht: „Graffiti ist Breakdance auf U-Bahnen und Zügen. Ein gelungenes Bild ist wie gelungene Moves beim Breaken."

Graffiti wird in diesem Jahrtausend sicher nicht mehr in den Jugendförderungskatalogen der Stadtverwaltungen auftauchen. Writer nehmen sich eine Freiheit heraus, die keine Gesellschaft hinnehmen kann, deren Ordnung auf einer strengen Zeichenhierarchie beruht und die freie Flächen an den Meistbietenden verkauft. Writer sind unter diesem Gesichtspunkt „politischer" als manch autonomer Parolenschreiber, da die Menge an Pieces und Tags und ihre riskante Platzierung an gut sichtbaren Stellen zu einer empfindlichen Störung der Kodierung des öffentlichen Raums führt. Kaum ein Writer hat allerdings bewusst politische Ambitionen. Auch hier geht es – und da ist Graffiti ganz HipHop – um Fame, Respekt, Battle und natürlich Sein-Ding-Machen. Doch jedes Tag sagt nicht nur „Ich war hier", es sagt auch „Ich nehme mir die Freiheit, selbst zu entscheiden, an welcher Stelle ich Zeichen setze". Die unübersehbaren Spuren, die Writer hinterlassen, sind Zeichen von Individualität und Anarchie, die in unserer Gesellschaft kaum mehr möglich erscheinen.

Das folgende Interview mit dem Dortmunder Old-School-Writer *Shark* erhebt nicht den Anspruch, die Entwicklung von Graffiti in Deutschland repräsentativ darzustellen. Es ist lediglich ein interessantes Spotlight aus der Perspektive einer interessanten Stadt. Dortmund war mit München die erste Stadt in Deutschland, in der massives Bombing stattfand und deren Stadtbild sich durch den „kreativen Eingriff" *(Shark)* einiger Writer extrem veränderte. Einige Graffiti-Maler der ersten Generation sind inzwischen dreißig und älter. Einige von ihnen haben selbst Kinder, die bald in ein Alter kommen, wo der Griff zur Dose eine verlockende Alternative zum bisherigen „Kinderkram" ist. Wenn dann der Sohn oder die Tochter zum ersten Mal auf der Polizeiwache landet und die Beamten zu Hause anrufen und womöglich einen alten Bekannten an die Strippe bekommen, dann wird es richtig spannend. Ist das Vererbung oder Erziehung? Die alte Frage. Wir widmen uns da lieber bescheideneren Fragen: Wie hat das alles angefangen? Wie hat man sich kennen gelernt? Wie entstanden überregionale Kontakte? Welches Lebensgefühl macht Graffiti aus in Abgrenzung zu den anderen HipHop-Disziplinen? Und warum nimmt man Verfolgung und Illegalität in Kauf?

„voll getaggte straßenschilder, die dir den weg weisen"

Ein Interview mit **Shark** *(LJ)*

Shark gehört zur ersten Writer-Generation in Dortmund. Eigentlich habe ich ihn nur gefragt, wie man 1983 zu HipHop und Graffiti kam. Schon breitete er die gesamte Dortmunder Graffiti-Geschichte mit all ihren Bezügen innerhalb von Deutschland und zu den Nachbarländern vor mir aus. Graffiti ist ja die am besten dokumentierte Ausdrucksform der HipHop-Kultur. Es gibt unzählige Bildbände zu einzelnen Städten und Regionen, geschichtliche Darstellungen, die Biografie von *Odem,* verschiedene Lexika, aber bei *Shark* ist dieses ganz spezielle Old-School-Feeling noch zu spüren. Auch nach der langen Zeit ist die Faszination ungebrochen:

„Es gab damals noch gar kein Graffiti. Anfang der Achtziger tauchte Breakdance plötzlich auf, das wurde dann ja auch massiv von der *Bravo* gepuscht. Leute wie *Eisi Gulp* waren da eher spät dran, Nachzügler sozusagen, die kommerzielle Antwort des Fernsehens auf die Bewegung. Wir hatten damals eine Breakdance AG in der Schule, das waren ein paar Typen, Skater und BMX-Leute, Stadtjungs eben. Es gab aber schon die *Rhythm Legs,* eine Breakdance-Gruppe, die zu dieser Zeit schon professionell war. Die waren auch älter als wir, so zwei, drei Jahre, also etwa aus der Fünfundsechziger-Generation. Die hatten schon ein Sponsoring von *Lauf-Profi,* dem Szeneladen schlechthin damals, die hatten die ersten Nikes und Laufschuhe.

Die *Rhythm Legs* haben sich immer vor *McDonald's* mit einer Pappe getroffen und gebreakt. Für uns war das damals das Größte. Das waren coole Jungs. Wir haben ganz klein angefangen und nach und nach immer mehr Leute kennen gelernt. Ich habe zum Beispiel auf der Weihnachtsfeier meines Fußballvereins in der Umkleidekabine einen kennen gelernt, der auch gebreakt hat, und der hat sofort eine Kassette geholt, *Afrika Bambaataa,* ‚Looking for the perfect Beat', und das hat uns die Schuhe ausgezogen. Das waren so unsere ersten Erfahrungen. Natürlich haben wir sofort eine Gruppe aufgemacht, gebreakt und auch einen Sponsor gesucht, sind aber bei so einem Scheißladen gelandet und haben Brücking-T-Shirts für drei Mark bekommen, lächerlich! Dann hatten wir hier und da ein paar Auftritte, das war die erste große Welle. Dann kam die *Bravo*-Weltmeisterschaft in der Westfalenhalle, 1984, eine riesige Veranstaltung, da waren unglaublich viele Leute. Da war Breakdance total angesagt, so wie heute vielleicht PlayStation oder so. Tja, und dann war auch schon wieder Schluss. Ich erinnere mich an einen kurzen Film aus Berlin, in dem auch der damalige Breakdance-Weltmeister mitgespielt hat, wo es um eine Gruppe von Breakern geht, die alle ganz traurig sind, weil sich plötzlich keiner mehr für Breakdance interessiert.

Dann kam *Beat Street*. *Wild Style* hatte ich damals noch nicht gesehen. Ich weiß aber, dass die Jungs im Norden *Wild Style* schon kannten. *Zodiak* und die Leute waren das. Das war schon 1983. Für uns kam dann 1984 mit *Beat Street* Graffiti und auch die Einstellung: Okay, wenn du breakst, musst du Rap hören, scratchen, Lieder selber mixen und so. Bei unseren Auftritten haben wir alle Lieder selber gemixt. Wir hatten Hubschrauber, die durchs Soundbild flogen, und Glockenschläge und so Kram. Wenn du so eine Breakdance-Show gemacht hast, war es wichtig, dass du da auch Schnickschnack mit reingepackt hast, vor oder hinter die Stücke. Wir haben also auch gemischt und gescratcht. Und dann fehlte eben noch das Malen. Wir haben uns dann gefragt: Was malen wir? Natürlich unseren Crewnamen, ist doch klar. Wir hießen damals *EDBC [= Electronic Dimension Breakdance Crew]*. Wir haben ausgemacht, dass nicht jeder dasselbe malt. Ich wollte die Dinger nummerieren. Wir hatten damals diese kleinen Eddings, so Dreizehnhunderter, sind durch die ganze Stadt und dann ging das ruck, zuck und bei etwa zweitausend habe ich es mit der Nummerierung aufgegeben. Ich habe ständig vergessen, wo ich jetzt mit der Zahl war. Um Weihnachten 1984 fanden wir das dann langweilig und haben uns gedacht: Nee, das ist öde, wir brauchen jetzt richtige Namen. Und dann wurden es auch direkt die, die es immer bleiben sollten.

Wir waren damals sechs Leute in der Breakdance-Gruppe und je mehr wir da mit Graffiti unterwegs waren, desto unwichtiger wurde eigentlich dieses Breakdance-Ding. Und mit Graffiti ging dann aber so richtig die Post ab. Da war *Chintz* dabei, *Zabo, Can, Doron, Sky* und ich. 1985 haben wir dann richtig angefangen mit Tags. Mit *Can* zusammen habe ich dann *MD* gegründet, *Magnificent Double*. Anfang 1985 fing das mit Dosen an, weil uns ja klar war: Graffiti, das wird mit Dosen gemacht. Tja, und dann stand die

Frage im Raum, wo gibt's eigentlich Dosen? Wir waren vierzehn, fünfzehn Jahre alt und dann krieg mal irgendwo Dosen her. Da haben wir dann gesprüht. Das erste Bild: boah, macht das Spaß; nächstes Bild und nächstes Bild, immer unter derselben Autobahnbrücke. Keep on Graffiti haben wir da schon gemalt. Das war alles tagsüber. Wir waren uns gar nicht bewusst, dass wir da was Illegales machen. Einmal haben wir an der Westfalenhalle gemalt, illegal an einer Straßenbahnunterführung, ganz schäbig, mit Dosen. Das war abends. Wir haben riesengroß gemalt. *Can* stand auf meinen Schultern und hat oben Bubbles drumgemacht. Wir haben ein *MD* gemalt mit Skizze, grüne Outlines, innen Bronze, Kupfer und Grau und blaue Bubbles. Jedenfalls hatten wir dort gemalt.

Zwei Wochen später aber waren da plötzlich Tags von anderen Typen. Und zwar bessere Tags als unsere. Wir haben so geübt und die hatten schon New-York-Style drauf. Das waren *Zodiak, Sek 241* und *Ski 69*. Und die hatten richtig gute Tags. Wir dachten nur: Scheiße, es gibt noch andere! Mein Gott, wer ist das? Tja, und dann haben wir uns auf den Weg gemacht. Wo sind noch diese Tags? Wir sind durch die ganze Stadt gefahren und im Norden waren immer mehr von denen. Wir also auch Tags im Norden gemacht und dann hast du auch mal von anderen gehört: Jaja, die kenne ich. Wir waren immer drei Wochen Kinderferienparty, Westfalenhalle, und dann drei Wochen in Mengede, Mengeder Ferienspaß. Und dort war dann auch der große Showdown. Es hieß, dann und dann sind die Jungs da. Okay, dann gehen wir hin! Wir also mit unsere Posse, etwa zehn Leute, da hin und die saßen auch schon alle da. Und die hatten echt alle Graffiti auf ihren Jacken drauf und sahen ganz verdunkelt aus. Dann sind wir ins Gespräch gekommen. Die haben uns ihre Pieces gezeigt und die waren echt schon voll gut. *Zodiak* hatte damals auch schon Bücher und er kannte *Wild Style*. Und dann schwappte plötzlich die Graffitiwelle komplett auf alle Breaker über.

Mit einem Mal tauchte eine Crew nach der anderen auf. Irgendeine Toy-Crew fing dann einen riesigen Krieg an, das waren *Desk, Ches, Mela* und noch welche, und die haben angefangen, Sachen auszucrossen. Wir haben die richtig gejagt und haben alles von denen platt gemacht, sodass die am Ende richtig Schiss gehabt haben. Nach *Beat Street* fing das an. Da war plötzlich voll was los. Es passierte etwas. Und natürlich die Frage: Dosen, wo gibt's Dosen? Und dann haben wir Läden aufgetan. Ein Laden, der gehörte so 'nem alten Pärchen, wir rein und gefragt: Haben Sie Tapete? Die Alte nur: Ja, Moment, muss ich mal hinten gucken. Wir jeder direkt sechs Dosen eingesteckt, rausgelaufen und yeah! Was haben wir uns gefreut! Wow, ist das geil!

Zodiak war mal zufällig in Amsterdam mit irgendeiner Jugendfahrt und hat gesehen, dass da alles voll gemalt war. Die ersten Impulse gingen in Europa ja von London und Paris aus. Das ging schon 1981, 1982 los, eine Generation vor uns. Amsterdam kam direkt danach, war aber viel krasser. London war schon immer eine erzkonservative, saubere Stadt gewesen. In Paris war ich 1986 das erste Mal und da war die Stadt noch unheimlich sauber. Wenn die da Pieces gemacht haben, dann meist legal und sehr gut. *Bando* und die Leute waren damals für uns Welten entfernt. Die waren ein kleines Stück hinter New York und wir waren ganz weit hinten. Amsterdam war aber Hausbesetzer-Szene, Kiffer, Junkies, viel liberaler. Und Amsterdam war voll! Amsterdam sah so krass aus wie New York. Wir sind da hingefahren und haben in der U-Bahn Leute getroffen, die eine Kiste Sprühdosen dabeihatten. Gleich ins Gespräch gekommen: Seid ihr Writer? Cool, kommt mit, ich zeig euch alles. Hier eine Hall of Fame, da noch eine, auf dem Flohmarkt alles voll mit Sprühdosen. Das erste Mal war wirklich ein Schock. Da war alles voll geschmiert. Jedes Haus!

Und dann kommst du nach Hause. Es war wirklich so, als kämst du aus der absoluten Partymetropole zurück in ein Kuhdorf. Wir sind sofort malen gegangen. Wir kamen morgens um sechs an und sind direkt noch drei Stunden losgezogen und haben getaggt. Wir sind auch sofort wieder nach Amsterdam, weil wir Dosen brauchten und wegen der Styles. Die waren uns einfach so weit voraus. Für uns war immer noch ‚Subway Art' Stand der Dinge. Wir waren noch bei dieser Achtzigerjahre-New-York-Sache, aber die benutzten Pastelltöne, machten Fadings und hatten einen ganz anderen Style. Auf jeden Fall sind wir dann regelmäßig nach Amsterdam gefahren. Die hatten einen Hangout, Leidseplein, schräg gegenüber lag ein leer stehendes Gefängnis, innen war ein Hof voll mit Sand, die Wände waren halb eingerissen, alles komplett bemalt, Typen spielen da Bongos, Perlen liegen nackt im Sand, mitten in der Stadt! Da ist heute übrigens eine riesige Bank.

Wir kommen da also mit der Straßenbahn an, sitzen da zirka fünfzehn Jungs auf so einer Bühne, weil da gerade Straßenfest war, und wir hatten halt breite Schnürsenkel und die gleich: Hey, cool, ihr seid Writer, wir nehmen euch mit. Wir sind dann in der Straßenbahn gefahren und die Typen machen mit Dosen von innen Tags in die Bahn. Die Straßenbahnfahrerin sagt dann über Lautsprecher: Könnt ihr bitte damit aufhören. Ich krieg echt Ärger. Draußen fährt ein Bulle vorbei, schaut kurz

Bushaltestelle in Dortmund 1986

Erste Versuche mit der Dose 1984

Mauer in Dortmund 1986

Die selbe Mauer 1987

zu uns rein, hebt ermahnend den Zeigefinger und fährt weiter, das war für uns ein Schock! Nun hatten wir da unsere breiten Marker dabei. Irgendwann nämlich sind wir, da die Möglichkeiten in Dortmund begrenzt waren, auch in andere Städte zum Klauen gefahren und haben schließlich diese Artliner, drei Zentimeter breite Stifte, gefunden. Und in Amsterdam sind die Writer da völlig drauf abgefahren. Die haben uns ihre Blackbooks dafür geschenkt! Wir waren für die die absoluten Helden, weil wir diese Scheißstifte hatten. Von daher war das gleich zu Anfang eine gleichberechtigte Beziehung mit dem Jungvolk dort. Wobei *Shoe* und *Delta* damals auch für uns ein anderes Kaliber waren. Das war ein Altersunterschied von zirka drei Jahren und wenn du fünfzehn bist und jemand achtzehn, dann ist das schon ein gewaltiger Unterschied.

In Dortmund ging es dann auf jeden Fall richtig los. *Zodiak* hat mir irgendwann mal das Yard gezeigt und ich und *Can* waren direkt am nächsten Morgen um elf Uhr vormittags am Zug, strömender Regen, der Turm konnte uns sehen, völlig egal. Eine Woche später waren wir dann zum ersten Mal abends um neun Uhr im Yard, das war alles sehr abgefahren. Dann fuhren die ersten *MDs* [Züge mit der Aufschrift *Magnificent Double*]. Im Januar 1986 wollten wir dann eine Riesenaktion starten, einen End-to-End mit einer neuen Crew, die wir gegründet hatten: *CI5 (Criminal Incorporated Five)*. Wir mussten aber fast jedes Mal weglaufen, weil immer irgendwelche Rangierer kamen. Wir sind dann zum Beispiel vor so einem Arbeiter geflohen, haben unsere Taschen mit den Dosen ins Gebüsch gepfeffert, sind weggegangen vom Yard und nach zweihundert Metern haben wir uns gesagt: Komm, passiert nichts, lass uns die Taschen holen und dann abhauen. Und auf dem Rückweg jagen dann mit Blaulicht die Bahnbullen an uns vorbei. Das war erst einmal ein kleiner Schock und daraufhin haben wir die Yards auch eine Zeit lang in Ruhe gelassen.

Ich war aber schon vorher über die Osterferien 1986 in München gewesen und sehe da End-to-Ends fahren, völlig voll geschmierte Fahrstühle, Rolltreppen betaggt, ich war geschockt, wirklich geschockt! Da fuhren Züge, bemalte Züge, End-to-Ends, ich wusste überhaupt nicht, was ich sagen sollte. Wir hatten zu der Zeit zwar auch schon welche gemalt, aber diese fuhren. Das war schon geil. Drei Wochen später bin ich dann mit *Chintz* zusammen runtergefahren. Es gab da diesen legalen Markt, wo wir auch gemalt haben, und das Piece von *Chintz* war wirklich geil, so mit Fadings und Hell-dunkel-Effekten. Die Münchner waren damals ziemlich beeindruckt.

Im Norden haben uns die Bullen dann zweimal verhaftet, weil die wussten, dass *Zodiak* malt. Wir sind immer hinten aus der Bahn ausgestiegen und haben dann Tags draufgemacht. Jeder hat das gemacht und alle wussten das. Vor allem die Schneiderin, die da gearbeitet hat. Die sitzt da an ihrer Nähmaschine, sieht die Jungs aussteigen und die Bahn beschmieren. Dann kamen natürlich immer die Bullen und haben uns zweimal geschnappt. Wir waren zwar unschuldig, aber die Bullen haben immer versucht, uns zu verarschen. Nach dem Motto: Ja, dein Kumpel hat schon ausgesagt, dass du das warst. Wir waren halt diesmal tatsächlich unschuldig und diese Sache war eine so wichtige Erfahrung für uns, vor allem für mich. Ich kam ja aus einem Akademikerhaushalt aus dem Süden und kannte Polizei nur aus *Derrick*. Und die Bullen haben wirklich versucht, uns zu belügen und zu betrügen. Die haben versucht, mich zu verarschen, mich einzuschüchtern, die haben mich unfair behandelt. Die haben sich als die größten Arschlöcher entpuppt. Selbst vor Gericht hat man uns nicht geglaubt. Ich habe gesagt: Hey, wir haben nichts gemacht, diese Bilder sind uralt, wir haben uns die nur angeguckt. Der Staatsanwalt meinte nur, wenn wir euch irgendwo noch mal mit Sprühdosen erwischen, dann seid ihr dran, dann kommt ihr in den Knast. Und der Richter hat nicht gesagt: Herr Staatsanwalt, so was dürfen sie den Kindern aber nicht sagen. Die haben systematisch versucht, uns einzuschüchtern. Zum Beispiel haben die mich nicht nach Hause gelassen. Meine Mutter wurde angerufen und sollte mich abholen. Die meinte nur, die sollten mich gehen lassen, ich würde schon allein nach Hause finden. Die daraufhin: Nee, das können wir nicht machen, nachher tut er sich noch was an.

1985 war der Anfang, da ist die Tür aufgestoßen worden. 1986 sind wir nicht durchgegangen, sondern durchgerannt. Da ging die Luzie voll ab, all city, überall, und nur die Frage: Wo sind Wände, Wände, Wände, wo sind Dosen, wo können wir hinfahren? Wir waren '86 in Amsterdam, London, Paris, München, 1986/87 fing es auch mit Straßenbahnen an, das war ein richtiger Boom. Zu dieser Zeit hat jeder gemalt, wirklich jeder, ohne Scheiß. Zwar waren Pieces mit Dose immer noch was Besonderes, aber die Leute haben mit Stiften gemalt. Heute ist es ja umgekehrt. Fast alle ziehen mit Dosen los und malen Pieces und kaum einer macht mehr Stifte-Tags. In Bussen und Bahnen schmieren heute nur noch Kinder. Das war aber damals das Milieu: Busse, Bahnen, Stromkästen, Innenstadt. Das war so die Gegend, wo gemalt wurde, vor allen Dingen Bushaltestellen, aber Häuser ebenso gut wie gar nicht. 1987 kamen dann die erste große

Anti-Graffiti-Presse und viel Polizei. Es gab die ersten Dezernate gegen Graffiti, es gab Sachbearbeiter auf jeder Bullenwache gegen Graffiti. Es gab in der Zeitung eine Serie „Prominente melden sich zu Wort" zum Thema Graffiti. Leute vom Cityring, der Polizeipräsident und dergleichen.

Am Anfang war es noch lustig. Jeder wusste: Innenstadtbereich, Herr Danovski. Danny Boy ist der Bulle. Der kam auch öfter mal am Hangout vorbei. Das war spaßig, ich meine, Graffiti ist immer noch ein Bagatelldelikt. Bis die dir was beweisen können, vergehen hundert Jahre. Durch Aussagen von Kindern wissen sie praktisch alles, es ist wie bei Al Capone: Sie wissen echt alles, aber sie können dir nichts nachweisen, gar nichts. Der Staatsanwalt ist Alkoholiker, das sagt auch einiges. Was sollen die denn machen? Hausdurchsuchung ist doch schon das höchste der Gefühle. Oder Telefon abhören? Na und? Dann sagst du vielleicht irgendwann: Okay, heute abend treffen wir uns um neun. Ja und dann? Ich glaube, wenn die das wirklich wollten, hätten die doch schon die Meisten drangekriegt. Wir sind mal verfolgt worden von einem Zivibullenwagen, Kennzeichen BG-irgendwas. Die stellen sich so dämlich an, dass wir das sofort merken. Wenn die wollten, hätten die drei Wagen, in einem sitzt eine Perle mit Kindersitz und du würdest es nicht merken.

Es gab den einen Bus, der fuhr von der Hauptschule nach Kirchhörde. In dem Bus saßen *Chana* und noch bestimmt sechs andere, die gemalt haben. Die anderen waren nicht unbedingt Writer, aber es war klar, im Bus auf dem Nachhauseweg wird die Karre voll geschmiert. Stell dir nur vor, der Bus ist voll mit Hauptschülern und die haben fünfzehn Minuten Zeit, die Karre voll zu schmieren. In diesem Bus war es später so schlimm, dass zwei Bullen und zwei von den Stadtwerken mitgefahren sind. Die haben auch mal den Bus fahren lassen und sind dann zum Schluss mit zehn Bullen rein und haben alle nach Stiften durchsucht. Diese Schilder mit „100 DM Belohnung", die sind 1986 entstanden. Als es so richtig akut wurde, haben sie diese Schilder mit Kleister an die Scheiben gepappt. Es war herrlich, ich erinnere mich an die Straßenbahn am Westfalenstadion, in der Linkskurve haben wir die linke Seite beschmiert, in der Rechtskurve die andere. Das war eine schöne lange Rechtskurve. Wir konnten locker eine Minute schmieren wie Sau, dann fuhr sie wieder gerade, da hätte dich der Fahrer sehen können. Dann kam wieder eine kleine Linkskurve, und schnell hier noch einen, ausgestiegen und dann in den Bus. Jeden Tag, Stadtgarten rum, Richtung Bornstraße war das beste. Das waren zwei Kurven hintereinander. Der Hangout an der

Zodiak-Piece von 1984

Silberpiece auf einem Lkw

Kampstraße hatte sich nur deshalb ergeben, weil dort die Straßenbahnen vorbeifuhren.

1987 dann trennte sich die Spreu vom Weizen, viele Leute sind abgesprungen, immer mehr Leute aus dem Ausland sind zu uns gekommen, immer mehr Verknüpfungen sind entstanden, In München ging es auf jeden Fall ab, Hamburg auch mit *Skena* und so. Irgendwann war einer von uns zufällig in Hamburg und ist an einem U-Bahn-Yard vorbeigekommen. Und das sah da aus wie in unseren kühnsten Träumen, stockdunkel und ohne Ende Waggons. Der hat da einen Wholecar gemacht und gesagt: Jungs, das ist da so leicht, ihr müsst da hin. Und dann sind Leute 1987/88 in regelmäßigen Abständen nach Hamburg gefahren und haben Wholecars und Wholetrains gemalt und die Hamburger haben nur hinterhergeguckt und konnten das gar nicht glauben. Wir haben dann auch in Hamburg Leute kennen gelernt, auch Leute aus Holland, und sind dann mit denen zusammen los. Das war die Zeit, wo es langsam international wurde.

In Berlin war seltsamerweise gar nichts, nur *Amok, Kaos, Shek* und ein paar legale Pieces. Da ging es eigentlich erst um 1989 richtig los. Ich habe die dann gefragt: Warum malt ihr hier nicht? Dann bin ich direkt los und habe den ersten Wholecar gemalt. Das hat sich dann wohl rumgesprochen und *Shek* und die Jungs, die haben dann auch losgelegt. In Düsseldorf gab es auch relativ früh eine Szene, in Bochum waren zwei Leute aktiv. Ich meine, wir wussten alles, wir sind quer durchs Ruhrgebiet gefahren, um Dosen zu finden. In Essen gab es acht Gotaläden, die hatten *Dispo,* die beste Sprühdosenmarke neben *Marabu* damals. Solche Städte haben wir abgerockt, komplett, und da gab es vorher nichts, kein Tag. Das Lustige ist dann, wenn Leute von irgendwo zu dir kommen und erzählen, sie malen schon seit fünfzehn Jahren. Das kann nicht sein, wir waren überall und haben alles gesehen. Als *Kinor* sein Auto hatte, sind wir regelmäßig Touren gefahren, um hundert, hundertfünfzig, zweihundert Dosen pro Tag zu holen.

In Dortmund gab es immer diese massive Energie. Ich glaube, das hat damit zu tun, dass diejenigen, die es vorantreiben, die ganze Sache auch prägen. Bei uns war der Drang, viel zu machen, natürlich auch gut, aber groß und fett. Es ist ja nicht so, dass wir nur Silberpieces gemacht haben, aber weil wir so viel gemacht haben, sind die bunteren Bilder eher untergegangen. So hat sich der Charakter in den verschiedenen Städten ganz unterschiedlich entwickelt. In München gab es schnell eine Tendenz zum großen und aufwändigen Malen, in Hamburg war es eher so ein Mischding. Wobei es auch immer wieder neue Generationen von Writern gibt, die von den Alten so weit entfernt sind, dass sie was völlig anderes machen. Amsterdam beispielsweise ist total den Bach runtergegangen, Amsterdam ist tot, gnadenlos, da geht nichts mehr. Die letzte große Zeit hat Amsterdam mit seiner U-Bahn erlebt. Da waren fünfzig Leute am U-Bahn-Malen und zwei davon waren aus Amsterdam. Die ganze Welt hat sich da getroffen. Ich war im Yard mit einem aus Sydney, einem aus Brisbane, einem aus Arnheim und zweien aus Dortmund. Auch in Paris war es jahrelang eher ruhig mit Leuten wie *Bando,* die viel legal gemalt haben. Aber irgendwann sind da neue Leute gekommen und voll ausgeflippt, die haben voll U-Bahnen gemacht und alles gebombt. So was kann letztendlich von zwei, drei Typen abhängen. Manchmal ist es nur ein Typ. *Fixa* zum Beispiel aus Bochum hat wahnsinnig viel gemalt, aber trotzdem keine Leute nachgezogen. Wir haben uns früher immer gefragt: Warum malen die Leute in Dortmund nicht mehr? Nehmt euch eine Dose und malt, ihr Penner!

Die Möglichkeiten heute sind viel besser geworden. Wenn ich mir überlege, was es heute für Dosen gibt und wie wenig die kosten. Allerdings kannst du heute auch kaum noch zocken. Und heute existiert schon ein Staatsapparat, der manchmal mehr über Graffiti weiß als die Toys selber. Ich gehöre nicht mehr zu dieser Teenagerszene. Ich gehöre zu der Szene der älter Gewordenen, die jetzt alle so um die dreißig sind und das alles etwas distanzierter betrachten. Trotzdem kenne ich noch viele Leute, man trifft sich und es ist immer wieder witzig. Aber meine Generation kriegt das anders mit. *Casino* hat jetzt einen Laden in Brisbane aufgemacht und erzählt mir, wie die Blagen so drauf sind. Ein Freund aus Kroatien ruft mich an, dann fahre ich runter und wir malen da ein bisschen. Du nimmst es anders wahr."

„ist doch alles so schön bunt hier"

Zehn Vorurteile zum Thema Graffiti (LJ)

Zum Abschluss unseres Interviews konfrontierte ich *Shark* noch mit den häufigsten und beliebtesten Vorurteilen zum Thema Graffiti. Und wie sich herausstellte, sind das gar nicht unbedingt Vorurteile.

1. Graffiti ist der kreative Ausdruck jugendlicher Kunst und hält die Jugendlichen davon ab, kriminell zu werden.

Shark: Graffiti ist Aktion, das ist das Wichtige für mich bei Graffiti. Es ist kein Konsum, sondern du tust etwas. Du ergibst dich nicht den Strömungen dieser Gesellschaft, sondern du machst die Tür deines Zimmers zu und beschäftigst dich mit dir und deiner Malerei. Es gibt dieses uralte Jugendpädagogen-Gerücht, dass man den Kids nur eine legale Wand zu geben braucht, um sie davon abzuhalten, kriminell zu werden. Graffiti ist ein Prozess der systematischen Stadtbemalung. Du erforschst deine Umgebung, du setzt dich mit der Infrastruktur deiner Umgebung auseinander, du bekommst eine ganz andere Wahrnehmung und nimmst es einfach nicht mehr hin, dass eine Wand nur eine Funktion hat. Für dich besteht alles aus Flächen. Das ist ein riesiger Prozess, der eine völlig andere Denkweise mit sich bringt, die ein Außenstehender auch gar nicht verstehen kann. Den Leuten, die das überhaupt nicht verstehen, sage ich immer: Es geht nicht darum, ein Graffiti zu malen und ein wenig schön zu malen. Es geht um das Bemalen der ganzen Stadt. In keinem Jugendheimkurs der Welt lernst du taggen und da kannst du auch nie King werden. Das widerspricht den Gesetzen von Graffiti. Stell dir vor, einer will Fußball spielen, richtig, elf gegen elf auf einem großen Platz. Stattdessen gibst du ihm einen Softball und sagst: Spiel damit im Wohnzimmer.

2. Graffiti ist politisch, weil es Zeichen illegal in die Städte setzt. Die offizielle Ordnung wird unterlaufen und umkodiert. Graffiti ist eine Form der Anarchie.

Shark: Graffiti ist sicher eine Form der Anarchie, da du deine Individualität über die Gesetze der Gesellschaft stellst. Es gibt eine normale Kriminalität im Umkreis von Graffiti: Diebstahl, Sachbeschädigung, Körperverletzung, Drogen ... Dadurch, dass du die Gesetze überschreitest, fängst du auch an, zu reflektieren, fragst: Was sind überhaupt Gesetze, wer macht Gesetze und warum? Das ist der einzige politische Punkt, der aus vielen Graffiti-Malern übrigens kritische Menschen macht. Für sich betrachtet aber ist Graffiti nicht politisch, weil es nur darum geht, zu malen. Indirekt bewirkt man sicher etwas mit der Malerei, aber man will das gar nicht, man will noch nicht mal unbedingt jemanden damit ärgern. Letztendlich machst du es nur für dich. Du legst Spuren, die du sehen willst. Und es wird niemand zu dir kommen und sagen: Hey, du bist aber toll. Denn niemand weiß, dass du es warst. Nenn es kreativen Eingriff in dein Umfeld. Man nimmt die Umwelt so, wie sie ist, einfach nicht hin, man macht, was man will. Es ist sicher arrogant, selbstherrlich, ignorant und absolut respektlos anderen Leuten gegenüber. Deshalb verstehe ich Leute, die es hassen, denn es ist weder zu legitimieren noch zu erklären. Aber es macht sehr viel Spaß.

3. Graffiti ist Kunst und steht gleichberechtigt neben Picasso oder Van Gogh. Graffiti sollte auch im Museum zu besichtigen sein.

Shark: Es gibt wenige Maler, die ich wieder erkenne, wenn ich ein Bild von ihnen sehe – ah, das ist der. Und das sind die Leute, die seit zehn, fünfzehn Jahren dabei sind und sich mit Malerei auseinander setzen. Leute wie Picasso haben sich dreißig, vierzig, fünfzig Jahre mit Malerei beschäftigt. Der ist nicht ab und zu mal losgegangen, um ein Bild zu malen, sondern der hat sich tagelang mit Bildern, Farben und Formen auseinander gesetzt. Um aber aus Graffiti Kunst werden zu lassen, bedarf es einer mindestens zehn-, wenn nicht zwanzigjährigen Auseinandersetzung mit Formen und Farbe, so platt das jetzt auch klingen mag. Als Graffiti-Maler kommst du auch irgendwann an den Punkt, wo du öfter mal merkst: Hey, das und das haben ja schon Leute dreißig Jahre vor mir gemacht. Oder noch krasser: Du kommst plötzlich auf Dinge, die andere schon vor über hundert Jahren geschnallt haben. Insofern ist es vermessen, zu sagen, Graffiti sei Kunst und bräuchte ein Museum. Die fünfzehnjährigen Kids da draußen, die sind kreativ, aber sie machen keine Kunst.

4. Graffiti muss illegal sein. Zum Graffiti gehören auch Tags. Wer nur legal malt, verdient es nicht, Writer genannt zu werden.

Shark: Graffiti muss nicht komplett illegal sein. Leute wie *Daim* und *Delta*, die mehr legal malen, sind natürlich auch Writer. Aber Taggen gehört untrennbar zu Graffiti. Und jeder legale Typ, der über Tags sagt, das sei Schmiererei, mit den Leuten habe er nichts zu tun, ist kein Writer, sondern einfach nur ein blöder Arsch. Und jeder Tagger, der behauptet, alle legalen Writer seien Wichser, ist auch ein Idiot.

5. Graffiti gehört auf Züge.

Shark: Graffiti gehört nicht per se auf Züge. In New York hat es mit Tags auf Wänden angefangen. Natürlich sind Züge geil, aber nur dann, wenn du auch ein System hast, das dir die Möglichkeit bietet. Wenn du zum Beispiel heute in New York eine U-Bahn bemalst, kannst du froh sein, wenn die einen Tag lang fährt. Das ist ein völlig anderer Ausgangspunkt. Bemal doch mal eine Dortmunder U-Bahn. Die fährt erst gar nicht raus, die geht direkt ins Depot. Graffiti braucht seinen Gegenwert in Form von Sichtbarkeit. Oder es ist purer Hass und Rache. Wenn du mehrere Züge nur platt machst, dich austobst, dann ist es egal, ob sie fahren.

6. Graffiti ist nur ein Teil der Kultur. Wer mit Rap, Breakdance oder DJing nichts zu tun haben will, der hat etwas falsch verstanden.

Shark: Das ist Quatsch, weil man da jedem die Entscheidung selbst überlassen muss. Diese Dogmatisierung nach dem Motto „Du bist HipHop, du musst alles gut finden" ist lächerlich. Es gab schon immer Writer, die Heavymetal oder so gehört haben und mit dieser ganzen HipHop-Scheiße, gerade wegen Zulu und dem ganzen Kram, nichts zu tun haben wollten. Ich meine, schau nur mal bei MTV rein und du weißt, wie Rapper zuweilen drauf sind. Ich kann da jeden Writer verstehen, der sagt: Rap? Nein danke!

7. Graffiti ist wie eine Droge und es dreht sich alles um den Adrenalinkick beim illegalen Malen.

Shark: Graffiti ist sicher für manche eine Droge. Für viele ist es keine Droge, sondern nur noch ein Zeitvertreib: Was machen wir heute, gehen wir ins Kino? Disko, was saufen? Nein? Okay, dann gehen wir heute ein bisschen Graffiti malen. Das hat sich heute eben krass verändert. Die Entdeckungsreisen werden dir genommen. Du gehst in einen Laden, kannst dir die Ausrüstung kaufen, die Magazine holst du dir auch und dann gehst du an eine Wand, auf der es schon Graffiti gibt, und versuchst, drüberzumalen. Ich glaube, das ist eine Entwicklung, die – wie in Amsterdam – Graffiti langfristig das Genick bricht. Der Nachwuchs hat einfach nicht mehr die Chance, diese Entdeckungsreisen zu machen. Du kannst überall hinfahren und jeder ist da schon gewesen. Du glotzt Viva und weißt, wer in New York malt und wie der heißt. Weil wir das alles nicht hatten, war es für uns damals interessant. Und was diesen Adrenalinkick betrifft, der ist manchmal nur nervend. Du stehst im Yard, fünfzehn Meter hoch auf irgendwelchen Bohlen, weil du in New York so eine U-Bahn auf den Elevators machen musst, du kannst kaum richtig stehen und jeder Fehltritt bedeutet für dich den Absturz. Und wenn du abhauen willst, musst du über diese Dinger hüpfen. Das ist so viel Adrenalin, dass du kaum Ruhe hast, um zu malen. Und das ist einfach nur Scheiße.

8. Graffiti ist Sachbeschädigung und mutwillige Zerstörung. Writer sind kriminell und asozial, weil sie sich weigern, privates und öffentliches Eigentum zu respektieren.

Shark: Würde ich so kommentarlos unterstreichen, weil ich den Standpunkt der Leute, die dagegen sind, gut nachvollziehen kann. Graffiti wird nicht weniger durch Diskussion. Es gab da einmal eine Diskussion im Rathaus. Ich habe mir das alles angehört, mich nach zwei Stunden gemeldet und gesagt: „Ich bin einer von denen, die die Seuche mit hierher geschleppt haben, und was Sie da diskutieren, hat überhaupt keinen Sinn." Dann fragte mich einer: „Was sollen wir denn Ihrer Meinung nach machen?" – „Putzen, putzen, putzen", war meine Antwort.

9. Graffiti ist ein Jugendphänomen. Wer in seiner Jugend kein Writer war, der hat kein Herz, wer ab dreißig kein Künstler oder Designer ist, der hat keinen Verstand.

Shark: Das ist Quatsch. Es gibt ganz normale Malocher, die malen, die haben einfach nur Spaß an der Sache, für die sind Bullen Bullen und nicht Polizeibeamte. Die haben vielleicht nicht den Drive, ein Freak oder ein Outlaw zu werden. Designer oder Grafiker werden meistens nur die Schlimmsten. Das sind die, die in ihrem Blackbook immer mehr Skizzen als Fotos hatten. Die sitzen dann schön vor ihrem Rechner und entwerfen Broschüren.

10. Graffiti ist eine natürliche Reaktion auf unsere grauen, tristen Städte. Es ist doch klar, dass die jungen Leute da etwas Farbe ins Spiel bringen wollen.

Shark: O Gott, ist das schrecklich! Wenn es jemandem zu grau ist, dann soll er den Fernseher anmachen oder auf seine rosa Nikes glotzen. Das ist lächerlich. Unsere Städte sind nicht grau. In Dortmund ist es überall grün, die Häuser sind beige und nicht grau, die Autos sind bunt, die Plakatwände sind bunt, die Tornister sind bunt, das Zimmer ist bunt, *Bravo* ist bunt, deine Uhr ist bunt, die Haare sind bunt, was zum Teufel ist hier grau? Okay, als diese Betonkultur in den Siebzigern Hochkonjunktur hatte, kann ich so eine Reaktion noch verstehen, aber das ist nicht unsere Generation. Pink ist die Farbe der Achtziger, die Achtziger waren knallbunt!

„die macht ist in mir, sie ist meine wehr"

HipHop und das Verhältnis zur Obrigkeit (LJ)

Es ist nicht einfach, mit Rappern über Inhalte zu diskutieren, wie ich selbst erfahren musste. Im Februar 1998 erschien in *konkret* ein Artikel von mir, in dem ich aktuelle deutschsprachige Rap-Lyrics untersuchte und zu dem Schluss kam, dass es eine Tendenz zu Metaphern und Vergleichen gibt, die sich affirmativ auf die herrschende Seite der Macht beziehen und es sich im Windschatten der historischen Gewinner gemütlich machen. Ich fand in den Battle-Reimen von vielen Rappern verstärkt Bezüge auf Diktaturen, Militär oder Geheimdienste („ich verbrenn dich wie die inquisition", „ich schalt die radios gleich, wie die fuckin' nazis", „ich bin der disco-diktator, pate der partys, regiere mikrofone durch stile, wie regime auf kuba und chile", „ich bomb dich wie vietnam", „die macht ist in mir, sie ist meine wehr", „verbaler fremdenlegionär, erober dich wie militär" ...) Gleichzeitig sah ich Begriffe wie „Ehre", „Respekt" und „Kampf" dem Kontext der HipHop-Battle-Kultur entgleiten und durch den wachsenden Erfolg vieler Rapper als lose Versatzstücke im Raum schweben. Was, wenn sich plötzlich rechte Jugendliche positiv auf solche Begriffe beziehen, weil sie sie als deutsche Tugenden verstehen? Wer erklärt einem Hooligan, dass die Rapzeile „respekt an kameraden, [...] an meiner seite stehen sie bereit, darauf bin ich stolz", eigentlich ganz anders gemeint ist?

Auf den Jams, die die HipHop-Community in Deutschland Ende der Achtziger feierte, gab es solche Aussagen noch nicht. Hier war es nicht anders als auf den Block Parties: Es ging um Spaß und Style. Die Hauptattraktion waren meistens die Breaker, und Platten veröffentlichte zu dieser Zeit noch niemand. Inhalte waren eher nebensächlich und wenn, dann wurden sie von außen an die Szene herangetragen. Das führte zwangsläufig zu Missverständnissen, da die Kategorien durcheinander gerieten. „Beurteilen darf nur, wer selbst etwas kann" – das war die Regel und sie bezog sich auf die Form. Allerdings sagte man das auch zu Leuten, die sich inhaltlich mit der Szene auseinander setzten. Nachdem im Juni 1993 das Buch *Agit-Pop – schwarze Musik und weiße Hörer* von Günther Jacob erschienen war, in dem er auch die Situation von HipHop in Deutschland unter die Lupe nahm, wurden zunehmend Rapper in Interviews mit Fragen konfrontiert, die Jacob in seinem Buch aufgeworfen hat. „Ich habe den Günther Jacob noch nie auf einer Jam gesehen", antwortete *Linguist* auf die Frage des *ZAP*-Magazins, was er von Jacobs Einschätzung halte. „Ich habe den Günther Jacob nie rappen gehört und ich habe den nie sich auf dem Kopf drehen sehen. Insofern weiß ich nicht, woher er seine Legitimität bezieht. Die einzigen Experten sind die Leute, die HipHop betreiben. Mit denen muss man reden, wenn man darüber schreiben will."

Der Gedanke, der dahinter steckt, heißt: Nur wer rappt, kann übers Rappen schreiben. Aber: In den seltensten Fällen kommt es vor, dass innerhalb der Szene eine Gruppe aufgrund ihrer Texte kritisiert wird. Es bleibt bei grobkörnigen Einschätzungen, die in erster Linie das eigene Schaffen rechtfertigen. Als zum Beispiel 1999 fast nur noch Battle-Songs veröffentlicht wurden, häufte sich die Zahl der Rapper, die wieder mehr Message-Raps forderte. Der Inhalt der geforderten Message-Raps spielt dabei allerdings keine große Rolle. Selbst ein Rapper, der Frauen als „Fotzen" bezeichnet oder homophobe Sätze wie „mein style ist wie aids und trifft als allererstes schwule" auf Platte pressen lässt, wird nicht automatisch abgelehnt.

Das Interesse dafür, was einer sagt, wird überlagert von der Frage, warum er es sagt, beziehungsweise ob das, was er sagt, etwas zu tun hat mit seiner Realität. Das *Äi-Tiem* aus Köln wurde zum Beispiel schon früh aufgrund seiner rüden und pornografischen Reime von vielen Seiten abgelehnt und boykottiert, hatte aber in der HipHop-Szene nie solche Probleme. Da war zwar auch nicht jeder begeistert von den *Äi-Tiem*-Lyrics, aber man wusste, dass die Jungs aus einer krassen Gegend in Köln-Porz stammen und keine verwöhnten Mittelstandskids sind. Das genügte, um sich mit offensiver Kritik zurückzuhalten. Hinter vorgehaltener Hand hörte man hier und da mal einen verhaltenen Einwand, man befürchtete, sich innerhalb der Szene zu isolieren.

„Über dieses Realsein wird so viel geredet. Ich glaube, dass zwar viele behaupten, sie seien real, aber eigentlich gar nicht das darstellen, was sie sind", meint zum Beispiel *Toni L* und fügt hinzu: „Wenn du deine Realität umsetzt, dann bist du real. Wenn du zum Beispiel ein romantischer Typ bist, der ständig Texte über Liebe oder so schreibt, dann bist du für mich genau so real wie einer, der eher flippig drauf ist und nur so Partykram bringt. Wenn du dich aber von dem entfernst, was du wirklich bist, wenn du zum Beispiel auf böse und Hardcore-Rapper machst, aber jede Woche dein Zimmer aufräumen musst und nachmittags zum Kaffee zu deiner Oma gehst, dann ist das nicht real, sondern ein Witz. Wenn du deine echten inneren Werte ausdrückst, dann bist du real." *Tyron* sieht das ähnlich: „Letztendlich stehst du allein da und musst wissen, wie weit du gehen kannst. Real sein kannst du nur für dich selbst. Wenn du dir Gedanken darüber machst, ob jemand anders dich auch für real halten könnte, ist das schon problematisch. Das geht nur für dich, wenn du über das, was du machst, nachdenkst und sagen kannst: Ich habe ein gutes Gefühl. Wenn das nicht so ist, dann hast du irgendwo einen Fehler gemacht."

Ob jemand real ist oder nicht, kann er also nur mit sich selbst ausmachen. Aber warum reden die Rapper, denen Realness so wichtig ist, dann ständig über andere? Und woher nimmt man das Recht, jemandem vorzuwerfen, er sei nicht „real", wenn man nichts weiß über seine wahren Beweggründe. Vielleicht ist es für die Rapper von *Die 3. Generation* das Realste von der Welt, Texte zu rappen, die sie nicht selbst geschrieben haben. Vielleicht verstehen sich *Tic Tac Toe* als Schauspieler, die es als eine Herausforderung betrachten, einen Text zu rappen, der von einer anderen Person verfasst wurde. Und vielleicht ist *Olli P* genauso langweilig wie seine Raps.

„gewaltlos stelle ich dich mühelos bloß"

Entwicklungen der Battle-Kultur (LJ)

Battle-Lyrics sind eine direkte Fortführung von Freestyle als geschriebene Texte. Die Urszene einer Rap-Battle ist der Basketball-Throwdown in *Wild Style,* als die *Cold Crush Brothers* gegen die *Fantastic Freaks* antreten. Beide Crews stehen sich in zwei Reihen gegenüber. Abwechselnd werden nun Vierzeiler ausgetauscht, mit denen man versucht, den anderen durch Wortwitz und Spott zu übertrumpfen.

Auch auf den Jams in Deutschland kam es früh zu Rap-Battles. *Tachi* aus Ratingen zum Beispiel battlete mit *Chief Steve* aus Essen, wobei auf Englisch gerappt wurde und das Publikum aufgrund von Flow und Style entschied. Mit *Torch,* der als Erster auf Deutsch zu freestylen begann, wurde eine neue Ebene erreicht. Plötzlich konnte jeder die Reime, Spottsätze oder Wortspiele verstehen. Dass die Rapper von *Advanced Chemistry, Toni L, Torch* und *Linguist* ihre Technik über Jahre hinweg auf unzähligen Freestyle-Sessions verbessert hatten, hört man auf ihrem Battle-Debüt „Ich zerstöre meinen Feind" (die B-Seite der „Fremd im eigenen Land"-Maxi). Der Style und die Bilderwucht dieses Songs blieben lange unerreicht. Viele Rapper lernten den Text auswendig und hatten ihre Probleme, dass *Linguist* und *Toni L* sich beim Reimen nicht immer an den starren Vierviertaltakt hielten. *Advanced Chemistry* inspirierten unzählige Rapper und legten den Grundstein für das Genre des deutschsprachigen Battle-Rap. Die frühe Ära dieser Wettkampfreime unterscheidet sich allerdings deutlich von dem Stil, der sich ab etwa 1997/98 durchsetzte.

Das erste Album des *Rödelheim Hartreim Projekts* von 1994 *(Direkt aus Rödelheim)* war eine Platte, die zum großen Teil aus Battle-Raps bestand. Und *Moses P* teilte in alle Richtungen aus: „mach dich ab kleiner wichser / siehst de, willst de, kommst de, gibst de, kriegste de / nix da, mixer und mikro bleiben hier bei p, und / du gehst heim üben, okay?" In der nächsten Strophe geht der Diss direkt gegen *Advanced Chemistry:* „draußen im sand reim ich die anderen an die wand / beirr sie und verwirr sie, mach sie fremd im eigenen land." Das Konzept „Wir dissen alles und jeden" hatte Erfolg. Aber im Gegensatz zu vielen Battle-Metaphern, die heute von Rappern benutzt werden, wusste *Moses P* immer, worüber er spricht und welche Vergleiche er wählt. An einigen Stellen haben seine Lyrics die notwendige ironische Note, die augenzwinkernd zu verstehen gibt, dass die Battle für ihn nur ein Spiel ist.

Metaphern und Vergleiche sind die Grundbausteine eines jeden Battle-Texts. Auch wenn die Absicht des Rappers nur darin besteht, zu sagen, dass er der Beste ist, eröffnet jede gewählte Metapher einen bestimmten Bezugsrahmen. Jedes Bild, für das sich ein Rapper entscheidet, bedeutet daher auch inhaltlich eine Stellungnahme. Anfangs setzten die Rapper bei der Wahl ihrer Metaphern vor allem auf Wortwitz. Die Vergleiche blieben für den Zuhörer nachvollziehbar und es war klar, dass es sich bei solchen Wortgefechten um spielerische verbale Attacken handelt. „papperlapapp, ich hab dich doch schon lange zum wrack gerappt / abgewrackt, hast du schon längst schlapp gemacht / während ich 'n ganzen satz sag, hat deine zunge gerade mal flapp gemacht / klipp klapp, auf und zu geht mein mund, zieht dich hinab in den schlund", rappt *Linguist* in „Ich zerstöre meinen Feind". „mein gehirn ist ein poesiebeladenes schiff / es überwindet selbst das gefährlichste riff / hast du pfiff und ist dir diese chemie ein begriff / dann habe dich im griff und wage keinen angriff", umschreibt *Toni L* seine lyrische Überlegenheit und *Säger* von der Gruppe *A 16 X* aus Frankfurt macht seinem fiktiven Gegner klar: „meine stimme generiert den orkan, der dich erfasst und dir die relation klarmacht / du bist nur ein staubkorn, und ich bin die sahara / du nur ein schluck wasser, und ich die niagara- / fälle, gelle? also bleib mir von der pelle!"

Seit Mitte der Neunziger ist jedoch eine andere Entwicklung zu beobachten. Aus der Tradition der Battle-Lyrics heraus entfaltete sich bei einigen Gruppen eine Sprachkultur, die unklar lässt, wo die Freude am Sprachspiel aufhört und umschlägt in eine politische Haltung. Es lassen sich zwei Tendenzen feststellen. Zum einen eine Vorliebe für neoliberale Nur-die-Stärksten-überleben-Metaphern („wir sind die arbeitgeber, ihr seid die arbeitnehmer", „phantasismus ist kein luxus, sondern ein muss für jedes unternehmen, das im wettbewerb bestehen will", „das leben ist die härte, erfolg stellt sich nicht ein bei verfolgung der falschen fährte"), zum anderen Vergleiche, die nicht mehr den imaginierten Gegner verspotten, sondern vernichten wollen. Bedenklich ist diese Entwicklung, weil in diesen Battle-Texten gezielt gesellschaftliche Randgruppen ins Visier genommen werden. Der Battle-Reim, der früher eine fiktive Person meinte, die nicht näher definiert wurde, meint plötzlich bestimmte Menschen und schlägt um in eine reale Drohung („kein respekt für raptucken, denn ihr seid nutten, nutten nichts als nutten", „frauen die sich gegenseitig lieben und belügen werdens kriegen / eine bereitgestellte folterkammer darin ein großer hammer", „vergase rapper mit lippglous wie hitler deine ganze sippschaft", „meine platte ist wie stolz für das volk, macht aus jedem homo kleinholz").

Diese Textbeispiele stehen nicht repräsentativ für die Battle-Kultur in Deutschland. Der Großteil der Gruppen hat mit solchen Vergleichen nichts am Hut. Dennoch stehen die ausgewählten Zitate für eine Tendenz, die es vor fünf Jahren so noch nicht gab. Auch sind die Gruppen, denen die Beispiele zuzuordnen sind, weder in der Szene isoliert noch besonders unbekannt. Videos mit homophoben oder sexistischen Statements laufen auf MTV und Viva. Es ist sicher falsch, zu behaupten, dass die Diskriminierung von bestimmten Menschengruppen im Rap massiver stattfindet als in der Gesellschaft an sich. Eine Tatsache ist jedoch, dass es diese Entwicklung im HipHop erst seit einigen Jahren gibt und dass die Diskriminierung sich hier so ungeniert ausspricht.

Wer sich ein Bild machen will vom aktuellen Metaphern-Repertoire deutschsprachiger Nachwuchsrapper, dem sei der Besuch eines Freestyle-Contests empfohlen. Dort treten Rapper in der klassischen Battle gegeneinander an und versuchen durch lustige, miese oder heftige Vergleiche das Publikum auf ihre Seite zu ziehen. Auf der letzten Veranstaltung dieser Art, die ich in Köln besuchte, fiel der Reim „ich burn dich wie synagogen". Viele hatte diesen Vergleich verstanden, es gab Buhrufe und der Rapper flog in der ersten Runde raus. Beruhigend, dass in diesem Fall das Publikum eingriff und sich nicht auf den Antisemitismus des Rappers einließ. Andererseits gibt es einige Rapper, die zurzeit in sind, deren brutale Battle-Reime sich auf Menschen beziehen, die ohnehin im gesellschaftlichen Abseits stehen. Dass heute eine Gruppe Zeilen wie „du bist tot wie kommunismus denn ich disse gnadenlos jeden bimbo auf meinem intro" rappen kann, hatte vor zwei Jahren keiner für möglich gehalten. Und bis jetzt scheint sich noch niemand ernsthaft darüber Gedanken zu machen.

„meine platte ist wie stolz für das volk"

Rap zwischen Battle-Kultur und Volksverhetzung (LJ)

Wenn heute jeder real ist, der sein Ding macht, also das, wovon er überzeugt ist und was seinem Umfeld entspricht, sind dann nicht auch Hooligans real, die aus kleinen, heruntergekommenen Dörfern strukturschwacher Gegenden stammen und die in ihren Raps gegen Asylbewerber und Schwule Stimmung machen? Die bringen doch auch nichts anderes als ihr Ding. „Man kann durch HipHop, Rap im Grund genommen alles ausdrücken", sagte *Toni L* in einem Interview mit dem *ZAP*-Magazin (1/93). Über die Rückfrage „Wenn jetzt jemand technisch gut gemacht rappen würde: ‚Ausländer raus!', dann wäre das also auch HipHop?" muss *Toni L* lachen: „Für mich wäre das kein HipHop mehr", sagt er, „ich würde zwar sagen, er macht Rap, aber kein HipHop, denn die Lebenseinstellung HipHop beinhaltet ganz klar Antirassismus." Auch *MC René* macht sich da keine Sorgen. Als ich ihn im April 2000 auf einer Veranstaltung in Köln frage, ob er sich vorstellen könne, dass Rap auch mit rassistischen Inhalten funktioniert, winkt er ab: „Vielleicht gab es da mal in Amerika eine Tendenz, aber ich lebe halt hier und ich denke, dass das hier nicht passieren kann. Die meisten Leute kiffen, chillen und machen ihre Musik. Die haben nicht so den großen politischen Touch, geschweige denn eine rassistische Tendenz. Das ist nicht anders als in anderen Szenen auch." Ich hake nach und erinnere ihn daran, dass es in der Hardrock- oder der Gothic-Szene ja auch faschistische Strömungen gebe. Und bei der Entwicklung der Battle-Reime, die man in der letzten Zeit beobachten kann … „Du meinst, dass andere Leute das in den falschen Hals bekommen könnten? Das glaube ich eigentlich nicht, denn erstens haben die Rapper da ja keine Absicht hinter und zweitens sind die Sachen insgesamt einfach zu belanglos."

HipHop kann nicht rassistisch funktionieren – das ist die gängige Meinung. Oft wird darauf verwiesen, dass HipHop eine „schwarze Kultur" sei und schon aus diesem Grund eine Vereinnahmung von rechter Seite undenkbar ist. Nun gibt es einerseits durchaus schwarzen rassistischen oder antisemitischen Rap in den USA, andererseits ist die Hautfarbe nicht entscheidend für das Entstehen der HipHop-Kultur. Die sozialen Realitäten sind wichtiger. Aber es stellt sich die Frage, ob die typische HipHop-Laufbahn eines Jugendlichen in Deutschland tatsächlich eine Schluckimpfung gegen Rassismus ist. Es gibt bis heute keinen Rapper, der einigermaßen erfolgreich ist und in seinen Texten rassistische Positionen vertritt. Insofern haben *Toni L* und *MC René* vielleicht Recht. Aber es gibt auch andere Einschätzungen in der Szene. Die Gruppe *Digger* beispielsweise erzählte in einem Interview mit *Backspin,* dass auch Jugendliche, die vorher in rechte Zusammenhänge eingebunden waren, in der HipHop-Szene ein neues Zuhause finden können. „So haben die Leute im Osten zum Beispiel früher in den Fascho-Gruppierungen einen Zusammenhalt gesehen, den sie heute in unserer Bewegung finden. Durch HipHop bekommen die Kids immer neuen Gesprächsstoff und neue Ziele."

Wie sicher darf man sich sein, dass Rap mit fremdenfeindlichen Texten kein Publikum finden wird? „Bei uns waren mal Nazis auf dem Konzert", erinnert sich der Rapper *Milo* aus Wien. „Wir haben den Veranstalter darauf angesprochen und der meinte, die seien hier aus dem Dorf, hier würden sich eh alle kennen und außerdem seien das die größten *Schönheitsfehler*-Fans. Die denken halt: *Störkraft, Böhse Onkelz, Schönheitsfehler,* alles deutsche Namen, cool. Und in einer Anti-Nazi-Nummer haben wir als Zitate so Sachen wie ‚Ausländer raus' gehabt und genau die haben die sich rausgepickt und für die waren wir eine Nazi-Band. Deshalb sind wir in den Texten auch mehr dazu übergegangen, ein Lebensgefühl zu vermitteln, denn die Parolen schützen dich nicht davor, dass du missverstanden wirst." Obwohl *Schönheitsfehler* explizit antirassistische Texte haben, wurden sie von Nazis bejubelt. *Milo* ist inzwischen davon überzeugt, dass rassistischer HipHop sich gut verkaufen würde: „Was der Renner wäre, und darauf warte ich die ganze Zeit, ist Hooligan-HipHop. So in etwa eine Fortführung der *Spezializts.* Das sind jetzt noch zwei Schwarze, die rumprollen. Das mit zwei weißen Hools, die so ein bisschen in die rechte Ecke gehen, von wegen ‚Schwule Rapper sind Scheiße' und so, das würde sich wie blöd verkaufen. HipHop ist ein Medium, das alles transportieren kann."

Im Juni 2000 treffe ich bei *MZEE* zufällig *Steffi* aus Jena. Wir hatten uns 1994 auf einem Konzert in Saalfeld kennen gelernt und reden über alte HipHop-Zeiten. *Steffi* erzählt mir, dass sich nicht viel geändert habe an der Situation mit den Rechten und dass die antifaschistischen Szenen gut zusammenarbeiten. „Kennst du eigentlich HipHop-Bands, die Nazi-Inhalte vertreten?", frage ich sie, weil ich mich an die Aussage von *Milo* erinnere. *Steffi* hat von einem solchen Projekt nichts gehört. „Aber was du durchaus findest", fügt sie hinzu, „sind Neonazis, die deutschen Rap hören und auch auf die Konzerte gehen. Die hören *Absolute Beginner, Dynamite Deluxe* oder die *Fantastischen Vier.* Klar, das findest du schon."

„get funky bulle"

Was ist denn so schlimm an der Polizei? (LJ)

Im November 1994 erscheint die Maxisingle „Geh zur Polizei" von *Boulevard Bou,* einem Rapper, der zum näheren Umfeld von *Advanced Chemistry* gehört. *Boulevard Bou* fordert in seinem Song Ausländer, also Leute mit deutschem Pass, bei denen mindestens ein Elternteil anderer nationaler Herkunft ist, dazu auf, in den Polizeidienst einzutreten. Sollte dies in größerem Umfang stattfinden, so erhoffte sich der Rapper davon eine Abnahme des alltäglichen Rassismus, der bekanntlich unter deutschen Polizeibeamten höher liegt als im Bevölkerungsdurchschnitt. *Boulevard Bou* nahm sein Anliegen sehr ernst, trat in Kontakt mit der „Vereinigung kritischer Polizisten" und rappte seinen Song in der Polizeischule Böblingen. Welche Resonanz *Boulevard Bou* von den Polizisten bekam und ob sein Song tatsächlich „Ausländer" dazu ermutigte, Polizisten zu werden, weiß ich nicht, innerhalb der HipHop-Szene jedenfalls entfachte dieses provokative Statement eine heftige Debatte.

Vielen Aktivisten ging diese Forderung zu weit, denn in ihrer Plattensammlung standen neben *N.W.A* („Fuck the Police") auch *KRS ONE* („That's the Sound of the Police, That's the Sound of Enemies") und *Public Enemy* („911 is a joke"). Die Bullen nicht gut zu finden war einer der wenigen inhaltlichen Punkte, über die man sich einig war. Außerdem hatten die Graffiti-Writer nicht nur wegen eines HipHop-Lebensgefühls etwas gegen uniformierte Beamte, sondern waren aufgrund ihrer illegalen Tätigkeit regelmäßig polizeilicher Verfolgung ausgesetzt. Zum ersten Mal entwickelte sich eine Auseinandersetzung, an der sich verschiedene Leute aus der Szene beteiligten.

„Ich frage mich, wie du als HipHop-Aktivist es bringen kannst, auf Jams und Festivals diesen Song zu rappen, wo du doch weißt, dass tausende von Writern von der Polizei verfolgt werden und zum Teil sogar im Knast sitzen?", wurde *Boulevard Bou* im Oktober 1995 in einem Interview gefragt. „Die Polizei muss halt anders strukturiert werden, denn dass wir eine Polizei brauchen, wird wohl keiner verneinen, der ein wenig nach-

denkt. Außerdem ist ja die Polizei nur ein Berührungspunkt zwischen Staat und Bürger und mir geht es eigentlich darum, dass Immigranten in alle Bereiche der Gesellschaft vordringen", rechtfertigte *Boulevard Bou* sein Anliegen. *Eißfeld* von den *Absoluten Beginnern,* der bei diesem Interview mit am Tisch saß, schaltete sich ein: „Ich hab nur eine Frage an dich: Warum sagst du das in deinem Lied nicht? Warum verlangst du von allen, sie sollten verstehen, dass deiner Meinung nach die Polizei als Symbol für alle anderen gesellschaftlichen Einrichtungen zu sehen ist? Warum rappst du das nicht, was du eben noch gesagt hast und was du auch in der *Backspin* gesagt hast?" Aber *Boulevard Bou* fühlte sich einfach nur missverstanden: „Da steht ja noch einiges in dem Beiheft zur Platte. Ich glaube, die Leute haben nur den Titel ‚Geh zur Polizei' wahrgenommen und fühlten sich deshalb an den Karren gepinkelt." Bei vielen rief der Song Unverständnis und Kopfschütteln hervor. „Wenn der sagt ‚Geh zur Polizei', dann ist das schlimm", meinte *Duke T,* „denn was ich auf Platte mache, das kann ich nicht mehr revidieren. Das ist eine Öffentlichkeit, aber vielleicht kommt das davon, wenn man das in seinem Schlafzimmer aufnimmt."

In der *Backspin* (Mai 95) verfassten *Mardin* und *Dennis* von den *Absoluten Beginnern* dann einen gesonderten Kommentar zu diesem Thema: „Unserer Meinung nach ist es einem Polizisten nicht möglich, die Polizei von innen heraus zu verändern, da er sich verpflichtet, dem Staat zu dienen und Befehle auszuführen, egal, mit welcher persönlichen Voreinstellung oder Meinung er Polizist wird. Denn nicht die Polizei, sondern der ganze Staat (unsere Scheindemokratie und Wirtschaftsregierung) ist es, der dafür sorgt, dass AusländerInnen nicht als vollwertige Menschen anerkannt werden und nicht die gleichen Rechte genießen wie Menschen mit deutschem Pass und deutscher Staatsangehörigkeit. Nicht der Polizist, sondern die Politik, der er dient, unterdrückt Ausländer, verschärft Asylgesetze und schickt Menschen zurück an Orte, wo Verfolgung, Folter und Mord auf sie warten." *Boulevard Bou* musste viel Kritik einstecken, aber immerhin hat er eine inhaltliche Auseinandersetzung innerhalb der Szene ausgelöst – zum ersten Mal.

„und obwohl da 'n paar typen rappen, hört's sich an wie frauenrap"

Männerkultur HipHop (LJ)

HipHop ist – wie die meisten Popgenres – eine Männerkultur. Nicht nur, dass unter den aktiven Breakern, Writern, DJs und MCs nur sehr wenige Frauen sind, gerade im Rap sind immer wieder Sprüche zu hören, die einem weiblichen HipHop-Fan den Abend vermiesen können. Wenn Frauen zum Mikro greifen oder ins Rampenlicht treten, haben Männer schnell ihre eigenen Kategorien zur Hand, wie zum Beispiel *Jeru the Damaja,* der zwischen „sisters", „ladies" und „bitches" unterscheidet. Eine Frau, der nachgesagt wird, dass sie Sex mit verschiedenen Männern hat, gilt automatisch als „bitch" oder „Schlampe", keiner würde jedoch auf die Idee kommen, solche Kriterien auch für Männer einzuführen. In Raptexten spiegelt sich, nicht anders als in der Gesellschaft, ein Frauen- und Männerbild wider, an dem nur schwer zu rütteln ist.

In Interviews oder Diskussionen gelangt man sowieso nach kurzer Zeit an die immer gleichen Stereotype: Frauen seien grundsätzlich anders als Männer. Frauen seien emotionaler, Männer rationaler und so weiter. Zudem wird Frauen trotz ihrer „Schwäche" eine Listigkeit und Tücke vorgeworfen, auf die gutgläubige Männer hereinfallen, wenn sie nicht auf der Hut sind – das weiß sogar *Ice Cube:* „Das ist nur ein gewisser Typ von Frauen, den ich beschreibe. Heute kann eine Frau mit einem Typen machen, was sie will. Manche Frauen benutzen das, um sich ein neues Auto kaufen zu lassen und so weiter. Ich finde das Scheiße ... Mit ‚A Bitch Iz A Bitch' wollte ich nicht ausdrücken, dass wir meinen, alle Frauen sind Schlampen, aber dass ein wenig davon in allen steckt. Und ich denke, die meisten Männer haben das noch nicht kapiert. Vielleicht ist das auch besser so."

Wer sich über Machosprüche und sexistische Lyrics aufregt, der steht schnell als Spielverderber da. „Hey, war doch nur ein Spruch, stell dich doch nicht so an", und damit ist der Einwand abgetan. Aber was soll man sagen zu einem *Kool Savaş,* der sich auf Pimp-Lyrics spezialisiert hat? Geht das als Slackness-Style durch? Ist der Junge cool, weil er mit seiner zurückgelehnten, selbstgefälligen Pose und der hohen Stimme an *Eazy-E* erinnert? Gehen die Leute wirklich gern auf Konzerte, wo ein Typ auf der Bühne rappt „ich fick dich bis die eierstöcke platzen"? Klar, das ist „krass" und „hardcore", genauso wie S-Bahn-Surfen oder Afrikaner aus dem Zug werfen. Der Ku-Klux-Klan ist nicht weniger „hardcore" und irgendwie hat auch Hitler „krass sein Ding" durchgezogen. Auf dieser Ebene ist alles egal und gleitet in die totale Beliebigkeit.

Frauen, die versuchen, in der HipHop-Szene „ihr Ding" zu machen, ist das wahrscheinlich nicht egal, aber zum Thema machen sie es in den seltensten Fällen. *Cora E* ist in ihrer HipHop-Laufbahn sicher unzählige Male die Frage gestellt worden, wie es denn so sei für eine Lady in dieser Männerkultur, und irgendwann hat frau keine Lust mehr, ständig als das arme Ding betrachtet zu werden. Ähnlich ging es wohl der Schweizer Writerin *Zora,* als sie in einem Interview gefragt wurde, ob sie auch Kontakt zu ausländischen Writerinnen habe. Warum, fragte sie zurück, müsse sie mit denen, nur weil die Frauen sind und irgendwo sprühen, Kontakt haben? Frau wird als Breaker, Writer, Rapper oder DJ schnell zur Exotin, nicht weil sie das so möchte, sondern weil sie von anderen so behandelt wird. In so einer Rolle wird sie geduldet, aber wehe, wenn sich jemand über die Herrenwitze der männlichen Macher empört. Dann ist nämlich Schluss mit lustig und die Spielregeln werden auf den Tisch geknallt.

Als ich im Hansa-Gymnasium in Köln eine Unterrichtsreihe zum Thema HipHop in einer neunten Klasse hielt, bekam ich es mit zwei Expertinnen zu tun. *Lisa* und *Agi* sind begeisterte HipHop-Fans und haben sich auch selbst schon ans Reimen gemacht. Ich treffe mich mit den beiden für ein Interview und wir sprechen über die Probleme, die Frauen in der Männerkultur HipHop haben können. „Auf den Konzerten und Battles sieht man ja, dass da fast nur Typen auftreten. Du siehst halt kaum Frauen, die selbst auch was machen und wirklich voll dabei sind", bemerkt *Agi,* und *Lisa* fällt gleich ein Beispiel dazu ein: „Viele Frauen, die ich auch kenne, die schreiben auch Texte und machen selber was, aber dadurch, dass die Typen immer sagen: ‚Ja, Frauen können das gar nicht', trauen die sich eben nicht, das in der Öffentlichkeit zu machen. Ich habe zum Beispiel eine Frau kennen gelernt, die singt in einer Band. Die ist wirklich gut und sie kann auch rappen und hat sogar was gefreestylt, das war richtig gut. Aber trotzdem hat ihre Band sie ausgelacht. Als Frau musst du immer doppelt so gut sein." *Agi* ist davon überzeugt: „Als Frau musst du auch viel besser sein als ein Typ, um Anerkennung zu bekommen."

Ich erkundige mich danach, wie sie denn damit klarkommen, wenn Rapper in ihren Texten sexistische Statements anbringen. „Es kommt drauf an. Wenn ich tanzen will, dann ist mir das egal, ob das nun politisch korrekt ist oder nicht. Ich meine, wir haben auch voll den Partyknaller von *Dr. Dre* und das ist eigentlich übelster Gangsta-Shit mit ‚Ich hab an jeder Ecke Bitches stehen' und so, aber das ist eben Party. Wenn aber jemand live so rüberkommt, dann wäre das etwas anderes." *Agi* erinnert sich an Situationen, in denen frauenfeindliche Sprüche im Freestyle vorkamen: „Ich finde das total nervend und wenn ich freestylen könnte, würde ich da am liebsten auch was dagegen bringen. Denn wenn du in so einer Situation normal etwas sagst, dann hast du eigentlich auch keine Chance." Und da kommt *Lisa* auf eine aussichtsreiche Idee: „Dafür würde es sich eigentlich lohnen, mal richtig in Übung zu kommen, um dann solchen Typen die Stirn bieten zu können. Als wir das erste Mal *WestBerlinMaskulin* gehört haben, da haben wir nur gedacht: So, jetzt ist Schluss, jetzt gründen wir die *Anarchist Feminist*. Solche Typen müsste man echt mal wegbomben! Ich glaube aber, dass ich solche Typen auch normal verbal heftig angehen würde."

MC René sieht das auch nicht anders. „Weil HipHop eine Männerdomäne ist", antwortet er auf meine Frage, warum in der Szene so wenige Frauen aktiv sind, „und weil es auch viel auf dem Macho-Ding beruht, so ‚Ich bin der Beste' und ‚Ich fick alle Frauen', und es gibt wenige Frauen, die den Mut und das Selbstbewusstsein haben, zu ihrer Fraulichkeit zu stehen und trotzdem einen taffen HipHop zu kicken." Was kann man da einem Mädchen raten, das gern rappt, aber abgeschreckt ist von dieser Situation? „Auf das zu scheißen, was andere denken, weil wenn du das nicht tust, dann kannst du es gleich sein lassen", meint *René*. „Sie sollte sich sagen: Hey, ich bin eine Frau und ich rappe, ich habe meinen eigenen Stil und zieh mein Ding durch."

Die HipHop-Werte Respect, Fame und Realness liegen in der Definitionsmacht von Männern, darüber besteht kein Zweifel. In den meisten Rapsongs tauchen Frauen entweder als Objekt männlicher Begierde oder Verachtung auf. Das Sprechen über Frauen verläuft in Mustern, die sich ständig wiederholen. Es kommt selten vor, dass Rapper spielerisch mit den tradierten Rollenbildern umgehen. Wenn *Max* in „A.N.N.A." die

Begegnung mit einer „nüchternen" Frau beschreibt und sich selbst als „eher schüchtern" inszeniert, der sich „schämt" und „dämlich" benimmt, dann bewirkt er mehr als andere Rapper, die nur alte Klischees wiederholen. Allerdings stellt sich die Frage, weshalb *Max* mit seiner zweiten Liebessong-Hitsingle „Mit Dir" wieder einen Schritt zurückgeht und eine klassische Verführungsszene (sie: zögernd, unsicher, will aber schon; er: Verführertyp, souverän, charmant) zum Thema macht. Das gab es auch schon vor knapp zweihundert Jahren, bei Achim von Arnim beispielsweise und seinem Gedicht „Nachtgruß". Interessanter ist da, wie sich die Gruppe *Blumentopf* aus München auf „A.N.N.A." bezieht. In ihrem Song „Mach was" schildern sie eine Szene in der Disko. Der Rapper schaut einer Frau beim Tanzen zu, die ihm besonders gefällt, doch fehlt ihm der Mut, sie anzusprechen, „denn nur mit 'nem mikro in der hand / hab ich 'ne große fresse und bin selbstbewusst / ansonsten bin ich eher schüchtern, doch / der abend war lang und ich bin nicht mehr ganz nüchtern". Als er sich schließlich ein Herz fasst und sie anspricht, bekommt er eine schroffe Abfuhr: „hey was laberst du da du spinner /, sie war kein hiphop fan wie anna /, sie lacht mich aus." Solche selbstbewussten, ehrlichen Lyrics sind leider die Ausnahme.

„ich lass mir nichts gefallen"

Derya, *das ganz alltägliche HipHop-Business* (SV)

1996 habe ich *Derya Mutlu* kennen gelernt, mit einem Pflaster über dem linken Auge: Sie mache Kampfsport und sei das einzige Mädchen in der Gruppe. Die Jungs würden ihr nichts schenken und da könne das schon mal passieren. Außerdem spielte sie Fußball und Schlagzeug, alles durchgesetzt gegen einen traditionellen türkischen Vater, der seine Tochter zwar nie bevormundet hat, einverstanden war er deshalb aber noch lange nicht mit ihren Hobbys. 1995 hatte *Derya* auf dem Sampler *Breitseite (OP 23)* ihr erstes Stück veröffentlicht. „Lass ihn raus" ist ein ziemlich hartes Crossover-Stück und in der Crossover-Szene fühlte sie sich auch wohler. Zwar müsse man als Frau sowieso alles doppelt so gut machen, damit die Jungs einen überhaupt wahrnehmen, aber im HipHop war das eben besonders schlimm. Sie blieb die kleine Lady, die kleine Schwester, egal, wie hart ihre Musik auch war. Da sei keine Entwicklungsmöglichkeit für sie gewesen.

1996 hatte sie das große Ziel vor Augen, ein Produktionsteam, einen Plattenvertrag in der Tasche, sie wird gemeinsam mit ihrer Schwester eine Platte aufnehmen – endlich. Dann geht die Plattenfirma Pleite. Die Platte ist zwar auf dem Markt, aber kaum jemand bekommt es mit. Außerdem ist sie auch nicht so ganz das geworden, was sich die beiden vorgestellt hatten. „Auf der Platte wollten wir zum Beispiel gern ein Stück mit *Cribb 199* machen, aber unser Management wollte keine Männer auf der Platte haben. Immer hat jemand reingeredet. Die nehmen dich einfach nicht ernst. Wenn du als Frau weißt, was du willst, dann bist du gleich eine Zicke. Wenn du als Typ ins Studio kommst – ‚Ich will das so und so' –, dann bist du cool. Der weiß dann ganz genau, was er will. Wenn du als Frau so ankommst, bist du die Zicke, das ist wirklich so. Wenn wir ins Studio kommen: Hey, wir haben schon mal was vorbereitet, hört euch das mal an … Wieso vorbereitet? Wir machen hier doch die Musik. Die nehmen uns überhaupt nicht ernst. Irgendwann dann, wenn wir schon lange zusammenarbeiten, dann kapieren die, dass wir wirklich Ahnung haben. Das ist ja toll, wie habt ihr das denn hingekriegt, wie könnt ihr das so gut?

Die trauen Frauen das einfach nicht zu. Und ich bin wirklich traurig, dass wir das Know-how nicht haben, um das alles selber machen zu können, dass wir immer auf irgendwelche Produzenten angewiesen sind. Aber das ändert sich wohl erst, wenn du ganz dazugehörst, wenn du so weit oben bist, dass dir keiner mehr reinredet."

So verbittert spricht sie im Mai 2000. 1996 hatte ich *Derya* ganz anders kennen gelernt, voller Elan und Feuer für die neue Sache. Das findet auch ihre Schwester: „Das ist das Leben, erwachsen werden, du anerkennst gewisse Gesetzmäßigkeiten, dass Erfolg mit Arbeit zu tun hat." *Derya* gibt ihr Recht, aber immer wieder neu anfangen bei diesen Leuten? „Immer wieder denken, jetzt klappt es, und dann passiert wieder nichts? Ich hab wirklich viel erlebt, jedes Mal hab ich mir gesagt, jetzt bist du vorsichtiger, und trotzdem fliegst du wieder auf die Fresse. Irgendwann vergisst du, das Gute im Menschen zu sehen, bei dieser feigen, besserwisserischen Musikbranche, dieser Abzockerbande." Und trotzdem: „Die Liebe ist noch da. Es ist was ganz Besonderes, was wir machen, sehr lyrisch. Wir sind sehr stolz auf uns. Bisher war es ja immer so, dass die Leute auf uns zugekommen sind, das hat mit *Vicente Celi* von *OP 23* angefangen. Jetzt liegt es halt an uns."

Derya (vorne rechts) aus Bremen und ihre Schwester

„eure outsfits sind lächerlich, eure bewegungen schwuchtelig"

Homophobie im HipHop (LJ)

„**Die Gesellschaft**, in der wir leben, ist sexistisch", schreibt Günther Jacob in einer Artikelserie über Sexismus im HipHop-Magazin *Backspin*. „Genauer: Sie ist patriarchalisch. Patriarch bedeutet, dass Männer (eine via ‚Sex' definierte Gruppe also) in dieser Gesellschaft eine ökonomische, mediale, juristische, symbolische und so weiter Vormachtstellung über Frauen haben, die die Grenzen zwischen sozialen Schichten und ethnisierten Gruppen übergreift. Und diese Vormachtstellung funktioniert nur durch eine strikte Unterscheidung zwischen heterosexuellen und homosexuellen Männern, weil der schwule Mann die männliche Machtstellung gefährdet (weshalb zum Beispiel frauenfeindliche Positionen immer mit schwulenfeindlichen Positionen einhergehen)." Seit sich die „neue Härte" in der Rap-Battle-Kultur durchsetzt, treten nicht nur gehäuft sexistische Metaphern auf, sondern auch solche, die eine nichtheterosexuelle Lebensweise angreifen. Worte wie „schwul", „Tunte", „Homo" werden benutzt, um den Battle-Gegnern Härte und Männlichkeit abzusprechen, und finden sich plötzlich auch in den Refrains wieder („alle rapper sind schwul in deutschland", „es wird zu viel schwule scheiße in die massen getankt"). Gleichzeitig wird Kritik an dieser Tendenz als kleinlich abgetan. *Smudo* von den *Fantastischen Vier* zum Beispiel ist ein großer Fan von „Schwule Rapper", einem Song des Berliner Rappers *Kool Savaş*: „Klasse Song, auch wenn er natürlich für Haarspalter schwulendiskriminierend ist." Wenn es darum geht, den Einwänden der „Spielverderber" zu begegnen, treffen sich Mainstream und Underground plötzlich in trauter Eintracht.

Offenbar spielt in der Fantasie einiger Rapper die „Bedrohung durch den schwulen Mann" eine immer größere Rolle. Auch ist den wenigsten homophoben Reimeklopfern klar, dass ihre Statements sich wenig unterscheiden von der Meinung des Papstes und der italienischen Faschisten von der Alleanza Nazionale (AN), die alles daransetzten, die *World Gay*

Pride Parade im Juli 2000 in Rom zu verhindern. Innerhalb der Szene äußert sich – wie zu den meisten Inhalten – niemand zu dieser Entwicklung. In den USA ist in dieser Richtung schon einiges passiert. Einige Rapper und Produzenten, sowohl Männer als auch Frauen, haben sich zu ihrer Bi- oder Homosexualität bekannt, es gibt Netzwerke schwuler und lesbischer HipHop-Fans und Dergleichen mehr. Noch ist das Thema in Deutschland ein Tabu, aber daran könnte sich bald etwas ändern. Die HipHop-Gruppe *Schönheitsfehler* aus Wien, die mit *Duck Squad* 1993 das erste Underground-Label in Österreich gründete, auf dem Gruppen wie *Texta* und *Total Chaos* ihre ersten Platten veröffentlichten, hat ein ungewöhnliches Projekt mit einer HipHop-Band aus San Francisco gestartet und damit einen Stein ins Rollen gebracht, der zumindest schon bei *Ferris MC* in Hamburg angekommen ist.

Bö: Ich habe im Internet ganz dezidiert nach schwulen HipHop-Leuten gesucht. Das war ein Plan von mir, dass ich mir Suchmaschinen nehme und eingebe „queer+HipHop", um zu schauen, was da rauskommt. Und irgendwann bin ich auf *Rainbow Flava* gestoßen. Die habe ich dann kontaktiert, wir haben Infos ausgetauscht, was los ist in San Francisco, was die so für Sachen machen, und wir haben von *Duck Squad* und *Schönheitsfehler* erzählt und denen auch von unserem *Boom Bap*-Projekt berichtet. Das ist eine HipHop-Jam, die wir, *Duck Squad* und *Schönheitsfehler,* zusammen mit unserem Management organisieren, im letzten Jahr ganze fünfundzwanzigmal. Da haben wir eine richtige *Boom Bap*-Tournee gemacht. Da haben alle upcoming Rapbands aus Österreich schon gespielt und deshalb heißt auch die dritte „Das Gelbe vom Ei"-Compilation *Boom Bap – Teil drei vom Ei*. Da sind viele neue Bands drauf und natürlich auch die alten wie wir, *Texta* und *Total Chaos,* aber auch dieser *Rainbow Flava*-Track.

Zustande kam das dann so, dass ich denen von *Boom Bap* erzählt habe und meinte: Okay, wir machen eine Jam, ich versuche ein Sponsoring von irgendeiner politischen Organisation aufzutreiben, ich versuche das *Flex* zu kriegen, das ist der fetteste Club, den es in Wien gibt, mit fetter Anlage und Internet-Standleitungen, sodass man von überall her Mails einschicken kann, die dann auf einer Lichtzeile für alle sichtbar laufen. Die fanden das natürlich super, haben aber überhaupt nicht daran geglaubt, dass das wirklich funktioniert. Wir hatten aber nach zwei Monaten tatsächlich Sponsoren, nämlich die Sozialistische

Jugend, die zwei Flugtickets bezahlt hat, das dritte haben wir irgendwie anders aufgetrieben, und die sind dann gekommen und zwei Wochen geblieben. *Rainbow Flava* sind noch nicht sehr bekannt. Die haben jetzt ein Album auf ihrem eigenen Label, *Phat Family Records*, rausgebracht.

In der Zeit, in der die hier waren, haben wir drei Konzerte gemeinsam gespielt und eine Aktion gegen Paragraf 209 des österreichischen Strafgesetzbuches gestartet. Dieser Paragraf legt ein höheres Schutzalter für schwule Beziehungen fest als für heterosexuelle oder auch lesbische. Eine richterliche Begründung lautete, dass es nicht notwendig sei, das Mindestalter von vierzehn bei lesbischen Beziehungen zu erhöhen, weil bei Frauen nicht unterschieden werden kann, ob es sich um sexuelle Handlungen oder um gegenseitige Hilfe bei der Körperpflege handelt. Dieses Urteil ist von 1995. Für schwule Beziehungen ist das Mindestalter achtzehn, das bedeutet konkret, wenn einer neunzehn Jahre alt ist und der andere siebzehn, dann liegt das Mindeststrafmaß bei einem Jahr Gefängnis und das Höchststrafmaß bei fünf Jahren. Es ist tatsächlich so, dass einige Leute deshalb ins Gefängnis kommen, und vor allem werden viele erpresst. Es gibt sogar professionelle Erpresserbanden, die sich auf so etwas spezialisiert haben.

Unsere Aktion gegen Paragraf 209 mit *Rainbow Flava* war 1998, das war auch das Jahr der Menschenrechte und gleichzeitig das Jahr der österreichischen EU-Präsidentschaft. Österreich hat während seiner EU-Präsidentschaft groß die Menschenrecht gefeiert, obwohl Österreich vom EU-Gerichtshof für Menschenrechte schon dreimal verurteilt wurde und aufgefordert worden ist, den Paragrafen 209 abzuschaffen. Unsere Aktion hat sehr viel gebracht, wir hatten ein großes Medienecho, wir haben auch in der HipHop-Szene einen Diskurs losgetreten. Ein Großteil der Debatte ist im Internet gelaufen, in der *black•box,* und die Leute, die die Aktion nicht gut fanden, waren in der deutlichen Minderheit. Wir haben beschlossen, auf jeden Fall in Kontakt zu bleiben. *Judge,* Rapper und Produzent von *Rainbow Flava,* hat *Phat Family* ins Leben gerufen. Das ist eine weltweite E-Group homosexueller HipHop-Aktivisten. Und da sind auch einige Leute dabei, deren Platten so im Laden um die Ecke stehen und die als die supertollsten, härtesten MCs gelten, und ich werde jetzt niemanden von denen hier outen. Aber es ist superinteressant, wenn man das so mitkriegt, was da abgeht. Ein Produzent ist zum Beispiel geoutet, der hat für *A Tribe Called Quest* was gemacht, für *Youngsters*, in New York gibt es auch zwei, drei Leute, in L. A. und San Francisco. Bei vielen ist es eh ein offenes Geheimnis. Und einige von denen beginnen, ähnlich wie die Queercore-Szene vor fünfzehn Jahren einfach mal Akzente zu setzen.

Rainbow Flava sind natürlich insofern bekannt, als sie auf sämtlichen *Pride*-Paraden spielen, sie machen viel Benefiz-Sachen, sie spielen in House-Clubs und präsentieren dort HipHop. In den USA gibt es innerhalb der schwulen Subkultur eine Sparte, die nennt sich „Fat Style", und das ist riesengroß. Die haben extrem große Schlabberhosen an und der Style wird getragen von Schwulen, die Jungle und HipHop hören.

Wie sind denn die Resonanzen innerhalb der deutschsprachigen HipHop-Szene?

Bö: Wir haben noch keine richtige Resonanz aus Deutschland. Ich hatte nur ein Erlebnis, wo ich mich selber absichtlich in eine Zielscheibenposition begeben habe. Da meinte *Ferris MC* auf einem Konzert der Radiostation FM4 in Wien: „Alle Poprapper haben schwule Produzenten!" Ich fand das Scheiße und habe da am nächsten Tag mit ein paar Leuten von FM4 darüber diskutiert. Einer der Moderatoren von FM4 hat mit *Ferris* noch ein Interview gemacht über Telefon, ihn auf den Spruch vom Vorabend angesprochen und ziemlich gedisst deshalb. *Ferris* hatte sich in dem Interview auf recht plumpe Art verteidigt, indem er dem Moderator auf die Frage, warum er so beschissen homophob sei, geantwortet hat: „Hey, hab ich dich jetzt angepisst, bist du etwa schwul?" Das Management hat dann ein bisschen nachgeforscht, warum das für den *Ferris* so in die Hose gegangen ist, und ist dann über Internet-Recherche auf mich gekommen. Ich hatte das ja auch da gepostet. Das Schöne war, dass wir später mit der *Bloodhound Gang* auch in Hamburg waren und dort ein Interview für Viva 2 geben sollten, und der Moderator für diese Sendung war *Ferris*. Klarerweise haben wir da vor der Show über die Sache diskutiert und das war cool.

Milo: Wir haben uns vorher überlegt: Labern wir ihn jetzt während der Sendung drauf an oder lassen wir's sein, weil der eh schon sein Fett wegbekommen hat? Christoph trug an dem Abend ein FM4-T-Shirt mit dem Aufdruck „Ja, ich hatte Sex mit Leonardo DiCaprio".

Bö: Wir wollten es eher nicht in der Sendung platt walzen. Und während ich mir noch überlegte, ob und wie wir das wohl machen, kommt schon so ein Manager auf mich zu und sagt: Hey, äh, du, von wegen der Schwulengeschichte auf FM4, du fängst doch jetzt damit nicht in der Sendung an, oder? Aber *Ferris* ist auch vor der Sendung gekommen und meinte: „Ich habe kein Problem mit Schwulen und ich bin überhaupt kein Schwulenhasser. Ich denke über so was nicht nach und sag das nur so. Das sagt man halt so, und das ist nicht persönlich gemeint." Wir haben uns etwa fünfzehn Minuten unterhalten und das hat sich dann irgendwie geklärt. Die Aufnahmen waren auch cool. Danach haben wir noch weitergeredet und er wollte genau wissen, ob ich auf dem Konzert war und ob ich das gehört hätte. Ich habe ihm dann erzählt, dass ich einen Freund habe, der schwul ist, der noch sehr jung ist, gerade neunzehn, und der war drei Jahre lang ein riesiger *Ferris*-Fan, hat ihn aber seit diesem Spruch auf dem Konzert in Wien extrem gehasst. Darüber war er sehr bestürzt und meinte: „Hm, da habe ich gar nicht dran gedacht, dass die Leute das persönlich nehmen. Er hat dann gemeint, er würde das Wort „schwul" halt nicht mehr in negativem Kontext gebrauchen, wenn das für Menschen wirklich so beleidigend ist. Zum Schluss des Gesprächs waren wir uns beide einig, dass das Geile an HipHop ist, dass man miteinander kommuniziert. Eine andere Sache war in München, da sind nach einem Konzert vier bayrische Jungs zu uns gekommen und alle meinten, dass sie total auf „Ösi-Sound" stehen. Einer von denen hat mich dann auf den Track mit *Rainbow Flava* angesprochen, den er vom *Teil drei vom Ei* kannte, und meinte: Klasse, dass ihr so was macht. Es gibt viel positive Resonanz."

„katzen machen viel zu viel gebell um diese welt"

HipHop in den Medien (SV)

HipHop in Deutschland ist seit 1998 so groß geworden, dass selbst das klassische Feuilleton diese neue Sprachkultur nicht länger ignorieren kann. Die *Bild*-Zeitung (!) fühlt sich in der Lage, eine Rangliste der besten Rapper zu erstellen. Der *Spiegel* vergleicht deutsche Sprechsänger mit den so genannten Suhrkamp-Boys – immer betont jugendsprachlich, dass die Jugendlichen auch verstehen, was man über sie zu sagen hat. So auch *Die Zeit,* locker flockig rappt sie über die Vorzüge zeitgenössischer Lyrik, die sich zwar seltener verkauft als Rapmusik, aber eben sprachlich wie inhaltlich sehr viel weiter ist.

Da schreibt Michael Winter in der *Süddeutschen Zeitung* (8. August 1996): „Die DJ-Kultur entstammt einem sozialen Klima, zu dem es hierzulande nichts Vergleichbares gibt." Recht hat er, möchte man rufen, doch bei seiner Schlussfolgerung bleibt einem das Wort im Hals stecken: „Die DJ-Kultur ist in Deutschland so original und innovativ wie ein Oktoberfest in Texas. Eine selbstständige Underground-Kultur voller eigener ästhetischer Innovation und mit einem ernst zu nehmenden Protestpotenzial würde sich bei uns nur entwickeln, wenn das Sozialgefüge unserer Gesellschaft ebenso zerbrochen wäre wie in England oder den USA. Sollen wir das hoffen?"

Wir müssen es wohl hoffen, wir müssen es uns sogar dringlichst wünschen! Denn Winter spricht ja nicht nur der DJ-Kultur ästhetische Innovationskraft und Protestpotenzial ab, sondern jeder kulturellen Äußerung in Deutschland. Ohne Getto keine Kunst, von Grass bis Stuckradt-Barre, alles lau und langweilig, weil ihnen allen das Salz der Verwahrlosung fehlt? Kultur an desolate soziale Verhältnisse und die Angst ums eigene Überleben zu binden – was für eine verquere Gettoromantik. Aber wenn dann das Grundrecht auf freie Meinungsäußerung derart ausgehöhlt sein wird, dass die Journalisten wieder um Kopf und Kragen schreiben, vielleicht schreiben ja auch sie dann wieder besser, innovativer. Sollen wir das hoffen?

Schwieriger wird es da bei Albert Ostermaier, der die deutschen Rapper in der *Zeit* (8. Juli 1999) zum Vorsingen bittet: „Wie gut sind deutsche HipHop-Reime? Ein Dichter nimmt Versmaß." Die Überschrift verrät es, Ostermaier nutzt die Gunst der Stunde, sich zu profilieren. Gewiss, die Rapper verkaufen an einem Tag mehr Platten als er Bücher sein ganzes Leben lang, aber was die Qualität von Form und Inhalt betrifft, da könnten die HipHops mit der zeitgenössischen Lyrik einfach nicht mithalten. Der heiter-ironische Ton, der eine gewisse Bitterkeit nur unzureichend zu überspielen vermag, die gut ausgewählten Zitate – er hat ja Recht mit dem, was er sagt, auch wie er es beschreibt. Da ist ja tatsächlich einiges im Argen mit dem deutschsprachigen Rap. Und natürlich sichert Ostermaier seinen Text ab, doppelt und dreifach: „Wer über deutschen HipHop schreibt, muss, noch dazu, wenn er selber reimt, eine Scheibe haben und wird ohne Kratzer nicht davonkommen."

Ostermaier und all die anderen Rap-Feuilletonisten behandeln nur, was den Sprung in die Charts geschafft hat. Und dieser Hitparaden-Rap ist dann der Maßstab, mehr hat Rap in deutscher Sprache also nicht zu sagen. Das ist so, als würde man die zeitgenössische Lyrik aufgrund ihrer Präsenz in den diversen Bestseller-Listen bewerten und käme dann zu dem logischen Schluss: In Deutschland werden zurzeit keine Gedichte geschrieben. Und dieser Befund wird dann mit allen Regeln der Kunst ausgebreitet, wobei das Ergebnis dieser Auseinandersetzung von vornherein feststeht. Populärkultur scheint eben so trivial, dass sie einer eingehenderen Untersuchung gar nicht würdig ist. Man greift sich heraus, was einem passt, und fertig. Die Vertreter des etablierten Kulturbetriebs dürfen, können und trauen es sich auch zu, über Populärkultur zu berichten und auch zu relevanten Urteilen zu kommen, ohne die Geschichte dieser Musik zu kennen, ohne sich einen umfassenden Überblick zu verschaffen.

Es geht nicht darum, dass nur noch die Mitglieder einer Gruppe definieren und beurteilen dürfen, was sie sind und tun, gewiss nicht, es geht um Ernsthaftigkeit. Und diese Ernsthaftigkeit ist mühsam. Man muss den Zugang finden zum Thema, in diesem Fall HipHop, man muss die richtigen Leute kennen (lernen), die wirklich guten Texte in die Finger bekommen. Wer sich aber diese Mühe nicht macht, sollte zumindest so ehrlich sein, seine Urteile einzuschränken, zugeben, dass er nicht über Rap in Deutschland schreibt, sondern über einige Gruppen aus den Charts. Und es sage keiner, es sei so schwer, an Produktionen aus dem Untergrund zu kommen.

„dies geht an alle, die's nicht verstehen"

HipHop-Stuttgart im Dokumentarfilm *(SV)*

Da gibt es diesen Filmemacher, der dreht gerade einen Film über die Stuttgarter HipHop-Szene. Eigentlich wollte er ja nur die Geschichte der *Fantastischen Vier* dokumentieren, aber dann hat er Leute aus der Szene kennen gelernt und jetzt wird es ein Film über HipHop in Stuttgart, soll sogar im Kino kommen. Das hörte sich viel versprechend an, was mir da aus der Gerüchteküche entgegenwehte. Ein paar Telefongespräche später hatte ich dann Dieter Zimmermann am Apparat und kurz darauf trafen wir uns im Dick-Areal in Esslingen.

„Wir sind ja eigentlich Sichtverhinderer, ihr mit eurem Buch genauso wie ich mit meinen Filmen", sagt Dieter Zimmermann. „So wie wir jetzt hier sitzen, ich sehe die Kinoplakate da hinten, Blitzblick, und ich ahne die Fassade, die Architektur, den Hof, weiß, wer da langgeht, was die Leute machen, der Film kann das nicht. Und das, was wir bringen, muss dann wenigstens so gut sein, dass es über die Zeit des Lesens, Ansehens, Hörens trägt, das ist die Aufgabe, die ich mir immer stelle."

Angefangen hat alles mit einem Interview von *Hausmarke* in der *Stuttgarter Zeitung*, wo dieser sehr persönlich über seine Beziehung zu Stuttgart und über sein Leben als Popstar erzählte. Dieter Zimmermann hatte dann die Idee, einen Dokumentarfilm über den Werdegang der *Fantastischen Vier* zu drehen. Die wiederum, wie sollte es auch anders sein, waren begeistert von dieser Idee. Nicht mehr nur kurze Videoclips, sondern die epische Breite eines Dokumentarfilms. Auf einer der letzten Stationen der 4/99er-Tour dann, die *Fanta Vier* übermüdet und gestresst, fragt Dieter Zimmermann nach der Stuttgarter HipHop-Szene. Und was sie ihm in einer normalen Interviewsituation vielleicht nicht gesagt hätten, erzählen sie jetzt, plötzlich kommen ganz neue Namen ins Spiel. Und damit beginnt erst die eigentliche Geschichte.

Bis vor Kurzem hatte Dieter Zimmermann noch gedacht, HipHop und Techno wären ein und dieselbe Sache. Plötzlich fand er sich in der

Stuttgarter HipHop-Szene wieder, lernte die *Massiven Töne* kennen, *0711-Club, Kopfnicker Records, Four Music, Zoran Bihac, Emilio, Skillz en Masse,* Sprüher, B-Boys und landete schließlich bei *Mathias Bach* und in der Slam-Poetry-Szene. Am Anfang erschien das alles recht kindlich, dieses Respekt-Ding, auch die Kritik an den *Fantas,* wo sie doch selbst alle dorthin wollen, Plattenverträge, Hitparaden. Und dann dieser Battle-Gedanke ... es dauerte seine Zeit, aber dann wurden die Zusammenhänge klar.

Das Bild der *Fantastischen Vier* und dann auch der gesamten Stuttgarter HipHop-Szene wandelte sich mit jedem neuen Gespräch, mit jeder neuen Bekanntschaft. Im Vergleich zu Städten wie Hamburg oder Köln findet Dieter Zimmermann Stuttgart derart beschaulich und wohlgeformt, „jeder strebt nach größtmöglicher Sicherheit, vielleicht ist das ja der Grund, weshalb HipHop in Stuttgart so gut funktioniert, die Stadt als Ansporn, die schwäbische Mentalität als Reibungspunkt, HipHop als Chance, sich freizumachen und über den Stuttgarter Kesselrand zu klettern". Die Raps thematisieren das ja auch immer wieder, beispielsweise *Afrob:* „ihr wollt nun wissen, wie wir rocken in der stadt der wälder und täler, geld, autos und den cdu-wählern" („Mutterstadt").

Und doch kommen sie nicht so recht los von diesem allgegenwärtigen Streben nach Sicherheit, auch nicht die ganz jungen Gruppen. Keiner, der das nur für sich machte, der besser sein will als alle anderen und damit zufrieden wäre. HipHop und Plattenvertrag bilden in Stuttgart eine Zwangsehe, alle wollen dorthin, wo die *Fantastischen Vier* heute sind. Zu jung, um das Spiel mit den Medien zu beherrschen, deshalb skeptisch und zurückhaltend, zu jung aber auch, um sich wirksam gegen eine Vereinnahmung von außen zu schützen.

Da war *Mathias Bach* als Außenseiter eine Entdeckung und Bereicherung für den Film. HipHop – Stuttgart – Dichtkunst – Lyrik der Neunziger, aus dem Tal der Ex-Dichter-und-Denker, wurde plötzlich zu einem Thema des Films. Dann der German Masters Slam im April 2000 in der *Stuttgarter Röhre: Mathias Bach* scheidet in der ersten Runde aus und auf der Bühne tummeln sich Leute, die radikaler sind, vielleicht auch besser als *Mathias.* Ständig mussten Urteile revidiert, neue Aspekte bedacht und neues Material gesammelt werden, das Konzept ändert sich ständig.

Nun reden wir hier von einem Film, der noch nicht abgedreht ist, der in der Post-Production erst so richtig entstehen wird. Doch die Herangehensweise und Selbstdarstellung von Dieter Zimmermann, die Faszination, mit der er über sein Projekt und die Stuttgarter HipHop-Szene spricht, machen neugierig. Und die Entstehungsgeschichte des Films ist zugleich ein Beweis dafür, dass die Szene keineswegs hermetisch ist. Egal, wie alt man ist, woher man kommt, jeder kann Zugang zu dieser Szene finden. Auch wer ganz oben anfängt, bei den Megastars, kann den Weg in den HipHop-Untergrund finden, die Stars öffnen ihn, schon im eigenen Interesse, als Labelchefs. Wichtig sind allein Offenheit, Interesse, Hartnäckigkeit und eben der persönliche Kontakt. Wer sich ernsthaft und aufgeschlossen darum bemüht, wird in der Szene ankommen. Ob Dieter Zimmermann sein Ziel erreicht, mit seinem Film eine neue, unbekannte Seite der *Fantastischen Vier* und der anderen Stuttgarter HipHops offen zu legen, ist dann eine andere Geschichte.

„no panic, no stress"

Die Geschichte der **Cribb 199** *(SV)*

Einerseits sind Rapper, gerade wenn sie sich zum HipHop-Untergrund zählen, Medien gegenüber äußerst zurückhaltend und skeptisch, das musste auch Dieter Zimmermann während der Arbeit an seinem Dokumentarfilm über die Stuttgarter HipHop-Szene immer wieder erfahren. Auf der anderen Seite sind es eben Rapper, die im Rampenlicht stehen wollen und darunter leiden, wenn andere die Aufmerksamkeit bekommen, die doch eigentlich ihnen zusteht. Je unerfahrener sie im Umgang mit Medien sind, desto manipulierbarer, verletzbarer macht sie dieses Gemisch aus Verschwörungstheorie und Größenwahn. Wer kennt schon das Gefühl, vor laufender Kamera zu stehen, diesen Zwang, immer weiterreden zu müssen – wie schnell spricht man da von Dingen, die man lieber für sich behalten hätte? Wer hat schon eine Vorstellung davon, wie Bilder und Aussagen bearbeitet, verfälscht werden können? „Ich hätte sie alle in die Pfanne hauen können", sagt Dieter Zimmermann, „falsche Versprechungen, schmeicheln, gut zureden und auf diese Weise Sachen herauskitzeln, die sie nicht sagen wollen, und dann gegen sie verwenden. Das wäre möglich gewesen", wenn er es gewollt hätte.

Michael Möller und Markus Wiese hatten da in ihren beiden ZDF-Dokumentationen über die Bremer HipHop-Gruppe *Cribb 199* weit weniger Skrupel. *Zwischen Knast und Palast* (1. November 1995) und *Die letzte Chance* (2. November 1995) nannten sie ihre beiden Reportagen aus den Bremer Vorstädten. Im Mittelpunkt der Sendungen stand *Igor*, der „Guide durch die Schattenwelt". *Igor* war zwar nur lose mit der *Cribb* verbunden, aber er war eben der Einzige, der Kontakte zum Milieu hatte. *Igor*, so die Darstellung, war es auch, der auf der Kippe stand, Knast oder Palast, Kunst oder Kriminalität. Dabei hatte *Igor* keine Wahlmöglichkeit mehr, war schon lange nicht mehr Herr seiner selbst, tat längst nicht mehr freiwillig, was er sich vor der Kamera stolz auf die Brust heften durfte. Nicht weil er aus irgendeinem der angeblichen Bremer Gettos stammt, sondern weil er zu diesem Zeitpunkt drogenabhängig war. Seine Geschäfte, wie es im Film immer eindeutig zweideutig heißt, waren schlicht Fälle von Beschaffungskriminalität, zumindest wurde er 1996 ausschließlich für solche Delikte angeklagt und verurteilt.

In beiden Reportagen ging es denn auch nicht wirklich um die *Cribb,* sie waren bloß die positiven Ausnahmen, die braven Ausländer von nebenan, die den finsteren Alltag aller anderen im Film gezeigten Jugendlichen verdeutlichen sollten. Glaubt man Möller und Wiese, dann dreht sich in diesen Gettobezirken alles nur um Geld, Drogen, Waffen, Kriminalität und Gewalt. Und sie selbst geben sich ganz ihrer heimlichen Freude an dieser ach so männlichen, brutalen Welt hin. Voll eingebildeter Todesverachtung stürzen sie sich in diese rohe Welt, lassen sich Handgranaten zeigen, Sturmgewehre verkaufen und vieles mehr. Die sozialen Hintergründe interessieren sie nicht, nicht einmal die tatsächlichen Verhältnisse. Wie denken die betroffenen Anwohner darüber? Was sagt die Verbrechensstatistik der Polizei? Wo verläuft die Grenze zwischen Fiktion und Realität? Die Jugendlichen dürfen ihre Sicht der Dinge zelebrieren, die die Filmemacher dann unreflektiert und sensationsgeil ins Bild setzen. Da durfte natürlich auch der Vergleich mit den amerikanischen Gettos nicht fehlen. Also wurde *Igor* zu Gangsta-Rapper *Ice T* in die Garderobe geschickt und dann durften sie sich darüber unterhalten, wie hart das Leben da draußen ist, wie übel ihnen die Gesellschaft mitspielt. Dass *Ice T* überhaupt mit *Igor* redet, dass er ihm nicht widerspricht, ist dann schon Beweis genug, dass das Leben in Bremen so anders nicht sein kann als in South Central oder Compton.

Ende 1995 war Gangsta-Rap auch in Deutschland zum großen Thema geworden. Mit dem Schlagwort „Oriental HipHop" wurden fremde Klänge aus dem jetzt deutschen HipHop ausgegrenzt und viele benachteiligte Jugendliche, zumeist fremdländischer Herkunft, identifizierten sich mit den Gangsta-Rappern und ahmten deren Verhaltensweisen aus den Videos nach. In diese Stimmung platzten Möller und Wiese mit ihrem Film und bestätigten die Jugendlichen in ihre Haltung. Aber was war zuerst da, das Gefühl der Jugendlichen, in einem Getto zu leben und sich auch entsprechend benehmen zu müssen, oder die lüsternen Berichte der Medien, die diese Vorstellungen erst wachriefen? Henne oder Ei, jedenfalls entwickelte sich im Zusammenspiel von Medien und den betroffenen Jugendlichen ein Prozess zunehmender Selbstethnisierung und Selbstkriminalisierung. Und nur damit konnten die Jugendlichen die Aufmerksamkeit der Medien erlangen, nicht mit ihren wirklichen Problemen, Sorgen und Ängsten, ihren Hoffnungen und Wünschen, in diesem Land akzeptiert zu werden und frei leben zu können.

Im Dezember 1996 hatte ich ein langes Interview mit *Cribb 199* und einer befreundeten Band, *Da Gastarbeiter,* in Bremen. Die freundschaftliche Stimmung wurde plötzlich angespannt, als ich begann, die Sendungen zu kritisieren, ihren Wahrheitsgehalt anzuzweifeln. Die Kritik an der Sendung fassen sie persönlich auf. Die Sendung in Frage stellen heißt für sie, auch die tatsächliche Diskriminierung und Benachteiligung zu leugnen.

Diese Haltung bedeutete für die *Cribb* letztlich, dass sie in den Medien als Gangsta-Rapper dargestellt wurden, ein Etikett, das jede genauere Betrachtung der Gruppe überflüssig machte – Klappe zu, Affe tot, was dann am Ende auch der *Cribb* passierte. Niemand sprach mehr davon, wie verletzend es ist, als Fremde im eigenen Land leben zu müssen; vielmehr mussten sie allmählich erfahren, dass die Leute sich fester an ihre Taschen klammerten, gar die Straßenseite wechselten, wenn sie vorbeikamen, dass im Kaufhaus die Detektive gezielt auf sie angesetzt wurden; sie bekamen die feindlichen Blicke und Sprüche zu spüren, die sie abstempelten, die keine Normalität zuließen und das Leben manchmal unerträglich machten. Auch davon handelten die Texte der *Cribb,* aber das interessierte niemanden, die Sendungen hatten sie zu Deutschlands Gangsta-Rappern gemacht. Und mehr als ein Achtungserfolg mit ihrer ersten CD *No Panic, No Stress* sollte nicht sein. Der andauernde Misserfolg hat letztlich auch ihre Freundschaft zerstört.

Sie hätten sich durch diesen Film auf einer ganz anderen Ebene kennen gelernt, sagen die *Cribb*. Wir haben Sachen voneinander erfahren, die wir uns unter anderen Umständen niemals erzählt hätten, trotz aller Freundschaft und Liebe. Und genau darum geht es: Was man nicht einmal dem besten Freund anvertraut, was hat das im Fernsehen zu suchen? Geblendet vom möglichen Ruhm, geblendet auch von der Freundlichkeit der Filmemacher – wir sind Freunde geworden während der Arbeit an diesem Film, sagen die *Cribb,* im Film aber ist von Freundschaft und Rücksichtnahme wenig zu spüren, nur Sensationslust –, geblendet von der eigenen Wichtigkeit, konnten die *Cribb* und auch alle anderen, die in diesen Reportagen vorgestellt wurden, nicht erkennen, wie sehr sie missbraucht, wie sehr sie wieder einmal diskriminiert und ausgegrenzt wurden. Wenn du wirklich wissen willst, was mit uns los ist, sagt *Mike* zum Abschluss, dann komm morgen mit ins Gericht. Vorletzter Verhandlungstag in *Igors* Prozess, der Tag der Plädoyers. Am nächsten Morgen sind wir allein, *Mike*

Cribb 199 aus Bremen

und ich, *Igors* Mutter und Schwester. Die Stimmung ist gedrückt, die Aussichten sind schlecht für *Igor*. Der Verteidiger ist wirklich gut, aber was bleibt ihm schon anderes übrig, als auf die sozialen Umstände zu verweisen, das haben die Richter schon tausendmal gehört, das zieht nicht mehr, auch nicht in *Igors* Fall. Bald darauf wird er zu einer mehrjährigen Gefängnisstrafe verurteilt. Da ist nichts mehr von dem coolen Geschäftemacher, *Igor* ist ein Kind, ein verlorener Junge, der nicht begreifen kann, wie ihm das passieren konnte.

„ich denk an dich, immer wenn es regnet"

Viva-Freestyle *(SV)*

Am 17. September 1993 wurde im ZDF erstmals die Lost-in-Music-Sendung *HipHop Hooray* von Christoph Dreher ausgestrahlt, ein erster Überblick über die HipHop-Szene in Deutschland, erzählt von den Leuten aus der Szene, von *Torch, Storm, Cora E* und vielen anderen. Als die Verantwortlichen bei der Gründung des Musiksenders Viva beschlossen, auch ein HipHop-Magazin mit ins Programm zu nehmen, lag es nahe, Christoph Dreher und seine Produktionsfirma zu beauftragen, ein solches Format zu entwickeln und umzusetzen. Als bald darauf *HipHop Hooray* mit dem Adolf-Grimme-Preis ausgezeichnet wurde, hatten Christoph Dreher und sein Team endgültig freie Hand bei Viva. Im Dezember 1993 ging *Freestyle* erstmals auf Sendung.

Dirk Scheuring und Oliver von Felbert waren die zuständigen Redakteure, *Storm* und *Torch* konnten als Moderatoren gewonnen werden, wenig später stieß *Scope* dazu. *Freestyle* war die erste und zugleich einzige HipHop-Sendung im deutschen Fernsehen. Alles, was danach kam, waren Rap-Sendungen. Der Name der Sendung, *Freestyle,* stand zugleich auch für das Konzept. Es gab zwar eine grobe Struktur, wie die Sendung ablaufen sollte, die Moderationen und Interviews aber waren spontan, auch war nicht festgelegt, wie lange die einzelnen Programmpunkte dauern würden. Letztlich war *Freestyle* eine Sendung von der Szene für die Szene und wer damit nicht vertraut war, konnte *Freestyle* wohl auch nicht verstehen. Aber da Viva zu dieser Zeit selbst noch in einer Experimentierphase steckte, fiel das nicht sonderlich auf.

„Uns war das völlig egal, ob sich einer gut ausdrücken konnte vor der Kamera oder nicht", erinnert sich *Scope* an seine Zeit als Moderator von Viva-*Freestyle,* „für uns zählte nur, dass der Typ der krasseste Graffiti-Maler im Land war. Und der saß dann eben bei uns im Studio, mit einem Jutesack über dem Kopf, weil den natürlich niemand erkennen durfte. Wir haben da schon wirklich verrückte Sachen gemacht. Wir haben irgendwelche Bombing-Aktionen von Graffiti-Leuten im Fernsehen gezeigt, wie die komplette Zug-Yards zerstört haben."

„Ja klar, da kann ich mich noch gut dran erinnern", sagt *DJ Stylewarz,* der in *Freestyle* an den Turntables stand, „schließlich habe ich ja das Videoband mitgebracht. Das waren Bekannte von mir, die haben mir ihr Video in die Hand gedrückt und gefragt, ob wir nicht Lust hätten, das in unserer Sendung zu zeigen. Natürlich hatten wir Lust und die ganze HipHop-Nation hat darauf gefeiert." – „Heutzutage", fragt sich *Scope,* „was da jetzt wohl passieren würde? Entweder würden die das immer noch nicht merken oder aber es würde richtig Ärger geben mit dem Sender, Anstiftung zu Straftaten, keine Ahnung. Aber früher war das halt so, da hat keinen wirklich interessiert, was wir da machen. Wir konnten wirklich tun und lassen, was wir wollten."

„Wir konnten uns da richtig austoben", erinnert sich *Scope,* wir waren als Moderatoren auch in die Redaktion integriert. Dirk Scheuring und Oliver von Felbert haben die Seite mit den Plattenfirmen abgedeckt, wir haben den HipHop-Flavour in die Sendung eingebracht." – „Das ist schon richtig", sagt Storm dazu, „aber ohne diese Freiheit hätten wir es gar nicht gemacht. *Scope* kam ja etwas später dazu. Für *Torch* und mich war von Anfang an klar, dass wir auch die redaktionelle Seite abdecken wollten, bloß haben wir kein Geld für diese Arbeit bekommen, nur leere Versprechungen. Die ganzen Kontakte zu den Studiogästen, die kamen ja alle von uns."

„Es war wirklich jeder in *Freestyle,* den wir kannten", sagt *Scope* im Rückblick, „Rap, Breakdance, DJ, Beatbox, Graffiti, Fanzines, wenn einer etwas veröffentlicht hatte, war er für uns ein Thema. Die Reaktionen aus der Szene waren entsprechend euphorisch. *Freestyle* war wirklich für jeden aus der Szene ein Forum. Und trotzdem waren wir ehrlicher als jede andere Sendung. Es hat uns ja nicht immer alles gefallen, was wir da präsentiert haben, und das haben wir auch gesagt. Zum Teil haben wir die Konflikte, die es innerhalb der Szene gab, sogar vor laufender Kamera ausgetragen. Zum Beispiel die Sendung mit *Tobi und Bo,* die mit einer handgestrickten Puppe bei uns ankamen und meinten, das sei ihr DJ. Da haben wir uns auch gedacht, was sind das für Verrückte, warum verarschen die uns, warum nutzen die die Sendung nicht, um etwas Vernünftiges rüberzubringen?"

„Ich habe in keiner der Sendungen auch nur ein Wort geredet", erinnert sich *DJ Stylewarz.* „Und ich war teilweise richtig froh, dass ich die

Interviews nicht führen musste. Wir hatten ja jede Woche Newcomer in der Sendung, wir wussten nie, was auf uns zukommt. Wir kannten die zwar alle von den Jams, aber keiner wusste, wie die sich im Fernsehen verhalten werden. Für viele war das ja der erste Auftritt im Fernsehen und für die Meisten auch das allererste Interview in einem professionellen Rahmen. Die Leute haben gestottert und gestammelt, denen musste man die Antworten aus der Nase ziehen. Das war alles total unprofessionell damals." Heute sei das ganz anders, meint *Scope,* heute sehe man jeden Tag im Fernsehen und das färbe auf die Newcomer ab. Die wissen heute schon viel besser, wie man sich vor der Kamera präsentiert. Damals war das zwar unprofessionell, aber es hatte noch diesen HipHop-Charme, diesen Pioniergeist. Viva-*Freestyle* hat ja auch diese ganze Jam-Kultur noch einmal so richtig aufleben lassen."

Hans Solo vom Kölner *Äi-Tiem* erzählt da eine etwas andere Geschichte, von wegen Forum für alle. In der drittletzten Sendung sollten sie ihre neue Platte vorstellen, „Wenn hier einer schießt, dann bin ich das". Sie waren eine Woche vorher bei der Aufzeichnung und eigentlich verlief alles ganz normal. Bloß als eine Woche später die Sendung ausgestrahlt wurde, war vom *Äi-Tiem* nichts mehr zu sehen, komplett rausgeschnitten. Der Zufall wollte es, dass die Aufzeichnungen für die nächste Sendung und die Ausstrahlung sich überschnitten. *Hans Solo* und ein paar Freunde springen ins Auto und sind ein paar Minuten später im Studio. Zunächst wollte man sie aufs nächste Jahr vertrösten, wo doch jeder in Köln wusste, dass *Freestyle* bereits abgesetzt war und zwei Wochen später die definitiv letzte Sendung ausgestrahlt werden würde. Mit sanftem Druck setzt sich *Hans Solo* dann auch durch, wobei ihm *Storm* und *Scope* zur Seite standen. In der letzten Sendung war dann das *Äi-Tiem* doch noch zu sehen, und nicht allein. Sie hatten kurzerhand all ihre Freunde mit ins Studio gebracht und veranstalteten dort nun ihre eigene Party.

„Das wurde gegen Ende immer schlimmer, sodass die Redaktion und das Produktionsteam versucht haben, uns irgendwelche Leute oder Videos in die Sendung zu drücken oder andere rauszuwerfen. Als *Torch* gegangen war, war ich der Einzige, der die HipHop-Seite gegenüber dem Produktionsteam noch offensiv vertreten hat", erinnert sich *Storm.* „Das war überhaupt eine seltsame Geschichte, weshalb *Torch* letztlich gegangen ist. Wir hatten eine Regel, dass wir jede Jam nur einmal in der Sendung ansagen, das wäre sonst einfach zu viel gewesen. Auf jeden Fall haben wir vielleicht vier Wochen vor der Veranstaltung ‚MZEE frisch' angekündigt.

Eine Woche später stand dann Kotthoff [von *MZEE*] in der Redaktion mit einem Trailer, den er am Computer gebastelt hatte. Okay, haben wir gesagt, das ist etwas Neues, lass uns das in der Sendung zeigen. Wieder eine Woche später hingen dann Poster von ‚MZEE frisch' im Studio und der Trailer wurde wieder gezeigt, obwohl wir die Woche davor deutlich gesagt hatten, dass wir jede Jam nur einmal ankündigen und mit dem Trailer eine Ausnahme machen. Und die Woche drauf wurde der Trailer wieder gezeigt. Unser Büro war eben genau gegenüber von *MZEE* und *Akim* hat massiv versucht, sich und seine Sachen in die Sendung zu drücken. Da *Torch* auf *MZEE* ohnehin nicht gut zu sprechen war, hat er dann seine eigenen Poster im Studio aufgehängt, ‚*Advanced Chemistry* on Tour', das ganze Studio voll. Das wollte die Redaktion nicht hinnehmen und da hat *Torch* seine Sachen gepackt und *Schiffmeister* von *Fettes Brot* kam dann als Moderator dazu."

Nach einhundertfünf Sendungen wurde Viva-*Freestyle* im Dezember 1995 abgesetzt. Dirk Scheuring wurde als Redakteur für die neue Sendung übernommen und auch die Moderatoren *Storm* und *Scope* sollten in Zukunft für Viva arbeiten. Als sie jedoch das Konzept der neuen Sendung gesehen hatten, war für beide klar, dass es Zeit war, zu gehen.

„hey, how 're you doing? sorry, you can't get through"

Viva-Wordcup *(SV)*

Nach diesem *Freestyle*-Projekt hatte *Tyron* mit der Folgesendung *Wordcup* natürlich einen schweren Stand in der Szene, zumal ihn zu diesem Zeitpunkt nur wenige kannten. Der Grund für diese Unzufriedenheit lag weniger an ihm als Person als daran, dass *Wordcup* eben keine Magazinsendung mehr war, sondern eine Videostrecke. Interviews, Außendrehs, Konzertberichte und so weiter waren in diesem neuen Konzept einfach nicht mehr vorgesehen. Wie die Konkurrenzsendungen auf MTV wurde auch *Wordcup* als reine Rap-Sendung konzipiert und damit fielen die übrigen Elemente der HipHop-Kultur unter den Tisch. Ein weiterer Unterschied war, dass die neue Sendung sehr viel stärker auf die USA bezogen war. HipHop aus Deutschland spielte kaum eine Rolle, gerade in den ersten Sendungen. Das war zwar innerhalb einer Videostrecke gar nicht anders möglich, weil es Anfang 1996 einfach zu wenige Videos ernst zu nehmender deutschsprachiger Gruppen gab, Kritik gab es trotzdem. *Tyron* war zwar nicht persönlich verantwortlich für diese Veränderungen, aber trotzdem war er es, der die neue Sendung auf dem Bildschirm präsentierte und seinen Kopf dafür hinhalten musste. Und die Reaktionen in der Anfangszeit waren wirklich hart, wie er sich heute erinnert.

Zu den vielen amerikanischen Videos kam dann noch die amerikanische Attitüde von *Tyrons* Moderationen. Der macht einen auf Ami, war ein verbreiteter Vorwurf, als ob nicht jeder in der HipHop-Szene selbst Posen und Haltungen von den großen amerikanischen Vorbildern übernommen hätte. Nach ein paar Sendungen hatte *Scope* dann genug davon, zu groß waren die Unterschiede, die Verluste im Vergleich zur eigenen Sendung. „*Freestyle* war ja das reine Leben gewesen", erzählt er. „Am Ende musstest du dir die Sendung auf Video aufzeichnen und mehrmals anschauen, damit du die ganzen Informationen aufnehmen konntest, die wir da reingepackt haben. In der einen Ecke stand einer von uns und hat irgendjemanden interviewt, gleichzeitig hat der andere Jam-Termine vorgelesen, während der Dritte von uns Moderatoren noch die neuesten Magazine und Graffiti-Bilder gezeigt hat. Alles gleichzeitig, das war ein einziges Gewusel. Und dann auf einmal *Wordcup*. Allein die Sprechgeschwindigkeit war so viel langsamer und der Informationsgehalt dementsprechend klein. Und dann kamen immer gleich drei Videos am Stück. Was machen die bloß mit HipHop?"

Also hat *Scope* bei *Tyron* angerufen, um ein deutliches Wort zu sprechen. „Du bist doch für die nur das passende Gesicht zur Videostrecke. Die haben einen Schwarzen gecastet, weil sich das für eine Rap-Sendung so gehört. Die wissen ganz genau, wie sehr du auf das amerikanische Zeug abfährst, dass du selber am liebsten halb Deutsch, halb Ami-Slang redest, für die bist du doch das ideale Klischee von einem Rap-VJ. Pass auf, dass du nicht der Onkel Tom im deutschen Musikfernsehen wirst. Das hat er sich dann zu Herzen genommen", sagt *Scope,* und er selbst hat später dann seinen Teil dazu beigetragen, die Sendung zu verbessern, als er 1996 die Redaktion für *Wordcup* übernahm.

Bei *Tyron* hört sich die Geschichte ganz anders an. Er sei am Anfang völlig unbedarft an die Sache rangegangen: „Ich habe gedacht, ich gehe da jetzt hin, bin genau so, wie ich immer bin, und das passt dann schon. Und es hat seine Zeit gedauert, bis ich ein Gefühl dafür entwickelt habe, was es heißt, jede Woche im Fernsehen zu stehen, dass da wirklich alles auf die Waagschale gelegt wird, was ich in der Sendung sage. Wenn ich dann erzählt habe, dass ich beispielsweise in Bremen war und es da eigentlich ziemlich langweilig fand, dann bekam ich plötzlich eine ganze Kiste mit Briefen, in denen sich die Leute darüber beklagten, das sei doch alles gar nicht wahr, was ich da erzähle, Bremen sei voll fett und so. Das musste ich erst lernen."

Irgendwann sei es ihm dann zu langweilig gewesen, immer nur Videos anzusagen. Und so hat er hartnäckig versucht, das Sendungskonzept zu verändern und wieder mehr HipHop-Flavour einzubringen. Als dann die beiden für *Wordcup* zuständigen Redakteure Viva nacheinander verlassen hatten, setzte *Tyron* durch, dass er die Sendung als Produzent und Moderator zukünftig eigenständig verantworten konnte. Allerdings war *Wordcup* eben bis zum Ende (Anfang 2000) vom Sender als Videostrecke deklariert, und das bedeutet, dass das Budget sehr viel kleiner war als für eine Magazinsendung. Aber das ist HipHop, aus wenig viel machen, die geringen Mittel, die man zur Verfügung hat, als Stil zu zelebrieren. Da sind Mut und Kreativität gefragt.

Was sich vor allem verändert hat in den vier Jahren *Wordcup,* ist der Stellenwert von HipHop in Deutschland. 1996 kam mit „Gangsta's Paradise" von *Coolio* erstmals ein Rapsong auf Platz eins der deutschen Singles-Charts. Seitdem sind die Szene in Deutschland und das Interesse von Musikindustrie und Medien sprunghaft gewachsen. Und *Tyron* stand lange Zeit im Mittelpunkt, als Moderator und Produzent von *Wordcup* wie auch als Rapper von „Tabula Rasa". „Wenn du im Fernsehen bist", erzählt er, „sind alle Leute nett zu dir. Nicht weil sie dich nett finden, sondern weil du im Fernsehen bist. Plattenfirmen, Manager, Künstler, alle sind nett zu dir, schließlich sollst du ihre Produkte im Fernsehen präsentieren. Irgendwann findest du dich selber natürlich auch ganz toll und so geht es immer weiter. Es wird intensiver, wie du deine Sache vorträgst, wie du dich selber präsentierst. Und es wird immer schwieriger für andere Leute, dir ihre Meinung zu sagen, das prallt alles von dir ab. Das kann dann zu diesen Höhenflügen führen, dass die Leute nicht mehr merken, wie beschissen sie sich eigentlich benehmen. Man merkt es halt einfach nicht mehr, du hast keinen Indikator mehr, dein Umfeld spiegelt nicht mehr dein wirkliches Verhalten wider. Irgendwann verliert man den Bezug. Ich hatte das auch eine Zeit lang. Und ich kann wirklich verstehen, dass Leute daran kaputtgehen, dass sich so jemand wie Kurt Cobain umbringt. Als ich dann vor zwei Jahren das erste Mal in Afrika war, da bin ich wieder runtergekommen."

„ob ich im spiegel mein gesicht anseh oder wegseh"

Die **Massiven Töne** *und der Erfolg* *(SV)*

Endlich einer, der das zugibt und offen darüber redet. In meinen vielen Interviews mit HipHops in Deutschland musste ich immer wieder hören, wir machen unser Ding, ohne Kompromisse. Und wenn wir damit Erfolg haben sollten, was ändert das? Wir machen unser Ding, wir bleiben uns und unseren Freunden aus der Jugendhaus-Szene treu. Als ob man jeden Tag in der Öffentlichkeit stehen könnte, tausende von Platten verkaufen und auf der Straße erkannt und angesprochen werden, ohne dass man sich verändert, ohne dass sich die eigenen Vorstellungen und Träume wandeln, die Ziele höher gesteckt werden. Als ob man dort oben bleiben könnte, ohne Kompromisse einzugehen. Auch *Tyron* zieht sich hier zurück, von der Intention her sei das immer noch das Gleiche. Klar, die Mittel und Möglichkeiten haben sich verändert, verbessert, aber der Kern ist derselbe, sagt er.

Wo sind die Leute heute, die mir vor ein Paar Jahren ihre Illusionen ins Mikrofon rappten? Ein gutes Beispiel sind die *Massiven Töne*. 1996 haben sie die HipHop-Szene in Deutschland mit ihrem *Kopfnicker*-Album aufgerüttelt und viele Leute erreicht, die sich bis dahin nicht für HipHop interessiert hatten. Im Sommer 1997 konnte man in allen Kneipen und Biergärten in Stuttgart „Mutterstadt" hören, immer wieder, die HipHop-Hymne der *Massiven Töne* auf ihre Stadt: „ich mach mein urlaub hier, nicht mit der ltu / setz mich in die u-sechs bis zum schlossplatz / hol mir bei udo snacks oder falaffel / bei vegi voodoo schmeckt's" *(Massive Töne)*. „Mutterstadt" war der Sommerhit in der „motorstadt am neckar, mekka für rapper" *(Massive Töne)*. Und mit *Kopfnicker* haben sich die *Massiven Töne* an die Spitze gerappt. Ihre Nachfolgealbum *Überfall* (1999) stieg von null auf sechs in den LP-Charts!

Mit *Kopfnicker*-Texten wie „Nichtsnutz" oder „Dies und das" haben sich die *Massiven Töne* sehr weit geöffnet, viel zu weit, um im Popbusiness überleben zu können. Diese Intensität, diese Offenheit, diese rückhaltlose Preisgabe waren nicht länger durchzuhalten. Man kann nicht jeden Tag als Mensch präsent sein, sich mit den eigenen Verletzungen konfrontieren, auf der Bühne, im Fernsehen, das geht nicht. Die Distanz, die auf dem neuen Album zum Ausdruck kommt – besonders deutlich wird der Unterschied in den beiden Texten „Trend II" (1996) und „Chartbreaker" (1999) –, war eine notwendige Reaktion auf das *Kopfnicker*-Album. Vielleicht ging diese Distanzierung jetzt zu weit, für die Fans, für die Gruppe selbst, eine extreme Reaktion auf die Preisgabe in *Kopfnicker*. Der Unterschied zwischen den zwei Alben macht deutlich, wie die Medien auf eine Gruppe rückwirken, wie der Erfolg verändert.

„everytime my first name was to be fuck you"

Wordcup, *Teil II* (SV)

„Die Leute bauen ein ganz persönliches Verhältnis zu dir auf", erzählt *Tyron*, weil sie dich oft sehen. Du bist ja jede Woche einmal bei ihnen im Wohnzimmer und sprichst mit ihnen. Unbewusst antwortet man als Zuschauer auf die Aussagen des Moderators. Und Leute, die dich eigentlich nur aus dem Fernsehen kennen, sprechen dich dann direkt an, wenn sie dich einmal auf der Straße treffen – hey, Tyron, was ich dir noch sagen wollte –, wie wenn wir uns schon lange kennen würden. Dann gibt es natürlich auch Neider. Im Prinzip ist es so, dass dich jeder konfrontiert, positiv oder negativ. Und wirklich jeder will dir in die Augen sehen. Das geht einem irgendwann auf die Nerven und man zieht sich zurück. Geht weniger in die Öffentlichkeit, schon gar nicht in die Clubs, von denen man weiß, dass dort die eigene Klientel sitzt. Man geht eh nur noch mit anderen zusammen aus, weil wenn du allein bist, wirst du immer angequatscht und auch das positive Anquatschen geht einem irgendwann auf die Nerven." Nun hat *Tyron* als Moderator nicht von sich selbst erzählt, sondern über andere gesprochen, Platten, Gruppen, Videos und so weiter. Wie stark muss also diese Konfrontation im Fall der *Massiven Töne* sein, wenn einen die Fans ständig mit einem selbst konfrontieren, mit den eigenen Verletzungen, Hoffnungen, Wünschen, die man sich von der Seele geschrieben und gerappt hat?

„Je länger ich die Sendung gemacht habe", sagt *Tyron* heute, „desto wichtiger ist es mir geworden, zu zeigen, dass HipHop eine offene Geschichte ist, dass es nicht reglementiert ist, auf die vier Elemente beispielsweise. Wir haben versucht, auch ganz andere Dinge zu zeigen, die aber vom Lebensgefühl her trotzdem HipHop sind. Das ist meine feste Überzeugung, dass HipHop eine Ausdrucksform ist, in Amerika für eine unterprivilegierte Schicht und hier in Deutschland inzwischen für die ganze Jugend." Und seit HipHop in Deutschland so groß geworden ist, kann sich *Tyron* auch als Schwarzer zum ersten Mal mit Deutschland identifizieren.

Am Ende sind *Tyron* und sein Produktionsteam dem Sender Viva zu ungemütlich geworden, der Sender übernahm wieder Produktion und Redaktion der Sendung. Oder lag es doch an wirtschaftlichen Gründen, dass kurz vor dem Börsengang alle fremdproduzierten Sendungen abgesetzt wurden? Vielleicht wollten aber auch die Programmchefs endlich ihre eigene Vision einer Rap-Sendung in die Tat umsetzen, eine Videostrecke mit Freestyle-Geplänkel dazwischen, HipHop als die trendy Hintergrundmusik zum neuen Trendgetränk. „Das wollten sie ja schon immer so haben", sagt *Scope* im Rückblick, „aber die HipHops haben sich das nicht gefallen lassen, sie damals nicht, *Tyron* nicht und auch jetzt *MC René*. Auch der ist nicht der Typ, der sich lange vorschreiben lassen wird, was und wie er es zu tun hat. Dafür ist er schon zu lange im Geschäft, dafür ist er zu sehr HipHop." Man darf gespannt sein, wie die Liaison zwischen Viva und HipHop weitergehen wird.

> „weil es für uns ein weg war, unser leben zu gestalten in diesem staat"

HipHop im Osten *(SV)*

HipHop aus dem Osten, war meine letzte Frage an *Tyron*. *Tefla & Jaleel* ist seine erste Antwort. Eine unbekanntere Gruppe, frage ich zurück: *Stereoton*. Das Demotape klingt viel versprechend. *Tyron* macht mich mit *Souri* bekannt, dem Rapper von *Stereoton*, und der Kontakt steht. Irgendwann fällt mir dann auch wieder ein, woher ich den Namen kenne, „Tat oder Wahrheit", ein Possetrack auf der gleichnamigen Platte von *Zentrifugal*. Zwei Tage später dann unser erstes Gespräch:

> „wie willst du dich in gedächtnisse taggen?"

Souri (Stereoton) *(SV)*

Mitte der Achtzigerjahre war *Souri* noch Fan von Michael Jackson und Prince gewesen, den üblichen Verdächtigen dieser Zeit eben. „Und für Zonis", sagt er, „war es immer schwierig, an Bildmaterial zu kommen, zwanzig D-Mark für ein Poster aus der *Bravo*, da ging ganz schön viel Geld drauf. Aber in der DDR gab es eben keine Musikmagazine, es gab *Junge Welt* oder *Magazin*, die offiziellen Jugendzeitschriften, aber darin waren natürlich keine Poster westlicher Popstars zu finden. Noch schwieriger war es aber, an Musik zu kommen. Die einzige Rettung war da oft ein Urlaub in der Tschechoslowakei oder in Polen. Da gab es auf dem Schwarzmarkt irgendwelche Bootlegs zu kaufen und man hat sich eingedeckt mit Prince, Michael Jackson, bis hin zu Tina Turner, alles Mögliche. Wenn es einem selbst nicht so gut gefiel, konnte man ja vielleicht tauschen."

1986/87 hat *Souri* dann „Rapper's Delight" im West-Fernsehen gesehen, zufällig. Und erstaunlicherweise kam das Video dann häufiger im Fernsehen. Das war der erste Kontakt. Dann kam ab Ende 1987 auf DT 64, dem DDR-Jugendradio, die Sendung *Vibrationen,* zunächst von Lutz Schramm moderiert, später dann von André Langenfeld. „Das war natürlich eine feste Sache. Aber ich hatte keine Möglichkeit damals, mir die Sendungen auf Kassette aufzunehmen. *Til,* mein erster DJ, hat heute noch eine ganze Kiste voll mit Aufnahmen von *Vibrationen,* der hat richtig am Rohr gehangen. Sein Vater arbeitete in der Computerbranche, schon zu DDR-Zeiten, und versorgte ihn mit Equipment. Es ist wirklich schwierig gewesen damals, jemanden zu finden, der ein bisschen Technik hatte und Beats produzieren konnte. Ich weiß noch, da kam dann irgendwann auf DT 64 ein *N.W.A*-Special, das hat mich damals tierisch beeindruckt, diese zornigen Jungs, die da ihren Hass rausknüppelten, die Geschichte von *Eazy-E* und seinem Label ... Englisch war für mich damals noch ein kleines Mysterium. Und auf das wenige, das ich von den Texten der amerikanischen Rapper verstehen konnte, habe ich mir dann meinen eigenen Reim gemacht" – „und obwohl ich kein einziges wort verstehen konnte / erkannte ich, welches feuer in seinen worten brannte / die fackel in mir wurde sofort entfacht ..." *(Torch),* so ging es auch *Souri.*

„Und dann kam eben die Wende, da herrschte hier, in meinem ganzen Freundeskreis, die totale Konfusion. Da war nichts mehr, woran man glauben konnte. Alles verfiel plötzlich, alles war nichts mehr wert und viele reagierten darauf mit blinder Aggression. Meine Wohngegend hier, innerhalb von nur drei Jahren kam da alles ganz rapide runter. Eigentlich so ein richtig schönes Neubaugebiet, aber niemand kümmerte sich mehr darum und auf einmal entstand etwas, was ich nicht kannte, ich will nicht sagen, dass es zum Getto wurde, aber es bekam Züge von einem Getto. Die Leute uniformierten sich, ich auch, du hast halt was gesucht, woran du glauben kannst. Und da ging dann halt diese Sneaker-Geschichte los und karierte Hemden, weil es halt die einzige Sache war, mit der man sich identifizieren konnte. Für einen Teil der Jugendlichen war HipHop in dieser Zeit der einzige feste Halt. Die Eltern waren verunsichert, die Lehrer, was man bisher in der Schule gelernt hatte, Weltanschauung, Werte, das war nichts mehr wert. Und HipHop war für mich in dieser Situation einfach die glaubwürdigste Sache, diese Typen, die kein Blatt vor den Mund nehmen, *Public Enemy, N.W.A,* ich hatte da Verbündete gefunden."

„Dann kam noch hinzu, dass HipHop Anfang der Neunzigerjahre noch etwas Exklusives hatte. Es gab keine Markenklamotten, also hat man sich die Jeans eben vier Nummern zu groß gekauft, damit man eine weite Hose hatte. Das sah bescheuert aus, aber so war das halt. Und als HipHop war man etwas Besonderes." Und irgendwann kam dann auch der Schritt vom Konsumenten zum Produzenten. *Souri* schrieb seine ersten Texte, sehr politisch, als Mittel zur Selbstvergewisserung, um mit dieser neuen Ungerechtigkeit, dieser plötzlichen Orientierungslosigkeit klarzukommen. Außerdem waren Gruppen wie *Advanced Chemistry* oder *Anarchist Academy* als Sprachrohr für politischen Rap damals angesagt.

„Das war schon eine eigenartige Stimmung", erinnert sich *Souri,* „damals in der HipHop-Szene. Alles war straff organisiert, wenn du es so und so machst, ist es richtiger HipHop, wenn du das und das machst, ist es kein HipHop, dann schadest du der Szene. Und sobald du mehr als hundert Platten verkauft hast, warst du schon sellout. Ich kann mich noch gut daran erinnern, wenn ich mir zum Beispiel *Freestyle* angesehen haben, das war mir viel zu eingleisig, diese ganze Agitation von diesen Pseudo-Polit-HipHops. Da war so wenig Raum für Kreativität. Mir fehlte damals wirklich die Luft in der HipHop-Szene, mich da wohl zu fühlen."

Wie viele andere hat auch *Souri* die Jahre des Zusammenbruchs als HipHop durchgestanden. Er musste erleben, dass sich nach der ersten Euphorie – die sich aber fast ausschließlich auf die B-Boy-Szene bezogen hatte –, bald niemand mehr für HipHop aus dem Osten interessierte. *ZM Jay* war der Einzige, der zumindest kurzzeitig im Westen Anerkennung fand, aber der hatte in *Ko Lute* auch einen zu dieser Zeit in der Szene anerkannten Produzenten. 1994 und 1995 erschienen dann die beiden Sampler *PionierManöver I* und *II*. Hier hatten Bands aus dem Osten erstmals die Möglichkeit, eines ihrer Stücke zu veröffentlichen, auch *Souri*.

Seit Ende 1996 gibt es *Stereoton* jetzt, keine klassische HipHop-Formation, sondern eine Band mit Bass, Schlagzeug, Gitarre, Keyboards, DJ, Sängerin und Rapper. Das macht es bei den Veranstaltern nicht gerade einfach. Aber seit die *Roots* mit ihrem Konzept, Liveband und Rap, Erfolg haben, wird es langsam besser. Die zweite CD ist gerade fertig geworden, mal sehen, was von *Stereoton* noch zu hören sein wird.

HipHop in der DDR

DJ Opossum *(SV)*

DJ Opossum **gehört zur** ersten Generation von HipHops aus dem Osten, die schon zu DDR-Zeiten aktiv waren, als Breaker, DJs oder Rapper. „HipHop war in den USA entstanden", erzählt er mir, „kam also vom großen kapitalistischen Feind und war damit zunächst Tabu. Bis den Verantwortlichen dann schließlich doch noch auffiel, dass sich HipHop ja gerade gegen diesen Feind zur Wehr setzte und gegen die Auswüchse des kapitalistischen Systems aufbegehrte." Als Protestbewegung war HipHop akzeptabel und 1985 kam dann sogar Harry Belafontes Film *Beat Street* in die DDR-Kinos, der Kultfilm der HipHop-Bewegung im Osten. Zwar konnte man nach diesem Film in der DDR keine Sprühdosen mehr kaufen, aber als damit das Graffiti-Problem vorerst behoben war, konnte sich die neue Jugendkultur staatlicher Unterstützung sicher sein.

„1985 kannten die wirklich Interessierten die neue Bewegung längst aus dem West-Fernsehen. Und einige haben zu dieser Zeit auch schon gebreakt. Wir haben damals halt immer diese Samstagabend-Shows angeschaut", erinnert sich *DJ Opossum*. Und da waren dann *The Rock Steady Crew* zu sehen gewesen in *Wetten, dass ..?* oder die *New York City Breakers* bei Joachim Fuchsberger. Am Montag hatten wir in der Schule natürlich nur ein Thema: Hast du gesehen? Neuer Tanz aus Amerika, voll fett. Das war der allererste Kontakt. Und dann haben wir halt *Eisi Gulp* gesehen, das war zwar schrecklich, aber etwas anderes gab es ja nicht. Als dann *Beat Street* in die Kinos kam, war das wie eine Offenbarung. Also ich kenne Leute, die waren bestimmt an die dreißigmal in dem Film, ich bestimmt auch zwanzigmal. Wir mussten da immer wieder rein, um ganz genau zu sehen, wie die Typen ihre Moves gemacht haben.

Da haben wir dann auch zum ersten Mal gesehen, wie das alles zusammenhängt: Breakdance, Graffiti, DJing. Das war für viele der Anfang zu sagen, ich bastle mir jetzt selbst was zusammen, ich bau mir jetzt selbst einen Plattenspieler, ein Mischpult und nehme dann halt alte Hörspielplatten zum Scratchen. So war das auch bei mir. Graffiti war ja praktisch unmöglich, weil es keine Dosen gab. Ich kann mich noch an ein paar dilettantische Versuche erinnern mit farbigem Schuhspray. Aber das war nach zwei, drei Regenschauern auch schon wieder weg. Graffiti kam eigentlich erst viel später dazu.

Zuallererst aber waren wir früher alle Breaker und sind dann auch durchs Tanzen zur Musik gekommen. Ich hatte zum Beispiel eine Einstufung. Man konnte ja früher nicht einfach so einen Auftritt machen, sondern man musste staatlich eingestuft werden. Meine Einstufung war ‚Oberstufe ausgezeichnet', das war die höchste Auszeichnung im Amateurbereich und hat bedeutet, dass ich pro Auftritt vierzig Mark bekommen habe. Das war gar nicht so wenig, wenn man bedenkt, dass ein durchschnittlicher Arbeiter gerade mal dreißig Mark am Tag verdient hat. Hinzu kommen noch die zahlreichen Freistellungen für Auftritte. Breakdance war eben Kulturarbeit und damit staatlich unterstützt."

Je nachdem, wo man wohnte, war der Zugang zu HipHop einfacher oder schwieriger. Es gab verschiedene Radiosendungen im Westen, auf SFB zum Beispiel eine Radioshow von Monika Dietl, die regelmäßig Rapmusik spielte. Und Dessau hatte da einen sehr viel besseren Empfang als beispielsweise Leipzig. „Man war halt immer auf andere angewiesen", sagt *DJ Opossum*, dass man ein paar Leute mit Verwandten im Westen kannte, die einem die eine oder andere Platte besorgen konnten, oder dass einem Freunde aus Dessau oder Berlin die Sendungen von Monika Dietl auf Kassette aufnahmen. Und längst nicht jeder hatte überhaupt einen Kassettenrekorder. Aber so kam man allmählich doch zu seiner Musik."

In Leipzig fanden einmal im Jahr offizielle Breakdance-Workshops statt, die inoffiziellen Meisterschaften. Da waren dann alle da und einmal pro Jahr hat dann aber auch gereicht. Es sei einfach zu wenig passiert, keiner hatte etwas vorzuweisen. „Es gab einfach keinen Grund, sich ständig zu treffen. Deshalb gab es auch nicht diesen Zusammenhalt, wie er im Westen einige Zeit bestand. Wenn nach einem Jahr einer einen neuen Move hatte, dann war das schon viel. Die Szene in der DDR war einfach abgeschnitten von der Weiterentwicklung der HipHop-Kultur." 1988 fand dann in Dresden-Radebeul der erste Rap-Contest statt, im Jahr darauf die zweite und zugleich letzte Meisterschaft. Mike Wagner beschreibt diese beiden Contests sehr schön und vor allem aus erster Hand in seinem Aufsatz „Rap is in the house. HipHop in der DDR" (in *Wir wollen immer artig sein*). Als *DynaMike* war er mit seiner Gruppe *Three M-Men* (weil die Vornamen der drei Gruppenmitglieder alle mit einem M beginnen) an beiden Meisterschaften beteiligt.

Sonst tat sich wenig bis 1989, bis zum ersten Auftritt von *DJ Opossum* und seiner damaligen Gruppe *B-Side The Norm*. Bei diesem ersten Auftritt waren *Storm* und *Cora E* zum ersten Mal in Leipzig und total begeistert. Boah, soll *Cora* gesagt haben, wenn die das drüben sehen, die werden total verrückt, mit welchen Plattenspielern ihr hier arbeitet, total Old School. Jedenfalls begann damit die Live-Zeit von *B-Side The Norm*, an der Seite von *Cora E*. 1991 waren sie auf ihrer ersten Jam in Oberhausen, auf der sie die Leute aus dem Ruhrgebiet kennen lernten. Ab 1991/92 gab es dann auch in Leipzig die ersten HipHop-Jams und so kam es auch zu den ersten Kontakten mit anderen Rap-Crews aus Ostdeutschland. Da kamen dann Leute wie *Prime Dominance* oder *Human Squad* aus Dessau.

Aus Dessau, schon zu DDR-Zeiten eine HipHop-Hochburg, waren auch die Leute, die mit ihrem Label *Halb 7 Records* die beiden Sampler *PionierManöver I* und *II* veröffentlichten. Auf Part I befindet auch ein Song von *B-Side The Norm* mit dem programmatischen Titel „HipHop in der DDR": „wir lebten mit der musik, weil es für uns ein weg war / unser leben zu gestalten in diesem staat", heißt es da und wenig später: „wir hatten nie die mittel und das zeug, das ihr da drüben hattet / trotzdem fanden wir einen weg und haben voll durchgestartet / nicht mit fetten kassettenrekordern in der hand / wir waren in ostdeutschland."

Ich frage *DJ Opossum*, was er von der These hält, dass HipHop in der DDR und später in Ostdeutschland, verglichen mit den Wurzeln in New York, viel mehr HipHop gewesen sei, als es im Westen jemals sein konnte. Dieses „We built it up from nothing", von dem *Scorpio* immer wieder spricht. „Genau", stimmt mir *DJ Opossum* zu, „was dieses Nichts wirklich bedeuten kann, davon haben die HipHops im Westen doch keine Ahnung. Und das sieht man bei mir zum Beispiel heute noch, wenn ich scratche. Ich benütze nämlich nicht den Crossfader, sondern den Linefader, mein Scratchweg geht also nach oben und unten, nicht nach links und rechts wie bei anderen DJs. Es gab damals eben keine Mixer mit Crossfader. Du konntest halt nicht das benutzen, was du in *Beat Street* gesehen hattest, das gab es nicht. Du musstest irgendwie, das war typisch DDR, das Ganze für dich möglich machen. Und bei mir war das so, dass ich mir in einem Secondhandladen, die es damals auch schon gab, einen tschechischen Plattenspieler gekauft habe. Und wenn man da die Gummimatte oben wegmachte, dann war das ein ganz kleiner Plattenteller, unge-

Die *PionierManöver*-Posse

Cover des ersten
HipHop-Samplers
aus dem Osten
(1994)

fähr so groß wie eine Single, mit einer ganz planen Fläche aus Metall. Diese Scheibe hatte einen ziemlich starken Antrieb und damit konnte ich dann scratchen, so fing das alles an.
Und dann natürlich ab 1990, als die ganze Kulturförderung wegfiel. Da begann die krasse Zeit. Da hat sich dann entschieden, wer mit dem Herzen dabei war oder doch lieber Versicherungsvertreter wurde. Schlagartig gab es gar nichts mehr, Kultur war völlig zusammengebrochen. Da kenne ich jetzt noch die Dessauer Jungs, die dabeigeblieben sind, dann eine Gruppe aus Chemnitz, *Da Reimfall,* einer davon ist eben *Jaleel,* von *Tefla & Jaleel,* ein anderer ist *ZM Jay,* die haben weitergemacht, obwohl damit bis vor vielleicht drei Jahren überhaupt kein Geld zu verdienen war. Jede Band hat ihre Studiotermine selbst bezahlt und die ganzen Platten und Technics, das war ein extremer Kraftakt, für alle Bands. Man kann wirklich sagen, das war Herzblut. Du hattest halt nichts zu essen und hast dir gesagt: Scheiß drauf, ich geh jetzt ins Studio, egal, ich will, dass dieser Song fertig wird. Das ist halt der Unterschied."

Und dann die Bands aus dem Westen, die sich gegenseitig gefeiert haben, und die Gruppen aus dem Osten waren plötzlich wieder vergessen. Eine Ausnahme war da *Ko Lute* von *LSD* (später *LSD Proton*), der sowohl für *ZM Jay* produzierte und vor allem mit *Prime Dominance* aus Dessau zusammenarbeitete. „Heute ist das alles anders, heute hat jeder ein bisschen Equipment zu Hause und kann vor sich hin produzieren, auch im Osten, aber das hat auch fast zehn Jahre gedauert. *PionierManöver I* und *II* waren da sehr wichtig, gerade für das eigene Selbstbewusstsein: Es gibt uns, macht ihr da drüben nur eure Party, wir kommen noch."

„schwarz-blau hat direkte auswirkungen auf die szene"

HipHop in Österreich (LJ)

Ein Ausblick auf andere europäische Szenen lohnt sich. Alle Länder hier anzusprechen würde den Rahmen sprengen. Außerdem verweist der Titel unseres Buches darauf, dass wir uns auf eine Darstellung der Entwicklung von HipHop in Deutschland beschränken wollen. HipHop lässt sich letztendlich nicht auf nationale Grenzen einengen, wie die vorangegangenen Kapitel gezeigt haben. Der wahre Spirit lebt gerade von der Grenzüberschreitung und kommt ohne nationale Identität aus.
Die Entwicklung der HipHop-Szene in Österreich ist mit der in Deutschland nicht zu vergleichen. Wien als zweitgrößte Stadt im deutschen Sprachraum spielt hier eine überragende Rolle und prägt die Szene bis heute maßgeblich. Obwohl Bands wie die *Fantastischen Vier* oder *Advanced Chemistry* schon früh in Österreich bekannt waren, gingen die meisten Crews eigene Wege. Gerade diese Eigenständigkeit macht die Entwicklung in Österreich spannend.
1994 bin ich mit *Anarchist Academy* zum ersten Mal in Wien. Wir spielen ein Konzert im *B.A.C.H.*-Club und machen bei der anschließenden Freestyle-Session Bekanntschaft mit *Bö* und *Milo* von der HipHop-Crew *Schönheitsfehler* aus Wien. *Schönheitsfehler* veröffentlichten 1993 ihre erste EP in Eigenregie und zählen bis heute zu den aktivsten Bands in Österreich. Bereits auf diesem Album warnte Milo, dessen Eltern aus dem ehemaligen Jugoslawien stammen, im Song „Ich dran" vor den Aktivitäten der Freiheitlichen Partei Österreichs (FPÖ) und rechten Tendenzen im Land. Immer wieder fällt die Gruppe mit ihren Statements zu aktuellen gesellschaftlichen Ereignissen auf. Damit haben sie sich nicht nur Freunde gemacht.
Seit den letzten Wahlen in Österreich, die im März 2000 zu einer Regierungsbeteiligung der FPÖ in einer Koalition mit der Österreichischen Volkspartei (ÖVP) führten, hat sich die gesellschaftliche Situation weiter zugespitzt. Auch die HipHop-Szene ist von der neuen Regierungs-

politik betroffen, so werden Jugendzentren geschlossen und Gelder gestrichen, die zuvor für Festivals oder Jugendveranstaltungen verwendet wurden. Außerdem haben die rassistischen Kräfte im Land durch die Regierungsbeteiligung der FPÖ neuen Mut geschöpft. Viele Migrantenkids, die in der HipHop-Szene aktiv sind, bekommen das zu spüren und viele fürchten, dass Jörg Haider, der ehemalige Vorsitzende der FPÖ, seine nationalistischen Pläne jetzt in die Tat umsetzen wird. In der Zeitung *Die Presse* hatte Haider im September 1990 die Aufgabe der FPÖ für die Demokratie in Österreich wie folgt beschrieben: „Die Freiheitlichen sind nicht die Schädlinge der Demokratie. Wir sind das Schädlingsbekämpfungsmittel. Bei uns regieren die Rothäute und die Schwarzen – nicht wie anderswo, wo sie in Reservaten leben." Und im Mai 1995 brachte er im Freiheitlichen Pressedienst mit einem populistischen Rechenbeispiel das Ziel der FPÖ auf den Punkt: „In Österreich gibt es dreihunderttausend Arbeitslose und dreihunderttausend offizielle Ausländer. Das Recht der Inländer auf Heimat ist stärker als das Recht der Ausländer auf Familienleben. Deshalb sollten wir von der europäischen Menschenrechtskonvention abgehen." Seit Haider und die FPÖ die offizielle Politik in Österreich mitbestimmen, ist ein Teil der HipHop-Szene alarmiert. Am 30. April 2000 fand in Wien unter dem Motto „HipHop gegen Schwarz-Blau im Rathaus" eine Anti-Regierungs-Jam statt und immer mehr Bands geben auf der Bühne ihre Kommentare zur politischen Situation ab.

Schönheitsfehler zeigen, dass politische Verantwortung und kommerzieller Erfolg einander nicht ausschließen müssen. Mit ihrem neuen Album *Sex Drugs and HipHop* gelang ihnen der Sprung in die österreichischen Album-Charts und auch in Deutschland beginnt man sich für die Wiener HipHops zu interessieren. Auf ihrem Label *Duck Squad* erschienen neben den wichtigen *Das gelbe vom Ei*-Samplern auch die ersten Platten von *Texta* und *Total Chaos,* zwei Gruppen, die inzwischen auch in Deutschland bekannt geworden sind. Ich traf *Bö* und *Milo* in Nürnberg und wir sprachen über Vienna-Sound, FPÖ, Old School, den besonderen Charakter der Szene in Österreich und ihren persönlichen Zugang zu HipHop.

Milo: Breakdance hat mich 1982 erwischt, da war ich gerade mal acht Jahre alt, und wie alle Ausländerkids sind wir extrem auf diese Sache angesprungen. Es gab ja diese weißen Handschuhe und die Bewegungen dazu. Wir haben dann aus dem Radio die Musik aufgenommen, uns selbst so Plakate gemalt, wo wir völlig falsch „Brakedance" drauf-

geschrieben haben, tja, und dann ab in den Park. Ich meine, wir hatten überhaupt keinen Plan, aber es war geil. Irgendwann war die Welle weg und man hat sich wieder dem normalen Leben gewidmet.

Bö: Mein Zugang zu HipHop war 1985, und zwar durch ein Computerspiel von Epic für den Commodore C64, und das hieß „Breakdance", hatte großartige Musik und du musstest mit dem Joystick Breakdance-Bewegungen machen. Da gab es alles, wirklich alle Moves, die du heute in irgendeinem Breakdance-Guide findest. Es gab Battles, es gab Team-Breakdance, Übungsmodus allein und so weiter, eben ein supergeiles Computerspiel. Das war typisch für meinen Zugang zu HipHop, es war eben immer sehr eng mit Elektronik und mit Computern verknüpft. Dieses Spiel ist in dieser Hinsicht fast ein Symbol. Das war mein virtueller Zugang zu Breakdance. Bis ich diesen ganzen Kulturaspekt von HipHop verstanden habe, ist noch etwas Zeit vergangen. Ich habe diese Musik gehört, viel elektronisches Zeug und dann kamen 1986 erst mal *Run DMC* und danach eine Zeit lang gar nichts. Da habe ich dann *Depeche Mode* gehört und mich meinem jugendlichen Frust hingegeben. Als mit *Public Enemy* die New School kam, habe ich über „Fear of a Black Planet" und andere harte *Public Enemy*-Sachen begonnen, mich mit dem politischen Hintergrund von HipHop zu beschäftigen und über diesen Umweg schließlich auch mit der Kultur. HipHop als Kultur war für mich hier in Europa zunächst etwas völlig Abstraktes. Ich hab es über die Retorte mitbekommen, fand es geil, wollte es irgendwie leben, aber mein Zugang war künstlich und es wäre total verlogen, wenn ich sagen würde, ich hätte das vom ersten Tag an gelebt. Ich musste mir die Informationen über die Kultur irgendwo herholen, weil ich sie nicht direkt erlebt habe. Andererseits habe ich irgendwann gemerkt, dass ich durch meinen Zugang über den C64 wieder extrem real war. Mir ist das klar geworden, als ich mal *Jam Master Jay* getroffen habe, der seit den Old-School-Zeiten immer aktiv war. Es war so, dass *Jam Master* in Wien war und dort den New Yorker *DJ Thee Joker* traf, mit dem ich befreundet bin. *Joker* ist von *Jam Master* gefragt worden, ob er ihm nicht einen österreichischen HipHop-Produzenten vorstellen könne. Der hat ihm dann meine Nummer gegeben und ich sitze ahnungslos bei mir im Studio, plötzlich klingelt mein Handy und jemand sagt: Hey, this is *Jam Master Jay*, what's up? Er fragte mich dann, ob ich was mit ihm produzieren

wolle und ob dabei Kohle rausspringen würde. Ich meinte dann: Na ja, produzieren gern, Kohle nein, denn wir machen ein kleines Indie-Label. Er reagiert ganz cool und sagt: Okay, dann nicht, aber wenn du magst, komm einfach bei mir im Hotel vorbei, ich habe ein paar Platten mitgebracht. Und wir haben zwei Tage lang zusammen abgehangen. Wir haben nichts produziert, aber uns sehr cool unterhalten, PlayStation gezockt und sind in der Stadt unterwegs gewesen. Und bei ihm habe ich irrsinnig viele Sachen bemerkt, wo ich mir gedacht habe: Irgendwie hatte ich einen ganz ähnlichen Zugang zu HipHop. Bei ihm war es so, dass er im Alter von fünfzehn Jahren als einziger Freak in seinem Block einen Drumcomputer hatte, und zwar den alten Oberheim – also megaoldschoolig. Er hat mir erzählt, dass er fast nie ausgegangen ist, sondern immer zu Hause gehockt und irgendwelche Beats gebastelt hat. Irgendwann ist *DJ Run,* der früher DJ war und nicht MC, zu ihm gekommen und war so begeistert von seinen Drumcomputerspielereien, dass er angefangen hat, zu rappen. Und bei mir war es so, dass ich mit Drum- und Sequenzer-Software primitivster Art auf dem Commodore rumgespielt habe.
Dieser Elektronikzugang und das Produzieren ist ein heute in der allgemeinen Auffassung von HipHop-Kultur sehr unterrepräsentierter Teil – eigentlich das fünfte Element. Es gibt Graffiti, Breaken, Rappen, DJing und als Fünftes gehört dazu Producing oder Programming oder wie immer man es nennen mag. Was mich auch beeindruckt hat, war die Art, wie *Jam Master Jay* mit der ganzen Sache umgegangen ist. Der war total locker und dieses Kohleding war eben von Beginn an ausgeklammert. Das läuft in Deutschland oder Österreich anders. Die Amis sehen dieses Kohlemachding auch viel relaxter. Die fragen erst Mal: Okay, machen wir jetzt was, womit wir Geld verdienen? Denn HipHop ist kommerzielle Musik, HipHop unter diesem Aspekt Pop. Und wenn man Business zusammen macht, dann ist es klar, dass es um Geld geht, und das kann auch offen ausgesprochen werden. Bei uns ist das immer noch negativ besetzt nach dem Motto: Underground heißt, dass man am Hungertuch nagt.

Milo: Mein Zugang war letztendlich ein politischer. Für mich war das einfach ein Sprachrohr und als Jugoslawe in Österreich war das für mich konkret die Möglichkeit, auf die Bühne zu gehen und all den Wichsern meine Meinung zu sagen, wie's mir geht und wie's in meinem Getto zugeht. Ich bin aufgewachsen in einer Zwanzig-Quadratmeter-Wohnung ohne Fließwasser, Klo auf dem Gang für acht Parteien, im Erdgeschoss an einer Hauptverkehrsstraße, wo die Scheiben wegen des Lkw-Verkehrs gescheppert haben. Ich wusste, was los war, und bin auf die Partys gegangen und habe auf Englisch gefreestylt, aber auch sehr schnell auf Serbokroatisch, weil es für mich unnatürlich war, nur nachzurappen. Ich wollte ja was sagen und habe gleich mich selber mit reingebracht. Ich habe *Public Enemy* als extrem wichtig empfunden. Ich habe nicht viel verstanden, aber das, was ich verstanden habe war: Wehr dich! Das hat eine riesige Kraft gehabt und mich magisch angezogen. Bei mir war der Drang da, das sofort umzusetzen – ich habe *Bö* kennen gelernt und dann ging's eigentlich schon los. Ich wollte schon immer machen, machen, machen, und das ist uns auch bis heute geblieben, dieses Do-it-yourself-Ding.

Bö: Wir wollten unsere Meinung bringen, egal, wie die jetzt ist, ob wir da was gegen den Homosexuellen-Paragrafen machen, ob wir einfach sagen, wir wollen Spaß haben. Diese Partykultur ist auch eine Zeit lang vernachlässigt worden. Da waren Old School und Zulu-Nation, da musstest du schon um einundzwanzig Uhr im Bett sein. Das war echt so. Diese Zulu-Jams haben nie länger als bis dreiundzwanzig Uhr gedauert, dann war's schon wieder vorbei.

Milo: Diese sportliche Komponente war ja auch schön und gut, aber das hat sich irgendwann im Kreis gedreht und Gott sei Dank hat es immer wieder Leute gegeben, die da rausgetreten sind. Als ich *Bö* getroffen habe, war recht schnell klar, dass er mehr die DJ- und Produktionsseite übernimmt und ich dieses Frontman-Ding mache. Wir haben uns da gut ergänzt, aber wir haben uns in Gedanken gegenseitig immer gut gepuscht.

Ihr seid quasi die Rap-Old-School Österreichs?

Bö: Eigentlich schon, wobei es natürlich Leute vor uns gegeben hat.

Milo: Ich empfinde uns eher als New School. Die Old School waren Leute wie *DSL, Sugar B* und so. Die haben auch gerappt, aber vor allem gedeejayt und produziert.

Gab es denn in den frühen Tagen in Österreich auch eine Jam-Kultur?

Milo: Ja, schon, aber nicht in dieser großen, sportlichen Dimension wie in Deutschland. Uns hat diese Battle-Kultur nie so gefallen. In Wien hat die Partykultur überwogen. Das war nicht explizit als Jam ausgeschrieben, aber de facto haben sich genau die Leute dort getroffen.

Bö: Es gab da nicht dieses Programm. Wenn die Jungs Lust zum Breaken hatten, dann haben sie eben getanzt. Es gab kein Muss. Wir waren auch nicht viel in Deutschland, höchstens mal in München. Dann aber öfter in Linz, wo sich eine Szene entwickelte, und da haben wir alle paar Wochen im *Kapu,* einem Club in Linz, eine Jam organisiert. Da war es dann etwas programmmäßiger. Es wurde nicht so etikettiert. In Österreich gab es auch keinen Output über die Medien, wo jemand gesagt hätte: So und so hat HipHop zu sein. In Deutschland gab es ja mit „Lost in Music" relativ früh einen Beitrag im Fernsehen. Dadurch, dass viele Leute einfach nichts darüber erfuhren, hatte es den Vorteil, dass es nicht so krampfig war. Es gab niemanden, der kam und meinte: Okay, die Party muss jetzt so ablaufen, wie ich es im Fernsehen mitbekommen habe.

Welchen Effekt hatten denn die Fantastischen Vier *auf euch?*

Bö: Ich saß zu Hause, habe Tele 5 geglotzt, und da kam plötzlich eine Dokumentation über HipHop mit deutschen Texten. Das war kurz bevor die *Jetzt geht's ab* auf den Markt kam. Ich hatte vorher noch nie etwas davon gehört, *Advanced Chemistry* kannte ich zu dem Zeitpunkt noch nicht, und ich dachte nur: Boah, geil! Die haben einen kurzen Konzertausschnitt gezeigt und dann *Thomas D* im Einkaufswagen sitzend, wo er über die Zeit erzählt hat, als die lustigerweise auch mit *Run DMC* unterwegs waren und *Jam Master Jay* zu ihm kam und meinte: Hey, I didn't get one word, but it's cool. Ich kann mich genau erinnern, Bild für Bild, das hat er so nett gebracht. Das war mein Schlüsselerlebnis: Rap gibt's auch auf Deutsch! Für mich war das kein Thema vorher. Es war einfach englisch.

Milo: Für mich war's insofern ein Thema, weil ich eine Sprache benutzen wollte, die ich kann. Und das war für mich Serbokroatisch. Der Übergang, auf Deutsch zu rappen, war ziemlich fließend. Es kam mir darauf an, die Leute zu erreichen, die in dem Land leben, in dem ich rappe, und ich glaube, ich habe sogar vor den *Fantastischen Vier* noch *Fresh Familee* gesehen. Das hat mich mehr inspiriert. Die *Fantastischen Vier* habe ich eher gehasst, weil es dieses Mittelstandsding war. Für mich war das nicht real. Das hat sich mit der Zeit wieder gelegt, weil ich gesehen habe: Okay, die bringen schon das, was sie leben. Wie könnten die auch was anderes erzählen als „Gib mir deinen Saft"?

Bö: Die erste *Fanta*-Platte habe ich geliebt und richtig geil gefunden. Aber ab „Die da?" habe ich sie gehasst und gedisst. Die ersten Sachen habe ich auch als realer empfunden. Es war dann ja auch nicht mehr exklusiv, plötzlich kennt die Friseuse um die Ecke auch HipHop. Das war die Zeit, wo dich alle gefragt haben: Ah, du machst HipHop – wie die *Fantastischen Vier*. Und wir: Nein! Nicht wie die *Fantastischen Vier!* Das hat sich mit der Zeit wieder gelegt. Aber die *Fanta*-Platten waren in Österreich auf jeden Fall wichtig für das Selbstbewusstsein von HipHop. Das war ein wichtiger Mosaikstein. Diese ganze *Advanced Chemistry*-Geschichte war ebenso wichtig. Wir haben auch schon sehr früh mit *Advanced Chemistry* in Wien zusammen gespielt.

Milo: Ich habe *Advanced Chemistry* das erste Mal kennen gelernt über Straßenplakate und ich erinnere mich noch, wie erstaunt ich über die großen Plakate war und dachte: Wow, so groß ist HipHop in Deutschland schon! Wir sollten mit denen in einem bekannten Künstlerhaus zusammen spielen. Wir waren natürlich irrsinnig gespannt. Für mich waren die auch irgendwie ein Vorbild, weil die hardcoremäßig gesagt haben, was sie meinen. Musikalisch hat es mir nicht gefallen, das war mir zu steif – ich habe da nur auf den Text gehört. Als wir die kennen gelernt haben, lief das so ab: *Torch* kam auf uns zu und seine erste Frage war: Habt ihr Maler? Ich stand da und muss ihn angeschaut haben wie ein dummes Schaf, denn ich kannte keine Maler, bei uns sagt man nämlich Sprüher. Maler sind für uns Handwerker, Anstreicher eben. *Torch* muss das sehr irritiert haben und er hat sicherlich gedacht, dass wir überhaupt keinen Plan von Graffiti haben. Weil die Situation dann etwas peinlich wurde, hat er uns auf unsere Mützen angesprochen, die wir selber angefertigt hatten, und gefragt: Die Mützen, habt ihr die selbst gemacht? Und wir so: Jaja, haben wir selbst gebastelt. Da meinte er: Ja, ist auch viel cooler, ich geh auch immer zu *C & A* und kaufe mir meine Sachen da, Markenklamotten sind voll Scheiße. Da hat er halt doch noch einen Punkt gehabt, wo er sagen konnte, dass wir cool sind. Aber unsere Reaktion auf die Malerfrage hat in völlig verstört. Wahrscheinlich hat er uns für die letzten Toys gehalten.

Bö: Das nächste Ding, das uns etwas verwirrt hat, war, als *Toni* mit Kochlöffel und Kochmütze auf die Bühne kam und rief: „Ich bin Toni, der Koch, Toni, der Koch!" Was ist das denn, haben wir gedacht und uns gesagt: Na ja, wahrscheinlich ist das ein symbolhaftes Gimmick für Realsein oder so.

Milo: Das entsprach aber nicht unserem Verständnis von Humor. An einem Punkt des Konzerts haben *Advanced Chemistry* gefragt, ob Nazis im Haus seien, und eine total betrunkene Frau aus dem Publikum hat gegrölt: Ja, ich bin Faschistin – *Advanced Chemistry* haben ihr dann gedroht, dass sie was aufs Maul kriegt, und schließlich ist die auch rausgeflogen, weil die sonst das Konzert nicht weitergespielt hätten. Das war irgendwie so komisch, auf der einen Seite voll hart, auf der anderen so lächerlich krampfig. Dieses Verkrampfte hat uns ein bisschen zurückschrecken lassen und das hatte zur Folge, dass wir uns wieder extrem auf unser Ding bezogen und das weiter aufgebaut haben. In Deutschland hattest du diese zwei Lager: das ganz poppige um *Fanta Vier* und die extrem hardcore Old-School-Leute. Wir haben uns da irgendwo in der Mitte gesehen. *Fresh Familee* haben uns da viel besser gefallen. Die hatten nicht dieses Gehabe, waren nicht so stressig und mit denen konntest du über dieselben Themen reden. Außerdem hatte ich – bis auf die Gangsta-Geschichten, die sie manchmal erzählt haben – mehr Bezug zu ihren Sachen. Als dann Sachen wie *Anarchist Academy* gekommen sind, dachte ich mir: Okay, das ist jetzt die intellektuelle Seite. Musikalisch hat mir das nicht unbedingt gefallen, aber hinter den Texten war halt was. Um das mal zu erklären: In Österreich gibt es nicht das große Austria-MTV oder -Viva, das auch nach Deutschland ausgestrahlt würde. Dafür kriegst du in Österreich jeden Furz mit, den in Deutschland irgendeine Newcomerband macht, weil sofort Infos und Features über Radio- und Fernsehstationen und manchmal auch über *Bravo* auf dich einprasseln. Das heißt, es gibt oft ein unheimlich verschobenes Verhältnis in den Proportionen. Und von daher haben wir alles mitbekommen und alles hat natürlich auch die österreichische Szene beeinflusst – sei es nun negativ oder positiv. *Advanced Chemistry* und die *Fantastischen Vier* haben extrem polarisiert und somit auch großen Einfluss gehabt.

Es war eben nicht so, dass die rübergekommen sind, wir das gesehen haben und uns sagten: Okay, das machen wir jetzt auch so. Du hast bei jeder Gruppe Elemente gehabt, wo du gesagt hast: Toll, wie die das machen, so was kann ich mir auch vorstellen. Und genau so gab es Teile, wo man gesagt hat: Nein, das ist nicht unser Ding, dieses Krampfige bitte nicht.

Wie habt ihr denn die Debatte zwischen Old School und New School empfunden?

Bö: Ich habe diese Diskussion als künstlich empfunden, weil ich das nie so gesehen habe, dass es in Deutschland eine Old School gegeben hat. Für mich war Old School eine Phase in den USA. Das ist so, als würde ich Jazz in Deutschland machen und versuchen, die BeBop-Szene der Fünfzigerjahre wieder aufleben zu lassen.

Da hast du Recht. Aber es gab in Deutschland insofern eine Old School, als es eine Tramperticket-Generation war, die von Jam zu Jam unterwegs war. Die New School zeichnet sich eher dadurch aus, dass sie eine Homebase in ihren Städten hat.

Milo: Okay, das hat es so in Österreich nicht gegeben. Da gibt es Wien und dann irgendwann die Linie Wien–Linz, das war die Hauptachse. Dann kam noch Innsbruck, wo *Total Chaos* herkommen, und in Linz war *Texta*. Die Old Schooler waren für uns *Sugar B, DSL, Uptight, FM4*, die die *Tribe Vibe*-Geschichte gemacht haben. Diese Reisekultur gab es nicht. Von daher hat sich ein eigener Sound entwickelt, weil wir so weit ab vom Schuss sind.

Bö: Wien hat zum Beispiel diesen sehr elektronischen Sound. Es gab *Moreaus*, die irgendwann wie die *Beastie Boys* ihre Gitarren weggeschmissen und Samplermusik gemacht haben, mit dabei waren der *Kruder, Rodney Hunter, DSL* und *Sugar B*. *Texta* und *Total Chaos* sind unsere Generation. Deren erste Sachen haben wir auf *Duck Squad* rausgebracht. 1993 war bei uns der Punkt, wo wir eine Platte machen wollten, und es war völlig absurd, daran zu denken, deutschsprachigen HipHop bei einem Major unterzubringen. Die wollten Dancefloor ...

Milo: ... oder eine Kopie der *Fantastischen Vier.*

Bö: Alle haben gewartet, was mit den *Fantastischen Vier* in Deutschland passiert, und wenn du denen mit *Advanced Chemistry* gekommen bist oder *Fresh Familee,* dann haben die dich gefragt: Hä, wovon redest du denn?

Milo: Wir wollten einfach Vinyl in der Hand haben und haben da nicht lange nachgedacht. Das war für uns auch HipHop: eine Möglichkeit, deine kreativen Ideen sofort umzusetzen. Wir waren am Anfang zu fünft und haben all unser Know-how und Geld zusammengelegt und haben die Dinger in der Tschechei pressen lassen.

Bö: Ich hatte da eine Adresse von einem Presswerk bekommen, von einem Typen, der damals 1993 unseren härtesten politischen Track gegen Jörg Haider und die FPÖ mit auf eine Vienna-Sounds-CD genommen hat. Das hat prächtig zu den anderen Stücken dort gepasst: nämlich gar nicht! Wir konnten also sehr günstig dort eine kleine Auflage pressen und haben die dann per Straßenbahn oder Fahrrad in die Geschäfte gekarrt oder direkt auf der Straße verkauft. Das hört sich heute auch ziemlich klasse an, wenn man erzählen kann: Wir haben früher auf der Straße verkauft. Das haben *Wu-Tang Clan* ja auch immer erzählt.

Milo: So haben wir unser erstes Album produziert und das hat irrsinnig viel Wirbel gemacht, vor allem in der intellektuellen Szene, weil zu dieser Zeit das HipHop-Ding im Zuge von Ausländern und Protest und so in Europa ja schon ein Thema war. Diese Mechanismen haben wir ganz gut ausnützen können. Ich war der Vorzeige-Tschusch [Jugoslawe] und habe die grafischen Dinge gemacht und *Bö* hat sich ums Organisatorische gekümmert und auch Artikel geschrieben. *Schönheitsfehler* war dann auch der passende Name für die ganze Geschichte. Wir waren die erste österreichisch-jugoslawische HipHop-Band mit deutschen Texten und wir waren auch das erste Indie-Label. Es hat vorher schon einen Sampler gegeben, die *Tribe Vibe*-Compilation von FM4, da war ein *Total Chaos*-Track drauf, aber da haben die noch auf Englisch gerappt.

Bö: Es war danach auch etwas völlig Natürliches, zum Beispiel zu *Texta* zu gehen und zu sagen: Hey, ihr seid auch eine HipHop-Band, geil, dass es da noch eine gibt, wie wär's, wenn wir eure Platte produzieren? Die haben natürlich nicht nein gesagt und hielten einige Monate später ihr erstes Vinyl in den Händen. Bei *Total Chaos* lief das genauso. Die Majors haben hier ziemlich lange geschlafen. Die wichtigste Sendung früher war *Music Box* auf Ö3. Das war *Tribe Vibes* so um 1988/89. Es gab drei Sendungen auf Ö3, die cool waren, und diese drei Sendungen sind später in dem Radiosender FM4 aufgegangen, der heute auch vierundzwanzig Stunden sendet. Ein sehr cooler Sender, der auch politisch okay ist. Das ist auch noch ein Unterschied zu Deutschland. In Österreich ist die Medienszene nicht sehr pluralistisch und auch nicht sehr liberal. Es gibt nur einen öffentlich-rechtlichen Fernsehsender, der bringt keine einzige Sendung, die über Jugend berichtet oder Videos spielt. Das ist ein Riesenunterschied, dass keine österreichische HipHop-Band im österreichischen Fernsehen gespielt wird. Und jetzt stellt Schwarz-Blau auch noch die Mehrheit im Kuratorium, das heißt, es wird noch schlechter. Bei den Printmedien sieht das nicht viel anders aus. Da ist die Medienkonzentration höher als in jedem anderen demokratischen Staat der Welt. So eine Monopolisierung in diesem Bereich gibt es sonst nur noch in Diktaturen. Die *Kronen-Zeitung* hat sich in den letzten zwanzig Jahren ein Druckerei- und Vertriebsimperium erschaffen, das so groß und mächtig ist, dass die über die Vertriebsstrukturen und über die Drucktermine bestimmen können. Zusätzlich haben sie es noch geschafft, dass die österreichische Regierung ein Gesetz durchgebracht hat, welches die Zeitungszusteller aus dem normalen Arbeitsrecht ausklammert. Damit sind sie nicht versichert, steuerlich schwer benachteiligt, kriegen keine Arbeitslosenhilfe, wenn sie den Job verlieren, und so weiter. Wenn österreichische Medien mal über HipHop berichten, hört sich das etwa so an: *Puff Daddy* ist der wichtigste Rapper der Welt, sein Leben ist geprägt von Gewalt. Er war schon in zwei Schießereien verwickelt. Sein bester Freund *Biggie* ist erschossen worden. Dann sieht man kurz sein Bild, das aussieht wie ein Verbrecherfoto. Und das ist dann die Berichterstattung über HipHop, zwei Minuten im Monat, supernegativ, Klischees ohne Ende, der schwarze Rapper als Sündenbock. Dann hast du noch im Parlament eine Richterin sitzen, die sagt: Schwarze sehen nicht nur anders aus, sie sind auch anders, sie sind besonders aggressiv. Es gibt weniger Demokratie im Medienbereich und weniger Pluralismus und das ist der

Paul, Milo und Bö von der Wiener HipHop-Crew Schönheitsfehler   *DDG*

große Hemmschuh für alle politischen Entwicklungen. Schwarz-Blau hat auch konkrete Auswirkungen auf die HipHop-Szene insofern, als in manchen Bundesländern Clubs schließen und weniger Geld für Jugendzentren ausgegeben wird.

Welche Verbindungen habt ihr zu der New School in Deutschland?

Milo: Wir haben die Gruppen aus Deutschland ständig rübergeholt auf unsere eigenen Jams, die wir veranstaltet haben. Das ist aber nie umgekehrt passiert und deshalb hat man in Deutschland bis dato relativ wenig von österreichischen Gruppen mitgekriegt. Der Hauptgrund dafür sind die Medien, weil es in Deutschland einfach niemanden gegeben hat, der über HipHop in Österreich berichtete.

Bö: Wenn du als deutsche HipHop-Band im österreichischen TV bist, dann bist du halt groß, und wenn du als österreichische HipHop-Band nicht im deutschen Fernsehen bist, dann kennt dich keine Sau. Ein Veranstalter muss sich da fragen, was es ihm bringt, eine Gruppe zu holen, die keiner kennt und wo er vielleicht nicht mal seine Unkosten decken kann. Wir haben alle nach Wien geholt, *Cora E, F.A.B., Dynamite Deluxe,* aber keine deutsche Booking-Agentur wäre auf die Idee gekommen, *Texta* oder *Total Chaos* zu holen, mit der Begründung: Das haben wir ja alles schon bei uns. Ich glaube auch, dass das Konkurrenzdenken da immer eine Rolle gespielt hat. Unsere Platten waren fett, mit der ersten Platte 1993 haben wir uns, glaube ich, vor niemandem verstecken müssen und auch die erste Kompilation *Das Gelbe vom Ei* war pfundig.

Ist die Rap-Szene in Österreich politischer als die deutsche?

Milo: Man kann das so sagen: Als HipHop-Band in Österreich ist es wesentlich schwerer, zu überleben, wenn du keine Inhalte bringst. Du musst auch ein Publikum unterhalten können, das nicht nur auf Beats und Styles abfährt. Es sind einfach weniger Leute da, der Markt ist kleiner und du musst auch noch Leute aus anderen Jugendkulturen reinkriegen, damit der Saal voll wird, sonst veranstaltet dich keiner. Wenn du in Deutschland eine Jam machst, dann hast du vielleicht fünfhundert HipHops, die auf Beats und Styles abfahren, und damit kommst du über die Runden. In Österreich sind es aber nur fünfzig, die kommen, und jetzt, da es wieder Mode ist, vielleicht hundertfünfzig.

Bö: Außerdem hast du in Wien ein Publikum, das schon darauf achtet, dass sich die Sachen von dem reinen Battle- und Style-Ding abheben. Wien ist ein ganz eigener Vibe. Wien ist die zweitgrößte Stadt im deutschen Sprachraum und da ist kommunikationsmäßig ein eigenes Ding am Laufen.

Milo: Was sich vielleicht ein bisschen anders entwickelt, weil die kleinen Kids, die diese Welle jetzt mitkriegen, glauben, das gehört so zusammen. Aber selbst da merkt man schon den Unterschied. Als wir jetzt weg waren, gab es zum Beispiel zum 1. Mai ein großes Konzert von der SPÖ nur mit HipHop-Bands, die genau dieses deutsche Battle-Ding vertreten. Und plötzlich fangen in der Mitte des Konzerts die Leute an, unseren Bandnamen zu skandieren, über zehn Minuten lang. Es ist einfach so, dass das österreichische Publikum Inhalte verlangt, und deshalb ist unsere Themenvielfalt größer. Wir sind immer open-minded in unserer Entwicklung gewesen und hatten immer Lust, Sachen auszuprobieren. Und trotzdem sind wir HipHop durch und durch.

Habt ihr eigentlich eine besondere Beziehung zu München?

Milo: München ist von Wien verdammt weit entfernt. Die Leute von *Texta* und *Total Chaos*, die haben da eher den Draht. Die wohnen teilweise auch in München.

Welche HipHop-Bands und welche Labels sind zurzeit wichtig in Österreich?

Milo: Wir mit *Duck Squad* in Wien. *Texta* und *Total Chaos*. Mit dem Label von *Texta* in Linz, *Tonträger Records,* kam der dritte Schritt. Und die neue Generation sind die Jungs um *Waxolutionists, Kaputniks* und so weiter.

Bö: Auf der *Boom Bap – Teil drei vom Ei* sind einige Acts drauf, die seit zwei, drei Jahren sehr aktiv sind: *Symbiose, Kaputniks, Waxolutionists*. Eine schöne Erfahrung ist, dass Dinge, die wir 1993 gemacht haben, heute immer noch funktionieren. Die *Kaputniks* haben jetzt zum Beispiel eine Nummer gemacht, die heißt „Brief an den Bundeskanzler", das ist eher so eine smoothere Nummer, aber mit einem derben Diss an die blau-schwarze Regierung. Ich verstehe auch nicht, wieso nicht noch mehr Bands politische Inhalte bringen. Wir haben 1993 mit „Ich dran" einen krassen FPÖ-Diss gebracht und viel Aufmerksamkeit auf uns gezogen. Die *Kaputniks* haben das jetzt auch gemacht und die sind andauernd in der Presse, die waren in allen großen Tageszeitungen mit Foto, jeder kennt den Song und das hat irrsinnigen Wirbel gegeben. Ansonsten brodelt es natürlich in Österreich. Die Kids wünschen sich keine Gitarren mehr zu Weihnachten, sondern Technics-Plattenspieler. Es gibt auf jeden Fall nicht den österreichischen Sound, aber es gibt Wien. Österreich an sich ist klein, hat gerade mal acht Millionen Einwohner, aber in Wien wohnt jeder fünfte Österreicher. Wien ist verdammt groß und in Wien geht einiges ab. Deshalb gibt es in Wien einen sehr eigenen, selbstbewussten Sound. Wien ist eben groß im Bereich Elektronik. Unser Sound ist auch relativ elektronisch.

Wie ist denn zurzeit die politische Stimmung?

Bö: Gespalten, die eine Hälfte wählt ÖVP oder FPÖ, die andere irgendwelche linken Parteien. Es passiert zu viel Scheiße, über die die Medien nicht berichten. Es sind zum Beispiel mehrmals in Wien schwule Lokale von Polizisten überfallen worden, die sind sogar in eine Sauna rein, haben alle Leute registriert und das Lokal gesperrt, alle Lichter ausgedreht und die Leute rausgeschmissen mit der Begründung: gleichgeschlechtliche Unzucht. Der Vorwand, warum die gekommen sind, war die Beschwerde einer Nachbarin über eine angeblich defekte Dunstabzugshaube des Lokals. Das war aber alles in Ordnung und da haben sich die Bullen eben was anderes ausgedacht. Und als Beweismaterial haben die gleich auch alle Zeitschriften und Aids-Infomaterial beschlagnahmt. So was geht im Jahr 2000 in Österreich, ohne dass es nennenswerten Protest dagegen geben würde.

Milo: Einmal ist die Polizei auf eine anonyme Anzeige hin angerückt, und zwar sind die dann in die Ausländerberatungsstelle der Grünen. Dort saßen „zufällig" fünfzehn Asylanten, die sich haben beraten lassen, und die Bullen meinten: Ja, wenn wir schon mal hier sind, können wir eben auch eine Personenkontrolle machen. Und acht Leute von denen haben sie sofort mitgenommen.

Bö: Und so was war bisher eigentlich tabu. In die Flüchtlingsberatungsstelle ist man einfach nicht reingegangen.

Spielt denn die aktuelle politische Lage innerhalb der HipHop-Szene eine Rolle?

Bö: Ja, schon.

Milo: Ich würde sagen, etwa fünfzig Prozent achten auf die politische Lage, fünfundzwanzig beschäftigen sich ernsthaft damit und wirklich auf Platte thematisieren es vielleicht fünf Prozent. Es ist zurzeit auch mehr dieses Abstylen, was die Rapper interessiert. Und dann gibt es natürlich Leute, die vermeintlich politisch agieren, nur bringen die dann so Sachen wie: Jörg Haider war so arm und musste zu Fuß fünf Kilometer in die Schule laufen und seine Eltern sind schwul.

Bö: Auf einer politischen Veranstaltung gegen Schwarz-Blau hat einer ernsthaft gefreestylt, dass Jörg Haider keine Mutter hatte, sondern zwei schwule Väter.

Klischeefrage zum Schluss: Wird man in Österreich als Rapper von Falco beeinflusst?

Milo: Das spielt überhaupt keine Rolle. Man findet Falco cool, aber mehr nicht. Wir hatten mal eine Podiumsdiskussion zum Thema „Die Anfänge des österreichischen HipHop". Der Rapper von *Texta* hatte sich darum gekümmert, dass Falco auch kommt, weil er ein sehr großer Fan von ihm ist. Falco hat sich von Beginn an rausgenommen und gesagt, er hat dieses Rappen als rhythmisches Element gesehen, weil er ja eigentlich auch ursprünglich Bassist ist. Er selbst sehe sich aber überhaupt nicht als Rapper. Der kam da an, mit Bierbauch, Fransenjacke und einer Mütze, auf der „Wörther See" stand, und er war trotzdem noch cool, etwa so wie der späte Elvis. Wir haben damals eine Ska-Nummer mit einem Junglebeat geschrieben mit dem Titel „Ich traf Falco und ich fand ihn nett". Diese Nummer haben wir etwa ein Jahr, bevor er gestorben ist, gemacht und die war ein bisschen böse, wir haben den Text dann aber noch mal umgeschrieben. Die Nummer hatten wir jedoch nur auf Kassette, die ich irgendwann einem Redakteur von FM4 in die Hand gedrückt habe. FM4 hat den Song dann die ganze Zeit gespielt, obwohl das Teil echt trashig war und nicht wirklich radiotauglich. Der Song läuft heute noch manchmal.

Ausgewählte Diskografie österreichischer Rap-Veröffentlichungen

1993	Schönheitsfehler *Broj jedan*	(Duck Squad EP)
1994	Untergrund Poeten *Umstritten wie noch nie*	(Duck Squad EP)
1994	Schönheitsfehler *Schönheitsfehler isst ... ... tot!*	(Duck Squad EP)
1994	Illegal Movement *Tha 5th Da-menschen*	(Duck Squad LP)
1994	V.H.A. *Fätt und Fätter*	(Hawei Rec. EP)
1995	Texta *Geschmeidig ...*	(Duck Squad EP)
1995	Schönheitsfehler *Putz di*	(Duck Squad EP)
1995	Total Chaos *Aus dem Wilden Westen*	(Duck Squad EP)
1995	*Austrian Flavor (Sampler) Vol. 1*	(Sabotage Rec. LP)
1995	Das dampfende Ei (Sampler) *Naturwach*	(Duck Squad LP)
1996	Texta *Sei lieb zu mir*	(Duck Squad 12")
1996	*Austrian Flavor (Sampler) Vol. 2*	(Sabotage Rec. LP)
1997	Schönheitsfehler *Hampty Dampty/ Kopfnuss*	(Duck Squad 12")
1997	Texta *Gediegen*	(GecoTonwaren LP)
1999	Teil drei vom Ei (Sampler) *Boom Bap*	(Duck Squad LP)
1999	Texta *Gegenüber*	(Tonträger Rec. LP)
1999	Total Chaos *Werwiewannwaswo*	(Move Rec. LP)
2000	Schönheitsfehler *SexDrugsundHipHop*	(Motor Music LP)
2000	Total Chaos *Die 2*	(Deck 8 EP)

„wir ham kein ziel, aber wir fahrn los"

HipHop im dritten Jahrtausend (SV)

Vieles wäre noch zu sagen, Leute zu nennen, die wichtig waren für die HipHop-Szene und doch keinen Platz in diesem Buch bekommen haben. Chris Maruhn und sein Magazin *In Full Effect* (heute bei *Juice*), das erste Rap-Fanzine in Deutschland, Frank Petering und Bodo Falk und ihre *Backspin*, die frühen Rap-Zines im Internet, *Cracchouse* oder *Mik's X-Side News*, die Homepages von *State of Departmentz* oder *IMC*, ganze Szenen und Länder, die Schweiz beispielsweise oder München, Hamburg, Berlin. Viele Geschichten wären noch zu erzählen, zum Beispiel die vom kleinen *Moses P*, wie er in Frankfurt an der Hauptwache steht mit seinem BMX-Rad und so vor sich hin rappt. Als plötzlich *Ebony Prince* auf ihn zukommt, bereit zur Battle. Dabei wusste *Moses* doch noch gar nicht so recht, was das eigentlich ist, eine Battle. Und als er dann nicht sofort reagierte, da hatte er auch schon verloren, so schnell ging das früher.

Aber jeder neue Tag, um den wir die Fertigstellung unseres Manuskripts hinauszögern, bringt neue Informationen ins Haus, macht uns auf neue Leute aufmerksam, mit denen wir noch nicht gesprochen haben: *Sonny* aus Hamburg, *Steve* und viele andere, die Aschaffenburger ... Und vielleicht hätten wir doch noch mit manchen Leuten reden sollen, die gerade on the top sind. Aber HipHop lebt und was wird morgen sein, von wem wird dann noch geredet, wer wird seinen Platz bekommen in der Geschichte des HipHop, wen wird man vergessen?

Die ersten fünfzehn Jahre der HipHop-Kultur in Deutschland wollten wir darstellen, die soziale und kulturelle Bedeutung, die vielfältigen Bezüge zu Amerika klarmachen. Mehr war in diesem Buch nicht zu leisten und die aktuellen Ausgaben von *Backspin*, *Juice* oder *Spex* sollen ja auch noch Stoff zum Schreiben haben. Im Moment, und das ist nicht nur unser Eindruck, befindet sich HipHop ohnehin einmal mehr auf dem Weg in eine Sackgasse. Aber Alte Schule, Neue Schule, neue Reimgeneration,

Oriental HipHop waren vermeintliche Sackgassen, an deren Ende sich doch unerwartete Perspektiven ergeben haben. Zuletzt war es die EP *Sport* von *Eins Zwo,* die alles bisher da Gewesene über den Haufen warf und HipHop wieder ganz neu erfand.

Eins Zwo ist heute fast schon Standard, *Dendemann* nur noch einer von vielen. Das Niveau ist so hoch wie nie, die einzelnen Produktionen stehen einander in nichts nach und doch fehlt etwas. Aber was genau das ist, das werden wir wohl erst erfahren, wenn die nächste Maxisingle auf den Markt kommt und alles andere wegfegt. Was auf jeden Fall wieder verschwinden wird, verschwinden muss, ist die andauernde Nabelschau von wegen: Ich weiß, dass alle anderen nichts zu sagen haben, und rappe trotzdem nur über HipHop. Dabei liegen die Themen auf der Straße.

„so was habt ihr nie gesehn, so was machen hiphopper"

Afrob *und* **Ferris MC** *(SV)*

Viele Geschichten, die wir hörten – oft waren es gerade die schönsten – , erwiesen sich als falsch oder heillos übertrieben. So auch die folgende Geschichte: *Ferris* kommt am Stuttgarter Hauptbahnhof an, sieht *Afrob* am anderen Ende des Gleises und schreit quer durch die ganze Bahnhofshalle, er habe einen Rucksack voll mit Gras mitgebracht. *Afrob* stürmt panisch auf ihn zu, schüttelt ihn: Schau mich an, schau mich an! Ja, Mann, du bist *Afrob*, was geht? Genau, ich bin *Afrob*, ich bin schwarz und wenn die Bullen mich und dich mit dem Gras erwischen, weißt du, was dann passiert? Und es passierte dann tatsächlich. Eine Zivilstreife will den Rucksack von *Ferris* kontrollieren, die Bullen kramen in den Klamotten herum, haben die Tüte eigentlich schon in der Hand und ziehen unverrichteter Dinge wieder ab. So wurde mir die Geschichte jedenfalls erzählt.
    Auch dieses Gerücht hat seinen wahren Kern. Sie wurden tatsächlich durchsucht. *Ferris* hatte tatsächlich Gras im Rucksack, bloß hat er es nicht durch die halbe Bahnhofshalle posaunt, das sei Schwachsinn, sagte er mir am Telefon. Spätestens seit *Samys* Rap („ich frag mich im moment, warum hat stuttgart so viel polizei") weiß jeder, wie viel Polizei Stuttgarts Straßen bevölkert, auch *Ferris*. Was bleibt, ist eine gleichermaßen witzige, spannende wie politische Geschichte, warum haben die zwei nicht daraus ihren Rap gemacht? Wir hören „Reimemonster", dieser kunstvoll verschachtelte Rap-Stil, diese beiden Stimmen, wie sie sich ergänzen und dabei immer wieder ins Wort fallen. Dieser ganz eigene Style und Flow, den sie zusammen erreichen. Doch immer wieder die alte Leier: „Wir sind die Besten von Norden nach Süden, von Osten nach Westen" *(Tobi & Bo)* – geschenkt. Dass sie die Partys rappen – ja, glauben wir euch. Aber da war doch diese Geschichte! Das könnte HipHop sein, wenn solche Geschichten sich mit diesem Style verbinden. Das wollen wir hören.

„in meinem kopf sind die bilder"

Schluss *(SV)*

An alle, die dieses Buch in die Hand genommen haben, staunen und angenehm überrascht sind, was diese Rapper so an hochliterarischen Texten zustande bringen, lasst euch gesagt sein: Rap ist der Breakdance der Verse, ist Graffiti in Worten und „verträge unterschreib ich mit 'm tag" (sprich täg), jeden Tag (danke *Denyo, Absolute Beginner*). Keiner, der sich von der neuen Reimgeneration beeindrucken lässt, der sich noch über Tags und Pieces beklagen dürfte. „in meinem kopf sind die bilder" *(Doppelkopf)* und diese Bilder sind wie Graffiti an der Wand.

Und an alle Rapper, Writer, DJs, B-Boys und Beatbox-Legenden da draußen, dieses Buch ist für euch. Ihr seid es, die die Fortsetzung schreiben, ihr wart es, die diese Geschichte gelebt haben. Ohne euch keine Plattenfirmen, ohne euch keine Musikjournalisten, keine Manager, keine Trendscouts, keine HipHop-Analytiker: „erkenne deine stellung" *(Torch)*. Ihr wisst, wer ihr seid! Ihr wisst, was ihr könnt!

> „*sonny, speedy, jbk, tricks, rock da most* auf der bühne, *dj cutsfaster am mix ...*"

Dank an

Hannes grüßt: Aybars und Sharon, Timur, Tarek, Sidika, Burcu, Canzu, Aypar. Bitz, Kathrin, Lorraine, Oliver, Olli, Babak, Denni und Tanja, Evelyn, Flo, DJ GQ, Kurt und Hanne, Yvonne und Benjamin und Milena, Hayre, Helmut, Sylvia, Ina und Lenni, Karate Dojo Hoitsugan, Isabell, Jenny, konkret, Kai Degenhardt, Franz Josef Degenhardt, Wulfdragon Speedmaster Krell aus Dortmund, Filippo Filigno und die Berlin 61 Boys, Freak Seven, Marc Prein, Med Dale, Meike, Melanie, MZEE Posse, Akim, Steffi, Can 2, Stiber Twins, Natalie, Aziza A, Boulevard Bou, TCA, Kutlu, Rossi, Önder, Aljoscha, Murat G, meine Oma am Bodensee und meine anderen Omas, Rotbuch Hamburg, Sascha Kinzler, the one and only Supersebs, Shark, Sonja F, Stefan Versin, Tatwaffe, Tina B., Too Strong, Tobias, die Friebe Brüder, Linus Volkmann, Thomas Venker, Sonja Eismann, Vanessa, Wolfgang Johannes Wenzler, Dr. Marcuse, DJ Börderoni, SvenZen, Andi N, Mindix, Fischmob und der schreckliche Sven, Koze, Schönheitsfehler, Hannibal Verlag, Françoise, Manfred, Michael Bergmeister, Özlem, MC Doppel L, Aureli, Torch, Toni L, 360° Records, DJ Mike MD, Strom, Swift, Speedy, Bomber, Deadly, Bütti, Andi Sülberg und Familie, alle Lüdenscheider Old-School-Homies, Dortmunder Writer, Julia, Console, The Notwist, Weilheim Studios, Klaus, Gertrud, Underground Source, Lyroholicer, Moses P, Cora E, Virgin Traffic Lights, Blumentopf, Main Concept, Beginner, Chintz, Zodiak, Pest, Dennis Stute, Fred, Jana Silverman, Folke, Matze und Jasper.

Für die Bereitstellung von Fotomaterial danken wir: DJ Mike MD, DJ Cutsfaster, Hans Solo, Matthias Zähler, Derya Mutlu, Akim Walta, Ulrich Perchner, Martin Lenkheit, Carsten Klett, Michael Büttner, Oliver Neumann, Peter Scheibel, Moses Arndt.

Für die freundliche Unterstützung bei der Fotobearbeitung danke ich Marc Prein und Anne Fuchs.

Sascha grüßt: Ich danke allen, die mich auf meinem Weg in die HipHop-Szene begleitet und dieses Buch möglich gemacht haben. Für Interviews, Platten und Unterstützung aller Art: A 16 X, Absolute Beginner, Advanced Chemistry, Äi-Tiem, Akim, Ale, Aleksey, Anarchist Academy, André, Asiatic Warriors, *Backspin,* die Beduinen, Blumentopf, Bob, Bobby, Boulevard Bou, Breite Seite, Christian Cloos, Die Coolen Säue, Cora E, Cribb 199, Da Crime Posse, Deine Quelle, Derya, Dicht, Direct Action, DJ Cutsfaster, DJ Lifeforce, DJ Marius No. 1, DJ Mike MD, DJ Opossum, DJ Rabauke, DJ Stylewarz, Doppelkopf, DumBum, Easy Business, Ebony Prince, Exponential Enjoyment, Die Fantastischen Vier, Ferris, Fettes Brot, Filo Joes, Die Firma, Fischmob, Fresh Familee, Freundeskreis, Future Rock, Gadget, Götz, Claas Gottesleben, Harol, Headrush, Hörzu, IMC, Immo, Jackie, Jens, Jürgen, Kinderzimmer Productions, Köpfe der tiefen Frequenz, Kolute, Königsdorf Posse, Konstruktive Kritik, Die Krähen, Mathias Lanzer, Lyrical Poetry, Lyrical Prophets, die Lyriker, Main Concept, Manges, Marc, Chris Maruhn, Massive Töne, Mastino, MC René, Melanie, Moses P, Ole, Oliver, Phase V, Prime Dominance, Raid, Regen & Mild, Dirk Scheuring, Scorpio, Shakkàh, Skillz en Masse, Spax, Sami, State of Departmentz, Stereoton, STF, Stieber Twins, Subotage, TCA, THC, Thomas H, Tobi und Bo, Tobsucht, Too Strong, Tyron, Barbara Uduwerella, Vicente, Walking Large, Weep Not Child, Zentrifugal, ZM Jay, Buback, Community, Four Music, KölnMassive, Kopfnicker Records, Move, MZEE, OP 23, Panthertainment, Put Da Needle To Da Record, Rap de, Rap Nation, Yo Mama. Vielen Dank, Sascha Verlan.

Wir freuen uns über Lob und Kritik, Ergänzungen und Korrekturen, Tipps und Tricks: s.verlan@wort-und-klang.de, johannes-nikolaus.loh@gmx.de.

Keep on!

Die ersten zehn Jahre

Diskografie der Rap-Platten in Deutschland von 1986 bis 1996

DJ Rick Ski hat die Diskografie der letzten Auflage unseres Buches komplett überarbeitet und durch viele Veröffentlichungen ergänzt. Dabei ist die Liste gewachsen, sodass sie nun weit über 200 Platten benennt. Wir haben uns deshalb entschlossen, die ersten zehn Jahre von 1986 bis 1996 möglichst vollständig zu dokumentieren. Die erste Veröffentlichung des Jahres 1997 haben wir allerdings noch aufgenommen, weil *Fenster zum Hof* von den Stieber Twins ein würdiger Schlusspunkt dieser Fleißarbeit ist.

DJ Rick Ski über seine Recherchearbeit

Die Ermittlung der Veröffentlichungen zwischen 1986 und 1997 erwies sich nicht immer als leicht, da die gelisteten Platten alle aus dem Vor-Internetzeitalter stammen und viele davon nicht im Netz zu finden sind. Mein Dank geht deshalb an alle Musikerkollegen und an die Leute auf Facebook, die mich bei der Recherche unterstützt haben.

Seit Anfang der Achtzigerjahre kamen in Deutschland immer wieder Rap-Versuche unterschiedlicher Interpreten auf den Markt. Das meiste davon kann man aufgrund des Kontexts und des künstlerischen Anspruchs eher als „Novelty" bezeichnen. Mit dem Blick aufs Wesentliche beschränkt sich diese Liste daher auf die Veröffentlichungen von Künstlern, welche mehr oder weniger der HipHop- bzw. Rap-Szene Deutschlands zugeordnet werden können. Und da diese Diskografie mehr als Zeitleiste und nicht als vollständige Auflistung von Tonträgern gedacht ist, wurden z.B. Single-Auskopplungen (Ausnahme: Bonustracks), welche nach den Alben erschienen, weggelassen.

Diese Diskografie erhebt keinen Anspruch auf Vollständigkeit oder Fehlerfreiheit. Besonders die Recherche des genauen Veröffentlichungsdatums ist nach so einer langen Zeit sehr schwierig, weil sich oft nicht einmal die Künstler selbst an den genauen Monat der Veröffentlichung erinnern.

Daher wurde der Monat bei den Jahren 1986 bis 1989 weggelassen. Ich verstehe diese Liste als „Work in Progress" und hoffe auf die Mitarbeit anderer Musikliebhaber. Wer also Ergänzungsvorschläge oder dergleichen hat, der möge sich bitte per Mail bei mir melden: info@rickski.de

1986

Bionic Force	Age Of The Atom	(ZYX 12")

1987

Project D feat. Ebony Prince	The Beverly Hills Cop Rap	(ZYX 12")
Masterplan	We Wanna Be Stars	(Select 12")

1988

2 Fresh T	Cutmazter Sewen	(Not on Label 12")
Tommy T	Kaiser Of Rap	(Cash Beat 12")
Rico Sparx feat. Moses P	Ay, Ay, Ay (What We Do For Love)	(Ariola 12")
Moses P	Twilight Zone	(Logic 12")
Bionic Force	Power In The House	(Westside Music 12")
The Denots Crew	Gotta Rock	(Eigenvertrieb Tape-Single)
The Alliance	Action!	(Freshline 12")
The Alliance	Action Remix	(Freshline 12")
Cosmic Jam	Come Back To Me	(BOY 12")
Cosmic Jam	Girl Don't Cry	(BOY 12")

1989

Il Scardens	In Full Sense: The Tritty Tape	(Eigenvertrieb Tape-Album)
N-Factor	N.d.s.c.d.	(Big Sex Records 12")
N-Factor	It's Like That	(Ariola 12")

Moses P	*Raining Rhymes*	(Sony LP)
Harry Dee feat. Rio K	*Hip Hop Survives*	(Kiki 12")
LSD	*Competent*	(Rythm Attack EP)
Rock Da Most	*Use The Posse*	(Imperial Nation EP)
Rock Da Most	*So We Rocking*	(Imperial Nation EP)

Hiervon existieren nur 3 Anpressungen

Bionic Force	*Rap Technology*	(8ighty 8ight 12")
Electric Beat Crew	*Self Titled*	(Amiga 7" EP)
DJ Chrizz	*Hui Buh*	(Freshline 12")
The Alliance	*Sweat*	(Freshline 12")
The Alliance	*It's Time*	(Freshline LP)
Young Guns	*Hyped Up*	(Imperial Nation EP)
Sampler	*The Original Soundtrack One Day North Sampler No. 1*	(Merlin LP)

3/90

The Electric Beat Crew *Self Titled* (Zong LP)

Nach einer kleinen Vinyl-Erstauflage wurde die Produktion aufgrund der Umstrukturierung des Labels Zong bzw. der Plattenfirma Amiga komplett eingestellt. Die Scheibe ist daher extrem rar und nur bei Insidern bekannt.

6/90

Section 87	*More Power*	(Ohrwurm Records 12")
N-Factor	*Vibes From The No Go Area*	(Ariola LP)
Exponential Enjoyment	*Style Introduction/ Think For A Moment*	(TanTric 12")

7/90

Freebase Factory *Born To Go* (Planet Core Productions 12")

9/90

Cisco & The Beat Pirate *Momentum/Bam!* (Dance Street 12")

10/90

LJ　　　　　　　　　　　　*Schlecht ist die Welt*　　　　　　*(Memphis 7")*

11/90

N-Factor　　　　　　　　　*Do Or Die*　　　　　　　　　　*(Ariola 12")*

2/91

Die Fantastischen Vier　*Hausmeister Thomas D*　　　*(Sony 12")*

3/91

LSD　　　　　　　　　　　*Watch Out For*
　　　　　　　　　　　　　The Third Rail　　　　　*(Rhythm Attack LP)*
Fresh Familee　　　　　　*Coming From Ratinga*　　　　*(Ratinga EP)*

5/91

Blaque　　　　　　　　　　*Party Up*　　　　　　　*(Strictly Dance 12")*
Al Rakhun feat.
Bunker Youth　　　　　　　*To The Audience*　*(Planet Core Productions EP)*
3 In The Attic　　　　　　*On The Track/Take 3*　　　*(Cold Wave 12")*

6/91

Sampler　　　　　　　　　*Underground Explosion*
　　　　　　　　　　　　　(Köln Goes Underground Vol. 1);
　　　　　　　　　　　　　feat. Controversial Unique Style:
　　　　　　　　　　　　　„Wiz The Power Of A Gun"　　*(Big Noise LP)*

8/91

Die Fantastischen Vier　*Jetzt geht's ab*　　　　　　*(Sony LP)*
Blaque　　　　　　　　　　*It's A Blaque Thing*　　　*(Strictly Dance LP)*

9/91

Sampler	*Krauts With Attitude*	*(Boombastic LP)*
LSD	*I Don't Care A Rap*	*(Rhythm Attack EP)*
LSD/C.U.S.	*Mind Expansion/ Unique Style*	*(Blitz Records 7")*

10/91

Sampler	*2 Tuff*	*(Merlin LP)*
King Size Terror	*The World Is Subversion*	*(Vulkan Verlag LP)*
GDP	*Piece Of Existence*	*(No Go Records LP)*
Die Fantastischen Vier	*Frohes Fest*	*(Columbia 12")*

11/91

Rude Poets	*Eh paar Biersche*	*(Sellout Records 7")*
Äi-Tiem	*Alles Absicht*	*(Holy Chaos Recordings EP)*

2/92

Fresh Familee	*Heimat*	*(Phonogram 12")*

3/92

M.C. Cal-Ski/Hi Style	*Ghetto Michaelangelo*	*(Earth's Edge Records 12")*

4/92

Islamic Force	*My Melody*	*(1st Class 12")*
Eric „IQ" Gray	*Keep The Frequency Clear*	*(Sup-Up-Records 12")*

5/92

N-Factor	*Paradigmashift*	*(Ariola LP)*
Cash In Advance feat. Icy Bro:	*Crazy Cane*	*(MCI 12")*

6/92

Easy Business	*A Safari Called*	(Container EP)
Schäl Sick Syndikat	*Die Eskapaden des Syndikats*	(Groeneveld Musikproduktion 12")

7/92

Die Fantastischen Vier	*Die Da!?!*	(Sony 12")

8/92

Eric "IQ" Gray	*The Vinyl Call*	(Sup-Up-Records LP)
Karakan	*Defol Dazlak*	(KST Productions EP)
Die Goldenen Zitronen/ Easy Business	*80.000 000 Hooligans*	(Sub Up EP)
Die Fantastischen Vier	*Vier gewinnt*	(Sony LP)

11/92

Sampler	*Blitz Mob*	(Blitz Vinyl EP)
Advanced Chemistry	*Fremd im eigenen Land*	(MZEE 12")
Raw Diamenz	*Get Da Frown Odd Ya Grill*	(Not on Label 12")

12/92

Sampler	*That's Real Underground*	(Rap Nation CD)

3/93

Sampler	*Underground Explosion –* *(Köln Goes Underground Vol. 2);* feat. LSD Proton: *„Von Zeile zu Zeile"*	(Big Noise, LP)
Hype A Delics	*Groove To Get Down*	(Blue Point EP)
Mastino	*Brüder und Schwestern*	(LADO LP)
Sampler	*Kill The Nation With A Groove*	(Buback LP)
Fresh Familee	*Falsche Politik*	(Phonogr. EP)
Weep Not Child	*From Hoyerswerda To Rostock*	(Buback EP)

4/93

Sampler	*Joining Forces*	*(Sellout LP)*
Expo's Jazz & Joy	*Expo´s Jazz & Joy*	*(VerBra LP)*

5/93

S.T.O.P.	*Fight Da Real Enemy*	*(Art of Art 12")*
Sampler	*Soundtrax zum Untergang*	*(Aggressive Rockproduktionen LP)*
Kaos	*International Dope Dealers*	*(Blitz Vinyl LP)*

produziert von Fader Gladiator und Future Rock feat. Rick Ski, Imperator, etc.)

5/93

Da Germ	*Spirit Of Attitude*	*(Dragnet EP)*
Äi-Tiem	*Kein Kommentar*	*(Blitz Vinyl 12")*
Anarchist Academy	*Am Rande des Abgrunds*	*(Wolverine LP)*
Absolute Beginner	*Gotting*	*(Buback EP)*
Rude Poets	*Der letzte Walzer*	*(Sellout 12")*
Sampler	*Ruff'n Raw Represents*	*(Ruff'n Raw LP)*
Islamic Force	*The Whole World Is Our Home*	*(Juiceful 12")*

6/93

Cora E	*Könnt ihr mich hör'n?*	*(Buback 12")*
Mic Force	*Fuck You Skin*	*(Move 12")*
(EM:ZEH)	*Wortsport*	*(GAP EP)*

7/93

Main Concept	*So hat das Volk ...*	*(Move 12")*
Such A Surge	*Gegen den Strom*	*(Rap Nation 12")*
Sampler	*HipHop Hurra!*	*(DCO LP)*
Die 3 Rüben	*Tanzmusik für die reifere Jugend*	*(Eigenvertrieb Tape)*

8/93

Exponential Enjoyment	Chop Or Quench!	(DeepSix LP)
Die Reim Banditen	Dies ist HipHop	(Polydor 12")
Advanced Chemistry	Welcher Pfad führt zur Geschichte?	(MZEE 12")
Poets of Peeze	Eloquent Poetry	(Yo Mama EP)
Sampler	Vibra Zone	(Swat LP)
Sampler	The Cook Monster Versus ...	(Yo Mama LP)
Die Deutsche Reimachse	100% Positiv	(Rap Nation 12")
State of Departmentz	Mit der Waffe in der Hand	(Rap Nation 12")
Das Duale System	Das duale System	(Day Glo 7")
LSD Proton	The Prototype	(Buback EP)
Ready Kill	Ready Kill	(Buback EP)
Die Reim Banditen	Jetzt sind wir dran	(Polydor LP)
Cod X	Komplex	(Ruff'n Raw 12")

9/93

Hip Hop Aktivisten gegen Gewalt	Halt! Keine Gewalt	(Juiceful EP)

10/93

Sampler	B-Town Flavor: Don't Sleep!	(Hip Hop Mobil LP)
C.U.S.	Der Imperator schlägt zurück	(Blitz Vinyl 12")
Foreign Accent	Das Ehrenwort	(Stay Tuned 12")
Da Germ	Da Mic izza 3rd Rail	(Ruff'n Raw 12")

11/93

Sampler	Frankfurt Trax Vol. 4; feat. Iz & Tone: „Ich diss dich"	(Dance Pool LP)
Die Fantastischen Vier	Die vierte Dimension	(Sony LP)
Sampler	Alte Schule	(MZEE LP)
Too Strong	Rabenschwarze Nacht	(Tribehaus EP)

12/93

Hörzu	Gestammelte Werke	(Ginnesbukov Records LP)
Raid	Stille Post	(Eigenvertrieb 12")
Sampler	Roy Marquis II Presents ...	(Ruff'n Raw LP)

1/94

Anarchist Academy	Solingen	(Tribehaus 12")
Krombacher MC	Soll'n doch kommen	(Wolverine 12")
T.C.A.	No!/Wanna Be	(Day Glo 7")
Cheeba Garden	Houpa Doupa Crapola	(Juiceful EP)
King Size Terror	Ultimatum	(Blunt LP)
No Remorze	Condemned To Death	(Buback 12")

2/94

Konkret Finn	Ich diss dich	(No Mercy Records 12")
Mental Disorda	Mental Disorda	(Disorda Records LP)
Das Duale System/ (EM:ZEH)	Split EP	(Eigenvertrieb EP)
Krombacher MC	Finger weg!	(Wolverine LP)
Rödelheim Hartreim Projekt	Direkt aus Rödelheim	(MCA LP)
State of Departmentz	Schicksalsmelodie	(Rap Nation 12")
Nu Attemt	Do City Calling	(Eigenvertrieb EP)

3/94

Sampler	Infracom Hometaping Vol.1; feat. Foreign Accent, Tek-Nyne, Doctor D, etc.	(Infracom LP)
Cod X	Wissen ist Macht	(Ruff'n Raw EP)
Cod X	Ghetto	(Ruff'n Raw EP)
Hype A Delics	Mo Funk For Your Ass	(Juiceful EP)
MC René	Die neue Reimgeneration	(MZEE 12")
Phase V	Mentale Verwandlung	(Rap Nation EP)
THC	Ter Hartchor	(Eigenvertrieb LP)

4/94

Hideouz Newcome	*Tyrannical Underground HH 80*	(Disorder Records LP)
King Size Terror	*Ultimatum*	(Blunt Records LP)
A 16 X	*Jetzt platzt die Bombe*	(Public Attack LP)
HipHop Aktivisten gegen Gewalt	*Halt Keine Gewalt!*	(Juiceful 12″)
Main Concept	*Coole Scheiße*	(Move LP)
DJ Mahmut/Volkan T/ Murat G/KMR	*Looptown Presents Turkish HipHop*	(Looptown LP)
Mic Force	*It Ain't Over*	(Move EP)
State of Departmentz	*Reimexplosion*	(Rap Nation LP)

5/94

Vers Chaoten	*Kellermusik*	(Disorda Records 12″)
Easy Business	*Another Style Another Home*	(Container Records 12″)
Cora E	*Ein Teil der Kultur*	(Buback 12″)
Asiatic Warriors	*Told Yaa*	(Ruff'n Raw LP)

6/94

N-Factor	*Winter in Deutschland*	(Ariola LP)
MC René	*Reimenergie*	(MZEE 12″)
Easy Business	*Encyclopedia*	(Container LP)
Sampler	*Düsseldorf lebt*	(Grasshoppa LP)
STF	*Keine Effekte*	(808 12″)

7/94

Absolute Beginner	*Ill Styles*	(Buback 12″)
U Schnellu	*U*	(Mango Groove EP)
C.U.S.	*Geballte Ladung*	(Blitz Vinyl 12″)
Lyrical Poetry	*Entziehe dich dem Staat*	(OP23 12″)

8/94

First Down	World Service; Song „Seven MCs" feat. Scope, Imperator, Rick Ski, u.v.a.	(Blitz Vinyl LP)
Fresh Familee	Alles frisch	(Phonogr. LP)
Da Germ	Day Of Resurrection	(Ruff'n Raw LP)
Weep Not Child	Je Ka Bere	(Groove Attack 12")
Weep Not Child	Liberation Thru Music & Lyrics	(Groove Attack 12")
Krombacher MC	Nachschlag	(Wolverine EP)
Mega4	Mega4	(Sony LP)
Sampler	Die Macht der Kreativität	(Rap Nation LP)
Sampler	Schützt die Rille	(KölnMassiv LP)
Too Strong	Greatest Hits	(Tribehaus LP)

9/94

Dum Bum	Tschugge Mugge	(Pour Flava LP)
Advanced Chemistry	Operation §3	(360° 12")
Eric „IQ" Grey	Fun This Mother Out	(Intercord 12")
Cod X	Paragraph X	(Ruff'n Raw 12")
Mastino	Heimatfront	(LADO LP)
Sampler	Nordseite	(Operation 23 LP)
Sampler	Tag der Abrechnung	(No Warranty LP)

10/94

Mental Disorda	Your Enemy Was A Nice	(Disorda Records LP)
Fischmob	Ey, Aller	(Plattenmeister 12")
Der Tobi & das Bo	Genie & Wahnsinn ...	(Yo Mama LP)
Jazzkantine	Respekt	(Rap Nation 12")
Sampler	PionierManöver	(Halb 7 LP)
Eric „IQ" Grey	Headcore	(Intercord LP)

11/94

Boulevard Bou	*Geh zur Polizei*	(360° 12")
Jazzkantine	*Jazzkantine*	(Rap Nation LP)
Kinderzimmer Prod.	*Kinderzimmer Prod.*	(Eigenvertrieb LP)
Tobi & Bo	*Genie und Wahnsinn*	(Metronome LP)
Phase V	*Mörder*	(BMG Ariola EP)
Sampler	*Die Reimattacke*	(LowDown LP)

12/94

Anarchist Academy	*Fest der Liebe*	(Tribehaus 7")
Fettes Brot	*Definition von Fett*	(Yo Mama EP)

1/95

Reimende Antifaschisten (RAF)	*Jugoslawien*	(Not on Label EP)

2/95

Juiceful Jazz	*Streets Of Desire*	(Juiceful 12")
Anarchist Academy	*Anarchophobie*	(Tribehaus LP)
Schwester S	*S ist soweit*	(MCA LP)
Fast Forward	*Resignation Is Daily Suicide*	(MZEE 12")
Ready Kill	*In The Rivers Of Blood*	(Buback 12")

3/95

Lyrical Prophets	*First Impact*	(Vinyl Vendetta 12")
Köpfe der tiefen Frequenz	*Brecht Goes HipHop*	(Bite Your Ear LP)
Massive Töne	*... dichter in Stuttgart*	(MZEE EP)
Zentrifugal	*Dichtung und Wahrheit*	(Eigenvertrieb EP)
Cartel	*Cartel*	(Mercury LP)

4/95

Fettes Brot	*Auf einem Auge blöd*	(Yo Mama LP)
Fischmob	*Männer können seine Gefühle nicht zeigen*	(Plattenmeister LP)
Sampler	*Die Klasse von '95*	(MZEE LP)
No Remorze	*The End*	(MZEE LP)
A Real Dope Thing	*Dewdrops*	(MZEE EP)

5/95

Hörzu	*Die Ritter der Schwafelrunde*	(Move LP)
State of Departmentz	*Es dreht sich nur ums Geld*	(Rap Nation 12")
Cheeba Garden	*Alea Iacta Est*	(Juiceful Records LP)
MC Gusto	*El Rapero Espanol*	(Not on Label 12")
Fettes Brot	*Mitschnacker*	(Yo Mama EP)

6/95

Die Klasse von '95	*HipHop und Rap*	(MZEE 12")
No Remorze	*Slaughtering MCs*	(MZEE 12")

7/95

Äi-Tiem	*Wenn hier einer schießt dann bin ich das*	(Holy Chaos Recordings LP)
Variety Pac	*Laber mir kein Ohr*	(Ruff-N-Raw LP)
Mind Core	*Hell Is On Earth*	(Disorda Records LP)
Da Germ N Roey		
Marquis II	*The Real Sh*t*	(Ruff-N-Raw 12")
Juiceful Jazz	*Between The Chapters*	(Juiceful LP)
Advanced Chemistry	*Dir fehlt der Funk*	(360° 12")

8/95

Blitz Mob	*Die Organisation*	(Blitz Vinyl LP)
Cheeba Garden	*The Return Of The Skunkadelic*	(Juiceful Records 12")

Sampler	*Frankfurt United Vol. 1*	*(Dope Records LP)*
Konstruktive Kritik	*Kühl*	*(KölnMassiv LP)*

8/95

Hideouz Newcome	*Full Contact*	*(Disorder Records LP)*
Aleksey	*Aleksey*	*(Rap Nation LP)*
Cribb 199	*Examples*	*(OP 23 EP)*
Der Tobi & das Bo	*Wir sind die Besten*	*(Yo Mama EP)*
Die Fantastischen Vier	*Lauschgift*	*(Sony LP)*
F.A.B.	*Freaks, die LP*	*(MZEE LP)*
Main Concept	*Münchmob*	*(Move EP)*
Sampler	*Reimattacke II*	*(Lowdown LP)*

10/95

Cheech & Iakone	*Xenophile Phonologie*	*(Community LP)*
Deadly T	*Die Hyänen lachen...*	*(Tribehaus LP)*
Die Krähen	*Benztown*	*(Buback EP)*
Jazzkantine	*Heiß & fettig*	*(Rap Nation LP)*
Plattenpapst Jöak	*Alles wird gut*	*(Edel LP)*

11/95

Advanced Chemistry	*Das Album*	*(360° LP)*
MC René	*Renevolution*	*(MZEE LP)*
Sampler	*Breitseite*	*(OP 23 LP)*

12/95

Sampler	*PionierManöver II*	*(Halb 7 LP)*
Sampler	*The Sound Of MZEE*	*(MZEE LP)*

1/96

Phase V	*Mörder*	*(RCA 12")*

2/96

Da Blumentopf	*Abhängen*	(Muc Music EP)
Maximilian und sein Freundeskreis	*Immer wenn es regnet*	(GAP 12")
Sampler	*Deutschland ein Wintermärchen*	(360° LP)
Da G-Funk-Kiosk	*Auf der Suche nach dem Funk*	(Hypnotik LP)
Ebony Prince	*Mein Weg*	(360° LP)
Fast Forward	*Ich und MC Bibabutz*	(Put Da Needle LP)
Lyrical Prophets	*First Impact*	(Eigenvertrieb LP)
TCA Microphone Mafia	*Vandetta*	(DayGlo LP)

4/96

Regen & Mild	*Die Welt in Farbe*	(Eigenvertrieb EP)
Shakkàh	*Domplatte*	(KölnMassive LP)
Tobsucht	*Tobsucht*	(Upnorm LP)
Too Strong	*Inter City Funk*	(Tribehaus LP)
Zentrifugal	*Poesiealbum*	(OP 23 LP)

6/96

Sampler	*3 Years In Rugged Hip Hop*	(Ruff-N-Raw LP)
Spax	*Bianca Loves Cars & Spax*	(Urban 12")
Reimende Antifaschisten (RAF)	*Das Kommando*	(Herzschlag Productions LP)
Main Concept	*Generation X*	(Move 12")
Sampler	*Oral Pleasure*	(KölnMassive LP)

7/96

D-Tex-Law	*Die urbane Kultur*	(Bassment 12")
Final Conflict	*Die Macht der Musik*	(Bassment LP)
Absolute Beginner	*Flashnizm (Stylopath)*	(Buback LP)

8/96

Die Coolen Säue	*Stärker als das Schicksal*	(Ariola LP)
Freundeskreis	*Promotion Maxi*	(Four Music 12")

9/96

Cribb 199	*No Panic No Stress*	(Spin LP)
Fettes Brot	*Außen Tophits, innen Geschmack*	(Yo Mama LP)
Jazzkantine	*Frisch gepresst & Live*	(Rap Nation LP)
Lyrical Poetry	*Vom Teufel besessen*	(DeeJays 12")

10/96

BOB	*Wenn der Poet spricht*	(Eigenvertrieb EP)
Der Lange	*The Real Deal*	(Tribehaus LP)
Der Tobi & das Bo	*Wir sind die ... (Wir sind die Best Ofs)*	(Yo Mama LP)
Die Fantastischen Vier	*Live und direkt*	(Sony LP)
Das Duale System	*Gipfeltreffen*	(KölnMassive 12")
Dum Bum	*Da wo´s schön is*	(Yo Mama EP)
Lyrical Poetry	*Nonplusultra*	(DeeJays LP)
Vers Chaoten	*Dunkle Energie*	(Yo Mama EP)

11/96

Cora E	*Schlüsselkind*	(EMI 12")
Massive Töne	*Kopfnicka*	(MZEE LP)

12/96

Kinderzimmer Productions	*Im Auftrag ewiger Jugend ...*	(Eigenvertrieb LP)

1/97

Stieber Twins	*Fenster zum Hof*	(MZEE LP)

Bibliografie (SV)

Nach den Plattenfirmen sind es nun die Buchverlage, die sich für HipHop zu interessieren beginnen. In den letzten Monaten ist eine ganze Reihe von Büchern auf den Markt gekommen, die sich zumindest am Rande mit HipHop beschäftigen. Die Liste reicht von den großen Verlagen Reclam, Rowohlt, Kiepenheuer & Witsch bis zu Fachverlagen für Bücher zur Popmusik wie Schwarzkopf & Schwarzkopf, Backspin oder Lexikon Imprint. Und wie man so hört, ist da noch einiges zu erwarten in den kommenden Monaten.

Die wirklich wichtigen Bücher zu HipHop wurden bisher von Leuten geschrieben, die diese Kultur liebten, die mit und durch ihre Bücher Teil dieser Kultur wurden. An diesen Büchern von David Toop, David Dufresne, Brian Cross, Tricia Rose, Ulf Poschardt und anderen zeigt sich: You know hip-hop when you see it. You can only see hip-hop when it seizes you (Greg Tate). Ansonsten gilt, was wir für die Berichterstattung über HipHop in den Medien feststellen mussten: Entweder melden sich Vertreter der Szene zu Wort, denen die nötige Distanz fehlt, oder es schreiben Autoren von außen, die den rechten Zugang nicht finden wollen oder können. Beide Herangehensweisen haben ihre Berechtigung und liefern wichtige Informationen, wenn auch nicht unbedingt zu HipHop selbst. Was bisher fehlte, ist eine Perspektive der teilnehmenden Beobachtung, die Einblicke in die Szene gewährt, ohne sich anbiedern zu müssen, und die zugleich die nötige Distanz wahrt, ohne den Kontakt zu verlieren und die Szene zu vereinnahmen. Wir hoffen, dass uns diese Gratwanderung geglückt ist.

Die folgende Literaturliste sollte es jedem ermöglichen, sich eingehender mit HipHop zu befassen. Aber letztlich: Was sind Bücher? HipHop lebt auf den Jams, in den Jugendzentren und Hinterhöfen im ganzen Land. Bücher können da nur ein Einstieg sein:

Akim & Kotthoff. kill the nation with a groove. Begleitheft zum gleichnamigen Sampler, Hamburg 1993.

Ayata, Imran. „cartel sieht das aber anders". In: Die Beute 1/96, S. 47–54.

Baudrillard, Jean. Kool Killer oder der Aufstand der Zeichen. Berlin 1978.

Blümner, Heike. Street Credibility – HipHop und Rap. In „alles so schön bunt hier". Die Geschichte der Popkultur von den Fünfzigern bis heute. Stuttgart 1999.

Chang, Jeff und D.J. Kool Herc. Can't Stop Won't Stop. A History of the HipHop Generation. New York 2005.

Cross, Brian. it's not about a salary ... rap, race + resistance in Los Angeles. London, New York 1993.

Diederichsen, Diedrich. Freiheit macht arm. Das Leben nach Rock 'n' Roll. Köln 1993.

Dufresne, David. Yo! Rap Revolution. Paris 1991. Zürich und Mainz 1997.

Explicit Lyrics. Songtexte und Gedichte. Hrsg. von Ralf Schweikart. Reinbek bei Hamburg 1999.

Die Fantastischen Vier. Die letzte Besatzermusik. Die Autobiografie aufgeschrieben von Ralf Niemczyk. Köln 1999.

From Scratch. Das DJ-Handbuch. Hrsg. von Ralf Niemczyk und Torsten Schmidt. Köln 2000.

George, Nelson. HipHop XXX – Drei Jahrzehnte HipHop. Freiburg 2002.

Grimm, Stephanie. Die Repräsentation von Männlichkeit im Punk und Rap. Tübingen 1998.

Henkel, Oliva; Wolff, Karsten. Berlin Underground Techno und HipHop zwischen Mythos und Ausverkauf. Berlin 1996.

Ice T as told to Heidi Siegmund. The Ice Opinion. Who gives a FUCK? London, Sydney, Auckland 1994.

Jacob, Günther. Agit-Pop. Schwarze Musik und weiße Hörer. Berlin 1993.

Light, Alan. The VIBE History of HipHop. New York 1999.

Loh, Hannes. „Ich weiß noch genau, wie das alles begann". Ursprung und Entwicklung der deutschen HipHop-Szene und ihre spezielle Ausprägung in NRW. In: Tief im Westen. Rock und Pop in NRW, Köln 1999.

Loh, Hannes; Güngör, Murat. Fear of a Kanak Planet – HipHop zwischen Weltkultur und Nazi-Rap. Hannibal 2002.

Krekow, Sebastian; Steiner, Jens. Bei uns geht einiges. Die deutsche HipHop-Szene. Berlin 2000.

Kreye, Andrian. Aufstand der Ghettos. Die Eskalation der Rassenkonflikte in Amerika. Köln 1993.

Meyer, Eric; Hebecker, Eike. Appetite for Destruction. Zur ästhetischen Repräsentation urbaner Gewaltverhältnisse im US-HipHop. In: Testcard 1/Sept. '95.

Müller, Andrea. Die Fantastischen Vier. Die Megastars des deutschen Rap. Düsseldorf 1996.

Odem: On The Run. Eine Jugend in der Graffiti-Szene. Aufgeschrieben von Jürgen Deppe. Berlin 1997.

Ogg, Alex und Upshall, David. The hip hop years. A History of Rap. London 1999.

Poschardt, Ulf. DJ-Culture. Hamburg 1995.

Rap im Fadenkreuz. Hrsg. von Wolfgang Karrer und Ingrid Kerkhoff. Berlin 1995.

Rap on Rap. Straight-up Talk on Hip-Hop Culture. Ed. by Adam Sexton. New York 1995.

Rap-Texte. Hrsg. von Sascha Verlan. Stuttgart 2000.

Rap – The Lyrics. The Words to Rap's Greatest Hits. Ed. by Lawrence A. Stanley. New York 1992.

Rapneck Ossi und Ziggie Moondust. HipHop. Bergisch-Gladbach 1984.

Robitzky, Niels. From Swipe to Storm. Hamburg 2000.

Rohweder, Melanie. Texte deutscher Rapmusiker vor dem Hintergrund gegenwartssprachlicher Entwicklungen. Johann-Wolfgang-Goethe-Universität Frankfurt am Main 1996.

Rose, Tricia. Black Noise. Rap Music and Black Culture in Contemporary America. Hanover 1994.

Rühmkorf, Peter. agar agar – zaurzaurim. Zur Naturgeschichte des Reims und der menschlichen Anklangsnerven. Reinbek bei Hamburg.

Shusterman, Richard. Kunst Leben. Die Ästhetik des Pragmatismus. Frankfurt am Main 1994.

Social Beat. Slam Poetry. Die Außerliterarische Opposition meldet sich zu Wort. Asperg 1997.

Social Beat. Slam Poetry Band 2. Slammin' BRD – „Schluckt die sprechende Pille". Asperg 1999.

Stahl, Johannes. An der Wand. Graffiti zwischen Anarchie und Galerie. Köln 1989.

Stuttgart meets San Francisco. HipHop, Respekt & Ökologie. Stuttgart 1995.

Tertilt, Hermann. Turkish Power Boys. Ethnografie einer Jugendbande. Frankfurt am Main 1996.

The Guinness Who's Who of Rap, Dance & Techno. Ed. by Colin Larkin. London 1994.

Toop, David. Rap Attack. African Jive bis Global HipHop. Hannibal 1992.

Treeck, Bernhard von. Writer Lexikon. American Graffiti. Moers 1995.

Verlan, Sascha; Loh, Hannes. HipHop – Sprechgesang: Rap-Lyriker und Reimkrieger. Mülheim an der Ruhr 2000.

Verlan, Sascha. French Connection – HipHop-Dialoge zwischen Frankreich und Deutschland. Hannibal 2003.

Wagner, Mike. Rap is in the house. HipHop in der DDR. In: Wir wollen immer artig sein … Punk, New Wave, HipHop, Independent-Szene in der DDR 1980–1990. Berlin 1999.

Zaimoglu, Feridun. Kanak Sprak. 24 Misstöne vom Rande der Gesellschaft. Hamburg 1995.

Glossar (SV)

12": 12 Inch (= Zoll); Durchmesser einer Maxisingle, hat dieselbe Größe wie die →LP, aber ursprünglich eine schnellere Abspielgeschwindigkeit (45 U/min); heute hat sich die Abspielgeschwindigkeit 33 U/min für Maxisingles durchgesetzt, damit der →DJ beim Wechsel von 12" zu →LP/→EP nicht die Geschwindigkeit seines Plattenspielers wechseln muss.

1210er: Zwölf-Zehner, das Referenzgerät der DJ-Culture ist der Plattenspieler mit der Typenbezeichnung 1210 der Firma Technics. Aufgrund seines Direktantriebs läuft er sehr ruhig und eignet sich so für die verschiedenen DJ-Techniken. Andere Bezeichnungen für den Plattenspieler sind Turntables oder Wheels of Steel.

7": 7 Inch (= Zoll); Durchmesser der Single-Schallplatte, aufgrund ihrer Größe bei →DJs unbeliebt.

Acid-Jazz: →HipHop-Jazz

B-Boy: Breakdance-Tänzer

B-Boying: →Breakdance

Backspinning: →DJ-Technik, bei der die Platte bei aufliegender Nadel manuell zurückgedreht wird.

Battle: engl. Schlacht, Kampf; bezeichnet zum einen die konkrete künstlerische Auseinandersetzung innerhalb der HipHop-Bewegung, etwa →Freestyle- oder →Graffiti-Battle, aber auch den Motor der Bewegung (= Battle-Gedanke). Berühmte Battles der HipHop-Geschichte sind die zwischen *Busy B.* und *Kool Moe D* oder zwischen *LL Cool J* und *Kool Moe D*.

Beat: engl. Schlag; bezeichnet den einzelnen Taktschlag, ein Vierviertel-takt besteht also aus vier Beats. Das Tempo eines Stücks wird in beats per minute (bpm) angegeben. Die bpm liegen in der HipHop-Musik in der Regel zwischen achtzig und hundert.

Beatbox: [1] Analoges Gerät zur →Beat-Erzeugung, wurde ursprünglich als Übungsgerät für Schlagzeuger auf den Markt gebracht. Die Beatbox hat einzelne Beats gespeichert, die beliebig kombiniert und abgespielt werden können. Die lange Zeit wichtigste Beatbox, die im HipHop eingesetzt wurde, war die „808" (eight-o-eight) der Firma Roland.
[2] Mit dem Mund erzeugte beatartige Töne. Besonders in den Anfängen von HipHop sehr wichtig zur Unterstützung der Rapper beim →Freestyle. Für manche das vergessene fünfte Element der Kultur.

Beatboxer: Jemand, der mit dem Mund beatartige Töne erzeugt.

Biter: Eine Person, die →Breakdance-(→)Moves, →Graffiti-(→)Pieces, Rap-(→)Styles o. Ä. kopiert und als eigene Entwicklungen ausgibt.

Blackbook: Die meisten Writer zeichnen ihre Skizzen in ein Buch. Dort werden oft auch Fotos von gesprühten →Pieces eingeklebt. Oft dient das Blackbook auch als Gästebuch für befreundete Writer.

Block Party: Die ursprünglich von den →DJs veranstalteten HipHop-Partys, sie stehen für die Einheit der vier Ausdrucksformen im HipHop. →Jam.

Bomben: Meint im Graffiti das exzessive Bemalen von Mauern, Häusern, Zügen etc. Beim Bomben geht es um Quantität, was nicht heißt, dass ein Zug nicht auch mit guten →Pieces gebombt werden kann.

Boasting: Auch →Bragging – angeben, prahlen; Textgenre im Rap, in dem ein imaginärer oder tatsächlicher Gegner angegriffen wird. Dem Rapper des Stücks geht es darum, seine Qualitäten in →Style, →Skillz, →Flow und Metaphorik unter Beweis zu stellen, der Inhalt ist dabei nebensächlich. →Dissing; → Knowledge; →Message; →Teaching; →Toasting.

Bragging: →Boasting.

Break/Breakbeat: [1] Bezeichnet die Stelle eines Stücks, an der nur die Rhythmusinstrumente, also Bass und Schlagzeug, spielen. Wird eine sol-

che Sequenz vom DJ mithilfe zweier identischer Platten, die abwechselnd abgespielt werden, verlängert, spricht man von Breakbeat-Musik.
[2] Bezeichnet innerhalb der Rap-Musik Stellen, in denen die Musik reduziert und dadurch die Rap-Stimme hervorgehoben wird.

Breakdance: Tanz der HipHop-Kultur, lässt sich unterteilen in Electric Boogie, der durch maschinelle, roboterartige Bewegungen gekennzeichnet ist, und Uprock, die spektakuläre und akrobatische Form des tänzerischen Scheinwettkampfs mit seinen Wurzeln im Capoeira, einem südamerikanischen Kampftanz. Bekannt geworden ist Breakdance durch die so genannten Headspins, wenn sich die Tänzer im Kopfstand um ihre Körperlängsachse drehen. →Move.

Britcore: Stilrichtung im Rap, die Ende der Achtzigerjahre in England entstand. Britcore zeichnet sich musikalisch durch sehr schnelle, harte Beats und düstere, apokalyptische Samples aus. Der Rap erreicht eine Schnelligkeit bis zu hundertfünfundzwanzig beats per minute. Einer der ersten Britcore-Rapper ist *Silver Bullet* aus London. In Deutschland waren vor allem die Bremerhavener Gruppe *No Remorze* und *Ready Kill* aus Hamburg für harten Britcore bekannt.

Chillen: Obwohl die Übersetzung von „to chill" eigentlich „frostig", „eisig" lautet, meint chillen im HipHop-Kontext „entspannen", „genießen" oder „die Dinge gelassen angehen".

Club: Nachdem Disko seit den Siebzigerjahren auch einen Popmusikstil bezeichnet, wird heute der Begriff Club statt Diskothek verwendet, meistens wird in einem Club eine bevorzugte Musikrichtung gespielt, zum Beispiel HipHop-Club etc.

Cover: [1] Die Komposition und manchmal auch der Text eines anderen Künstlers werden übernommen, dafür braucht es keine Genehmigung, da die Rechte und damit auch die Gema-Gebühren beim Autor des Stücks bleiben.
[2] Plattenhülle.

Crew: engl. Gruppe; bezeichnet den engen Freundeskreis. In der Crew wird gemeinsam Musik gemacht oder gesprüht etc. →Posse.

Crossfader: Einfachste Form des Mischpults, mit dem die beiden Plattenspieler des →DJ verbunden werden: besteht aus einem Schieberegler, steht der links, ist nur der linke Plattenspieler zu hören, steht er rechts, nur der rechte, in Mittelstellung hört man beide.

Crossen: Graffiti-Ausdruck für das „Durchkreuzen" eines →Piece eines anderen →Writers.

Crossover: Ursprünglich als Bezeichnung für die Verbindung von Rap und Heavymetal-Musik eingeführt, steht heute für jede Form von Musik, bei der zwei oder mehrere Stile der Popmusik verschmelzen. Beispiele: *Run DMC, Rage Against The Machine, Such A Surge.*

Cutten: →DJ-Technik, bei der der →DJ ein Stück in Teilen neu zusammensetzt und arrangiert.

Dancefloor: engl. Tanzfläche; mit Dancefloor werden die Stile der Popmusik bezeichnet, die hauptsächlich als Tanzmusik in den →Clubs gespielt werden, also auch HipHop-Musik.

Dissing: Von „to disrespect", engl. jemanden ohne Respekt behandeln, nicht respektieren; hier: beleidigen, beschimpfen u. Ä.

DJ: Im Gegensatz zum früheren DJ als Plattenaufleger sind heutige DJs Musiker, da sie mit ihren Plattenspielern nicht reproduzieren, sondern durch Kombination kleinster Sequenzen bereits bestehender Aufnahmen neue Stücke entstehen lassen. →Back Spinning; →Scratching.

Eastcoast: engl. Ostküste; bezeichnet jene Rapmusik, die in der Tradition des New Yorker Rap steht, angefangen bei *Grandmaster Flash & The Furious Five* über *Eric B & Rakim, KRS ONE* zu *Nas* und *Lauryn Hill.*

End-to-End: Ein Zugwaggon, der auf der ganzen Länge bis zu den Fenstern mit einem oder mehreren →Pieces bemalt ist.

EP: Extended Player, im Gegensatz zur →LP sind auf einer EP nur vier bis sechs Stücke enthalten, die Abspielgeschwindigkeit beträgt 33 U/min.

Fading: allgemein die Gestaltung eines Übergangs. [1] Beim Graffiti der sanfte Verlauf von einem Farbton in einen anderen. [2] Beim DJ das langsame Ausblenden eines Liedes (Fade-out) und das Einblenden (Fade-in) des nächsten Songs.

Fake: engl. Schwindel, Lüge; das Gegenstück zu →Realness. Vgl. → Biter; →Poser; →Toy.

Fame: engl. Ruhm; vgl. →Respect.

Fill-in: Die mit Farbe ausgefüllten Flächen der Graffitibuchstaben.

Flow: engl. fließen, gleiten; Flow beschreibt das Zusammenspiel von Musik- und Sprechrhythmus. Die Idealvorstellung ist bereits im Begriff enthalten: Die Worte sollen über den Rhythmus der Musik fließen, das heißt, trotz der kunstvollen Bauweise der Texte soll sich ihr Vortrag wie eine normale Äußerung im Gespräch anhören.

Freestyle: engl. [Sport:] Freistil, Kür; meint im Rap die freie Improvisation von Reimen und Texten, wichtiger Abschnitt vieler Rap-Konzerte. In der Freestyle-(→)Battle messen sich zwei oder mehr Rapper im improvisierten Sprachwettkampf, das Publikum oder eine Jury kürt den Sieger. In Amerika bedeutet Freestyle freier Vortrag von Texten zur Musik, die nicht improvisiert sein müssen. →Top-off-the-Head.

Gangsta-Rap: Einige Rapper haben sich durch die Stilisierung ihrer eigenen – entweder wirklichen oder auch nur vorgestellten – kriminellen Vergangenheit und des Gettolebens einen Namen gemacht, etwa *Snoop Doggy Dogg* oder *2Pac Shakur*. Die Texte handeln von Gewalt und Kriminalität in den Gettos, vorgetragen zu sehr eingängigen Rhythmen (= G-Funk).

Graffiti: ital. „il graffito" – das Gekratzte; bezeichnet ursprünglich alle Formen von Nachrichten auf Wänden. Im HipHop: mit Spraydose ausgeführte Schriftzüge auf Wänden und Bahnwaggons; im Stil plakativ, auffallend durch grelle Farben, Kontrast aus geschwungenen und scharfen Linien. →Piece; →Tag.

Hangout: Der Ort, an dem sich Writer treffen, um sich auszutauschen und zusammen malen zu gehen.

Hardcore: „Nahe am Kern" – bezeichnet eine Haltung, die sich gegen die kommerzielle Verwertung – den →Sellout – von HipHop stellt.

Headspin: Drehung auf dem Kopf.

HipHop-Jazz: Neben Funk und Soul war Jazz eine beliebte →Sample-Quelle für die →DJs. HipHop-Jazz ist die Verbindung von Jazzmusik und Rap. Beispiele: *Gang Starr, Gaillano, A Tribe Called Quest, Jungle Brothers*.

Homie/Homeboy: Bezeichnung für einen aktiven HipHop oder HipHop-Fan.

Indie-Label: Abkürzung für „Independent-Label". Bezeichnet eine kleine Plattenfirma, die im Gegensatz zum Major-Label, ihre Platten in unabhängigen Strukturen vertreibt.

Jam: Bezeichnung für eine Hiphop-Party, an der Protagonisten aller Ausdrucksformen der HipHop-Kultur vertreten sind. →Block Party. Die Alte Schule benutzte das englische Wort „jam" mit weiblichem Artikel. Man sagte „Ich gehe auf die Jam". Als die Szene Anfang der Neunzigerjahre wuchs, wurde „Jam" von vielen auch mit männlichem Artikel gebraucht. Wer damals in HipHop-Kreisen sagte „Ich war gestern auf dem Jam", outete sich somit als Neuling. Heute ist diese Unterscheidung nicht mehr von Bedeutung.

Kangol: Tropenhutähnliche Kopfbedeckung, die zum Markenzeichen des New Yorker Rappers *LL Cool J* wurde und auch in der HipHop-Old-School in Deutschland sehr beliebt war.

Knowledge Rap: →Message Rap.

Loop: engl. Schleife; Begriff aus der Produktionstechnik. Eine melodische oder rhythmische Sequenz wird mithilfe des →Samplers identisch wiederholt; „to loop" wird eingedeutscht zu „loopen".

LP: Longplayer, Langspielplatte.

MC: Master of Ceremony, ursprüngliche Bezeichnung für die Rapper. In diesem Begriff werden die Anfänge des Rapping klar, als es noch darum ging, das Publikum zu unterhalten und zum Tanzen zu bringen.

Message Rap: Textgenre des Rap. Es geht darum, dem Publikum einen Sachverhalt auseinander zu setzen und zu erklären, dazu werden die Zuhörer oft direkt angesprochen.

Move: Bewegung beim →Breakdance.

New Jack Swing: Die Verbindung von Rapmusik mit Elementen des Soulgesangs, vor allem in den Refrains.

New School: Zweite HipHop-Generation in Amerika; seit der Einführung des →Samplers Mitte der Achtzigerjahre. →Old School.

Old School: Erste HipHop-Generation; sie hat das Verständnis von HipHop und seine Ausdrucksformen entwickelt.

Oriental HipHop: Im Zuge der Ethnisierung der Popmusik zu Beginn der Neunzigerjahre in Deutschland von den Medien geschaffene Kategorie. Sie bezeichnet den Rap von Migrantenjugendlichen, die in der Sprache ihrer Eltern rappen und in der Auswahl ihrer Samples von traditioneller Musik aus der Heimat ihrer Eltern beeinflusst sind. Beispiele: *Cartel, T.C.A., Islamic Force* oder *Cribb 199*.

Outline: Rahmenlinien eines Graffitibildes.

Part: Der Refrain unterteilt ein Musikstück in mehrere Teile = Parts. Rap hält sich nicht an ein festgefügtes Strophenschema, die einzelnen Parts können also, im Gegensatz zur Strophe, sehr unterschiedlich sein, was ihre Länge und Gestaltung betrifft.

Piece: Meinte in der Anfangszeit von Graffiti ein aufwändig und mehrfarbig ausgeführtes →Graffiti-Bild, im Gegensatz zum einfachen →Tag. Heute bezeichnet ein Piece lediglich ein größeres Bild.

Poser: HipHop, der eine Pose einnimmt, also eine Haltung, die ihm eigentlich fremd sein sollte. Eine beliebte Pose im HipHop ist die des Gangsters.

Posse: Bezeichnet den erweiterten Freundeskreis eines HipHops, im Gegensatz zur →Crew.

Realness: Ein HipHop, der nicht versucht, etwas darzustellen, was er nicht ist, der den Wurzeln der Kultur treu bleibt und seinen Vorgängern →Respect erweist, ist real. Vgl. →Biter; →Fake; →Poser; →Toy.

Remix: Musikalische Neuinterpretation eines bereits auf Platte veröffentlichten Stücks. Dem Remix-(→)DJ oder Produzenten wird dafür das ursprüngliche Stück als Mehrspuraufnahme zur Verfügung gestellt. Vgl. →Cover.

Respect: In Respect manifestiert sich die soziale Bedeutung von HipHop, die HipHop-(→)Battles konnten nur zu einer Alternative zu den gewalttätigen Auseinandersetzungen der Banden werden, wenn die Leistungen des anderen anerkannt, respektiert wurden.

Sample: engl. Probe, Muster; einzelne Sequenz, die von einer anderen Platte übernommen wurde. Vgl. →Sampler.

Sampler: [1] Bezeichnet eine CD oder Schallplatte, auf der mehrere Künstler vertreten sind. Die Zusammenstellung kann aufgrund der Popularität der Gruppen, eines gemeinsamen Musikstils, Themas u. Ä. erfolgen.
[2] Gerät zur Musikproduktion; digitales Aufnahmegerät. Wandelt analoge Tonsignale in digitale Daten, die dann verändert und in neuer Zusammenstellung und Reihenfolge abgespielt werden können.

Scratching: DJ-Technik; durch rhythmisches Vorwärts- und Rückwärtsbewegen der Platte bei aufliegender Nadel wird ein perkussives Geräusch erzeugt, die Erfindung des Scratchings machte den Plattenspieler zum eigenständigen Instrument.

Skillz: engl. Kunstfertigkeit, Können, Gewandtheit; bezeichnet die besonders ausgefeilte Art, Frequenz und Anordnung der Reime.

Slam Poetry: slam, engl. Knall, peng; jemanden in die Pfanne hauen; in den New Yorker Gettos entstandene Form der Lyrik, die in Kneipen oder ähnlichen Orten im gegenseitigen Wettstreit um die Gunst des Publikums vorgetragen wird.

Sound: engl. Klang, Ton, Geräusch; Sound wird hier als umfassender Begriff verwendet, um alle in der HipHop-Musik verwendeten Schallereignisse einheitlich bezeichnen zu können.

Spur: Musikaufnahmen werden heute nicht mehr komplett durchgeführt, durch die Entwicklung von Mehrspurtonbändern ist es möglich geworden, die einzelnen Elemente auf verschiedenen Spuren nacheinander aufzunehmen, eine Spur für die Stimme, eine für die Rhythmusinstrumente etc., und dann in einem zweiten Schritt abzumischen.

Style: Bezeichnet die individuelle Gestaltung und Darbietung eines Rap. Neben der formalen Gestaltung spielen die Art des Vortrags und die Ausstrahlung des Rappers eine wichtige Rolle. Style ist also nicht mit Sprachstil zu übersetzen.

Tag: Das einfach ausgeführte, mit Markern oder schwarzer Sprühfarbe hinterlassene Pseudonym des Writers.

Teaching Rap: →Message Rap

Toasting: Genre des Rap, auch Storytelling; der Rapper vermittelt sein Anliegen, indem er eine kurze, gereimte Erzählung vorträgt. Vgl. →Boasting; →Message Rap.

Top-off-the-Head: Amerikanische Bezeichnung für die freie Improvisation von Texten zur Musik.

Track: engl. (→)Spur; bezeichnete ursprünglich nur die einzelne Tonspur, heute steht Track oft als Pars pro Toto für ein ganze Musikstück.

Toy: Bezeichnung für einen HipHop-Anfänger (→B-Boy, →Writer, →DJ oder →Rapper), der weder eine ausgereifte Technik noch individuellen Stil besitzt.

Vibe: engl. Ausstrahlung (einer Person); das, was an Besonderem in einer Sache oder Person steckt; schwer zu beschreiben, aber immer positiv.

VJ: Moderator eines Musikkanals; im Gegensatz zum →DJ, der Platten auflegt, zeigt der VJ Musikvideos im Fernsehen.

Westcoast: →Gangsta-Rap.

Wholecar: Ein Zugwaggon, von dem mindestens eine Seite ganzflächig besprüht ist.

Wholetrain: Ein Zug, dessen gesamte Waggons mindestens auf einer Seite ganzflächig besprüht sind.

Writer: (→)Graffiti-Sprüher; in Writer steckt noch die ursprüngliche Bedeutung von HipHop-(→)Graffiti: Der Name des Sprühers wird möglichst auffällig an öffentlichen Plätzen an die Wand geschrieben. →Tag; →Piece.

Yard: Zugdepot.

Zulu-Nation: Von *Afrika Bambaataa* gegründeter Zusammenschluss von HipHops zur Verbreitung der Ideale der Bewegung, das sind: Drogen- und Gewaltfreiheit, gegenseitiger →Respect und Toleranz.

Nachweis der Zitate in den Kapitelüberschriften

„schon wieder schreib ich meine zeilen hier im knast" – Yassir
„spiel nicht mit den schmuddelkindern" – Franz Josef Degenhardt
„sometimes the culture contradicts how we live it" – KRS ONE
„life ain't nothing but bitches and money" – Ice Cube
„euer ghetto lebt in allen diesen jungen leuten" – Saad
„du in deinem einfamilienhaus lachst mich aus" – Sido
„meine straße, mein zuhause, mein block" – Sido
„rock the hard jams, treat it like a seminar" – Chuck D
„was für 'n mann, was für 'n mann er doch ist" – Jaysus
„positiv, positiv" – Abdelkarim
„sie gießen öl in das feuer, bis wir randalieren" – Nate57
„schwarzbrot, weißbrot, scheiß auf den farbcode" – Fettes Brot
„wer die wahrheit nicht verträgt, der muss mit der lüge leben" – Blumio
„welcher pfad führt zur geschichte?" – Advanced Chemistry
„all die brüder und schwestern von gestern" – Boulevard Bou
„lass jedem doch das seine" – Tachi
„wir sind die new kids on the block" – Bushido
„hart und stolz" – Fler
„lila samt" – Sookee
„du willst dich messen mit mir, tritt auf die bühne zu mir" – Linguist
„us der dunkelheit ins tageslicht" – Massive Töne
„hiphop wird niemals nur musik sein" – Rick Ski
„kernige blieben entschieden" – Toni L
„das original und nicht die kopie" – LSD
„international hiphop-dealers" – Kaos
„diese verzerren den namen hiphop gern" – Toni L
„nur ein teil der kultur" – Cora E
„four elements cooking" – Gerry Bachmann
„there's a new headline, there's a new sensation" – Rock Steady Crew
„ohne den old school groove seid ihr'n scheiß" – Linguist
„I'm a legend in my own time" – Melle Mel
„der meist zitierte, gesampelte, kopierte" – Toni L
„ich erzähl euch gern, was damals bei uns abging" – Torch
„von dem tag an war mir klar" – Torch
„sag mir doch einfach, wer ich bin" – Torch
„eine kleine episode, um was klarzustellen" – Doppelkopf
„hiphop ist wie pizza, auch schlecht noch recht beliebt" – Eins Zwo
„alles geht, und nichts geht mit rechten dingen zu" – Doppelkopf
„wenn der vorhang fällt, sieh hinter die kulissen …" – Freundeskreis feat. Wasi
„wenn ich sterbe, stirbt zwar auch ein teil dieser kultur …" – Torch
„fight for your right (to party)" – Beastie Boys
„back! caught you looking for the same thing" – Public Enemy

„wir kamen zuerst und wir gehen auch zuletzt" – Die Fantastischen Vier
„a child is born with no state of mind" – Melle Mel
„concerto of the desperado" – The Roots
„nuthing but a g-thang" – Snoop Doggy Dogg
„you all know how the story goes" – Run DMC
„too many mcs not enough mics" – Fugees
„die welle aus amerika spülte mich an land zurück" – Cora E
„welcher pfad führt zur geschichte?" – Advanced Chemistry
„mit breakdance in der fußgängerzone, das war gar nicht ohne, aber ohne mich" – Blumentopf
„ich will, dass man mich hört und sieht ..." – Torch
„hier kommt der redefluss, ha, ersauft" – Torch
„was es heißt, wenn man in söflingen auf hiphop steht" – Kinderzimmer Productions
„ich seh es vor mir, als wär es gestern" – Massive Töne
„kernige blieben, erhielten und triebe ..." – Toni L
„von kiel bis biel bin ich auf jede jam gefahren" – Torch
„dies war nie das, was zählt, aber irgendwie lieb ich das" – Massive Töne
„terror of the streets" – Gary Thomas
„torch öffnet das tor" – Advanced Chemistry
„mr. chuck / überraschung gelungen, ich glaub mich trifft 'n truck" – Bob
„we give a fuck what language, die leute verstehen mich" – Rödelheim Hartreim Projekt
„ich bin wie ein windhund / komm geschwind und ..." – Lyrical Poetry
„so viele türken und kurden waren dabei" – Boulevard Bou
„anfangs hab ich mich gefreut, doch schnell hab ich's bereut" – Advanced Chemistry
„punkt eins, ich bin kein multikulti irgendwas" – Boulevard Bou
„fill the gap" – Weep Not Child
„wir machen rapmusik und wir hören sie auch gern" – Die Fantastischen Vier
„wettstreiten auf jams ist der einzige beweis" – Scope
„macht euch bereit, denn es reicht euch die hand, wer immer ihr seid" – Cartel
„motherfucker, diese song gehört uns" – Murat G
„ich bin jung und open-minded" – Wasi
„hiphop ist mode, und mode ist geld" – Scope
„aus den fußstapfen muss ich rausspringen" – MC René
„stehlen den hiphop-begriff und drehn ihn um" – Linguist
„... deshalb werd ich ein leben lang ein silo sein" – Too Strong
„ein hartes wort, ein harter ort, nimm deinen blödelreim" – Rödelheim Hartreim Projekt
„simultaneität des klangs" – Kinderzimmer Productions
„schlaue beats und schlaue sätze" – Stieber Twins
„dieser text ist deiner, dann los" – Bob
„ich hab richtige gedichte im rap-repertoire" – Zentrifugal
„tat oder wahrheit" – Zentrifugal
„es sind nicht nur die worte allein" – Die Krähen
„herzlich willkommen in der mutterstadt" – Massive Töne
„0711, stuttgart ist die stadt" – Mathias Bach
„von abseits aus zu unwiderstehlich magnetisch" – Doppelkopf
„wenn hier einer schießt, dann bin ich das" – Äi-Tiem
„voll getaggte straßenschilder, die dir den weg weisen" – wulfdragon, speedmaster krell, the living machine chana b
„ist doch alles so schön bunt hier" – Nina Hagen
„die macht ist in mir, sie ist meine wehr" – Der Imperator
„gewaltlos stelle ich dich mühelos bloß" – Advanced Chemistry

„*meine platte ist wie stolz für das volk*" – Der Clan
„*get funky bulle*" – Absolute Beginner feat. David Pe
„*und obwohl da 'n paar typen rappen, hört's sich an wie frauenrap*" – Dynamite Deluxe
„*ich lass mir nichts gefallen*" – Derya
„*eure outfits sind lächerlich, eure bewegungen schwuchtelig*" – Dynamite Deluxe
„*katzen machen viel zu viel gebell um diese welt*" – Doppelkopf
„*dies geht an alle, die's nicht verstehen*" – Massive Töne
„*no panic, no stress*" – Cribb 199
„*ich denk an dich, immer wenn es regnet*" – Freundeskreis
„*hey, how're you doing?*" – De La Soul
„*ob ich im spiegel mein gesicht anseh oder wegseh*" – Massive Töne
„*everytime my first name was to be fuck you*" – Redman
„*weil es für uns ein weg war, unser leben zu gestalten in diesem staat*" – B-Side The Norm
„*wie willst du dich in gedächtnisse taggen?*" – Souri
„*weil es für uns ein weg war ...*" – B-Side The Norm
„*wir ham kein ziel, aber wir fahrn los*" – Absolute Beginner
„*so was habt ihr nie gesehn, so was machen hiphopper*" – Afrob und Ferris MC
„*in meinem kopf sind die bilder*" – Doppelkopf
„*sonny, speedy, jbk, tricks, rock da most auf der bühne, dj cutsfaster am mix ...*" – Torch
„*sav ist fresh mit flows für berlin west*" – Kool Savaş
„*das leben füttert uns mit frust, wir reagieren über*" – Azad
„*ich fühl mich wohl zwischen dreck und gesocks*" – Sido
„*ich mache keinen deutschrap, ich pumpe kerosin*" – Bushido
„*what makes it all real is the battle*" – Kid Freeze
„*ich zerstöre meinen feind*" – Advanced Chemistry
„*ihr seid die rolemodel-puppen an den fäden eurer fehden*" – Bomber Big B
„*dein spirit lebt und segnet die straßen*" – Bektaş
„*mit dem rücken zur wand*" – Şenol
„*this is a gang and i'm in it*" – Ice Cube
„*zeiten vergehen, aber die erinnerung bleibt doch*" – Bektaş
„*in meinem block träumt jeder von dem großen geld*" – Azad
„*auch wenn du mich nicht hörst, bin ich niemals still und ...*" – Torch

Index

1on1 109
2 Fresh T 550
3 In The Attic 552
3 Rüben, Die 420, 555
36 Boys 33, 169, 195–196, 201
36 Boyz (Label) 169, 194, 196, 201
36 Juniors 196
36 Rockers 169, 189
3P 95, 416
50 Cent 22, 229, 231

A 16 X 477, 548, 558
A Real Dope Thing 561
A Tribe called Quest 350, 495, 574
Aaron 158
Abdelkarim 58, 59
Abi 239, 288, 290, 302, 367, 373
A-Bomb 175
Absolute Beginner 68, 93, 155, 238, 296–297, 310, 370, 379, 393, 395, 399, 403, 481, 484, 546, 548, 555, 558, 563
Achampong, Oswald; Siehe Blacky White
Achmet Gündüz; Siehe Tachi
Ade(goke Odukoya) 238, 288, 352, 360, 367, 372
Advanced Chemistry 76, 89, 98, 124, 128, 153–154, 156, 159, 261, 298–299, 302, 315, 346, 352, 361, 375, 377, 382–383, 393, 395–397, 399, 403, 406, 413, 416, 425, 451–452, 476, 482, 509, 519, 525, 531–535, 548, 554, 556, 559, 561–562
Afrika Bambaataa 86, 109, 128, 130, 133, 151, 156–159, 203, 285–286, 303, 314, 337, 348, 411, 456, 578
Afrob 243, 246, 442, 446, 500, 545
Aggro Berlin 17, 43, 64, 69–72, 84, 96, 127, 166, 172, 177, 179, 184–185, 199, 216–217, 233
Agi 239, 296–297, 486–487
Agit Jazz 441
AgitPop 91
Ahearn, Charlie 134, 152, 318
Äi-Tiem 125, 241, 372, 448, 452–453, 474, 508, 548, 553, 555, 561
Akim 307, 309, 310, 323, 325–326, 329, 336, 373–374, 395, 398, 403, 407, 416, 509, 547, 548, 566
Al Rakhun 552
Ale (Sexfeind) 238, 393, 395, 396, 424, 548
Aleksey 243, 246, 447, 548, 562
Ali 238–239, 307, 311, 324, 380, 383, 388, 416
Ali, Muhammad 181
Aljoscha 388, 390, 547
All Good 38
Alvarez, Gabriel 25
Alvear, Maria de 245, 246, 428
Amigo 214
Amok 466
Anarchist Academy 239, 264, 288, 393–394, 399, 401, 519, 525, 533, 548, 557, 560
André Perl (Breitbild) 115
Andy N 430
Anti 98
Apollo 211
Arndt, Moses 239, 393, 394, 547
Asek 169, 170, 188
Ash 156
Asiatic Warriors 175, 548, 558
Assassin 156
Ataman, Ferda 16, 113
Audio 88 & Yassin 105, 146
Ayata, Imran 37, 388, 566
Aydin, Attila Murat (Maxim) 192
Azad 71, 95, 97, 175–176, 178–179, 183, 227, 235–236
Aze 205
Aziza A 34, 388–389, 390, 547
Azra 199

Bach, Mathias 243, 427, 430, 437, 439, 440, 442–446, 500
Gerry Bachmann; Siehe Cutmaster GB
Backspin (Magazin) 179, 293, 379, 454, 480, 484, 492, 543, 548, 565
Bando 459, 467
Banksy 144
Bantu 115, 288
Baobab 151, 318
Bass Sultan Hengzt 103
Battle of the Year 142, 378
Battle Squad 261, 302, 354

582

Baudrillard, Jean 566
Bear Entertainment 266, 442
Beastie Boys 269, 341, 445, 449, 534
Beat Box Battle Magazin (Zeitschrift) 219
Beatbone 153
Beats in der Bude 451
Bee Low 115, 218, 219
Bejarano, Esther 76, 77
Bektaş 35, 168, 169, 186, 188, 201, 236
Belafonte, Harry 520
Benjamin Blümchen 376
Benztown Records 442
Big Bank Hank 118, 267
Big Foot 350
Biggie Smalls 25, 279, 384, 536
Bihac, Zoran 500
Bionic Force 141, 550–551
Black Panthers 180, 210, 349
Blacky White 60
Blade 139, 144
Blaque 552
Blitz Mob 124–126, 171, 183, 561
Blitz Vinyl 124–125, 130, 554–559, 561
Bloodhound Gang 495
Bloods 25, 183, 343
Blumentopf 155, 242, 334, 341, 410, 420, 442, 488, 547–548, 563
Blumio 76, 82, 83
Blümner, Heike 285, 566
Bö 239, 493, 495, 525–541
Bob 238–239, 245–246, 322, 426–430, 434, 548, 564
Body Count 18, 278
Boe B 189, 195
Böhse Onkelz 480
Bomber 142–43, 239, 251, 259, 547
Boogie Down Productions 124, 417
Boombastic Records 124–125
Böttcher, Bastian 168, 238, 244–246, 430, 433–436, 439
Boulevard Bou 153, 238, 360, 388, 391, 482, 484, 547–548, 560
Boz 60, 62
Bozz Music 176
Bravo (Zeitschrift) 64, 171, 179, 318, 320, 322, 326, 456–457, 472, 517, 533
Brecht, Bertolt 439
Breezy 107
Breite Seite 244, 548
Brothers Keepers 115
B-Side The Norm 522
B-Tight 66, 72, 177, 181, 184–185, 233
Buback 368, 370, 393, 395, 399, 424, 447, 548
Buddy Murat; Siehe Tachi
Bülent (Crazy B) 214

Bunker 57, 63, 64, 66–70, 552
Burning Moves 337
Burns 302
Bushido 17–18, 31, 35, 57, 71, 73, 79, 95, 108, 144, 146–147, 176–177, 179, 180–181, 184–185, 228, 233, 234
Büsser, Martin 93
Busy Bee Star Ski 182
But Alive 399

C.U.S 125, 553, 556, 558
Came 250–264, 416
Campbell, Luther 269–270
Can 457–458, 462
Can 2 139, 302, 329, 330, 336, 547
Canibus 182
Canned Heat 202
Capone, Al 196, 464
Cappuchino 184
Caput 184
Cartel 94, 307, 380–381, 560, 566, 575
Cash In Advance 553
Casino 467
CBA (Cool Berlin Art) 210–211
Celi, Vicente 358, 490
Chablife 57, 59
Chakuza 115
Chana 330, 464
Chang, Jeff 26, 28, 35, 566
Chaoze One 115
Cheeba Garden 76, 557, 561
Cheech & Iakone 562
Chefkoch 169, 188
Ches 458
Chief Steve 183, 476
Chiefrocker Records 447
Chintz 301, 330, 336, 457, 462, 547
Chuck D 28, 81, 276–280, 349, 368, 423
CIA-Crew 140
Cisco 121, 551
Clav 252
Clinton, Bill 278
Cobain, Kurt 421, 512
Cod X 556–557, 559
Cohn-Bendit, Daniel 224
Coincidence 77
Cold Crush Brothers 133, 142, 267, 320, 476
Combat 175
Cookie Brown 152
Coolen Säue, Die 76, 407, 548, 563
Coolio 512
Cora E 68, 90, 238, 261, 272, 288, 302,

583

304, 323, 335–336, 374, 395, 399, 404, 408, 425–427, 447, 486, 506, 522, 538, 547–548, 555, 558, 564
Cosmic DJ 320, 349
Cosmic Jam 550
Cowboy 283
Cracchouse 543
Crash Crew 140
Crazy B (Bülent) 214
Crazy Break 329
Crazy Force 313
Crazy Legs 139, 142, 315
Crazy Rock 329
Creator 454
Crème de la Crème 296
Cribb 199 238, 358, 489, 502, 503, 504, 548, 562, 564, 575
Criminal Incorporated Five (CI5) 462
Crips 183, 343
Cro 17, 74, 130
Crok 169, 186, 190, 193
Cross, Brian 265, 565–566
Cullmann, Mario 447
CUS 302
Cutmaster GB 16, 139–143, 171

D-Tex-Law 563
Da Crime Posse 239, 307, 311, 380, 383, 416, 548
Da Force 95
Da G-Funk-Kiosk 563
Da Gastarbeiter 504
Da Germ 555–556, 559, 561
Da Reimfall 524
DAF 287
Daily Opressors 350
Daim 353, 470
Dancing Revolution 318
Danny Boy 464
Darco 143, 156, 337, 451
Das Duale System 556–557, 564
David 302
David Lynch 158
David Pe 155, 378, 382–383
Dazz Band 150
De La Soul 350
Deadly T 253, 562
Deaf Kat Night 115
Death Row Records 25, 269
Debbie D 140
Dedicated 157
Dee One 354, 358
Deejot Hausmarke 266, 442, 499

Deep Purple 202
Defcon 117, 121–126, 183, 302, 447
DefJam Records 266, 269–270
Degenhardt, Franz Josef 252, 547
Deine Quelle 244, 548
Delta 462, 470
Dendemann 447, 544
Denick 252–257, 260–262, 264, 315
Deniz 388, 391
Dennis 484
Denyo 546
Depeche Mode 528
Deppe, Jürgen 567
Der Lange 411, 564
Der Tobi & das Bo 406–407, 507, 545, 548, 559–560, 562, 564
Derrick 463
Derya Mutlu 238, 489–490, 547–548
Desk 458
Deso Dogg 42
Destroyman 156
D-Flame 175
di Sera, Gio 86
Diablo 66
Die Klasse von '95 407, 561
Die Krähen 441–442, 548, 562
Die Sekte 216
Diederichsen, Diedrich 566
Dietl, Monika 521
Dietrich, Marc 16, 38–41, 43–44, 101
Dissziplin 98
DJ Ace 121
DJ Broke 411
DJ Casio; Siehe Eugene Tabika
DJ Chrizz 551
DJ Crash 210
DJ Cut Fast 309
DJ Cutsfaster 261, 301, 307–313, 329–330, 335–336, 547–548
DJ Dee Nasty 156
DJ Explizit 382
DJ 5ter Ton 242–243, 246
DJ Haitian Star; Siehe Torch
DJ Hollywood 267
DJ Koze 320, 349, 407–408
DJ Lifeforce 451, 548
DJ Mahmut 385, 558
DJ Marc Hype 218
DJ Marius No. 1 116, 310, 312, 323, 332, 358, 447, 548
DJ Membrain 242
DJ Mesia 170, 202, 214, 217, 219
DJ Mike MD 153, 319, 322, 325–327, 336, 445, 547–548
DJ Mirko Machine 358, 405
DJ Opossum 238, 520–522, 548

DJ Quasimodo 420, 422
DJ Rabauke 242–243, 246, 548
DJ Run 529
DJ Sepalot 242
DJ Storm 401
DJ Stylewarz 238, 293–294, 309, 354, 358, 447, 507, 548
DJ Thee Joker 528
DJ Thomilla 266, 293–294, 442
DJ Yella 25
DJ Zonic 16, 121, 239, 322, 331, 349, 411
Dr. Dre 25, 35, 52, 269, 487
Doctor D 141, 557
DomSports 241, 448, 453
Don't let the label label you 107
Donald D 157
Doppel L 344, 547
Doppelkopf 296–297, 426, 546, 548
Doron 457
Doze 331, 411
Dreher, Christoph 506
3. Generation, Die 244, 475
DSL 530, 534
Duck Squad 493, 526, 534, 539, 542
Dufresne, David 241, 265, 565–566
Duke T 302, 352, 364, 367, 372, 484
Dum Bum 559, 564
Duro 140
Dynamic Rockers 182
DynaMike 521
Dynamite Deluxe 295, 401, 445, 481, 538

Earth's Edge Recordz 142
Easy Business 90, 363, 371, 395, 548, 554, 558
Eazy-E 25–26, 269, 486, 518
Ebony Prince 183, 543, 548, 550, 563
Eco Rap 441–442
Eddie Action 140
Eight Tray Gangster Crips 27
Eikermann, Kai 203, 214
Eins Zwo 242, 246, 295–296, 426, 445, 544
Eißfeld, Jan 379, 484
Ejm 156
Eko Fresh 36, 57, 115, 169, 183–185, 199
Electric Beat Crew 551
Electric Force 142
Elena Lange 388, 390
Elmo 103
(EM:ZEH) 555, 557
Emilio 500
Emils, Die 399
Eminem 72, 180

Engin 214
Ercandize 184
Erci E 380
Eric B & Rakim 180, 572
Eric IQ Gray 363, 395, 553–554, 559
Erik, Volkan 115
Eso 193
Eugene Tabika 121
Expo 288
Expo's Jazz & Joy 555
Exponential Enjoyment 76, 288, 352, 367–368, 452, 548, 551, 556

F.A.B. 358, 374, 407, 538, 562
Fab Five Freddie 134
Fabel (Popmaster) 118, 139–140, 142, 152, 315
Fader Gladiator 123, 555
Falco 287, 376, 541
Falk, Bodo 543
Fantastic Devils 324, 329, 336
Fantastic Freaks 320, 476
Fantastischen Vier, Die 66, 76, 92–93, 118, 127–128, 153, 173, 212, 237, 266, 271–273, 295–299, 303, 312, 354, 356, 361–364, 370–381, 402–406, 414, 416, 421, 425, 437, 442, 481, 492, 499–501, 525, 531–535, 548, 552–556, 562, 564–567
Farid Bang 39, 73, 98, 104
Fast Forward 238, 374, 426, 447, 560, 563
Fatback Band 267
Fehlfarben 287
Felbert, Oliver von 506, 507
Ferris MC 113, 447, 493–496, 545, 548
Fettes Brot 68, 76, 93, 242, 403, 407, 447, 509, 548, 560–561, 564
Final Conflict 563
Firma, Die 295–296, 548
First Down 559
Fischer, Joschka 224
Fischmob 320, 349, 402, 425, 447, 547–548, 559, 561
Fiva 110, 168
Fixa 467
Flame 253
Flavour Flav 349
Fler 31, 72, 98, 104, 147, 169, 171, 177, 184–185, 217, 232–233, 236
Flow Matics 261
FlowinImmo 113, 114
Flying Steps 186, 214, 358
FM4 495–496, 534–535, 541
Foreign Accent 556

585

Four Music 106, 442, 500, 548, 563
Foxy Brown 44
Frank Ocean 104
Freebase Factory 551
Fresh Familee 76, 93–95, 183, 360–361,
    365–366, 368, 396, 403, 414, 425,
    532–535, 548, 55–554, 559
Fresh Force 143, 263
Fresh Line Records 125
Freundeskreis 93, 106, 155, 247, 296, 425,
    437, 441–442, 453, 518, 548, 563, 571,
    576
Friedrich, Malte 44
FSP 358
Fuat 66, 67
Fubar 441, 445
Fuchsberger, Joachim 520
Fünf Sterne Deluxe 93, 296, 447
Funkadelic 141, 150
Funkmaster Flex 242
Funky Four Plus One More 268, 354
Future Rock 117, 122–123, 125, 132, 140,
    171, 183, 323, 548, 555

Gaillano 574
Gang Starr 198, 356, 399, 574
Gauner 66, 84
Gawki 156, 242, 297, 301, 313, 336–337
GDP 553
Gee One 153, 157, 336, 339
Genius 269
George, Nelson 25–28, 59
Germano 250
Ghetto Kings 350
Gil Scott-Heron 106
GLS United 287
Godfathers of Rap 142–143
Goldenen Zitronen, Die 363, 395, 554
Gomondai, Jao 367
Gonzo 399, 400
Gor 242
Goßmann, Malte 16, 101
Gotas De Rap 292
Gottschalk, Thomas 287, 376
Graffyard 114
Grand Mixer DXT 139
Grandmaster Caz 267
Grandmaster Flash 133, 142–143, 151, 157,
    180, 266, 268, 272, 282–283, 287,
    314–315, 348, 354–355
Grandmaster Flash & The Furious Five
    268, 272, 283, 287, 354, 572
Grandmixer D.ST 118, 131, 140, 142, 241

Grandwizard Theodore 241, 282–283
Grane 204
Greis 115
Grimm, Stephanie 566
Groove Attack 66, 559
Großmaul 442, 444, 446
Guevara, Ernesto „Che" 288
Gulp, Eisi 152, 318, 322, 456, 520
Güngör, Murat 16, 36, 96, 169, 222
Gunshot 352–353

Habibi-Brüder 59
Haftbefehl 21, 23, 36–37, 40–41, 73–74,
    79– 80, 97, 108
Hahn, Frederik; Siehe Torch
Haider, Jörg 526, 535, 541
Halb 7 Records 522
Halil 84, 127, 217
Hamburg 90 353
Harol (Angulo Polo) 288, 290, 292, 548
Harry Dee feat. Rio K 551
Hebecker, Eike 567
Henkel, Oliva 566
Hergenröther, Thomas 337
Hero 152, 157
Hideouz Newcome 558, 562
Higgi 239, 361
HiJack 125, 198, 352–353
Hill, Lauryn 572
Hiob 115
Hip Hop Aktivisten gegen Gewalt 556, 558
HipHop-Mobil 84
hiphop.de 129
Holunder 410
Hopper, Dennis 35, 277
Hörzu 557, 561
Human D 382
Human Squad 522
Hunter, Rodney 534
Hype A Delics 554, 557

IAM 229, 352
Ianni 445
Ice Cube 25, 485
Ice T 18, 25, 29, 157, 178, 198, 205, 250,
    269, 277–279, 342, 355, 503, 566
Icy Bro 553
IGH, Internationale Gesamtschule
    Heidelberg 152
Igor 502–504

586

Igramhan, Fatima 152
II Scardens 121, 550
Illan 184
Illmatic 184
IMC 543, 548
Immonopol 113
In Full Effect 543
Infamous Mobb 39
Infinity Rappers 118, 140
Inky 144
Irie Revolté 115
Islamic Force 90, 189, 201, 220, 553, 555, 575
Iz 171

Jack Orson 67
Jackson, Michael 380, 517, 518
Jacob, Günther 90, 91, 239, 474, 492, 566
Jam Master Jay 528, 529, 531
Jaysus 56–57, 59
Jazzkantine 243, 360, 559–560, 562, 564
Jazzy Jay 158
JBK 301, 330
Jean 210
Jeru the Damaja 485
Joe Rilla 66
John One 156
Jones, Sarah 106
Judge 494
Juice (Zeitschrift) 179, 543
Juiceful Jazz 560–561
Jungle Brothers 302, 574
Jurczok 1001 115
Jürgen (BVG-Beamter) 206, 211, 238, 548
Jusuf 189

K.I.Z. 76, 105
Kaaris 80
Kaleef 421
Kami 158
Kanak Attak 385, 387–388
Kane; Siehe Gee One
Kaos(Writer) 466
KAOS 125, 128, 555
Kaosloge 169–170, 187, 188
Käptn Peng 115
Kaputniks 539
Karakan 380, 554
Karlisch, Jürgen 411
Karrer, Wolfgang 567

Katmando 124, 139
Kautny, Dr. Oliver 130
Kay One 57, 59
Kerkhoff, Ingrid 567
Khan, Imran 84
Kid Freeze 182
Kid Frost 157
Kidjo, Angelique 266
Killa Hakan 33
Kinderzimmer Productions 238, 240, 417, 421–422, 425, 427, 441, 548, 560, 564
King Size Terror 124, 553, 557–558
King Orgasmus 228
King, Martin Luther 64, 76, 180
King, Rodney 278–279
Kinor 466
Klein, Gabriele 44
Knight, Marion „Suge" 25
Ko Lute 117, 121–123, 125–126, 183, 302, 519, 524, 548
Kobold 210
Koch, Roland 176
Kofi Yakpo; Siehe Linguist
Kohl, Helmut 244
Kolchose 243, 437, 441–443, 445–446, 448
Kollegah 18, 23, 31, 39, 72–73
Kone 205, 210
Königsdorf Posse 245, 344, 427, 548
Konkret Finn 171, 183, 557
Konstruktive Kritik 548, 562
Kool Herc 26–27, 130, 157, 180, 182, 281–283, 314, 566
Kool Keith 123, 158
Kool Moe Dee 182, 569
Kool Savaş 66–67, 144, 169, 174, 176–177, 183–185, 199, 486, 492
Kool Shen 156
Köpfe der tiefen Frequenz 548, 560
Kopfnicker Records 442, 500, 513–514, 548
Korporal K; Siehe Linguist
Kotthoff 398, 509, 566
Kraftwerk 202
Krähen, Die 441–442, 548
Krekow, Sebastian 566
Kreye, Andrian 566
Krombacher MC 398, 557, 559
KRS ONE 103, 160, 182–183, 239, 277, 279, 304, 397, 427, 431, 482, 572
Kruder 534
Kuberek, Jörg 143
Kurdo 44
Kurtis Blow 133, 139, 142–143, 151, 287
Kutlu (Yurtseven) 76, 78, 168, 388, 391, 547
Kwest 158

587

La Etnia 288
Lady Bitch Ray 113
Lady Pink 140
Langenfeld, André 518
Larkin, Colin 568
Läsker, Andreas „Bär" 266
Lassie Singers 372
Lathan, Stan 152
Laufenberg, Frank 287
Lenin 288
Lenny 344
Light, Alan 566
Lil Kim 44
Lil Rodney Cee 268
Lila Samt 106, 146
Lindenberg, Udo 368
Linguist 76–77, 150, 153, 168, 243, 375, 379, 474, 476–477
Lionel D 154
Lippe, Jürgen von der 210–211
Lisa 239, 296–297, 486, 487
Little MCs 156, 352
Little Sput 152
LJ 251, 552
LL Cool J 182, 269, 305, 354, 569, 574
Loh, Hannes 168, 237, 239, 547, 566, 568
Loomit 336
Lord Fader 448, 449, 451, 452
Lotta Continua 224
Lovebug Starski 283, 302
LSD 116, 118, 122, 125, 130–32, 163, 171, 183, 302, 323, 352, 372, 524, 551–556
LSD Proton 183, 524
Luke Skywalker 269, 270
Lunte 66
Lyrical Poetry 355–356, 358, 378, 548, 558, 564
Lyrical Prophets 548, 560, 563

M&M (Maxim and Mesia) 217
Ma 238, 354–358, 426
Macht Rap 56–57, 479
Mad Mark 356, 358
Magnificent Crew 324
Magnificent Double 457, 462
Main Concept 382, 399, 403, 407, 547–548, 555, 558, 562–563
Malcolm McLaren 133–134
Malcolm X 180
Manges 115, 168, 236, 548

Manuellsen 44
Mardin 484
Marly Marl 182
Marsimoto 146
Maruhn, Chris 543, 548
Mason 317
Massiv 147
Massive Töne 67, 93, 238, 242–243, 250, 268, 304, 374, 403, 407, 426–427, 441–443, 500, 513, 515, 548, 560, 564
Master Gee 118
Masterplan 550
Mastino 398, 548, 554, 559
Max 220, 238, 430, 437, 441–444, 487, 488
Maxim 169–70, 189, 192–195, 198, 200–206, 210–221
MC Cal-Ski 143, 553
MC Cisco 121
MC Gusto 561
MC King Grand 125
MC Ren 25
MC René 67, 155, 183–184, 242, 295–297, 344, 374, 404–405, 407, 479–480, 487, 516, 548, 557–558, 562
MC Shen 182–183
Mediendienst Integration 113
Mega4 559
Mela 458
Melle Mel 64, 130, 151, 157, 161, 273, 304, 315
Mental Disorda 557, 559
Messut 384
Metallica 246–247
Method Man 269
Meyer, Eric 567
Meyner, Stephan 122
Mic Force 555, 558
Microphone Mafia 76, 563
Mik's X-Side News 543
Milo 239, 445, 480–481, 495, 525–541
Mind Core 561
Mindix 239, 398, 547
Mr. Ness 266
Mobb Deep 39
Mode Two 156, 242
Mofa 204
Mola 352
Möller, Michael 502–503
Monti 157, 302
M.O.R., Masters of Rap 68–71, 146, 174
Moreaus 534
Moreno (Oliver Freimann) 368
Moses P 141, 183, 239, 299, 337, 414–416, 424–425, 476–477, 543, 547–551
Moses, Robert 274
Move 399, 542, 548

Mr. Suicide 153
Mtume, James 26
Murat Koc 326
MXZ; Siehe Zuber, Xavier
MZEE Records 184, 264, 323, 337, 373–374, 395, 398, 403, 407, 412, 480, 508–509, 547–548

N-Factor 352, 550–553, 558
Nas 39, 572
Nate 57 60
Nationalgalerie 372
Nazar 115
Nehsemi 169, 189, 193
Neonschwarz 115
New Generation MCs 156
New York City Breakers 324, 520
Niemczyk, Ralf 566
Ninjah 169, 188
No Remorze 301, 353, 395, 451, 557, 561, 571
Notorious B.I.G. (Biggie) 183
NTM 144, 156, 228, 229
Nu Attemt 557
NVA 205
N.W.A Niggaz Wit Attidudes 17, 25–28, 178, 180, 269, 341, 482, 518–519

Obama, Auma 151
Odem 244, 456, 567
Ogg, Alex 567
Ol' Dirty Bastard 269
Olli P 475
OP 23 358, 489–490, 548
Oralic Soundmaschins (OSM) 217
Ostermaier, Albert 424, 498

PA Sports 44
Papentrigk, Benno 435
Paradis, Vanessa 421
Paris City Breakers 156
Partners Of Crime 90
Pete 169, 188
Petering, Frank 543
Phase V 243, 548, 557, 560, 562
Phat Family 494
Phat Family Records 494

Pheel 111
Pimp Valium 153
Plattenpapst Jöak 562
Poem 158
Poets of Peeze 556
Pore 158
Portishead 246
Poschardt, Ulf 265, 423, 565, 567
Presley, Elvis 350, 541
Prime Dominance 522, 524, 548
Prince 517–518
Prinz Pi 15
Prinz Porno 15
Prinz 76, 364
Project D 550
Public Enemy 205, 239, 269, 304, 349, 367–369, 393, 397, 427, 482, 519, 528, 530
Puff Daddy 269, 536
Purse 115
Purzer, Andreas 399
Pussy A 153
Put Da Needle To Da Record 447, 548
Pyranja 130

Quick Lyrik 357, 378
Quincey, Thomas de 423

RAG (Ruhrpott AG) 243
Rage Against The Machine 397, 572
Rahzel 217
Raid 124, 407, 548, 557
Rainbow Flava 493,–496
Rakim 28, 180, 205, 572
Rap am Mittwoch 109
rap.de 103
Rapneck Ossi 241, 567
Rappe, Prof. Dr. Michael 130
Rattos Locos 60–62
Raw Diamenz 554
Razzia 401
Ready Kill 353, 395, 556, 560, 571
Rebel (One) 204, 216
Reckless Rebelz 261
Red London 401
Reeperbahn Kareem 60, 62
Refpolk (TickTickBoom) 76, 78, 101
Regen & Mild 563
Reim Banditen, Die 556
Reimende Antifaschisten (RAF) 560, 563

589

Reinboth, Michael 124
Retarded Youth 445
Rhyme Syndicate 269, 279
Rhythm Attack Productions 121–122, 125
Rhythm Legs 318, 456
Rick James 151
Rick Ross 40
Rick Ski 16, 91, 116–117, 128, 131, 140, 171, 183, 323, 549
Rick, Detlef 16, 116, 130
Rico Sparx 550
Rino Mandingo 107
Robag Wruhme 115
Robinson, Silvia 118
Robitzky, Niels 567
Rock Da Most 90–91, 124, 336, 371, 547, 551
Rock Steady Crew 142, 157, 290, 321–322, 324, 520
Rockin Force 336
Rockin Squat 156
Rödelheim Hartreim Projekt 183, 414, 476, 557
Roots 519
Rose, Tricia 108, 265, 423, 565, 567
Rossi 388, 389, 547
Roxanne Shanté 182, 354
Royal Bunker 57, 63–64, 66–70
RTA 301
Rubin, Rick 269
Rucker, Ursula 431
Rude Poets 352, 553, 555
Rühmkorf, Peter 238, 567
Run DMC 180, 205, 239, 247, 269, 321, 340–341, 354, 528, 531, 572
Ruthless Records 269

S

Safire, William 241
Säger 477
Sahin, Reyhan 43
Salaam, Kalamu ya 268, 270
Salomo 193, 220
Samy Deluxe 147, 155, 183, 344, 545
Sanyika Shakur 27
Sarkozy, Nicolas 229
Sayne One 115
Scandaliz 57
Scarabeuz 169, 193, 220, 236
Scarface (Film) 196
Schacht, Falk 70
Schäl Sick Syndikat 554
Scheer, Udo 431
Scheuring, Dirk 506–507, 509, 548

Schiffmeister 509
Schill, Ronald Barnabas 176
Schily, Otto 176
Schmidt, Torsten 566
Schneyder, Klaus 115
Schönheitsfehler 410, 480, 493, 525–526, 535, 537, 542, 547
Schoolly D 25
Schowi 238, 242
Schramm, Lutz 518
Schweikart, Ralf 566
Schwesta Ewa 38, 44, 45
Schwester S 560, 588
Scid da Beat 115, 311, 330, 333, 335
SCM 153, 157, 158, 301
Scope 238, 302, 307, 358, 506–511, 516
Scorpins 246
Scorpio 238, 266, 267, 269, 272, 274, 277, 442, 522, 548
Section 87 551
Seeliger, Martin 16, 38–40, 42, 44, 101
Sek 241 458
Şenol 169–170, 194, 197, 224
Selcuk 72
Serz 157
Set 157
Setes; Siehe Monti
Sexauer, Manfred 287
Sexton, Adam 567
Shakkàh 548, 563
Shark 249, 255, 330, 336, 396, 412, 455–456, 468–472, 547
Shek 466
Shep Pettibone 119
Shindy 18
Shoe 462
Shurik'n 144
Shusterman, Richard 423, 567
Sick 158
Sido 17, 29, 35, 66, 72, 95, 127, 147, 171, 177–179, 216, 227–228, 234–236
Siegmund, Heidi 566
Silo-Nation 412
Silver Bullet 571
Silver, Toni 152
Simmons, Russell 269
Şimşekler 32, 189
Singleton, John 35
Skena 466
Ski 69 458
Skillz en Masse 500, 548
Sky 457
Slime 399
Smoke 158
Smudo 92, 173, 303, 378, 416, 492
Snoop Doggy Dogg 35, 52, 573

348, 351, 358–359, 364, 374–376, 379,
  401, 403, 413, 420, 422, 452, 454, 476,
  506–509, 518, 532, 546, 547
Total Chaos 297, 493, 526, 534–535,
  538–539, 542
Towers, Tarin 431
Trecherous Three 287, 354
Treeck, Bernhard von 568
Tribehaus 399, 411
Tricks 109, 143, 247, 249–250, 253,
  257–264, 282–284, 301, 309, 318, 330,
  336, 413, 547, 548
Triple Six Mafia 80
Tupac Shakur 22, 25, 35, 52, 175, 183, 235,
  279, 384, 573
Turbo B 337, 416
Turner, Tina 518
Turntable Rockers 266, 442
Two Life Crew 216, 269–270, 452
Tyron 168, 238, 475, 510–517, 548

U Schnellu 558
Ultra 257, 258
Ultramagnetic MCs 123
Unique Rockers 90, 336
Upshall, David 567
Uptight 534

Variety Pac 561
Vencent Cassel 156
Verlan, Sascha 168–169, 171, 229, 237, 548,
  567, 568
Vers Chaoten 558, 564
Vibe 25, 534, 566
Vision 401
Volkan T 558

Wagner, Mike 521, 568
Walta, Akim 264, 395, 397
Wasi 304, 443–445
Waxolutionists 539
We Wear The Crown 141, 336, 416
Weep Not Child 288, 367–369, 548, 554,
  559
Wehn, Jan 75
Weindl, Astrid 337
Westberlin Maskulin 67, 71

Wiese, Markus 502–503
Wiggles 118, 140, 142
Winter, Michael 497
Wolf, Der 430
Wolff, Karsten 566
Wonder Mike 118
Wu-Tang Clan 22, 269, 535

Xatar 21, 35, 37, 73–74

Yansn 115
Yassir 20, 21
Young Guns 551
Yo Mama 406, 447, 548, 556, 559–562, 564
Youngsters 495

Zabo 457
Zaimoglu, Feridun 239, 348, 383–384, 568
Zeb.Roc.Ski 242, 264, 329–330, 336–337
Zentrifugal 244–245, 358, 425–426, 433,
  435, 517, 548, 560, 563
Ziggie Moondust 241, 567
Zimmermann, Dieter 499–502
ZM Jay 407, 519, 524, 548
Zodiak 318, 330, 336, 457–459, 462–463,
  465, 547
Zoid 249–252, 254, 256, 260–262, 264,
  322, 340
Zora 486
Zuber, Xavier 16, 133, 137
Zulu Nation 109, 131, 133, 153, 156–157
Zulu Soundsystem 401

Solo, Hans 241, 448–452, 508, 547
Some 158
Soni 239, 384
Sonny 301, 330, 336–337, 543
Sonny Black 73
Sookee 101, 103, 106, 108, 146
SOS-Band 151
Soultani, Babak 16, 157, 288–290, 547
Source, HipHop-Magazin 26, 183
Souri 238, 517–519
Spaiche 84, 127
Spax 67, 155, 548, 563
Specter 71, 84, 127, 184
Speech 431
Speedy 143, 263, 301, 547
Spex 63, 99, 124, 543
Spezializts 480
Spot 141
Spring Jam 142
SSIO 37
Stachi 320, 349
Stahl, Johannes 567
Staiger, Marcus 16, 63–74, 99, 101, 149
Stanley, Lawrence A. 567
State of Departmentz 543, 548, 557–558, 561
Steiner, Jens 566
Stella 388, 390
Stereoton 517, 519, 548
Steve 301, 329, 543
STF 548, 558
Stieber Twins 153, 241–242, 407–408, 449, 548–549, 564
S.T.O.P. 555
Störkraft 480
Storm 140, 238, 318, 324, 331, 336–337, 354, 401, 406, 506–509, 522, 567
Stranglers 421
StreetUniverCity 84, 86–87
Style, Graffiti-Magazin 143
Subway-Art 140
Such a Surge 398–399, 555, 572
Sugar B 530, 534
Sugarhill Gang 118, 142–143, 151, 203, 241, 267, 271–273, 287, 290, 348
Suli 239, 361
Supreme Force 261, 329, 336
Sven Franzisko 320, 349–350, 402, 407
SWAT-Posse 84
Sweza 114
Swift 330, 336–337, 354, 547
Symbiose 539

T La Rock 123
T-Moe 115
T.C.A. 365, 557
Tachi 93, 115, 183, 239, 360–363, 365, 382, 403, 416, 476
Taki 183 277
Taktloss 66, 146, 177
Talk Talk 305
Tate, Greg 115, 238, 565
taz.lab 113
TCA 365, 388–389, 391, 547–548, 575
TDB (Tod durch Breakdance) 203, 261, 313, 336
TDC (The Denots Crew) 204, 550
TecRoc 302, 336, 337
Tefla & Jaleel 517, 524
Telly Tellz 60
Temp 158
Terkessidis, Mark 93
Terrain Vague 156
Tertilt, Hermann 567
Texta 297, 493, 526, 534, 536, 538–542
Textor 417, 420–422, 427, 441
THC 548, 557
The Alliance 550, 551
The Latin Rascals 119
The Roots 217
Therapy Music 80
Thomas D 181, 312, 378, 416, 425, 430, 437, 531
Thomas H 414, 548
Three M-Men 521
Tic Tac Toe 379, 475
Ticaret, Dan 156
Ticaret, HipHop-Laden 156
TickTickBoom; Siehe Refpolk
Tim Dog 125, 198
Time 158
Tobias Borke 110–112
Tobsucht 548, 563
Tommy T 550
Toni L 150, 152–153, 162–163, 333, 346, 358, 375, 413, 474, 476–480, 547
Toni Landomini; Siehe Toni L
Tonträger Records 539, 542
Tony Touch 157
Too Strong 261, 295–296, 322, 331, 399, 411–413, 547–548, 556, 559, 563
Toop, David 265, 276, 281–282, 314, 565, 568
Torch 16, 123, 130, 140, 144–164, 168–169, 180, 238, 240, 297–310, 313, 315, 318, 320–321, 327, 328, 333–338, 344, 346,

591